见识城邦

更 新 知 识 地 图 · 拓 展 认 知 边 界

ISRAEL

A HISTORY

以色列

一个奇迹国家
的诞生

［以色列］

安妮塔·夏皮拉

（Anita Shapira）

著

胡浩　艾仁贵

译

中信出版集团｜北京

图书在版编目（CIP）数据

以色列：一个奇迹国家的诞生 / （以）安妮塔·夏
皮拉著；胡浩，艾仁贵译 . -- 北京：中信出版社，
2022.3（2024.10 重印）
    书名原文：Israel: A History
    ISBN 978-7-5217-3471-3

    Ⅰ . ①以… Ⅱ . ①安… ②胡… ③艾… Ⅲ . ①以色列
－历史 Ⅳ . ① K382

    中国版本图书馆 CIP 数据核字（2021）第 163410 号

Israel: A History by Anita Shapira
Copyright © 2015 by Anita Shapira
First published by Weidenfeld & Nicolson, a division of the Orion Publishing Group, London
This edition arranged with THE ORION PUBLISHING GROUP
through Big Apple Agency, Inc., Labuan, Malaysia.
Simplified Chinese translation copyright ©2022 by CITIC Press Corporation
ALL RIGHTS RESERVED
本书仅限中国大陆地区发行销售

以色列：一个奇迹国家的诞生
著者：　　　[以色列] 安妮塔·夏皮拉
译者：　　　胡浩　艾仁贵
出版发行：中信出版集团股份有限公司
　　　　　（北京市朝阳区东三环北路 27 号嘉铭中心　邮编　100020）
承印者：　　河北鹏润印刷有限公司

开本：787mm×1092mm　1/16　　　印张：34.25　　　字数：556 千字
版次：2022 年 3 月第 1 版　　　　印次：2024 年 10 月第 6 次印刷
京权图字：01–2020–0062　　　　　书号：ISBN 978–7–5217–3471–3
　　　　　　　　　　　定价：79.00 元

本书出版得到查尔斯和林恩·舒斯特曼家族基金会的慷慨支持！我们对该基金会为以色列研究提供的特别支持及远见卓识深表感谢！

谨以此书献给我的孙辈纳达夫、诺姆、伊泰、塔尔和玛雅。通过这本书，他们可以了解自己的祖国。

目　录

致　谢

本书的创作出于耶胡达·雷因哈兹（Jehuda Reinharz）的想法。在他有一次访问以色列的时候，他找到我并且提议我写一本全面的以色列史，从犹太复国主义运动开始一直写到今天。大多数以色列历史学家聚焦于阿拉伯人和犹太人之间的冲突，而他则有着更加雄心勃勃的计划：没有回避检视阿以冲突问题，但这部历史将囊括内部的犹太政治、移民与国家建构、经济和社会状况，以及它们的意识形态基础。我接受了这一挑战，感到致力于这项工作的时机已经成熟。依兰·托恩（Ilan Troen）教授密切跟进了本书的写作，并与我分享了他在布兰迪斯大学讲授以色列研究课程的经历。西尔维娅·福克斯·弗里德（Sylvia Fuks Fried）对整个写作计划的诸多阶段进行了精心安排和策划。我很高兴本书作为布兰迪斯大学舒斯特曼以色列研究系列丛书当中的一本而出版。

可以理解的是，这样一本书不可能只是建立在我个人的学术积累和对原始资料的研究之上。我当然要依靠自己40年来对犹太复国主义和以色列史研究的学术积淀和专长，但是，在本书的有些章节，尤其是那些处理较近过去的章节，我使用了一些二手资料，并受益于在特定主题和领域有研究专长的学者的建议。下列学者非常友好地阅读了个别章节，他们的建议帮助我形成了特定章节的文稿：莫迪凯·巴伦（Mordechai Baron），第7章和第12章；雅各布·梅特泽尔（Jacob Metzer），第9章和第18章；亚龙·楚尔（Yaron Tsur），第10章；莫提·戈兰尼（Motti Golani），第12章；阿里耶·瑙尔（Aryeh Naor），第17章；伊塔玛尔·拉比诺维奇（Itamar Rabinovich），第18章和第19章；尼西姆·利昂（Nissim Leon），第18章；萨拉·奥西茨基-拉扎尔（Sara Ossietzky-Lazar），第19章。

努里特·柯亨–莱维诺夫斯基（Nurit Cohen-Levinovsky）博士在这个项目中是我的助手。她给予我巨大的帮助，帮助我多方查找文献资料，查证事实和细节，并使我免于很多烦琐之事。她还监督制作了由制图师鲁文·索弗（Reuven Soffer）所设计的地图。

安东尼·贝里斯（Anthony Berris），是来自巴伊特–哈埃麦克（Beit Ha'emek）的一名谦逊的基布兹居民，非常出色地翻译了我的希伯来文文稿；斯蒂芬妮·戈尔登（Stephanie Golden）对文稿进行了润色并敲定了最后的版本。我非常感激以上两位的帮助。

布兰迪斯大学的米里亚姆·霍夫曼（Miriam Hoffman）和安妮娜·塞尔维（Anina Selve）娴熟地处理了各种行政事务；布兰迪斯大学出版社的负责人约翰·R. 霍斯（John R. Hose）从一开始就全力支持本书的出版；新英格兰大学出版社的总编辑菲利斯·多伊奇（Phyllis Deutsch）和全体编校人员贡献了他们的编辑和设计专长。我向他们所有人表示感谢。

安妮塔·夏皮拉
2012 年于特拉维夫

作者说明

　　本书的注释都以直接引用的形式得以保留。在我书稿中引用的文献资料都列在图书末尾的参考文献当中，读者可以利用这些资料以获得更详细的描述和更具体的分析。每一章也包含有推荐进一步阅读并可获取英文版本的材料。而推荐阅读的希伯来文材料清单可以通过舒斯特曼以色列研究中心的网站 www.brandeis.edu/israelcenter/shapira.html 获得。

第一部分

犹太复国主义的思想与实践

（1881—1918）

第一章
犹太复国主义运动的兴起

"我在巴塞尔缔造了这个犹太国。"西奥多·赫茨尔（Theodor Herzl）在 1897 年第一届犹太复国主义代表大会闭幕后的日记中这样写道，"如果我今天可以大声说出来，我将遭到普遍的嘲笑。在 5 年内，或许更确切地说是在 50 年内，人们将会看到它。"[1]事实上，在第一届犹太复国主义代表大会与 1948 年 5 月 14 日以色列国《独立宣言》的发表之间仅有 51 年的时间。对于犹太复国主义最为热情的支持者来说，它一开始只是发动了一个短暂的运动，他们从未认为犹太人在巴勒斯坦的主权这个目标将在他们的有生之年实现，并成为一场塑造社会与民族并建造国家的民族性运动。

犹太复国主义运动诞生于暴风雨般的论争，这种论争一直延续到今天，尽管争论的焦点在不断变化。总之，什么是犹太复国主义？一场致力于重塑犹太民族、犹太社会、犹太文化的复兴运动？一场旨在建立犹太领土实体以便犹太人用来进行避难的运动？一场精神或政治运动？犹太复国主义能否解决在日益高涨的世俗化和同化、宗教不再将犹太人从分崩离析中拯救出来的时代的犹太认同问题？它能否缓解自 19 世纪的最后 25 年以来犹太人不断增长的生存焦虑，当时出现的一种种族主义倾向的反犹主义在历史上第一次拒绝了犹太人把皈依作为逃避犹太命运的选项？这些问题，从一开始就在犹太复国主义者内部引发了争论，并持续困扰着该运动的后继者，对犹太复国主义的特征与发展、优点与弱点赋予了决定性的内涵。

与此同时，围绕犹太复国主义运动的另一场争论也激烈展开，这场争论为其对手所煽动，后者举起了一面揭露犹太复国主义每个弱点、每处思想和实践缺点的镜子。1881年，耶胡达·莱布·平斯克（Yehuda Leib Pinsker）博士出版了题为《自我解放》（Auto-Emancipation）的小册子。它的写作时值俄罗斯帝国栅栏区犹太人遭受集体迫害浪潮（被称为 Suffot Banegev，即俄国南部风暴），平斯克深度分析了反犹主义并得出结论，呼吁建立一个犹太家园：一处犹太人在外邦人中间不再是少数群体的地方，将不再作为客民而是作为主人生活。在这块为犹太人所拥有的领土上，他们是自己命运的主宰，这将彻底改变存在了许多代的犹太人与其居住地其他民族之间扭曲的关系。

这份谨慎的小册子以德文出版，随后被翻译成希伯来文和其他文字，引发了一场公开讨论。平斯克观点的反对者有许多理由。这种观点是否可行？如果可行，建立这个独立或自治的犹太实体需要多长时间？我们可以假定它将需要几个世纪，正如犹太-俄文报纸《黎明》（Voskhod）编辑阿道夫·兰道所声称的。但与此同时，世界也在不断向前发展，更合理的做法是致力于在欧洲建立一个自由和开明的社会，接纳犹太人作为平等的权利成员，而不是将这些努力浪费在中东或其他地区的某个角落，在那里没有人能够保证他们的长久安全并给予他们想要的和平与安宁。与将犹太人从欧洲社会隔离开来的观念不同，兰道提倡启蒙与现代主义的理想，一种有关世界不断进步的乐观主义图景。犹太人的拯救将是这种普遍进步运动的一部分，他声称，进步道路上的暂时反复不应使这种正在发生的伟大的决定性的转变黯然失色。[2]

尽管这种争论是不断变化的，但它提出的根本性问题从犹太复国主义思想萌发后就从未改变：犹太人拯救的发生是一场普遍的重组，即通过自由民主的胜利或者拯救全世界的共产主义革命的胜利——或者它将需要一种特别的犹太主张以有别于更大的全球主张？争论还包括质疑犹太复国主义事业的可行性，因为奥斯曼帝国反对犹太人的移民以及在巴勒斯坦的定居行为。巴勒斯坦并非一块空置的土地，大约有50万阿拉伯人居住在那里。犹太复国主义将如何对待他们？将他们用武力赶出，还是允许他们继续居住？他们将在他们自己的家园被宣布为外国人？如果犹太复国主义者在他们与新移民中间不存在歧视，谁能保证犹太人不会在他们自己的国家沦为少数、发现他们自己再度处于曾经试图摆脱的处境？

在自由派犹太人抛出可行性问题的同时，革命派犹太人提出了道德问题。他们说，假定存在犹太人成功地克服没有自然资源与无力吸收数百万移民的贫穷落后经济状况风险的可能性，但将阿拉伯人从这块土地的主人变为少数，在道德上是否正当？[3]

反犹太复国主义话语不仅包括什么是可能的和可取的议题，它也包括宗教层面的议题。平斯克与随后的赫茨尔并不把巴勒斯坦作为设想的犹太国家的唯一可能场所，但他们提及了这一点。然而，从这个观念开始形成之时起，它在犹太大众心目中就只与一个地方相关：他们日夜祈祷和梦寐以求的以色列地，即便他们还没有尝试返回并定居在那里。返回故土的观念也是犹太复国主义的思想观念之一。它的批评者声称，与以色列地的联系建立在宗教神话的基础上，一个世俗犹太人不应接受这块土地的神圣性概念、"像过去一样更新我们的时代"，以及其他植根于犹太信仰的类似观念。另一方面，对于极端正统派犹太人而言，犹太人返回其故土的观念在为他们注定的命运面前溜走了。对他们来说，这种行为违背了犹太民族对上帝所起的三项誓言：不要冲破城墙，不要急于末日降临，不得反抗世界各民族，而上帝则命令世界各民族不得摧毁犹太民族。[4]他们把试图通过自然的、人为的方式带来救赎的行为视为对上帝诫命的违背，正如犹太人把命运掌握在自己手中而不是等待弥赛亚的降临。所以，极端正统派犹太人激烈地反对这种邪恶的异端。

因此，对犹太复国主义的反对汇聚了许多不同的团体：极端正统派与同化主义者，革命主义者和资本主义者，梦想家与实用主义者。

他们反对这个观念是因为他们认为解决"犹太人问题"的更好方案可以在更为普遍的框架中找到。其他反对者是关心他们在居住国作为拥有平等权利的公民的地位，而另一些人的反对是认为犹太复国主义要么太过革命，要么极其保守。

犹太启蒙运动

尽管犹太人通常在其每日三次的祈祷中提及耶路撒冷和他们返回那里的期盼，但他们并没有打算主动采取可能改变他们生存状况的任何措施，这种情况持续了许多个世纪。居住在欧洲的绝大多数犹太民族成员接受了偶尔爆发暴力、羞辱与歧视的事实。这种状况在 19 世纪发生了什么变化，从而导致了犹太复国主义思想的出现呢？

在 18 世纪下半叶，现代化开始渗透到犹太社区之中，绝对主义王国逐渐削弱了旧的欧洲团体社会秩序，在这种团体社会中，每个团体实行自治并维持着自身传统的生活与文化。几个世纪以来，犹太人构成了欧洲社会中的团体，在卡哈尔（社团）中享受着自治和某种较小程度的自我管理，任何不遵守既定宗教律法和社会行为规则的人都将被逐出社团。以这种方式，犹太人根据哈拉哈律法（halakhic law）和传统社会习俗保持了明确界定的犹太认同。然而，绝对主义国家引入了直接统治的系统，使它们与其臣民之间调解的团体无效。卡哈尔的权威被废止，这种维持传统犹太认同的结构——或者是自愿或者是通过强制——走向瓦解，犹太人面前出现了新的选项。

这个始于西欧的过程逐渐向东蔓延，在那里，19 世纪初开始了一场人口革命：犹太人口以其他民族人口好几倍的速度增长。1800 年，俄罗斯帝国有 100 万~120 万犹太人，到 19 世纪末达到了 500 万左右。人口的剧增使曾经边缘性的问题突然变得尖锐：犹太人不说当地的语言，也不把其子女送到他们所在国家的学校。他们主要居住在波兰、乌克兰西部与立陶宛，从事手工业、小商贩和商品批发等工作，贫困程度不断增加。许多人在大城市谋生，但由于不断发展的现代化与工业化的开始，无法参与其中的他们发现自己注定继续处于贫困和绝望的境地。他们因此被视为人口中没有任何贡献的部分。

1781 年（针对波希米亚的犹太人）和 1782 年（针对奥地利的犹太人），奥地利皇帝约瑟夫二世颁布了一系列宽容法令，为哈布斯堡王朝境内的犹太人开启了前所未闻的教育和经济发展机会。因此，犹太启蒙运动的第一批种子开始萌芽。在其他方面，它为犹太大众带来了进步与所谓的"生产化"（productivization），使他们融入现代化，并将他们变为有用的公民，成为当地经济文化的一部分。而学习当地语言和开展世俗教育是这场运动的基石。

在 19 世纪 60 年代，沙皇亚历山大二世的政策也为俄罗斯帝国带来了这些变化，而世俗化创造了一个犹太阶层，他们在不同程度上脱离了犹太传统：一些人在家坚持传统而在外以非犹太人的方式行事。（"在外是人在家是犹太人"——启蒙时代的一位诗人耶胡达·莱布·戈登写道。[5]）其他一些人，脱离了对犹太节日最低程度的遵守，不把自己视为犹太人，许多人皈依了基督教。

直到 19 世纪初期，犹太人都视自己为一个民族：一个没有领土和主权的流散民族。在犹太意识中，"所有犹太人都互相负有责任"的箴言远不止意味着宗教认同。犹太社区是由宗教与种族的双重身份认同所维系的，尤其几个世纪以来，基督教和伊斯兰教国家禁止改信犹太教。在危机时期，犹太社区的凝聚力——例如为囚徒提供赎金、血祭诽谤（正如 1840 年的大马士革）和驱逐犹太人的尝试（例如 1744 年 12 月女皇玛利亚·特蕾莎在布拉格所做的）等来自许多不同国家的反犹行为[6]——增强了这些社团的拣选意识和共同命运意识。只要传统认同没有被削弱，宗教与民族性之间的分离就不会出现。但一旦世俗化之风开始吹起，这种宗教联结被削弱，有关犹太认同特征的问题便随之产生：犹太人是什么？他们仅仅拥有一个共同的宗教或者一个单独的犹太民族性吗？

法国大革命给予了犹太人平等权利，条件是他们放弃其集体认同。正如克莱蒙-托尼埃尔（Clermont-Tonnerre）在法国国民公会宣称的：作为个体的犹太人，拥有一切，而作为民族的犹太人，什么都没有。

这就是犹太人为平等权利所付出的代价。拿破仑战争的爆发摧毁了欧洲保守主义的屏障，并使得民族主义意识和民族主义理想在整个欧洲传播。多民族帝国（例如哈布斯堡和俄罗斯帝国）发现它们自身处于民族运动的攻击之下。在波兰、捷克斯洛伐克、俄罗斯、德意志与意大利，这些以文化复兴运动形式出现的运动渴望找回民族的文化之根，培育民族语言、文学、音乐与艺术。每个民族文化包括着与基督教某种形式的联系：俄罗斯、乌克兰、塞尔维亚民族主义与东正教的分支相连，而波兰人则与天主教交织在一起。

民族主义的出现对犹太人提出了双重挑战：首先，他们应当成为他们居住了许多个世纪的国家的民族主义者，还是应当对庞大的帝国保持忠诚？其次，当欧洲许多民族接纳其民族身份时，犹太人被要求放弃其集体认同以作为获取平等权利的先决条件。犹太集体的边界直到那时才被明确界定，现在又变得模糊：个体犹太人现在必须面对他们的个人认同与命运，这很大程度上可以根据他们认为合适的方式加以界定。西方国家的犹太人充满热情地接受平等权利，他们将之视为融入非犹太社会的关键。许多人并不试图放弃他们的犹太认同，而只是以不同的方式对它进行界定。因此在不断增长的世俗化时代中出现了一个悖论，犹太人的自我界定开始主要依赖宗教：具有犹太教信仰的德国人，具有犹太教信仰的法国人，等等。

这种自我界定导致第一次在犹太人的宗教与民族之间进行了区分。犹太人认为解放为他们打开了进步的未来，包括教育、新机会、地理、社会与经济的流动性，将他们从流放中解救出来，正如一位分析犹太政治状况的作者耶彻泽科尔·考夫曼（Yechezkel Kaufmann）所描绘的。[7] 这种同化的驱动意味着一场带有弥赛亚特征的运动将融入犹太人所居住的国家视为正确的道路，即救赎的方向，它构成了19世纪上半叶的主要趋势。

在19世纪，解放在西欧和中欧都已完成，但止于沙皇俄国的边界。作为18世纪末瓜分波兰的结果，俄罗斯帝国现在统治着庞大的犹太人口，在整个19世纪，统治者试图通过法令和压力来教化犹太人，并对其进行改革,让他们对国家更有用。为了提高犹太人的生产能力,他们不仅接受了通识教育,还学会了本国语言。在亚历山大二世时期,他们还被给予进入高中学习的机会。而且,亚历山大对居住在栅栏区(俄国从波兰吞并的地区,犹太人被允许居住在此地)以外的犹太人更加温和。但随着亚历山大在1881年被刺杀,钟摆重新回到法令和限制的政策,只是到1917年俄国犹太人才通过二月革命实现了解放。

因此,毫不惊奇的是,一些东欧犹太人对他们在启蒙的旗帜下成长起来的同胞抱着怀疑和敌对的态度,后者被视为政府试图招安他们的使者。但一旦犹太世俗教育已经开展,就无法阻止。世俗教育渗透到东欧的犹太大众中间需要时间,因为绝大多数人都遵守犹太传统,但犹太生活慢慢地对外部影响开放,从而在沙俄形成了一个接纳现代生活方式的犹太经济精英群体。

遍布欧洲的民族主义最初体现的是文化复兴,返回以方言记载的民族文化典籍,恢复以方言撰写的经典著作,创造一种新浪漫派的文化主体,以表达对本民族的期望。欧洲民族主义在民族的文化遗产与其政治自我表达权之间存在着牢不可破的联系,对于某种文化遗产来说,它是一个民族值得被民族大家庭接纳的证明。浪漫主义创造了一种引人注目的文化复兴,尤其在民族文学方面。在拿破仑战争之后,俄罗斯精英拥抱自己民族的语言作为文化语言,在此情况下俄罗斯文学应运而生。歌德与席勒的作品在德国,密茨凯维奇(Mickiewicz)在波兰,以及许多通过语言和文学联系起来的代表性社团,表达并推动了民族的渴望。民族主义的本质是一场世俗运动,它赞扬人类自由和渴望自决的行为。与此同时,所有这些民族性著作也盗用了宗教象征。

这些精神与政治潮流也渗透到犹太社区中。一些犹太人转向所居住地区的大众文化并热切拥抱它,但另一些人将浪漫主义准则引入犹太世界。因此,这种用自己的语言了解民族文化经典典籍的渴望,体现为创造一种世俗的希伯来文化。1853年,立陶宛犹太人亚伯拉罕·马普(Abraham Mapu)出版了他的历史小说《热爱圣山》(*Ahavat*

Zion）。这本书的场景是在第一圣殿时代的耶路撒冷，将耶路撒冷描绘为世俗之城而非天国之城。尽管马普远非传达民族主义观念，但他将圣语用于这本世俗的著作是欧洲浪漫主义对犹太人影响的一种体现，他们现在对世俗文化的影响持开放态度。

体现在文学、诗歌、哲学、语法和自传等领域的犹太启蒙运动，为走向活跃的犹太民族主义思想奠定了文化基础。《圣经》的美丽为许多世代传统评注的帷幕所覆盖，现在由于语法的研究焕发了新的生机，使每个受过教育的读者都可以理解它的文本。这种易接近性将《圣经》带入受教育的犹太大众意识之中，它获得了在新教徒中间所具有的类似的崇高地位。它不再只是神圣经典，也是一部描绘犹太民族过去英勇和神奇的著作。此外，它还是一部赞扬人类和平博爱并普及高尚法则的著作。

因此，在西欧和中欧主导性的现代化趋势使犹太人放弃其集体认同的同时，东欧转向了不同的方向。在那里，数百万的犹太人居住在村庄、小镇和中等城市中，他们构成了1/3甚至更多的人口。随着许多犹太人涌入地理上与文化上邻近的地区，东欧的世俗化并没有带来让犹太人实现成为整体社会一部分的愿望，而只是带来了希伯来文化的繁荣（至少在开始阶段）。沙皇政权与俄国大众并不赞成犹太人融入他们中间。因此，即使在亚历山大二世统治时期，犹太人可以进入高中学习并进入高等教育机构，但仅有相当少的犹太人成功地离开了栅栏区，融入正在发展的俄国资本主义经济中，成为其正在出现的资产阶级的一部分。一方面是压制，另一方面是世俗意识，它们唤起的剥夺和不公意识构成了新觉醒的民族主义思想的基础。

犹太生活的现代化削弱了传统的世界观和空间概念，也扩展了机会的范围。以犹太语言发行的现代报纸的出现把发生在某个犹太社区的情况转变为鼓动和刺激其他社区的信息。例如1881年席卷俄国南部的集体迫害浪潮成为在整个犹太世界被讨论的重要事件。因此，躲避集体迫害的犹太难民问题成为整个欧洲犹太人日程中的核心议题。没有全世界犹太人报纸对它进行的报道（尽管存在着沙皇的审查制度），就无法理解 1903 年基什涅夫集体迫害的惊人影响。对犹太人问题即犹太民族的未来的辩论，是希伯来文报纸和俄国犹太人报纸的主要话题。

火车和汽船的出现使长距离旅行更加安全、舒适以及相对廉价。一个人的出生地突然不再界定其认同：某个人可以从一个小镇或村庄迁移到中等规模的城镇或是大城市，例如华沙（欧洲最大的犹太社区所在地），或者试图穿越边界进入由皇帝弗兰茨·约瑟夫（从犹太人的角度看他是一个温和的统治者）统治的加利西亚。更为大胆的和更有策略的是跨越边境进入德国，这里为他们开放了大量的机会：继续待在德意志帝国，移民英国，或者渡海前往美国、阿根廷和南非等国家。还有一些人通过火车或船只从第聂伯河到敖德萨，然后航行前往巴勒斯坦；或者他们到达哈布斯堡王朝对巴勒斯坦的出口海港的里雅斯特。在 19 世纪末，从许多省份移民到国家的中心，从一个国家移民到另一个国家，甚至移民到不同的大洲，都是可行的选项。

现在许多机会都对犹太人开放，包括生活方式、语言、行为、文化与认同的选择，这些削弱了他们与其出生地、当地文化、既定习俗和宗教的联系。许多犹太人现在接受了居住国的民族认同，将他们与它的联系视为神圣的同盟，甘愿投入到民族解放的斗争中。结果是，许多犹太社区走向分解，被他们的生活方式、既定行为规范与文化所分裂。于是在西欧、中欧犹太人与其东欧同胞之间，即在说俄语、德语、英语者之间产生了区别。意第绪语仍是维系所有阿什肯纳兹犹太人社团的语言，但许多第二代的成员在融入后将之视为一门低端的、不光彩的语言，认为有教养的人不应该使用它。

这个时期也出现了全球性的犹太组织，它们把保护犹太人、推进现代化作为有价值的事业。例如，世界以色列人联盟[8]致力于在中东和北非犹太人中间推广法国文化，同时努力保护犹太人，并帮助他们朝现代化和生产化迈进。1870 年，世界以色列人联盟创建了米克维·以色列农业学校，以教育巴勒斯坦的犹太儿童在当地进行耕种。德国犹太人互助组织[9]有着相似的目标：在巴勒斯坦建立一个德语教育体系。犹太垦殖协会[10]寻求在阿根廷和其他地区安置犹太人，而美国犹太人联合分配委员会[11]也致力于帮助贫困地区的犹太人，并鼓励生产化。

与这些现代性和解放的离心趋势一起的是，存在着一种对立的趋势：犹太媒体创造了一个国际共同体，曝光同样的信息，热心同样的事件，认同犹太大众，即使当他们生活在对其他人来说在语言与文化上都陌生的社团。

挫折与背叛

在19世纪的最后25年，使人们相信教育的力量将为人类社会带来进步与繁荣并消除偏见、歧视与不公的乐观趋势受到扼制。1881年，俄国沙皇亚历山大二世被寻求推翻其专制政体的革命者刺杀。其密谋者包括犹太人，有男性也有女性。这个事件开启了一个新的时代：不仅犹太与非犹太的革命者一致行动，而且最近才打破传统文化束缚的青年犹太妇女与男性及非犹太人一起合作。这是亚历山大二世教育改革的后果，犹太与非犹太学生在世界改革与建造新社会的崇高愿望中有着共同的语言，而在这个新社会，某个人的宗教不再是融入的标准。

沙皇的遇刺在整个俄罗斯帝国引发了巨大的震荡，并在乌克兰地区导致了大量的集体迫害。教会与政府并没有尝试去制止暴民的行为，并怀疑犹太人与革命者合作。这种破坏主要针对财产，其震动是巨大的：东欧地区在前一个世纪并没有发生针对犹太人的群众暴乱。人们曾设想绝对主义国家的增强能确保公众的秩序和安全。现在突然表明，尽管犹太人在欧洲和美洲的大多数地区都是享有平等权利的公民，但俄国大众却发起了暴乱，而政府要么消极地置之不理，要么自己也卷入到暴乱中。

集体迫害不仅削弱了犹太人的安全感，而且动摇了他们对进步的信仰，因为俄国革命者并没有保护犹太人。这些革命者认为，俄国大众对革命宣传所体现的冷漠和他们自己的克制是通向革命之路的主要绊脚石。他们将针对犹太人的暴乱视为大众暴怒的体现，预示着意识的变化，将导致那些大众觉醒并推翻沙俄政权。犹太人口中的开明的、受教育的成员，对这种反应受伤害最大；他们曾经认为俄国革命者支持他们，而现在察觉到他们自己根本就没有坚强的基础，而是站在流沙之上。

这种背叛在这一时期直到第一次世界大战期间发生了许多次，例如1903年的基什涅夫集体迫害和1905年10月第一次俄国革命失败后爆发的集体迫害。每次集体迫害浪潮在其残酷性、受害者的数量与破坏的程度上都比之前更甚。在每次集体迫害中，地方政府的软弱与冷漠，没能唤起开明的俄国大众反对集体迫害的情形一再发生。而且，在1881年集体迫害发生后，当局于1882年通过《五月法令》，可谓"冷酷的集体迫害"，犹太人被限定居住在栅栏区，并被削减了进入高等教育、成为更具生产性和从事农业的机会。沙俄政权为给这些法令正名，宣称集体迫害是对犹太人剥削大众的回应。

现在俄国犹太人获取平等权利的可能性进一步降低，产生了双重影响。首先，生存安全感的丧失不仅影响着遭受过集体迫害的社团，而且对犹太人与当局之间的关系也产生了影响。由于对任何改善其命运的可能性感到绝望，犹太大众试图离开俄国。从这时起到第一次世界大战期间，数百万的犹太人不再被动接受其命运，而从东欧移出寻求建立一种新的生活。绝大多数移民前往美国，那是一个拥有不受限制的机会的地方。一些人从东欧移民西欧，前往德国或英国，而其他人则前往南美与南非。另有数万人前往巴勒斯坦。

第二个影响就是犹太大众的激进化，这来自三大因素：被当局剥夺和歧视的意识；由于不断面对更广阔世界而产生的新的自我意识；犹太社区的世俗化趋势越来越明显，符合当代的时代精神。19世纪最后三四十年的俄国革命者是受过教育的理想主义青年，他们选择为了解放大众、建立公正社会而不惜牺牲自己的生命。这些青年男女，他们"到民众中去"的口号寻求唤起成千上万受压迫的农民意识到他们的悲惨处境及其遭受的不公正待遇，但在那些他们拯救的人那里遭遇的不只是冷漠，还有敌对——后者将他们交给当局。他们最终的命运是长年遭监禁、被流放到西伯利亚、疯癫，乃至死亡。

对于一代又一代的革命者（无论是犹太人还是非犹太人），这种殉道行为都带有神秘色彩。俄国青年提供的先例被犹太青年牢牢记住，他们为自己所遭受的歧视和不利条件感到痛心，寻求一个高尚的理想——按照天国的形象改造这个世界。一些加入俄国革命运动的人对犹太人的命运并不感兴趣，这些人包括列夫·托洛茨基和尤里·马尔托夫（Yuli Martov），他们在俄国历史上留下了自己的印记。其他人试图组织一个犹太工人运动。1897 年，他们创建了崩得（Bund），一个致力于保护犹太工人免受其雇主剥削的犹太人马克思主义政党，绝大部分成员都是犹太人。由于建立在明确的群众基础上，崩得成功地吸引了底层阶级。另一部分犹太青年也受到俄国革命党殉道者神话的影响，对于犹太人在任何他们所居住的国家获得公正对待感到绝望，选择在一个将来是他们自己的国家改革犹太社会。这些人都是学生，他们创建了选择定居在美国的"永恒之民运动"，以及比卢（"雅各家啊，让我们行走"的缩写）协会，目的是在巴勒斯坦建立殖民地。他们的活动为其他许多犹太复国主义-社会主义团体所仿效。

新的犹太民族主义

随着犹太人在东欧的安全感不断被削弱，现代反犹主义也在西欧出现了。对犹太人的憎恨并非新事物，但这一次它以种族主义和宿命论为特征，其目标指向不是犹太宗教而是犹太种族。宗教可以改变，但种族不能。在日益世俗化的时代，宗教憎恨似乎已成为过去，但种族仇恨是现代的和最新的：它以科学的达尔文主义的语言被叙说。

针对犹太人的旧有憎恨的目标是外来的、不同的犹太人，而反犹主义的目标是与其他人相似的犹太人，他们操着当地语言，他们的语言和行为都是中产阶级的，他们参与甚至创造了民族文化。反犹分子指责犹太人导致了资本主义社会的所有邪恶，煽动革命，破坏现存秩序。他们将犹太人描绘为寄生虫，无法创建他们自己的社会或文化，他们骑在其他民族的背上，模仿或歪曲后者的文化。由于犹太人无法真正融入一种文化中，他们的文化创造是虚假的，既非真实的也非原创的。

传统上，守教的犹太人将旧有的对犹太人的憎恨视为既定世界秩序的一部分，认为直到弥赛亚降临不会改变，这个裁决犹太人必须接受和忍受。新的反犹主义伤害了这样一种观念，即犹太人认为他们是其居住地民族一部分并具有平等权利和义务，因此不再是一个犹太"社团"。现在他们发现，他们所有人都被归并在臭名昭著的称呼——"犹太人"之下。正如耶彻泽科尔·考夫曼所写到的，这种被异化的拯救，即犹太人融入主体社会的期盼和希望，现在表明是一座海市蜃楼。宪法意义上的平等并没有带来社会融合，德国人或法国人当然也不会承认犹太人是他们民族的有机组成部分。在其回忆录中，格尔肖姆·肖勒姆（Gershom Scholem）描绘了犹太人对反犹主义兴起的不同反应。一些人选择忽视它，因此肖勒姆的父亲认为实际上他是德国人，即使他因为对犹太会员不断增强的敌意而被迫离开他所属的俱乐部。肖勒姆的一个兄弟直到去世前都一直是一名德国爱国主义者，声称希特勒不能决定他是否为一名德国人。另一个兄弟是共产主义者，死于布痕瓦尔德集中营，而他本人则由格尔哈德（Gerhard）随后改名为格尔肖姆，转向了犹太复国主义。[12]

和其他民族主义运动一样，犹太民族主义由一种通过接触现代性而产生的新自尊和一种来自世俗教育的新的社会敏感组成。来自主体社会的民族主义排斥情绪深深地伤害了这些现代的、世俗的犹太人。厄内斯特·盖尔纳（Ernest Gellner）将民族主义运动的形成与受教育民众数量的增长，伴随着工业化进程而来的人员、商品、观念和宣传的更大流动性，以及未能实现融入主体社会的期望所产生的挫败感联系在一起。在这种排斥性族群中出现的知识分子是民族主义运动发展过程中的第一步，他们可以通过得到改进的通信方式来传播其信息。可以在犹太人中间看到这种相似的过程：在过去许多个世纪对"犹太人"的本能认同，无须任何民族意识，也没有在政治上表达犹太人情感的欲望，现在成为一种民族意识。

与 19 世纪犹太社会的主流趋势相对，民族主义运动最主要的诉求是，承认有着共同过去、现在甚至未来的犹太民族的存在。它将这个民族视为拥有内在价值的群体，并且是世界文化的重要组成部分。与马克思同时代的德裔犹太社会主义者摩西·赫斯（Moses Hess），在其《罗马与耶路撒冷》（*Rome and Jerusalem*）中，将国际大家庭比作一支管弦乐队，如果有一种乐器——犹太民族——被忽略，它将无法和谐地演奏。[13] 与赫茨尔一样，其他人将犹太民族性的存在视为注定的，一种不可逃避的命运。这两种观点都要求承认犹太人的独特性，不仅是作为个体也包括作为集体的独特性。对于中欧和西欧地区的犹太人来说，"我们是一个民族——一个民族"！赫茨尔的著名呼吁传递出的是一个解放的信号。相反，对于东欧犹太人来说，这是他们政治状况的鲜明表达。

欧洲民族运动（和作为民族运动后来者之一的犹太复国主义）的特征之一就是寻求合法性，合法性通常有赖于证明该民族古老性的谱系，包括该民族对领土和主权的历史性权利，该民族文化的优美，及其对世界文化的贡献。犹太民族的谱系依赖《圣经》，但存在悖论的是，由于直到 19 世纪《圣经》都被视为地位次于犹太口传律法。所以，虽然孩子们在经学堂学习《摩西五经》，但只是把它当作学习更重要的著作，例如《塔木德》和宗教裁决的入门导引。新教徒重新发现了《圣经》，并赞扬它对于教育青年一代的重要性。犹太人回归故土作为拯救世界第一步的想法似乎也起源于 19 世纪 40 年代在英国兴盛的英国福音派新教徒的一个特定群体，他们把这个观念传播到犹太人圈中。

很可能返回以色列的观念从远古时代起就是犹太民族精神观念的一部分。毕竟犹太人每天都祈祷返回锡安。每逢逾越节他们都会诵读，"明年在耶路撒冷见"，在每个阿布月第九日他们都哀悼圣殿的毁灭。在 17 世纪，犹太世界被一位假弥赛亚萨巴泰·茨维（Shabbetai Zvi）的出现所鼓动，他承诺结束犹太人的流放和使犹太民族返回以色列地。对锡安的渴望当然是犹太人精神和情感的内在组成部分。

但在这种渴望和犹太复国主义之间存在着本质的不同。许多个世纪以来，犹太人都聚焦于奇迹般的救赎，以作为改变现存世界秩序的灾难性事件的一部分来发生。直到那时，弥赛亚救赎都笼罩在未来的迷雾之中，犹太人安于流散地的生活而不强行推动它的到来。在19世纪世俗犹太人和宗教犹太人中间传播的这些观念是完全不同的。与消极等待弥赛亚的到来不同，世俗犹太人认为，犹太民族可以将其命运掌握在自己手中，通过他们自己的行动改变处境。这种概念遭到了保守派宗教人士的强烈反对，他们将之视为对神意的违背。另一方面，左派分子反对这种建立在宗教之上的概念——受到一定程度启蒙的犹太人应当与之保持距离。

在反犹集体迫害情况下出现于俄国的"圣山热爱者"群体，不再相信进步可以拯救犹太人，他们规模较小，在组织和创建定居点方面也缺乏经验，但开启了一个重大革新：他们不再将以色列地作为一个神话之地来谈论，而是开始将它作为一个可以定居的实际国家来提及。赫茨尔15年后所做的就是为这场民族主义运动增添政治成分，而这在他之前就已经开始了。这种想要彻底改变犹太人的心理和对待世界的态度，以及世界对待他们态度的渴望，是该群体留给犹太复国主义运动的革命性印记。号召犹太人行动起来，现在就采取实际行动，这是革命性的。格尔肖姆·肖勒姆称之为犹太人回归历史。正如其他民族运动所做的，这个新的运动借助了古代的神话和象征，绝大部分来自传统和宗教。

赫茨尔和犹太复国主义的起源

犹太复国主义运动之父西奥多·赫茨尔在犹太历史上有着特殊地位。只要人们试图解释某些历史现象时，他们都保留着一种无法解释的、神秘的、神话般的要素。赫茨尔在犹太世界的出现及其充满活力的活动在不到10年内构成了这种现象：一场雷暴照亮现实并将之唤醒，奠定了未来变化的基石。赫茨尔是一名匈牙利犹太人，他的家庭在获得解放后融入了德意志文化；他对犹太教的知识十分匮乏，对犹太民族的知识也比较肤浅。作为 19、20 世纪之交维也纳的重要报纸《新自由报》的记者，他通俗小说方式的写作得到了主要是见多识广而愤世嫉俗的犹太人读者的欣赏。赫茨尔也试图尝试编剧，并获得了一定程度的成功。他在生命的最后 10 年所展露的坚韧精神、无穷精力、政治敏锐度和无尽的奉献精神，无法在他过往的个人经历中寻得任何蛛丝马迹。几乎在一夜之间，这个普通的资产阶级知识分子就变为受其天职驱使的人。

赫茨尔出版于 1896 年的小册子《犹太国》（*Der Judenstaat*），类似于《什么是第三等级？》（*What Is the Third Estate?*）以及《常识》；由埃贝·西哀士（Abbé Sieyes）撰写的《什么是第三等级？》一书，激起了法国大革命的火花，而托马斯·潘恩的《常识》则为美国大革命争取到了普遍的支持。在赫茨尔小册子之前，耶胡达·莱布·平斯克 1882 年发表了《自我解放》，尽管平斯克对反犹主义的分析相对深入，但赫茨尔的伟大之处在于将这种现象置于现代的背景下并从中得出了具体的结论。赫茨尔阐释了现代反犹主义的多面特征，这些特征之间由相互对立的元素组成。犹太人既作为资本家也作为革命者遭到仇视；既是富人，又是穷人；既是受教育者，又是无知者；既是接受当地文化者，又是依然特立独行者。

最重要的是，赫茨尔承认反犹主义来自欧洲权力分配中的新现象——民众的政治。赫茨尔断言，随着民族主义和民主化的兴起，民众的力量也在增加，犹太人面临的危险随之增加。他曾在维也纳和巴黎居住，见证了民众力量的不断增加。在奥地利，反犹主义政客卡尔·卢埃格尔（Karl Lueger）当选为维也纳市长，但没有得到弗兰茨·约瑟夫皇帝的批准，尽管如此，他还是被德意志大众再次选为市长。德国人感觉到波兰人和捷克人日益增长的民族主义的威胁，并仇恨犹太人在帝国城市的文化和经济生活中的显著成功，仇恨的政治因此非常适合他们。在巴黎，赫茨尔观察到民众在德雷福斯审判后的愤怒。然而，正如通常所认为的，并不是这场审判刺激了赫茨尔对于犹太人问题（反犹主义）的敏感神经。他的民族主义意识已经由不断增长的民众力量所唤醒，他在思考这些民众对待犹太人的态度意味着什么——即使在犹太人已经获得解放近一个世纪的国家。民众对犹太人的愤怒增强了他的信念，即犹太人不能被同化——不是由于他们不想，而是由于他们不被允许。从长远看，进步将改变这种状况，但在赫茨尔的议程上更紧迫的是这个问题：实际上还有多少时间来真正解决犹太人的问题？

赫茨尔敏锐地觉察到潜在的生存威胁：犹太人的解放无论是已经失败还是获得超出预期的成功，它都建立在宪政平等的抽象原则之上。它并没有赢得民众的认可，那些民众拒绝接受犹太人作为公民整体的一部分。赫茨尔的结论很简单：没有必要去与反犹主义做斗争，以证明它的谬误，由于它扎根于基础深厚的思维定式，它是理性难以克服的，唯一的选择是避开它。犹太人是一个民族，他们需要一个自己的国家。赫茨尔对这种病症的本质及其治疗的毫不含糊的诊断是一种解脱：它结束了"假装所有事情都很好、解放可以解决这个问题"的半真实状态。受过良好教育的、已经被同化的犹太人发现自己被自认为所归属的文化和国家所拒斥，自尊心受到伤害，于是赫茨尔坦率而自豪地宣布：我们是一个民族——一个民族！

赫茨尔的这一结论增加了另一层最初的概念：犹太人问题是一个全球性问题，它只有通过大国的帮助才能得到解决。用"问题"一词来讨论犹太人是一种贬低和居高临下的态度。人们提及"奴隶问题"和"妇女问题"都暗含着这些群体在地位上低下和需要获得解放。相比之下，将犹太人问题定义为一个国际性议题，赫茨尔将它从许多国家社会和族群政治的次要地位拿出来置于国际议程中。他辩证地看待欧洲国家公开的和隐秘的反犹主义，将之视为推动欧洲国家帮助建立犹太国家的力量。为了使它们摆脱难以控制的犹太知识分子、成功的犹太中产阶级、西方过多的犹太知识分子和东方的犹太穷人，欧洲国家将为开展一场现代版的"出埃及"提供帮助。

赫茨尔对反犹主义的理解是极其敏锐的。他在日记中，将犹太民族比作一块滑向深渊而无法中途停止的滚石。"他们将要驱赶我们，他们将要谋杀我们？"他在一次演讲中发问道，并计划将这些想法传达给罗斯柴尔德家族。[14] 尽管有这些噩梦，他仍然相信欧洲的人道主义和进步，认为欧洲人想要使自己摆脱犹太人，方式就是通过帮助后者建立他们自己的国家。他无法想象的是，这个"出埃及"有朝一日被奥斯威辛的火葬场所取代。

赫茨尔深深扎根于现代世界，热爱并欣赏欧洲文化、歌剧、戏剧和音乐。他看到了缩短距离的新技术的潜力，使在 50 年前视为不可能的事情变得可以实现。现在短时间内将几百万人从一个大洲转移到另一个大洲是可能的，无须很大的痛苦和烦恼就可以进行大规模的殖民化运动。赫茨尔对现代世界如何开展这个可能让许多犹太人着迷的工程进行了描述。事实证明，犹太国家不是根据赫茨尔的方案建立的；它包括一系列巨大的困难。令犹太复国主义者欣慰的是，他没有预见到那些困难，否则或许他可能从一开始就对这个事业感到绝望。

赫茨尔勾勒了将几百万犹太人从欧洲转移到巴勒斯坦的过程——他声称犹太人不能也不想被同化。他解释说，这个过程必须得到一份有约束力的国际文件的支持，以特许状社会的模式来保证犹太人在他们新国家的权利。特许状社会之前曾在英帝国建立，要么是为了促进白人殖民化，要么是为了获得贸易和其他特许权。犹太人应组织一个代表团，与大国开展谈判以获取特许状。如果赫茨尔在获得了赞誉并在被翻译成希伯来语、意第绪语、俄语和其他语言的《犹太国》出版后立即停止了活动，他将无法获得其在犹太先贤祠中不可撼动的地位。赫茨尔的伟大不仅在于他确认了目标，而且他采取了措施，1897 年在巴塞尔召开了第一届犹太复国主义代表大会来实现其目标。

在此之前，他曾尝试积极参与国际犹太慈善协会。这些组织致力于推动犹太人的生产化，教导贫困的犹太儿童一门技艺，以及将犹太人安置在阿根廷。它们由富有而令人尊敬的犹太人建立并受其严格控制，这些犹太人的目的令人赞赏但不带有民族主义主张。赫茨尔在提出其主张的起初阶段，他希望获得主要的犹太慈善家的支持，例如资助了阿根廷犹太垦殖运动的莫里茨·赫尔施（Moritz Hirsch）男爵，以及埃德蒙·德·罗斯柴尔德男爵。但他与这些人的会面并不成功。当他们同意接受他时，他们不是把他视为民族主义的先知，而只是作为知名的记者，并认为他的计划是缺乏现实根基的狂热想象的产物。赫茨尔的魅力，曾便于他与政客们的交涉，却没能征服这些慈善家。在与犹太富豪们的不成功交涉后，他决定写作《犹太国》——对于一个以记者为主业的人来说，这是可以预见的一步。

这本庄重的小册子带来的反响使赫茨尔得出结论，他必须创建小册子中提及的"犹太人协会"，它将代表犹太人根据章程进行协商。他有关代表大会的想法的创新之处在于，在犹太历史上，根据犹太复国主义思想组成的国际代表将首次在广泛的群众基础上开会。尽管参加代表大会的成员是能够负担差旅费用的受过教育的犹太中产阶级，但会议的理念是代表全体犹太人，并在犹太复国主义观念的基础上与外部人士交流。来自世界各地的代表参加了 1897 年的代表大会，在三天的会议过程中，形成了犹太复国主义运动的模型。永久性的机构建立起来了。作为某种形式的议会，代表大会每年或每两年召集一次。主席和执行委员会组成了一个执行机构，以在不同代表大会期间开展活动。地方的协会也形成了，其成员交纳会费——使用犹太复国主义者的货币谢克尔——和根据交纳会费的会员人数派遣代表参加代表大会。在那几天内，赫茨尔奠定了后来被称为"犹太国家雏形"的组织和政治基础。因此，它有着非常特别的意义，赫茨尔宣称"我在巴塞尔缔造了这个犹太国"。

这个神奇的行动创造了犹太人的代表机构，它将作为法律代表与许多国家首脑开展谈判以帮助获取特许状，这是一个革命性的举动，向世界宣告一个新的民族运动的形成。作为负责处理新闻事务的人，赫茨尔很快邀请国际媒体的代表报道这个事件。他确保了会场的庄严，代表们身穿燕尾服，戴着白手套。现代性与古代符号的混合在犹太复国主义者使用的图像中十分显著。例如，代表证一面是西墙（圣殿城墙的废墟）的插图，另一面是耕种其土地的犹太农民形象。犹太复国主义旗帜，建立在犹太祈祷披肩塔利特之上，中心是大卫之星，这是赫茨尔的主意。纳夫塔里·赫尔茨·伊姆贝尔（Naphtali Herz Imber）创作的希伯来文诗歌《希望》（Hatikva）被采用作为这个运动的圣歌，不过代表大会的工作语言是德语，因为绝大部分代表的德语比较流利。

德国犹太复国主义领袖理查德·李希特海姆（Richard Lichtheim）将犹太复国主义定义为"欧洲给犹太民族的礼物"[15]，他的话强调了这场运动的民族主义新特征，这成为犹太民族与现代性之间的中介因素。这种叙述也反映了犹太复国主义接受了源自欧洲的政治组织和外交行动模式。赫茨尔把他在巴黎期间从旁旁宫学到的政治悟性以及当时盛行的大世界概念和实践——国民大会、宪章、高层谈判、广泛行动等等——带到犹太复国主义运动中。这些活动领域在此之前对犹太民族来说一无所知。这就是这么多犹太复国主义运动的青年领袖来自西欧犹太人的原因，他们都是解放运动的毕业生。

与之相反，犹太复国主义试图拯救的大众却生活在对西方文化知之甚少的东欧。当地许多犹太人仍然沉浸在宗教生活方式中，遵守着哈拉哈和传统。19世纪下半叶和20世纪初期，沙皇俄国的加速现代化影响了这个人口的广泛阶层：铁路使犹太小贩变得多余，载运等传统职业成为不必要的，许多手工业在工业化的背景下丧失了它们的经济地位。这些生计来源的失去，结合着1800—1900年沙俄犹太人中间的巨大的人口增长，导致了大规模的贫困。经济困难、缺乏人身安全保障以及缺乏希望的首选解决方案是移民海外。在19世纪和20世纪之交，移民美国被视为几百万悲惨犹太人的解决办法，有许多人前往"新世界"，但在第一次世界大战前夕，俄国的犹太人口相比1882年有实际增长。

因此，赫茨尔的呼吁在西欧仅有很少的同情者，它主要是在东欧获得了广泛的群众支持。解放后的西方领导层回归到犹太人的身份，同时又有一大批讲意第绪语的忠诚支持者沉浸在犹太文化中。这似乎证实了犹太贤哲"囚犯并没有把他自己从囚禁中释放出来"的格言和摩西先例的真实性。因为摩西的例子表明，只有自由的人才能为被奴役的同胞带来自由。赫茨尔对许多素不相识的犹太民众发表演说，而犹太民众则几乎把他视为《圣经》中的人物——犹太人的王。

以敖德萨为基地的"圣山热爱者"运动，在俄国集体迫害的背景下开始在巴勒斯坦建立垦殖点。从 1889 年阿哈德·哈姆（阿瑟·金斯博格）发表了《此路不通》（*This Is Not the Way*）的文章开始，他被视为这场运动最为重要的知识分子和道德角色。他的力量体现在他令人信服的分析和清晰易懂的希伯来风格。他毫不犹豫地发表了《来自以色列地的真相》（*Truth from Eretz Yisrael*，1891 年），这篇文章揭露了巴勒斯坦青年垦殖事业中的所有失败。当时有关定居点政治和实践话题深思熟虑的观点十分稀少，支持犹太复国主义的报纸刊登了对巴勒斯坦生活的浪漫化描述，将之描绘成一个具有吸引力的国家，在这种情况下，哈姆的坦率被视为重要的政治行为。然而，尽管他是一个优秀的批评家，但他参与行动和领导的能力有限。直到赫茨尔出现在舞台，"圣山热爱者"运动都没有吸引到大众的支持，它只是原地踏步。赫茨尔的突然崛起，他为代表大会所做的准备工作和代表大会本身（被犹太和非犹太媒体报道），激发了犹太大众的想象，第一次催生了犹太复国主义观念的同情者群体。

阿哈德·哈姆对此并不热心。大规模移民进入巴勒斯坦并在那里建立犹太国家与他对犹太人问题及其解决方案的定义相矛盾。而犹太人问题——反犹主义——对于赫茨尔而言是这场运动必须面对的问题，对于阿哈德·哈姆来说，这个问题仅是"犹太教的问题"：解放和世俗化导致犹太人与其文化之间的联系削弱了。他不认为巴勒斯坦能为几百万犹太人提供解决方案，他认为犹太人应当移民到美国。他主张，犹太复国主义可以而且应该做的是在巴勒斯坦建立一个"精神中心"，其特征将是世俗的希伯来文化、希伯来语的复兴以及正直和道德。在那里，上帝选民的愿景将得以实现。作为犹太民族骄傲的源泉和光辉榜样，这个中心将体现出阿哈德·哈姆定义的"犹太教的精神"和发挥犹太人（尤其在西欧）为了同化而放弃其民族认同倾向的反作用力。这个"精神中心"将逐步发展，精心选择那些值得进入者加入，避免走捷径和政治冒险主义以及不切实际的期望。

阿哈德·哈姆代表着精神上的犹太复国主义，他的视角与赫茨尔完全相反。赫茨尔觉得有种强烈的紧迫感，因为他意识到，为维持大众对犹太复国主义的热情和支持，他必须提供实际的成就，也因为他直觉地发现这场运动的行动时间有限。对他而言，犹太人问题不是像阿哈德·哈姆所理解的一系列抽象的概念，犹太人问题要求一个快速的解决方案，因为它关系到实际民众的生活。赫茨尔计划他的"出埃及行动"首先是一场穷人和简朴者的大规模移民，这个国家将由他们来建设。他设想的不是对受教育的、令人尊敬的少数人进行选择性移民，而是一场几百万人、任何想移民者都可以移民的运动。赫茨尔用于推行这个计划的时间很短，而它的范围巨大，这在阿哈德·哈姆看来是难以置信的，哈姆批评这个计划的内容——因为他认为该计划提供了这个错误问题的答案——和赫茨尔通过外交手段获取特许状和巴勒斯坦的宏大计划。"以色列的拯救将来自先知，而不是外交家。"阿哈德·哈姆在其《第一届犹太复国主义代表大会》（ *The First Zionist Congress* ）的文章结论中批评道，他在该文章中对这次代表大会进行了回应，并试图降低对新的政治犹太复国主义和犹太复国主义舞台新角色的期待。[16]

乌干达计划与领土主义

在第一届犹太复国主义代表大会之后的几年里，阿哈德·哈姆有许多机会说"我警告你们"，他不想浪费任何这样的机会。赫茨尔尝试了与奥斯曼政权、德国皇帝和俄国内政部长进行谈判，但最终都失败了。土耳其人对把额外的非穆斯林因素引入中东不感兴趣，这将为欧洲介入奥斯曼帝国提供更多理由。1903 年基什涅夫集体迫害发生后，俄国犹太复国主义者想对当局进行抵制，这场集体迫害使经历了20 多年和平与安宁的犹太世界大为震惊。而赫茨尔与俄国内政部长维亚切斯拉夫·冯·普列维（Vyacheslav von Plehve）——他被怀疑对集体迫害负有责任——进行了会谈，希望这种反犹活动能够敦促土耳其政府同意将犹太人从俄国转移到巴勒斯坦。这次会谈没有任何成果，但在维尔纳火车站赫茨尔首次与犹太群众见面，他们前来欢迎他，并显示出对"犹太人的王"和犹太国家观念的赞同。赫茨尔被这些涌向他的人的爱戴所深深感动：这是一个不同的犹太经历，不同于对他而言熟悉的西欧犹太人的克制以及阿哈德·哈姆及其追随者愤怒的保留意见。警察试图通过暴力驱散这些群众，但他们在这种残暴面前显示出勇敢，或许这使他觉得无论如何都有义务拯救他们。

在这次访问维尔纳的几个月前，英国殖民大臣约瑟夫·张伯伦给赫茨尔提供了一个有关东非部分地区的特许状，犹太复国主义将之称为乌干达的地方，但现今实际上位于肯尼亚。考虑到他所目睹的困难，赫茨尔无法草率地拒绝这个提议。像大英帝国这样的世界大国准备在其帝国范围内提供一块领土，对于成立不到10年、没有力量和基地的新兴运动来说无疑是一个巨大的成就。它是国际上对犹太复国主义作为一场民族运动的认可，但它不是犹太复国主义阵营愿意接受的馈赠。尽管赫茨尔的《犹太国》对在阿根廷和巴勒斯坦之间作为犹太人定居的场所进行了详细描写，但他与东欧犹太人代表的会面清楚地表明，只有巴勒斯坦可以得到犹太人的支持，因此他所有的外交努力现在都集中于此。虽然如此，他在第六届犹太复国主义代表大会上提出了这个英国的提议，并要求代表们派遣一个调查小组前往乌干达，以考察它吸收大规模犹太移民的能力。

这是犹太复国主义运动史上的关键时刻之一，当时意识形态和神话与实用和现实产生了冲突。类似的时刻再度发生在1937年（关于将巴勒斯坦分治成犹太国家和阿拉伯国家的首次提议）和1948年（宣布以色列建国的决定），毫无疑问也将在未来发生。尽管赫茨尔的提议是在面对俄国犹太人悲惨处境的紧迫感驱使下提出的，但它遭到东欧代表们的反对。德国著名作家马克斯·诺尔道（Max Nordau）是赫茨尔在犹太复国主义阵营中招募的重要人物，他曾试图通过将东非描绘为只是前往巴勒斯坦途中的"夜间避难所"来作为糖衣药丸鼓动犹太人移民乌干达，但失败了。俄国犹太复国主义代表将赫茨尔想要接受的提议视为对锡安的背叛，并威胁在年轻的犹太复国主义组织中将出现一场分裂，以此来拒绝批准赫茨尔的提议。在这时，赫茨尔严肃地发誓，"耶路撒冷啊，我若忘记你，情愿我的右手忘记技巧"，他们才同意返回会议大厅。最后——在赫茨尔威胁辞职后——代表大会决定向东非派遣调查小组。这个团体前去调查提议指定的位置，回来后得出结论，这个地方不适合大规模定居。因此，乌干达计划被放弃了。

这个插曲的文化象征意义要大于政治意义。使天平最后发生改变的是以色列地神话般的力量，它是如此根深蒂固地存在于坚持犹太复国主义思想的犹太人心目中。对于这些支持者来说，这种深刻而饱满的情感显示出，巴勒斯坦不只是一块领土，它无法被其他领土替代。犹太人返回其故土的观念赋予了犹太复国主义运动以磁石般的魔力，它超越了经济和政治利益以及短暂的好处。

乌干达计划失败之后的一段时间，犹太领土组织成立了。它由英国犹太作家伊斯雷尔·赞格威尔（Israel Zangwill）领导，致力于为犹太人寻找一个国家。在犹太人中间的所有民族主义流派中，领土主义者与政治犹太复国主义最为接近。他们坚持犹太复国主义的两大基本原则：领土和自治。与赫茨尔一样，他们由犹太人的苦难所驱动，并相信一场大规模的移民运动。乌干达计划搁置一年后，赫茨尔去世，随后犹太复国主义运动经历了一个低谷期，为了应对比之前更为残暴的俄国集体迫害浪潮，以及随后到来的 1905 年革命，领土主义运动吸引了许多人的支持。但寻找一个合适、可利用领土的多次尝试都以失败告终。犹太复国主义在当时的虚弱以及其他种种事态，都来自巴勒斯坦的不可获得性，但领土主义也没有更好的表现。

第二章

犹太人、土耳其人、阿拉伯人：
圣地上的首次相遇

在赫茨尔为获取定居巴勒斯坦的许可而开展广泛努力的同时，现代犹太定居点已经开始在巴勒斯坦出现，但赫茨尔对此并不予认可。

19 世纪的巴勒斯坦

在 19 世纪之初，巴勒斯坦是奥斯曼帝国边远、落后的省份，帝国这时也处于衰落之中。贝都因人和费拉因人（阿拉伯农民）之间的自相残杀和冲突每天都在上演，导致道路被强盗和土匪控制而变得危险。这个地区几乎空空荡荡，仅有 25 万居民，包括集中在四大圣城（耶路撒冷、萨法德、太巴列和希伯伦）的 6500 名犹太人。

拿破仑在埃及和巴勒斯坦的军事行动在 1799 年围困阿卡期间由于一场流行病席卷其军队而以失败告终，然而，这次军事行动唤起了欧洲列强对巴勒斯坦和肢解奥斯曼帝国的兴趣，奥斯曼的虚弱在当时已经充分暴露。1831 年，埃及统治者穆罕默德·阿里帕夏征服了巴勒斯坦。他统治巴勒斯坦直到 1840 年，致力于开展稳定的统治和加强居民安全，这个过程即使在巴勒斯坦由于欧洲列强的压力回归奥斯曼帝国统治后仍在继续。为了显示他的政府要比奥斯曼政权开明，穆罕默德·阿里允许欧洲列强派遣外交代表进驻圣地。

结果是，当巴勒斯坦恢复了奥斯曼的统治时，当局已无法对非穆斯林紧闭大门，一系列协议确保了外国公民通过其领事馆得到保护。非穆斯林被给予了与穆斯林同等的权利，甚至被允许购买土地，其条件是以与奥斯曼法律相一致的方式进行管理。法国、英国、奥地利、俄国、德国都在巴勒斯坦开设了领事馆。一个德国新教主教辖区在耶路撒冷建立，很快也为其他组织所仿效。从 16 世纪末以来这个城市的建设就陷于停滞，但现在天主教、新教和希腊正教教会更加速建造教堂、孤儿院、医院和学校。随着当地安全形势的改善以及在轮船出现后交通运输成本的下降，成千上万的基督徒前往圣地朝圣。教会为他们建造了收容所，其中给人印象最深的是奥古斯塔·维多利亚医院和教堂，一座宏伟的建筑主宰着耶路撒冷的天际。19 世纪中叶，德国新教教会的圣殿骑士团开始迁往巴勒斯坦；在 1868 年至第一次世界大战期间，他们建立了 7 个定居点并拥有 2 200 名居民。圣殿骑士团是巴勒斯坦现代化的先锋。他们的定居点是规划、秩序和组织的光辉榜样。它们证明了尽管奥斯曼政府设置了重重困难，但欧洲人在巴勒斯坦定居是可能的。

到 19 世纪 40 年代末，轮船频繁地从马赛、敖德萨、的里雅斯特驶入巴勒斯坦。为了庆祝苏伊士运河在 1869 年开通，巴勒斯坦的第一条公路在雅法和耶路撒冷之间修建，这两座城市之间的马车和货车运输随之开始。直到这时，运输仍主要依赖牲畜。邮件和电报服务的开通，将巴勒斯坦和外部世界联结起来。

奥斯曼帝国的文明秩序机构（相对于过去存在的），地方势力之间的战争平息，贝都因人对村庄侵扰的停止，健康和教育服务状况的改良，这一切都导致可耕地和人口的增长。到 19 世纪 70 年代末，当地人口已达到 38 万，而犹太人口也增加至 2.7 万。最显著的增长是在耶路撒冷，当地的犹太人从 1800 年的 2 250 人（该城市总人口为 9 000）增加至 1.7 万人（该城市总人口为 3.15 万）。甚至在犹太复国主义移民开始之前，犹太人就已构成了这座城市的多数。

主要的增长是在阿什肯纳兹犹太人。他们在 19 世纪初的耶路撒冷人数较少，而到 1880 年他们要比塞法迪犹太人多不少。绝大部分阿什肯纳兹犹太人集中在科勒伊姆的慈善机构，这个机构建立在其来源国的经济资助以维持"学者社会"的目标之上，这些耶希瓦学生拥有妻儿，但不以工作来谋生。这种慈善基金的分配被称为哈鲁卡（haluka）。因为只有很少一部分阿什肯纳兹犹太人拥有收入，他们生活在极度的贫困中。与之相对，塞法迪犹太人通常不遵从"学者社会"的模式，通过手工业和贸易来维持生计。由于他们流利地使用该国的语言和熟悉当地的生活方式，他们得以参与到当地乃至国际贸易和金融活动中。

雅法是吸引犹太人定居点的新中心之一。在18世纪初，雅法还是一个无足轻重的港口城市。随着旅游人数和基督徒朝圣者的到来，耶路撒冷迅速发展，雅法成为进入该地区中心最重要的入口。1892年，雅法和耶路撒冷之间的铁路开通，雅法的重要性进一步提升。在雅法城周围有着巴勒斯坦第一批柑橘园，它们由阿拉伯人种植。"雅法牌"柑橘的出口使该城市成为本地区主要的出口口岸。到1880年，雅法的人口达到1万人，包括大约1000名犹太人。在该地区北部，海法城开始发展，在很短时间内，它超过阿卡成为该地区的主要港口。

迁出和迁入的移民概况

约瑟夫·埃利亚胡·切罗基（Joseph Eliyahu Chelouche）1870年出生于雅法，其父亲是来自阿尔及利亚奥兰的移民，母亲是来自巴格达的移民。他在回忆录里描绘了在第一次阿里亚的首批成员之间的相遇，以及同一时期雅法的塞法迪犹太精英的情况。切罗基一家十分虔诚，其男性成员在固定时间进行例行祈祷，并从事几个小时的《托拉》学习。在他们大房屋中预留了一间宽敞的房间以作为犹太教会堂。耶索德·哈马拉委员会的成员——他们为由"圣山热爱者"建立的第一批莫沙夫购买土地——在切罗基家中受到了热情欢迎，尽管切罗基一家也存在一些疑惑：访问者穿着欧洲服装（有些还戴着眼镜），尽管他们说希伯来语（塞法迪犹太人说的是希伯来语），但仍为一个疑问而苦恼，即他们是不是真正的犹太人？像该家族的其他成员一样，年轻的约瑟夫好奇道：如果他们是犹太人，那么为什么他们不遵守穿戴仪式服装的规定？尽管有着这些疑惑，但雅法著名的塞法迪犹太人家族——切罗基家族、阿姆扎勒格家族、莫亚勒家族——还是与第一批移民之间建立了密切的关系，第一批移民希望在巴勒斯坦购买土地过程中寻求他们的帮助。对于新来者而言，他们不说当地语言，也对其习俗较为陌生，而这些家族提供的帮助为新移民了解奥斯曼统治下的巴勒斯坦，了解政府官员的多样性及其对克服犹太定居点的障碍提供了门径，并为克服这些障碍提供了策略。

1882年以建立犹太政治立足点为独特民族主义目标的第一批犹太定居点创建，这标志着巴勒斯坦和犹太民族史上新时代的开端。弗拉基米尔·杜布诺夫（Vladimir Dubnow）是第一波移民浪潮中来到巴勒斯坦的比卢协会成员。在一封写给其兄长、提倡为流散地犹太人争取民族权利的历史学家西蒙·杜布诺（Simon Dubnow）的信中，弗拉基米尔·杜布诺夫为他的团体设定了这一目标："终极目标或敬虔的愿望（pia desideria）就是在适当的时候控制巴勒斯坦，并使犹太人重获他们已被剥夺了2000多年的政治独立。"由于清楚地意识到他的兄长会考虑到这点，他补充道："不要嘲笑，这不是一个妄想。"他将这个目标解释为，需要在巴勒斯坦创造一个坚实的犹太经济基础："简言之，力争并确保所有的土地和所有的生产都控制在犹太人手中。"他认为在巴勒斯坦确立犹太人的存在需要从"学者社会"转向使用火器："在自由和野蛮的土耳其，任何事情都是可能的。"他注意到，并补充了这一愿景："届时……在此我可以大胆畅想……伟大的一天将到来，这一天的到来是由先知以赛亚在其充满激情的安慰之歌中所预言的。而犹太人将实现崛起，手中握有武器（如果需要的话）；他们将大声地宣告自己是古老家园的主宰和主人。"[1]但值得怀疑的是，是否绝大多数第一波移民都拥有这些远大的梦想。

在遇到这个国家现有的犹太居民后，新移民快速地将他们自己定义为"新伊休夫（犹太人社区）"，将他们的前辈定义为"旧伊休夫"。这些标签被认为代表着不同的目标、生活方式以及新旧两大类型。巴勒斯坦和流散地的媒体都将旧伊休夫描绘为狂热的极端正统派。他们集中居住在四大圣城（首先是耶路撒冷），依靠哈鲁卡基金的资助为生，排斥任何生产性的尝试，并对外部世界紧闭大门，因此也明确反对犹太复国主义思想。新伊休夫被描绘为开明的和受过良好教育的团体，建立了农业定居点，致力于生产性的生活，并拥有犹太复国主义的政治意识。但与任何标签一样，这些界定模糊了这两大类型的许多变异。

　　尽管有着宗教狂热主义精神，但旧伊休夫也经历了缓慢的变化，这种变化包括寻求就业和住房等方面的现代化。耶路撒冷老城城墙外的第一批定居者来自旧伊休夫，他们由于过度拥挤而选择搬离老城。在科勒尔基金的帮助下，犹太街区在耶路撒冷的北部和西部建立，这都预示着变化的到来。正是来自老城的犹太人首先尝试在巴勒斯坦建立农业定居点，该定居点1878年在梅拉贝斯（后来更名为佩塔提克瓦）建立。尽管这些定居者受到在圣地遵守诫命的愿望的驱动，但他们的确愿意从事农业生活，这在某种意义上就是一场革命。

　　另一方面，如果有词汇被用来指称忠于犹太复国主义思想的信号的话，那么并不是每个第一代阿里亚成员都配称为"新伊休夫"。许多新移民与其旧伊休夫先辈很类似：他们急于前往耶路撒冷以期获得哈鲁卡基金的资助。其他许多人是这一时期离开东欧的移民浪潮（尤其是前往美国）的一部分。这些移民很显然构成了第一次阿里亚（1881—1904）和第二次阿里亚（1904—1914）的绝大部分，移民前往巴勒斯坦的动机与前往其他地方的动机一样：更好的生活；获得安全，免遭来自沙俄当局的集体迫害和歧视的恐怖；为他们的子女争得新的希望。他们是城市居住者，因此渴望继续居住在城市，而不想尝试农业定居点。他们来到巴勒斯坦几乎是由于偶然，或许是由于他们听到了劳伦斯·奥利芬特（Laurence Oliphant）在巴勒斯坦安置犹太人的活动，或者世界以色列人联盟[2]对定居点活动的支持，或者是由于经海路前往中东要比前往美国便宜，因为前往巴勒斯坦的路途更短，也可更便捷地回家。

　　第一次阿里亚时期也包括来自"圣山热爱者"相对较小的团体，

该组织在他们的母国俄国和罗马尼亚都有分支，以便在巴勒斯坦购买土地，用于犹太农业定居点。受民族主义动机的驱使，这些团体包括两大知识分子群体。首先是由青年人构成的比卢协会，他们中的一些人在俄国接受了高等教育。集体迫害之后，他们对融入俄国社会感到失望，于是决定"回到犹太民族"，在巴勒斯坦建立一个独立的犹太实体，梦想着拥有犹太主权（类似于弗拉基米尔·杜布诺夫的构想，尽管他本人很快返回俄国）。这些青年人都是单身、受过教育的自由思想者，受到一种理想和远大计划的激发而开始组织一场群众运动。但他们引人注目的目标与其执行这些目标的能力相脱节，这是由缺乏经验、缺少资金和巴勒斯坦的现实所致。一旦他们的崇高愿望屈服于残酷的现实，他们就放弃了浮夸，转而集中于建立一个垦殖点，以作为追随他们前来者的模范定居点。作为一个小规模的团体，比卢运动受到他们从俄国革命运动中吸收的民粹主义思想的影响，他们致力于将之运用到犹太复国主义事业。他们没有留下真正的定居点遗产。绝大部分人甚至在他们到来之前就分散了，但在众多努力下，有一小部分人定居在盖代拉，他们在那里被迫遵守宗教生活方式。他们的青春梦想残留下来的仅是比卢传奇，这是随后几十年里理想主义青年群体的一个光辉榜样，这些人将比卢运动视为定居谱系中的第一根链条。第二个团体由中产阶级青年、受过教育的有产者构成，他们持有自由的观点（这个团体成员的行为让青年约瑟夫·切罗基感到震惊），受到民族主义思想的驱动。

"圣山热爱者"的其余成员都是与其家庭一道前来的中年犹太人，结合着个人和民族主义的动机。他们想在巴勒斯坦过上自由的生活，"坐在自己的葡萄树和无花果树下"。总的来说，他们是虔诚的信徒，没有受过教育，没有领导能力。他们是小店主或神职人员，对农业劳动没有任何概念。一些人甚至在1881年集体迫害之前就已开始考虑移民巴勒斯坦，但直到这场暴乱后觉醒的犹太复国主义才促使他们将这一想法转化为现实。

在这时移民是一个选项，而非必需，许多新来者选择在一段时间后离开巴勒斯坦，尤其是在第一次世界大战之前那些年，来自俄国、加利西亚和罗马尼亚的移民继续前往美国或其他可能的地方。对于许多人来说，巴勒斯坦只是一个没有关闭边界国家的流浪汉中转站，因为进入这一地区无须护照。广为接受的估计是，第一次阿里亚由6万人构成，其中至少一半离开了巴勒斯坦，有些人甚至认为离开者的比例达到了70%。1904年，在第二次阿里亚前夕，巴勒斯坦犹太社区人口达到了5.5万人左右（包括自然增长），其中1万~1.5万居住在莫沙夫和雅法的新伊休夫，少数人居住在耶路撒冷和其他城市。随后的10年间，大约4万移民来到了巴勒斯坦，其中超过60%永久性离开了，有些人估计这个数字甚至更高。

绝大部分第二次阿里亚的移民在本质上与第一次阿里亚并无不同。与第一次阿里亚一样，第二次阿里亚包括一个不超过3000人的精英团体：年轻的单身男女受民族主义理想的驱动来到巴勒斯坦。甚至在这个团体中，存在残酷的选择过程。在大卫·本-古里安看来，90%的人将以离开作为结束；出生于波兰的他1906年来到巴勒斯坦，当时仅有20岁，后来成为以色列的第一任总理。[3] 但正是这个小团体的成员塑造了民族精神、历史书写以及领导层。当我们谈及第二次阿里亚时，通常都是指这个选择性的团体。

移民和定居的现实显示出在移民的初始动机与其实际行动之间并无直接关联：许多人并不是带着成为忠诚爱国者的期望与意识形态而来，而很少一部分准备牺牲的理想主义者在遭遇艰苦的现实后也选择了离开。在第一次世界大战前，移民巴勒斯坦不是犹太复国主义的一项基本原则，离开巴勒斯坦也不具备污名化的特征。离开的行为，要么短期离开要么永久离开，都是巴勒斯坦生活的一部分。不少犹太复国主义领袖和希伯来文化名人前来参观巴勒斯坦，但没有多少人留下来。"我们的同伴以及整个犹太复国主义运动中的最杰出者居住在流散地，期盼巴勒斯坦对他们就已经足够了，"伊扎克·本·兹维抱怨道，并补充说，"他们来自国外，他们只是看一眼我们生活中的古老和现代因素，然后回去。"[4]

农业定居点，1882—1904

尽管新的城市伊休夫，尤其是雅法，吸收了绝大部分移民，但巴勒斯坦的犹太复国主义定居点的形象仍是农业的。一些因素导致了农业的吸引力：耕种土地的浪漫化；移民有限的技术；渴望为犹太人的土地所有权奠定基础。

尽管可以看到资本主义19世纪出现在西欧，甚至东欧，这为企业家精神、商业和金融业创造了经济基础，但马克思主义的出现重新确认了工人的地位。马克思主义者认为，无产阶级通过其劳动创造了持久的财富；所有其他阶级都在像水蛭一样靠榨取工人所创造的剩余价值为生。这个概念是18世纪重农学派思想的延续，他们把劳动者置于首要职业的地位，将经济中的中介因素边缘化。由于犹太人的非生产性和对其他人劳动的剥削，这些思想学派都将犹太人置于劣等地位。现代反犹主义支持着犹太寄生虫形象，这种形象自启蒙运动以来就渗透于大众以及犹太人的话语中。所有的现代犹太慈善协会都将耕种土地作为将犹太人从其被认为的经济边缘地位中拯救出来，并赋予他们在社会中的生产性地位的方式，因此，他们在全世界范围内推动农业定居点计划的倡议。

另一种因素是有关城市的浪漫观念——工业化及其导致的异化之摇篮——也是一切邪恶的根源。正如卢梭的《爱弥儿》描述的，理想就是回到天真的失乐园——农业社团，一种接近自然和与各要素直接接触的生活。在俄国，民粹主义者赞美纯朴的农民，认为他们代表了自然的、真正的、根本的本质，与贵族和正在城市中出现的新兴资产阶级相反。他们认为俄国农民及其村社蕴藏着在俄国实现社会主义政权的可能性，而无须首先经历残酷、剥削性的资本主义之路。

这种立场从俄国思想界渗透到犹太人身上。犹太复国主义者认为，耕种土地者拥有与其土地的密切联系，这种联系可以应对犹太人被指责的漫游特质。农民靠其诚实的劳动为生，发展出了生活简朴、热爱自然和独立等特征。当然这种理想主义描绘与现实相去甚远。正如伯尔·卡茨内尔森曾经讽刺地评论道，青年人是否表达出对俄国农民的过分赞美是值得怀疑的，以至于可以忍受其鞋子上的臭沥青。另一种浪漫版本也与犹太农业工人相连，犹太劳动者踩过田间的画面成为犹太复国主义宣传的核心图案。甚至冷静的、接受过西方教育的人，例如阿瑟·鲁平也将田间的劳作视为"复兴我们身体和精神生活的源泉"[5]。

在这一时期，巴勒斯坦的城市吸收新移民的能力有限，绝大部分试图定居在城市的移民被迫离开这里。可以说，巴勒斯坦几乎没有工业，工业在这个地区的发展程度是值得怀疑的。巴勒斯坦是一个农业地区，因此对于寻求移民这里的任何人来说，最简单、最明显的解决办法就是定居下来从事农业。绝大部分移民都仅有很少的生产工具，没有任何农业生产经验。那些仅有少量资本的人计算出一块地的面积、农业设备、建造住房、耕种土地和等待一年后才能有收获的成本。然后，一旦他们的代表购买了他们与协会其他成员将建设的土地之后，似乎只有地中海才能将他们与和平安宁的生活隔开。那些无产者认为慈善组织将设法安置他们。而且，定居点协会组织起来购买土地，分配一些土地给没有财产的少数家庭耕种。因此，从长远看，它至少体现出通过农业谋生的方式是可行的，并可以提前加以安排。

在经济需要和浪漫观念之外，还存在一种政治愿景：通过购买土地和定居活动对这个地区的领土进行实际控制，这是那些"实践的犹太复国主义者"所认为的创造犹太人对巴勒斯坦所有权的最佳途径。尽管不是空置的，但这个地区的人口相对稀疏，正如圣殿骑士扎根于这块土地一样，犹太人也将如此。任何政治成就都将来自定居行为。这种想法不是来自个体定居者，尤其不是贫穷的未受教育者，但它存在于其他人的心中：俄国的"圣山热爱者"运动委员会成员，被称为敖德萨委员；早在1882年就已开始支持定居点活动的埃德蒙·德·罗斯柴尔德男爵；在20世纪头10年建立了一种新式定居点的犹太垦殖协会；建立于1908年、由阿瑟·鲁平领导的协调巴勒斯坦犹太复国主义活动的巴勒斯坦办公室。

赫茨尔搁置了获得特许状之前在巴勒斯坦建立犹太定居点的所有

尝试,并将这些尝试称为"渗透",即这种不负责任的行为对于其使命是为犹太民族建立一个由国际法所保证的安全避难所的运动来说是不合适的。他也担心在获得特许状之前购买土地将导致投机活动和价格上涨。但群体的本能为没有特许状的巴勒斯坦犹太定居点奠定了基础,他们期望造成的既定事实将最终决定着政治秩序。这种观念持续地作为犹太复国主义事业的标志,并成为一种奠基神话。

奥斯曼当局清楚地意识到犹太复国主义者的期望和他们扩大巴勒斯坦犹太立足点的努力。当时在黎巴嫩已经存在一个基督徒分离主义运动,在巴勒斯坦引入另一个这样的运动,将导致外国力量对那里的干涉增加——对帝国已经遭受的压力再增加一种因素——从一开始对于奥斯曼人来说就是无法接受的。而且,绝大部分移民并非奥斯曼臣民,而是处在外国领事馆保护下的人。这两大原因对于拒绝犹太复国主义者的努力来说已经足够了。

除了这些反对以外,还有阿拉伯人对于任何增强帝国境内非穆斯林地位的反对;1878 年柏林会议给予非穆斯林平等的权利,这在政治上削弱着奥斯曼帝国。苏丹阿布杜·哈米德二世试图借助宗教情感加强帝国已经松弛的纽带:他宣布自己为忠诚的哈里发,甚至建造了汉志铁路以便利前往麦加的朝圣者。阿拉伯人是帝国的关键部分,他们的观点对于当局来说十分重要。当地的阿拉伯人领袖,无论是穆斯林还是基督徒,都带着怀疑和敌对的态度看待进入巴勒斯坦的犹太移民。他们很清楚犹太人压制着他们对巴勒斯坦的民族主义期盼,阿拉伯人不准备接受这些外国人对他们国家的入侵。他们对圣殿骑士团的定居点采取模糊的立场,但对犹太人的定居点采取了十分强烈的反对态度。

其结果是,奥斯曼政府对犹太移民和购买土地采取了敌对的政策。早在 1881 年土耳其人就禁止犹太人进入巴勒斯坦,当时第一批比卢成员到达了伊斯坦布尔,在准备前往巴勒斯坦的途中,他们被告知犹太人可以在除巴勒斯坦之外的帝国任何地方定居。赫茨尔徒劳地通过许诺给苏丹提供财政援助来改变这项政策,而他有关国际监督下的特许状只是增强了奥斯曼人的疑虑。来自西方大国保护其定居在巴勒斯坦的公民权利的压力使得帝国的规定出现了轻微的松动：犹太朝圣者被允许进入，一开始是允许停留一个月，后来增加到三个月。每个地方统治者根据他自己的理解来执行这项规定：在雅法，这项禁令得到了严格的遵守，而在海法港与贝鲁特港，犹太人被允许登岸。奥斯曼当局也对土地购买和建造活动施加了严格的规定，但这些规定由于领事的压力每隔一段时间就进行修改，从而为怀疑当局的意图留下了空间。这种矛盾给了地方统治者某种灵活性，而且贿赂现象也十分常见。犹太人利用了这些规定的漏洞，比如当局执行其政策的不力，那些政策执行者存在的——政治上和伦理上——可怕弱点。严厉而敌对的奥斯曼政策是造成定居者所面临巨大困难的主要因素之一。

在定居活动一开始，7个莫沙夫在三个主要地区建立：雅法东南部；卡梅尔山和撒玛利亚（该地区位于卡梅尔山脉南部，而非东面与之同名的阿拉伯人口聚居区）；上加利利东部。里雄莱锡安（Rishon Lezion）、耶索德哈马拉（Yesod Hama'ala）、盖代拉（Gedera）、埃克隆（Ekron）和佩塔提克瓦（Petach Tikva）由来自俄国栅栏区的移民建立，而罗什皮纳（Rosh Pina）和兹奇隆亚科夫（Zichron Ya'akov）由来自罗马尼亚的"圣山热爱者"建立。除了由罗斯柴尔德男爵资助建立的埃克隆和得到"圣山热爱者"敖德萨委员会资助的比卢成员定居的盖代拉，其他所有定居点都由私人资金建立。

移民通常是按其来源的城市集体去购买土地，通常是从阿拉伯所有者、地主、阿拉伯和其他土地经纪人那里购买。购买来的土地通常是未经耕作的，尽管其中一些土地之前由租佃农耕种。土壤大多是沙土［里雄莱锡安、耐斯茨奥纳（Ness Ziona）、雷霍沃特（Rehovoth）、盖代拉和佩塔提克瓦］和岩石（兹奇隆亚科夫和罗什皮纳），靠近沼泽地（耶索德哈马拉和哈代拉）或缺乏地表水和降雨。阿拉伯人宁愿居住在山区，因为可以避免疟疾，并有着丰富的降雨和泉水，在那里他们还可以培育果树。直到犹太定居者发现地下水层并不深之前，沿海平原的土地都被认为是土质较差的。他们开始用现代设备抽水并种植适于沙土的作物。

然而，定居者在移民前进行的所有详尽评估都被证明是过于乐观了。正如我们看到的，在第一波移民浪潮开始不久后，奥斯曼政府禁止犹太人进入巴勒斯坦，尤其是购买土地和建立定居点。一些作为奥斯曼臣民的塞法迪犹太人虽然机灵地在表面上以他们的名字购买土地并进行登记，但登记程序完全控制在土地登记处之手，他们也不能建造任何建筑。其结果是，定居点计划的整个时间表宣告失败。支付贿赂也是十分必要的，这增加了定居者无法预料的开支。

在绝大多数情况下，土地购买还牵涉到与邻近阿拉伯村庄的摩擦，他们由于犹太人购买土地而对边界划定不悦；与卖主的摩擦，这些卖主在与买主的交易中不诚实；与租佃农的摩擦，买主寻求拿走他们的土地，让他们感到不悦。如果说争论不是有关土地边界或所有权，那就是有关贝都因人对荒地的放牧权，或经过权和对附近泉水或当地水井的使用。这些冲突的解决需要大量的经济补偿。如果冲突双方闹到法庭，案件需要拖上数年。同时，买主无法在土地上定居或建造；他们与其家庭暂时居住在最近的城镇而被迫动用他们的积蓄。最后，尽管定居者并不来自欧洲发达地区，但他们仍希望有一定的公共设施，包括会堂、学校和医疗机构。这些事先没有予以考虑的需要都要求进一步的投资。

"圣山热爱者"协会致力于对维持定居者第一年的活动提供支持，直到第一批作物丰收，但他们从未成功地筹集到所需的资金。由于他们只能一点点地募集资金，没有足够的钱财来巩固定居点，而只是满足其日常需要。到第一年年末，当大田作物的产出收益还不够弥补开支和确保靠其维持生存的家庭（他们曾经希望如此）时，第一个莫沙夫里雄莱锡安发现自身处于危机中。在外部问题中，最尖锐的是，这些欧洲城市居民发现很难适应中东的农村生活。他们对农业所需的艰辛和疲劳的劳作缺乏经验。炎热的气候对他们来说是陌生的，蚊子和其他昆虫使他们生活痛苦，疟疾在一些莫沙夫盛行，这些都使定居者苦不堪言。

埃德蒙·德·罗斯柴尔德男爵给这些定居者提供了资助。1900年，第一次阿里亚末期，罗斯柴尔德指责伊休夫代表说，"我独自一人创造了伊休夫"，他并非自我吹嘘。他不是一个公开声称的犹太复国主义者，认为犹太人在巴勒斯坦开展的任何行动都应保持低调，应当回避远大的政治声明以避免政府的怀疑和阿拉伯人的敌对。在罗斯柴尔德男爵1934年去世后，巴勒斯坦媒体引用了一次采访，对其中有关巴勒斯坦的犹太国家问题，男爵评论说，犹太人应当根据法国政治家莱昂·甘必大在法国1870年色当战败、割让阿尔萨斯-洛林给德国时制定的准则来指导他们行事："永远不要谈论它，而要一直思考它。"这是相当明智的劝告，但它没有考虑到一场民族运动所面临的困难，它必须维持忠诚支持者和追随者的热情，同时要求他们隐瞒其情感和保持忠诚，即使他们对未来的希望在当下没有支撑。

在几年内，四个莫沙夫（里雄莱锡安、罗什皮纳、兹奇隆亚科夫和埃克隆）得到了罗斯柴尔德男爵的赞助，他也在某种程度上支持了其他几乎所有莫沙夫。他为其支持设定条件，将土地转移到他的名下，由他的代表进行管理，他则以秘密的方式进行介入。因此，伴随着许多指责，他也成为当地的民间传说，被冠以"众所周知的施主"的绰号。

男爵投入了大量资金以确保土地的法律所有权和获取建造许可。他通过其代表以及法国领事馆的协助与当局开展交易，有助于确保莫沙夫的持续存在和免遭攻击或政府妄为。为了增加农民的土地以实现经济整合，罗斯柴尔德购买了毗邻莫沙夫的大片土地。他也将这些土地分配给莫沙夫居民，但他们没有所有权，这样做便于扩展莫沙夫和提供更有效的公共服务与安全。他要求在其支持下的莫沙夫雇用的劳动者全部是犹太人，这也是增加莫沙夫犹太人口的另一种途径。此外，他投入大量资金发展莫沙夫的供水设施，主要是利用相对较深的钻井和现代抽水技术。

土地耕种者的典型形象就是农民耕种土地的画面，实际上第一批莫沙夫建立在大田作物的基础上。大田作物既不要求大量的投入也不需要大量的灌溉，而是通过在每个定居者75英亩左右的土地上种植谷物，为农民及其家庭提供了生计，但大部分农民拥有的土地更少。定居者设想的不是一种富足的生活，而是从其劳动中获得尊严的生活，尽管罗斯柴尔德对基础设施、公共建筑和贫困定居者进行投入，但他意识到粮食的增长并不会提供一种有尊严的存在。从1885年开始，在来自法国的农业专家的建议下，男爵开始将他控制的莫沙夫转变为种植园经济。随后种植了成千上万英亩的葡萄园。他没有控制权的莫沙夫，即那些建立于19世纪90年代的莫沙夫（最著名的是雷霍沃特和哈代拉），也模仿男爵莫沙夫的做法将自身的农业建立在单一种植之上。罗斯柴尔德在里雄莱锡安和兹奇隆亚科夫建造了现代的葡萄酒酿造厂，压榨莫沙夫生产的所有葡萄。

工业种植园经济在巴勒斯坦是从不存在的，直到男爵复制了法国居民在法国南部和阿尔及利亚的做法之后，巴勒斯坦才有了葡萄种植经济。但从大田作物向工业种植园经济转型并不容易，从法国引入的葡萄品种并不适于当地的气候，农民不止一次不得不拔除葡萄藤并种植新的品种。兹奇隆亚科夫的葡萄园遭到根瘤蚜蝇的入侵而被摧毁。

一开始，莫沙夫由选出的委员会进行管理，尽管在没有明确领导层、在极端困难条件下生活的群体内部存在意见不一致的情况，但初步的民主管理方式开始出现。当男爵接管了莫沙夫时，他解散了自治机构并代之以自己的管理人，这被称为"托管人制度"。该行为显示出这名现代西方人对东欧犹太人相当傲慢，以及富人对其被保护者缺乏信心。罗斯柴尔德想要的是，用简单、未受教育和朴实的农民来垦殖土地，就像欧洲的农民那样。例如他安置在由其建立的埃克隆的居民，都是不识字的，因此需要一个受过教育者以为这些居民给远在立陶宛的亲属写信。男爵对里雄莱锡安受过教育的精英或10年后的雷霍沃特没有什么感觉，也不愿意资助主要由受过教育的比卢成员所定居的莫沙夫盖代拉。在他看来，巴勒斯坦的犹太定居点应该建立在特别的人群类型之上：安于现状的谦逊农民，不追求界限以外的东西，他的土地是其全部的世界。但罗斯柴尔德引入的先进方法和现代农业要求一种不同类型的农民，这种农民能意识到不断变化的需要、懂得技术和勇于创新。

这种矛盾的结果是引入整套的官员、专家和指导人员系统，他们管理着莫沙夫生活的所有细节。这些官员中的一些人致力于巴勒斯坦的犹太定居点，而另一些人对此不感兴趣，以令人难以忍受的权势对待当地居民，以至于引发了一些反抗。男爵毫无疑问支持其官员，调离了一些具有独立观点的农民，平息了当地领导层的火花。他的托管人制度以寻求讨好官员的奉承者阶级的形式，滋生了道德腐败。因此，独立农民的创见和智谋为依附和堕落所取代。罗斯柴尔德的葡萄酒酿造厂以固定的价格压榨所有莫沙夫的葡萄，为超过其实际价格的部分提供补贴。

到 19 世纪 90 年代末，由于需求减少，出现了葡萄酒的大量过剩，男爵的官员无法将之出售。但在莫沙夫内部，补贴创造了充裕的假象。当时也显示出衣服、住房和教育上的奢侈。在官员们的推荐下，莫沙夫的青年一代被派往法国学习。兹奇隆亚科夫绰号小巴黎：法国文化——上层阶级的文化——是青年一代的模范。“男爵的代价”的说法反映了奢侈和享乐的风气。

1887 年，“圣山热爱者”敖德萨委员会，将男爵的资助作为定居点事业的基础，强烈谴责一个反抗男爵派驻里雄莱锡安官员的团体。比卢运动的赞助人耶歇尔·迈克尔·派恩斯（Yechiel Michal Pines）将这些反抗的农民称为“虚无主义者”。阿哈德·哈姆也指责他们。希伯来语的坚强斗士和耶路撒冷极端正统派的反对者埃利泽尔·本-耶胡达（Eliezer Ben-Yehuda）声称，“不是受教育者习惯了自由，他们无法忍受主人的约束，他们终日所想的是成为自由人，来建设犹地亚”。他还警告说，“在莫沙夫中他们（受教育者）走向了毁灭、毁灭、毁灭”[6]。

而仅在 10 年后，出现了许多同样的声音批评莫沙夫的管理层及其活动目标。阿哈德·哈姆及其追随者严厉批评托管人制度导致了莫沙夫中的腐败。罗斯柴尔德男爵的投资是巨大的。根据研究者兰·阿哈隆森（Ran Aharonson）的估计，在男爵参与莫沙夫事业的 18 年中，他投资了 160 万英镑，几乎是"圣山热爱者"运动同一时期总投资的 20 倍。然而莫沙夫并没有实现经济独立。很显然男爵得出了结论，是时候改变这个体制了。1899 年年底他与犹太垦殖协会签署协议，将莫沙夫转归犹太垦殖协会控制。由赫尔施男爵创建的犹太垦殖协会，推动了阿根廷的犹太农业定居点，在 19 世纪 90 年代后期它也在巴勒斯坦开始活跃起来。随着协议的签署，罗斯柴尔德将 1500 万法郎转交给犹太垦殖协会，以对定居点事业进行持续的投资。

犹太垦殖协会的路径是少了家长制，更多的是资本主义和理性。它结束了葡萄种植补贴，削减了对农民的直接资助，尤其减少了官员和公共服务人员的数量。农民被告知要独立应对和重组其农业经济。在繁荣时期拿着相对较高工资的犹太工人，现在被解雇，并被工资较低的阿拉伯工人所取代。犹太垦殖协会对于鼓励失业工人离开这个地区没有疑虑，甚至为他们提供便利。它对待没有土地的莫沙夫第二代成员也是如此。老的葡萄园被废弃，犹太垦殖协会鼓励莫沙夫转向大田作物和种植园的混合农业，这时也开始了种植柑橘树的首次尝试。在一场持续数年的危机后（体现为在垦殖者中对乌干达计划的热情支持），老莫沙夫开始稳定和巩固。在 20 世纪第一个 10 年期间，创建于 1900 年之前的莫沙夫实现了经济独立。

犹太垦殖协会现在回归到建立在大田作物和贫困、未受教育的、简单定居者基础上的定居点模式。它最重要的定居点事业是在犹太定居点的新区域下加利利，这里创建的 5 个莫沙夫使用能力得到证明的熟练农业工人。由于下加利利的降雨不足，计划用来作为垦殖事业基础的大田作物只需要很少的水分。为了确保定居者可以靠其劳动为生，相当大的土地（大约 75 英亩）可供他们利用。这里的土壤大部分是岩石，定居者在土地上劳作前不得不对茬地进行清理。犹太垦殖协会为每个定居者提供一份牲畜和设备清单以便他可以独立自主。根据犹太垦殖协会与定居者达成的协议，后者被视为土地租种人，直到他们向犹太垦殖协会偿还对其农场的投资。这五个距离较近的莫沙夫，是将犹太定居点连成一块的首次尝试。远离这个国家的中心，定居者的孤立和其他活动较少，大田作物经济对第二次阿里亚的青年来说有一种神奇的力量，这些青年将加利利视为奇境，它的农民是真正的土地耕作者，与来自种植园莫沙夫的娇惯同行形成了鲜明对比。

但由于降雨稀少、长期缺水和收成较差，定居者的生活极度困难。自然灾害和人为灾害（来自外约旦的贝都因人劫掠和好战的阿拉伯邻居的侵扰）迫使定居者准备为其生命和财产而战斗。他们发展出了一种强硬的个人主义风格，有些类似于拓荒之前的美国西部。

1904 年，巴勒斯坦已有 30 个犹太农业定居点，居民在 5000~5500 人。许多年间，这些定居点决定着犹太伊休夫的边界，从北部的迈图拉到南部的贝尔图维亚。很大程度上，在起初时期形成的定居点集团塑造着伊休夫的未来发展。后来的努力旨在扩展这些集团并将它们连接起来——有关这些早期定居点分布方案的总体计划的雏形已经出现。

第二次阿里亚和先锋精神的诞生

在乌干达危机后，犹太复国主义运动陷入了深深的沮丧之中，1904 年赫茨尔的突然去世使情况更加糟糕。犹太复国主义运动聚焦于日常议题，这是由于只要国际形势没有改变，实现赫茨尔获得有关巴勒斯坦的特许状的梦想就没有可能。由于转由犹太垦殖协会控制，老莫沙夫开始摆脱危机，但精神危机一直存在，许多第二代成员离开了莫沙夫。在这种前景暗淡的氛围中，新一波移民开始抵达巴勒斯坦，这个群体被作为第二次阿里亚而载入史册。

与其前辈一样，这一波 3.5 万~4 万人的移民流可以被视为当时离开东欧的犹太移民大潮上的泡沫，绝大部分前往了美国（1904—1914 年，大约 120 万东欧犹太移民到达美国）。根据作家约瑟夫·哈伊姆·布伦纳的描述，"一个家庭如果想要摆脱它自身的问题，就将这个问题甩给巴勒斯坦"。他继续说："只有像 1905—1906 年那样的革命，打翻了我们在栅栏区的蒸锅，在很短时间里使我们民族成千上万的人跨越大洋，也将少数人送到了以色列地。"[7] 这些移民中的绝大部分最终离开巴勒斯坦,尽管一定数量的移民留下来并定居在城市,主要是雅法。然而,少数人选择了另一条道路;这些人在整个第二次阿里亚中留下了他们的印记。

第一次阿里亚和第二次阿里亚之间的 30 年改变了栅栏区的面貌,绝大部分移民正是来源于此。俄国的快速工业化和现代化导致人们离开小城镇进入地区城镇和栅栏区的主要城市。城市化进程的后果之一就是青年一代更大程度的激进化。俄国革命者不断而频繁的活动,尤其是社会革命者参与到针对政府高官的恐怖袭击,吸引了犹太青年加入他们的活动:"俄罗斯青年起来反抗政府专制,如果他们可以,我们也可以。"正如我们看到的,致力于增进犹太工人利益的犹太人马克思主义政党——崩得,创建于 1897 年,与第一届世界犹太复国主义代表大会同年。崩得激起了犹太工人的自豪感,向他们灌输阶级和民族意识,期盼当民主革命到来时,一切宗教歧视和民族歧视都将消除。

随着 1903 年基什涅夫集体迫害的爆发,在崩得和犹太复国主义者的支持下,犹太自卫团体开始组织起来。1905 年俄国革命后的集体迫害浪潮震惊了栅栏区,犹太青年的激进化势头越来越猛烈。犹太青年的激进化体现在大批意识形态和思想学派的出现。那些人相信民主革命将使犹太人得以作为一个拥有维持其独特文化(体现为意第绪语和文学)的少数民族在俄国生活,这是自治主义者或崩得分子的主张。其他人在乌干达计划和获取巴勒斯坦的努力失败后,被领土主义者所吸引,致力于为犹太人在巴勒斯坦以外寻找一块领土。

当然,其中也包括犹太复国主义者。但"圣山热爱者"运动或赫茨尔的犹太复国主义看起来是资产阶级的,它没有实现其目标,与那些暴风雨的时代精神不相容。激进的犹太复国主义圈子开始出现:锡安青年和锡安工人群体。一开始这些实体是无组织的,不太能表达明确的目标,而是更多地通过其反对的对象来界定他们:莫沙夫的托管人制度(这可以从阿哈德·哈姆的论文《伊休夫及其托管人》中得到反映);缺乏现实基础的政治犹太复国主义的长远计划;犹太复国主义运动的小资产阶级特征。他们想要一个不同的犹太复国主义，不仅对犹太集体有意义，而且对于个体也是如此。它应当包含犹太人形象的精神革命——一场价值、规范和行为的革命。锡安青年组织强调民族和文化因素，为先辈土地上的道德和本真生活而奋斗，而锡安工人组织受到俄国街头的社会主义思想的影响。

贝尔·博罗霍夫创造了马克思主义（当时被视为主导性的意识形态）与犹太复国主义的综合体。他解释说，犹太人的社团无法成为无产阶级这个未来阶级的一部分，因为他们不被允许在工业中劳作。相反，他们正在成为受救济者和转变为流氓无产阶级（lumpenproletariat）。其结果是，犹太人注定在即将到来的资本主义和社会主义大决战中被碾碎。为了拯救他们自己，犹太人需要一个他们自己的国家，在其中他们可以正确地开展阶级斗争，而这个国家就是巴勒斯坦。在博罗霍夫的构想中，这种发展将通过独立于人类意志之外的客观的、自发的过程发生。他声称社会主义犹太复国主义者移民巴勒斯坦不是受情感因素驱动，而将受这些"客观"过程的驱动前往那里。因此，移民宣传是没有用的，也无须与资产阶级的犹太复国主义者合作。锡安工人组织的角色就是帮助资本主义在半封建的巴勒斯坦发展起来，只有在历史发展中达到了这个关键阶段，一场社会主义革命才将在那里出现。从今天的视角来看，锡安工人组织的世界观不过是从理论上装点渴望的现实的笨拙尝试，但需牢记的是，博罗霍夫主义为成千上万的犹太青年提供了促使他们连接普遍革命——对于他们来说代表着人类精神的进步——与其民族渴望的综合体。

1906 年，一位希伯来语教师约瑟夫·维提金（Joseph Vitkin）对他在莫沙夫的讲课经历表示彻底的失望，发表了一篇文章《对与其民族和锡安同在的以色列青年的呼吁》，他在其中呼吁理想主义的青年人移民巴勒斯坦。"觉醒吧，以色列青年，来帮助你们的民族！你们的民族正在挣扎，它的土地将可能很快永远地脱离自我的控制。赶紧帮帮它！"他设法为其读者准备了等待他们的审判："使你们自己准备好进入战斗状态吧，病态而饥饿的人民——朋友和敌人、陌生人和兄弟、锡安的仇恨者和犹太复国主义者……使你们自己准备好应对你们周围的那些仇恨者和残暴者，他们将把你视为一个危险的竞争者。"最后，"你们中的许多人将会倒下，或许是由于与疾病和痛苦、饥饿和劳累的战斗，但那些留存下来的人以及那些追随他们而补充进来的人，将在这场战争也是和平之战中最终取胜"。他断言："以色列的英雄们，快速地前进。以更大的精力重新开始比卢的时代，否则我们将注定很快走向迷失。"[8]

这些青年男女中的绝大部分都来到了巴勒斯坦，并在很多年里依然单身。他们到来时非常年轻，来到这个遥远而未知的国度，缺乏亲戚或朋友，得不到某个可能欢迎他们的运动、协会或组织的支持。绝大部分人到来时身无分文，仅带着在以色列地成为工人的雄心前来。第二次阿里亚时期也是这些到来者的青春期危机时期。他们是流浪汉，在佩塔提克瓦的柑橘园工作一段时间，然后又前往哈代拉，之后又从那里前往加利利等地。一方面，这种稳定性的缺乏表现出他们对了解这个国家的渴望，而另一方面也反映出某种不满，缺乏成熟和要忠于某个地方、某些人民和某种生活方式的准备。受俄国革命者精神的驱动，他们想要一种有意义的生活，而不为他们所遭受的痛楚和苦难所阻碍。"我们害怕安宁，"以女诗人拉结著称的拉结·布鲁维斯坦（Rachel Bluwstein）写道，"我们渴望牺牲……"扎勒曼·夏扎尔（Zalman Shazar）将这种情感描绘为"牺牲的喜悦"。[9]

第二次阿里亚的先锋们从俄国带了政党以作为广为接受的组织框架。"政党"使选举产生的领导层、包括本团体意识形态要点的纲领、开展党派辩论和将其意识形态展示给公众的报纸成为必要。在巴勒斯坦创建的第一个类似政党就是1905年成立的青年工人党。该党并不拥护一个预定的纲领，这相当于宣布其成员虽然没有从事政治理论但将他们自己扎根于巴勒斯坦的现实中。他们将"劳动征服"作为其座右铭，通过这种方式牢固确立犹太劳动者在犹太人的土地上从事农业劳动的观念。在文化方面，他们将希伯来文化中心在巴勒斯坦的发展和将希伯来语转变成一种日常用语作为首要的民族使命。对于他们来说，成为农业工人的浪漫主义与体力劳动将把犹太人从世代以来的疾病中解救出来的观念相连。它将是坚韧精神的来源，创造将带来一场精神革命的新特征。

1906年，锡安工人党在巴勒斯坦建立。它的宣言《拉马拉纲领》是根据博罗霍夫的精神由年仅20岁的大卫·本-古里安制定的，他在几个月前刚刚来到这里。锡安工人党致力于成为一个无产阶级的政党，因此提倡莫沙夫中的体力劳动。该党没有像青年工人党那样使劳动充满精神重要性，而将之视为一种生存的必要。事实上，这两大思想流派在农业劳动这个日常兴趣点上汇聚到了一起。

正如我们看到的，一旦莫沙夫被置于犹太垦殖协会的控制下，几乎很少有犹太工人仍然待在那里。现在来到莫沙夫的青年一代是一种完全不同于其低下和懦弱的前辈的类型。他们带来了强烈的使命意识，并确信他们的角色是确保在巴勒斯坦的犹太立足点和莫沙夫的民族主义特征。他们是自由思想家，是一起出门工作且一起度过闲暇时间的男人和女人，他们将自己视为向那些后来者指明道路的先锋模范。他们将劳动者的地位赋予巨大的价值，监督其他人工作——即剥削他们的劳动——的观念对他们来说是深恶痛绝的。出于同样的原因，他们也反对工人早期有关成为拥有土地的农民之理想。他们希望继续作为纯朴的劳动者，将他们的劳动视为实现其民族使命的途径。由于从第一次阿里亚先锋接受男爵的赞助而失去他们的理想中获得了教训，他们讨厌依靠哈鲁卡慈善救济为生的极端正统派，他们拒绝了类似的任何资助。他们通过拒绝与任何物质财产发生联系来维护其独立自主，并狂热地保卫着他们这种来自独立的自由。

这些激进的、高度意识形态化的青年与莫沙夫的现实之间的遭遇是痛苦的。"第一次阿里亚的先锋怀着民族的希望成了投机者和店主，将他们青年的希望卖给了便士。他们将流散地的偶像引入到重生的圣殿，通过'偶像崇拜'玷污着故土的创建。"大卫·本-古里安写道。[10]偶像崇拜是犹太人不应犯下的三大罪行之一，"犹太人宁愿死去也不要犯下这种罪行"（另两种罪行是谋杀和乱伦）。在借用这些隐喻中，本-

古里安将亵渎和"圣殿中的偶像"指代莫沙夫田地中的阿拉伯劳动力。他在此将阿拉伯劳动力的话题从犹太人在莫沙夫获取工作的实际层面转移到了打破禁忌的神话层面。

这些劳动者和第一次阿里亚农民之间的冲突是文明之间的冲突——在保守社会和激进社会之间、在传统守教社会和世俗主义社会之间、在致力于持续和稳定的社会与反对资产阶级价值和物质成功的社会之间。农民们将青年鄙视为无能者,而青年将农民们形容为民族的叛徒,他们对挣钱的渴望使他们愿意放弃犹太复国主义关于在巴勒斯坦建立一个生产性的犹太实体的观念。在代际之间爆发的战争中,农民们指出了他们过去 30 年间的困难,并主张维持作为垦殖巴勒斯坦一部分的莫沙夫的经济稳定是十分重要的,无论如何仅使用犹太劳动力是不够的,或许是由于与其阿拉伯邻居处于和平之中使得他们不再坚持使用犹太劳动力的主张。然而,这些意见未被重视。紧随巴勒斯坦和海外媒体争论而来的是犹太复国主义大众观点领域的争斗,结果是第二次阿里亚的劳动者们轻易获胜,他们从此以后承担着民族拯救者的光环,而农民则承受着阶级利己主义的污名。

有关莫沙夫中使用犹太劳动力的辩论发展为一场有关犹太复国主义本质的辩论。1912 年,在阿哈德·哈姆第三次访问巴勒斯坦之后,他发表了《总而言之》的文章。他先前的文章《来自以色列地的真相》和《伊休夫及其托管人》激烈批评了莫沙夫的情况,而现在他则展示了它们的成就、经济增长和独立。他将在莫沙夫所见的成功农民描绘为几乎是一个理想的形象,一种《圣经》人物波阿斯的类型,一种自豪、博学的所有者监督着他的工人,并以农业为生,但他自己不用劳作。然后,阿哈德·哈姆提出了这个关键性的问题:"任何国家生活的基石在于农村大众……目前巴勒斯坦的农村大众不是我们,很难想象他们在将来被创造。"他断言,犹太人在本质上不适于成为一个土地耕种者:"犹太人过于聪明、过于文雅,无法将其整个生活压缩而希望耕种一小块土地,并安于这种命运,通过额头满是汗水来挣得低微的收入。"[11]由于犹太人在阿拉伯大多数中间将一直是一个少数民族,赫茨尔关于支持把巴勒斯坦当作"安全天堂"的所有希望因此缺乏基础。对于阿哈德·哈姆来说，这种情况证实了他从一开始就提倡的"精神中心"思想的重要性，但对于更广泛的犹太复国主义信徒来说它却是一个丧钟。劳动征服在莫沙夫中的失败，对于那些青年人来说不仅是个人的失败，也是一场民族性的失败，是犹太复国主义观点变弱的体现。

土地所有者是少数欧洲人而当地劳动者占大多数的社会结构，让人联想到少数欧洲人统治当地大多数人并剥削其劳动的殖民地社会。从一开始，巴勒斯坦的犹太社会并不符合这种模式。这个新犹太伊休夫的建立不是祖国将其子女送到一个由它统治的地方殖民并剥削殖民地资源。相反，巴勒斯坦是主要由欧洲垦殖者构成的独特案例，他们选择来到一个不发达、经济不合理的地方，出于民族主义和意识形态的原因对其投入了资本和劳动力。定居者没有征服这块土地，他们购买了它。而且，莫沙夫中社会经济结构的演变类似于欧洲殖民地的情况，第二次阿里亚的移民对它采取了完全反对的态度。自从法国大革命以来，革命者尤其是沙俄革命者接受了"土地属于耕作它的劳动者"的观念。第二次阿里亚的移民认为维持莫沙夫的现状，意味着靠剥削其他人的劳动为生，这也构成了有朝一日阿拉伯劳动者将起来反对他们的犹太主人并将土地据为己有的危险。这些年轻人的社会主义意识形态使他们敏锐地感受到了莫沙夫社会经济结构内部的潜在危险及其道德缺失。

莫沙夫有关劳动征服的斗争失败了。在有些情况下，农民并不想要那些挑战他们雇主的傲慢的犹太工人。在其他一些情况下，没有足够的犹太工人来进行劳动征服。最糟糕的结果是，甚至当犹太工人持久地被雇用，成功地在艰难而乏味的工作中坚持下来，他们却无法像只是偶尔阅读报纸或书籍的文化人那样维持生活，很确定的是建立家庭超出了他们的能力。随着青年男女逐渐变老，这个问题在第二次阿里亚的10年间变得更加严重。

最后一个困难导致了这一观念，即或许是理想主义的、教育程度一般的劳动者对文化的需求不适于劳动征服。从必须实现克服自己以完成这项劳动的意义上说，或许这将通过当时被称为"自然劳动者"的那些人——自然拥有体力劳动的人们，他们无须"征服"它——来更好地实现。这种自然劳动者是可获得的。

在第一次阿里亚期间，来自也门的几千移民主动来到了巴勒斯坦。19世纪40年代末，英国夺取了亚丁，为也门犹太人通过犹太媒体获取发生在其他犹太社区的情况打开了一个窗口。19世纪80年代盛传犹太富人准备购买巴勒斯坦并在那里安置犹太人的谣言。也门的奥斯曼统治者在这个伊斯兰国家实施了所有的耻辱性的反犹法令。也门的恶劣条件、对以色列地的热爱和希望改善自身的命运，这些结合在一起驱使着也门犹太人前往巴勒斯坦。作为奥斯曼帝国的臣民，他们被允许进入巴勒斯坦，而且苏伊士运河的开通缩短了路程。

也门犹太人分好几波到达巴勒斯坦，作为工匠、银匠、建筑工人和石匠定居在耶路撒冷和雅法，他们在这些职业中与阿拉伯人展开竞争。他们获得了勤劳人民的称呼。因此，当第二次阿里亚的劳动者受到"劳动征服"失败的绝望情绪控制时，引进也门犹太人的概念随之出现，他们将作为"自然劳动者"整合到莫沙夫中。撒母耳·雅维内里（Shmuel Yavne'eli）作为从巴勒斯坦派到流散地社团的拉比使者积极筹集慈善捐赠，前往也门促使这个遥远国家的犹太人移民巴勒斯坦，这次旅行成为第二次阿里亚神话的一部分。从1909年也门移民进入巴勒斯坦的浪潮开始，大约1200人在莫沙夫中劳作。他们遭受的困难格外严重：他们身体虚弱，对农业劳作缺乏经验，很显然和阿拉伯人相比没有竞争力。由疾病导致的死亡率非常高。到1914年，也门犹太人构成了巴勒斯坦犹太人口的5%左右，但他们并非"自然劳动者"。

在更抽象的意义上，"劳动征服"一词指第二次阿里亚的劳动者试图适应体力劳动，这种努力是他们的形成性经历。正如约瑟夫·哈伊姆·布伦纳叙述的，"谁能想象悲惨的犹太知识分子来到这里后希望从事彻底不同的体力劳动和带着田野气味生活的痛苦——在一段时间后意识到他的梦想落空……这里的犹太民族没有希望（这是主要的事情）他自己不适于任何形式的劳动……"[12] 这一时期的文学和回忆录有许多对犹太知识分子在烈日下从事体力劳动的艰难场景，以及与充满经验的阿拉伯劳动者展开竞争的描述。劳动被赋予了道德价值，对个体和社会都富有意义和疗效。因此，劳动者被视为民族的精英，为国家利益牺牲自己，把以最纯粹的方式实现犹太复国主义的理想扛在肩上。体力劳动也被认为赐予个体精神品质以及与这个国家建立起神秘联系。通过它，个体犹太人从流散的遗产中得到救赎。这就是劳动者从其在莫沙夫的日常劳动中所获得的补偿。

俄国革命者的社会主义与欧洲的社会主义不同，后者将其世界观与生活方式区分开来，而俄国革命者坚持按其理想生活。将这一观念带到巴勒斯坦意味着仅仅认识到田间劳作的益处高于其他形式的劳动是不够的，人们必须实现那种观念。认识到人们不应当靠剥削其他人为生也是不够的，人们必须在实践中实现这一观念。然而，仅有少数精英能够实际上这样做。绝大多数劳动者很快对农业劳动感到绝望，于是迁移到城市从事其他职业。因此，鼓吹这个信条的作家和领袖中仅有少数人在其生活中进行了如此的实践。即使如此，他们想证明作为农业劳动者是他们与民族精英相连的一种方式。例如，本-古里安在塞吉拉农场仅劳作了一年左右，但他将这个很短的时期当作一种形成性经历。先锋精神激励着青年一代的犹太人，他们将之视为社会牺牲和民族主义革命的结合，它建立在"实现"日常生活理想的原则之上。

1909 年，第二次阿里亚的第二波浪潮开始，带来了一些创造性的思想，结束了由于莫沙夫"劳动征服"失败所造成的停滞状态。教育家和哲学家约瑟夫·维提金和伯尔·卡茨内尔森（Berl Katznelson）成为劳工运动的重要领袖，他们首次提供了其他形式的定居点想法。作为熟练农业工人的阿拉伯劳动者，愿意以较低的工资从事劳作，因为他们在其村庄有自己的土地和家庭，在犹太农庄劳作是一种兼职。而犹太工人无法与之竞争，犹太工人必须建立自己的农场。然而，经验表明，当工人变成农民时，他们自己无法处理所有的劳作而最终还是雇用阿拉伯工人。还有，第二次阿里亚的工人缺乏足够的资本对土地进行独立垦殖，但又反对经济援助，因为那将导致征服和腐败。

如何克服这两大障碍？在此实际的解决方法优于意识形态的解决方法。自 1908 年起就活跃于巴勒斯坦的巴勒斯坦办公室，由一个对社会实验持开放态度的普鲁士犹太人阿瑟·鲁平领导。从 1909 年开始，巴勒斯坦办公室在犹太民族基金会的土地上建立了由农学家管理的农场，主要雇用但并非一直雇用犹太工人——这是犹太复国主义组织第一次在巴勒斯坦开展实际的劳动。在所有这些农场中，管理层和工人之间的关系都较为紧张。其中之一就是基尼烈农场，那里的工人发生了罢工。这些困难预示着需要一种新式的组织。基尼烈邻近的约旦河另一边也是犹太民族基金会的土地，称为乌姆居尼（Umm Juni），巴勒斯坦办公室雇用一名妇女和六名男性劳作一年，并由他们负责。第一年结束后获利了。这就是"克武察之母"德加尼亚（Degania, Mother of the Kvutzot）的开端。

这种几乎是偶然中开展的经历，成为新的定居点模式的基础：将民族土地租给劳动者。这不被视为慈善而是民族性事业。对劳动者没有监管者，这减少了劳动成本并消除了冲突摩擦。随后，伯尔·卡茨内尔森为这种结构增加了两种要素。第一种是相互负责：团体对劳动承担着共同的责任，促使体弱的、新来的和生病的劳动者整合到团体中。这也是一种将妇女整合到农业劳动中的办法。第二种要素，团体是联盟或运动的一部分，在其中集体监督个体成员和每个团体。犹太民族基金会致力于犹太劳动力在其土地上劳作，这些要素的每一个都构成对雇用阿拉伯工人诱惑的制约。自我劳动旨在阻止雇用廉价的其他劳动力，而相互负责确保该团体对可能被诱惑的个体拥有权威。联盟的权威高于团体提供了防止偏离的另一层保障。

这是建设性社会主义概念的开始。在第三次阿里亚前夕的 1920 年，布伦纳归纳了依然留在这个国家的第二次阿里亚成员的世界观："现在这个小阵营依然众人一心，犹太民族和以色列地的拯救将不来自先知或政客，也不来自柑橘园所有者或精神性的无产阶级，而是来自新的劳动者团体，他们带着巨大的力量和人流致力于定居点建设，要么是克武察要么是劳动者的莫沙夫（集体农庄），以恰当的集体民族性的方式。"[13] 他因此为即将到来的年份制定了一份纲领。

劳动者的定居点挑战了莫沙夫的半殖民地定居点性质，并展示了另一条道路，劳动者们声称，它不仅与民族利益一致，而且也更富有道德。它致力于转移因犹太人与阿拉伯人遭遇所引发的社会经济疼痛，并将冲突限制在政治-民族领域。

独立劳动者在民族土地上垦殖的概念是将定居点模式适应于潜在定居者的一种尝试。"自然劳动者"在犹太人中间是最小的少数群体。绝大多数贫穷的移民到达巴勒斯坦后无意定居在村庄和从事体力劳动。他们想定居在城市并继续作为手工业者或商人等从事传统犹太职业。理想主义者选择了农业，但他们拒绝接受与阿拉伯人展开竞争，拒绝接受在监督者的监管下进行耻辱的劳作，以及拒绝接受农民的傲慢态度。劳动者的独立定居点很快被称为"劳工定居点"。这个概念贬低了莫沙夫——在其中犹太人据说不是真正"劳作"——使理想主义者的力量最大化，同时将他们的弱点最小化。这些受过较好教育的定居者想将其力量和技术投入到劳动中，并对技术创新持开放态度，希望学习巴勒斯坦和其他地方的农业经验。由于充满主动性，他们谋求持续的现代化。他们独立、好奇的特征使其无法作为一些人的附属，而是出色地独立劳作经营着他们自己的农庄。以这种方式，缺乏生产资料的激进劳动者的个体利益与犹太复国主义的利益实现了交汇。

转向劳工定居点意味着在莫沙夫中放弃了"劳动征服"观念。对于两大劳工党派而言，这种观念的转变是困难的。对于青年工人党的领袖来说，放弃莫沙夫就好比逃离为"劳动征服"而战斗的战场，而对于锡安工人党来说，工人们经营农场的观念与布尔什维克创造无产阶级的意识形态相冲突。但这是一个移民国家的办法，无法通过当地实际考验的意识形态逐渐被削弱，建立在旧意识形态之上的精英地位不断下降，而体现了新现实的精英地位上升。在第一次世界大战前夕，民族土地上的独立劳工定居点的观念得到了犹太复国主义组织的支持，为依然留在巴勒斯坦的大部分第二次阿里亚劳动者所接受。从现在开始，劳动者可以获得先锋的头衔——这些人在日常的基础上实现民族理想，在犹太复国主义的祭坛上牺牲自己。在这期间，劳动者只是伊休夫的少数群体，缺乏经济能力和政治能力，但他们具备了获得霸权的雏形。这些人的自我意识，以及他们的领袖和作家的才能形成了一种公共议程，在他们自己圈子之外的广阔范围进行灌输，将这个主张从少数人的要求变成一种民族精神，而且很少人敢于反对。

建立劳工定居点的决定将形成一个免受阿拉伯劳动力渗透的领土空间，决定着巴勒斯坦犹太伊休夫作为一个存在于阿拉伯人口之外、与之并行的实体的特征。这个决定并非不言而喻的，犹太人所定居的阿拉伯区域发展为犹太人与阿拉伯人的混合城市。四大圣城的情况就是这样，雅法和海法也是如此。当原来的比卢成员亚科夫·舍尔托克（Ya'akov Shertok）一家 1906 年移民巴勒斯坦时，他选择在以法莲山的艾因西尼阿（Ein Sinia）村租了一个大农庄，其地点远离其他犹太定居点。他们在那里居住了两年，然后搬至靠近雅法的阿胡扎特巴伊特（Ahuzat Bayit）新建街区（后来成为特拉维夫的一部分）。这个行动没有被视为不寻常之举。犹太人试图在阿拉伯区域购买土地，到 1929 年骚乱犹太人已在加沙和希伯伦居住（但巴勒斯坦阿拉伯人核心地区的撒玛利亚没有）。出于同样的原因，犹太人的莫沙夫也是吸引当地阿拉伯人的焦点，他们对 19 世纪已经废弃的土地进行了重新垦殖。因此，在巴勒斯坦创造一个共同的经济和犹太-阿拉伯混合社会的选项没有被视为不可能之事。犹太劳工的庇护所的观点必然要求建立一个分立经济，并包括（回想起来是可见的）从阿拉伯社会分离的社会，以作为独立民族实体的基础，但很清楚的是在当时还没有人想到这个问题。

犹太人与其邻居

奥斯曼统治下的巴勒斯坦不是一个分离的政治单元。加利利和撒玛利亚分别属于阿卡和纳布卢斯两个不同的地区，均处于贝鲁特行省的权威之下。耶路撒冷地区包括巴勒斯坦中部地区、希伯伦山区、南部沿海平原和内格夫北部，由于有关圣地的国际敏感而极其重要，因此被直接置于伊斯坦布尔的权威之下。尽管力量支离破碎，但在受教育的阿拉伯基督徒领导下，阿拉伯民族运动在巴勒斯坦出现了首次萌芽。绝大部分阿拉伯穆斯林忠于奥斯曼帝国，几乎没有任何独立的政治意识。随着 1908 年的青年土耳其党人的革命，激起了对于开明政体的希望，这将允许在帝国境内表达民族主义情感，在巴勒斯坦展现出一些阿拉伯民族主义苗头，例如《卡米尔报》在海法的出现，该报鼓吹反犹情绪，但在这个时期仍很难看出任何特别的巴勒斯坦阿拉伯民族意识。然而，阿拉伯人意识到犹太人试图在巴勒斯坦定居，并对他们所谓的外国人侵表示关切。1891 年，来自耶路撒冷的阿拉伯权贵向苏丹提交了一份请愿书，请求他阻止进入巴勒斯坦的犹太移民潮。作为回应，高门（奥斯曼政府）颁布了反对犹太人进入这个国家的禁令。

这场在当时被称为"阿拉伯人问题"的辩论主要在犹太人内部展开，它不是对阿拉伯民族主义出现的回应，而是围绕着犹太人对待阿拉伯人的行为。阿哈德·哈姆在其文章《来自以色列地的真相》（1891年）中，谴责了犹太农民对阿拉伯工人的虐待。伊扎克·爱泼斯坦在其文章《一个隐藏的问题》（1907 年）中，警告犹太定居点对阿拉伯佃农的剥夺，即使前者给予了慷慨的补偿。拉比便雅悯［约书亚·雷德勒-菲尔德曼（Yehoshua Redler-Feldman）］提议同时促进和提高阿拉伯人口与犹太人口的福祉，以作为将这两大民族结合在一起的途径（1911 年）。[14] 与他们的导师博罗霍夫一样，本-古里安和本-兹维（后者成为以色列的第二任总统）认为阿拉伯农民是古代犹太人的后代，他们一开始皈依了基督教而后皈依了伊斯兰教；现在，通过犹太定居点，他们将同化在犹太人中间。这些观点导致了犹太复国主义媒体的热烈辩论，但值得怀疑的是这些讨论有多少实际的意义：犹太伊休夫仍然过于年轻和稀疏而无法对阿拉伯人构成实际的威胁，而另一方面，它没有为他们（阿拉伯人）提供任何东西。考虑到犹太复国主义运动缺乏资源，拉比便雅悯那样的观点是完全不切实际的。

然而，某种生存焦虑伴随着伊休夫的生活，犹太人密切地关注着阿拉伯人中间发生的情况。在这一时期，犹太人与阿拉伯人之间的冲突主要是在邻居之间，例如在土地、水源和牧场等问题上的争执。在日常生活中，犹太人必须采取措施保护他们的生命和财产，莫沙夫雇用了阿拉伯门卫，而他们通常与窃贼合作。而且，自卫的原则是第二次阿里亚意识形态必不可少的一部分。锡安工人党移民到巴勒斯坦的第一批成员曾属于乌克兰霍美尔的自卫团体，他们携带着这种传统并将之作为他们改变犹太人形象计划的一部分，这体现在愿意保卫犹太人的生命和荣誉之上。1907 年，锡安工人党的成员在塞吉拉建立了巴尔·吉奥拉秘密协会。

1908 年，卫士组织取代了巴尔·吉奥拉协会，采纳了亚科夫·卡汉诗句中的一行诗作为其口号："犹地亚曾在血与火中陷落，犹地亚将在血与火中崛起。"卫士组织是有争议的；垦殖者（犹太农民）觉得它的成员容易激怒阿拉伯人，不必要地使得与他们的关系更具争议。工人党派的成员也对该组织持保留态度。它采纳了阿拉伯人的象征和装备——长袍、头巾、弹夹、武器和战马，看起来是对犹太文化的偏离。成为一名卫士的选择被视为反对艰苦的农业劳动和赞成对武力的浪漫化使用。与土地的耕种者形象不同，卫士组织推崇战斗者的形象，这被视为与工人的哲学相冲突。这一时期，卫士组织的重要性在其实际行动方面要远小于它试图在巴勒斯坦塑造一支犹太防卫力量。正如比卢组织是先锋家庭树的根一样，卫士组织是犹太防卫力量的先锋。

民族文化的形成

在第一次阿里亚到第一次世界大战之间的 30 年间，巴勒斯坦不仅出现了现代犹太定居点的种子，也出现了民族文化的胚胎。这种文化以世俗的犹太认同为特征，将希伯来语转变为口语，要求从流散地文化中独立出来。

这个时期的两大文化导师分别是阿哈德·哈姆和弥迦·约瑟夫·别尔季切夫斯基（Micah Josef Berdyczewski）。由阿哈德·哈姆创建的摩西之子协会在莫沙夫的自由派知识分子中间具有影响力，而别尔季切夫斯基的影响主要是在第二次阿里亚。这两个有着鲜明对比的人创造了现代犹太认同的两极，他们的不同在于对犹太人过去的看法，它的象征和意义，也包括什么构成"新型犹太人"的渴望形象。阿哈德·哈姆版本的犹太历史是一个民族的道德化故事，其本质上是鄙视身体力量，将精神和道德力量圣化。在他看来，犹太人的经历充满了这种品质，它塑造了犹太人的历史。与之相反，别尔季切夫斯基将这种表面上的道德品质视为犹太人民族虚弱的结果，可以追溯到圣殿的毁灭。对他来说，这种特征源自犹太人缺乏一个生活在其自有土地上的民族的生机和天性，而生活在其自有土地上的民族拥有内在的主动性、自发性、亲近自然和对权力的渴望。

阿哈德·哈姆强调"万军之耶和华说：不是倚靠势力，不是倚靠才能，乃是倚靠我的灵方能成事"（他修改为"这个灵"，拿掉了诗句的其余部分）这个原则，别尔季切夫斯基认为这个原则压制了一个民族在使用武力面前不退缩的天性。阿哈德·哈姆将拉比约哈南·本-撒该（Yochanan Ben-Zakkai）神圣化，根据传说后者在毁灭之前从被围困的耶路撒冷逃出向罗马人恳求给予亚布内，在那里他建立了与耶路撒冷不同的犹太教中心（它在民族主权丧失后继续存在）。别尔季切夫斯基从他的角度赞美选择死于防御耶路撒冷而非投降的奋锐党人。亚布内和贝塔尔（巴尔·科赫巴起义的中心）成为两种相互竞争的现代犹太认同版本的象征符号。第一种将精神视为犹太教的本质，而另一种强调犹太人的实际存在。阿哈德·哈姆强调犹太认同无须遵守仪式性的诫命但认同于历史性的犹太教。他的概念建立在存在一种整体的、完全的、本真的犹太本质基础之上。别尔季切夫斯基以世代以来受到那种霸权性概念压制的其他犹太品质来挑战哈姆的观点。他想象出第一圣殿和第二圣殿时期的勇士和英雄形象，从约书亚、参孙和扫罗到哈斯蒙尼和马萨达的战士，他们在那个时代都是传统的犹太历史叙述的重点，但随后被忽视和遗忘。

阿哈德·哈姆的道德概念对作为第一代定居者的"圣山热爱者"

运动的知识分子是适宜的，但它与第二次阿里亚青年一代的反叛精神不兼容，后者对犹太人的虚弱发起了挑战。别尔季切夫斯基的辩证概念赞扬自然的生命力，并呼吁对更大世界的文化持开放态度。更能吸引犹太青年一代的不是阿哈德·哈姆的"西罗亚缓流的水"的形象，这一形象提倡犹太人担忧同化而从外部影响中隔绝开来。阿哈德·哈姆作为一个真诚的批评家受到高度尊敬，但别尔季切夫斯基和活力论具有更大的影响。卫士组织从卡汉的诗歌《反叛者》中选取一句作为其箴言，赞扬被犹太传统批评和谴责的奋锐党人。这两种版本的世俗犹太认同对伊休夫文化都做出了贡献，有时甚至交织在一起。

出现在巴勒斯坦的最重要变化之一就是世俗化。这个过程几乎没有影响到耶路撒冷的极端正统派，他们坚持自己的生活方式，这在第一次阿里亚的莫沙夫中也十分明显。那里的第一代严格遵守诫命，生活也是围绕会堂展开；他们建立的第一座公共建筑是米克维，即犹太教仪式浴池。但第二代和第三代快速地世俗化，这种情形早在19世纪90年代就导致了文化冲突。莫沙夫并不对它们周围世界的影响关闭大门，巴勒斯坦的特定氛围和农村生活方式鼓励青年人背弃宗教。尽管莫沙夫中的教育是传统的，但它包括了世俗和民族性因素，教师绝大部分是不守教的，这些也在产生着影响。

宗教人士和世俗犹太人之间的争论主要有关公开场合的行为，例如剧场表演和男女参加的舞蹈。从这些冲突中，青年一代获得了鼓舞。他们也采纳了来自其阿拉伯邻居的业余活动，包括赛马、阿拉伯式庆祝和贝都因服饰（卫士组织采纳了相似的元素）。"本土"文化发展起来了，以讲希伯来语、强调身体机能的好斗行为和直接反对流散地犹太人的自我界定为特征。实际上，那些出生在巴勒斯坦的莫沙夫居民明确地表达了这种世俗认同。而且，由于是土生土长，他们觉得有资格进入领导层，并以此在他们的认同与第二次阿里亚移民的认同之间划分界限。

世俗化在第二次阿里亚的成员中更为显著。他们来自传统的家庭，但由于远离他们的家乡和同伴，青年男女在一起的经历和缺乏长辈的监督，导致宗教遵守行为被快速抛弃。阿格农带有讽刺地描绘了这个过程："拉比诺维奇与他的上帝没有任何关系，也不反对他的上帝。甚至自从他离开其家乡起，他仍记得他的上帝是值得怀疑的。由于必须应对的问题太多，他没有时间去记得所有事情。"[15] 尽管如此，绝大部分自由思想家维持着他们与犹太节日和重要仪式——婚礼、割礼、成人礼和葬礼——的联系。对传统生活框架残留的向往消失在前往巴勒斯坦的途中，对此戈登有很好的描述："没有见过青年人在圣日期间精神活动的人，将无法理解它或甚至相信它。人们看到了一些十分奇怪的事情：我们的周末要比流散地的同胞更加欢快，安息日和节日要比流散地更加美好。我们试图创造新的节日，根据逻辑和捏造来创造民族性节日——它不就像'创作'诗歌一样进行安排吗？"[16]

戈登的言论揭示了缺乏许多代仪式背后的神奇来创造新的传统的困难。研究者通常将民族文化的形成描述为某种预定事物的有计划构建。实际上，对此有许多补充性的蓝图。当然不能说是精心策划的行动，也不能说是犹太复国主义的复制模式，这与欧洲民族运动类似，实际上是将之应用到犹太人的特别需要和特征之上。民族文化的创造实际上始于犹太启蒙运动时期的流散地，通过文学为犹太读者打开了情感和想象的世界。通过来自俄语、德语、英语与其他语言的大规模翻译事业创造了希伯来语的世界文化资料库，19世纪的最后25年满足了栅栏区的第一代启蒙分子对更广阔文化的渴求。这些作品不仅包括最优秀的世界文学，还包括历史小说、戏剧、流行歌集、儿童文学等等。希伯来文期刊也繁荣起来，为青年人和老年人都提供了流行读物。这些都是青年读者塑造其世界观的原材料。在《革马拉》的字里行间，《托拉》学生隐藏了唤起他们对民族自豪、英雄主义和自我牺牲向往的书籍和期刊。这些书籍、诗篇和歌曲构成了犹太复国主义叙述，这种共同的经历创造了想象的共同体，该群体阅读同样的文本，使用同样的图像，吟唱同样的歌曲和为同样的典礼感动。

希伯来文从祈祷语言和神圣文本转变为希伯来文化的语言，并且又变为街头和家庭的语言，是犹太复国主义运动最为重要的成就之一。共同的语言被视为建构民族主义、证实民族存在的基石。与其他民族——例如爱尔兰人的尝试相比，犹太复国主义运动这一成就的特殊性最为明显，前者在复兴古老语言上仅取得了有限的成功，而后者的成功尤其让人惊奇，因为它发生在移民、垦殖和民族认同的形成过程中。

来自东方和西方的犹太社区之间交流的需要使得希伯来语成为自然的选择，正如我们看到的，第一次阿里亚的早期移民中讲希伯来语的就有雅法的切罗基家族。这是赞成希伯来语、反对意第绪语作为民族语言的最有说服力的理由之一，即使有几百万的犹太人讲意第绪语。在第二次阿里亚时期，当这场辩论发生时，仍不清楚希伯来语是否将战胜不仅是意第绪语而且还有渗透到犹太文化领域的其他外国语言。

巴勒斯坦的希伯来语教师采纳了塞法迪口语，因为他们认为它更接近古代希伯来语，但这种选择或许也表达了在传统的阿什肯纳兹犹太人希伯来语与巴勒斯坦的新希伯来语之间进行区分的潜在趋势。塞法迪口音对于东欧犹太人来说并不容易掌握。在移民前，最为重要的希伯来语作家之一约瑟夫·布伦纳，很担心使用希伯来语。伯尔·卡茨内尔森在到达巴勒斯坦后有 10 天一言不发，直到他掌握了这门语言。巴勒斯坦的希伯来语更容易为男性所吸收，他们熟悉从青年时代开始接触的宗教文献，而女性必须从零开始学习希伯来语。在同一时期，希伯来语也成为文学和文化的语言。

促使希伯来语取得胜利的英雄是教师。空缺的教师岗位极为罕见，因为巴勒斯坦最优秀的人才都在莫沙夫或城镇做这些工作。就巴勒斯坦民族教育和文化实践的发展而言，教师是主导性的精英群体。知识分子谋生的方式甚至包括构思希伯来语方言和讲授语言，在劳作中复活他们需要的专有名词，编写教材，采纳在其学生中间流传的诗句和歌曲。教师也塑造了犹太复国主义的历法和随之而来的仪式：舍瓦月第十五日是植树节；塔穆兹月第二十日是赫茨尔日；哈努卡节，从纪念油灯的神迹转变为纪念马卡比人的英雄主义。三大朝圣节（逾越节、五旬节、住棚节）的农业重要性被强调，而非它们的宗教意义。教师发起了前往历史遗迹的户外旅行，例如马卡比人和贝塔尔战士的墓地，这些遗迹首先与英雄主义和辉煌的过去联系在一起。因此，他们反复灌输有关这个国家的知识和对它的热爱。对他们来说，宗教纪念场所例如希伯伦的族长墓和拉结墓，不是值得前往的目的地。1903 年成立的教师协会，是第一个类似的全国性团体，反映了教师强烈的自我意识，他们认为自己要对历史事业切实负起责任。

在这个年轻的社会，《圣经》是奠基性的文本。劳工运动的领袖伊扎克·塔本金写道："《圣经》是一种出生证明，它有助于去除人们和这个国家的障碍，并培育'家园的意识'……这体现在工人与《圣经》的密切、固定的接触上，同时一些东西在工人中间如此不寻常——几乎每个工人的房间里都可以找到一本《圣经》。"[17]《圣经》象征着与民族过去的联结。它是这个国家动植物和古代定居遗迹的指南，这些遗迹曾被许多个世纪的尘土所覆盖，现在才得以揭开，向人们展示了令人兴奋的场所，例如基利波山、约旦河、阿亚龙山谷等。《圣经》保存着历史记忆——阿哈德·哈姆将之称为"书的记忆"（book memory）[18]——也使以色列地具体化，构成了过去与现在的直接联系。它是民族自豪的来源，证实着犹太人在故土的创造力。

但《圣经》也是一个充满着渴望各个国家和民族普遍正义、社会平等和世界和平的文本。其中可以找到阿哈德·哈姆和别尔季切夫斯基思想的证据。在 20 世纪第一个 10 年快结束之时，爆发了一场有关如何在雅法的希伯来语中学（很快成为新城市特拉维夫的赫兹利亚中学）讲授《圣经》的激烈辩论，反映了对于民族主义情境下《圣经》重要性的不同态度。教师本-锡安·莫辛索恩（Ben-Zion Mossinsohn）以尤利乌斯·威尔豪森（Julius Wellhausen）《圣经》批评学的精神讲授《圣经》，威尔豪森将《圣经》视为由人类书写的文学作品，因此可以加以批评和修改。温和的犹太复国主义者扎尔曼·爱泼斯坦，甚至阿哈德·哈姆都将这种视角视为对犹太民族最根本的历史财富的冒犯。另一方面，青年一代强烈支持对《圣经》的世俗化解读，试图通过语言学和考古学以现代的、真实的精神来理解它，而无须借助笼罩了许多个世纪的传统解释路径。

莫辛索恩寻求用《圣经》给他的学生灌输对以色列地的热爱和对流散地生活的排斥。通过这样做，他创造了"这里"与"那里"之间的心理区分。这种有争议的路径遭到许多教师的反对，但它符合了学生们发展起来的"土生土长"的天性。

到 1910 年，巴勒斯坦出现了一些主流报纸。埃利泽尔·本-耶胡达（Eliezer Ben-Yehuda）的《羚羊》（Hatzvi）和《视角》（Hahashkafa，为了逃避土耳其人的审查定期改名）表达了本-耶胡达的亲法观点。其他报纸例如《自由》（Haherut）是耶路撒冷塞法迪犹太人的报纸；《青年工人党报》（Hapo'el Hatza'ir）是该党的机关报；《联盟报》（Ha'ahdut）是锡安工人党的报纸，它是在出版一份意第绪语杂志的短期尝试后采纳了希伯来语作为巴勒斯坦主导语言的原则。

有许多教育机构隶属于民族学校系统，包括幼儿园到高中、教师培训班、比撒列艺术学校、音乐学校等等。甚至还涵盖在传统经学堂学习的绝大部分学生或慈善机构的教育项目（例如法国的世界以色列人联盟和德国的以斯拉基金会），这个国家的文化气候被民族教育系统所塑造。雅法（1909 年后为特拉维夫）或耶路撒冷的资产阶级知识分子与第二次阿里亚的工人们找到了共同点，他们一起指导着这场运动，将希伯来文化灌输到巴勒斯坦的犹太世界，他们共同塑造了这种文化。

在那时，作家和其他文化人士的比例在巴勒斯坦犹太人口中相当高。这些知识分子中的一些人在当地生活了很短时间，其他人则生活了许多年。可以提及其中的一小部分，他们包括 S. 本-锡安、Y. H. 布伦纳、A. D. 戈登、大卫·西蒙诺维奇、S. Y. 阿格农、阿哈龙·哈雷欧维尼（Aharon Hareuveni）、A. Z. 拉比诺维奇和摩西·斯米尔兰斯基（Moshe Smilansky）。他们致力于传播高雅的希伯来文化——主要是以文学的形式——但遇到了两大困难：第一，伊休夫的绝大部分人所懂的希伯来语不够阅读这些文学作品；第二，他们宁愿喜欢流行文化和意第绪语文学作品。每次意第绪语戏剧在雅法上演时，都会吸引大批渴望用其母语进行娱乐消遣的普通观众，而在政党俱乐部或传授希伯来语的狂热中心赫兹利亚中学进行的学术性希伯来语讲座却缺乏娱乐精神。人们也被当时出现的马戏表演、列队行进、体操表演或电影所吸引。对于知识分子来说，这些都是廉价文化的低级展示，配不上民族再生的事业，但它们要比充满着民族主义信号的希伯来语高级产品有着更大的需求。意第绪语与希伯来语的竞争导致希伯来语狂热拥护者和意第绪语使用者的冲突。在家里，移民仍然说他们的母语；普通人说意第绪语，而受过许多教育的人讲俄语或德语，世界以色列人联盟的毕业生讲法语。在巴勒斯坦接受教育的青年人把希伯来语作为他们的口语。

尽管有这些冲突，一种希伯来文化社团仍然得以形成了，它在许多年中释放着应对外部文化压力的力量。第一个证明希伯来文化的存在而被载入史册的事件是布伦纳事件。布伦纳在作家群体和第二次阿里亚的工人中享有很高的道德地位，他在《青年工人党报》发表了一篇题为《论皈依现象》的文章，声称皈依基督教不值得给予大量的讨论，因为那些皈依者无论如何都不属于犹太民族，有许多更重要的议题需要处理。他对民族课程中《圣经》和拉比的崇高地位进行了挑衅性批评，甚至补充说他不完全反对拿撒勒的耶稣是一个历史人物。这篇文章在流散地引发了巨大的恐慌，阿哈德·哈姆号召敖德萨委员会停止资助《青年工人党报》，当时该委员会告知这份报纸有关继续资助的条件就是更换编委会，对此在巴勒斯坦出现了作家和公共知识分子的普遍抗议。资产阶级和社会主义者、来自莫沙夫的受教育者和城市知识分子加入抗议队伍中，这反映了巴勒斯坦受教育群体的存在，他们坚持其独立性而反对敖德萨的富人将其观点强加给其他人。

第二个事件说明了这个知识分子群体的力量，它被称为"语言战争"。1913 年，德国以斯拉协会理事会决定海法以色列理工学院及其附属高中（它发展为里阿利高中）的一些课程将用德语讲授。随即爆发了一场反对以斯拉协会的公开抗议，要求用希伯来语讲授。抗议始于底层的学生和教师，他们组织了一场罢课。教师协会和犹太复国主义组织支持这一行为，某种程度上是由于他们达成暂时妥协的不成功。这场争论很快变成一个全国性议题。罢课教师和学生抵制以斯拉协会并建立了其他学校，由犹太复国主义组织提供资助。在这之前，犹太复国主义组织避免卷入到教育中，因为教育是宗教和世俗成员之间争夺的对象。工人政党和所有报纸的介入，以及教师和学生的抗议使以斯拉协会陷于困难的境地。

然而，意第绪语和希伯来语之间的斗争是两种民族语言之间的斗争，对以斯拉协会的抗议是对德国语言殖民主义的反对。反对外国语言的斗争团结了整个新伊休夫，因为这些斗争首先是反对外部权威对巴勒斯坦文化政策的控制。1914 年，在与犹太复国主义者就以色列理工学院问题达成妥协后，以斯拉协会得到了一定程度的恢复，但它丧失了其在教育领域的势头，当英国人占领巴勒斯坦时，他们关闭了这个国家所有的以斯拉协会机构。

到第一次世界大战前夕，伊休夫人口已达 8.5 万左右，几乎是巴勒斯坦 70 万总人口的 12%。这体现了从 1880 年以来伊休夫人口的较快增长，那时，犹太人口只占 45 万总人口的 5%。超过一半的犹太人居住在耶路撒冷，1 万~1.5 万居住在雅法（包括特拉维夫，它作为毗邻的田园郊区而建立），雅法的总人口增长至 4.5 万左右。在战争前夕，农业定居点的人口在 1.2 万~1.25 万左右。在犹太复国主义定居点设立的 30 年后，巴勒斯坦已有 45 个农业定居点。莫沙夫、房地产、农庄和工人的莫沙夫这些实际存在，都给这个国家的地貌留下了印记，除此之外，这些定居点代表了犹太人能够作为这个国家的定居者和建设者。尽管伊休夫存在着困难和较为弱小，但它充满活力和富有生产力。它拥有一个令人印象深刻的教育系统和远远超出当地人口需要的知识活力，这种情况表达出知识分子的愿景，即新的犹太实体正在这个地方出现。充满活力和十分忙碌的公共舆论发展起来了，它在伊休夫的内部斗争中尤其活跃。

与思想活力相伴随的是社会创新。劳工定居点的概念以及私人定居点和合作定居点的实验将第二次阿里亚的巴勒斯坦转变为一种社会经济实验室。一切都以很小和雏形的规模完成了：农庄培养了畜牧业和市场园艺行业的女性工人、莫沙夫合作组织、菜农群体、苗圃工人、契约雇佣工人群体、塞吉拉合作组织和随后成为德加尼亚的乌姆居尼克武察。这是一种学习有关自然和人性知识的农业氛围和人类实验。来自这些核心团体的人们成功地在战争期间生存下来，注定会成为英国委任统治时期伊休夫社会的萌芽。

第二部分

正在形成中的国家

（1918—1948）

第三章

英国统治下的巴勒斯坦

1917 年 12 月 11 日,哈努卡节前夕,将军埃德蒙·艾伦比(Edmund Allenby)勋爵进入了耶路撒冷,开启了巴勒斯坦、犹太复国主义和犹太民族历史的新时期。作为谦逊的朝圣者,艾伦比在老城城墙边下马,徒步进入耶路撒冷——这座城市迎来了自从 1099 年布永的戈弗雷以来的首位基督徒征服者。以这种方式,4 个世纪的奥斯曼统治走向了终结。

战争让巴勒斯坦满目疮痍,这里的犹太社区勉强存活下来。1914 年有 8.5 万犹太人居住在那里,而到新的征服者到来时仅剩下 5.6 万人。阿拉伯人口也经历了巨大的损失,大约 10 万人逃离、被杀或死于疾病和饥饿。

战争爆发时,奥斯曼当局抓住机会废除了领事馆的治外法权制度。很快地,这个国家的外国公民发现他们只能任由奥斯曼官僚机构的霸道摆布。人们对奥斯曼的货币失去了信任,这导致囤积食物和必需品,以及银行的挤兑。随后当局宣布暂停从银行取款。1914 年 10 月,奥斯曼土耳其加入德国一方参战后,形势进一步恶化。居住在巴勒斯坦的成千上万的俄国犹太人成为敌国公民,他们被要求要么离开这个国家要么成为奥斯曼公民,这意味着要么接受征召进入军队服役要么支付一笔高额的补偿金。许多人选择了离开。

奥斯曼政府现在有机会对犹太复国主义运动进行有力的打压。奥斯曼驻叙利亚和巴勒斯坦总司令贾马尔帕夏宣布禁止任何形式的犹太自治。英国-巴勒斯坦公司的纸币曾一度取代了那些在市场中消失的货币，这一时期也被禁止使用。特拉维夫街头的所有希伯来语标记都被清除。莫沙夫和特拉维夫不断地处在武器搜查的威胁下，同时还禁止犹太护卫队的出现。伊休夫的防卫被留给了土耳其的盟友德国以及美国，后者直到 1917 年仍保持中立。要不是德国人和美国人的缘故，贾马尔帕夏本可能成功地摧毁伊休夫。

地中海海域的战争切断了伊休夫与欧洲的联系，使之在经济上遭受了沉重打击。柑橘种植者无法对外出口他们的柑橘，葡萄酒商人也无法出口葡萄酒。给旧伊休夫提供资助的犹太慈善机构无法将资金转给贫穷者。伊休夫还受到饥荒的威胁，只是由于美国驻伊斯坦布尔的大使亨利·摩根索的努力才得以摆脱，为此摩根索与奥斯曼当局进行了交涉。其结果是，美国的军舰被允许将金钱和重要物资运入伊休夫。在战争年代由美国犹太人提供给伊休夫的援助大约价值 100 万美元，将之从毁灭的边缘拯救出来。重要性一点儿也不比经济援助小的是，通过这个中立国的军舰传递给土耳其人和阿拉伯人这个信号：犹太人拥有强大的盟友，他们不应被虐待。

第一次世界大战期间被铭刻在伊休夫集体记忆中的有三件大事：1914 年 1 月 17 日对外国公民残酷的遣送出境；1917 年 4 月特拉维夫和雅法的驱逐事件；1917 年 9—10 月的尼里事件。将外国公民从巴勒斯坦遣送出境的执行没有经过任何事先的警告。当局突然发布的公告要求所有外国公民必须立即登上停泊在雅法港的意大利船只，准备前往亚历山大港。随后陷入了一片混乱。警察粗暴地对待被驱逐者，许多家庭与其子女分开，船上装载了许多找不到主人的货和行李。这些糟糕的场景使德国领事向其在伊斯坦布尔的同行进行了强烈的抗议。贾马尔帕夏遭到了斥责，负责遣送出境事宜的他被撤职。大规模的遣送出境被叫停，取而代之的是选择性遣送。带着将伊休夫领导层的残余驱逐出境的目的，土耳其人命令政党领袖、地方委员会的领导者、教师、公共知识分子和犹太复国主义机构的所有领袖离开。在英国征服巴勒斯坦前夕，第二次阿里亚时期形成的领导精英都离开了这个国家。

第二大事件是从雅法的驱逐。1917年3月，艾伦比没能夺取加沙，之后这个地区南部的居民被土耳其当局要求离开他们的家园。加沙的居民被要求迁到北部，这都是在艰苦的条件下进行的，而且当局没有提供任何帮助。在逾越节前夕，由于土耳其人担心艾伦比向北推进，雅法的居民也被命令离开。当时有大约10万犹太人居住在雅法，包括北部新郊区特拉维夫的近2000名居民。来自莫沙夫和加利利的运货马车是被驱逐者用来运输物资的唯一方式，许多家庭在离开前成功地将自己组织起来，他们离开特拉维夫时装满了铺盖和炊具。他们只是少数人，绝大部分人徒步离开。特拉维夫成为一座空城，仅有很少的青年人获许留下以保护马匹免遭抢劫。

被驱逐者首先来到了佩塔提克瓦，然后疏散到撒玛利亚和加利利的所有莫沙夫。同时，斑疹伤寒在土耳其军队中间流行开来，然后感染了普通民众。被驱逐者通常必须在莫沙夫附近寻找窝棚或木屋容身，特别容易感染疾病，加上缺乏卫生条件和药品，他们被这场流行病所重创。

第三大事件是尼里事件。莫沙夫青年中最著名的群体是"基甸人"，由来自兹奇隆亚科夫的亚历山大·阿隆森在撒玛利亚的莫沙夫组织起来。他的兄长阿隆是因确认"所有小麦之母"野生二粒小麦而举世闻名的农学家。阿隆在阿特利特经营着一个农业试验站，这给贾马尔帕夏留下了深刻印象，帕夏让他负责根除1915年爆发的蝗灾。阿隆·阿隆森因此熟悉了贾马尔帕夏及其专制的处事方式。由于为亚美尼亚人在被从小亚细亚驱逐后遭受的大屠杀所震惊，他将英国人视为伊休夫的拯救者。为了帮助他们征服巴勒斯坦——以及希望获取他们对犹太复国主义的支持——他组织了一个间谍网，代号为"尼里"（希伯来语"以色列的永恒者不会说谎"的缩写），该组织的成员包括他的家族、基甸人和来自莫沙夫的其他青年。阿隆·阿隆森前往埃及，他在那里与英国当局接洽，为他们提供了土耳其军队士气、军队移动、防御工事和军事计划的情报。1917年冬，该情报网被土耳其人发现。两名领导人被逮捕和处决，阿隆森的姐姐萨拉被残忍折磨以至于她选择自尽。作为集体惩罚，当局对莫沙夫实施了戒严，许多无辜人士被逮捕和鞭打，一些人甚至被押往大马士革进行拘禁。

该间谍网的活动在伊休夫内部引发了争论，伊休夫领导层要求对土耳其人完全忠诚，坚称任何人不能为摧毁伊休夫的活动提供平台。亚美尼亚人的命运点亮了警告灯。而且，孤立的少数群体决定采取独立行动可能危及整个犹太人口，这为领导层所深恶痛绝，他们将这个群体视为控制绝大多数的少数群体。另一种反对态度表明了当时的天真：间谍行为被视为缺乏教养的——欺骗和欺诈。

尽管如此，尼里组织的成员使得从雅法和特拉维夫驱逐的消息为外部世界知晓。1917年，当所有其他将金钱带入巴勒斯坦的方式都被封锁的情况下，在英国的帮助下，他们将金币带入巴勒斯坦。尽管领导层激烈批评他们，但并不反对接受这些资金，它们对于伊休夫的继续运转和缓解实际的饥饿状况至关重要。尼里事件的重要性在于它对伊休夫内部不同群体之间关系的影响，这些群体竞相争夺主导权，并就接受大多数人的权威问题展开争论。

犹太人将征服巴勒斯坦的英国人作为解放者来加以欢迎，或者以当时的词汇来说是"拯救者"。那一年出生的女孩起名为格乌拉（意为拯救），男孩起名为伊戈尔（与拯救来自同样的希伯来语词根），以标志着众所期待的新时代的开始。对英国人的热情首先来自只要土耳其人当权，犹太复国主义就没有希望的意识。其次，英国是有着良好治理的欧洲国家，人们欢迎改变奥斯曼帝国的专制和腐败的统治。最后，《贝尔福宣言》的消息已在整个巴勒斯坦传播开来，对在巴勒斯坦建立一个犹太民族家园的期盼达到了新的高度。

《贝尔福宣言》

赫茨尔在犹太复国主义冒险活动中最重要的搭档马克斯·诺尔道

（Max Nordau），在 1914 年冬奥斯曼参战前夕评论说，犹太复国主义运动没有任何实际的成就，也没有做出任何承诺，它唯一的希望就是奥斯曼帝国的崩溃。在战争期间，犹太复国主义组织在中立国丹麦的哥本哈根成立了一个办公室，谨慎地避免在冲突中选边站队。这个政策的原因是犹太复国主义运动是一个世界性的组织，站在任何一边都可能伤害另一边的犹太复国主义者。关于他们的个人忠诚问题，犹太人是十分矛盾的。他们将法国和英国视为对待他们的态度最为自由的国家，很自然地犹太人想站在这些国家一边。犹太人虽然憎恨俄国的歧视性政策和对他们的迫害，但它却是法国和英国的盟友。因此，犹太人对协约国的支持仅是部分的。另一方面，由德国领导着包括奥斯曼土耳其在内的同盟国的胜利，意味着土耳其继续统治巴勒斯坦，对于犹太复国主义来说就没有了成功的机会。

然而，从战争一开始，一些个人不顾犹太复国主义组织的原则，主动采取行动，将犹太复国主义运动与英国联系在一起。在这些人中最著名的包括俄国犹太复国主义记者、作家和政治家弗拉基米尔·亚博廷斯基（Vladimir Jabotinsky）与曼彻斯特大学的化学家、研究员以及与赫茨尔对立的团体民主派领袖哈伊姆·魏兹曼（Chaim Weizmann）。亚博廷斯基试图发起一场运动，以使已经移居英国的俄国犹太人加入英国军队。他希望这些被称为"犹太军团"的特别单元，将唤起英国对犹太复国主义的兴趣，或许鼓励一部分人献身于它。魏兹曼致力于在英国领导层建立一个亲犹太复国主义的游说集团。

一旦奥斯曼帝国失败的迹象趋于明朗，英国对巴勒斯坦的兴趣也就随之被唤起。在 1915 年奥斯曼试图进攻苏伊士运河周围的英国岗哨失败后，英国人就意识到过去他们认为西奈半岛是阻挡敌军到达运河的天然屏障是错误的，而它实际上是可以穿越的。巴勒斯坦现在成为战略要地，不仅是作为到达苏伊士的跳板，而且也是作为通往印度的陆上线路（包括埃及、外约旦、伊拉克和波斯湾）的一部分。印度实际上是大英帝国王冠上的珍珠，在它的基础上，"日不落帝国"才真正名副其实。随后，在 20 世纪 30 年代，中东发现了大批油田，其重要性也随之提升，但当这个地区的命运在第一次世界大战后被决定时，最重要的考虑是围绕该地区的帝国线路。

从 1915 年春开始，巴勒斯坦成为英国内阁和英法之间讨论的热点问题。在一份 1916 年 5 月马克·赛克斯（Mark Sykes）勋爵和弗朗索瓦·乔治-皮科（François Georges-Picot）签署的秘密协定（这份协定他们从 1915 年冬就开始了协商）中，他们同意肢解奥斯曼帝国。伊拉克和巴勒斯坦与外约旦的陆上线路处在英国的影响范围下，而法国获得了叙利亚和黎巴嫩。从加利利湖南部到加沙北部的西巴勒斯坦地区，处在国际共管之下。

与此同时，埃及高级专员阿瑟·亨利·麦克马洪（Arthur Henry McMahon）勋爵代表英国政府向麦加的谢里夫侯赛因·本·阿里（Hussein bin Ali）承诺，对阿拉伯人发动反抗奥斯曼人的起义给予回报，在谢里夫的军队夺取叙利亚的过程中，英国将支持从波斯湾到地中海乃至托罗斯山脉（除叙利亚和黎巴嫩以外）的阿拉伯人独立运动。这份文件没有特别提及巴勒斯坦，但麦克马洪声称很清楚地告诉了谢里夫这个地区不包括在阿拉伯区域内。不知道麦克马洪信件中的模糊性是否为故意。无论如何，这是阿拉伯人认为巴勒斯坦在不同的场合被许诺给不同派别的根源。《麦克马洪信件》和《赛克斯-皮科协定》之间的冲突很难解决。根据研究者以赛亚·弗里德曼（Isaiah Friedman）的观点，《麦克马洪信件》的目的是给予阿拉伯人不完全的独立和从奥斯曼的统治下获得自由，但这是和欧洲的保护联系在一起的。无论如何，对于大国来说很清楚的是，巴勒斯坦的命运将不同于其他地区，它将由国际社会进行共管。

《贝尔福宣言》的故事结合了理想主义和帝国主义、国际阴谋和对权力及其弱点的错误评估。在战争前两年，魏兹曼在英国权力中心发起了一场亲犹太复国主义运动，但直至 1916 年 12 月都进展不大，而就在那时，大卫·劳合·乔治成为英国首相。劳合·乔治是在《圣经》氛围中长大的新教徒，他对犹太人与圣地之间的联系怀有很深的共情。他深受 19 世纪在英国流行并被犹太复国主义思想点燃的犹太人返回其古老家园的浪漫主义思想的影响。他也认为犹太复国主义者和英国有着共同的利益，他将之视为使英国摆脱其对法国做出的有关巴勒斯坦将成为国际共管承诺的杠杆，他想将它置于英国的控制下。

劳合·乔治的外交大臣是阿瑟·贝尔福，一位温文尔雅和富有想象力的绅士，他欣赏和敬畏犹太人的才能。1917年是关键性的时刻，劳合·乔治和贝尔福在英国内阁中的结合促成了以贝尔福为名的宣言的发表。尽管从根本上说，英国的利益是控制通往印度的陆上线路和不让法国在巴勒斯坦有立足之地，这些是决定性的，但宣言的基本原则在协商期间多次发生变化，直到它的发表。然而，随后的每项基本原则都建立在对犹太人世界力量的过高估计之上；在此，犹太人实际上在操控一切的反犹形象反而被犹太复国主义者利用。直到1917年春美国仍保持中立，绝大部分美国犹太人像爱尔兰裔和德裔少数群体一样，支持同盟国。他们几乎对美国政策没有任何影响，实际上在《贝尔福宣言》发表前，美国站在协约国一边参加大战。

在俄国，1917年春发生了一场革命，犹太复国主义运动得到了蓬勃的发展。英国人认为犹太复国主义者是犹太人中间的决定性因素，他们甚至认为犹太人控制了俄国革命者。英国人的希望是犹太人的支持将使这些革命者趋于温和，后者提倡俄国退出大战。英国人也害怕德国抢在《贝尔福宣言》之前发表一份亲犹太复国主义的声明，从而导致犹太人支持同盟国阵营。但德国被其奥斯曼盟友绑在一起。然而，有关宣言的漫长讨论，对其每个措辞的谨慎考虑，显示出它不是作为一场宣传战的一部分，宣传战的影响将随着需要不再而消失，但作为一份政治宣言，《贝尔福宣言》有着十分重要的意义。

这份宣言发表于1917年11月2日，以英国外交大臣致信莱昂内尔·瓦尔特·罗斯柴尔德男爵的形式，写道：

英王陛下政府赞成在巴勒斯坦建立一个犹太人的民族家园，并将尽最大努力促成其实现，但必须明白理解，绝不应使巴勒斯坦现有非犹太团体的公民权利、宗教权利或其他任何国家内的犹太人所享有的权利和政治地位受到损害。

这份宣言确保了犹太人有机会在巴勒斯坦建立一个"民族家园"。英国人准备帮助这个事业，但它必须靠犹太人自己来推行。尽管这份宣言并没有承诺一个犹太国家，在私下讨论中英国政治家们解释说，最终目标是建立一个国家，这是当犹太人构成这个国家人口大多数的时候。这份宣言也没有提及这个民族家园的边界，但"在巴勒斯坦"的词汇被解释为暗示着不是所有的巴勒斯坦都被许诺给犹太人作为其民族家园。有两大条件，即有关巴勒斯坦的非犹太社区和对犹太复国主义不感兴趣的犹太人，都加入宣言形成的最后阶段，此外，宣言不仅涉及民族权利，而且还包括民事权利和宗教权利。令人惊讶的是，阿拉伯人仅被作为"非犹太社区"提及，而不是直呼其名。

与《赛克斯-皮科协定》一样，《贝尔福宣言》属于这样一个时代：少数政客在烟雾弥漫的房间里决定着许多民族和国家的命运，以及他们如何肢解帝国，而没有媒体和公众的参与。从犹太复国主义的立场来说，这是一个独特的机会。在全球性帝国主义的最后时期，这些政客不仅敢于根据政治常识行事，而且受到精神前景的驱动。对于贝尔福、劳合·乔治、马克·赛克斯和其他人来说，犹太人返回其故土的观念被视为一项高尚的事业，因此值得他们支持，即使它与许多国家有关民族自决权的宣言相对立，民族自决权成为战争的目标之一。与对几千年来犹太人遭受的迫害和贬低进行的补偿相比，巴勒斯坦阿拉伯居民的反对在他们看来处于次要地位。贝尔福以其直率的风格对这种状况进行了如下界定：

> 四个大国致力于犹太复国主义事业。无论犹太复国主义是对是错、是好是坏，它都扎根于悠久的传统、当下的需要和未来的希望之中，与作为那块古老土地现在居民的 70 万阿拉伯人的愿望和偏见相比，它有着更为深远的重要性。在

我看来，它是正确的。[1]

尽管这些英国政客支持犹太民族家园的动机是真诚的，但与此同时，犹太复国主义为他们获得对巴勒斯坦的控制提供了便利的借口。英国人能够将他们统治巴勒斯坦的愿望体现为来自犹太民族运动的需要，而不是他们自己的帝国主义野心。与此同时，英国人通过劳伦斯鼓励阿拉伯民族运动，劳伦斯煽动了"沙漠群体的反抗"——更多是一个激动人心的神话而非是一场有军事价值的运动。马克·赛克斯认为在犹太民族主义和阿拉伯民族主义之间不存在冲突，可以争取它们之间的合作。随着由谢里夫侯赛因之子也是阿拉伯王国的未来国王费萨尔领导的阿拉伯民族运动的兴起，它对犹太复国主义运动的敌意不言而喻。但从 1920 年费萨尔被法国人废黜那一刻起，后者不准备取消其在《赛克斯-皮科协定》中的地位，巴勒斯坦阿拉伯居民日益高涨的民族主义情绪聚焦于他们对犹太复国主义的反对之上。

1918 年英国对巴勒斯坦的征服并不是打着《贝尔福宣言》的旗号进行的。这份宣言在巴勒斯坦没有进行官方发表，尽管它的内容为犹太人和阿拉伯人所知晓。从犹太人的观点看，它是赫茨尔曾经狂热追求的特许状，而阿拉伯人将之视为对其在巴勒斯坦多个世纪以来优势的削弱。他们对这个国家所有权的另一个声索者的出现表示关切是真诚的，即使有些人从中捞取政治资本。巴勒斯坦的英国人、阿拉伯人、犹太人三角关系形成于 1917 年 12 月艾伦比在耶路撒冷城外下马之际。对于此后 30 年来说，这种三边关系是巴勒斯坦困局的核心。

英国对巴勒斯坦长达 30 年统治的故事是一个英国逐步改变其亲犹太复国主义承诺的故事：犹太复国主义领导层努力对英国施加压力以要求兑现那些承诺，阿拉伯人则从另一个方向施加压力，每一方都指责英国的背叛，违背了它当初的承诺，并指责它的不公正。到最后，英国撤出了巴勒斯坦，砰地关上它身后的大门，使这个国家卷入一场内战或一场不同民族团体的战争之中，这场内战快速地演变成一场国家间的战争。他们也留下一个能够承受战争恐怖的犹太社区，随后该社区建立了以色列国。

历史学家伊丽莎白·门罗（Elizabeth Monroe）将《贝尔福宣言》描绘为"我们帝国（英帝国）历史上最大的错误之一"，它极大地损害了英国。这种主张认为，中东发生的所有事情都是《贝尔福宣言》的结果，并给予这个故事以道德主义的元素：英国人没有遵守他们对阿拉伯人的承诺，因此注定失去他们在中东的据点。犹太复国主义者也将这个故事道德化：英国人违背了他们对犹太人的保证以安抚阿拉伯人，但阿拉伯人对他们仍不忠诚，他们失去了犹太人的支持，因此失去了他们对中东的统治。这两种叙述忽略了民族主义的兴起和大帝国的瓦解，它们的发生与犹太复国主义的出现和英国人对犹太人是否忠诚无关。很难假设英国能够维持其在中东的地位，即使没有犹太复国主义运动的话。

英国在巴勒斯坦的统治可以大致划分为三个 10 年：1918—1929年、1929—1939 年和 1939—1948 年。这种划分围绕着某些重大事件而展开，它们影响了巴勒斯坦的三角关系，并强调了塑造巴勒斯坦状况的政治因素。第一个十年，是在动荡和骚乱之后到来，其特点是相对平静、委任统治的形成、阿拉伯民族运动和犹太复国主义运动的弱小。这种稳定以 1929 年的骚乱而告结束，阿拉伯人暴力活动的爆发导致英国出台一系列限制犹太民族家园发展的决议。犹太复国主义者在 1931 年成功地突破了这些限制，实现了经济和人口增长，直到1936 年。这一年爆发了阿拉伯人大起义，这场针对犹太人和英国当局的群众起义，持续到 1939 年才被英国当局残酷镇压下去。1939 年5 月，英国殖民大臣宣布了冻结犹太民族家园发展的新政策。它标志着犹太复国主义运动和英国结盟的终结。第三个 10 年始于第二次世界大战，结束于 1947 年 11 月 29 日联合国大会决议后英国对巴勒斯坦委任统治的终止。

1918—1929 年

巴勒斯坦地位的任何变化都与巴勒斯坦微妙的三角关系相关。结束军管政府的决定（它的扩展是由于土耳其对《色佛尔条约》的反对），颁布民事准则，甚至在英国对巴勒斯坦的委任统治被官方批准之前就已经进行了，这是由于 1920 年的逾越节（4 月 4 日）爆发的骚乱，主要集中在耶路撒冷。阿拉伯人攻击犹太人，造成了许多伤亡和财产损失。军事当局不是《贝尔福宣言》的忠实支持者，并倾向于站在阿拉伯人一边，力图维持现状，期望实行短暂的军管政府体制。这意味着压制犹太人的愿望，他们想对《贝尔福宣言》发表后的变化采取措施，例如移民、土地购买和将希伯来语作为官方语言。因此，在《贝尔福宣言》与巴勒斯坦实际推行的政策之间存在明显的冲突。

在骚乱之后不久，战胜国决定在 1920 年 4 月 18 日召开圣雷莫会议，承认了英国对巴勒斯坦的委任统治并给予其责任实施《贝尔福宣言》。《贝尔福宣言》因此不再是英国的单边声明，而成为协约国的政策，具有国际法的地位。由于军管政府的亲阿拉伯倾向，圣雷莫会议决定将权力从军管政府转交给文人政府。一位热心的英国犹太复国主义者和前部长赫伯特·塞缪尔（Herbert Samuel）——他具有很强的能力和行政经验，也是一个行动主义者——被任命为巴勒斯坦的首任高级专员。这是仍由劳合·乔治领导的英国政府明确地亲犹太复国主义立场的体现。

巴勒斯坦发生的另一个变化是在大约一年后：赫伯特·塞缪尔到达巴勒斯坦，受到了犹太人的热烈欢迎和阿拉伯人毫不掩饰的怀疑。这个国家局势较为平静，并开始准备重建，但 1921 年 5 月重新抬头的暴力活动始于雅法，随后扩散至莫沙夫。当局很难控制这场骚乱，它持续了数日，导致几十名犹太人丧生。在一开始英国的回应是将之视为反复发生的模式。高级专员发表了一份安抚阿拉伯人的演说，在其中他宣布暂时停止移民进入巴勒斯坦。为了安抚他们，他甚至任命哈吉·阿明·侯赛尼（Haj Amin al-Husseini）为耶路撒冷的穆夫提。侯赛尼出身自耶路撒冷一个著名家族，是一名激进的民族主义者，他曾试图加入 1920 年的逾越节骚乱。

与此同时，有关英国对巴勒斯坦委任统治的国际联盟法律文件草案也正在制定。委任统治体制是第一次世界大战和布尔什维克革命的国际反帝国主义情绪所带来的结果。与对国家的吞并不同，法国和英国负起在有限时期内对某些国家进行管理的责任，然后为它们的独立做准备。法国被给予对叙利亚的委任统治权，英国则获得对伊拉克和巴勒斯坦的委任统治权，还包括外约旦。英国对巴勒斯坦委任统治的法律文件草案是亲犹太复国主义者的：它包括了《贝尔福宣言》和承认了犹太民族与巴勒斯坦的历史联系。第二款提及"将这个国家置于这种政治、行政和经济条件之下，以确保犹太民族家园的建立"。第四款谈到"一个适当的犹太代办处"将"参与到这个国家的发展中……与英王陛下的政府进行磋商"。第六款提及"犹太人在这块土地上的密集定居点，包括国有土地"。这份法律文件没有直接提及阿拉伯人的名字，它主要有利于犹太民族家园的发展。

现在为了试图平息阿拉伯人的骚乱，1922 年 6 月，温斯顿·丘吉尔领导的殖民部出台了一部白皮书，以对委任统治法律文件进行解释的名义宣布了英国的新政策。白皮书向阿拉伯人保证"它（委任统治）不包括也不暗含任何使巴勒斯坦阿拉伯人担忧的内容"。犹太复国主义组织的地位仅体现在与犹太人生活有关的事务方面，但白皮书提到犹太人在巴勒斯坦"是一种权利而非勉强"。另一方面，它的目的不是使巴勒斯坦成为犹太人的民族家园，而是一个犹太民族家园将在巴勒斯坦建立。白皮书也指出，"移民不能以如此大的规模进行，因为这超出当时这个国家吸收新来者的经济能力。至关重要的是，确保移民不应成为巴勒斯坦全体人口的负担"。白皮书进一步提出了这个观念，即成立表达居民愿望的立法会议，尽管这个机构将不是由民主选举产生，但白皮书提及了它是作为人口大多数的阿拉伯人的政治代表权的体现。英国赞成犹太民族家园的政策发生了摇摆，现在开始转向给予阿拉伯人权利和代表身份。

白皮书背后的重要人士塞缪尔和丘吉尔，都是犹太复国主义的忠实支持者。新的政策是用来缓和阿拉伯人的担心和实现合作，或至少是使事态平息下来，这对移民、经济发展和推进建立犹太复国主义定居点是有必要的。但并非所有的犹太复国主义者都接受这个政策，于是，自此开始出现对英国政策的两大对立观点。第一种观点认为1922年白皮书是对阿拉伯人攻击行为的可怕投降，它将鼓励攻击者和展现自己的弱点，从而刺激更多的攻击行为。该团体认为，如果塞缪尔采取了铁拳政策，英国决心实施民族家园政策，很清楚的是，阿拉伯人将必然屈从。

另一个团体声称，不可能通过武力来压制一场已经觉醒的民族运动，在战争中筋疲力尽的英国不希望采纳一个要求大量安全支出以及严厉压制群众反抗的政策。英国的公众舆论是反对帝国主义的承诺的，这导致他们对犹太复国主义与犹太民族家园不予理会。在英国决定将委任统治按常规发展之前，为了争取犹太人口在巴勒斯坦占据关键性规模所需的时间，犹太人需要平息风波。

很清楚的是，有利的国际形势导致了《贝尔福宣言》的巨大成功和委任统治法律文件的通过，从1921年开始，形势开始有利于阿拉伯人。阿拉伯执行委员会向伦敦派遣了一个代表团，该代表团获得了英国媒体和政治家的支持，公众开始意识到阿拉伯人的立场，他们被看作《贝尔福宣言》的受害者。因此，塞缪尔对阿拉伯人的安抚和公平政策——这被许多伊休夫人士视为背叛——实际上是考虑到当时形势的唯一可能。在他担任高级专员的5年间，塞缪尔稳定了局势，委任统治政府机制实施到位，并带来了经济增长和相对和平。事实是犹太人需要平稳的局势以建设这个国家，而阿拉伯人从骚乱中受益——这是魏兹曼先于其他犹太复国主义政治家理解到的动态平衡，从那时开始，它启迪了犹太复国主义的政策。犹太复国主义执委会（负责从总体上执行犹太复国主义政策的实体机构）开始停止对要求英国采取铁拳政策的继续支持，这个要求是英国所不愿意接受的。

1921年骚乱之后的10年见证了相对和平的持续。在这些年间，巴勒斯坦的阿拉伯民族运动出现了争论和分裂，阿拉伯人拒绝了塞缪尔建立立法会议的提议，因此失去了获取影响力的机会。塞缪尔提出的所有建议草案没有一个让阿拉伯人满意，因为参与这样一个在委任统治下建立的机构，将构成对犹太人在巴勒斯坦权利和犹太民族家园合法性的承认。阿拉伯人彻底拒绝与委任统治政府就有关国家政策问题进行合作是可以理解的（他们在例如健康、行政和教育等领域合作），但对立法会议的排斥使他们失去了一个重要的公共平台，因此给予了犹太人有利条件。对于犹太复国主义者来说，他们的辞令——尤其是他们的内部辞令——依然是好战的，充当着热气腾腾的蒸锅的安全阀的作用，但在日常生活和政治层面，犹太人与塞缪尔及其继任者赫伯特·普卢默（Herbert Plumer）的和平政策开展合作。

1929—1939 年

英国统治的第二个 10 年以一场持续了两年之久的暴风雨开始。它始于有关犹太人对西墙（哭墙）主权的论争。研究者认为，穆夫提试图通过煽动对犹太人计划夺取圣殿山的关注以增强他在伊斯兰世界的地位；在穆斯林传统中，西墙区域是先知穆罕默德乘坐传说中的骏马登霄升天的地方。早在 19 世纪，犹太人就试图购买西墙周围的土地，这被阿拉伯人解释为企图夺取这个神圣的场所。这个场所对许多宗教来说都是神圣的，因此也一直是火药桶，一根火柴就足以引发一场大爆炸。在这个事例中，火柴有两种成分。第一种是 1928 年 9 月赎罪日祈祷期间英国警察将分隔男女的屏风移除的挑衅性行为。这种行为也引起阿拉伯人对犹太人企图控制这个场所的担忧，这种担心由于宗教人士和媒体的煽动性言辞而得到加强。阿拉伯人将秽物投掷到西墙前的小巷并牵着毛驴从中穿行，以骚扰犹太人。穆斯林以很大的声音进行祷告。第二种成分是犹太人的反应，这包括鲁莽的犹太青年在西墙前举行民族主义的示威游行，以声明犹太人的权利。

1929 年 8 月 23 日，阿拉伯人的暴力活动在耶路撒冷、希伯伦、萨费德和整个巴勒斯坦爆发，并持续了一周。它包括针对希伯伦和萨费德两个无助的、非犹太复国主义的极端正统派社团的特别残忍的行为。在普卢默担任高级专员时期，巴勒斯坦安全部队缩减到 300 名英国警察，他们无力控制这场群众性暴力。来自埃及和马耳他的增援在骚乱蔓延到整个地区以后才到来。总体来看，在这场暴力活动中，有 133 名犹太人被杀，许多定居点被摧毁，大量财产遭到洗劫。

在骚乱前犹太人发出的警告被当局所忽视，他们指责委任统治政府失去控制和对居民的安全不予关心。作为回应，当局声称尽管阿拉伯人制造了骚乱，但真正的错误在于犹太民族家园政策，阿拉伯人担心这一政策将导致他们流离失所。取代普卢默担任高级专员的约翰·钱塞勒（John Chancellor）爵士，对犹太复国主义事业没有任何同情。作为一个典型的殖民官员，他将其角色视为照看当地百姓。他将委任统治面临的特别处境归之于改变了原有的现状以有利于犹太人这个新的因素，而这是不公正和不合适的。他决心取消委任统治法律文件给予犹太民族的优先地位，并将英国的政策聚焦于照看阿拉伯人和当地犹太人的利益。

钱塞勒并不关心作为一个整体的犹太民族——委任统治法律文件政策的主题——但由于这个法律文件的国际效力由国际联盟所确认，它的条款不能被修订。因此，他聚焦于细节的执行上，尤其是定居点和移民问题。由于犹太人进一步购买土地将导致阿拉伯人无家可归，他决定，出售土地应该被阻止，而犹太移民活动应该严格地遵守经济能力条件的限制。

由英国政府任命的负责调查骚乱原因的肖委员会（Shaw Commission），采纳了高级专员的意见，撇清了行政机构的过失。它要求对移民和土地问题进行调查，并推进设立立法会议。为了改变阿拉伯人和犹太人在委任统治法律文件中的不平衡状况，英国政府现在指出，《贝尔福宣言》和委任统治法律文件包含双重的义务：对犹太民族和对巴勒斯坦的阿拉伯居民的义务。约翰·霍普-辛普森（John Hope-Simpson）爵士被派到巴勒斯坦调查土地、移民和发展政策等问题，他的结论与新的立场是一致的。他建议限制犹太人购买土地和实施经济能力的原则，然而，不是在通过犹太资本来创造的犹太经济能力基础上，而是在整个地区经济能力的基础上。这意味着阿拉伯人的失业将成为停止犹太移民活动的基础。

1930年10月，殖民大臣帕斯菲尔德（Passfield）勋爵出台了一部建立在"双重义务"原则基础上的白皮书，它取消了巴勒斯坦的"犹太民族"和"非犹太社区"之间的区分。他接受了辛普森对经济能力的界定及其限制犹太人购买土地的建议。阿拉伯人声称骚乱的原因之一是犹太代办处的建立。犹太代办处致力于使非犹太复国主义的犹太人参与到建设国家的活动中，强化了阿拉伯人对流离失所的担忧。因此，帕斯菲尔德特别强调说代办处没有任何政治地位；根据委任统治法律文件，犹太代办处的角色被限制在参与这个国家的发展方面。与此同时，他宣布成立一个代表制的立法会议，这将（也是当然）给予作为人口大多数的阿拉伯人表达权。

《帕斯菲尔德白皮书》激起了一场国际政治风暴。魏兹曼辞去犹太复国主义组织主席一职以示抗议。英国主要的政治家和法学家声称《帕斯菲尔德白皮书》违反了委任统治法律文件并要求宣布它无效，并在整个犹太世界发起了反对它的示威游行。由于害怕受到来自负责监督委任统治执行的国际联盟常任托管理事会的强烈批评，英国政府与犹太复国主义领导层进行协商，随后发表了一封来自首相麦克唐纳的信件。《麦克唐纳信件》与《帕斯菲尔德白皮书》规定的地位一致，指出委任统治中的保证不仅限于巴勒斯坦的犹太人口，而且包括整个犹太民族，鼓励巴勒斯坦的犹太定居点和移民进入巴勒斯坦的义务仍然有效，但前提是它的实现不能侵犯非犹太居民的权利或处境。对于犹太人来说，这封信抑制了英国对自身所作承诺的侵蚀，并提供了继续移民和建设定居点的可能性——这个10年的重要成就。然而，对于阿拉伯人来说，《麦克唐纳信件》是在《帕斯菲尔德白皮书》之后出现的，它是一封"黑色的信件"。

因此，第二个10年是以展现英国对犹太民族的承诺是如何脆弱开始的，使得时间因素在实现犹太复国主义的愿景中显得十分重要。整个20世纪20年代是国际稳定时期，英国作为帝国主义主要列强的地位仍然稳固。但 1929 年纽约证券交易所的崩盘，引发了一场深重的全球经济危机，给整个欧洲带来了巨大的政治震荡。法西斯主义政权在中东欧上台，而在德国，人们看到纳粹党迅速崛起，1933 年阿道夫·希特勒成为总理。如果说 20 世纪 20 年代犹太复国主义事业看起来是在根据阿哈德·哈姆的精神构造一种缓慢发展的社会和文化的话，那么，到 20 世纪 30 年代，它的使命变为营救波兰、罗马尼亚和德国遭受迫害的犹太人。在经济危机的情况下，所有国家都实施了更严格的移民法律，巴勒斯坦成为犹太移民的主要避难所。缓慢的发展已不再符合犹太民族的需要。

1931 年，心胸狭隘的高级专员约翰·钱塞勒——也沾染了反犹主义——被思想开明的阿瑟·沃科普（Arthur Wauchope）爵士取代，沃科普对犹太人富有同情心，也比较公正地对待阿拉伯人。从 1932 年开始，进入巴勒斯坦的移民开始增加，在几年内伊休夫从 1929 年的 17 万人左右增加到 40 万人。大规模移民改变了这个国家的面貌。这一时期，犹太人踏上了不归路：犹太人的关键性规模在巴勒斯坦形成，这足够有力地阻止阿拉伯人建立一个排他性的阿拉伯国家，犹太复国主义者大约也是这样构想的。

阿拉伯人充分意识到这种在他们眼前发生的变化。一个曾经以阿拉伯为特征的地区突然呈现出欧洲式的新面貌。与犹太人一样，阿拉伯人也经历着经济增长，但这对于他们感觉逐渐丧失对这个地区的控制来说只是很少的补偿，这个地区仅仅在几年前还完全属于他们。激进的政治力量第一次在阿拉伯街头出现。这些激进分子在传统的部族框架（其中权力由侯赛尼部族的支持者分享）之外，他们狂热地反对犹太民族家园的同时强调伊斯兰的元素，而相对温和的纳沙希比家族准备与委任统治政府合作（这是一定程度上的合作）。

出现于 20 世纪 30 年代早期的伊斯提卡拉（Istiklal）党不是一个建立在古老特权家族基础上的政治力量，而是建立在现代的纲领之上，要求巴勒斯坦的独立，它招募了受教育的城市阿拉伯青年加入其阵营。这些阿拉伯人得出结论，问题的核心不是犹太人，他们认为自己可以对付犹太人，核心在于英国人。1933年，要求自治的阿拉伯人暴力示威的目标直指英国当局，而非犹太人。沃科普毫不犹豫地使用武力镇压他们，但与此同时，他发起一项动议，致力于在巴勒斯坦建立一个立法议会。

隐藏在这个立法议会背后的观念是对占人口大多数的阿拉伯人在政府中拥有多数代表席位权利的承认。当立法议会的观念首次由赫伯特·塞缪尔在1922年的白皮书中提出时，犹太人过于弱小而无法反对它。但现在他们被迫应对为巴勒斯坦采取什么类型的政府结构问题。直到这个时候，在巴勒斯坦绝大部分犹太复国主义者中间的传统观点是，英国委任统治已经通过移民和定居点建设为确立犹太人的多数地位创造了条件，而多数地位实现的时候也将是犹太国家建立的时候。这种思想忽视了阿拉伯民族主义的成长和阿拉伯人作为这个国家主权另一个声索者的出现。

这种传统观点现在面临犹太复国主义政治谱系两端的竞争：一方面是亚博廷斯基领导的修正主义运动，另一方面是和平圣约组织。亚博廷斯基确信犹太民族主义和阿拉伯民族主义之间的冲突不可避免，犹太复国主义不通过英国在巴勒斯坦建立一个"殖民地政权"的积极政策是无法实现的，这个政策包括将国有土地给予犹太人，能够大规模移民和大范围建设定居点，并通过武力阻止阿拉伯人的任何抵抗。和平圣约组织则提倡以任何代价与阿拉伯民族运动达成协议。它的口号是"双民族主义"，通过承认巴勒斯坦的两大民族被给予在这个国家中的平等地位来抵消多数对少数的议题，这意味着每个民族都将拥有自治的文化生活（这是一种与犹太人有关，被称为"文化犹太复国主义"的观点）。根据这一计划，英国将延长在巴勒斯坦的统治以作为两大民族的调解者。和平圣约组织从20世纪20年代开始接受了"不是多数而是很多"的口号，但它不能令阿拉伯人满意，该组织现在准备考虑停止犹太移民活动，如果这样做可以作为与阿拉伯人达成协议的途径的话。这种立场由道德原则和时间不站在犹太复国主义者一边的信念所驱动，它希望与阿拉伯人立即达成协议而不愿有任何延误。

亚博廷斯基"殖民地政权"的观念不是一个可选项，因为英国已经证明他们不准备让犹太人火中取栗，而和平圣约组织的观念对犹太人和阿拉伯人来说都是不可接受的。然而，在爆发骚乱的情况下，人们对普遍盛行的进化论概念产生了疑问。在正在出现的阿拉伯民族主义和实现犹太复国主义的竞赛中，很清楚的是，犹太复国主义正在失败。阿拉伯民族主义的发展要比犹太移民进入巴勒斯坦的速度快得多。这些事实迫使犹太人考虑摆在他们面前的治理方案，而在很早之前他们就期待这些方案走向成熟。

在20世纪30年代初期，对于将何种政府框架引入巴勒斯坦有许多讨论。犹太复国主义者在他们自己中间开始了这些讨论，以回应委任统治政府将立法会议提上议事日程。有一些与阿拉伯人谈判的尝试，但都不成功，因为阿拉伯人拒绝承认犹太人对这个国家的任何权利。他们准备允许在《贝尔福宣言》之前来到这个国家的犹太人留下来，但不承认他们作为一个集体与这个国家有着历史的联系。

另一方面，犹太复国主义者第一次准备承认阿拉伯人的民族权利。即使犹太人仍是一个少数群体，这个决定并不容易。从现代返回锡安的第一刻起，新的移民就觉得他们是以色列地的主人。他们意识到伊休夫的发展过于缓慢使他们在心理上放弃了专属的所有权。但他们也无法接受阿拉伯人享有专属的权利，这当然不能阻挠犹太人定居和发展这个地区的权利。

这种演化策略有赖于延缓对巴勒斯坦的命运做出任何决定，直至民族家园得到增强，与此同时，希望英国将继续忠实地坚持它与委任统治法律文件相一致的保证。1932年夏天，犹太代办处政治部主任哈伊姆·阿洛索罗夫（Chaim Arlosoroff）分析了局势并得出结论，认为这种宿命论路径不适于犹太复国主义运动。如果犹太复国主义运动可以利用的时间不受限制的话，它或许是合适的。但阿洛索罗夫估计，委任统治体制将在几年内结束。他预测在不久的将来将爆发一场世界大战，伴随着阿拉伯人与英国人的结盟或一场阿拉伯人的反抗，整个委任统治体制将被废除。

其他可供利用的选项包括在犹太人与阿拉伯人之间分割巴勒斯坦的主权——双民族观念的不同版本——或对领土的分治。阿洛索罗夫不赞成所有这些选项，甚至也不赞成分治或划区而治，而这些选项在犹太复国主义者和英国人的圈子中开始被考虑。尽管他注意到分治体现着犹太复国主义的两大基本要素——领土和自治，阿洛索罗夫不支持它是因为巴勒斯坦如此狭小，也因为犹太人将不能构成多数群体，甚至在指定给他们的地区也是如此。

阿洛索罗夫致信魏兹曼表达他对在英国管理下的犹太复国主义运动有限可能性的挫败感，但在这时立法会议的问题已不那么急迫，因为对英国设立立法会议的压力有所缓解。一年之后的 1933 年，大规模移民开始了，民族家园的增长速度迅速加快。犹太人大灾难的压力改变了巴勒斯坦的现状，在此关键时期有关解决两大民族都声称对这个狭小地区所有权问题的不同观念被从议事日程中拿掉。

对于整个中东，尤其是对于巴勒斯坦来说，1935 年是一个非常关键的年份。那一年有 6.2 万名犹太人移民这里，这是委任统治时期单一年份的最多移民人数。意大利入侵和征服了阿比西尼亚，为中东局势带来了紧张气氛，这体现为金融恐慌，这种恐慌进而结束了巴勒斯坦的经济繁荣。同一年，一个穆斯林恐怖团体在巴勒斯坦北部攻击了犹太人。在该团体与英国人的交战中，其领袖阿扎丁·卡萨姆（Azaddin al-Qassam）被杀，随后此人成为巴勒斯坦人抵抗的象征。最后，在这一年阿瑟·沃科普形成了他有关立法会议的提案，英国议会对其进行了讨论，但没有通过该提案。巴勒斯坦的阿拉伯人对于没有被给予甚至一丁点儿的自治再次感到沮丧。在 20 世纪 30 年代期间，这个地区的其他国家都经历了去殖民化的过程。在伊拉克，委任统治被自治政府所取代；在埃及，英国的地位被修改为对埃及有利的保护国身份。法国对叙利亚的委任统治也在该国爆发漫长罢工后转变为更加自由的政府体制。在所有的 A 类委任统治国家中，仅有巴勒斯坦依然处在没有给予人口大多数代表权的体制之下。

1936 年 4 月爆发了阿拉伯人大起义。与之前的骚乱一样，它始于一波针对犹太人的随机性暴力，但在几天内阿拉伯高级委员会直接介入并提出了政治要求：停止移民和土地出售。代表制政府把权力置于作为多数的阿拉伯人手中。该委员会通过发起一场全国范围内的总罢工来支持这些要求，显示出巴勒斯坦民族运动已经成熟并能够动员群众。这场罢工持续了6个月左右，沉重地破坏了阿拉伯人的经济。阿拉伯工人不去工作，出售给犹太市场的产品停止供应了，阿拉伯人的柑橘出口下降。然而，如果阿拉伯人认为一场经济抵制能够迫使伊休夫屈服，很显然他们错了，因为伊休夫显示出在需要时它可以自给自足。在柑橘出口和接纳移民（他们在持续进入）方面，雅法港已被特拉维夫码头所取代。

阿拉伯团体在整个巴勒斯坦散播恐怖情绪，但高级专员避免使用军队镇压它们。与此同时，当局做出努力劝说阿拉伯人结束罢工以便皇家委员会可以来到巴勒斯坦调查骚乱的原因。相反，阿拉伯人要求结束移民和保证独立，这些要求被英国当局拒绝。1936年10月，阿拉伯国家给陷入了罢工和恐怖主义之中的阿拉伯高级委员会提供了一个摆脱困境的出路。它们呼吁巴勒斯坦人结束罢工，表达他们相信英国的良好意图，并保证将继续支持巴勒斯坦的阿拉伯人。这种介入将一个地方问题转变成一个地区问题。

皇家委员会，可以恰当地以其主席的名字称作"皮尔委员会"，是一个高级别的组织，被给予广泛的权威以调查巴勒斯坦整个问题并提出一个长期的解决方案。该委员会在1936年11月抵达巴勒斯坦，听取了政府官员以及犹太和阿拉伯代表的证词。它的报告是英国委任统治时期有关巴勒斯坦问题的最为详尽而全面的文件，其结论是激进的：由于给予犹太人和阿拉伯人的保证是相互矛盾的，委任统治是行不通的。沃科普曾在其政策中表达希望指导委任统治的行政当局，即尽快成立一个包括犹太人和阿拉伯人的地方公民团体，他们将共同生活在一个国家。沃科普设想犹太人将占人口的40%，不过，由于他们具有经济和文化优势，所以，他们与阿拉伯人之间将构成一种平衡。皮尔委员会发现这一观念没有任何现实基础，因为这个国家的两大民族团体不仅没有任何共同点，而且还卷入了所有权的激烈冲突中。该委员会得出结论，满足——至少是部分地——各方愿望的办法是在这个国家实行分治并建立两个独立的国家，即犹太人国家和阿拉伯人国家。它提议的分治计划给予犹太人从卡斯提纳到罗什哈尼卡拉的沿海平原、加利利，以及耶斯列和约旦谷地的领土。耶路撒冷、伯利恒及其附近地区和雅法走廊，将继续处在委任统治的管理下，而阿拉伯国家将拥有领土的其他部分。该委员会也提议这两个国家之间的人口交换，这种交换可以以1920年土耳其与希腊之间进行的人口交换为范本。最后，该委员会认为这个提议形成的阿拉伯国家将与外约旦结成一个联邦。

该分治提议在犹太人中间导致了激烈的争论。支持者将之视为一个独立犹太国家的种子，而对于反对者来说，它意味着放弃历史上以色列地的愿景，尤其是由于外约旦已经被划分给了阿卜杜拉王国。古老的以色列地神话、希伯伦和耶路撒冷以及贝特埃勒神话，现在都位于这个分治国家之外。另一个反对者团体的反对理由不是建立在神话或历史之上，而是建立在理性的论据之上，即认为分治后的犹太国家将无法维持自身和吸收大批犹太人以作为他们的避难所。

但与此同时，这个提议首次展示了犹太主权可能性的第一道微光。在1937年巴塞尔举行的第20届犹太复国主义代表大会上，出现让人回想起1904年讨论乌干达计划的场景，政治现实主义与世代以来的传统和权力神话相冲突。最后，在近乎撕裂犹太复国主义运动的争论后，绝大多数人一起做出决议，允许犹太复国主义执委会在分治计划的基础上开展谈判。然而，它必须将制定的任何提议提交代表大会批准。

与之相反，阿拉伯人很快对分治计划表示一致反对并要求巴勒斯坦的独立，对此，阿拉伯国家表示支持。1937年冬天，阿拉伯人的暴力活动在巴勒斯坦重新开始。当局颁布了戒严法，军队开始采取严厉行动镇压反叛者，但仍很难平息，叛乱一直持续到1939年夏天。面对阿拉伯人的反对，英国政府慢慢地开始远离它自己提出的分治计划。

英国的政策现在由在中东地区确保和平与稳定的需要所主导。安抚阿拉伯人是英国为在欧洲即将到来的冲突所做的准备工作。从1937年冬天起，反对犹太复国主义的风浪开始在英国权力中心刮起。英国可能的反犹太复国主义提议不断逼近，以违背委任统治法律文件和《贝尔福宣言》所做承诺的形式出现。在伴随着《慕尼黑协定》（该协定使世界大战的威胁延缓了一年）之后的紧张时期，犹太复国主义者认为他们将成为英国绥靖政策的下一个受害者。

1938年年末和1939年年初，英国仍表面上努力达成一个犹太人和阿拉伯人都能接受的解决方案。然而，正如圣詹姆士宫圆桌会议所清楚揭示的那样，这没有成功的机会。当时阿拉伯人拒绝与犹太人坐在同一张桌子旁，英国人只好妥协，安排了不同的桌子。英国人邀请来自阿拉伯国家的代表参加会议，暗示他们愿意对阿拉伯人做出让步。议程包括了三项阿拉伯人的要求：独立、结束移民和不再出售土地给犹太人。在经过一些考虑后，英国政府决定接受阿拉伯人有关议程上绝大部分条款的立场，发布了一份被称为《1939年白皮书》的文件，指出在5年内犹太移民将被限制在7.5万人以内，更进一步的移民需要以阿拉伯人的同意为条件。在经过10年的过渡期后，巴勒斯坦将成为一个独立的国家，即一个阿拉伯人占多数的国家。绝大部分地区的土地出售将被限制。

在这三大限制中，最严格地得到遵守的是对移民的限制。在犹太历史最悲惨的时刻，巴勒斯坦的大门对移民紧闭。犹太代办处有关将来自德国的犹太儿童带到巴勒斯坦或带到英国的提议遭到委任统治当局的嘲讽并被否决。在战争爆发后，抵达巴勒斯坦的难民不被允许停留，而是被遣送至印度洋的毛里求斯。如果说有一件事情让巴勒斯坦犹太人仇恨英国并感觉委任统治政府是如此敌视他们，那就是英国人在第二次世界大战期间对待犹太难民的态度。巴勒斯坦犹太人将战时向难民关闭大门的责任完全归于英国政府。当大屠杀的消息传来时，犹太人认为英国人充当了屠杀的消极同谋。

1939—1948 年

1939 年 9 月世界大战的爆发改变了伊休夫的优先议程。此前一年其议程上反对白皮书的斗争，已被对战争的担忧所取代。本-古里安提出了一个口号："我们应当像没有白皮书一样与希特勒做斗争，我们也应当像没有战争一样与白皮书做斗争。"[2] 它表达了犹太复国主义者的困境。一方面，犹太民族的大敌是希特勒，有必要与之做斗争以将整个人类从野蛮和暴力中解救出来；另一方面，领导对希特勒做斗争的英国，现在是一个敌人。站在英国一边反对共同敌人的伊休夫如何不放弃反对白皮书的斗争？

最后，反对白皮书的斗争被暂时搁置起来，伊休夫积极响应战争需要，将其生产能力、人力资源和军事潜力都置于英国的支配下；2.7 万犹太青年被招募进入英国军队。阿拉伯人则倒向了另一边。1941 年拉希德·阿里·盖拉尼（Rashid Ali al-Gaylani）在伊拉克发动了威胁英国在该地区统治的叛乱。耶路撒冷穆夫提逃到柏林并积极参与策划纳粹在中东地区的宣传，显示出在意识形态上和政治上对纳粹主义的认同。

只要英国在中东的处境悲惨，犹太人-英国人的合作就较为活跃。例如，作为军队的帕尔马赫得以建立，用来帮助英国人搜集情报和从事破坏活动。从 1941 年夏到 1942 年，当时隆美尔的非洲军团准备突破英国在埃及的防线，恐慌情绪笼罩在巴勒斯坦的英国军官中间，他们讨论了撤往伊拉克的方案，这使伊休夫处于毁灭的危险中。1942 年 10 月英军在阿拉曼的胜利，向犹太复国主义者证实了他们没有任何其他的盟友。但这也无法阻止英国人继续维持对移民的禁令，对哈加纳武器的暴力搜查仍然没有减弱。

而魏兹曼领导的犹太复国主义领导层，没有放弃与英国的结盟。魏兹曼认为《1939 年白皮书》的反犹太复国主义政策源自英国为了获取阿拉伯人支持和维持中东和平的需要。他估计战争结束时，英国政策有重新评估的空间。首相丘吉尔被认为是犹太复国主义的朋友。到战争结束时，他建立了一个重新制定巴勒斯坦问题政策的内阁委员会，其名单包括对犹太复国主义者友好的成员。与此同时，正如魏兹曼所希望的，英国的海上冻结政策将在战争后解冻，犹太代办处主席本-古里安将焦点转向另一个大国——美国。美国犹太人的支持，对犹太人友善的富兰克林·罗斯福总统，美国强大而英国由于战争代价遭到削弱，这些是本-古里安政治转向的三大因素。另一个因素是他对英国人深深的怀疑，这与魏兹曼对他们的深信不疑形成了对比。

在1942年5月纽约召开的比尔特摩会议上，犹太复国主义者指出他们的战争目标是在巴勒斯坦建立"一个犹太共和国"——"共和国"是独立国家的同义词。为了避免激起其犹太对手反对这个未来国家的雏形，犹太复国主义者没有提及分治和巴勒斯坦阿拉伯人的议题。《比尔特摩纲领》象征着犹太复国主义者决心在巴勒斯坦建立一个犹太国家，即便它意味着与阿拉伯人的流血冲突。在一个民族和国家的命运由军事力量决定的时代，犹太人慢慢地适应了为独立而战的观念，这也将涉及流血牺牲。

战争的结束并没有导致犹太复国主义领导层所希望的英国政策转变。丘吉尔建立的内阁委员会已经推荐了分治计划，但它一直被推迟直到战争结束后。但1945年克莱蒙特·艾德礼和厄内斯特·贝文领导的工党在英国大选中获得压倒性胜利，而丘吉尔的保守党败选。尽管1944年的工党宣言含有亲犹太复国主义的内容，其中包括由皮尔委员会首次提出的转移（即人口交换）观念，但现在工党执政后开始考虑新的议题。厄内斯特·贝文被任命为强大的工党政府的外交大臣，他做出了一些重要决定，例如给予印度独立。但英国由于世界大战而濒于破产，英国政府必须转向和平时期的经济与应对食物和燃料配给不足条件下的士兵复员问题。冷战已经逼近，给政府带来了额外的问题。在这种形势下，与阿拉伯国家的友好关系比其他任何东西都更为重要；实际上，中东沙漠中的巨大石油资源使阿拉伯国家成为有利的盟友。由于巴勒斯坦问题是与阿拉伯世界关系的核心，工党政府无意改变白皮书的政策。

另一方面，犹太人经历了他们历史上最为惨重的创伤——纳粹大屠杀。全世界，甚至犹太民族，对所发生的一切都还没有完全的了解。犹太人仅是逐步对暴行有所认识，当他们完全了解真相时，他们难以面对这一切。与悲痛和创伤一起到来的还有愤怒：文明世界没有抬起一个手指以将犹太人从灭绝中拯救出来。尽管不知道所有的事实，但犹太人本能地感觉到，正如诗人拿单·奥尔特曼（Nathan Alterman）所写的，"在恐惧的阴影下我们的孩子在哭泣，我们没能听到世界的愤怒"[3]。

许多美国犹太人的激进化——通常是温和地和谨慎地表达极端的立场——通过为犹太难民打开巴勒斯坦大门的坚定斗争体现出来。

战争的结束并没有结束东欧犹太人的苦难。由纳粹及其东欧仆从国推动的反犹主义并没有消散，迎接试图返回其故乡和家园的犹太人的是敌视和暴力。1946年夏，波兰凯尔采爆发了一场集体迫害，有40名左右在德国投降后返回其故乡的犹太人被残忍杀害。几百万被强迫的劳工、战俘和难民，这个巨大的"群体移民"开始返回家园。不能返回其家园的难民仍然留在德国。这些人主要是纳粹的合作者、集中营守卫等，他们无处可去。成千上万的犹太人也滞留在德国，包括发生在战争末期声名狼藉的死亡行军或集中营的幸存者。

所有这些难民都以同样的条件安置在同样的集中营。犹太人要求与仅在昨天还曾是他们的迫害者甚至现在继续辱骂他们的那些人分开是徒劳的。英国占领当局声称，将犹太人从非犹太人中分离开来是希特勒种族主义政策的延续。只是在美国军队中犹太随军拉比干预和美国犹太人提出强烈抗议后，哈里·杜鲁门总统才派遣一位代表埃尔·G.哈里逊（Earl G. Harrison）去调查德国占领区由美国军队控制的难民营的情况。《哈里逊报告》严厉批评了占领军对待犹太人的行为。报告也描述了绝大部分难民希望移民巴勒斯坦，杜鲁门总统也要求他的英国盟友允许10万犹太人前往。

贝文发现自己陷入左右为难之中。他不准备改变白皮书的政策，但他无法接受与美国之间关系的紧张，美国是唯一有能力重建欧洲的国家，更别说它对遏止苏联这头北极熊的重要性。因此，他提议建立一个英美委员会来调查形势，并承诺如果该委员会达成一致决定，他将表示尊重。该委员会提出的有效建议是给德国难民营的犹太人发放10万份移民许可证。然而，贝文不愿意遵守承诺，与此同时，大批东欧难民源源不断涌入美国占领区的难民营，原因是苏联占领区的经济和社会震荡影响到犹太人的生存。

哈加纳的非法移民机构"阿里亚B协会"组织了非法移民船只试图秘密抵达巴勒斯坦的海岸。随着偷渡的船只越来越多，英国对它们的拦截也在增加。1946年8月，英国开始在海上拦截这些船只，并将船上难民遣送到英国统治下的塞浦路斯的拘留营。国际媒体报道了这些航行以及非法移民从巴勒斯坦海岸被强制遣送的情形，从而将犹太难民问题提上整个世界的议事日程。巴勒斯坦犹太公众对此一片哗然，由大屠杀激起的无助和愤怒情绪现在指向了英国。

拿单·奥尔特曼的政治诗篇突出了犹太难民的手无寸铁："'母亲，我们现在可以哭吗？'一个小女孩从她躲藏的地方出来问道。"

这种手无寸铁是对英国向难民关闭巴勒斯坦大门的抗议："当你走出铁丝网时，你又被军队和军舰追赶。"

当这个小女孩在欧洲穿行：

> 在你回来的路上，没有人怜悯你
> 一大捆包裹被给予孤儿。
> 在你的小手中是一块面包皮，
> 那是联合国善后救济总署为明天准备的食物。
> 但她将抵达海岸：
> 年轻人，要像拳头一样不屈
> 你终将被带到安全的海岸
> 你搂着他们的脖子
> 面对七十国议会和大海
> 你的眼里满是喜悦和幸福
> 法律终将战胜法律。[4]

整个伊休夫无论是温和派还是激进派在难民问题上团结一致，非法移民的故事成为以色列作为难民国家的奠基神话之一。

在巴勒斯坦，犹太人针对英国人开展了游击活动和恐怖袭击，英国人尚未找到一种既能让美国总统满意，同时又不伤害与阿拉伯世界的关系的签发10万份移民许可证的方案。英国政府可能认为，如果杜鲁门真正关心犹太难民的命运，他可以修改美国的移民法以允许他们前往那里。但杜鲁门知道这种提议将在国内不受欢迎，英国人也避免直接要求他这样做而使他尴尬。

犹太复国主义执委会也处在很不舒服的境地。如果贝文签发了10万许可证，巴勒斯坦问题将从国际议事日程中撤下，而犹太人无法获得一个国家。但由于贝文的不让步，为10万移民的斗争变成为犹太国家的斗争，因为，很清楚的是，只有当他们拥有自己的国家，犹太人才可以找到避难所。英国议员和英美调查委员会成员理查德·克罗斯曼（Richard Crossman）后来评论说，贝文值得以色列为其立一座雕像，因为他的执着使犹太人获得了他们的国家。

最后贝文对找到巴勒斯坦问题的解决方案感到绝望，英国内阁决定将其委任统治权归还给联合国（它取代了国际联盟的职能）。这种转变在1947年2月被宣布，联合国建立了巴勒斯坦问题特别委员会以重新调查巴勒斯坦问题。该委员会1947年夏访问了巴勒斯坦，见证了一些重大事件，包括非法移民船只"出埃及号"的到来——它的乘客被英国人以十足冷漠的姿态驱逐回德国——以及犹太地下组织的恐怖袭击。联合国巴勒斯坦问题特别委员会提议将巴勒斯坦分治为犹太国家和阿拉伯国家，但阿拉伯断然拒绝了这个提议，并要求在巴勒斯坦建立一个阿拉伯人占多数的国家。

联合国巴勒斯坦问题特别委员会的提议被提交到在纽约成功湖举行的联合国大会，需要有2/3的多数票赞成才能获得批准。阿拉伯人希望苏联领导的东方集团挫败这个提议，但他们没有考虑到苏联期望削弱英国在中东的地位。十分令人惊奇的是——而且只是在很短暂的时间里——苏联人改变了他们对犹太复国主义的敌对政策并支持以色列国建立。这次历史性的联合国大会投票是在 1947 年 11 月 29 日，决定终止英国对巴勒斯坦的委任统治，并分别建立犹太人和阿拉伯人两个国家。

这份联合国决议是在周五晚上通过的。巴勒斯坦的所有犹太人都在专注地聆听着他们的收音机，当结果被宣布时，他们涌上街头庆祝。一位在两个月前来到巴勒斯坦的美国学生兹珀拉·博罗维斯基（Zipporah Borowsky，现在叫波拉特），在写给她父母的信中描绘道："我半梦半醒地穿过开心的人群，到处是震耳欲聋的'大卫，以色列之王，他活着和一直活着'的歌声，英国坦克和吉普车经过，旁边高高举起如林般飘扬的旗帜，还有幸福的儿童……我挤过去穿过哭泣、热吻和吵闹的人群，狂热呼喊'马扎-托夫（即好运）'……尝试与你们分享这个永生难忘的夜晚。"[5] 这是一种欢天喜地的感觉，个体愉悦和公共欢乐的混合。但在阿拉伯社团，产生了震惊和悲痛。第二天，在从耶路撒冷到特拉维夫的道路上出现了第一批伤亡。

巴勒斯坦委任统治的遗产

在奥斯曼统治时期，巴勒斯坦是从北非到伊朗的单一政体下的一部分。它被划分为若干个奥斯曼行政区，巴勒斯坦属于南叙利亚，不带有自身的政治内涵。巴勒斯坦和以色列地的词汇仅仅到了委任统治期间才获得了地缘政治重要性，当时政府对这个国家的北部、南部和东部边界进行了界定。北部边界的划定考虑到了巴勒斯坦的发展需要，将约旦河的部分水资源保留在这个地区之内。后来提及巴勒斯坦一般指 20 世纪 20 年代的委任统治边界，它被赋予了国际边界的地位。

尽管赫伯特·塞缪尔制定了长远的发展规划和政府倡议，但很快就清楚的是，英国政府并不准备投资于巴勒斯坦的发展。英国的纳税人不想承担维持巴勒斯坦的代价，巴勒斯坦被设想带来足够的收入以弥补英国政府的开支，甚至偿付奥斯曼的部分债务。委任统治政府的政策必须按照伦敦的命令平衡预算，这是英国在世界各地进行殖民管理的典型方式。

英国对巴勒斯坦最重要的兴趣是战略上的，英国只愿意在与战略利益相关的方面对巴勒斯坦进行投资，正如两次世界大战期间发生的那样。委任统治政府用来自其运转预算的大量资金投资于发展交通设施。除了建造道路网和铁路以外，在 20 世纪 30 年代初期它在海法建造深水港，以将从伊拉克的石油管道铺设至地中海，从而确保英国地中海舰队的能源供应。为此目的，在海法还建造了英国人所有的炼油厂。政府鼓励在约旦河和雅孔河上建造电力设施。尽管所有这些投资有助于巴勒斯坦的现代化和促进农业与工业发展，但它对现代军队的活动也至关重要。

对委任统治政府的运转预算的考察显示，用于行政和安全的开支占 50% 以上，而福利（健康和教育）开支总共只有 12%。这样的比例不仅考虑到巴勒斯坦的安全问题，而且来自殖民管理的传统；在当时印度、塞浦路斯和外约旦的预算中，各自的分配比例也非常相似。英国本土在这一时期的预算则与之形成了鲜明对比，享受着最大的福利开支额度。这是殖民地与其母国之间的差异。

然而，与巴勒斯坦之前的行政管理相比，委任统治政府则值得称道，被认为取得了一些巨大而全面的成就。健康服务、医学预防、淡水供应、克服疟疾、排干沼泽和其他基础设施的完善提高了所有居民的生活质量和预期寿命。

委任统治政府根据英国殖民政府的准则运行。绝大部分委任统治高级官员从前有在英国王室殖民地工作的经验，他们出于或好或坏的目的将上述经验应用于巴勒斯坦。殖民地的社会政策用于促进经济增长和引入现代化，而不破坏当地的文化结构和社会传统。例如，巴勒斯坦的阿拉伯人口主要是农民，英国人积极培育、改善阿拉伯农业并使之现代化，以帮助提高农村的生活水准和增加人口，主要是降低婴儿死亡率。与此同时，在最初令人印象深刻的在农村建造学校的投资后，阿拉伯人口的教育发展由于预算限制而陷于停滞状态。直到委任统治结束时，阿拉伯教育系统仅为绝大部分男孩和很小比例的女孩提供四年的学校教育。在 20 世纪 30 年代，由于人口增长、土地出售给犹太人和政府提供的工作岗位，城市化的势头迅猛。但总体来看，阿拉伯村庄维持了它的结构和传统。委任统治政府受委托照看其居民，但它并不认为自己负有帮助他们发展的责任。

犹太伊休夫直接地和间接地从委任统治政府那里受益。它享受着生命和财产安全，政府的保障不仅包括这个国家的中心地区，也涵盖边远地区，例如约旦河谷，这里过去遭受着贝都因人的侵扰。犹太人现在可以安全地定居在整个国家。由英国人建立的现代运输网将产品从犹太农场带到城市。优秀的卫生系统和政府造林倡议也使伊休夫受益。委任统治政府给福利服务、教育和健康的拨款很少，并主要分配给了占人口多数的阿拉伯社团。但伊休夫通过建立自己的福利体系补充了福利的拨款，对此政府并不干涉。犹太人也拥有自己的教育体系，在质量上远高于那些由委任统治政府资助的教育机构。到委任统治结束时，90%~97% 的伊休夫儿童具有 9 年的学龄。而从这个时期开始，犹太人与阿拉伯人的健康服务处于同等水平，随着时间发展，矛盾在增长，这个地区的健康服务体系也开始分离。犹太人拥有高质量的健康服务体系，尤其由于来自德国的移民——这也是委任统治时期发展起来的自给自足的另一例证。

皮尔委员会将巴勒斯坦界定为具有两种经济和两种文化的二元国家，居住在一起的两大民族彼此分离。按照这种观点，将这个地区分治为两个国家是两大民族发展的不可避免的结果，英国政府在其中只起到很小的作用。绝大部分研究者今天接受了这种观念。然而，另一种思想派别将这种二元性——回顾起来是分治本身——视为委任统治政府深思熟虑的政策，而这是建立在有利于犹太人的基础之上的。这个派别认为巴勒斯坦经济和社会的萌芽对于犹太人和阿拉伯人是同样的，在政府的支持下可以沿着合作的方向发展从而创造一个单一社会，而非分离的社会。该派别明确地指责当局的经济和就业政策（例如，在犹太经济能力和整个地区的经济能力之间进行区分），分开的教育和健康服务体系，分开的族群市政单元，等等。这种政策允许了犹太人培育其自治的种子，实际上为分离的社会和认同奠定了基础，并提供了鼓励。

事实上是否存在形成一个共同的巴勒斯坦阿拉伯—犹太社会的可能性？每轮暴力浪潮造成了这些民族社团的进一步疏远和分离，各自集中在自己的领土内。某种程度上，奥斯曼时期存在的混住城镇和建筑、商业领域的合作，甚至共有的休闲活动，到这一时期不断变少。20世纪20年代曾有过建立联合工人组织的尝试，但在30年代消失了。尽管第二次世界大战期间犹太人和阿拉伯人的经济加速发展，但阿拉伯社团仍主要是农业的和传统的社团，而绝大部分犹太社团是城市的和现代的社团。因此，它们之间的差距不断加大。

委任统治官员发现人们希望当局允许外国人进入巴勒斯坦定居和发展，同时致力于改变现有的环境以有利于这些外国人。这种状况对他们来说似乎较为陌生，也不适合他们的殖民传统。不同之处在于，在其他很多殖民地，定居者都是英国的臣民，例如澳大利亚、加拿大和南非等国的殖民地都是英国人殖民遗产的一部分。但在巴勒斯坦，委任统治当局被设想帮助那些自命不凡的外国人，他们中的绝大多数人不会讲英语，不知道自己的位置，并且频繁地抱怨和提出要求。由于犹太人的权利建立在委任统治法律文件之上，他们期望得到来自当局的优先对待，而这实际上并未获得。政府最多"口头上表示赞成"，正如《贝尔福宣言》赞成建立一个犹太民族家园，但它认为那个民族家园将由犹太人自身建设。

犹太人的期望和现实之间的差距是不断摩擦的根源。在委任统治的第一个10年，进入巴勒斯坦的移民与犹太经济体系的承受能力相一致，这个标准犹太人也当作事实加以接受。但从第二个10年开始，移民活动成为争论的焦点和犹太复国主义者产生挫败感的中心。委任统治法律文件第六款授权建立密集的犹太人定居点，但它从未得到贯彻。除去边远地区的一些无足轻重的土地（例如分配给死海工作队的土地），犹太人没有被给予第六款指明的国有土地作为定居点。直到委任统治结束，所有犹太人拥有的土地都是以全价购买所得的。

犹太人要求实行保护性关税以有利于这个国家年轻的工业，但这对阿拉伯人意味着进口成本的增加，他们反对这种措施。另一方面，在巴勒斯坦维持高粮价有利于阿拉伯农民，但不利于犹太城市居民。犹太人抱怨他们没有根据其人口所占的百分比被政府雇用，这当然也与他们对政府预算的贡献不一致。政府承认这一点，但拒绝给予犹太人高于阿拉伯人的薪水，后者愿意以更低的工资工作。这些只是犹太人利益与阿拉伯人利益之间不断冲突事例中的少数，而政府发现自己被夹在中间左右为难。

有意无意地，委任统治政府的经济自由主义和对国内生活的不干预政策允许犹太社区建立一种非常复杂的自治政府体制，从而保护和培育了它的独特文化认同。当皮尔委员会得出巴勒斯坦存在两大不同民族认同的结论时，它主要是对两大不同教育体系的存在和各自教育学生忠于本民族及其世界观的反映。委任统治下的经济发展强调了犹太经济体系与阿拉伯经济体系之间的不同：一个是充满活力的、创新的、倾向于积极主动的和工业型的体系，而另一个则是农业的、保守的、愿意接受创新但缺乏积极主动性的体系。这两种经济体系的发展都令人印象深刻，但在生活方式和生活水准上有着巨大的差别。

而委任统治政府试图在犹太人和阿拉伯人中间创建一种"巴勒斯坦"忠诚和公民意识，它承认了两大经济体系和两个社会的事实存在。两大经济体系（尽管也存在接触、合作，甚至共同利益，例如在柑橘种植者中间）的区分反映了双方都期望保护其独特性、传统和文化。随着犹太人与阿拉伯人之间的紧张加剧，他们共同生活的结构——这种结构即使是最低程度的存在——瓦解了。在这个时候，英国这头奶牛没有去喂奶，而犹太人和阿拉伯人这两头牛犊强烈地拒绝进食。

委任统治的30年过渡时期促使犹太人在巴勒斯坦建立了他们自己的社会和经济。没有英国刺刀的保护，犹太社区将无法在规模和力量上得到发展，直至它跨过了不能回头的一步。阿拉伯民族主义的发展是犹太民族家园发展的后果，值得怀疑的是英国对阿拉伯民族运动的强硬政策——正如犹太活动家所要求的——可以改变这场运动的方向。而且，这种行为违背了英国传统的殖民政策。对英国而言，巴勒斯坦是一个兴趣点，但是一块烦心的殖民地，当维持它的代价超出其收益时，它选择了离开，并对这个决定不带有痛苦。对于犹太人而言，这是无处可去的民族运动的关键时刻。在整个委任统治时期，犹太人与阿拉伯人之间没有重要的交涉。阿拉伯人没有理由放弃他们对巴勒斯坦的专属所有权，而犹太人也从未放弃这种所有权。

第四章

委任统治时期的移民与定居活动

"我们必须大胆向前，将一切甩在身后，扛起背包，脱掉流散的服装。"这是乌里·兹维·格林伯格（Vri Zvi Greenberg）的诗《必须》（*The Necessity*）的开篇语。它解释了移民进入巴勒斯坦并非当地的吸引力而是流散地排斥力的结果。"我们必须离开。我们脚下的地面在尖叫，床也在抖动。"接着他描绘了对他所离开国家的单相思：

> 我们也必须憎恨我们所热爱的。
> 我们热爱森林、河流、水井和磨坊，
> 我们热爱落叶、鱼、水桶、面包以及铃声，
> 甚至有着浅金色头发的青年暴徒。

他以毁灭威胁的预言结尾：

> 我们必须痛苦地离开村庄并噙着热泪再看一眼房屋，
> 知道有一天他们将会被刻于耻辱柱上。[1]

这首诗写于 1924 年，反映了移民的隐痛和他们离开的世界对其所具有的巨大吸引力。为了理解两次世界大战期间的移民和拓荒活动，

我们必须牢记两大磁体的反拉力：对精神文化故土的重要联系和承认离开家园、家庭和文化的存在必要性。如果不理解每个移民在这两大磁体之间被拉扯的精神斗争，就无法理解巴勒斯坦的创造活动。

在1919年12月底，载有650名乘客的"鲁斯兰号"轮船从敖德萨出发在雅法港抛锚。"鲁斯兰号"后来获得了以色列的"五月花号"的地位，因为乘客都是俄国犹太知识界的重要知识分子，以及一群充满热情但身无分文的青年。这艘船的靠岸标志着移民浪潮的开始，它在犹太复国主义历史上被称为第三次阿里亚（1919—1923年），也是委任统治时期的三大移民浪潮之一。其他两次是第四次阿里亚（1924—1929年）和第五次阿里亚（1932—1936年）。

通过对这些阿里亚之间进行区分，反映了一种移民的周期性特征及其体现的经济起伏。每次阿里亚都有其自身的独特形象，不仅是建立在统计事实而且也建立在印象和公共话语之上。因此，第三次阿里亚被冠以"先锋的阿里亚"，第四次阿里亚被冠以"中产阶级的阿里亚"，即使在统计学上这两次阿里亚的绝大部分移民并非先锋；事实上，第四次阿里亚比第三次阿里亚包括更多数量的先锋。第五次阿里亚在犹太复国主义意识中被称为"德国阿里亚"，即使绝大部分移民——正如其前辈一样——来自东欧。

20世纪20年代初期正是充满希望的年份：《贝尔福宣言》激起了俄国犹太人中间的近似于弥赛亚的狂热潮流。有史以来第一次，犹太复国主义成为一场大众运动，成千上万的青年人涌入哈卢兹运动（即先锋运动），这是由约瑟夫·特鲁姆佩尔道（Joseph Trumpeldor）在克里米亚创立的，以对青年人在移民巴勒斯坦之前进行培训。布尔什维克革命和随后而来的残酷内战伴随着乌克兰全境的恐怖的集体迫害，遇难的犹太人数估计在10万~20万人。

这场革命在犹太青年中间激起了巨大的热情，他们将对抗白军的红军视为犹太人的保护者，而白军煽动了许多反犹暴动。革命精神激发了先锋们的理想主义，但集体迫害强化了他们的另外一种意识，即这不是他们的革命，他们应当实现他们关于在巴勒斯坦建立一个平等和正义的政权的观念。在观念和理想领域，世界革命在青年人的思想中与犹太复国主义开展着竞争。在20世纪上半叶，这两大运动对犹太青年来说是对立的吸引焦点。

战争和革命给俄国犹太人带来了深远的变化。古老的犹太村镇不复存在，犹太人原先所属的中下层阶级在苏维埃俄国消亡。宗教活动被禁止，犹太复国主义者遭到迫害。与第二次阿里亚的移民来自传统的、坚固的犹太世界不同，第三次阿里亚的移民成长在那个世界的破碎残余中。他们绝大部分人对传统的小村庄一无所知，也没有接受任何犹太教育；他们的世界观混合着犹太民族主义和世界革命的思想。单身青年在这次阿里亚中留下了他们的印记，在3.7万名移民中，有1.4万人是单身。他们可以说一无所有，准备好了从事艰苦的体力劳动以期望在巴勒斯坦建立一个新社会。

20世纪20年代初期也是相信"捷径"的年代。由于巴勒斯坦缺乏现代的、发达的经济，工业仍在起步阶段，一种平等、公正的社会可以从头做起，无须经受资本主义的考验和痛苦。这种观念在第二次阿里亚的老移民和第三次阿里亚的青年中间都十分常见，基于这一事实，即落后的巴勒斯坦对于富人来说未能展现具有吸引力的前景。20世纪20年代早期，这个国家似乎由民族资本——由犹太复国主义机构筹集的资本，例如犹太民族基金会和以色列联合呼吁组织，它们都由犹太复国主义组织控制——在民族的土地上，根据他们的理想，通过移民先锋搭建的营地，得以创建。犹太复国主义运动支配着大量的青年人和贫困者，他们致力于创建这个国家并在这块新的土地重建他们的生活和未来。没有其他机构致力于创建"民族家园"，因此犹太复国主义组织准备为劳工定居点提供资本。这是哈伊姆·魏兹曼领导的犹太复国主义组织和巴勒斯坦工人运动之间联合的基础。

然而，事实很快证明，他们筹集到的资金远少于预期。在20世纪20年代，犹太复国主义运动每年可供支配的资金仅有60万英镑，这个数目严重不足，难以支撑大规模的拓荒活动。作为在民族土地上进行大规模拓荒活动的替代方式，第三次阿里亚的移民被迫在赫伯特·塞缪尔发起的公共建设工程（筑路工作）中谋生。筑路工作成为一个传奇，但这个神话无法掩盖犹太复国主义组织缺乏资金来安置移民先锋的事实。1923年，当筑路工作接近尾声时，第三次阿里亚陷入危机之中。

1924年开始了第四次阿里亚，这是犹太复国主义史上第一次大规模的移民潮。1925年，巴勒斯坦当地的平均每1000名犹太人居住的场所就吸收了285名新移民，这个纪录直到以色列建国才被打破。在两年时间里，大约6万移民涌入巴勒斯坦。这次阿里亚反映了犹太移民活动的根本性变化。美国的移民法修正案使美国对犹太移民关上了大门。苏联也对移民活动施加了更多限制，随后在20世纪20年代末，苏联完全向犹太移民关闭了大门。

这两大变化决定着犹太移民的来源和巴勒斯坦的人力资本。巴勒斯坦成为犹太人一个主要移民目的地，尤其在20世纪30年代，成为唯一的主要目的地。波兰是300多万犹太人的家园，成为犹太移民的基本来源地。波兰总理弗拉迪斯拉夫·格拉布斯基（Wladislaw Grabski）制定的稳定波兰货币的法律伤害了城市商人阶层，他们中的绝大部分是犹太人，犹太中产阶级的不稳定导致了第四次移民潮。这次的移民包括大量的家庭，他们的平均年龄略高于第三次阿里亚。这些中产阶级移民塑造了第四次阿里亚在公众心目中的形象。

赫伯特·塞缪尔决定委任统治政府将根据经济吸收能力的标准来监督移民活动。犹太复国主义执委会接受了移民必须加以控制和限制的原则，以免犹太经济崩溃，因为一场严重危机可能动摇犹太人建设这个国家的能力。实际上，20世纪20年代对移民的限制不是来自英国，而是犹太复国主义执委会的预算控制。委任统治政府划定了四类移民。第一类移民包括那些不受一切限制的有用人士。被列入有用人士者必须在银行中拥有500巴勒斯坦镑（后来改为1000镑）的可支配资金。第二类移民由学生或宗教人士构成，他们必须证明其生计有保障。他们被允许移民而没有进一步的限制。第三类移民是巴勒斯坦居民的直系亲属和返回的居民。前者必须证明其亲属有能力供养他们。这三类移民由委任统治政府单独控制。

第四类移民——工人——是犹太复国主义执委会与委任统治政府之间的斗争目标。工人主要是贫困的青年，他们必须在巴勒斯坦通过其劳动来谋生，而犹太复国主义组织保证他们在犹太经济中获得工作机会。然而，犹太复国主义执委会与委任统治政府对经济吸收能力有着不同的评估。执委会每6个月提交一份"清单"（即移民配额）的评估，通常政府批准的移民许可证要远少于申请者的人数。直到1936年，上述方式决定着巴勒斯坦的移民状况。

在第四次阿里亚前两年，大约40%的移民及其家庭被归于"有用人士"。这些移民主要是中下阶层，他们拥有大量的财产来支持自身的移民行动，但他们自认为属于资产阶级并期望保持城市生活方式，就像他们曾经在波兰那样。这次阿里亚的绝大部分成员前往特拉维夫，当地出现了前所未有的建筑热潮，也有一部分人前往海法和耶路撒冷。如果说在第三次阿里亚时期，这个国家看起来将由公共资本和社会主义先锋来建设的话，现在一种新的实现犹太复国主义的方式出现了，即以资产阶级和使用私人资本的方式来实现。尽管犹太复国主义意识形态将农业定居活动视为整个事业的核心，但这次阿里亚的绝大部分人现在从农村迁向城市。犹太巴勒斯坦的城市特征不断凸显。

理想主义的阿里亚从一开始就通过转向农业建立一个平等社会，因此改变着犹太人的形象，从商人和经纪人转变为体力劳动者，这个希望的破产是由于有限的国家资本和私人资本的突然出现。犹太中产阶级成为建设这个国家的新的候选人。第四次阿里亚成为工人媒体猛烈批评的目标，魏兹曼指责其成员将迪兹卡和纳勒维奇街道（住满商人和小贩的华沙街道）搬到了特拉维夫。[2]

这些中伤的来源是对筹集足够的国家资本的失败和一场无法达到左派理想主义预期的阿里亚到来的双重失望。第四次阿里亚在社会主义者与私人资本所有者之间激起了一场漫长辩论，在要求选择性移民，把青年作为移民对象以与先锋模式保持一致和要求移民大门对所有人开放之间存在的分歧，反映了流散地犹太社会结构的特点。由于犹太复国主义组织没能控制所有移民，最后这场辩论演变为犹太复国主义组织是应该支持城市定居点还是农村定居点的问题。犹太复国主义预算的 30% 以上用于农业定居点，而不到 10% 用于城市定居点。这种偏好源于在巴勒斯坦建设一个新的犹太民族，一个扎根于土地的民族的期望。但它也源于控制相对广阔的土地的渴望，以便形成犹太人定居点的连续区——这是领土主权的基础。将移民吸收到城市的成本要比农村地区低得多。城市定居点也为吸收许多不适合从事体力劳动和不愿改变其生活方式的人提供了可能。但从犹太复国主义的立场看，农村不仅是新现实的浪漫化的形象，它还是确保对该地区所有权的重要因素。

埃梅克和农业定居点的发展

20 世纪 20 年代主要的拓荒活动就是耶斯列谷地，它在巴勒斯坦拓荒神话中被称为"埃梅克"（谷地）。这个狭长地带从沿海平原到约旦河谷，创造了 20 世纪初下加利利定居点的连续体，它由犹太复国主义的土地代理人约书亚·汉金（Yehoshua Hankin）所购买，但没有经过犹太复国主义组织的同意。该行为在犹太复国主义执委会中引发了激烈的讨论，因为它大量耗费了犹太复国主义本来就贫乏的预算。埃梅克成为这 10 年中社会和定居点的实验场所。青年的理想是渴望改革世界以符合犹太复国主义的需要，因此创造了这两者的综合。

20 世纪 20 年代约瑟夫·特鲁姆佩尔道工人营由俄国先锋运动的成员建立。在靠近米格达尔营地的筑路过程中，工人营转变为一个团体。为了满足忙碌的日间工作的需求，集体厨房、洗衣房和食堂都开始出现。这些工作由工人团体根据合同进行，覆盖到弱者，采取平等分配所得的方式。工人营是一个非选择性的机构，对任何寻求加入的先锋开放。

在那个历史性时刻，乌托邦似乎已经在苏联实现，这些青年认为他们也获得机会建立一个没有私人财产、所有财产公有的"巴勒斯坦犹太工人公社"。这是一种社会主义式的贫困：短缺十分严重，生活条件艰苦,但先锋们的精神亢奋源于他们正在建设一个新社会的意识,这种意识超过了他们所面对的困难和乡愁。团结一致的感觉,晚间跳舞时的忘我,都是对痛苦和艰难的补偿。乌里·兹维·格林伯格在下面的诗句中记录下了那段时期的精神:

> 记住,上帝
>
> 那些青年男女
>
> 没有父母在这里
>
> 就像战争中的军队
>
> 锄头刨地
>
> 就像用剑刺入非利士人的身体
>
> 前行的蒸汽压路机
>
> 就像弥赛亚的战车……[3]

当定居点 1922 年在埃梅克建立时,工人营派上用场并创建了两个基布兹:艾因哈罗德(Ein Harod)和特尔约瑟夫(Tel Yosef)。基布兹是第二次阿里亚中施罗莫·列维科维奇的创造性思想。列维科维奇发展了"大克武察"(集体公社)的概念,使人想到法国空想社会主义者夏尔·傅立叶的思想。克武察创建于第二次阿里亚期间,德加尼亚和基尼烈建立在亲密的、几乎是家庭式的模式之上。当德加尼亚基布兹扩展到几百名成员时,它分裂为"德加尼亚 A"和"德加尼亚 B"。尽管克武察被视为一个扩大的家庭,实际上这种亲密关系带来了一些负担和大量的摩擦,体现在人员离开和对关系的破坏上。列维科维奇认为大克武察可以避免侵扰私人领域,并促使不同类型的人们相处。他预计克武察包括 1000 名男女,这个数字在当时被视为妄想。列维科维奇寻求在克武察之下将农业和工业结合起来,以便任何人都可以找到合适的工作机会。他也认为,这种较大规模的社区可以促使生产方式的理性开发进而使克武察获利。它广阔的组织结构甚至可以用于促进文化生活。工人营承担了建立一个大克武察的实验工作。

贝特阿尔帕哈（Beit Alpha）建于艾因哈罗德和特尔约瑟夫基布兹以东，在工人营之外，还有另一个第三次阿里亚的组织"青年卫士"的参与。然而，工人营主要由充满热情但未受良好教育的俄国人构成，而"青年卫士"的青年人来自加利西亚和波兰，他们来自中产阶级上层，受过高中教育，相信无政府主义思想和弗洛伊德的精神分析理论。在到达巴勒斯坦的前几年，他们将大部分时间用于自我反省和寻求意义。贝特阿尔帕哈和随后梅尔哈维亚、米沙马尔埃梅克等地的定居点，是他们青春期成熟和适应巴勒斯坦生活的一部分。他们认为，事先灌输思想是成为基布兹成员的先决条件，并应维持选择性的准入政策。其他一些克武察也在埃梅克开拓，例如青年卫士基布兹，这些都是小克武察（例如德加尼亚）和大克武察（例如艾因哈罗德和特尔约瑟夫）之间的折中方案。

在一群离开德加尼亚的第二次阿里亚的老成员的提议下，西埃梅克的土地分配给了不同形式的定居点。他们反对克武察的生活方式，认为它削弱了自然形式的家庭和农民与其土地之间的亲密关系，这种关系建立在家庭土地单元之上。他们是第一批莫沙夫纳哈拉的创建者，其目标是建立一批扎根于土地的小农团体，以家庭的方式进行劳作。纳哈拉建立在成员之间的互助以及产品联合营销的原则之上。它的房屋均为圆形，紧密连在一起，农田位于每家房屋后面。这种安排创造了家庭和成员相互负责的社团精神，保持了他们之间的亲密关系。

埃梅克的所有农业定居点形式都来自第二次阿里亚的教训：如何防止农民不受对阿拉伯劳动力开放的雇佣劳动的诱惑。社团权威、土地所有权和完全禁止雇佣劳动是用于确保定居点犹太复国主义特征的约束条件。在20世纪20年代，莫沙夫被视为劳工定居点的意识形态藩篱，本-古里安声称，再向前一步就是资本主义。

工人营和青年卫士都是犹太复国主义青年组织，它们致力于开拓冒险和社会主义的挑战。埃梅克的新式定居点，让它们觉得自己正在参与建设新世界的事业。在20世纪20年代初期，它们认为它们的理想主义将赋予整个犹太复国主义事业一种社会主义的禀性，但第三次阿里亚危机和第四次阿里亚的到来使它们意识到犹太复国主义事业难以避免资本主义的社会和经济发展阶段。对于许多人来说，这是一个转换点。什么应该处于优先地位？实现犹太复国主义是否最为重要，即使那意味着接受某些资本主义形式，还是宁愿移民到一个可以建设真正平等社会的地方？一些工人营成员在门德尔·埃尔金德（Mendel Elkind）的领导下，选择返回苏联，希望在那里建立理想的社会，但绝大多数人宁愿选择犹太复国主义的目标。他们将建立社会主义社会的目标搁置起来，直到犹太人成为巴勒斯坦的大多数。

同时，这些青年的理想主义有利于完成犹太复国主义最为艰难的使命。集体主义组织、内部的纪律和流动性使得在遥远的、危险的角落开拓定居点成为可能，尽管当地的气候十分恶劣。基布兹引领着整个巴勒斯坦的犹太复国主义事业。犹太复国主义的方向是采取实际行动，反对空谈，实现理想主义青年的期望，激励着他们将毕生精力奉献给社会和民族。集体定居点给予犹太复国主义运动一个极好的动员武器，它可以以社会主义术语界定自身并将自己置于犹太复国主义事业的支配下，从而完成所有的"征服"目标。基布兹越是集中和严明，致力于民族目标的愿望就越强烈。

社会主义和民族主义渴望的结合为基布兹、克武察和莫沙夫成员注入了独特的能量，使他们成为犹太复国主义事业的先锋，这些先锋者通常处在哈加纳、犹太工人总工会或者犹太复国主义执委会的领导下。先锋精神与基布兹成员的形象相连，作为土地上的耕作者，他们通过在民族土地上日复一日地劳作为民族服务，自身和家人冒着生命危险，决意在危险地区定居，过着贫困和物资匮乏的生活。这些基布兹分布在贝特谢安谷地（Beit She'an Valley）和内格夫沙漠，沿着北部边界形成长条状，这种分布特点使得犹太人定居点在地理上纵贯整个巴勒斯坦，最终决定着这个国家的边界。

由于经济上的限制，农业定居点发展缓慢。直到委任统治时期结束，还有许多可出售的阿拉伯人土地，但这超出了犹太人的购买能力。在埃梅克的定居点之后，先是赫菲谷地，然后是海法湾地区，都出现了定居点。定居点的高潮是在 1937 年皮尔委员会报告出台之后，该报告使公众注意到犹太国家未来边界与定居点地理分布之间的联系。贝特谢安谷地是由赫伯特·塞缪尔给予这个地区贝都因人的国有土地，现在被犹太民族基金会从他们那里购买过来，之后，这个地方的定居点开始迅速发展起来。西加利利和北部边界也有许多定居点，结合着私人定居点（纳哈里亚）和集体定居点（哈尼塔、沙维锡安、耶哈姆）。在第二次世界大战结束后与英国的斗争过程中，内格夫开辟了 11 个新的定居点，由梅克洛特水务公司提供供水管道。这些危险地区，远离集中的犹太人定居点，都是由基布兹开拓的。

在 20 世纪 20 年代，劳工定居点对犹太复国主义事业的贡献力度尚不清楚。在维也纳的第十四届犹太复国主义代表大会上，精神中心党的赫舍尔·法布斯坦（Heschel Farbstein）认为自己是中产阶级的代表，将基布兹成员称为 "kest kinder"，即靠犹太复国主义组织些许小钱为生的占便宜者，这些资金是从成千上万准备进入巴勒斯坦的犹太人那里克扣的。在 20 世纪 20 年代末期，一个专家委员会考察了定居点的状况后宣布了一份致命的判决，宣称基布兹是一种不符合人类愿望的社会框架，尤其对于犹太人而言。它对莫沙夫的判决要宽容一些，由于莫沙夫的结构与传统思想更接近些。有关劳动定居点是否能够在经济上可行的辩论持续了许多年，事实上从未停止。对基布兹的人均投资远高于城市，但不清楚是否高于对莫沙夫的投资，后者在 20 世纪 20 年代蓬勃发展并取得了经济成功。它们被视为私有农场获得成功的证明，尽管在这种成功取得之前，罗斯柴尔德男爵和犹太垦殖协会的巨大投资未被人们注意。

特拉维夫现在实行与埃梅克相对的吸收移民和建设国家的模式。一开始它是一个仅有 2000 人左右的小型田园城市，到 1925 年已成为一个拥有 3.4 万人的充满活力的城镇；到 1931 年，其人口增加到 4.6 万。该城市在沙丘上的快速增长引起了那些希望犹太复国主义不仅将犹太民族从流散地带回巴勒斯坦，而且实现犹太人形象根本改变的人的担心。特拉维夫街道上充斥着投机商和刺耳的商业活动，看起来像是将华沙或利沃夫搬到了巴勒斯坦。它反映了犹太人选择城市生活的趋势，他们避免体力劳动，渴望简单的地理变化——反对革命性的变化——以允许他们生活在其他犹太人中间。特拉维夫的吸引力之一就是它几乎完全是一座犹太城市。然而，它的小资产阶级城市形象引起了所有那些想看到新型犹太人出现的人的恐惧。在一份对第四次阿里亚的著名批评文章中，哈伊姆·阿洛索罗夫声称，决定这个国家未来的不是城市定居点——它可能人口稠密——而是农业定居点。他描绘了这块土地上的拓荒活动，拿着锄头扎根土地，与没有计划的移民活动形成了鲜明对比，无计划的移民活动或许提供了个体犹太人的解决方案，但对犹太国家在巴勒斯坦的形成没有任何帮助。[4]

　　尽管有对城市定居活动的种种劝诫，同时第四次阿里亚末期特拉维夫遭受严重经济危机，1/3 的城市工人失业，但到 1931 年仅有 19% 的巴勒斯坦犹太人居住在农业定居点，随后这个数字继续减少。三大主要城市——特拉维夫、海法和耶路撒冷——构成了犹太人定居点的主要三角形。这种布局也反映了绝大部分用于建设这个国家的资本都是私有资本的情况。1925 年，仅特拉维夫的投资就达 200 万英镑，这个数目对于劳工定居点来说简直无法想象。1918—1937 年，7500 万巴勒斯坦镑的私人资本被带入这个国家，而国家资本仅筹集了 2000 万巴勒斯坦镑。考虑到在国家资本和私人资本之间存在一种"劳动力的分工"这一事实，国家资本主要流向私人资本不愿去的地方，而私人资本主要集中在城市和沿海的柑橘种植园。特拉维夫模式适于私人资本，而国家资本流向了埃梅克。

　　20 世纪 20 年代末期，巴勒斯坦的犹太复国主义事业遭受了前所未有的严重经济危机，它变成对犹太复国主义运动能否成功地作为一场开拓运动的信心危机。以特拉维夫为中心，危机由波兰经济发展导致的资本贬值，来自波兰的资本流结束所引起。大量的移民走向破产而无法履行其承诺。1928 年，离开巴勒斯坦的移民是进入者的两倍。1929 年经济开始复苏，1931 年在《麦克唐纳信件》发表时，巴勒斯坦的经济发展势头良好。

甚至从第二次阿里亚开始，犹太定居者就开始寻找一种可以作为经济基础的农产品。他们种植大田作物的经历并不成功。然后，他们又将希望投向葡萄，结果也失败了。他们又尝试了种植杏树，随后也宣告失败。20 世纪 20 年代还尝试了种植烟草，同样也没有成功。作为这个地区农业的"黄金产品"出现的是柑橘。柑橘是由雅法的阿拉伯人首先种植的，他们创造了"雅法柑橘"的品牌。犹太人开始种植柑橘树是在第二次阿里亚期间，主要是在佩塔提克瓦和雷霍沃特，种植活动在整个委任统治时期一直持续着。由于柑橘产业的发展，犹太人和阿拉伯人的经济都得到了快速发展；犹太人的柑橘种植园面积仅在 1931 年与阿拉伯人相当。柑橘树主要集中在撒玛利亚和沙龙地区，那里降水量充足，土壤十分适宜。柑橘产业在 20 世纪 30 年代成为巴勒斯坦的主要出口和农业产业，这是私人企业和私有制的结果。

柑橘生产存在着一定的风险。它依赖外国市场的需求，因此受欧洲经济形势变化的影响。它与西班牙的柑橘处于不断的竞争中。不受控制地种植新柑橘树导致产能过剩的担心，而这种担心直到那段时期结束时都被证明是有理由的。1937 年后，由于需求减少，柑橘产业处于危机中，当时海上运输在战争期间停止，种植者需要政府的资助以维持其种植园的运作。但随着经济形势好转和出口恢复，柑橘种植仍被视为巴勒斯坦私人农场的成功故事。

与被视为流散地生活方式体现的特拉维夫相对，柑橘产业象征着耕作土地、亲近自然，也是最重要的巴勒斯坦经验。正如我们看到的，特拉维夫在第四次阿里亚危机期间遭受着普遍的失业，但莫沙夫的种植园不受影响，持续繁荣。问题在于从事柑橘种植的莫沙夫，尤其是最大的莫沙夫佩塔提克瓦，雇用了阿拉伯人。只要劳工运动确信劳工定居点将通过社会主义团体覆盖整个国家，它就放弃了在旧莫沙夫中为犹太劳工奋斗的精神。但随着第四次阿里亚之后带来的观念变化，城市失业严重导致成千上万的工人转向莫沙夫，犹太劳工的斗争在 20 世纪 20 年代末再度发生。

对于劳工运动而言，这场斗争使农民与工人的关系趋于紧张，但没有阻止雇用阿拉伯人在莫沙夫中采摘果子，这被视为私人资本不能对建设国家和实现犹太复国主义做贡献的证明。它的唯一目的是获利，所有者并不准备进行必要的经济牺牲以便这种资本可以用于建设国家。阿拉伯劳动力在犹太农场工作的事实代表着阶级利己主义对在犹太人中广为接受的国家利益的胜利，即使在那些不赞同左翼社会主义观点的人看来也是如此。因此，例如全国农业生产者联盟由来自沙龙地区的新莫沙夫的农民构成，20 世纪 30 年代他们的柑橘树才开始结果，因为他们赞同工人的民族主义主张而在原则上不雇用阿拉伯人。另一方面，在拥有混合劳动力（几乎 1/3 为犹太工人）的更早的莫沙夫，农民声称，一个犹太工人的日工资是阿拉伯工人的两倍，作为建立在不受保护的全球市场之上的出口部门，犹太农民无法承担这种差距。这场辩论帮助工人积累了声誉，他们认为正在通过牺牲自己来建设国家，这与农民的糟糕形象形成对比，即使农民也在土地上劳作，并开拓这个国家。

建立在柑橘种植之上的莫沙夫经济与奥斯曼时期开始的罗斯柴尔德男爵所倡导的概念有着不同的形式：建立在出口之上的现代单一栽培农业。1936 年，柑橘占巴勒斯坦出口的 80% 以上。而实际上这种经济的缺点与葡萄一样：依赖外国市场，在丰收季需要雇用大量工人，而在淡季对劳动力的需求急剧减少。在短期内对大量非熟练工人的需求不能构成莫沙夫中犹太农业工人阶级的基础。生活在莫沙夫中的犹太工人的数量一直在增长，但他们中的绝大多数从事建筑、服务，以及与农业相关的产业。莫沙夫的城市化削弱了农场的重要性，并使那里的犹太人口增加成为可能，即使阿拉伯工人继续在柑橘园中劳作。

劳工定居点采用了一种混合农业模式：农作物（主要是谷物）、果园、蔬菜、鸡、牛奶。这种生产使定居点自给自足和不依赖市场，而剩余的产品运送到城市，尤其是剩余的奶制品。这种农业模式的目的是防止在旺季时雇用大量的劳动力，而在丰收季节随时都可以从基布兹或莫沙夫内部动员劳动力。而且，向城市供应生鲜产品使得犹太城市对阿拉伯经济的依赖程度降低。这种路径导致现代复合式农业的发展，对于国家建立后的食品供应十分重要。然而，在委任统治时期，它是否获利很难说。

绝大部分工人前往城市谋生，在1926—1928年危机期间，一些工人在莫沙夫找到了工作，但一旦城市开始恢复和再度建设，工人们很快离开农业而从事建筑业。在一个移民国家中，建筑业是经济的主要推动力之一。人口增长和生活水平提高都要求大规模的建设。第四次阿里亚（1924—1929年）的高潮来自建设项目，而随着1931年和1932年移民再度涌入开始摆脱经济危机，带来了建筑业的再度发展。从1932年开始，在工人领导层中，有人抱怨民众离开农业从事建筑业，后者提供了超过两倍的日工资。莫沙夫中犹太工人的短缺持续到这个繁荣期结束的1936年，但柑橘经济在那时陷入严重危机直到战争结束才恢复。

1932—1936年的繁荣标志着巴勒斯坦和流散地之间角色的转换。20世纪20年代，巴勒斯坦的犹太复国主义事业依赖世界犹太人的人力、财力和政治影响。1931年，世界犹太人施加压力的因素之一是英国政府废除《帕斯菲尔德白皮书》，给予民族家园喘息的机会。尽管犹太民族基金会的贡献没有达到预期，但它仍是劳工定居点的支柱。20世纪20年代末巴勒斯坦的严重经济危机，发生在第一次世界大战后欧洲政治形势由动荡趋于稳定，同时经济开始复苏的时期。随着1929年纽约股市崩溃，稳定和增长一夜之间被全球性经济危机所取代。欧洲进入经济萧条、失业、社会动荡和政治震荡的时期。在德国，左右翼之间开始了斗争，这以1933年1月纳粹上台结束。另一方面，在巴勒斯坦，1929—1931年的不确定性被相对平静、政治稳定和经济增长所取代。新的高级专员阿瑟·沃科普的到来，预示着巴勒斯坦而不是流散地突然成为大批犹太人离开欧洲风暴旋涡寻找避难所的目的地。

在4年时间里，伊休夫的人口增长了两倍多（1927年6月的一项统计为15万犹太人，而1931年11月的统计数据为17.461万，1936年12月的估算为38.4万，1939年12月的估算为47.4万）。绝大部分移民来自犹太民族最大的人口来源地波兰，但超过 5 万人来自德国，他们与来自东欧的移民有着不同的社会特征。他们中的许多人作为享有平等权利的少数群体已有数代居住在发达的西欧社会，很多人接受过大学教育，15% 从事医生、工程师、律师或其他职业。他们提升了希伯来大学和金融业的水准。包豪斯建筑在特拉维夫留下了它的印记。消费部门的卫生和审美标准得到了极大的提高。消费模式也实现了升级：现代百货商店、熟食店和咖啡馆大量出现，它们制作的糕点远远超出当地的许多糕点。

超过 1/3 的德国移民可以归类为"有用人士"。一些人带着刚好 1000 巴勒斯坦镑（接受这类层次移民的标准）到来，而另一些带着更大数额钱财的移民投资于农业定居点或工业。根据广为接受的估计，在那些年里，有价值 5000 万巴勒斯坦镑的资本被带入这个国家，其中的 80% 是私人资本。其中半数投资于工业和商业。资本的流入使那些年的经济繁荣成为可能，它也提供了增加"预定计划"以上的移民人数的理由，因为新的经济生产对工人创造了需求。

转移德国移民资产的方式之一是 1933 年德国政府和非官方的犹太复国主义机构（但被犹太复国主义执委会认可）签订的资产转移协定。犹太人存放在德国的金钱被用于购买德国商品后运入巴勒斯坦，金钱在巴勒斯坦以当地汇率归还给所有人。德国人通过这种促进出口的方式获益——因为协议提供了摆脱犹太人的一种方式——而寻求摆脱德国牢笼的德国犹太人也挽回了他们的一些资产。犹太复国主义执委会将资产转移协定视为带来建设国家所需资本的重要渠道之一。然而，它在犹太世界遭到了尖锐的批评。纳粹对德国犹太人的歧视和贬低政策激起了一场犹太人抵制德国商品的国际运动。资产转移协定伤害了抵制运动，而且表面上使德国驱逐犹太人合法化。当抵制被证明不能达到目的时，纳粹强化了其反犹政策，对该协定的反对声音随之消失。实际上，德国犹太人将资产转移协定视为在那个决定命运时刻的逃命途径之一。资产转移协定将大约 800 万巴勒斯坦镑带入这个国家，大约占 1933 年德国犹太人总资产的 1%。对于那些得到其帮助而实现移民的犹太人来说，这是一个巨大的数额。

1936 年，巴勒斯坦发生了一场严重的经济危机，一直持续到 1941 年。它由阿拉伯人的反抗、进入该国资本的萎缩、委任统治政府削减移民等引起，从 1937 年开始它产生了政治效应。1940 年，犹太社区的失业率达 12%，但这个低谷很快被战争期间年均 10% 的增长率所盖过。受英国军队对农业和工业产品巨大需求的驱动，这种增长使犹太人和阿拉伯人的经济受益。中东成为同盟国军队的重要供应中心。战争时期进口的停止鼓励了当地产业的发展。农业作为主要就业部门的辉煌时期现在已出现。工业领域的就业扩大到将近 1/3 的犹太劳动力。工业发展由通过资产转移协定带到这个国家的机器所支持，有着学术才能和技术能力的德国移民成为工业的主要发展者。伊休夫应征在盟军中服务的人数达 2.7 万人左右，为英国战争机器供应备用零件、光学设备和医疗设备。

经济向战后和平转变的特征是柑橘市场的复苏和出口的增加，以及现在允许兴建私人建筑——在战争期间是被禁止的，为新的住房带来了巨大的需求。这些部门需求的增长抵消了英国军队需求的减少。

英国委任统治时期 30 年间的移民和拓荒过程为在巴勒斯坦创建一个持久的犹太社会奠定了基础。犹太人口从 5.6 万增加到 65 万，富有成效的农业和工业经济建立起来，犹太人定居点遍布整个地区，这些都为建设犹太国家打下了基石。

第五章

作为一个国家雏形的伊休夫

委任统治时期的巴勒斯坦犹太社会没有合法权威进行组织和发挥作用。因此，保护犹太自治需要一系列协定、妥协、友善和准备让步。但这也是一个国家构建的时期，当时动员个体和大众的能力对于推进国家的议程十分重要。形成领导层的权威和确保公众无须强制就加以遵守，是形成国家雏形的秘密。

委任统治文件第四款指出："适当的犹太代办处应该被承认为一个公共实体，以为巴勒斯坦的行政机构提供建议和开展合作，主要是经济、社会与其他可能关系到犹太民族家园的建立和巴勒斯坦犹太人口利益的事务……"犹太复国主义执委会事实上充当了这个角色。犹太代办处建立于1929年，其半数成员来自犹太复国主义执委会。其他半数成员为不属于犹太复国主义者但支持建设民族家园的犹太名流。魏兹曼希望由此筹集建设国家的犹太资本，但代办处并没有实现这些愿望。在代办处建立后，纽约证券交易所崩溃，富有人士转而专注于其他事务。此后，尽管维持着犹太代办处执委会和犹太复国主义执委会双重机构的假象，但这两大机构实际是一体的，犹太复国主义执委会的主席也是犹太代办处执委会的主席。

在20世纪20年代初期，犹太复国主义组织作为一个精英组织而运行，不受民众的控制。魏兹曼因此能够在没有政党支持他的情况下担任主席一职。由于同样的原因，一个拥有声望但没有大众支持的团体在美国最高法院大法官、美国犹太复国主义领袖路易斯·布兰迪斯的领导下，由于要求改变该组织的指导原则和实行严格的资本主义方式（该尝试没有成功），在1920年的犹太复国主义代表大会上引发了骚动。这种精英政治结构在10年内消失了。出席1931年巴塞尔会议的代表属于明确的政治集团——左派、右派和中间派。这种转变的原因在于犹太复国主义运动中作为大众代表的政党的出现，最为重要的是由马帕伊（巴勒斯坦工人党的缩写）领导的左翼集团和修正主义者领导的右翼集团。

在这个时期一开始，犹太复国主义组织处于其权力的巅峰，有着自从《贝尔福宣言》以来的胜利光环。当代表犹太复国主义执委会的犹太复国主义委员会在1918年抵达巴勒斯坦时，伊休夫的代表要求在该委员会有自己的成员，但被委员会主席魏兹曼拒绝了。他声称，执委会代表犹太民族，而非弱小的伊休夫。20世纪30年代随着马帕伊取得了犹太复国主义组织的领导权后，这种关系发生了改变，犹太复国主义活动的重心从伦敦转移到了耶路撒冷。这种转变是以希伯来语取代德语作为犹太复国主义执委会的官方语言为象征性标志的。

伊休夫自治机构的建立是围绕犹太民族议会（Knesset Israel 或 Jewish Assembly），包括所有巴勒斯坦犹太人的机构，除了那些不想加入者。其成员选举一个代表大会机构，相应地，代表大会又选举一个全国委员会。犹太民族议会在宗教与世俗、左翼和右翼、温和派和激进派之间存在分歧，它从未成为一个有威望和有影响的核心机构。有关女性选举权和被选举权问题的争论就是这些分歧及其对犹太议会权威产生破坏性影响的例证。女性在犹太复国主义大会选举中投票和当选为代表甚至先于她们被西方立法机构赋予这种权利。普遍接受的是，女性在新伊休夫与男性拥有平等的地位，但这项原则不被极端正统派及以色列正教党所接受；他们不愿意参加选举过程中包括女性的机构。

这个议题十分重要，因为如果极端正统派脱离了犹太民族议会，这个机构将不能自称为巴勒斯坦所有犹太人的代表。而且，在20世纪20年代初期第三次和第四次阿里亚到来前，旧伊休夫有着重要的人口影响。如果极端正统派脱离，宗教犹太复国主义的精神中心党在它的机构中允许女性参加选举和被选举，就容易造成它是宗教阵营在犹太民族议会中唯一代表的印象。在这种情况下，它可能被迫在有关宗教问题上采取极端的立场——或许甚至是脱离民族议会——为了避免让人们看到它比极端正统派有更少的宗教因素。如果宗教党派脱离，世俗的右派和中间派将发现它们自己在与左派的对抗中处于劣势，它们也可能考虑脱离。在这种情形下，某个政党的离开将导致连锁反应。自愿组织的动力源于一致要求在其成员中采取妥协以维持其总体的框架。因此，在委任统治初期，民族议会代表的选举总是被推迟，以期达成妥协，促成极端正统派参与议会但又不损害女性平等的原则，这被视为新伊休夫的一项基石。

1920年4月，不守教的犹太人在犹太复国主义左翼领导下赢得了第一次选举，获得了绝大多数选票——即使极端正统派人士被允许在分开的投票站投票，那里每张选票被算作两张（第二张是替他们不参与投票的妻子投票）。这个结果使极端正统派感到震惊，他们迅速宣布准备脱离议会。所有与他们达成协议的尝试都失败了，他们依然选择脱离犹太民族议会。1925年的第二届民族议会代表选举是根据给予女性完全平等权利的选举法来进行的，因此结束了这种导致民族议会及其机构丧失威信的各种拖延和烦琐事务。1928年，英国制定《社团法》，承认大拉比署在所有有关犹太宗教生活和个人身份事务上的权威。这项法律也包括民族议会宪法。以色列正教党要求当局给予其建立一个单独社团的权利（事实上也已给予这一权利），他们不承认伊休夫的基本机构。

这些代表着犹太自治的机构所暴露出的弱点对它们在伊休夫内部的地位以及伊休夫与英国的外部关系产生着影响。从一般性机构到那些代表性的特殊团体，都发生着权力和威望的转移:犹太工人总工会、政党、犹太复国主义执委会。这些都是能够动员支持者、激励大众、制定公共议程的机构。其他重要的机构是市政当局和地方议会，政府允许它们征税，但犹太民族议会没有被给予这项权力。

在委任统治时期一开始，伊休夫内部有三大主要集团：左翼、非宗教的中右翼人士、宗教集团。随着非犹太复国主义的极端正统派不介入伊休夫生活，仅有精神中心党作为活跃但虚弱的宗教犹太复国主义实体仍留在犹太复国主义阵营。也有不同的族群组织代表塞法迪犹太人和也门犹太人，它们分散了宗教阵营的力量。然而，民族主义意识形态不赞成这种组织，它们被视为特殊利益的代表而非出于犹太复国主义的利益。许多年间，与族群组织有关的污名阻止了族群政党的建立。中右翼集团可以分为两大权力基地：特拉维夫市领导的市政当局和农业生产者联盟代表的旧莫沙夫农民。世俗右翼信奉自由哲学并坚持犹太复国主义的立场，但没有形成统一的世界观、组织结构或领导决策层。农业生产者联盟受到来自莫沙夫繁荣种植园的农民和那些来自加利利的贫穷的莫沙夫农民之间的利益冲突的困扰。与此同时，有关犹太劳工的争论使农民远离了自由中间派和知识界，这些自由中间派人士和知识分子倾向于接受工人的立场。因此，出现某个代表中间派立场的政治实体的可能性很低，尽管它有着重要的人口和经济价值。

从1919年开始，这个过程缓慢发展，最终导致工人之间的联合，它的彻底完成是在1930年马帕伊的创建。这个过程的第一阶段是1919年第二次阿里亚时期形成的锡安工人党的绝大部分成员与那些"非党派"工人的联合，后者绝大部分来自创建于同一时期的农业工人联盟。犹太复国主义社会主义劳工联盟的发起者和领袖是锡安工人党的领袖、战争期间流亡到美国的大卫·本-古里安与无党派人士的领袖伯尔·卡茨内尔森。这一联合的形成打着工人阵营大联合的旗帜，但从未真正实现，因为青年工人党拒绝解散并加入这个新组织。

这一联合的基本动机是希望用强有力的组织对新移民浪潮做出反应，并吸收新来者加入。在一个移民国家，每次新的移民浪潮都对先来者构成了挑战，先来者已经形成了行为模式和规范，并致力于确保新的移民浪潮同化进来而非削弱自身。这种动向已经体现在第三次阿里亚前夕，犹太复国主义社会主义劳工联盟准备以第二次阿里亚的社会和定居点的信条来应对第三次阿里亚的移民，以使他们接受这些观念。随着这些新移民同化到第二次阿里亚的意识形态中，他们也希望给予新的政党以政治支持，从而在伊休夫中增强自身的力量。出于同样的原因，青年工人党拒绝解散：一个谣言流传开来，即当时在建立于欧洲、很快大量进入巴勒斯坦的锡安青年党（一个犹太复国主义的民粹主义青年组织）群体，加入了青年工人党，并且增强了其力量。

然而，两大政党为使第三次阿里亚的移民加入其组织展开了竞争，但移民们选择成立他们自己的社会组织，例如青年卫士和巴勒斯坦工人党。因此，不奇怪的是，第三次阿里亚的组织构成了促成联合机构的驱动力，该联合机构将代表所有工人政党并扮演促进移民吸收和创建劳工定居点的角色。1920 年 12 月，犹太工人大联盟在以色列地建立（即所谓的犹太工总），它分为两大主要领域：建设领域，通过定居点、合作及契约工作来建设国家；职业领域，在与雇主相关的问题上代表工人。

建设领域在世界范围的劳工组织中是独特的，反映了其在实现犹太复国主义事业中的核心角色。职业领域与其他地方的工人组织类似，但根据巴勒斯坦的特殊情况还有额外的功能。在一个没有吸收新移民机制的国家，一开始没有相关的亲属帮助他们，犹太工总在帮助新来者安置方面发挥了主导性作用。犹太工总会员为新移民进入其职业介绍所提供了机会，职业介绍所在老成员和新来者之间划分工作日。犹太工总的成员从其疾病基金那里接受医疗救助。位于主要城市的工人厨房为没有成家的单身青年供应廉价的饭菜。在犹太工总的文化中心，工人可以读到报纸或书籍，并且能与其他青年人交往——可以克服孤独，尤其是那些独自前来且不属于某个组织团体成员的移民。定居点被视为一种特权，犹太工总确保没有哪个先锋团体可以插队。它使未来充满希望。在城市中，它建造了工人的住房，甚至还有学校系统和文化机构。犹太工总与其成员的关系建立在成员对这个体系的依赖、对其价值的认同，而作为回报，他们也对该体系给予政治上的支持。

与右翼和中间派缺乏任何明确的政治意识不同，左派团结在社会主义意识形态周围。哲学家和《圣经》学者耶彻泽科尔·考夫曼指出，巴勒斯坦的犹太左翼不同于欧洲的左翼。尽管它喊着社会主义的口号，但在行动上就像一群参与建设国家的先锋，即实现着民族性的使命。工人形成了犹太工人阶级，这是建立一个持久犹太社会的重要基础。为了达到这个目标，他们吸收新移民，即使后者与老资格的工人开展着竞争；他们为犹太劳工而斗争，确保其获得最低的生活条件，并将之融入到既存的国家准则之中；他们前往私人资本拒绝进入的地方定居。因此，工人组织对于吸收移民和扩大犹太人在这个国家的立足之地十分重要。考夫曼写道，劳工运动"通过其组织和建立各种形式的定居点社团的抱负履行着民族性的使命，为争取合适的工作条件而斗争，为犹太劳工，尤其也包括为支持工人罢工而斗争，尽管这里的野草也在不断生长"[1]。

然而，劳工运动对社会主义象征的使用导致巴勒斯坦左翼和右翼之间的关系不断紧张——考夫曼将之称为"一场精神领域的阶级战争"。犹太工总利用这些象征和左右翼之间的冲突团结其追随者，并有助于建立广泛的意识形态和社会联合。在这一时期，伊休夫缺乏法律机制来招募成员，对犹太复国主义的热情、政治忠诚与认同成为最重要的动员手段。犹太工总知道如何将其成员的经济和社会依赖转化为犹太复国主义以及类似政治任务的一流招募手段。城市工人为那些参与到政治结盟及其他事务中的大众提供着非正式的参与机会，而基布兹成员为招募那些致力于长期使命的激进主义分子提供着无穷尽的来源。从基布兹过来的有被派到流散地的先锋运动的使者、哈加纳的激进分子、开展非法移民活动的志愿者等。

1925 年，亚博廷斯基领导的修正主义派新政党出现在政治舞台上。由于与魏兹曼存在政治分歧，亚博廷斯基于 1923 年从犹太复国主义执委会辞职。亚博廷斯基认为，公众的压力能够迫使英国在巴勒斯坦建立一个"殖民政权"，这样的政权意味着可以通过创造适当的经济和政治条件积极地帮助建立犹太民族家园。作为犹太复国主义执委会的领袖，魏兹曼认为，通过绝大部分犹太复国主义者团结起来可以防止那些阻碍民族家园发展的政策付诸实施。亚博廷斯基的激进主义观点在当时与劳工联盟一致。但农业劳工定居点依赖犹太复国主义执委会的资金，因此即使工人的言辞很激烈，但他们的政策仍是温和的，他们几乎在每个具体问题上都反对亚博廷斯基。对此，亚博廷斯基意识到工人对于犹太复国主义执委会的依赖。在一封写给建议将复国运动建立在工人支持之上的著名犹太律师奥斯卡·格鲁森博格（Oscar Grusenberg）的信中，亚博廷斯基描绘了青年转向工人团体的状况："聪明的青年通过简单朴素来寻求自我实现，此即世界上最好的（殖民）存在。"他还补充道，由于他们经济上依赖那些掌握了经济大权的人，他们将无法与像他这样寻求打破犹太复国主义现有秩序的人合作。"他们作为建设者值得尊敬，但作为政治因素他们是我们的'黑色百人团'（指俄国的极端反动运动）。"[2]

因此，亚博廷斯基将其党派转向波兰的犹太中产阶级，代表着民族主义倾向的犹太青年。与左翼的社会主义口号和象征不同，亚博廷斯基采纳了歌颂民族的象征符号并要求阶级利益服从国家利益。在第四次阿里亚以来有关国家应该由私人资本还是国家资本建立的辩论中，亚博廷斯基站在主张私人资本一边。与声称几乎是民族唯一先锋的工人相对立——当然，这也是绝大多数犹太复国主义者看待工人的方式，亚博廷斯基将小资产阶级作为实现犹太复国主义目标的另一种力量。他要求工人限制其罢工活动，并接受委任统治的裁决和中立的职业介绍所（既不属于雇主也不属于雇工），雇主避免经受企业倒闭的厄运，同时雇用犹太劳动力。他强调，工资应该由经济能力决定。由于社会立法的缺失，这些要求意味着工人的让步。

亚博廷斯基是一位有着激烈言辞和敏锐政治意识的出色演说家。他知道如何形成朗朗上口的口号。"铁墙"是他致力于建立在英国保护下的军队，以抵挡阿拉伯民族主义阻挠犹太人建设国家的行为。他的口号"一个旗帜"或"一元论"，与"不和谐的混合"相对，提倡一种彻底的民族主义世界观，而不像工人运动作为民族主义和社会主义的混合。"是的，破坏它"用于支持破坏犹太工总的罢工运动。这些口号都被用于增强他的集团，该集团的青年运动贝塔尔（即约瑟夫·特鲁姆佩尔道之约的缩写），创建于东欧并受到波兰右翼民族主义的影响。

亚博廷斯基的心思没有放在修正主义运动的社会和经济意识形态上，但他出于政治需要，将他的政党界定为与工人团体相对立的存在，那个时代惯常的政治论辩话语也迫使他做出这样的界定。但他的心思过去一直放在其政治信条上。亚博廷斯基举起了犹太国家的旗帜，并认为它可以通过在欧洲公众舆论舞台，尤其是英国公众舆论的舞台上开展斗争来实现。1931 年的犹太复国主义代表大会上，在《麦克唐纳信件》发表后不久，他要求代表大会宣布犹太复国主义的终极目标是建立一个犹太国家。在当时，这种声明被视为挑衅性的，也是不必要的。当代表大会拒绝这个提议时，他当众撕毁了他的代表证并退席走出会议大厅。从那时起，他开始带领修正主义派脱离犹太复国主义组织，直到 1935 年正式与之决裂。

修正主义派在那次代表大会上是代表大众的两股力量之一。另一股力量是马帕伊，1930 年由劳工联盟和青年工人党合并而成。工人们在代表大会中拥有更强的选举实力，但他们与修正主义派的差距并不明显，其他的中间派和右翼党派支持修正主义派，使之成为右翼集团中的第一大党派。从此刻开始，修正主义派与劳工运动为争夺在犹太复国主义组织中的主导地位展开了竞争。这种竞争主要发生在波兰，在当地，这两大运动争夺着犹太大众的思想，由于遭受经济困顿和反犹主义，人们成千上万地加入犹太复国主义运动。与此同时，这两大运动在巴勒斯坦的斗争动摇着犹太复国主义的一致性，并在面对坚定的意识形态少数群体时暴露出志愿性团体存在的弱点。

犹太复国主义组织力量的来源是它代表该运动的权威与委任统治当局进行交涉，例如每半年帮助从"清单"中挑选属于"工人"类型的移民。委任统治政府制定了规则，但每个欧洲国家的"巴勒斯坦办公室"制定移民名单。这些办公室根据其在犹太复国主义代表大会的比例配备了各个组织和党派的代表。直到 20 世纪 30 年代初期，移民的挑选并不严格，因为只有很少的候选对象，但随着犹太人痛苦的增加和移民压力增大，挑选过程中也存在着政治歧视的主张。

挑选移民的行为给予犹太代办处执委会很大的权力，但这种权力也有限制，因为代办处可能被绕过。如果代办处行事武断，伊休夫的雇主可以直接上诉委任统治政府要求给予移民许可证。1933 年，亚博廷斯基试图通过与雇主农业组织"耕作者"达成协议以获得许可证。"耕作者"组织向委任统治政府申请移民许可证，并给予贝塔尔的成员。（贝塔尔的第 60 号命令要求其成员不得向巴勒斯坦办公室申请许可证，而是等待来自"耕作者"的许可证。）同年，农业生产者联盟的一个代表向委任统治政府提交申请，为该联盟挑选的工人发放许可证：不仅有激进的青年社会主义者，也包括有家室者，以及来自喀尔巴阡山地区的温和农民。以这种方式，农民和修正主义者致力于削弱代办处在挑选移民工人上的独断权力，在所有来到巴勒斯坦的人力资源上展开竞争以切断其与社会主义的联系。由于半数属于这一类别的移民是认同左翼的先锋训练农庄的毕业生，因此社会主义者占据了优先地位。限制犹太复国主义组织的尝试没有取得成功，因为他们最终带来了很少数量的移民，但他们将党派仇恨提升到了新的高度。

修正主义派通过抵制犹太复国主义的资金和动员成千上万的犹太人签名请愿要求英国政府改变其巴勒斯坦政策，与犹太代办处当局展开斗争。请愿活动冲击着犹太代办处对有关犹太复国主义政策的垄断地位。在巴勒斯坦，修正主义派集中于削弱犹太工总的权力。与承认它作为工人和雇主等群体权力来源的权威类似，修正主义派对其声称是工人的唯一代表，并对分配工作等方面的优势地位发起了挑战。他们的行动包括通过将贝塔尔的工人安排到罢工场地以破坏犹太工总组织的罢工活动。他们声称，组织罢工是为了加强"组织化的劳工"，即为了创造犹太工总的垄断地位，而不是为了实现更好的工作条件或增进犹太劳工权益等合法目标。

20 世纪 30 年代前期，左右翼之间、农民和工人之间的紧张达到高潮，演变成街头暴力。这些事件只能放在欧洲这一时期发生的状况中才能得到理解：纳粹的崛起并在德国掌权，对左派的压制，以及法西斯主义在欧洲其他国家的兴起。伊休夫潜在的内战和一方对另一方使用的术语，都是欧洲的左右翼及其血腥斗争在巴勒斯坦地区的反映。1933 年 6 月，犹太代办处政治部主任哈伊姆·阿洛索罗夫在特拉维夫海滩被暗杀。阿洛索罗夫是一名出色的青年，他致力于与纳粹德国达成转移协议而遭到修正主义派的恶毒攻击。贝塔尔的成员被怀疑制造了这起谋杀事件。街头的对抗气氛达到了新的高度，左翼将贝塔尔及其支持者视为谋杀者，而后者声称这是一场"血祭诽谤"。

1934 年，为了防止形势进一步恶化，接替阿洛索罗夫在犹太代办处执委会职位的本-古里安与亚博廷斯基之间尝试达成一份协议。令人惊奇的是，这两位领袖有着共同的语言和精神亲近感。但这份协议为犹太工总的公民投票所否决。看起来普通成员比领袖内化相互之间仇恨的程度更深。然而，这个插曲的确也标志着巴勒斯坦街头斗争走向缓和的开端。1935 年在卢塞恩举行的犹太复国主义代表大会的口号是"伊休夫的和平"，随之而来的首先是马帕伊和精神中心党（一种"历史性联合"，直至 1977 年），还有犹太复国主义执委会和农民之间的和解过程。马帕伊必须让出一部分权力以换取农民及其同情者的支持——这是为达成一致而做出让步的例证。当时阿拉伯起义爆发和经济危机开始，对农民造成了伤害，双方开始寻找共同点。在随后几年，伊休夫内部的政治纷争并没有消失，但绕开犹太复国主义组织直接提交委任统治政府的尝试停止了。修正主义派脱离了犹太复国主义组织，并创建了新的犹太复国主义组织，使得工人运动在犹太复国主义组织中占据了主导地位，但也延续了一种分裂模式。

20 世纪 20 年代，紧张的焦点是有关私人资本和公共资本在建设国家中的作用的辩论，而在 20 世纪 30 年代前期，争论的焦点变成什么类型的移民最有利于建设国家，以及应该由谁挑选他们。这个问题触及伊休夫中的犹太劳工和劳工关系问题。与此同时，就犹太复国主义组织的政治方式问题也展开了辩论。是否应该对抗英国，还是在委任统治政府下最大限度地做好自身的事情？所有这些议题都与大多数人的权威是否被接受相关。在每个时期，农民、修正主义派或极端正统派发现他们自己与绝大多数人相比处于劣势地位，他们寻求各种方式来避免这种地位。由于宪政统治的缺失，绝大多数被迫同少数群体妥协，如果它想维持这个框架的统一的话。因此，例如当委任统治市政当局法令给予居民无须财产资格的选举权时，马帕伊同意在莫沙夫中设置特定的要求，以保持和平。它也接受国家职业介绍所的建立，以确保在所有工人中间实现平等的劳动分工，包括那些不是犹太工总的成员。20世纪30年代末期的危机，突出了民族纪律的需要，以支持犹太复国主义权威。然而，每个时期执委会都想给当局或世界舆论呈现出联合战线的形象——例如在联合国巴勒斯坦特别问题委员会作证时——它被迫对以色列正教党或农民做出妥协，以避免联盟被打破。

在20世纪30年代后期，有关国家权威的辩论转向安全问题。1920年建立的哈加纳作为民兵组织，在建立后其运行转移到了犹太工总。直到1936年，哈加纳仍无足轻重，反映了犹太复国主义预算的不足。1931年，哈加纳的一部分伊尔贡B（Irgun B）分离出去，因为该部分认为哈加纳不够激进。伊尔贡B的成员主要来自右翼。在阿拉伯大起义爆发后，哈加纳与伊尔贡B达成协议，绝大部分成员回到了哈加纳。然而，一小部分贝塔尔成员创建了埃特泽尔（国家军事组织的缩写，英语中的缩写为Irgun），它只承认亚博廷斯基的权威。1937年冬天，埃特泽尔打破了哈加纳根据犹太复国主义执委会指示所确立的约束政策。这个政策表明犹太人不想以恐怖回应阿拉伯人的恐怖。以这种方式，犹太复国主义执委会寻求确保委任统治政府在镇压阿拉伯起义中支持甚至发展犹太防卫力量。

对使用武力的垄断问题现在成为伊休夫与那些"分离分子"之间冲突的焦点。在委任统治的最后10年，这个问题成为多数派与少数派之间关系最为棘手的议题之一。埃特泽尔和后来的莱希（以色列自由战士的缩写，在英语中称为斯特恩帮，由亚伯拉罕·斯特恩领导，是极端主义的埃特泽尔分离团体，创建于1940年），都是不受民事机构控制的地下组织。他们认为自己是担负起解放民族的战斗先锋。亚博廷斯基1940年去世后，他们甚至拒绝承认修正主义运动的权威。这些地下组织的独立活动不仅削弱了犹太复国主义执委会的权威，而且从政治上对执委会的声誉构成损害。执委会试图通过协商建立一个"全国司令部"（national command）来将这些地下组织同其右翼支持者孤立开来，在全国司令部中，左翼让出了主导地位，并与其他伊休夫团体共享领导地位。作为回报，右翼团体同意以现有全国司令部取代哈加纳现存的分裂性的地区结构。最近才从波兰逃往巴勒斯坦的一般犹太复国主义党派（General Zionists party）的摩西·斯内（Moshe Sneh），被任命为全国司令部的首脑，但创造一个框架以团结地下组织（他们本应被全国司令部的右翼分子所代表）的所有尝试都失败了。因此，哈加纳尝试与委任统治当局合作，一起压制这些地下组织。直到国家建立，犹太代办处执委会在武力使用问题上一直没有获得垄断地位。

武力的使用在犹太代办处执委会的事务中是一个灰色地带。执委会获得授权与委任统治政府交涉，正因如此，它必须小心谨慎地遵守法律。这个机构参与到任何地下活动中都是不可想象的。因此，哈加纳与犹太复国主义执委会没有官方的联系；它一开始是由犹太工总运作，后来是全国司令部运作。然而，实际上，从20世纪30年代初开始，在马帕伊加入犹太代办处执委会后，尤其是本-古里安1933年加入之后，模棱两可的情况开始普遍起来：犹太代办处执委会表面上不介入，但在事实上哈加纳接受了它的权威。在马帕伊中存在一个小圈子，他们在犹太复国主义执委会中没有任何官方职务，但被委托指导和指挥这支准军事部队。其中最重要的人物是伯尔·卡茨内尔森和埃利亚胡·格罗姆博（Eliahu Golomb）。在与当局开展军事合作时期，例如在阿拉伯大起义和世界大战爆发前两年，这种模糊状态一定程度上得到了解决，尽管哈加纳从未放弃其独立性和独立的组织结构。在冲突和骚乱时期，例如《1939年白皮书》发表后和世界大战结束后，哈加纳转为地下。尽管如此，当局充分意识到它与犹太代办处执委会的联系。而并不偶然的是，1946 年 6 月在英国开展的"黑色安息日"（正式称为阿加塔行动）军事行动中，政府逮捕了所有的犹太工总领袖和犹太复国主义执委会成员。

犹太复国主义执委会活动的另一个灰色地带是非法移民，它始于波兰的哈卢兹先锋组织。在犹太人移民之前存在的漫长等待使得哈卢兹成员产生了将非法移民船只驶入巴勒斯坦而不让当局知晓的想法。该想法被贝塔尔运动所采纳，它为亚博廷斯基绕过犹太代办处执委会获取移民许可证而受到惩罚，失去了获得许可证的权利。20 世纪 30 年代到 1941 年，贝塔尔组织了多艘非法移民船只。它也借助参加和观光 1935 年马卡比运动会来掩盖非法移民活动：许多人作为游客来到了巴勒斯坦，之后非法滞留在当地。

犹太代办处执委会对这些行动采取了放任的态度，这些行动侵害着它拥有的唯一权威——在工人类别中挑选移民——使得移民更加缺乏精心挑选，尤其是由于超过一半的移民配额无论如何都不由执委会控制。更糟糕的是，当局从移民配额中扣除了非法移民的人数，进一步冲击着执委会的权威。然而，1938 年后，当委任统治政府开始运用政治标准来限制移民，本-古里安不再反对非法移民，甚至开始给予支持。在日内瓦举行的第二十一届犹太复国主义代表大会上，伯尔·卡茨内尔森发表了支持非法移民的演说，得到了本-古里安的赞扬。从那时起，犹太复国主义执委会公开支持合法和非法移民活动。在世界大战结束后，非法移民成为犹太复国主义执委会与英国限制犹太移民政策做斗争的主要手段之一。

犹太复国主义执委会的政策，在谨慎遵守委任统治法律和考虑民族利益时无视委任统治法律之间的战略模糊，被伊休夫大多数人所接受，但不是所有人都接受。一些团体认为这种政策损害了犹太复国主义运动的团结，许可了那些削弱其权威的行为。然而，本-古里安领导的犹太复国主义执委会成功地创造了民族一致性。尽管这种一致性受到来自左右翼力量的挑战，但它在情感、思想和组织基础上的妥协，使动员伊休夫绝大部分公共机构、组织和团体为独立而斗争成为可能。接受犹太代办处权威的精神被创造出来，它逐渐成为规范性的存在，而少数偏离它的人被视为对民族整体的损害。接受这种规范的表达之一就是对被称为分离主义者的污点的责难。在委任统治的最后10年，伊休夫绝大多数成员认同争取建立犹太国家的斗争，即使大部分人在几年前才来到巴勒斯坦，并不具有明确的犹太复国主义意识形态。对于大多数人来说，这是一种被动的认同形式。仅有激进分子对此加以挑剔。但这种对民族主义目标的普遍认同是促使一个移民社会聚合成国家雏形的核心黏合剂。

第六章

伊休夫的社会、文化与精神

1922 年，诗人大卫·西蒙诺维奇发表的一首诗成为流行口号：

> 我的儿子，不要听你父亲的指令，
>
> 也不要听你母亲的教导。
>
> "逐字逐句"是父亲的指令，
>
> "稳步前进"是母亲的教导，
>
> 一声春雷道出了实话：
>
> 大人，听儿子之歌！[1]

这首诗发表于华沙，集中体现了青年反叛是犹太复国主义经历的一部分。古老的犹太教看来是陈旧和病态的，与第一次世界大战期间到来的新世界缺乏关联性。旧式犹太人，即流散地犹太人，被描绘成心理存在缺陷和身体虚弱，倾向于从事商业活动（luftgesheftn，即小贩、中间人和短期交易者），对自然和任何天然的事物都感到陌生，他们是物质主义的，除了直接利益以外不采取任何行动。新型犹太人被认为是全然不同的：由具有反抗堕落现状理想所指引的有道德、有品位的人；他们是自由、自豪的个体，准备为自身和民族的荣誉而战。渴望人类自由和平等，仰慕自然、美和公共空间，新型犹太人放弃了受过时习俗所束缚的虚伪的布尔乔亚世界，寻求与维持内在真实相一致的集体生活和质朴、真诚以及自我实现的生活之挑战。新型犹太人渴望人际关系的平等、正义和真诚，并准备为之牺牲。

这种思想类型是那些将自己毫无保留地献给革命或民族运动者的典范，它代表着宗教派别的思维模式和行为特征向世俗世界的转移。实际上，犹太复国主义运动本质上是一场青年运动，但它也吸引着许多成年人。犹太复国主义的先锋作为为民族而战的志愿战士，通常是那些将其生命投身于一个忠诚理想的青年男女，这对他们来说是一种令人振奋的体验。西蒙诺维奇的诗阐释了青年的崇拜作为该运动的重要部分。这些青年男女将他们自己与现存社会切割，以建立未来的社会。在此背景下，这场运动取代了社团和家庭，而同龄群体成为重要的参照群体。现在成为通向未来的一种途径；放弃物质财产成为新社会开始的仪式；与社团、家族和家庭的"分离"，象征着未来忠于新社会的契约并切断旧的忠诚。"哦，母亲，如果你看到我，你将不再了解我。我与那些光脚行走在野外的人一样。这里的贫困与荆棘、王冠和长袍相伴，矗立在地中海岸边的是黄金大权杖！"乌里·兹维·格林伯格在其诗歌《劳动的队伍》中写道。[2]

新的认同拥抱着旧的犹太模式，而同时重构着它们的意义。因此，诗人亚伯拉罕·斯隆斯基把在道路上的劳作活动神圣化：

> 用多彩的闪亮长袍装饰我吧，好妈妈。
> 黎明之际带我去劳作，
> 我的土地被阳光覆盖就像被祈祷披肩包裹一样。
> 房屋像额饰一样挺立，
> 用手铺就的道路像护符带不断流下。[3]

乌里·兹维·格林伯格还写道："耶路撒冷——额头的护身符，而埃梅克是手中的护身符！"[4]新的认同创造了它自己的多种文本和象征符号——诗歌、歌曲、口号、生活方式。这个新的社会建立在人际关系的真相之上，人们按照自己的意思去交流。在这种禁欲主义的生活方式中，贫困和匮乏使人们具有特殊的价值。这是一个生活在高度紧张中的社会：其成员夜以继日地承受着忠诚考验，在他们以及同伴看来都是如此。难有青年人才能凭借热情承受从一种文化到另一种文化的转变，从一个社会到另一个社会的转变，并能以这种方式生活。

从旧式犹太人到新型犹太人的转变建立在"否定流散地"的概念之上。这个概念来自犹太复国主义的先驱——平斯克和赫茨尔，他们认为流散地的犹太人作为少数群体处于生存危险之中，因此他们需要一个家园。亚伯拉罕·马普、Y. L. 戈登、大卫·费舍曼、门德勒·摩彻尔·塞弗里姆［Mendele Mocher Seforim，即索勒姆·阿布拉摩维奇（Sholem Abramovich）］，所有这些非犹太复国主义的作家和诗人，他们的思想也都建立在这些基本观念之上。他们反对流散地的犹太生活方式，自从启蒙运动以来他们在各种活动中持续地对其进行批评，并致力于使犹太社会现代化。他们描绘了一个退化的犹太社会，并呼吁生产化、世俗化和教育。别尔季切夫斯基和布伦纳还呼吁身体和精神的转变，以生命力论思想学派的"价值转变"精神，强调土质胜于精神，耕作土地而非远离自然，刚毅而非懦弱。

先锋受到不同社会理想愿景的驱使越强烈，他们对其原来出身的社会的批评就越猛烈。巴勒斯坦的现实状况越是艰苦，他们所提倡的牺牲精神和克服反对回归其家园的精神障碍的需求就越强烈。东欧的"家园"仍然存在，家庭经常催促其子女返回家中。阿维格多·哈梅里的流行诗歌《两封书信》对这种分裂的心情进行了抒情式的表达。母亲写道：

> 致我在耶路撒冷的孩子：
> 你的父亲去世了，母亲生病了，
> 回到流散地的家吧。

儿子这样回复：

> 我生病的母亲，请原谅我，
>
> 我将不会回到流散地。
>
> ……如果你真的爱我，来到这里和我团聚。

接着是犹太复国主义者对信仰的宣誓：

> 我将不再是一个流浪者！
>
> 我将不再离开这里！
>
> 我将不再离开，我将不再离开，
>
> 决不！ [5]

对忠诚誓言的一再重复实际上显示了它的虚弱。

为了维持青年的热情及其对犹太复国主义事业的忠诚，作家和诗人们将欧洲的小镇描绘为人性、民族和文化的失败以及虚弱的根源，阻碍了犹太人实现乌托邦。或许对流散地的最尖锐批评来自门德勒和布伦纳，他们对犹太社会的所有邪恶进行了辛辣的讽刺，它依附于外邦人，它的虚弱与悲惨。来自流散地的先锋清楚其实际情况，因此他们自己的经历减弱了文学作品的影响。但对于那些出生于巴勒斯坦并在当地受教育的人来说并非如此；对于他们而言，文学描写反映的是一种实际状况，即流散地与巴勒斯坦完全不同并劣于巴勒斯坦的自由生活。事实上，门德勒和布伦纳对于流散地有着矛盾的心理，因为它代表着他们自己以及当地人民的生活经历。尽管他们对犹太人进行了尖锐的批评，但在最后他们都认同他们并热爱他们。而另一方面，那些出生在巴勒斯坦的人则毫不留情地对流散地进行批评。

先锋形象是被用来灌输给两次世界大战期间创立于东欧的青年运动的典范。这种理想形象被用作为犹太复国主义运动进行人力动员的工具。先锋的形象有两大灵感来源。俄国革命者纳罗迪尼克（Narodnik）离开家庭追求一种完全献身革命的生活，是先锋运动生活方式的重要启示——不是大胆的一次行动，而是毕生的献身行为。第二大来源是著名的哈西德主义，通过强烈的热情参与、乐意放弃物质世界、奉献给信仰者的团体。其他灵感来源包括波兰民族运动，它影响了贝塔尔的教育。贝塔尔先锋与左翼运动先锋之间的不同在于它们灌输的最终目标。贝塔尔成员被教导实现犹太复国主义要使用一切手段，尤其是军事手段，而左翼青年运动教导其成员通过农业定居点来实现犹太复国主义的理想，尤其是边界地区，以基布兹生活的形式。定居点的精神是强有力的，因为它代表着青年具有明确的使命，使命的重要性毋庸置疑，而且不随着时间而衰退。这种精神的力量事实上在非社会主义运动中也很明显，例如精神中心工人党也支持其成员的基布兹定居活动。边界地区的劳作活动成为当时犹太复国主义先锋精神的主体，甚至贝塔尔也受到它的影响，并尝试在莫沙夫建立劳动队。

青年的崇拜是新型犹太人概念的重要内容。巴勒斯坦以及流散地的成年人，被视为"荒野的一代"，他们将不能活着看到"应许之地"，即犹太复国主义的实现。成长在自由中的青年一代将成为带来救赎的人。在诗歌《信条》中，扫罗·切尔尼霍夫斯基称赞巴勒斯坦的未来一代：

> 届时我的人民将再次兴盛繁荣，
> 在这块土地上新的一代将崛起，
> 它的铁链将被移除，
> 它将看到光明。
>
> 它将生存、爱与奋斗，
> 新的一代在这块土地上已经存在，
> 不是在未来，也不在空中——
> 生存在精神之中是不够的。[6]

这一代被想象为拥有健康的天性、热情、感性和生活技能。国家与在其中接受教育的青年之间的直接联系将让犹太民族作为一个勇敢的民族得以再生，这个民族与自然建立起密切联系并排斥流散地过度的精神倾向。在这种青年崇拜中，那些出生和成长在巴勒斯坦的人被给予了特别的地位。他们的父辈为习惯于体力劳动而挣扎，而子孙们则没有任何困难地在田地中耕作。老一代说他们热爱这个国家，但对其知之甚少，他们的子女则通过双脚丈量着这个国家的长度和宽度，并认同它的气候和地貌。他们并不向往一个不同的家园和地貌，也没有遭受诗人利亚·戈德伯格称之为"两个家园的悲痛"的痛苦。[7]

老一代经常谈及自卫和拿起武器的需求，但实际上很少这样做。与之形成对比的是，梅胡哈德基布兹运动的领袖伊扎克·塔本金将青年先锋描绘为手拿锄头，同时肩扛步枪，将土地耕种者和战斗者结合在一起的形象。"孩子们过去用犁为你们带来和平，今天他们要用步枪带来和平！"正如拿单·奥尔特曼在20世纪30年代末的一首歌中写的，它由哈加纳成员传唱。萨布拉，移民们遇到的沙漠中的仙人掌，这个名字被赋予了这一代：像刺梨一样，它的外表多刺，但果实甘甜多汁。萨布拉据说是坦率直接、真诚勇敢、没有中产阶级社会的虚伪矫饰，重在行动而非夸夸其谈的犹太人的代称。因此，开拓者将土生土长的一代理想化，他们在其父辈看来是一切自由成长在巴勒斯坦的儿童梦想的缩影。一位遭遇这种萨布拉类型的美国青年女学生将之定义为："结实的和未经打磨的，纯朴的，不羁的，通常有些腼腆，简单的、直接的、绅士的、冷酷的、顽强的、独立的，并有即兴创作的天赋。"[8]

集体与个人

伊休夫对苏俄的态度混合了羡慕、担忧、敌视和认可等特征。布尔什维克革命激发了巨大的热情。世界范围内的知识分子将之视为人类历史上崭新而伟大篇章的开始。"没有任何地方的政治运动能够像俄国革命一样使几百万人看到了这种弥赛亚期盼……"伯尔·卡茨内尔森写道，"人们没有充分理解这个（新）政权的性质；他们无法判断其优缺点。他们是如此希望看到旧政权瓦解以至于每个人都接受美好而拒绝承认邪恶。这只是开端。"[9]

革命的经历彻底摧毁了旧世界，这使许多青年着迷。巴勒斯坦的先锋期盼前文提及的捷径：在巴勒斯坦从头建立一个平等正义的社会和经济体，正如人们在苏联那样。先锋们与其说受到共产主义意识形态的影响，不如说更多地被这个广袤国家所开展的社会实验所吸引，而这样的社会实验在特征上与巴勒斯坦正在发生的情形类似，尽管二者的规模不可同日而语。从远处看，建筑的激增、工业化和电气化、组织性的开拓活动、消除文盲、改善妇女儿童状况，这一切都与先锋自身的愿望相一致。共产主义政权誓言要废除一切形式的歧视，并提高犹太人的地位，这触动了世界范围内犹太人的敏感心弦。当时的巴勒斯坦先锋唱道，"我们脸朝升起的太阳／我们再度向东进发／我们奔向伟大的时刻／高昂起头，我们的灵魂不屈"，他们心里既有犹太复国主义又有社会主义的理想。[10]

先锋将他们自己视为革命运动的一部分，并希望苏联伸出援助之手。问题在于 1920 年共产国际宣布犹太复国主义为反动思想，这是由于它是英帝国主义的同盟，共同反对阿拉伯大众，而后者承担着中东进步发展的使命。从那时起，巴勒斯坦左翼（后来是以色列左翼）的历史充满了向苏俄解释犹太复国主义以及证明其正义性的尝试。先锋与"革命世界"的关系并没有因苏联的反对而中断。许多犹太人来自俄国，他们熟悉其语言并热爱俄国文化。但即使那些不懂俄语的人也寻求与这种未来社会接触。俄语以及翻译过来的电影、期刊和书籍塑造了没有剥削者和剥削行为的奇妙社会的神话。巴勒斯坦工人党的海报复制了火苗模式，每周以苏维埃形象进行阐释。"苏维埃现实主义"成为 1948 年那一代许多作家广为接受的风格。青年运动的成员充满热情地演唱翻译成希伯来语的苏联爱国歌曲。伯尔·卡茨内尔森警告说，他们所歌唱的是对犹太人犯下集体迫害罪行的哥萨克骑兵，但这个警告并没有起到效果，青年人的热情依然高涨。

基布兹运动建立的两大出版社（巴勒斯坦工人党的工人图书出版社和哈梅哈德基布兹的哈梅哈德出版社）将马列主义的通俗文学和俄

文著作翻译成希伯来文（青年一代很少阅读文学）。1942 年西弗里阿特·哈珀里姆出版社出版了《俄国诗歌选》，现代俄国最著名诗歌的选集，由一些巴勒斯坦的著名诗人翻译成希伯来文。但没有人注意到，其实很少苏俄时期的诗歌值得收入其中。俄国的小说，例如马卡连柯的《教学诗》（由希伯来文诗歌的现代主义先锋、诗人亚伯拉罕·斯隆斯基翻译），描绘了遗弃儿童的教育经历，瓦伦丁·卡塔耶夫的《白帆闪烁》描绘了 1905 年革命，成为巴勒斯坦的畅销书。[11] 有关第二次世界大战的书籍激发了对俄国人民反抗纳粹的英雄主义的崇敬。在每个帕尔马赫士兵的背包中都有一本亚历山大·贝克的《潘菲洛夫的勇士》，该书描绘了红军在保卫莫斯科时的英雄主义。[12] 尽管在该书灌输的价值与帕尔马赫的价值之间不存在相似性（例如，小说中一个逃兵在其连队前被处决；帕尔马赫中没有人会想到这种行为），但这并不妨碍对他们的精神认同。游击战士的形象，是一个无需军衔和制服的战斗者，指挥官平等对待士兵，这对于塑造帕尔马赫的规范极其重要。它与人际关系中的真实和诚恳相一致，与正规军的严谨礼节形成对照，后者被视为军事主义的表达方式之一。

犹太复国主义号召"荒野的一代"为了未来的世代而延迟自我满足，这可以让人联想到苏维埃精神，这种精神为了革命毫不犹豫地牺牲两代人。然而，实质性的不同在于巴勒斯坦的社会建立在自由意志之上；不想接受集体指令的任何人都可以免受责罚。在苏联，这类人发现等待他们的是凄惨的流放；在巴勒斯坦，他们可以生活在特拉维夫。

在 20 世纪 20 年代，苏联代表着不同于犹太复国主义的另一种道路。苏联当局为由于中产阶级的消亡而陷入贫困状态的成千上万犹太人在克里米亚发起了农业垦殖计划。它的第二阶段包括在亚洲的比罗比詹建立一个犹太自治区的计划。这些可能性激发了世界范围内犹太活动家的想象，由于它们不仅为成千上万犹太人提供了一个现存的解决方案，也意味着苏维埃政权对犹太民族的承认。英国作家、赫茨尔最早的支持者之一伊斯雷尔·赞格威尔，他在乌干达争论后成为一名领土主义者，但在《贝尔福宣言》之后回到了犹太复国主义阵营，对苏联计划的广阔范围充满热情。他指出，巴勒斯坦和威尔士一般大小，将无法满足几百万犹太人的需要。苏联境内的犹太人定居点总共投资了几百万美元，而犹太复国主义对此只有羡慕的份儿。苏联的犹太安置计划激起的热情吸引了来自劳工军团和美国犹太共产主义者的先锋。他们中的幸运者最终成功地存活下来，但绝大部分在大屠杀、斯大林清洗或被流放到偏远地区在贫困中丧生。由于当地居民反对犹太人居住在他们中间，犹太人自己宁愿选择在苏联的大城市重建生活，这些计划没有产生持续的结果。但在 20 世纪 20 年代，它们看起来提供了一种不同于犹太复国主义的思想和实践道路。

通常人们将伊休夫描绘为充满集体主义的精神，要求人们为了伟大的民族目标而放弃他们个性的社会。实际上，不像今天个人主义的西方社会所接受的规范那样，集体的力量要比个人的力量大。但与任何概括一样，这样的归纳过于简单化。尽管民族运动的目标是拯救所有犹太人，但为了动员民众参与进来，它必须提出个人救赎的方案。因此，在整个复国运动期间，个人追求救赎和每个人接受集体指令的要求之间存在着张力。

第二次阿里亚的移民是极其个人主义的。他们只身来到巴勒斯坦，没有组织的支持，以个体的形式在这里立足。他们行事的思想和方法的形成较为原始，主要来自他们在巴勒斯坦的经历。青年人的工作使他们在那里重新发现了他们的犹太认同，例如诗人拉结·布鲁维斯坦和作家兹维·斯查兹（Zvi Schatz，特鲁姆佩尔道的战友）的作品，反映了对个人的特别强调——他或她的愿望、愤怒以及灵魂探索。第二次阿里亚的移民翻译成希伯来文的文学是个人主义的文学，例如米哈伊尔·莱蒙托夫的诗歌、格哈特·哈普特曼的故事和费奥多尔·陀思妥耶夫斯基的小说。第二次阿里亚期间文化趋势的多样性显示了对个人世界的开放。

20 世纪 20 年代，在布尔什维克革命的影响下，集体主义的思想逐渐兴起。在第三次阿里亚的移民中间，尤其是在工人营中，出现了集体主义的趋势。这次阿里亚的成员移民到巴勒斯坦是作为团体的一部分，随后加入了中间派组织，这些组织强调社团对个人的权威。青年卫士的成员移民到巴勒斯坦是作为弗洛伊德和古斯塔夫·兰道尔的门徒，是寻求个人拯救的狂热的个人主义者。但一旦进入了巴勒斯坦，他们就自行组织成为马克思主义运动，接受了"意识形态的集体主义"——这意味着经过暴风雨般的思想辩论后，该运动的历史性领导层（亚科夫·哈赞和梅耶·亚阿里）的立场通常被接受。来自先锋和贝塔尔的移民团体，以及20世纪30年代巴勒斯坦青年运动的成员，被教导献身于社团和使个人愿望服从于运动的意志。伊休夫的地下组织和准军事组织的成员以一条牢不可破的准则接受了集体的权威："我们对所有生活进行规划/仅有死亡使我们脱离序列。"正如亚伯拉罕·斯特恩在其创作的莱希组织的歌曲中写道的。

很明显，理想主义的少数接受了当时熟知的"运动的决定"。对于一个肩负建设国家使命的运动来说，这些少数群体的存在是十分重要的。问题在于这些规范在普通大众中间普及的程度，以及集体是否有权强制个人接受它的规训。公共知识分子、宣传家和教育工作者，他们都使那些接受集体主义约束的人光荣起来，尽管带有保留。例如，"人的提升"主题和个人的重要性是巴勒斯坦青年运动的中心内容。甚至在1948年一代创作的文学作品，对于集体主义也存在矛盾的态度。有关基布兹主人公的故事——大卫·马勒兹的《圈子》、S.伊扎尔的《以法莲回到阿法拉法》、哈伊姆·哈扎兹的《布道》——都是超乎寻常的个人主义者，反抗广为接受的规范。[13] 甚至摩西·沙米尔的代表作小说《走在田野上》被视为集体主义精神的表达，但其中也创造了女主人公米卡对个人幸福的期盼与男主人公乌里的集体主义使命之间的对立。

当时的人们意识到个体与集体之间的张力。他们不将自己视为不可避免的权威之臣属，而是坚持拥有自己的选择权。认同于劳工运动的知识分子维持着他们的个人主义理想，并在他们的作品中有所体现。一个很好的例子就是拿单·奥尔特曼，《第七专栏》（这个标题既指他的双周刊专栏，也指从这个专栏集合而成的诗集）——用于塑造集体主义精神的完全意义上的政治诗歌——和《外面的星星》，个人主义的爱情诗歌集。奥尔特曼的诗歌在青年中的流行展现了他们对个人经历和私人表达的强烈认同。

尽管公共和政治话语中创造了集体主义精神的权威被广为接受的印象，但在这种公众形象之下存在着不接受"犹太复国主义运动决定"的个人主义趋向。"山"（即作为希伯来大学所在地的斯科普斯山）上的人们，并不遵守埃梅克的精神。青年运动中的迁出比率甚至在成员到达基布兹之前就十分令人震惊。在他们到达巴勒斯坦后，先锋哈卢兹的许多成员决定前往特拉维夫找工作而非前往农业社团。当时并不是每个人都想去基布兹并在那里定居。伊休夫当局每次呼吁大批志愿者的服务——招募人员进入英国军队、募集伊休夫安全基金，或者筹集用于战争的资金（1942 年）——不通过强制很难使人们接受社团的决定。这种描绘伊休夫自愿接受社团决定的画面，因此体现出夸大和简单化的特点，忽略了在伊休夫马赛克中的斑驳阴影。这也让人回想起直到 20 世纪 50 年代，在全世界范围内个体福祉与国家利益之间的摇摆才开始偏向国家利益。在当时各国都为其生存而斗争（如在第二次世界大战）的情况下，个人利益在各地被置于次等地位。

伊休夫独特文化的发展

伊休夫社会通常被描绘为赞扬体力劳动和纯朴的劳动者，而贬低知识分子。工人营中的艺术家、作家和诗人，据说他们觉得必须隐藏其知识"弱点"以免被嘲弄和丧失立足之地。尽管一些人声称感觉到这些，但值得怀疑的是，他们的个人经历在总体上是否真实。对于作家和诗人来说，伊休夫继承了犹太的和俄国的传统。甚至从第二次阿里亚开始，伊休夫就高度赞扬体力劳动者，但它也将知识分子置于很高的地位。约瑟夫·哈伊姆·布伦纳生活在米格达尔的工人营，受到人们的强烈称赞，即使其绝大部分同伴——他教他们希伯来语——无法阅读他的作品。乌里·兹维·格林伯格 1924 年移居巴勒斯坦，受到了热情的欢迎，他的诗集《巨大的恐惧和月亮》出版于次年。两大工人政党工人联盟和青年工人党竞相出版文学杂志。考虑到犹太复国主义遭受的财政困难，文学领域的发展也充分说明了伊休夫对文化生活的重视程度。

20世纪20年代，希伯来文化的中心从俄国转移到了巴勒斯坦。S. Y. 阿格农、阿哈德·哈姆，最重要的是哈伊姆·纳赫曼·比亚里克都定居在巴勒斯坦，并获得了知名度和大批仰慕者。1925年，伯尔·卡茨内尔森开始出版犹太工总日报《达瓦尔》，并邀请伊休夫的知识分子参与。重视知识分子的另一个事例就是劳工运动与希伯来大学之间的特殊关系。"和平圣约组织"（参见第三章）的许多成员在希伯来大学任教。随着阿拉伯人与犹太人之间的斗争不断升级，他们提出的和平联盟的立场逐渐被边缘化。"和平圣约组织"的教师与希伯来大学学生之间的立场对立尤其尖锐。尽管如此，"和平圣约组织"与劳工运动领导层之间的对话始终贯穿于这个时期。前者被视为有价值的对话者而不应该被排斥于犹太复国主义运动之外，即使有时他们的观点与犹太代办处执委会的立场相对立。

文化英雄在塑造伊休夫社会中的重要性不应被夸大。布伦纳和戈登成为劳工运动的典范，青年运动借助他们的作品来教育其成员。民族诗人比亚里克对发生在犹太人以及伊休夫中间的一切事件进行着自由的批评。例如乌里·兹维·格林伯格、亚伯拉罕·斯隆斯基、埃利泽尔·斯泰因曼、亚历山大·佩恩和之后的拿单·奥尔特曼、约拿单·拉托什、S. 伊扎尔与1948年一代的作家和诗人在伊休夫获得了特殊的地位，就像知识分子在俄国和法国社会的地位那样。在谈及修正主义右派时，乌里·兹维·格林伯格有着预知未来的预言诗人的称号。20世纪40年代，奥尔特曼的《第七专栏》表达了伊休夫的精神及其渴望，被视为当时最真实的声音。尽管奥尔特曼毫不犹豫地以人道主义的口气质疑左翼和右翼的行动与错误，但他以其对英国政策的强有力的批评在伊休夫中赢得了真正的名声。

劳工运动赞扬那些"开化的工人"，即作为文化消费者的工人，它尝试努力弥合知识分子和体力劳动者的差距。但这个使命从未实现，而它背后的意图是驳斥有关在该运动内部存在反智倾向的说法。工人委员会的公共图书馆在那些寻找希伯来文书籍的工人中间有着广泛的读者群。他们的文化室挤满了报纸和杂志阅读者。哈罗德泉举行的交响乐演奏和基布兹推广歌唱与其他音乐活动表明，即使在物质匮乏的条件下，人们仍然保有对美和文化生活的向往。这些文化资源所具有的宣传作用表明，它们在领导层看来十分重要。赫茨尔将人数过多的犹太知识分子描绘为反犹主义的原因之一。但即使在理论上，新型犹太人应该去掉犹太知识分子过度的精神性（这与以体力劳动谋生的工人相对），但由很小的伊休夫发展起来并成为希伯来文化中心的丰富精神生活表明，在这个问题上，实际情况与通常所认为的陈腐观念也存在很大的距离。

拿着锄头和步枪的模范性先锋具有另一种特征：他说希伯来语。在流散地的训练农庄里，那些懂希伯来语者优先获得移民资格。这个政策体现出将语言置于极其重要的地位和来自语言的文化在塑造民族过程中的重要作用，根据欧洲民族主义传统，民族语言是其作为民族实体存在的本质象征。第二次阿里亚末期爆发的"语言战争"，确定了希伯来语在巴勒斯坦世俗和精神中心的教育机构中的主导地位。只有极端正统派使用意第绪语作为他们的教学语言。在委任统治时期，伊休夫的代表呼吁希伯来语与阿拉伯语和英语一道，作为官方语言予以认可，在很大程度上他们成功了。希伯来语的地位以国家的名义（当时是巴勒斯坦—以色列地）被认可具有重要的象征意义，它意味着在犹太人有关这个国家的犹太历史遗产被承认的要求和阿拉伯人强烈的反对之间达成了一种妥协。

尽管伊休夫在 20 世纪 20 年代成为希伯来文化的世界性中心，但这并不能确保希伯来语作为口头语言的主导地位。每次移民浪潮都会带来讲来源地语言的许多移民。典型的犹太语言是意第绪语，它是所有希伯来语捍卫者热爱的母语。1908 年切尔诺维茨意第绪语大会后，主要是从 20 世纪 20 年代起，意第绪语与希伯来语竞相争夺着犹太人的心灵。正如希伯来语的纯文学繁荣和发展起来一样，纯文学形式的作品也在意第绪语中出现。这样，正如希伯来语文学从神圣"降格"为世俗一样，意第绪语从方言"升格"为高级文化的语言。致力于争取犹太人在东欧自治的社会主义的崩得和民族主义运动将意第绪语作为犹太大众的语言，并将希伯来语视为脱离普通大众生活的犹太精英的反动神圣语言。在布尔什维克革命之后，苏联共产党成立了犹太支部，负责苏联的犹太文化。犹太支部将希伯来语等同于犹太复国主义，对两者同时进行压制，它们在苏联遭禁。

然而，犹太复国主义运动并没有禁止意第绪语。先锋哈卢兹主要以意第绪语在波兰开展活动，因为绝大部分移民候选人不懂希伯来语。本-古里安作为坚定的希伯来语主义者，在移民巴勒斯坦之前使用意第绪语，在波兰的选举集会上讲意第绪语。他在第二次世界大战结束后前往德国难民营时也讲意第绪语。但只要非犹太复国主义的左翼将意第绪语与对犹太复国主义的政治反对相结合，它就是对希伯来语的挑战者，这两种犹太语言似乎处在竞争之中。

在巴勒斯坦，对保证希伯来语在口头语言中占主导地位的热情随着大规模移民的到来而高涨。特拉维夫成立了希伯来语保卫者协会，其成员对在公开场合使用意第绪语交谈者进行责备。这种情况比亚里克也遇到过，他喜欢用意第绪语而非希伯来语交谈，他说希伯来语不够流利。20世纪30年代，希伯来语狂热的支持者遭遇了另一个问题：绝大部分来自德国的移民只会说德语，并对学习希伯来语显示出很低的能力。希伯来语狂热的支持者声称，德国来的移民不应在街上讲纳粹的语言。不过，这种不必要的狂热只会让移民的新生活更为艰难。

青年一代学习希伯来语并相对流利地使用它，显示出其他语言对人们仅有暂时的影响。特拉维夫作为极度狂热情形的发生场所，在一个重要方面——街道名称上——显示出对外来语言的宽容。尽管特拉维夫作为"第一座希伯来城市"而为人所熟知，并且纪念了犹太复国主义的奠基者们，它的作家和诗人，以及犹太史上的重要人士，但并没有为他们的非希伯来名字所困扰。最后，意第绪语和希伯来语之间的辩论由于东欧几百万犹太人——讲意第绪语者——的灭绝而消失。在苏联，意第绪文化到 20 世纪 40 年代末与它的支持者一道被摧毁，而在美国，随着老一代犹太人的逝去，意第绪语也走向消亡。

推动先锋作为劳工运动的理想类型是将巴勒斯坦社会塑造为资产阶级社会的多方面尝试的一部分。这种乌托邦社会的种子是劳工定居点，而劳工定居点的生活方式与这种理想完全匹配。但绝大部分巴勒斯坦的工人生活在城市，他们只是部分地认同劳工意识形态。他们被资产阶级的生活方式、城市的诱惑及其享乐主义所吸引。但他们忠于劳工运动，并将其意识形态接受为建设国家的基础，这对一个通过大众的支持来寻求增强其政治合法性的运动来说十分重要。

工人及其家庭在主导精神指导下进行的社会化是以直接和间接两种方式开展的。他们被邀请参加希伯来语课程和专门针对成人和青年劳动者的夜间课程，这有助于扩展他们的教育。《达瓦尔》报致力于将犹太复国主义左翼的世界观带给每个家庭。20 世纪 30 年代出版了儿童版的《达瓦尔》，一份意在教育青年一代读者的高质量的周刊。《达瓦尔》报有时出版与犹太复国主义–社会主义世界观相关的书籍，并被分发到较远的家庭订阅者。在 20 世纪 40 年代初期，借助印刷材料进行文化和意识形态的灌输随着工人出版社的建立而得到真正的发展。青年卫士和哈梅哈德基布兹的出版部门的主要目标是宣传马克思主义理论，并培养对苏联的同情态度，而工人出版社在培养其读者文学品味的同时，强调犹太主题和对犹太民族的认同。1928 年，来自苏联的哈比玛剧场在特拉维夫选定新址。尽管哈比玛受到普遍的欢迎，但犹太工总还是另建立了奥赫尔剧场，它的定位是工人的剧场，作为可供选择的多样化社团的一部分。工人运动协会强调工人与作为中产阶级的体育运动协会马卡比之间的区别。在其早期时代，工人运动协会并不鼓励竞争性的运动，而是集中于大众体育。随着时间发展，这两大协会之间的区别已近乎消失，但工人运动协会保持了它作为左翼成员的忠诚，该协会的球队在足球比赛中穿红色衬衫，以作为一种明确的阶级象征。

除了建立医疗基金和职业介绍所服务以外，犹太工总建立了"工人住房"——舒适、有序的街区通过绿色空间与其他建筑区分开来。它还为工人子女建立了学校，其教育实践，诸如让学生在田间劳动、饲养家畜、讲授劳工运动的价值等，提升了体力劳动的重要性。这些住宅和学校主要服务于工人领导层和长期工人，即工人阶级精英的家庭。贫穷的工人无法负担工人住房，通常将其子女送到一般教育系统的学校。但这种尝试创造了一个工人社团，其中工人居住在一起，经过同化以形成共同的生活方式和行为规范，这对形成他们作为一种与众不同的文化承载者的自我意识十分重要。

这种文化有它自己的特征和象征。服饰风格突出了无产阶级的特点：青年运动成员穿着简单朴素的蓝色棉衬衫（他们唱着"蓝色衬衫胜过任何珠宝"）；节庆时期，如安息日前夕穿着单边纽扣的俄式衬衫；青年女性的无袖连衣裙和长辫子；帕尔马赫战士的卡其色短裤；基布兹成员的无檐小便帽；城市工人的鸭舌帽。休闲活动通常包括在安息日前夕跳舞。基布兹和青年运动选择圆圈舞，这不需要特别的技巧，并允许单身人士加入。圆圈舞伴随着悦耳的传统曲调以极快的步伐旋转，突出了宗教和世俗狂欢之间的联系。俄罗斯曲调的双人舞被给予正式认可，是由于它们作为"民间舞蹈"在重新发现欧洲民族主义运动传统的精神下，从遗忘中复活了真正的大众文化。持续几个小时的合唱创造了一种属于社团和分享共同价值的意识。平等在此再次得到强调；合奏优于自大的独奏。节日庆典中有尽可能多的儿童参与表演。这种实践催生出了"露天比赛"，依次诵读文本而不需要表演和声音表现能力。最为流行的段落之一是伊扎克·拉姆丹的诗《马萨达》，描绘1920年从乌克兰逃离前往巴勒斯坦的难民，同时抵抗着红色魔力的诱惑。拉姆丹写道："打开大门吧，马萨达，我，作为难民，想要进入！"对他而言马萨达象征着重生的巴勒斯坦，而不是毁灭。他发出呼吁："起来，烈火中的舞蹈／马萨达决不再次陷落！"[14]

犹太历提供了将宗教象征应用于世俗世界的许多机会，并使之满足劳工定居点的需要。因此，住棚节、逾越节和五旬节成为农业节日。

每个基布兹都有其自己的初熟仪式，组成一个队列展示基布兹在农业生产和饲养家畜方面的所有成果，以及最新的农业机器。这些节日形成了音乐和舞蹈传统。餐厅的墙壁根据成员的艺术背景才能进行装饰。逾越节晚宴是在餐厅举行的重大节日庆典，餐桌覆盖着白布，传统的逾越节哈加达的内容被反映时代精神及其问题的当地书写的版本所取代，其中包括文学作品片段的朗诵和歌唱环节。

然而，这种建立非主流社会的英雄主义尝试和文化模式的发明，从未克服资产阶级现代性的诱惑力。小资产阶级的规范与工人的规范始终并存发展。在资产阶级社会的中心特拉维夫，来自波兰的移民在20世纪20年代建立了大批的"梦想家园"。这些住房致力于结合东西方的建筑特点，但实际上是一种折中主义风格的奇怪的、不寻常的集合，表达了特拉维夫资产阶级对舒适和奢侈生活的向往。特拉维夫的某些地区在20世纪30年代期间是以包豪斯风格建造的，有着以最新的建筑技术建造的宽敞公寓。

甚至自从第二次阿里亚时期特拉维夫的第一批售货亭建造开始，该城市即展现出享乐主义和生活乐趣的明确趋势。早在20世纪20年代初，主要街道的商店橱窗就已展示最新的巴黎时装，到30年代甚至更多了。街道上咖啡馆和餐馆林立。文化和政治精英宁愿选择在资产阶级情调的咖啡馆会面而非工人的食堂或端庄的文化中心。特拉维夫的木板道连接着演奏交响乐的咖啡馆，以便用餐者以欧洲最好的传统在舞台上跳探戈和华尔兹。劳工定居点的禁欲主义生活方式与特拉维夫的开放和享乐主义形成了鲜明对照，这引起了对特拉维夫的尖锐批评，它的存在对那些为了建设国家而放弃生活乐趣的先锋产生了持久的诱惑。很少有城市工人能够抵挡得住资产阶级诱惑的吸引。

特拉维夫的休闲文化吸引着中产阶级和工人阶级。大众前往海滩，这符合他们的愿望和消费水平。遍地的广告牌吸引公众参与文化活动，从被比亚里克称为致力于培养知识分子的高级希伯来文化的安息日聚会，到讽刺性的戏剧，例如库姆库姆和马塔特。最为流行的娱乐形式是电影，即使高级文化的倡导者也将之视为对抗空虚和逃避主义者的途径。普珥节期间的阿德罗亚达游行（该名称来自拉比认为人们可以在普珥节上狂欢直到"忘乎所以"）是一个灯的队列，作为特拉维夫著名的娱乐文化吸引了成千上万的人。在节日期间，街道挤满了来自全国各地包括劳工定居点的游客，他们前来参加这个习俗节日和享受狂欢的氛围。甚至来自雅法的阿拉伯人也乐于加入狂欢的人群。

1932 年首次举办的东方博览会，为展示这个国家的工业和农业成就提供了一个机会。所有政要都参加了开幕式。特拉维夫展示出了它作为巴勒斯坦的经济和制造业核心的地位，其重要性不比劳工定居点差。然而，一位在 1947 年 10 月来到巴勒斯坦的美国学生对特拉维夫和她居住的耶路撒冷之间的差异印象十分深刻："特拉维夫与乡下般的耶路撒冷有着天壤之别，它是带着轻微的希伯来口音的老于世故和世界主义的。"这座城市使她想起了康尼岛，"它有着狂欢的氛围：大型的路标、刺耳的噪声、欢乐的面孔、喧闹的儿童和艳丽的色彩"[15]。

特拉维夫也举行大型活动。这座城市的大厅小而沉闷，在地中海气候中，户外活动对街头剧场有更大的需求。露天政治集会持续好几个小时，站立的观众热切地聆听演讲者发表演说。高温、汗水和拥挤都没有使成千上万的支持者烦躁不安。在前电视时代，政治集会是公众与其领袖之间最为直接的接触形式。对这些活动的参与展现了公众与组织者之间的团结，以及他们乐意就解决政治问题积极参与几个小时的意愿。这种集会既是政治声明也是娱乐的来源，因为政治领袖都是一流的演说家，他们知道如何抓住每一位听众。

五一节是犹太工总和左翼党派大型集会游行的时机。犹太工总领导层、贸易联盟、工厂车间（尤其是那些属于工人协会的工厂）、基布兹和青年运动都确保其成员参加。到处飘扬着红色的旗帜，在激动人心的演说之后，公众静悄悄地散去。在纪念 1920 年为保卫特尔哈伊而阵亡的特鲁姆佩尔道及其战友的特尔哈伊日（犹太历阿达月第 11 天），青年运动在城市的街道游行，其成员穿着棕色的贝塔尔制服，以与穿蓝色衬衫者区别开来。五一节象征着对国际工人运动的声援，特尔哈伊日象征着犹太复国主义为巴勒斯坦而斗争。贝塔尔强调特鲁姆佩尔道的战斗神话，他在临终前轻声说"没有关系，为国捐躯是一件好事情"。那些穿蓝色衬衫者聚焦于特鲁姆佩尔道耕种土地的先锋工人身份。由特尔哈伊阵亡者之一发明的口号"我们所建造的东西决不能放弃"，成为劳工运动精神的核心。

青年运动的哈努卡火炬游行反映出这个节日发生的转变。它由传统的小油罐的节日（点灯节）转变为英雄主义的节日。马卡比的英雄主义激励着犹太复国主义的奠基者们以及他们转变犹太人形象的梦想。"马卡比将再度崛起。"赫茨尔如此宣布。[16] 当比亚里克想强调基什涅夫集体迫害期间犹太人的悲惨遭遇时，他将他们的怯懦与马卡比先辈的英雄主义进行了对比。在其诗歌《他们说这是一块土地》中，切尔尼霍夫斯基宣称："你们都是马卡比"！[17]

> 奇迹并没有降临到我们头上，
> 我们发现没有油罐了。
> 我们击打岩石直到流血，
> 然后出现了火光！

于是，这首歌被犹太复国主义的激进青年传唱，与那些相信奇迹的救赎者针锋相对。[18] 传统的哈努卡旋转陀螺和烙饼依然流行，但这个节日整体上获得了在公众意义的层面用来阐释英雄主义在圣地的历史传统。

大型民族葬礼也在特拉维夫举行。这种传统始于 1921 年骚乱中去世者的葬礼，其中包括令人尊敬的作家约瑟夫·哈伊姆·布伦纳。这种仪式在哈伊姆·阿洛索罗夫的葬礼得到延续，时任犹太代办处政治部主任的他在 1933 年遇刺，接着是比亚里克、特拉维夫市长梅耶·迪岑戈夫、伯尔·卡茨内尔森等人的葬礼。文化英雄被给予大型葬礼以表达对死者及其代表的精神的尊敬。骚乱遇难者的葬礼提供了向左翼或右翼表达团结和忠诚的机会。反对委任统治政府的大型游行具有同样的目的。尤其值得一提的是，抗议《1939 年白皮书》的游行，以及在世界大战结束后要求打开巴勒斯坦大门的游行，使用了"允许自由移民，建立犹太国家"的口号。

　　教育系统通过在青年一代中进行灌输和教育以使之忠于犹太复国主义思想。每周五儿童来到学校都要对犹太民族基金会进行捐赠，他们将这些捐赠放到基金会的蓝箱中。班级中筹集钱额最多者会赢得奖励，而与之相伴的典礼音乐强调这些贡献对于故土救赎的重要性。小学课堂中讲授的课程之一就是"故土"，涵盖了巴勒斯坦的地理、气候和草木。巴勒斯坦的地图出现在练习本的首页，儿童在这些本子上写下学到的有关巴勒斯坦的歌曲。儿童书籍强调与巴勒斯坦的联系。"我们的土地，你是如此美丽！"成为一本流行书籍的标题。教科书中充满着"故土"和"我们的土地"之类的字眼。"太阳的光芒照耀在山上/山谷的露珠依然闪耀/我们爱你，我们的故土/带着欢乐、歌唱和劳动。"儿童们唱道，"从黎巴嫩斜坡到死海/我们犁耕你的田地/为你种植、耕作和建设/以使你美丽起来。"没有人质疑这首歌曲不仅是将故土拟人化，而且还是将民族拟人化。[19]植树节被安排在犹太历舍瓦月第15日。根据犹太复国主义叙述，阿拉伯人摧毁了这个国家的森林，导致土壤流失。现在犹太人准备将巴勒斯坦恢复至原来的美丽模样，就像流着奶和蜜的土地，因此必须种植树木。由幼儿园和小学儿童组织的植树仪式，鼓励他们认同"使沙漠盛开鲜花"的口号。

　　学校和青年运动对历史遗址进行野外考察和旅行，例如莫迪因的马卡比墓、马萨达和特尔哈伊。每次旅行包括对历史背景的解释。参与者边走边唱的歌曲，在遗址前诵读的文献，步行时的体力活动，对同辈群体的认同，以及团结和归属感，都有助于将对这片土地、风景和历史的爱深深扎根于青少年的心灵中。对土地的认同，它的尘土、山脉，对于出生和成长在巴勒斯坦的儿童来说都是独特的。他们的父辈并不懂它。他们从犹太历史和犹太复国主义意识形态那里获得了成为这个国家主人的感觉，他们对它的热爱超过了对其他风景的向往。对于土生土长的儿童来说，成为这块土地的主人是显而易见的。这是他们的故土，他们不知道其他的。如果在他们的旅行中遇到阿拉伯村庄，他们将这些视为故土风景的一部分，或许他们会因此有一些紧张，也会产生一种危险意识，这恰恰又刺激了他们旅行的兴奋感，但并不是代表对这片土地所有权的另一种声明。

对犹太复国主义精神在第二次世界大战之后的伊休夫成员中发展的情况开展调查，我们可以假定绝大部分人将脱口而出"倒转（职业）金字塔"和在巴勒斯坦建立一个工人阶级，先锋的重要性，这个国家青年的惊奇，英国人的恶毒，以及阿拉伯人的落后等标准的宣传口号。他们也很可能会谴责阿拉伯劳动力的雇主，要求犹太移民自由进入巴勒斯坦。如果问他们是否愿意将时间和生命奉献给实现国家的目标，很高的比例将宣称他们自己已准备好了并愿意如此。我们也可以假设他们将表达对大卫·本-古里安领导的犹太复国主义领导层的信任，并表示准备追随他。在这个问题上，该调查将显示出，温和的、马帕伊形式的犹太复国主义-社会主义意识形态占据了主导地位。在公共话语、宣传和教育的意识层面，这是一个一致的世界观，也被中间派甚至右翼所接受。这个世界观多大程度上在日常生活中作为指路明灯则完全是另一个问题了。

第三部分

国家构建

（1948—1967）

第七章

独立战争（1947—1949）

1947 年 11 月 29 日晚，在联合国大会对巴勒斯坦分治进行投票后，自发的兴奋随之流露开来。人们在街道上手舞足蹈，赞美的祈祷声在会堂响起，这些会堂特别在半夜对会众开放，儿童们给英国装甲车佩戴花冠。有一个没有参加群众庆典的人是大卫·本-古里安。作为一贯的现实主义者，他意识到犹太国家的建立将敲响血腥的警钟。一年前，在第二十二届犹太复国主义代表大会上，他已经告诫伊休夫的安全领导层，犹太军队必须控制和面对英国撤离后的真空状况。由于这个国家将很快宣布成立，这将导致不仅是与巴勒斯坦阿拉伯人的战争，而且也是与阿拉伯国家正规军的战争。

阿拉伯联盟是在第二次世界大战结束之际为了结成阿拉伯联合阵线而创立，其成员国在通过军事干预巴勒斯坦的决议方面仍需很多步骤。本-古里安的评估不是建立在坚实的情报而是对巴勒斯坦和阿拉伯国家的现有力量的判断之上，这种力量状况将最终导致后者入侵巴勒斯坦。1945 年 7 月，同样的直觉促使他召集了纽约的犹太富人和知名人士的会议，说服他们使犹太复国主义执委会获得必要的资金从美国剩余的军用物资中购买军火，而这些物资在当时被作为废料出售。他告诉他们，巴勒斯坦的斗争将不再是与阿拉伯帮派团伙单独进行，而是与整个阿拉伯军队战斗，因此，在巴勒斯坦建立犹太军事工业十分重要。

犹太人对联合国决议的热情来自这一事实，即世界各国已经承认了犹太民族在巴勒斯坦作为主权国家的权利。但除此之外，存在"发生了巨大奇迹"的感觉，正如哈努卡故事所说的那样。这种奇迹的意识很盛行，后来扩展为包括1948年的所有事件——"奇迹的年份"，与英国人和阿拉伯人的期望相反，东方和西方阵营都支持决议草案。正如我们看到的，苏联和共产国际强烈反对犹太复国主义，并对犹太民族主义持敌视态度。1947年2月，当英国人决定撤离巴勒斯坦时，他们认为由于苏联的反对，联合国将无法就巴勒斯坦达成一致决议，因为这需要2/3的多数投票。但苏联人抓住这个机会削弱英国在中东的地位，通过支持犹太国家的建立来加快英国离开巴勒斯坦的步伐。

1947年4月，苏联常驻联合国代表安德烈·葛罗米柯发表了支持巴勒斯坦问题决议的演说，表态将承认犹太人的权利，同时对第二次世界大战中降临到他们身上的灾难表示同情。尽管他表达出倾向于单一的双民族国家的态度，但他将犹太人描绘为一个值得拥有自己国家的民族，并提出了分治巴勒斯坦的可能性，即建立两个国家（一个犹太国家、一个阿拉伯国家）。这次演说预示着苏联立场的转变，11月29日苏联及其卫星国投票赞成分治。这个"巨大的奇迹"使同盟国及其敌对国都感到惊诧。犹太人倾向于将苏联立场的转变解释为大屠杀的后果，一些人甚至说斯大林公开表达其对犹太国家的支持是对犹太人在战争期间遭遇的补偿。历史研究已经否定了这种解释。既不是道德准则也不是历史正义促使大国投票赞成分治决议，每个国家的政策都是由其自身的利益所驱动的。

这一切被犹太人看作神迹以及全球正义体系的标志，但在阿拉伯人看来却是公然的错误、审判不公和强制行为。他们被要求进行分治的这个国家在30年前被视为阿拉伯人的国家，而现在却要在其中建立一个犹太国家。对他们而言，承认犹太人在巴勒斯坦的民族权利是不可忍受的，对此唯一可能的应对就是武装抵抗。

在这些不同的观点之下，播下了后来萌生出犹太人和巴勒斯坦人有关 1948 年战争对立叙述的种子。对这场战争的命名充分反映出这种鲜明的反差。本-古里安将之称为"主权战争"（Milkhemet Hakommemiut），但其实际意义有些模糊和难以表达。英语中最为接近的词汇是"独立战争"，该词组表达了这一事件带来的最为重要的变化——犹太主权的实现。帕尔马赫的战斗者——新型以色列军队的先锋——将之称为"解放战争"，它就像是另一场通向从外国统治者（即英国）那里获得解放的反殖民战争。然而，这场战争针对的不是英国人，而是阿拉伯人。它不是解放战争，而是一场两个民族之间为了争夺同一块土地的控制权而进行的战争。对于阿拉伯人来说，他们指代这场战争通常使用中性词汇"1948 年战争"，暗示着它只是他们进行的一系列战争中的一场。他们很少聚焦于战争本身——它的原因和过程，这些从他们的立场来看是成问题的——而是关注它的后果，即巴勒斯坦失去了国家地位，大约 70 万巴勒斯坦人沦为难民。对他们而言，它就是一场灾难，被称为"纳克巴"（Nakba）。

独立战争的参加者很自然不知道今天我们所知道的这么多信息。他们的见识和反应，与他们的行动和未能开始的行动一起，发生在至多仅有部分情报甚至完全缺乏情报的情况下。他们做出的决定建立在毫无根据的假设之上。例如，犹太人不相信英国真的要撤离巴勒斯坦。一些人完全不相信它，初步证据认为英国阴谋摧毁伊休夫，而其他人在全部相信和部分相信之间摇摆。这种错误的假设也支持着这一看法，即英国人致力于策划犹太人战败的处境，以让犹太人请求他们返回和继续统治巴勒斯坦，而在此情况下，英国人无须对犹太人做出让步或支持犹太民族家园。实际上，1947 年 11 月 27 日到 1948 年 5 月 15 日英国在巴勒斯坦的政策，被称为"社团冲突"（the intercommunity conflict）时期，在这一时期，英国人首先是保护他们从巴勒斯坦的撤退线路和逐步拆除他们的军事和民事设施。在阿拉伯国家入侵后，犹太人不相信英国实际上已经实施禁运武器到中东的声明。他们不知道英国政府否决了其军官有关绕过禁运的所有请求，而犹太人在中部战线的主要军事对手阿拉伯军团，因为弹药用尽而处于绝望的境地。

另一个事例是在犹太人当时的情报能力和我们今天所知的犹太军队与阿拉伯军队的相对力量之间存在脱节。约旦河以西的阿拉伯人口两倍于犹太人口。尽管英国人勤勉地守卫着海岸线并阻止武器与士兵进入这个国家的海岸，但英国军队无法封锁其陆地边界，阿拉伯人能够通过陆路从阿拉伯国家走私武器和偷运士兵。阿拉伯联盟的"阿拉伯解放军"由法齐·卡乌基（Fawzi al-Kaukji）领导，甚至在英国对巴勒斯坦的统治结束前就已跨过边界。阿拉伯媒体和巴勒斯坦民族运动发言人的决心和自信（不是自夸）显示出他们拥有真实军事能力的印象，这一点引发了关注。

1947 年 11 月 30 日，阿拉伯人挑起了冲突，从而点燃了两大民族社群之间的战争：耶路撒冷新商业中心的大规模骚乱，对犹太商店的烧杀抢掠。哈加纳虚弱的应对对于未来而言不是一个好兆头。连接全国各地犹太人定居点的道路突然变得危险起来，因为它们经过阿拉伯村庄。唯一不经过阿拉伯村庄的是特拉维夫—海法公路。孤立的定居点陷于包围之中。通向耶路撒冷的道路被巴勒斯坦非正规部队所封锁。在战斗的第一个月，有 250 名左右的犹太人战死——大约为阿拉伯大起义三年期间（1936—1939 年）犹太人所有伤亡的一半。阿拉伯人的战斗能力显得很强悍，他们的军事资源也是无限的。

我们今天所知道的是随着敌对的开始，巴勒斯坦阿拉伯社会开始崩解，统治精英无法施加民事或军事上的权威。阿拉伯民兵组织并没有形成一支军队。整个国家陷入一片混乱之中，富人纷纷逃往邻近的阿拉伯国家。民事当局瓦解后助长了城市中的无政府状态，中产阶级跟随着上层阶级逃离巴勒斯坦，或至少是逃往山区的阿拉伯人口密集的地区。随着犹太人的进攻和战斗日趋激烈，恐慌接踵而至，每个人都抓紧时间逃离。

当然，有着上千万居民的阿拉伯国家，看起来拥有巨大的军事潜力。他们的宣传机器声称其目的是将犹太人赶入大海，换言之，是要进行总体战（全面战争）。然而，实际上，只有不足 10 万、装备很差、训练有限的士兵入侵巴勒斯坦。他们的指挥已经落伍，每支军队都受其自身利益的驱动。其结果是，军队缺乏协作和统一指挥。直到1948年7月，入侵的军队仍占据着优势，但随后年轻的以色列国防军成功地组织人员，并将大量的部队投入战斗，从而在数量上超过入侵者。在当时，没有人知道巴勒斯坦社会将走向崩溃，英国也不进行干预，阿拉伯军队仅拥有有限的战斗力，而在宣传辞藻和实际状况之间存在巨大的差距。以色列的情报系统尚处在初始阶段，战场的情报十分原始，对形势的评估更多建立在口头交流而非现场事实之上。结果是，这场战争作为一场事关民族存亡的战争铭刻在当代犹太人的记忆中，它的成功归因于总动员、无尽的牺牲和甘冒生命危险，以及大量的伤亡。

这场战争是以色列所有战争中最为漫长和最为艰难的战争，从1947年12月持续到1949年3月。6000名以色列人被杀，几乎占犹太人口的1%。14个犹太人定居点被摧毁和废弃，更多的定居点被占领，并在随后被摧毁。最高指挥部的"特尔哈伊命令"强调任何定居点都不得放弃，在地方指挥官的命令下，只有妇女儿童可以撤退。然而，根据新闻报道，这些指令并没有始终得到遵守。大约6万名犹太难民离开了他们的家园。大约1/3的耶路撒冷犹太人口离开了该城市，尽管这与哈加纳和耶路撒冷军事首长的命令相悖。成千上万居住在犹太街区和阿拉伯街区边缘地带的人，选择搬到更安全的地方。特拉维夫的公共建筑以及私人建筑的入口和屋顶都挤满了逃离该城市南部街区的难民，因为南部街区是面对阿拉伯村庄和雅法市的前线。一些犹太富人找各种不同的借口在战争期间离开了以色列。尽管如此，犹太社会及其精英显示出承受漫长战争压力所需要的决心。兹珀拉·博罗维斯基（Zipporah Borowsky）在给她远在纽约的父母的信中写道："归属感、被需要和被给予的意识处于压倒性地位。这种责任你无法拒绝。"[1]

尽管哈加纳和地下组织的合并存在困难，但国家对于所有犹太人的权威被接受，军队接受单一指挥的准则已经形成（参见第八章）。政府运转良好，在困难时期得到民众的支持，例如在特拉维夫和耶路撒冷遭受轰炸而导致大量伤亡的艰难情况下。尽管通信系统存在巨大困难，但媒体、经济和金融系统都持续运转。关键食品的供应可以抵达城市。除战斗以外，社会整合、建立国家机构等工作也在有序推进，国家在战争第一年吸收了超过 10 万新移民。一些人被征召到军队中，而另一些人被安置在废弃的阿拉伯城镇。

战争爆发头几个月，处在英国立场不确定的阴影之下。1947 年 11 月 29 日之后，英国人允许犹太人和阿拉伯人在自己的区域维持自治，但只要英国人统治着这个国家，他们就不允许阿拉伯人接管犹太地区，反过来也一样。在战斗头几个月期间，犹太人处于防御地位，这要么是因为在英国仍然统治的情况下他们采取强有力的行动有许多顾虑，要么是因为他们没有对新的形势形成一种适当的应对之策，这不同于之前和阿拉伯人的冲突经历。一开始犹太人显示出军事上的虚弱，有着很高的伤亡人数。例如，1948 年 1 月，35 名士兵被派去加强埃齐翁定居点集团的力量，但他们在前进途中与阿拉伯村民的战斗中全部被杀；死者之一摩西·佩尔斯坦（Moshe Perlstein），是来自美国的学生。国际社会对犹太人能否生存表示怀疑。1948 年 3 月 19 日，美国国务院提议对 11 月 29 日的联合国决议进行修正：撤回分治决议，代之以联合国对巴勒斯坦的临时托管，这是一种对民族家园不加限制的委任统治形式。

第一阶段战斗的主要焦点是保护平民聚集区和确保道路的安全。为了保护道路交通，犹太人组织了武装进行护送。阿拉伯人很快学会了通过号召靠近公路的几百名村庄居民来帮助攻击者对护送行动进行攻击。1948 年 3 月底，形势达到危急状态，当时一些大型护送队遭受攻击而停止了护送行动。内比·丹尼尔（Nebi Daniel）护送队携带着运往埃齐翁定居点集团的武器补给在希伯伦—耶路撒冷公路的返程途中被耽搁，导致攻击者组织攻击行动。这支护送队陷入埋伏，遭受了惨重损失，犹太士兵只是由于英国的调解而得到营救。作为安全撤离的交换条件，战斗者必须交出他们的武器和军事装备，这些装备随后被转交给阿拉伯人。从胡尔达到耶路撒冷的大型护送队没能通过而被迫返回。在北部，阿拉伯人在一支护送队通往孤立的耶哈姆基布兹的路上设下埋伏。将近 50 人在随后的战斗中丧生，护送队的物资也被抢劫一空。

考虑到护卫队无法突围到耶路撒冷，这个城市的 10 万名犹太人处于被切断和被包围的状态中。"无论你以什么方式来看，形势已经十分严峻，"兹珀拉·博罗维斯基在给她父母的信中写道，"已经一周没有护送队离开这个城市，更糟糕的是，没有护送队到达耶路撒冷。食物和水很少，我们最糟糕的噩梦，即与犹太国家的孤立将随后发生。"[2] 这是战争期间最为艰难的时刻之一，导致了普遍的沮丧情绪。

很显然，战争必须以不同的方式进行，1948 年 4 月首次出现了犹太人大规模进攻的尝试。打通通往耶路撒冷公路的纳奇松行动，包括占领和摧毁公路两旁的村庄，标志着哈加纳行动的新阶段。这是第一次，整个旅 1500 人均投入战场。直到那时，仅有不超过一个营的小型战斗部队被部署。由于来自本-古里安的压力，此次总参谋长组织了大规模的兵力以打通通往耶路撒冷的道路。1948 年是非常重要的，这是由于如此多的事情首次发生。打通了通往耶路撒冷道路的纳奇松行动是很好的例子，它开启了哈加纳发挥重要作用的新阶段。

在这次行动的前一天晚上，来自捷克斯洛伐克的飞机运来了大批武器，这些武器立即被发放给参战人员。这是第一次每个士兵都拥有自己的武器。纳奇松行动的成功归因于从两个方向采取行动打通通往耶路撒冷的道路，从而沉重打击了两支重要的巴勒斯坦战斗部队：靠近拉马拉的哈桑·萨拉梅总司令部和位于卡斯特尔（控制着特拉维夫-耶路撒冷公路的战略高地）的由阿布杜勒·哈德尔·侯赛尼指挥的军队。卡斯特尔高地终于易手，侯赛尼被杀，这打击了巴勒斯坦民兵的士气。他们再也没有从这两场打击中恢复过来。通向耶路撒冷的道路将再次被封锁，但同时大型补给护送队得以通过，帮助这个城市维持生存。

另一场同时展开的战斗发生在前往海法的通道。卡乌基的解放军试图夺取米沙马尔埃梅克基布兹，其目标是与卡梅尔山上的阿拉伯村庄连成一片以包围海法。随后进行了残酷的战斗，哈加纳军队通过激烈反击打败了卡乌基，迫使他从划给犹太国家的地区撤退。

现在具备了实施 D 计划的可能，以将入侵的阿拉伯国家的军队赶出去。旅长们被要求占领他们各自的地区，这些地区都处在分治计划划给犹太国家的地区，也为了保卫分治边界以外的犹太人定居点集团，例如耶路撒冷，根据 1947 年地图，它处于国际共管之下。亲巴勒斯坦的研究者将 D 计划视为预先策划好的方案，拟将巴勒斯坦阿拉伯人口全部驱逐出去。但正如该计划文本所显示的，它命令指挥官在遭到抵抗时摧毁村庄和驱赶居民，也教导指挥官如果他们没有进行抵抗就随便居民去哪里，同时确保犹太人对村庄的控制。在全面驱逐的命令和选择性驱逐的命令之间有着很大的不同，这表明阿拉伯村庄将可以和平地存在于犹太国家之中。太巴列是首个落到犹太人手中的混合人口城市。它的阿拉伯居民曾居住在下城区，在英国人的帮助下撤离，英国人也为其他类似城市的弱者提供了疏散救助。犹太人随后进入当地居民离开后被废弃的街区。海法也在同一周落入犹太人的手中，阿拉伯居民选择离开该城市而不愿处在犹太人的统治下。他们的犹太邻居试图说服他们留下，但没有成功。果尔达·梅厄（Gold Meir）向犹太代办处执委会报告她 1948 年 5 月 6 日对该城市的访问："看到这座死亡之城是一件可怕的事情。在靠近港口的地方，我发现了儿童、妇女和老人，他们在等待离开。我进入房屋中，在许多房屋中咖啡和披塔面包还留在餐桌上，事实上，这让我不可避免地想起过去许多犹太城镇（即在第二次世界大战期间的欧洲）中的画面。"[3] 英国人现在只统治着海法港这块飞地，并不反对犹太人夺取这座城市的控制权，或许甚至帮助了他们。根据分治计划，太巴列和海法位于犹太国家的边界之内。在同月，东加利利和萨费德也落入犹太人的手中。在萨费德出现了与太巴列相反的情况。英国人为该城市中人口占少数的犹太人提供撤离帮助，这也是在犹太国家的边界之内，但犹太人拒绝了这个帮助。经过激烈的战斗后，帕尔马赫征服了该城市，其阿拉伯居民逃离。

犹太领导层对这些混合人口城市的幽灵般的街区感到震惊，随后不久，5月15日犹太人征服了阿拉伯人在雅法的飞地。将所有（阿拉伯）人口"连根拔起"并迫使其离开何以可能？当代人提出了各种各样的解释。它们包括对战争的恐惧和对犹太人的恐惧，尤其是在4月初的犹太武装人员攻击代尔亚辛的阿拉伯村庄并发生屠杀后。宣传既由埃特泽尔（攻击的主要角色）传播，也由巴勒斯坦人传播，进而放大了这个事件，使之远超实际发生的恐怖和残暴程度。普遍接受的版本是该事件造成240人死亡。然而，巴勒斯坦研究人员的最新报告指出，死亡人数不到100，并驳斥了到处流传的强奸故事。

其他有关阿拉伯人全部离开的解释，包括假设他们的撤离仅是暂时的，等到阿拉伯国家的军队取得胜利时，他们将返回家园。另一种解释在犹太人中间流传，经过一段时间后，它成为以色列叙述的一部分：巴勒斯坦人被其领导人要求离开巴勒斯坦以帮助阿拉伯国家展开针对犹太人的军事行动。这种解释建立在孤立的阿拉伯材料之上，是无根据的。即使在战争阶段，巴勒斯坦领导层和阿拉伯国家的领袖都在试图说服阿拉伯人留下而非逃离这个国家。但巴勒斯坦社会和统治秩序的崩溃导致大规模出逃，根据广为接受的估计，在1948年5月15日前大约有30万人出逃。

阿拉伯军队入侵

随着巴勒斯坦阿拉伯人大败的出现，在整个阿拉伯世界传播着所谓犹太人残暴的恐怖故事，这种公众观点对阿拉伯国家的压力导致帮助巴勒斯坦同胞的呼声不断增强。尽管组建一个统一的军事司令部存在许多困难，以及它们对各自在巴勒斯坦的目标相互猜疑，但4月30日阿拉伯国家还是决定入侵巴勒斯坦。

训练最好和装备最精良的阿拉伯军队是阿拉伯军团，它在外约旦国王阿卜杜拉的指挥下，其指挥机构是英式的。自从20世纪30年代以来，由于对穆夫提哈吉·阿明·侯赛尼（Mufti Haj Amin al-Husseini）的共同敌对，阿卜杜拉和犹太人在不同场合举行了多次谈判。

阿卜杜拉国王致力于将预定为巴勒斯坦国的西巴勒斯坦地区并入他的王国，这个计划曾得到英国政府的支持，犹太复国主义领导层也准备接受。然而，约旦王国的公共舆论迫使阿卜杜拉参战。尽管耶路撒冷被安排处于国际共管之下，但它成为犹太人和外约旦之间争夺的目标。犹太人控制了该城市的西半部分，而阿拉伯人控制了东半部分，各自都试图将其控制扩展到整个城市。阿卜杜拉提议犹太人接受在阿拉伯国家范围内的自治，这个阿拉伯国家是他将统治的约旦河两岸，但犹太人对这个观念并不热心。

在以色列的《独立宣言》发表前夕，果尔达·梅厄与阿卜杜拉国王举行了最后一刻的会谈。国王解释说，他面临着巨大的压力，这迫使他违背与犹太人达成的谅解。现在他是阿拉伯盟军的一员，他必须在这个框架内行动。双方都理解各自参战的行为，并做出每一种努力通过他们能够控制的方式尽可能多地达到他们各自的目标。尽管如此，阿卜杜拉暗示他与犹太人的友好关系在战争结束后可以继续维持。埃及也不情愿参战，直到最后一分钟还在摇摆，但它也是被席卷全国的民族主义浪潮所裹挟。伊拉克和叙利亚的参战也是如此。所有人都想挫败阿卜杜拉的扩张主义计划。在阿拉伯国家的正规军以外，阿拉伯联盟解放军的非正规武装也在加利利中部地区活跃，这里处在阿拉伯人的控制下。

5月12日，作为临时政府的犹太民族委员会举行了一次决定性的会议，它由犹太复国主义执委会和伊休夫政党的代表组成以发挥议会的功能。新国家的外交部长摩西·夏里特（Moshe Sharett）从纽约返回，报告说美国已提议停火和推迟宣布独立。他说美国国务卿乔治·马歇尔，前美军参联会主席，警告他不要相信沉浸在哈加纳4月胜利喜悦的将军们的保证，不要着急做出宣布建国的决定。在会议上，哈加纳的首领伊戈尔·亚丁（Yigael Yadin）和伊斯雷尔·加利利（Israel Galili）被要求提供他们对伊休夫承受得住阿拉伯人进攻的可能性的评估。亚丁认为这个可能性是一半对一半。他说，战士们在几个月的持续战斗中筋疲力尽，这一点必须加以考虑。埃齐翁定居点集团即将要失陷，它的阴影笼罩着这个会议。讨论被延长，主要的问题是应该马上宣布独立还是推迟宣布。最后，本-古里安全力支持建国，从而会议以 6∶4 通过宣布建国的决定。委员会的成员对伊休夫的未来押下了巨大的赌注。

1948 年 5 月 14 日下午，星期五，民族委员会的成员聚集在罗斯柴尔德大街的特拉维夫博物馆聆听本-古里安宣读《独立宣言》："我们……在此宣布犹太国家在以色列地建立，它被称为以色列国。"独立典礼在特拉维夫举行，是因为耶路撒冷处在包围中，无法将那里的委员会成员召集过来签署《独立宣言》。因此，年轻的城市特拉维夫获得了以色列国《独立宣言》签署地的荣耀。本-古里安在其日记中写道："在这个国家遍地都是庆祝和欢乐——我再次成为庆祝人群中的悲伤者，就像我在 11 月 29 日那样。"那个晚上开始，他开始使用一本新的记事本写日记，他在开篇以乏味、轻淡的语气来描述令他屏住呼吸的事实："下午四点，国家建立了。它的命运掌握在安全部队的手中。"4

尽管最高司令部认为阿拉伯人必将入侵，但没有有力的情报支持这个看法，当然，阿拉伯人的战争计划、他们的军队规模和任何真实的信息都是未知的。这些战争计划在入侵前修改了许多次，历史学家发现很难重新复原它们。毫不奇怪的是，当时这个刚成立国家的领袖们的主导性感觉是面对预期要发生的攻击时的绝望无助，而这种攻击来自未知的方向和未知数量的军队。有报道说阿拉伯军团、伊拉克和叙利亚装备有装甲车与大炮的机械化部队正在从外约旦向西巴勒斯坦移动。埃及军队则沿着海岸公路向北和沿着乌贾-贝尔谢巴公路向希伯伦山区推进。埃及军机攻击了特拉维夫，阿拉伯军团的炮兵炮击了耶路撒冷。由于以色列在欧洲和美国购买的重型武器仍在运往巴勒斯坦的路上，在"战斗月"（5 月 15 日到 6 月 11 日）一开始迎击这些入侵的是仅有轻武器的军队，因此以色列人无力应对炮击和空袭。防御是直到阿拉伯人的进攻范围变得清楚之前以及直到大炮、坦克和军机——它们现在可以被运进这个独立的国家——到来之前的唯一选项。

"战斗月"在阿拉伯人入侵和联合国迫使双方第一次停火之间，它是整个战争期间最为困难的和最为危险的。在那个月，大约1600名犹太人被杀，占整个战争伤亡的1/4左右。叙利亚人从戈兰高地朝着约旦河谷席卷而来，穿过了泽马克，侵入到约旦河谷犹太人定居点的核心地带——这种侵入对于犹太人来说是致命的。叙利亚人的进攻被阻止多亏了定居点居民做出的牺牲，少量野战加农炮提供着主要的精神支持，叙利亚军队自身的虚弱和筋疲力尽迫使他们在遭遇抵抗时只能进行防守。伊拉克军队从叙利亚军队南部穿插入贝特谢安谷地，在没能夺取格舍尔基布兹后，它运动至撒玛利亚。与解放军一道，它们穿插到加利利中部，并试图夺取下加利利的门户塞吉拉，其目的是将之与加利利中部联结起来并威胁海法。这种尝试也以失败告终，从那以后伊拉克人将其行动限定在撒玛利亚，该地区被指定属于阿拉伯国家。

阿拉伯军团的目标是控制指定给阿拉伯国家的地区，尽可能地避免与犹太人发生冲突。但它无法忽视来自耶路撒冷巴勒斯坦人求救的请求，后者在该城西部的阿拉伯街区被哈加纳夺取后感到了威胁，尤其在犹太人试图突入老城后，那里的犹太区处于包围中。一位志愿帮助刚刚诞生的犹太军队的美国犹太人大卫·马库斯（他曾使用迈克·斯通的假名）上校，对犹太人的机会进行了如下分析。阿拉伯军团有两个选择：其一，运动到撒玛利亚并试图在内坦亚附近将这个犹太国家拦腰截为两半；其二，试图夺取耶路撒冷。如果阿拉伯人做出了第一个选择，犹太人将面临生死存亡的挑战。但如果他们试图夺取耶路撒冷，这个国家将会得救，因为阿拉伯军团作为正规军的优势将消失在街头巷战中。

结果是阿拉伯军团向耶路撒冷进攻。它炮击了这座城市的犹太区，并一度夺取了扼守通往耶路撒冷公路的拉特兰，从而得以封锁这条公路。激烈的战斗在以色列国防军和阿拉伯军团之间展开。以色列国防军的所有弱点都暴露在与相对现代的阿拉伯军队及其富有经验的英国指挥官的这次交锋中。以色列国防军对拉特兰及其炮台发起了5次进攻,但没能战胜阿拉伯军团的军队。在头两次进攻("宾努 A 行动"和"宾努 B 行动")中十分明显的是,以色列国防军经验不足、缺乏装备、不熟悉地形、缺乏情报和组织草率。这些战斗成为不同军事思想流派——英军、哈加纳和帕尔马赫——的毕业生之间分歧的焦点,他们相互表达着不满。这种军队内部的分歧为行动首脑伊戈尔·亚丁与国防部长大卫·本-古里安之间对拉特兰和耶路撒冷的争论所激发。亚丁认为耶路撒冷不会马上崩溃,因此无须从其他需要军队的地方调派军队以夺取拉特兰。然而,本-古里安将耶路撒冷视为犹太复国主义事业的心脏以及这个国家的人口中心和战略中心。他严肃地对耶路撒冷的命运表示担忧,并坚持对其进行增援。

在夺取拉特兰过程中的反复失利和巨大损失(168 人阵亡,绝大部分是在头两次战斗中)导致了相互指责,它也成为拉特兰神话的基础,大屠杀幸存者——他们都是未经训练就被派到战场的新移民——在这里洒下了鲜血。拉特兰神话直到很晚都没有消失,它成为以色列文化的一部分,但实际事件建立在这一时期发生的具体情况之上。在战斗的边缘地区,一些公路以南的阿拉伯村庄被夺取。拉特兰被证明是通向耶路撒冷的另一条可选道路。因此,这条临时公路仿佛"滇缅公路"(以被日本人忽视的第二次世界大战盟军进入中国的著名供应线路命名)一样,被用于将装备和补给运入耶路撒冷。其结果是,当停火生效时,以色列人控制了进入耶路撒冷的通道。

另一个极其危险的前线在南部。尽管分治计划将内格夫指定给以色列,但那里的犹太人口非常稀少。新的基布兹绝大部分是在 1946 年建立的,遍布贝都因部落和阿拉伯村庄之间的广阔沙漠地区。这个地区唯一的犹太防卫力量是他们随后得到两个内格夫营的增援。埃及军队包括一个步兵旅(两个营)、一个装备有中口径高射武器的辅助营、一个炮兵营、一个装甲营以及高射炮、反坦克炮、工程兵和辅助部队,在以色列人看来是一支装备精良和全副武装的军队。他们分两路纵队入侵巴勒斯坦。一路纵队经过内格夫向北推进,与海岸线几乎平行。一些基布兹位于纵队前进的途中,每当遇到它们,纵队就会停止前进并抹平这些抵抗的据点。每一天纵队都走走停停，这给予防卫力量重新组织、再武装和动员额外人员的时间。在夺取了亚德莫迪凯基布兹之后，这路纵队以缓慢的速度继续推进，打开了在它眼前的向北的公路。

与此同时，埃及的第二路纵队向东推进，结合着志愿者和穆斯林兄弟会武装，穿过贝尔谢巴向希伯伦山区进发以从南边进攻耶路撒冷。内格巴基布兹位于马基达和贝特吉布林之间的东西向的公路上，扰乱着两支埃及军队之间的通信联系。这个基布兹在重炮攻击下进行了殊死抵抗，埃及人无法攻克它。沿着海岸公路推进的埃及纵队移动缓慢，5月29日抵达了阿什杜德。吉瓦提大桥在一场英勇的行动中被有效地用来封锁埃及军队通往特拉维夫的道路。这路纵队被阻挡在一座大桥边，它被称为阿德哈龙（意为遥远的）大桥而载入史册。这路纵队或者是因为遭到以色列空军第一批飞机的空袭而止步于吉瓦提，或者仅仅是因为不够强大而未能到达沿海平原的犹太人定居点中心，而且它从未打算这么做。

即使以色列人进行反攻（在杰宁、阿什杜德和拉特兰）的尝试不太成功，指定给犹太国家领土上的犹太人定居点也没有落入阿拉伯人手中，但仅有两个例外。耶路撒冷的犹太区被认为处在国际共管之下，在5月29日落入了阿拉伯军团手中，约旦河西岸的米沙马哈亚登莫沙夫在停火前夕被叙利亚人征服。指定给阿拉伯国家的13个犹太人定居点被阿拉伯人夺取并完全被毁。以色列国成功地遏制了入侵军队，甚至控制了指定给阿拉伯国家的西加利利，但一个月不停歇的战斗使以色列军队筋疲力尽。它必须在战斗形势下学习战争：动员军队、军事部署、空地配合、战场情报、物资运输等等。士兵们在长达数月的战斗后筋疲力尽，他们抱怨装备到达比较晚，还缺乏头盔、水壶和单兵武器。他们经受住了这场生存考验，并满意地知道他们遏制了阿拉伯军队。"对我来说幸福的是，此时此刻我足够幸运在这里，来守卫这个渴望已久的国家。"兹珀拉·博罗维斯基在她写给父母的信的结尾描绘了她在耶路撒冷围困期间经受的困难状况。[5]

4周的停火协议达成了，并任命了一位联合国调解员——瑞典人福尔特·贝纳多特伯爵（Count Folke Bernadotte），他提出了有关巴勒斯坦问题的解决方案。他的使命彻底失败了。阿拉伯人不接受任何提议，因为那将意味着对以色列国存在的事实承认。以色列人反对任何比1947年11月29日决议给予更少领土和主权的提议。双方都违反了停火协议。以色列人将军事装备运进这个国家，主要是飞机和装甲车辆，而伊拉克人则从阿拉伯国家向巴勒斯坦派遣了额外的非正规部队。

战斗在1948年7月9日重新开始，并持续了10天。以色列人的主要攻击目标是中部前线的阿拉伯军队。一支强大的阿拉伯军队的存在，一方面威胁着沿海平原地区的犹太人定居点中心，另一方面对耶路撒冷也极其危险。犹太人没有意识到阿拉伯军团由于缺少弹药而被迫转入防御。他们将其在这个国家中心地区的部署视为进行一场进攻的准备。这10天战斗中的主要行动"丹尼行动"，计划征服吕大、拉马拉、拉特兰和拉姆安拉，但只成功地夺取了前两个目标和国际机场。它也扩大到耶路撒冷南边的走廊，使打通"勇敢之路"和大口径水管以确保耶路撒冷的水供应成为可能。与此同时，以色列发起了"德克勒行动"以征服加利利中部及其主要城市拿撒勒。

在"丹尼行动"期间，发生了驱逐5万吕大和拉马拉居民的事件。由于认为阿拉伯军团将赶来为他们提供帮助，吕大的居民起来反抗占领军。阿拉伯军团没有到达，但这场起义向占领者证实了在不断前进的军队背后存在庞大的敌对人口的巨大危险。当时也有对这个国家中心地区存在庞大的阿拉伯人口的战略考虑，因为他们靠近国际机场和特拉维夫—耶路撒冷公路。通过军事手段驱逐这些居民毫无疑问为政治领导层所赞同。这也是犹太人提议有组织地迁移整个城市人口的仅有事例。拉马拉的难民被运到阿拉伯军团的界线。那些来自吕大的难民也步行到达这个界线。它不是一段特别长的路程（大约15千米），但背井离乡的人们对战争失利和被迫流亡感到极大的愤怒。

在阿拉伯人入侵后，以色列对待巴勒斯坦人的政策开始强硬起来。

激烈的战斗和高伤亡率导致了仇恨与愤怒。犹太人认为巴勒斯坦阿拉伯人犯下了煽动战争和将入侵者带到这个国家的罪行。他们被视为与入侵者合作的第五纵队，因此把他们留在军队后方是极其危险的。在许多情况下，巴勒斯坦平民在以色列军队到来前就逃离了，但军队也采取主动措施，驱赶居民和摧毁他们的住房以便他们无法返回。与此同时，摇起白旗的拿撒勒居民仍然留在当地，本-古里安禁止将他们驱逐。阿布古胡斯的居民在被驱逐后经一位地方司令官的提议返回到他们的村庄。有关巴勒斯坦人的政策是不一致的——每个指挥官都按照他认为适合于当地的情况来行事。

第二次停火于1948年7月19日宣布。阿拉伯政府，尤其是阿拉伯军团司令部，都赞成停火。但由于阿拉伯国家的媒体将巴勒斯坦的战斗描绘为取得了胜利，公众对停火感到愤怒，他们将之视为向西方国家的指令投降，而这将让犹太复国主义者借机重新组织和增强他们的军队。

当第二次停火——它没有特别的时间限制——被宣布时，阿拉伯联盟的解放军在加利利，伊拉克远征军在撒玛利亚，内格夫由于埃及军队控制着东西向延伸至希伯伦的马吉达-贝特吉布林公路而被切断。阿拉伯军团位于中部地区，但由于"勇气之路"和通向耶路撒冷水管打通，针对它的战斗失去了紧迫性。尽管在耶路撒冷的阿拉伯控制区和犹太人控制区沿线仍存在冲突，但实际上前线已经趋于稳定。

规模最大和实力最强的军队属于埃及，埃及是当时最大的阿拉伯国家。联合国调解员贝纳多特提议了一种领土交换计划：以色列将放弃内格夫——由分治计划指定给以色列的领土，但它并没有控制该地区——来换取西加利利，这个地区已经被以色列征服（该地区一开始是指定给阿拉伯国家的领土）。但这是一种以色列人无法接受的选项。鉴于由贝纳多特提出的领土交换计划对以色列主权构成可能的挑战，确保以色列对内格夫广阔地区（该地区构成犹太国家50%左右的面积）的控制，成为非常紧迫的任务。而攻击埃及军队并将之赶出以色列领土将意味着违背停火协议和激怒联合国，这是以色列所不希望的。

但也存在另外一种担忧，即伊拉克人可能利用以色列国防军在南部集中其兵力而试图将这个国家从东到西在内坦亚地区拦腰截为两半。以色列政府成员不能容忍上述行为发生。本-古里安决定赞成攻击计划，他在日记中写道："今天政府采取了自从我们宣布建国以来最严肃的决定。"[6]

10月15日，以色列发起了"约阿夫行动"以突破埃及的防线，打开通向内格夫的通道。与先前针对阿拉伯军团的行动以领土为目标不同，"约阿夫行动"致力于击败埃及军队。它是整个战争期间最为困难的行动之一。埃及军队显示出战斗能力和决心，在反复的战斗后，以色列国防军成功地突破了它的东西防线，并打开了通向内格夫的通道。但这次行动没有达到摧毁埃及军队的目标，同时沙漏里的沙子正在筛去。联合国安理会召开会议并宣布了停火，当时埃及军队仍然驻扎在加沙和贝尔谢巴。以色列在最后关头决定调集军队以夺取贝尔谢巴这个有着《圣经》名字的关键道路枢纽。1948年10月21日，以色列国防军夺取了贝尔谢巴。

这次行动标志着整个战争的分水岭，因为尽管有之前的失败，但以色列国防军现在证明了它能够在攻坚战中战胜一支正规军。尽管埃及军队仍在加沙地带和东西向公路东端的"费卢杰口袋"，对此以色列无力夺取，但埃及人已经损失了大批军队从而不再构成威胁。而且，阿拉伯人的联合不是铁板一块，任何一支军队都不愿奔赴前线支援埃及人。最后，联合国将给予以色列制裁的担忧也被证明夸大了。

10月底，以色列在北部发起了"希拉姆行动"。它使以色列控制了加利利中部和北部，以及沿着与黎巴嫩和叙利亚交界的北部边界的领土。战斗主要针对的阿拉伯国家联盟的解放军迅速走向瓦解。以色列甚至占领了一些黎巴嫩村庄以作为停火协议的谈判筹码。从耶斯列谷地到国际边界的整个地区现在都在以色列人手中。然而，这次行动并没有成功地夺回米沙马哈亚登这个叙利亚在以色列领土上的桥头堡。

现在双方都试图在下一次攻击之前增强他们的地位。埃及人担心以色列人试图占领加沙地带，而以色列人则担心埃及人试图逃出"费卢杰口袋"和重新占领贝尔谢巴（埃及人并不承认它的丢失）。埃及人拒绝加入停火谈判，要求以色列人首先撤回到"约夫行动"之前的战线。以色列人得出结论，他们除了将埃及赶出国境之外别无选择。1948年12月的"霍雷夫行动"，证实了1947年11月29日决议以来力量平衡的巨大变化，优势开始转向以色列一边。以色列国防军直接奔袭内格夫，突破了埃及要塞的防线，摧毁了埃及军队的南部分支。以色列国防军还进入西奈半岛，占领了阿布阿杰拉，并抵达了位于阿里什的机场。英国和美国对以色列施压使以色列军队撤回到国际边界。在撤退期间，以色列试图占领拉法，从而切断加沙地带，但没有成功，加沙地带仍在埃及手中。

在"霍雷夫行动"的背景下，通过美国调解员拉尔夫·邦奇（Ralph Bunch）的帮助，以色列与埃及在罗得岛进行了停火谈判。谈判并不容易，但在1949年2月24日，签署了一份协议，使埃及成为撤出战争的第一个阿拉伯国家。本-古里安在其日记中写道："在建国和我们在战场上的胜利后，这是在这个发生了许多史诗般事件的年份最为重大的事件。"[7]

有一个目标仍然存在：控制红海岸边的港口城市埃拉特。该计划是使用少量的军队，部署两路纵队阻止外约旦军队，以免其干扰以色列部队的移动，因为外约旦军队占领着以色列边界一侧的阿拉瓦沙漠的前哨基地。1949年3月10日，两路纵队抵达埃拉特，以色列对红海海岸的主权建立起来了。这是这场战争大规模行动的结束。

正如阿拉伯国家各自入侵和在战斗中不合作一样，战争的结束也是分别与各个国家达成的。在以色列国防军对埃及人的大规模行动取得成功后，其他阿拉伯国家寻求体面地退出战争。问题在于与以色列的停火协议等于是对犹太国家存在的事实的承认，这对于巴勒斯坦人和其他阿拉伯国家来说都是完全不可接受的。与埃及人的停火在埃及军队的压力下实现了，埃及军队被包围在"费卢杰口袋"中无法脱身。停火协议承认了以色列与埃及之间的国际边界，其中包括以色列人的一个让步：在尼扎纳两侧边界地区被宣布为非军事区，并由联合国停火委员会驻扎，它负责监督停火的执行。加沙地带以及来自雅法和以色列南部村庄的几千名难民，仍处在埃及统治下。它作为痛苦以及针对以色列的游击和恐怖行动的持续来源而存在。

与埃及签署的停火协议打开了与约旦谈判的通道。这些谈判始于在耶路撒冷的秘密协定。约旦人和以色列人宁愿在他们之间瓜分这座城市也不愿实行国际共管。因此作为阿拉伯军团和以色列国防军冲突焦点的这座城市，成为两国协议的第一个条款。正如我们所看到的，阿卜杜拉国王致力于控制整个被称为西岸的地区，在此方面他得到了英国的鼓励。以色列起初准备承认他对西岸的控制作为唯一合理的选项，后来转而宁愿它由巴勒斯坦人控制（无论如何这是理论上的，由于不存在可以进行权力移交的巴勒斯坦当局或政府）。这也是犹太复国主义执委会和阿卜杜拉国王之间先前的共识，它由于战争被推迟。现在在以色列与阿卜杜拉之间重新开始了这个协议，阿卜杜拉对于以色列人来说一直是最少具有敌意的阿拉伯领导人。

作为停火的条件，以色列要求控制撒玛利亚和阿拉谷地的丘陵，在这个地区以色列的"腰部"是最狭窄的。约旦人对此表示犹豫，担心巴勒斯坦民众舆论的反应。但一场占领撒玛利亚的军事行动准备使他们确信一份协议优先于另一轮战争。这个地区的阿拉伯村庄以及他们的居民落到以色列人手中，他们宁愿生活在以色列的统治下而不是在约旦作为难民。作为与约旦协议的一部分，驻扎在撒玛利亚的伊拉克远征军撤回伊拉克，并被阿拉伯军团所取代。因此，伊拉克声称它从未承认这个犹太国家，也未与它签订一份停火协议（1949 年 4 月3 日）。与黎巴嫩的协议是最不复杂的停火协议。以色列和黎巴嫩承认国际边界作为它们之间的边界，以色列从它曾在"希拉姆行动"中占领的黎巴嫩村庄撤出。作为这些协议的一部分，靠近边界的叙利亚军队撤到北部。

1949 年 7 月 20 日与叙利亚达成的协议是最后签署的协议。叙利亚人拒绝承认国际边界，并要求边界从北到南以加利利湖中间为分界线。在一场军事政变中夺取了政权的叙利亚总参谋长胡斯尼·扎伊姆（Husni Za'im）提议，如果以色列同意叙利亚控制作为以色列主要的天然蓄水池的加利利湖的一半，叙利亚将与以色列签订和平条约，包括在叙利亚建立安置 25 万阿拉伯难民的定居点。叙利亚甚至同意与以色列共享约旦河的水资源。然而，这些条款都是以色列所无法接受的，它最终接受了美国调停者建立在 1947 年地图基础上的妥协提议。叙利亚撤出了米沙马哈亚登的桥头堡，沿着胡拉谷地、约旦河和加利利湖的边界两边划定了非军事区。这些区域成为叙利亚和以色列之间不间断冲突的目标，双方都声称对其拥有主权。整个加利利湖和其东岸的 10 米走廊被包括在以色列领土范围之内。但叙利亚从未放弃试图从以色列那里部分地夺回它。胡斯尼·扎伊姆没有活着看到与以色列达成的和平条约，在停火协议签订不到一个月后，他在一场新的军事政变中被谋杀，他的和平提议被作为一场激动人心（对于它呈现的和平可能性来说）但又边缘性的插曲而被人们记住。由于以色列对这个军事冒险家存有怀疑，不相信他，也不相信其政权的稳定性，因此拒绝了他的提议，从此以后，这个和平提议被那些致力于抨击以色列失去了一个和平机会的人提供了理由。

现在大炮的轰鸣声停止了。一些青年将军试图劝说本-古里安占领直到约旦河边界的整个国家，但本-古里安已经沉浸在带入大规模新移民并吸收他们的重要使命之中。维持一支庞大的军队给以色列经济带来了沉重的负担，本-古里安想要结束战争，并把士兵送回家以便他可以集中建设这个民族和国家。停火协议划定的界线被称为"绿线"，它区分了以色列与其邻国之间的边界。这些协议被视为通向和平协议的重要一步，和平协议被认为很快就将签署。在那时，甚至没有人想过停火协议将作为直到 20 世纪 70 年代末以色列与埃及签署和平协议之前以色列与阿拉伯国家之间签署的唯一的双边协议。

以色列国诞生于独立战争中，其结果是巨大的伤亡人数和许多定居点与城镇被毁。但这个国家也从战争中收获了许多。以色列已经建立起来了。它成为一个事实，并成功地战胜了它的攻击者。缺乏经验的以色列国防军成长为这个地区最为强大的军队。以色列不仅维持着对 1947 年联合国决议指定的所有区域的控制，实际上还扩大了边界。在阿拉伯人发起进攻后，以色列不再认为它应该受分治边界的约束。在第一次停火前，力量的平衡阻止着它扩大领土，但在"十天"战斗后，它得以扩展在这个国家中心地区、加利利和内格夫北部的据点。从本-古里安的观点看，以色列在战争中的成就远远超出了他最乐观的期望。作为一个勇敢但又谨慎的政治家，他清楚这种可能性的限制，不想激怒西方国家，他将这些国家视为以色列的长期支持力量。这是他宁愿与约旦和叙利亚达成协议以避免军事行动的原因。

战争的最大输家是巴勒斯坦人。到战争结束，大约 70 万巴勒斯坦人从其家园被驱逐沦为难民。在战争的第一阶段，巴勒斯坦人从被指定给犹太国家的区域出逃，是巴勒斯坦社会的政府系统崩溃以及他们在其统治地区无政府状态的后果。在第二阶段，随着阿拉伯人的进攻，有许多以色列国防军驱赶阿拉伯人和摧毁其村庄以防止其返回的事例。这场战争事关生死存亡，以色列人认为巴勒斯坦人导致了这场灾难，这种看法使以色列军官以及那些遭受惨痛损失和敌军虐待经历的以色列人对待阿拉伯人有时也是心如铁石。根据阿拉伯历史学家阿里夫·阿尔-阿里夫的估计，巴勒斯坦人在战争中的死亡人数达 1.5 万，几乎相当于犹太阵亡者在犹太人口中的比例。尽管双方都有杀戮和残忍的行为，但在巴勒斯坦没有出现在 20 世纪其他地区发生的大规模屠杀行为。如果将这场战争与同时代的印度、巴基斯坦在分治之后的冲突比较，我们发现，巴勒斯坦并没有达到与之同样的残酷流血程度，但这只是对成千上万聚集在加沙地带、约旦、叙利亚和黎巴嫩的阿拉伯难民的小小安慰。

在战争的第一阶段，巴勒斯坦人的成群外逃让以色列人十分惊奇。他们无法理解全部人口逃离其家园留下一座座空城的现象。但当他们意识到发生了什么的时候，他们将之视为完全改变以色列性质的巨大奇迹。分治计划指定了大约 40 万阿拉伯居民给犹太国家，占总人口的 40% 左右。大约 30 个犹太人居住区被指定处于阿拉伯人统治下。

建立国家的讨论和准备中假定了以色列将包括庞大的阿拉伯人口。现在，由于阿拉伯人那边所有犹太人定居点被摧毁，以及阿拉伯人从犹太人这边逃离，一种新的现实突然出现了：两个族群单一的国家，一个主要是犹太人的国家和一个纯粹是阿拉伯人的国家。其结论就是以色列国不能允许阿拉伯人返回其家园。阿拉伯人的逃离沦为一种难民行为。在 1948 年 6 月 16 日临时政府召开的一次会议上，摩西·夏里特提出了这个问题："我们中间有人说，有一天我们必须起来驱逐他们所有人——它将被视为疯狂的行为。但如果它发生在战争剧变中，一场阿拉伯民族对我们宣战的战争，以及正如阿拉伯人他们自己逃离，那么它就是那些革命性的变化之一，在经历这种变化之后，历史无法回到先前的状态。"[8]

这是一个新的政策，在应对战争困难，阿拉伯人对犹太人统治的抵抗，以及对人口平衡的历史性、革命性变化的认知慢慢明朗起来的过程中逐步形成——这个机会不应被错过。从 1948 年夏天开始，军队的命令是阻止阿拉伯人返回其村庄，要么通过军事武力，要么通过摧毁村庄。

在当时的情况下，以色列对难民问题的政策没有被认为是不寻常的。它发生在第二次世界大战结束仅仅三年后，这场大战的开战理由是波兰和捷克斯洛伐克境内的德意志少数群体问题。这场战争的结果是卷入了大规模的人口运动。沿着奥德-尼斯河的波德边界划定过程中，将 800 万左右的德意志人驱逐到西部。曾经属于波兰东部的领土被转让给俄国人并成为乌克兰的一部分；波兰人要么被驱逐，要么被迫逃离。《贝奈斯法令》规定捷克斯洛伐克苏台德区的 300 万无家可归的德意志人，被迫离开这个国家。消除背负战争罪责国家的敌意因素，在中东欧创造民族同质性，被视为对源于该地区国家的少数群体多元性所造成的灾难的合理应对方式。以色列领导层认为它也遭遇着几乎相似的处境。巴勒斯坦人导致了战争，他们现在承受着它的后果。以色列的阿拉伯少数群体的减少被视为巴勒斯坦人对这个国家公开敌对的自然结果。而且，正如德国吸收了来自东方的德意志难民，波兰吸收了波兰难民，因此阿拉伯国家似乎没有理由不吸收巴勒斯坦难民。

然而，实际情况是所有的难民都是20世纪40年代下半期出现的，巴勒斯坦人是唯一没有被吸收到他们所居住国家的群体。因此，他们成为中东的永久性问题。返回他们从前家园的要求从一开始就是不切实际的，因为战争抹去了他们想要返回的那个现实。1948年12月的联合国安理会第194号决议呼吁以色列允许难民返回，这种返回是以他们愿意与以色列人一起和平相处为条件。因为这项决议呼吁承认以色列国的存在，所以阿拉伯国家反对它。巴勒斯坦随后将之用于宣传，从而模糊了该决议获得通过的情境。

阿拉伯人不打算承认这个犹太国家。失败和难民问题的震动并没有创造和解的愿望，它进一步被发酵为回归的神话，（阿拉伯国家）要使难民问题一直维持下去并阻止难民整合进他们所居住的国家。回归的神话构成了新的期待的一部分，即将有一场"第二轮"——另一场战争将抹去失败的耻辱并毁灭犹太国家。1948年战争被视为一次将很快得到矫正的事件，由于人口平衡有利于阿拉伯国家，这一点将促使他们在长远意义上取得胜利。这种观点不仅将难民问题持久化，而且也是拒绝与以色列实现和平的内在动机。因此，它不仅是一种事实，而且作为一种修辞塑造着巴勒斯坦的民族记忆和民族意识。这种修辞由教育和宣传所培养，束缚住了政策制定者的双手，并否认了他们与以色列达成和解的可能性。

第八章

以色列民主的创制

在 1945 年后建立的所有国家中，以色列是少数几个维持了民主政体的国家之一。当然它不是一种完美的民主（这种民主是否存在是值得怀疑的），但考虑到以色列创建于战争状态，在建国初期迅速到来的巨大人口冲击波，以及移民的性质——他们绝大部分来自缺乏民主传统的国家——以新国家建立有效治理并使之民主的速度来看，这在某种程度上是一个奇迹。

由于阿拉伯人的反对，委任统治当局拒绝就有关 1947 年 11 月 29 日联合国决议的任何事务进行合作。因此，在委任统治当局与取代它的犹太政府之间不存在有序的权力交接。而且，直到宣布建国前夕，人们仍不清楚这个国家将会建立，并成为事实。尽管如此，领导层已经开始形成新的机构以确保治理的延续性和避免无政府状态。1948 年 4 月，犹太复国主义执委会建立了人民委员会和人民行政当局。前者由 37 名成员构成，是议会的胚胎形式，正如前面的章节提到的；后者有 13 名成员，是政府的胚胎形式。这两大机构的成员部分来自犹太复国主义代表大会选举产生的犹太代办处执委会，部分来自巴勒斯坦犹太人选举产生的民族委员会。由于委任统治政府禁止在它仍然掌权时建立其他政府机构，这些实体的命名都强调了它们的权威来源是人民而非国家。一旦宣布建国，它们成为临时国务委员会和临时政府。

尽管政党以及不同政治世界观和立场之间的分歧仍然存在，但所有人都拥有当前正处在一个前所未有的、历史性的激动时刻的意识。这种感觉排除了争论并促使相互包容、合作以及愿意做出让步。因此，政党的代表都退出了公职，例如以色列正教党、修正主义者和共产党，参加到这两大机构中。这种兴奋随处可见。"每个人都在奔走相告，这是一个契机，每个人都很紧张，但又准备好了，"乌里·海因斯海默（亚丁）[Vri Heinsheimer（Yadin ）] 4 月 5 日写道，"毫不奇怪的是，人们尽管勤奋地工作到晚上很晚，但他们早上 5 点就醒了，这样一个无法睡着的时刻，他们难道不想更清醒、更专注、更亲近、更周全和更虔诚地度过吗？"[1] 不久之后，他被委任负责司法部的立法工作。

起草出来的《独立宣言》草案包括以犹太复国主义叙事解释犹太民族与以色列地的联系，国际社会对犹太人国家权利的承认，自豪地宣称在以色列地建立犹太国家的"我们的自然与历史权利"。这个国家的边界没有被提及。本-古里安通过指出美国《独立宣言》甚至也没有提及边界来回应这个问题。《独立宣言》强调了这个国家的民主属性，以确保所有公民的社会和政治权利完全平等，它也对邻国及其阿拉伯公民发出了和平呼吁。尽管如此，这个国家是一个犹太国家，对犹太移民开放。这份宣言以非宗教的精神写成，尽管有着"正如以色列的先知所设想的"之类的语句，但它不包含任何宗教概念。精神中心党的代表抗议这种宗教的缺席，随后该文件根据那个伟大时刻所确立的妥协精神以"诚心信赖以色列的磐石"做结尾，这个模糊的表述可以解释为指称大能的上帝或者作为指代犹太民族的文学表达。

在特拉维夫博物馆举行的独立典礼比较简单。由于担心一场可能的空袭和另一场破坏行动，典礼的地点和时间都被严加保密，但这个秘密并没有像它应该受到守护的那样得到严格遵守，在那个星期五下午，一大批群众聚集在该建筑物外。在本-古里安宣读了《独立宣言》之后，拉比耶胡达·莱布·费什曼-迈蒙（Yehuda Leib Fishman-Maimon）以激动得浑身发抖的声音吟诵祈祷词："愿你保佑，主啊，我们的上帝，普天之王！你使我们得以生存，是你保佑我们并且让我们有这一天。"当本-古里安宣读临时政府声明废除禁止移民的《1939年白皮书》中的法令时，表明独立的意义得到了那些代表的完全承认。外国统治已经不复存在。附有那些代表签名的《独立宣言》文本，被存放于英国-巴勒斯坦银行的地下室以便如果特拉维夫遭到轰炸，它也可以保存许多代。

本-古里安对政体应该是什么样子的思考由国家主义的概念所主导。他将这个国家设想为一个主权实体，其他所有政府机构都处于从属地位。在它的保护下，他致力于引入伊休夫的所有社会权力，并加上了伊休夫不曾拥有的权力，例如法庭和法律实施，使用武力的垄断权，以及立法和执行机构的塑造。他支持能够增强国家能力及其作为指令与权力唯一来源地位的所有机构。他尽可能地削弱在国家权威与公民之间制造干扰的所有机构。他尤其想要削弱政党的社会组织和影响力，例如曾在伊休夫时期发挥召聚成员作用的基布兹运动。他赞成新的国家框架作为权威唯一的和无可争议的来源，以确保所有公民的平等和保护公共福祉。

从这个国家建立一开始，它的司法设施就设立起来并开始运转。司法部是最早建立的实体之一，确保所有的政府活动将有法可依。在国家建立的头一周，根据法治的原则，所有法律和条例都发布在官方的《公报》（随后在希伯来语中称为《拉舒默特》）中。在国家建立几天后颁布的《法律与行政命令条例》，给予政府机构进行统治的权力直到正式大选举行为止。"所有的国家职能都在运转：邮政、港口、柑橘园、电台、拘留、征用、纳税、民防、监督地方当局、人力招募、燃油监督等等。"乌里·亚丁注意到，并惊讶于这个年轻的国家如何在建立仅仅两个月后运转有序。"甚至第一批针对政府的申诉已经提交。"他补充说，这些申诉指提交到特拉维夫地区法院的诉讼请求，该法院临时行使着尚未建立的最高法院的权威。[2] 以色列的民主已经开始运转。

它的政府形式几乎是偶然间决定的，实际上，不存在是否复制旧结构还是建立新结构的讨论。政府对议会负责并且必须获得其信任的议会体制，对于犹太复国主义代表大会确定的先例和英国传统来说都是合适的。本-古里安从英国传统中借鉴和复制了集体责任的概念：政府做出的决定对其所有部长都有约束力。克奈塞特（Knesset，以色列议会）继续实行犹太复国主义代表大会所采用的比例代表制。在那些兴奋的时期，没有人想要质疑这个体制，它鼓励小党的存在而得到小党的支持，但在后来它给以色列的议会结构造成了许多麻烦。本-古里安要求改变这个体制，但没有成功。然而，在随后 15 年以上的时间里，马帕伊都是以色列政坛中的核心政党，占据着以色列议会 1/3 以上的席位。它负责组建了历届政府，并且是其中的主要政党。只要马帕伊的统治依然稳固，比例代表制就无法削弱政府职能的稳定性。

第一届以色列议会于 1949 年 1 月 25 日经选举产生，它被视为法定的国民大会以制定和批准宪法。但很快就变得清楚的是，在当时无法制定宪法：作为替代，以色列议会将制定一系列的基本法，最后汇总成一部宪法。没有宪法的英国议会体制，其选择来自政治考虑和原则因素。以色列的立法者审视了美国的宪法模式，这种模式给予最高法院宣布由立法机关通过的法律违宪的权力。对于本-古里安来说，这种权威忽视了大多数民主人士的愿望，限制了政府的决策能力。而恰是出于同样的原因，代表着政治立场两极的党派——马帕姆（联合工人党）和赫鲁特党（自由党，主要的右翼政党）——支持制定一部宪法，因为它将保护个体和少数的权利以对抗多数的强制力。他们担心没有宪法，由马帕伊领导的政府可以制定损害少数党派的法律。

本-古里安承认了宪法作为国家核心象征的重要性，它可以教育其公民承认法治和法律面前人人平等的原则。但他声称，对法治的忠诚不仅来自宪法的存在，而且也来自普遍的公民精神。许多拥有极好宪法和制度的国家都是压迫的、专制的国家，对个人自由及其权利造成了损害。因此，宪法不是保证民主和人权的万灵丹，它的优点并没有超过其缺点。本-古里安也认为，仅有 10% 的犹太人实际居住在以色列（当时的情况），由极少数人制定一部强加给未来整个民族的宪法是不明智的。

从政治的立场看，本-古里安试图避免因接受宪法将导致的内部斗争，他尤其想避免与宗教团体的紧张关系。制定一部宪法将面临把哈拉哈作为以色列的法治来源的问题，或至少要求宪法建立在犹太律法之上，而这是司法体制所完全反对的。制定一部宪法也将面临法典编纂的问题，例如"维持现状协议"的临时协议，它是由本-古里安与以色列正教党在1947年11月29日前经过谈判达成的。犹太代办处向以色列正教党保证在未来的国家，安息日将成为公共节日，公共厨房将遵守犹太饮食法规定，并努力维持有关私人地位的哈拉哈法规，以及保护宗教教育的自治同时将其包括到一般教育系统的核心原则中。事实上，很难将这样的协议放置到宪法中。由于国家仍未成形，一场"文化战争"可能削弱对它的忠诚和损害内部的团结。

从过去60年的角度看，这被视为本-古里安最大的错误之一，很大程度上是因为他从未预见到宗教的影响及其导致宗教党派力量的增长。他也同意免除那些声称自己为宗教遵从者的耶希瓦学生和女子服兵役的义务，他认为极端正统派犹太人奄奄一息，最终要么走向消亡，要么沦为不重要的小派别。就宗教犹太复国主义党派精神中心党和精神中心工人党而言，他将这些党派视为犹太复国主义执委会1935年以来的忠诚合作伙伴。本-古里安对这些宗教党派维持了宽容态度，不仅因为它们是方便的合作伙伴——它们的要求仅限于宗教领域而不介入外交政策和经济事务——也因为原则问题。对他而言，它们代表着犹太民族中间的一种历史传统；它们也是一种注定要消亡的趋势，某种过去的残留。

在建立初期，大屠杀的创伤仍强有力地嵌入到极端正统派的意识中，这个国家的诞生被视为救赎的开始，独立日时在会堂中诵读哈勒尔祈祷词。在那时，有可能同意在以色列采纳一部宪法。一部宪法的重要性超过了纯粹的法律层面。这种文件是创造一种公民精神以作为国家认同核心元素的工具。一部宪法可以为愈合以色列社会的裂缝、稳定普遍接受的治理规范做出重要的贡献。在这个方面，本-古里安没有预料到历史的发展。然而，需要记住的是，认为本-古里安可以制定一部宪法的乐观主义假设只是一种推测。一些学者强调，在最初的日子里，宗教阵营的不同观点十分严重，足以使之不可能。

即使没有制定一部宪法，但对那些受法律约束者来说，最高法院从一开始就拥有至高的地位和法律的权威。与作为委任统治政府下存在机构之延续的低级法院相比，最高法院是完全的以色列创造，而与之前的委任统治机构没有关联。一开始，本-古里安认为，这个荣誉性国家机构应该位于不体现民族差别的海法，但获得任命的法官坚持主张它应该位于耶路撒冷，即使在当时该城市的政治地位尚不清楚。最高法院的就职典礼于 1948 年 9 月 15 日举行，引发了极大的民族兴奋。院长摩西·兹莫拉（Moshe Zmora）富有情感地宣布："近2000 年来，犹太民族一日三次地祈祷'我将首先恢复你的审判官地位，以及恢复你的顾问身份'。今天我们怀有敬畏地接近于实现这个愿景。"[3]

在建国初期，最高法院的法官由政治体系任命，尽管占支配地位的马帕伊成员被给予优先考虑，但事实上，其目标是建立一个法官队伍的政治平衡木，以便能够代表宗教虔诚人士和政治中心，同时，职业法官被明确给予比政治任命更优先的地位。随着时间推移，最高法院确保了它独立于政府颁布的行政律令，它自身的成员可以在全体一致的情况下选举新法官。政治体制通常确保了最高法院维持尊严和独立——一种国家主义概念的正确体现。

一开始，法院倾向于根据法律条文来形成正式判决，这或许是受到德国法律体制的影响，以色列法律体制的许多重要成员都毕业于此。研究者在有关这种倾向的原因上存在分歧。对此有各种解释，有认为法官担心与以色列社会盛行的集体主义趋势相冲突，也有认为他们渴望教育大众尊重法治与公共领域。但法院很快扩大了它的权威。1953 年，两大共产党报纸——希伯来语的《人民之音》和阿拉伯语的《联盟》，向最高法院请愿撤销内政部长查封这些报纸的命令，内政部长下达此项命令的理由是它们发表针对政府的诽谤文章，被解释为煽动公众反对参军。这个话题本身是小题大做，因为这些文章的发表是为了回应以色列驻联合国代表赞成动员 20 万以色列人参加在朝鲜的反苏联斗争的谣传，这个后来被证明是杜撰出来的。重要的是，法院决定撤销内政部长查封这两家报纸的命令，因为它认为由于这些文章而限制新闻自由，显然论据不足。法院做出其决定的基础是《独立宣言》确认的自由权利，因此宣言具有某种类似于宪法的地位以确保个人自由与权利。

《独立宣言》提及了犹太人移民以色列的权利，并宣布"召聚流散者"是国家的目标。这是给予犹太人高于其他公民的优先权利。它来自犹太复国主义的世界观，即认为以色列是一个犹太国家，也是每个愿意居住在这个国家者的家园。1950 年 7 月通过的《回归法》，把在《独立宣言》中申明的这个权利写进了法律。移民以色列与犹太民族认同被置于并列的地位，从进入这个国家之日起，以色列给予犹太人无条件的以色列公民权，除非他们危害公共秩序（出于犯罪、健康、安全或反对犹太民族的行为等原因）。公民权包括选举权和被选举担任公职的权利。当该法律在 1950 年起草时，它并没有解释如何界定谁是犹太人。在 1948—1951 年的大规模移民期间，没有人研究或审查这个问题，任何人声称自己是犹太人都被接受并在公民身份证的"国籍"一栏给予登记。

20 世纪 50 年代晚期，内政部长伊斯雷尔·巴尔-耶胡达（Yisrael Bar-Yehuda，来自左翼的劳工联盟）了解到他所在部门的官员随意解释法律，有时接受真诚的声明而有时又拒绝如此。他发布了特别的指令：任何真诚地声明自己为犹太人者，以及混合婚姻的后代，都应被登记为犹太人，而无须额外的证明。巴尔-耶胡达的修订案经过灵活的程序变成不灵活的法律，由于《回归法》的模糊性，这个爆炸性议题直到那时都得以避免，现在它被列入了公共议事日程。1958 年 7 月，以色列议会首次出现了有关"谁是犹太人"的辩论。政府批准了巴尔-耶胡达的指导原则，因此决定从属于犹太民族的立场来考虑某个人应该被视为犹太人，而没有根据犹太宗教法律的标准。为了回应这个决定，全国宗教党的部长们集体辞职。对他们而言，这个议题是极其重要的，因为它界定着犹太民族集体的边界。

在主张民族认同界定的非宗教群体与坚持哈拉哈界定的宗教群体之间无法达成妥协的情况下，本-古里安决定咨询以色列与流散地的50位犹太贤人。问题在于：首先，他向那些不仅不熟悉而且脱离了以色列实际生活的人提出这个问题；其次，被选中的这50人绝大部分都是虔诚的宗教人士。实际上，本-古里安已经"委托"了一种回应，以满足全国宗教党的要求并结束这场联合政府危机。事实上，绝大部分被咨询者指出"谁是犹太人"应当根据哈拉哈律法来界定。当全国宗教党的部长们返回政府阵营后，内政部长转向宗教的界定，宣布其前任的指导原则无效，并且非官方地命令该部官员按照哈拉哈只将那些由犹太母亲所生或者皈依犹太教者登记为犹太人。由于不是依据法律，这些指令收到了许多上诉。

第一个上诉建立在法律条文与内政部长规定的矛盾之上，由犹太人出身的迦密修会修士丹尼尔提出，他原名大卫·奥斯瓦尔德·鲁斐森（David Oswald Rufeisen）。鲁斐森将自己视为信仰基督教的犹太人，他要求在其身份证上登记为犹太人。一位内政部官员拒绝了他的请求，1962年鲁斐森向最高法院请愿，主张根据《回归法》他拥有的权利。他的请愿要求法院决定《回归法》对犹太人民族性的界定是否覆盖了它的宗教界定，或者它们两者是分开的。法院的多数决定驳回了丹尼尔修士的请求，这个决定不是基于"谁是犹太人"的哈拉哈界定——根据这个界定实际上他被视为犹太人（"一个违反哈拉哈的犹太人仍是犹太人"）——而是基于犹太人如何被其他人所看待。没有人认为一名基督徒修士是个犹太人。然而，至少有一名法官认为应当在宗教界定与民族界定之间进行区分，因此得出结论，根据他自己的界定丹尼尔修士是一名犹太人。最终，丹尼尔修士根据包括以色列境内所有非犹太公民的《国籍法》被给予了公民权，但这个意识形态的议题仍未解决。能否根据民族性而不根据宗教来决定某个人是不是犹太人呢？

这个争论在几年后重新出现，当时以色列国防军高级军官本雅明·沙利特（Benjamin Shalit）与一位自称是无神论者的苏格兰妇女结婚，要求将他们的子女登记为犹太人。当登记员拒绝了他的请求时，沙利特根据《回归法》向高级法院提起诉讼。在一份漫长而详细的决议中，基于《回归法》没有包括对"谁是犹太人"进行正式界定的事实，法院承认了沙利特的子女登记为犹太人的权利。通常认为，在以色列成长的儿童，作为犹太人来培养，认同于犹太民族，就值得将之承认为犹太人。法院补充说，这绝不是削弱哈拉哈的观念，因为身份证作为一种国家的官方文件既没有证实也没有证伪某个人出于结婚和离婚之目的的犹太性，这些事务处于拉比法庭的权威之下。

虔诚的宗教人士认为，法院承担着区分宗教认同与民族认同这对"连体双胞胎"的权威，这对"连体双胞胎"伴随着犹太人的整个历史进程。反对两者联系的首次呼吁由法国大革命期间克莱蒙在有关法国犹太人解放的辩论中提出。他准备给予犹太人平等的权利，条件是他们放弃其民族认同，而只保留宗教认同。在以色列这个问题以相反的方式出现：某个人可以通过民族性而不根据犹太信仰成为犹太人吗？这个问题与另一个更复杂的问题连在一起：这是否意味着以色列国应当允许民事婚姻？20 世纪 60 年代末，这个问题开始在犹太自由思想家和虔诚宗教人士之间激起猛烈的争论。尽管如此，它依然处于公众意识的边缘，因为绝大部分不守教的犹太人将宗教认同与民族认同之间的联系接受为不言自明的，并没有挑战婚姻和离婚以及各种人生仪式（割礼、成人礼、葬礼）的宗教特征。

最后，在宗教党派的压力下，1970 年颁布了《回归法》修正案，将犹太人界定为由犹太母亲所生或皈依了犹太教者，同时没有其他信仰。这种界定包括了对非宗教群体的两种让步。首先，它没有提及"根据哈拉哈律法进行的皈依"，这意味着那些通过美国的改革派或保守派运动而来的皈依者——对此以色列的极端正统派宗教当局认为他们没有资格成为犹太人——没有被排除在外。其次，从此以后《回归法》

也包括了犹太人的子女和孙辈，其目的是包括混合婚姻的后代。对这种规定最为关心的是来自苏联的移民。这在 20 世纪 90 年代俄罗斯的犹太人大移民后成为一个核心议题（稍后将进行探讨）。

巩固国家权力

当时，需要从一个由共识统治的社会，例如伊休夫时期的社会——在其中每个实体可以反对大多数的权威并退出——转向由法治政府统治的国家，政府拥有权力采取强制措施被接受为不言而明的。因此，国家一开始就确保了它对武力使用的垄断地位。正如我们看到的，伊休夫的少数群体并没有接受大多数的统治，从这个方面来说构成了一种挑战。随着国家的建立，莱希地下组织宣布解散，其士兵加入以色列国防军。然而，埃特泽尔并没有这样做。甚至在国家建立前，它与哈加纳领袖达成了整合到新国家的军队的协议。埃特泽尔要求一些特权，例如维持它在以色列国防军中的连队，以及不会在耶路撒冷解散，理由是耶路撒冷是否并入以色列国仍不明朗。不过，它同意接受国家的权威，其士兵加入了以色列国防军。

然而，在第一次停火期间，爆发了一场危机。一艘载有武器和移民的埃特泽尔船只"阿尔塔莱纳号"（亚博廷斯基的笔名），抵达了以色列海岸。由于政府向联合国做出保证在停火期间不会运入武器，这艘船只转向卡法维提金（Kfar Vitkin）的偏远海滩，期望联合国检查员不会发现它，它可以在那里卸下武器将之运送给以色列国防军。埃特泽尔试图进行谈判让它的连队优先接受这些武器，而货物则运送至它在耶路撒冷的专门组织。政府反对这些条款，拒绝将埃特泽尔接受为谈判对象。一开始埃特泽尔准备将这些武器转交给以色列国防军，但很快决定不那么做。埃特泽尔成员与以色列国防军士兵在海滩爆发了冲突，双方均有伤亡。这艘在特拉维夫搁浅的船只迅速为世界媒体所关注。埃特泽尔的司令官梅纳赫姆·贝京（Menachem Begin）登上这艘船，用广播号召他的成员一起卸下货物。从前的埃特泽尔成员离开了他们的以色列国防军连队赶往海滩。接着在埃特泽尔成员和以色列国防军士兵之间爆发了暴力冲突。特拉维夫实施了宵禁，帕尔马赫司令官伊戈尔·阿隆（Yigal Allon）授命阻止一切在政府和绝大部分公众看来试图挑战政府权威的行为。来自特拉维夫北部约拿军营的一轮加农炮轰击击中了这艘船，使之开始起火。许多人死亡或者受伤，埃特泽尔成员被迫放弃这艘着火的船并投降。"阿尔塔莱纳号"事件成为梅纳赫姆·贝京的奠基神话，他被作为一个准备为国家整体的福祉承担责任的领袖，因为船只起火，当时他号召他的成员停止战斗，从而避免了一场同室操戈的内战。但它也成为以色列国家主权的奠基神话，对于本-古里安来说，这一事件证明了他决心用武力确保对国家的控制，如果必要的话。埃特泽尔成员现在作为个体回到了以色列国防军，并被整合到许多连队中。

1948 年 8 月 17 日，联合国驻巴勒斯坦调停员贝纳多特伯爵被原莱希成员谋杀。作为回应，政府采取果断行动，逮捕了莱希和埃特泽尔积极分子，清除了埃特泽尔在耶路撒冷保持独立的最后痕迹。1948 年 9 月，本-古里安命令帕尔马赫解散。帕尔马赫是以色列国防军的先锋部队，在残酷的战斗中证明了它的价值。它并没有违反以色列国防军的纪律，也没有像埃特泽尔那样对政府构成潜在的威胁。但帕尔马赫的司令部在政治上与左翼联系在一起，尤其是马帕姆，该左翼政党创建于 1948 年 1 月。本-古里安想要一支首要的忠诚属于国家的军队，它不接受其他任何个人和组织的指令。通过解散帕尔马赫，他意在显示仅有一支军队，即以色列国防军，以及唯一的合法来源，那就是民选政府。一些人认为本-古里安试图削弱其政治对手，但回顾起来毫无疑问的是，他的行动为保证军队不卷入政治创造了先例。

伊休夫社会拥有很强的政治意识。它的党派是动员型和组织型实体，有助于协调个体与社会之间的关系。所有事情都是根据政治忠诚来进行分配：移民许可证、国家定居点、哈加纳民族司令部、职业介绍，甚至登上非法移民船只的命令。由本-古里安提倡的国家主义旗帜意味着压制政治机构的权力，将国家作为公众利益的代表以确保所有公民的福祉。国家致力于实行所有公民一律平等的政策，而无论其政治立场如何。

正如我们看到的，军队的去政治化是达到这个目的第一批行动之一。6位在国防部长本-古里安之下服务的以色列国防军总参谋长中的5位，都是非党派的，这不是偶然的。明显倾向于左派的高级军官在以色列国防军中找不到位置。20世纪50年代，人们仍可以辨别出活跃于政党（主要是马帕伊）的以色列国防军高级军官，但政治活动与军事服务相分离的原则慢慢地渗透到公众意识之中，到这个时期结束时被广为接受。法律体制是去政治化的另一个领域。正如"谁是犹太人"的讨论中所暗示的，绝大部分法官没有明确的政治立场，而法院小心谨慎地展示出意识形态的中立，毫不犹豫地批评政府机构。

另一方面，公民服务建立在犹太代办处执委会、民族委员会和委任统治政府现存部门基础之上。前两者具有政治化的传统，而现在转变成公民服务部门。每个部长都在其部门配备了许多密友。被用来平衡部长利益的职业公务员观念几乎不被接受。在第一个10年，公务员为了部长的政治利益而工作。最后，1959年颁布了一系列公务员法，为文官任命建立起普遍的、精英化的标准。从此以后，每个部长有权任命三名他自己的人到"信任的岗位"，而其他所有官员都由职业委员会根据其技能进行挑选，部长不能替换他们。这些任命被委托给了文官委员会。

精英制的原则最终获得了胜利，结果是公务员的教育和能力水平比他们的政治立场对他们的提升有着更大的影响。一个很好的例子就是财政部的发展。它的公务员是青年经济学家、美国移民唐·帕廷金（Don Patinkin）的学生们，帕廷金将现代经济思想引入到希伯来大学经济系。"帕廷金的孩子们"成为财政部和以色列银行专业人员的核心，他们将职业主义和政治中立的规范引入到诸如国家预算管理、部门拨款、税收征收等领域。

在伊休夫时期，教育体系被安排成由不同利益集团控制的"分支"。"一般分支"是犹太复国主义的和非宗教的。它没有政治立场，但认同于中右翼，由市政当局和地方议会运作。犹太工总的"工人分支"

教育学生从事体力劳动和农业，前往基布兹，奉献于集体劳作。它培育了与社会主义形象和观念的联系，并认同于世界的不幸者和受压迫者。先锋性的青年运动与其政党一起，积极参与到它的学校体系中。"犹太复国主义-宗教分支"属于精神中心党，致力于促进宗教研究和宗教世界观，但也包括了强调传统犹太和犹太复国主义的价值与形象的一般研究。最后，以色列正教党的"独立分支"仅教授宗教研究。

教育是塑造民族的重要手段。使它置于政治派系之手是伊休夫延续下来的政治遗产。但这些团体没有哪个想要放弃其权力，尤其是工人分支，他们的权力由于其对移民营和中转营（稍后将进行讨论）的主导地位而得到了增强。现在它是最大的分支，即便它在伊休夫时期所覆盖的范围没有给人留下深刻的印象。（城市和莫沙夫中的绝大部分工人把他们的子女送到一般分支的学校。）在宗教分支与工人分支就移民子女教育发生激烈冲突的情况下，一种协调性的安排得以出现。精神中心和工人分支同意放弃对教育的政治控制，现在它转由教育部负责，并划分为国家教育体系和国家宗教教育体系。以色列正教党的独立分支仍然控制着它自己的教育体系，但正如我们所看到的，它规模很小，没有人认为它有未来。

一些人声称，本-古里安假定国家教育将以工人分支的精神进行教育，这种分支在当时不断扩大。但形势并没有按照那个方向发展。不论好坏，教育呈现出中立的特征。本-古里安的批评者后来声称，消除这些分支实际上导致了工人分支及其独特教育方式的毁灭，而其他分支依然存在。结果是削弱了左派向青年一代灌输其世界观的能力。与此同时，对于国家主义概念而言，将教育从政治派别的控制转移到国家，是一项重大的成就。

政治权力的焦点之一是职业介绍所。从 20 世纪 30 年代末起，这些职业介绍所就由犹太代办处经营。他们的职业配置和工作分配由政治因素决定。当国家建立后，职业介绍所转归劳工部，但它们的政治特征与政治倾向对求职者找工作的影响持续到 20 世纪 50 年代末，当时职业介绍所成为"就业服务部门"，而其工作人员也都成为公务员。分配工作的机制现在根据公务员规则和在国家审计长的监督下运作：这是国家主义的另一个胜利。

此外，劳工运动之外的其他运动发现它们的传统角色被国家剥夺。作为赫茨尔的创造，犹太复国主义组织——"正在出现的国家"——突然离开了而不带明确的使命。犹太国家已经成为现实。那现在又如何？世界犹太复国主义组织在这个新国家中的角色和地位问题，与以色列和强大富有的美国犹太社群之间的关系相连。美国犹太领袖一直支持巴勒斯坦的伊休夫事业，同意为其提供援助，但条件是它的活动没有民族追求以便不会为美国社会的反犹主义势力所利用，这些势力那时指责美国犹太人的双重忠诚。因此，例如哈达萨（美国的妇女犹太复国主义组织）在伊休夫经营着一个范围较广的卫生保健组织。这项工作开始于英国对巴勒斯坦的征服，它在伊休夫和后来的以色列建立了预防性的医疗体制、婴儿福利中心以及医院。犹太联合募捐协会也积极参与到这个国家中。至少在表面上，这些组织是作为慈善机构而非民族机构运作的。

美国犹太人精英中的一些团体完全与犹太复国主义组织相分离。这些团体中最著名的例子就是美国犹太教理事会，它甚至参与恶毒的反犹太复国主义宣传；当在等待分治决定时，它的成员帮助阿拉伯发言人准备其在联合国的演讲。其他团体，例如美国犹太人委员会（AJC）采取了更温和的态度。他们担心卷入到可能将犹太人描绘为一个民族，而不只是作为一种宗教的事务中，所以竭力使自己与犹太复国主义分离。这种立场也被改革派运动所采纳。随着欧洲犹太人的命运逐渐为世人所知，非犹太复国主义的美国犹太人领袖不断倾向于将他们自己与犹太复国主义的斗争联系起来，并慷慨地捐资用于武器采购，帮助以色列建立军事工业，以及分担独立战争的开支。美国犹太人委员会领袖约瑟夫·M.普罗斯考尔（Joseph M.Proskauer）与随后的雅各·布劳斯坦（Jacob Blaustin）以及犹太联合募捐协会的领袖小亨利·摩根索（Henry Morgenthau Jr.）与亨利·蒙托尔（Henry Montor），他们和本-古里安及其犹太复国主义执委会的同事之间建立了直接的联系，绕开了美国犹太复国主义组织的领导层。在那时，美国犹太复国主义组织在阿巴·希勒尔·西尔弗（Abba Hillel Silver）和伊曼纽尔·纽曼（Emmanuel Neuman）领导下具有强有力的、富有影响的领导层，该组织在许多议题上与本-古里安并没有一致的看法，它对动员起来支持这个国家有一系列要求作为条件。这种立场激怒了本-古里安，他认为犹太复国主义组织应当毫无保留地奉献给这个国家。

就犹太复国主义组织来说，以色列的建立在国家的议事日程上提出了两大主要议题。第一是在国家现已存在的情况下界定犹太复国主义者与非犹太复国主义者之间的不同。第二是重新界定国家主权对犹太复国主义组织的限制。本-古里安现在看到在犹太复国主义者与非犹太复国主义者之间没有什么不同，移民以色列的群体也没有什么不同，而他们都希望以色列繁荣并积极参与其中。而且，非犹太复国主义者的筹款能力被证明远远超过犹太复国主义者。就政治影响而言，非犹太复国主义者具有更有效的联系。犹太复国主义组织在威望和影响力方面都急剧下降，而非犹太复国主义者在美国犹太人委员会主席布劳斯坦领导下，要求对以色列的国家权威进行明确的界定，即以色列的国家权威将只适用于其公民，而无论什么情况都不适用于美国犹太人。他们也要求将美国界定为"散居"而非"流放"（该词暗含着犹太人应当移民以色列），"召聚流散者"这个口号不适用于美国犹太人，而仅适用于犹太人生活悲惨的那些国家。

实际上，非犹太复国主义者和犹太复国主义者在移民问题上并无不同。他们都将美国视为家园，而非流放地。但犹太复国主义者想要以色列承认他们为这个新国家与流散地犹太人之间的调解者；犹太复国主义组织将代表那些犹太人面对以色列并代表以色列面对他们。本-古里安反对这种难以控制的局面，以色列的主权能够与任何它认为合适的人建立关系。他坚决拒绝给予犹太复国主义组织排他性的调解者身份。他说，有许多不是犹太复国主义者的犹太人，也希望在国家建设中发挥作用。在此，两大利益交织在一起：国家的利益，在于将自身定义为世界犹太人的焦点和灵感的来源；非犹太复国主义者的利益，在于阻止犹太复国主义组织获得流散地犹太人唯一代表的地位。

本-古里安是坚决的：仅有以色列的公民被允许影响它的政策，不生活在那里的犹太人无权进行干涉。另一方面，他宣布这个国家无意干涉美国犹太社群的内部事务。这就是本-古里安与布劳斯坦之间达成的"谅解"精神。在1951年的第二十三届犹太复国主义代表大会上，也是首次在以色列建国后举行的代表大会，在其通过的《耶路撒冷纲领》中对犹太复国主义的目标进行了设定："犹太复国主义的任务是巩固以色列国，将流散者召聚到以色列地，促进犹太民族的团结。"这种界定是极具雄心的。这里提及的"召聚流散者"并没有对犹太人生活悲惨的那些国家与西方世界之间进行区分，实际上它并不是以西方世界的犹太人为目标。而提及的"犹太民族"也是极为宽泛的，出于对布劳斯坦与其他非犹太复国主义者的情感才这样使用。

然而，这次代表大会决定以色列应当颁布一部法律承认犹太复国主义组织作为流散地犹太人代表的特殊地位。这样的法律不仅与本-古里安和布劳斯坦之间的"谅解"相抵触，而且也违背了本-古里安对他们之于以色列利益的理解。其结果是，在代表大会决定向以色列议会请求制定这部法律的过程中，犹太复国主义组织的地位遭到削弱。将它描绘为"犹太民族的代表"的词句被删除，并代之以作为"一个权威性的机构"参与到以色列的发展和定居点、移民吸收，以及与犹太机构在以色列这些领域的活动上加强合作。1954年，犹太复国主义组织与以色列政府达成了一项协定，给予犹太复国主义组织在所有关涉其使命的事务上作为世界犹太人代表的官方地位。但这项协定并没有阻止以色列政府与其他犹太组织进行谈判。以色列债券的销售收益高于犹太联合募捐协会（它的收益在20世纪50年代下降）的收益，而前者控制在非犹太复国主义者手中。

本-古里安发现，与非犹太复国主义组织的谈判更容易。犹太复国主义组织的代表都是带有政治目的、力图从内部或外部干涉以色列事务的党派成员。而从非犹太复国主义者的角度来说，他们不想让以色列介入流散地事务，反过来这也限制了他们干预以色列事务。本-

古里安声称犹太复国主义组织完成了它的角色，认为它应该被解散，但他发现这种立场得不到支持，甚至在他自己的党派里也是如此。以色列领导层的许多人觉得对这个最近领导着建国斗争的实体负有承诺。他们也承认犹太复国主义组织和犹太代办处（它们有着共同的人员）在组织移民活动与吸收、安置移民上富有经验。因此，他们支持这个组织继续存在，尽管本-古里安表示反对。

经过这么多年之后，美国犹太人中的非犹太复国主义者和犹太复国主义者之间的不同变得模糊起来。双重忠诚的问题，曾经在以色列建国后困扰着非犹太复国主义者，现在变得边缘化。六日战争所激发的流散地犹太人的热情消除了这两种类型的对以色列的国家认同之间存在的障碍。1968 年见证着第二次《耶路撒冷纲领》的形成，该纲领宣称犹太复国主义的目标如下："犹太民族的联合与以色列在犹太生活中的核心地位；通过从所有国家的阿里亚，把犹太民族召聚到历史性的故土——以色列地；增强以色列国的地位，使之建立在公义与和平这些先知提出的愿景之上；通过促进犹太人、希伯来语、犹太复国主义教育和犹太精神与文化价值，来保存对犹太民族的认同；保护各地犹太人的权利。"本-古里安与布劳斯坦在 20 世纪 50 年代初期的"谅解"仅有很少的保留。这个纲领承认了以色列在犹太民族生活中的核心地位；它承认移民是犹太复国主义的目标之一，并没有将西方犹太人排除在外；它赋予犹太复国主义组织先前在流散地应有的重要地位。1971 年，扩展了的犹太代办处建立起来，50% 的代表来自犹太复国主义组织，30% 来自犹太联合募捐协会，20% 来自提供捐献的世界其他地区的组织。因此，筹款人（绝大部分来自非犹太复国主义组织）与犹太复国主义代表之间的最后障碍得以消除。

以色列民主的早期年代

与其他民主国家的规范相比，在以色列，左翼反对"大政府"，而右翼支持它。左翼的志愿组织，例如基布兹运动，它们的组织技巧和奉献精神构成其在委任统治时期动员能力和才智方面得到增强的基础，当向国家阶段转变时，它们并不接受过去所履行的民族职能的丧失。成立于1948年的马克思主义政党马帕姆，是青年卫士（建立在青年卫士的基布兹之上）与劳工联盟（由前马帕伊成员在1944年建立，绝大部分成员来自哈梅哈德基布兹）的联合，将国家主义视为本-古里安试图剥夺劳工运动的意识形态与社会经济资产并将该运动的民族构建角色转移到国家的尝试。马帕姆认为它自己是替代马帕伊的极左选项，将本-古里安的国家主义解释为将劳工运动搁置一边的粗鲁尝试，尤其是当马帕伊取得了新的权力地位后。

左派对这个国家的疏离感由于帕尔马赫的解散、本-古里安要求基布兹从新移民中间吸收雇佣工人（稍后将进行讨论）以及镇压"海员的反抗"（由以色列商船队发动的一场罢工，被政府使用军事动员令镇压）加重了。在冷战时期，左派盲目地羡慕苏联，而本-古里安从在两大阵营中间采取中立的立场（这是在独立战争期间采取的政策），转向明确的亲西方立场。左派成员对国家主义和本-古里安的敌视源于他们认为国家主义损害了他们的历史资产，也因为他们对本-古里安政治路线的反对，这种路线背离了他们的意识形态和政治。

以色列建国初期（1948—1967年）是以马帕伊的主导地位为特征。该党在由本-古里安领导的历届政府中占据多数地位。它也在犹太工总执委会中占据多数地位，犹太工总总书记也是马帕伊成员。马帕伊占据了绝大部分犹太工总的职位，包括工人协会（犹太工总的控股公司）、索勒·博内公司（犹太工总的主要建筑公司），甚至工人理事会，它严格管理着车间，给予工人委员会和贸易联盟很小的权力。马帕伊成员也主导着公务员的岗位。马帕伊与犹太工总几乎就像是应用国家主义原则的转包商。它们充当着执行由本-古里安制定的国家政策的近卫军的角色。这种过程将马帕伊变为一部政治机器，扑灭任何从内部或外部对其进行民主化、改变其运作方式或者在其领导层引入新的集团的尝试。马帕伊风格的国家主义是家长式的，它控制在主导国家的政治运动手中，以按其认为的最有利于公共福祉的方向发展。在这个时期，以色列实行的是议会民主制，但带有在民主国家不曾见的一定程度的政治和经济集权。这种人民的民主，为了人民，但不归人民。

本-古里安宣称有可能创造一个联合政府以包括以色列的全部政治派别，但"不包括赫鲁特党和马基党（以色列共产党）"。赫鲁特党是在埃特泽尔解散后由梅纳赫姆·贝京创建的政党。当时不确定的是，贝京是否真的决定转向议会活动并接受民主游戏的规则，同样不确定的是，他的行为方式和政治风格在建国初期是否一直与那些规则兼容。1952年，当以色列议会就与联邦德国的赔偿协定进行讨论时（稍后将进行讨论），贝京被允许从其政党组织人员进行示威游行到攻击议会和向其建筑物投掷石块，直到发言人被迫暂停会议——这在以色列立法史上首次发生。贝京把自己打扮成平民主义领袖，例如摩托车护卫护送他参加选举集会。他将其右翼政党视为替代马帕伊及其社会主义方法的真正选项。但他概念的核心是政治的：要求为以色列国争得整个以色列地，包括约旦河两岸。他指责本-古里安政府胆小懦弱并屈服于大国，这种立场在绝大部分以色列人看来是不切实际和穷兵黩武的。

尽管随着时间推移，赫鲁特党逐渐体制化和更加温和，对其使用不民主策略的疑虑慢慢消除，但只要本-古里安担任总理，赫鲁特党就不加入联合政府。它在以色列议会中最多只获得过17个席位。1965年，赫鲁特党与自由党（它由一般犹太复国主义派发展而来）合并，以求褪去激进的、不负责任的右翼政党的形象，从而获得更为广泛的投票者群体。这个新党名为加哈尔（是赫鲁特党与自由党集团的希伯来文缩写）。在此之前的几个月，即1964年，列维·艾希科尔（Levi Eshkol）实现了泽维·亚博廷斯基的遗愿，即由独立的以色列政府将其遗体带回以色列安葬。这个象征性行为标志着赫鲁特党在以色列政治生活中的合法化。

以色列共产党马基党，处在犹太复国主义的一致共识之外。尽管它接受以色列作为一个国家而存在（由于苏联在1947年11月29日投票赞成两国方案并承认了以色列），但它是一个反犹太复国主义政党，并且毫无保留地坚持苏联的政策。马基党主张双民族主义，它为

1948 年战争后遭到剥夺和孤立的以色列阿拉伯人提供了一种可靠的声音。它强烈反对战争结束后强加给阿拉伯人的军管政府，并反对政府征用阿拉伯土地。随着时间推移，该党在其反对阿拉伯民族主义者号召毁灭以色列主张的犹太成员与支持这种主张的阿拉伯成员之间发生了分化。根据一种版本的说法，在该党中央委员会的一次秘密会议上，以色列议会议员陶菲克·图比（Tawfik Tubi）提议苏联宣称以色列国的建立是一个斯大林主义的错误，应当得到矫正。这个提议在其全国范围的投票中被否决了。1964 年，该党分裂了。仅有犹太党员留在马基党，而分裂出来的政党拉卡党（新共产主义名单的希伯来语缩写），几乎全部由阿拉伯人构成。在六日战争前夕，马基党支持以色列的立场，而拉卡党支持阿拉伯人。

以色列的阿拉伯人少数群体在独立战争后的人数为 15.6 万，大约占总人口的 20%。绝大部分阿拉伯人居住在加利利和内格夫，在停火协议后加利利这个"小三角"由约旦转交给以色列。由于被失败、逃亡和驱逐所强烈震惊，他们没有公认的领导层。以色列占据了被遗弃的阿拉伯人财产并征收了阿拉伯人土地以建造犹太人定居点。根据一些估计，1948 年划归以色列领土上的 40%~60% 的阿拉伯人土地现在被转变成犹太人定居点。在《独立宣言》中，以色列确保其阿拉伯居民的平等权利，但在战争的情况下，本-古里安被说服阿拉伯人不能信任和军管政府应当出于安全原因强加给他们——意味着他们不能通过以色列的司法体制来保护自己的权利。

颇具讽刺意味的是，军管政府建立在英国委任统治的《防务（紧急状态）法》之上，而它曾经被用来对付犹太人的伊休夫。军管政府限制着阿拉伯居民的自由迁移。他们需要得到许可才能离开其城镇或村庄，这种情况阻碍了他们在中部地区获得就业和高等教育。军管当局有权摧毁住房和没收土地，如果它认为他们从事了敌对行为。教育部门或市政部门的就业要以行政当局的许可为条件。1954 年以后，除马基党以外，马帕姆也进行效仿，从而将阿拉伯人排除在犹太政党之外。仅在 1960 年，他们作为平等权利的成员被犹太工总接受，但对犹太工总的描述现在也变为"以色列工人的普遍联盟"。马帕伊建立了阿拉伯人"卫星"（选举）名单党派，这些当选的成员在以色列议会中支持马帕伊。以这种方式，该党得到了军管当局的支持，它的成员将阿拉伯人少数群体作为被保护者对待，他们以政治支持作为回报来接受特权。马帕伊的活跃分子支持这个阿拉伯人的宗族领导层，它在竞选中提供了选票。在以色列的第二个 10 年，军管政府的法律逐渐被削弱，对迁移的限制被废除。尽管绝大部分政党（包括赫鲁特党）建议废除军管政府这个有害的、不合时宜的机构，它被视为以色列民主的污点，但军管政府一直存在到 1966 年艾希科尔的任期内才被废除。在此之后，这些卫星名单党派逐渐削弱，然后到 1981 年完全消失，独立的阿拉伯政党随之出现。

在 20 世纪 50 年代以色列的阿犹关系史上，一个创伤性事件变成了一种象征。1956 年 10 月 29 日，在西奈战争前夕，与约旦接壤的边界局势骤然紧张。边防指挥官将强加给边境村庄的宵禁时间从晚上 9 点开始改变为下午 5 点开始，却没有通知田地里的劳动者。一个边防营长命令其部下向任何违反宵禁的人射击。在这个营下属的 8 个排长中，有 7 名排长确保居民被允许安全返回其家中，但有一名排长遵守了命令而开枪，导致当晚卡塞姆村的 47 名男女老少被杀。

对此军事当局大为震惊，立即做出反应进行掩盖。本-古里安试图平息公众的讨论。军事检察官禁止提及这场屠杀，但新闻却到处传播。马基党的以色列议会议员采访了医院中的伤者并进行了取证。随后，由于议员受到豁免权的保护，他们在以色列议会的讲台上揭露了事情的全部真相。反对派的报纸《今日世界》刊登了明目张胆违反审查制度的惊人事实。以色列公众也大为震惊。11 名军官和相关人员接受了审判，8 人被判处长期监禁，但两年内他们都被赦免了。法庭对他们的审判开创了先例，从此以后成为以色列法律的基石：与挥舞"黑旗"有关的命令是很明显的非法行为。换言之，在命令明显非法的情况下，某个人遵守命令的借口是无效的——正如在这个事例中，它卷入到杀害无辜公民之中。阿拉伯人没有忘记卡塞姆村事件，每年都在纪念日纪念此次屠杀行为，这被作为以色列国针对他们的非正义和残暴行为链条中的一环。

另一方面，对于犹太公众来说，卡塞姆事件代表着有义务对军民关系在什么是允许的和什么是禁止的之间划定清楚的界限，以及为军事行为确立伦理规范。在独立战争期间，诗人拿单·奥尔特曼在其每周的报纸专栏（被称为"第七专栏"）中描写了征服吕大期间对一位阿拉伯老人的冷血谋杀。文章标题为"在这里"，专栏呼吁谋杀者应该被审判："对于武器持有者来说，我们和他们一起 / 或者积极地 / 或者点头表示同意， / 带着'必须'和'复仇'的低声咕哝， / 堕入到战犯的行列。"奥尔特曼补充道，"让我们根除宁静的耳语'确实' / 它害怕镜子里的脸！"本-古里安支持这个专栏并让它在整个以色列国防军内部传阅。[4]

然而，这种对民主社会中的军民关系实质的理解是否渗透到公众意识中是值得怀疑的。20 世纪 50 年代初期，对渗透者的残酷搜捕在阿拉伯村庄展开，军人的手指一直扣在扳机上。奥尔特曼再三徒劳地警告军管政府的非正义行为并反对压制共产党成员陶菲克·图比在以色列议会的"抗议权"。在这个问题上，作为诗人的钦佩者，本-古里安并没有同意。因此，卡塞姆屠杀是一场大危机，它具有导致了一场宣泄的双重效应。它呼吁道德评估和建立约束标准，如果说不总是能够维持的话，但它具有的教育力量得以限制暴力。

在其初创时期，以色列的民主既借鉴了西方的自由议会制模式，又吸收了东方国家"指导民主制"（guided democracy）的某些模式。它是一种下列诸多元素的独特混合：言论和集会自由，司法体制独立以保护个人权利，自由选举、新闻自由与主要由一党控制的集权政治体制并存，保护主义政府机构以及使政客们能够从其职位中获利的准则。当犹太代办处审计员提请时任犹太代办处定居点部门负责人列维·艾希科尔注意他手下官员的腐败时，他引用《圣经》中的段落进行回应，这成为经典之词："牛在场上踹谷的时候，不可笼住它的嘴"（《申命记》25:4），暗含着公共机关谋取经济利益是不可避免的。在官僚主义体制时期，当时进口、出口或接受外汇都需要许可，在20世纪50年代的简朴时期，所有的奢侈品都被视为违法，使用"关系"来获得折扣、救济、执照等等被接受为惯例。当时存在一种说法，如果你有朋友，你将不需要关系（即影响力）。

当时存在有关行贿的传闻。正如奥尔特曼指出的，"他们极其公开地谈论它，而不是低声，/提及名字和头衔，/明确地告知：谁、何时以及金额，/在哪个机构/和岗位/职业。/人们不觉羞耻地听说这些名字/例如阿尔·卡彭，/不！而是在路上吃力行走者的名字，/并唱着'圣殿将重建'" [5]政治生活由党派把持，参与联合政府的每个党派都致力于为其组织和活动分子寻求额外的津贴。左翼关心的对象是基布兹运动、莫沙夫运动、工人协会；中间派和右翼关心的是私人企业巨头、企业家、柑橘园拥有者、酒店经营者和承包商。公开招标的观念还没有内在化。因此，出现了滋生腐败——包括个人腐败和组织腐败——的沃土，它规避了国家主义的程序。

以色列有着自由的媒体：每个政党都拥有自己的报纸，同时也存在一些独立的报纸。政府遭到左翼和右翼的严厉批评。然而，记者对触及一些领域很是小心谨慎，其中就包括安全领域。记者委员会是由总理定期召集的、很受尊敬的论坛——因此使其成员参与到秘密情报中——这是保证媒体与政府合作的方式之一。电视当时还没有渗透到以色列的边境地区——本-古里安认为它败坏了社会。电台广播由广播当局或军队电台站控制，政府对两者都进行监督。因此，政府在传播其事件版本时相比任何反对派团体而言享有优势。但反对派充分运用言论自由，在媒体上成功地向支持者表达其观点立场。主要的报纸，例如《国土报》《晚报》《最新消息报》，甚至犹太工总机关报（实际上是马帕伊）《达瓦尔报》，都是完全独立的，对政府的不同政策和行为都有着不同程度的反对。

在一个领域中，许可和禁止之间的界限有些模糊。政府允许监视当选官员吗？这种行为有许多正当理由：国家安全、怀疑与外国代理人接触或者反颠覆活动。但总理可以授权辛贝特（以色列国家安全总局）窃听马帕姆的领袖吗？在马帕姆领导层的会议室发现的窃听器被公之于众，而这只是冰山一角，实际上它是很普遍的。军管政府对阿拉伯领袖持续进行监视和窃听。可以估计的是，其他反对派领袖，或许甚至执政党内部的成员也被窃听。广为接受的准则是，像辛贝特这样的国家机构不能服务于特殊利益，但这并不总是适用的。似乎安全机构的一些成员因为国家的建立偶尔会忘乎所以，觉得他们掌握着实权。这可以解释将辛贝特用于政治目的；通过颁布军事动员令平息海员罢工；或者被包括（尽管没有实施）进以色列国防军法律中的思想——作为一种教育形式，每个士兵需要从事农业劳动一年。只有这种氛围下，可以产生运作犹太复国主义者在埃及的网络以从事破坏活动，认为这将动摇英国从埃及撤退的鲁莽念头。这个事件以委婉的代号"糟糕的事件"（The Bad Business，1954 年）而铭刻于以色列的神话之中。

个人主义与集体主义的共存

以色列的头 20 年是以集体主义规范（强调奉献社会和招募个体为国家福祉劳动的重要性）与人民的个人主义愿望（提高其生活质量、为其子女确保良好教育和在社会阶梯中攀升）之间的紧张关系为特征。犹太复国主义-社会主义价值主导着话语，但在日常生活中人民提高其个人处境的努力在增强。这种紧张在当时出现的议会之外的三大反对派团体中有着有趣的呈现。

第一个反对派团体是出现于 1952 年的志愿者阵线。这个理想主义团体由想要改进以色列社会的希伯来大学学生构成。绝大部分人要么是马帕伊成员，要么在意识形态上亲近它。他们维持着自身的独立，该团体也不与任何政党结盟，但一方面致力于帮助吸收大批移民，另一方面与政府机构中的腐败行为做斗争。志愿者阵线支持集体主义标准。通过从事志愿者工作，它的成员认为他们有义务证明他们有权对其他人提出要求。因此他们的第一个活动就是在 1951—1952 年冬天的洪水中帮助靠近耶路撒冷的中转营居民，以及给新移民教希伯来语。

随后，在社会责任感的名义下，他们开始警告和通报政府圈子中持续腐败的案例。他们致力于政府机构的净化以创造一个值得尊敬的以色列社会。这个团体与集体主义趋势的相连清楚地体现在其清教主义精神，以及坚持不懈地渗入政府机构的内部运作，有时侵犯政府权威，破坏私人隐私。他们行动无足轻重的结果带来的挫败感促使他们借助煽情的主张，以唤起公众对肃清腐败行为的支持。因此，他们聚焦于对高级警官、总理之子阿摩司·本-古里安提出指控，而后者起诉前者诋毁名誉。随之而来的宣传超出了他们先前达到的程度，但这也使许多原来支持他们的人远离这个团体。最后，志愿者阵线解散，其成员分散在不同派别。现在在左翼或极右翼阵营中都可以找到他们。

议会之外的第二个反对派团体体现在由乌里·阿维内里主编的《这个世界》周刊。阿维内里一开始是个右翼分子，埃特泽尔的成员，明显地倾向于迦南主义运动，该运动致力于创造一种建立在古代闪族基础上的新的以色列认同（参见第十一章）。但当他1950年接管了这份周刊时，他经历了一场个人革命，现在转而支持犹太人与阿拉伯人之间的对话。这份周刊的目的是推翻马帕伊。阿维内里主要憎恨的是本-古里安，他将后者视为反对成长于伊休夫的以色列土生土长的一代的邪恶矮人。《这个世界》周刊是靠订购和广告维持生存的独立发行物，它声称没有政治认同。它将后来人们所称的"调查性报道"（investigative journalism）引入到以色列新闻媒体中，许多记者在其办公室接受了他们的训练。它的箴言是"没有恐惧，没有偏见"。它的封面头条刊登着马帕伊机构中的腐败行为，例如一系列有关"侯舒斯坦"（Khoushystan）——海法市的马帕伊市长阿巴·侯舒斯——的文章。它的封底带有花花公子风格的插图和文章，迎合了当地民众的口味。这种不受约束的政治攻击和煽动性窥探隐私的混合使《这个世界》周刊非常受欢迎。许多人阅读这份周刊，尽管通常是以秘密的方式阅读。

20世纪50年代，《这个世界》周刊与狂热的右翼律师、对本-古里安带有深深仇恨的撒母耳·塔米尔合作，对两件震惊以色列的法律事件——格鲁内瓦尔德—卡斯特纳审判(参见第十一章)和阿摩司·本-古里安与志愿者阵线之间的诉讼——进行揭发。这个周刊的另一个目标就是被视为严重威胁的"黑暗组织"——辛贝特。阿维内里组合了希伯来词汇"行动主义"(Bitsuism),指本-古里安等人强调以牺牲意识形态为代价的行动倾向,以及"安全主义"(Bitchonism),指为了军事当局的需要对政治和社会思想进行的压制。他是本-古里安控制的军事当局的猛烈批评者,随后他又将矛头对准摩西·达扬,将之视为对以色列民主的威胁。与此同时,在他整个一生中对以色列国防军士兵情有独钟,他自己曾在独立战争期间作为以色列国防军士兵服役。卡塞姆村事件的曝光主要归功于他,他为了反对军管政府开展了不懈的斗争。1965 年,阿维内里由于提倡与阿拉伯国家的和平当选为以色列议会议员。

阿维内里及其周刊通常不按惯例行事。对媒体不受限制的使用、粗鲁的方式、在曝光过程中撕毁规则,这些都预示着政府与公众关系的新时期的到来。而与志愿者阵线的理想主义一样,《这个世界》周刊将集体主义作为指导性的意识形态。很难辨别阿维内里意识形态中争取个体自由与权利的自由成分,在这个意义上说,他也属于这个集体主义的时代。

第三大反对派团体由 20 世纪 60 年代组织起来抗议本-古里安行为的希伯来大学的教授和知识分子构成,他们将本-古里安的行为视为侵略性的和威权主义的。1960 年,与"糟糕的事件"有关的文件被发现有伪造行为。犹太工总总书记,这个国家最有权势的人之一平哈斯·拉冯(Pinchas Lavon),曾在"糟糕的事件"期间担任国防部长,因此被迫辞职。他现在致力于洗刷自己的罪名,声称不是他下令开展的埃及的破坏网活动。本-古里安为了正式的免责而否定了他的请求,说总理不能决定有罪或无罪,尤其是在有关该事件仅有一方说辞的情况下——另一方是军事情报局长本雅明·吉比利(Benjamin Gibli),他认为拉冯事实上授权他启动这个网络。

现在"拉冯事件"不断发酵。拉冯打破了所有的政治游戏规则而现身包括各党派代表的政治论坛——以色列议会外交与国防委员会，展示了对防务部门主张和指控的完整清单。他的陈词被泄露给媒体，再次违反了广为接受的规则。当一个部长级委员会（即七人委员会）仅出于程序的目的而建立起来并裁决拉冯没有做出这个命令时，本-古里安认为整个诉讼伤害了权力分立和自然正义的原则，从而宣布辞职。本-古里安对此的立场越顽固，就越使拉冯充当着殉道者的角色。这个事件在某种程度上类似于德雷福斯审判，尤其在马帕伊中央委员会解除了拉冯所担任的犹太工总总书记的职务之后。

超过 100 名教授写联名信抗议本-古里安，要求拉冯的罪名得到洗刷。对于学术界空前的动员以支持拉冯有许多可能的解释。这个事件发生在本-古里安与知识分子爆发的许多冲突之后，这些冲突来自他表达出对希伯来文学的冷漠，他假装成不仅是政治领袖而且是人民愿景的塑造者——这体现在他将《圣经》作为犹太创造力焦点的态度上，而忽视了其他所有世代以来的犹太文化的成就——他将"上帝选民"和"万邦之光"的口号提升为民族目标的地位。根据这种理论，知识分子认为本-古里安的主张不仅是一个领袖而且也是一个可能通向"极权民主"的先知，"极权民主"这个词汇由一位重要的历史学家、知识分子反对派领袖亚科夫·塔尔蒙（Ya'akov Talmon）创造。

对于教授们行为的另一种可能的解释是拉冯从前在戈登青年运动中的领导地位。一些学术界领袖，例如拿单·罗滕斯特里奇（Nathan Rotenstreich），曾经属于这个运动并选择忠于他们过去的领袖。甚至阿摩司·奥兹（Amos Oz）——那时是一个青年作家和胡尔达基布兹的成员，隶属于戈登青年运动——也将拉冯视为他的向导和导师。以色列的高等教育史家乌里·科恩（Uri Cohen），认为政府在 20 世纪 50 年代末决定在特拉维夫建立一所大学，从而打破了希伯来大学对高等教育的垄断地位，在教授们中间创造了一种对立心态，这种情形在拉冯事件上找到了意识形态的焦点。总之，这个事件将以色列的知识分子转变成可以动员媒体并对公众观点产生重大影响的强大的反对派团体。在这个时期，可以从知识分子中间察觉到对国家构建的某种倦怠。而且，教授们离开他们的象牙塔参与到对他们而言是价值问题的行动中的事实，也显示出该团体仍然受到集体主义精神的强大驱动，并视自身为致力于帮助塑造国家形象的力量。

从 1960 年到 1965 年，该事件仍然位于这个国家议事日程的重要位置。但普通公民已对它感到恶心。他们不再对这个故事的细节感兴趣，它的许多自相矛盾的版本仍在受过教育的资产阶级的私人聚会中流行，而他们（普通公民）只是想让它远去。然而，本-古里安不想让它离开。对他而言，主要的问题现在是法律问题：政府的部长们不能证明某个人无罪或者给某个人定罪。允许这种状况发生将对权力分立和建立在其基础上的国家至上原则构成致命的打击。但对于公众来说，他坚持不懈地记住这个事件看起来是一场不必要的权力斗争。一份当时的漫画展示本-古里安用锤子粉碎了他自己的半身像（即摧毁了他自己的公众形象）。

回顾起来，可以看到在认为本-古里安的立场是正确的问题上存在默契，因为 1968 年颁布的《国家调查委员会法》保证了这些委员会从政治体制中独立出来。但本-古里安式的国家主义的胜利是一场皮洛士式的胜利。在此期间，马帕伊分裂了，本-古里安及其支持者从"青年一代"中间脱离出来创建了拉菲党（以色列工人名单党的希伯来语缩写），该党由西蒙·佩雷斯和摩西·达扬领导。马帕伊在公众舆论中的地位受到了损害。在接下来的选举中，1965 年，劳工运动的力量下降了。在大选之前，马帕伊与劳工联盟达成了同盟。而在第五届以色列议会的选举中，马帕伊赢得了 42 个席位，劳工联盟赢得了 9 个席位；在第六届以色列议会的选举中同盟仅获得了 45 个席位。内部的联合和新老成员之间的平衡遭到了损害，年轻的领导层被罢免而被老一代接管。没有了本-古里安的魅力，马帕伊开始在大众中间丧失了其无法撼动的地位。从此以后，它的权力不断遭到侵蚀。

1953 年，本-古里安一度辞去总理职务，前往斯德博克基布兹居住，该基布兹建造在内格夫沙漠中部，与任何现存的基布兹运动没有关联，此举为了证明他对开拓性的国家主义的奉献，即使是在退休之后。大部分以色列人感觉被遗弃，"建国之父"已经离开了国家这艘大船的舵手位置。人们没有看到接替本-古里安担任总理的摩西·夏里特有能力在国家领导人的位置上激发出同样程度的信心。没过多久，本-古里安在1955年重返总理岗位。但在20世纪60年代随着有关拉冯事件的辩论持续进行，公众觉得到了更换守护者的时候。本-古里安培养了一些能干的年轻人（达扬、阿巴·埃班和西蒙·佩雷斯），他们在本-古里安1959年组建政府时被任命到内阁中担任职务。这种行为在马帕伊中间一代引起了担心，即本-古里安试图越过他们将政府的接力棒直接传给年轻人。这个中间一代包括列维·艾希科尔、果尔达·梅厄、平哈斯·沙皮尔和扎尔曼·阿朗内（Zalman Aranne），这些人都身居政府要职。他们在这个事件中反对本-古里安。这种冲突反映了本-古里安在其党内不断衰退的地位以及遭遇了来自内部对其领导权的挑战。1963年的本-古里安辞职和被列维·艾希科尔取代标志着一个时代的结束：以色列民主的初期结束了。政治体制在更换守护者过程中运转良好。艾希科尔在总理任期内在有关国家的中心地位问题上显得更加灵活，在政策上也更加宽容和开放。军管政府的废除和将亚博廷斯基的遗骸带回以色列，预示着扩展以色列民主的范围和国家共识的新意愿。

国家主义是一项指导原则，它的标准并没有一直在实践中得到实现，而且它具有一种实质性的教育价值。最后，成长起来的一代人将其价值内在化，将其自身摆脱了政治化——伊休夫实践的最后遗迹。在这样一个初始时代，制衡机制已付诸实践以确保公民在法律面前的平等和防止政府的武断行为：最高法院、国家审计长和检察总长。这个时期以色列在所有有关个人和少数群体权利的事务上都不是一个自由民主制国家。根据一位学者的界定，国家主义是一个共和的概念，这个概念将国家视为自由的联邦，其成员致力于促使国家的成功，它的话语是强调公民的义务。个体与社会之间的平衡是向社会倾斜。个人的疏离是自由民主制的一部分，但在这个时期的以色列尚不存在；公众参与在这个进程中达到很高的程度。以色列议会选举中很高的投票率证实了这一点。20世纪50年代和60年代，在冷战的高潮时期，甚至历史悠久的民主国家，例如英国、美国和法国都允许它们自身从自由主义原则退让，如果它们觉得公共福祉面临威胁。[6] 因此，根据这些在当时西方民主国家所广为接受的准则，年轻的以色列民主体制运转良好。

第九章

国家构建：经济、发展与大政府

创建国家的经历使其领袖有机会将那些从一开始就丰富着犹太复国主义思想的乌托邦计划付诸实践。委任统治政府对犹太复国主义建设和发展事业愿景的限制走向结束。"我们将以水泥和混凝土来浇筑你，为你建造铺满地毯的花园。"拿单·奥尔特曼在20世纪30年代初期的《清晨之歌》中写道，这首歌被以色列的儿童作为第二国歌来歌唱，以描绘犹太复国主义对这个国家的计划。在独立的兴奋中，每个人都思考着更多的可能和更少的限制。然而，到来的现实使他们清醒起来。

在国家建立的前三年中，每件事情都服从于两大基本目标：争取战争胜利以确保以色列的生存和移民吸收。战争一直持续到1949年春天。自从1948年夏季以来超过10万人被动员起来，结果对经济发展显然不利。另一方面，10万新移民在战争期间到来，比此前任何一年到来的人数都要多。这是随后发生情况的第一个暗示。在建国的头42个月时间里，平均每月到来的新移民达1.6万人左右。总共有69万移民来到了以色列，在三年时间里犹太人口翻了一番。这次移民的巨大规模相当于当时已有的人口总数——这在任何移民国家都前所未闻——给经济带来了巨大的压力。

1948年2月，在一场反对执行联合国1947年11月29日分治决议的展览中，英国将巴勒斯坦镑从英镑区国家移除，这意味着当地货币不再得到英镑的支持。银行全部停止运转，居民无法取出他们的存款；对此，犹太人的反应比较克制。英国-巴勒斯坦银行保证它的金库拥有可使用的巴勒斯坦镑现金供应，以防止短缺损害当地的经济活动。与此同时，银行准备印制新的国家货币以色列里拉，甚至在国家成立前就已开始。以色列里拉——独立和主权的另一种表达——首次出现在 1948 年夏天。为了防止公众丧失对新里拉的信任，巴勒斯坦镑和英镑之间 1∶1 的旧汇率仍然维持。这个比率自从第二次世界大战以来就是不现实的，由于在战争期间巴勒斯坦的通货膨胀率远高于英国，因此巴勒斯坦的货币不断贬值。

维持以色列里拉的面值需要金融管制和法规监管。这些都是计划和直接管理经济（正如当时以色列的经济体制）的首要步骤。这种体制源自伊休夫时期，但现在主权国家要将它实施到所有公民身上。

在两次世界大战期间，英国政府在巴勒斯坦采取了自由放任政策，它意味着国家拥有经济自由。那时，巴勒斯坦没有对购买巴勒斯坦产品的国家予以优先考虑并采取选择性的进口保护关税政策，也没有累进税制，对市场力量的干预是微弱的。这种不干预的政策对犹太人产业和经济活动的发展没有提供任何刺激作用。

第二次世界大战带来了急剧的转变。在英国政府的领导下，建立了定量配给和经济管制体制，委任统治政府对食物采取定量配给和价格管制。它确定了经济管制和优先权——例如，优先投资对英国在中东地区的战争努力十分重要的工业生产，而禁止住房建设——这有助于犹太人工业的发展。犹太人的工业开始在不必与欧洲进口商品竞争的情况下发展，这种竞争由于战争而无法实现。犹太工总建筑公司索勒·博内，转向整个中东地区的军事建造市场，修建道路、机场、军营，成为一个庞大的公司。

巴勒斯坦的管制和配给制度在战争结束时逐步放松，它的法律基础由于退出英镑区而宣告无效。但在 1948 年经过 6 个月的急剧通货膨胀后，管制体制得以重新建立，与此同时，委任统治的立法体制在以色列也被采纳。

在欧洲，从战时经济向和平经济的转变比较缓慢和谨慎，以避免士兵在第一次世界大战结束后复员引发的震荡再次发生。而且，直到 1948 年马歇尔计划实施，现金的短缺导致进口重要商品变得困难。在英国，工党上台执政，对关键工业实施国有化，对国家经济毫不犹豫地进行干预。对日用品实施配给制，由于国家必须照顾其所有公民，因此需要确保国家可利用的食品和能源的平均分配。这种政策由大萧条时期的严酷经历所驱动，它被视为国家无力对规范经济活动进行干预的表现。与应对危机存在困难的西方民主国家不同，苏联，甚至纳粹德国，谨慎地对经济进行规划，尤其知道如何克服失业的不稳定因素，而这给了民主国家重重的一击。约翰·凯恩斯的理论支持国家通过开拓渠道和创造资源来对经济进行干预以确保就业——从而为生产之轮的驱动创造了需求——这被应用于罗斯福总统时期的美国以及"二战"后遭受破坏的欧洲。

在世界大战结束后的 10 年内，国家应当在监管国民经济中发挥中心作用的原则盛行于西欧国家。以色列政府对经济的监管因此也不例外。对于国家领导层来说，这是自然而然和很显然之事。受到不同社会主义思想学派的影响，这些领袖将国家对经济的干预视为实现公平分配和创造他们所渴望的平等主义国家的途径。最重要的是，资本配置的集中管制似乎是确保按计划、加速发展的途径。

领袖们倾向于怀疑各种经济理论。自从犹太复国主义定居点在巴勒斯坦出现以来，绝大部分专家考察了犹太复国主义事业的经济可行性，强调它将永远无法有效运行，但这些悲观的预言并没有发生。因此，政治和社会领导层认为，经济法则不适用于犹太复国主义事业。这样的观念在本-古里安对经济学家建议的怀疑态度中表现得尤为显著。当一个顾问委员会被任命来规划贝尔谢巴市并得出不可行的结论时，他解散了这个委员会并建立了一个新委员会。出于这种怀疑的态度，他对自由市场的怀疑加深了；在他看来，自由市场由经济获益所驱动而非为了建设国家的需要。

建国初期各种物资都严重短缺。外汇储备十分少。政府使用独立战争期间英国冻结而后逐渐解除的英镑账户，到1952年以色列有权使用所有这些账户，账户资金被用于从国外购买食物和燃料。建立在世界犹太人捐赠之上的资本输入，还远远达不到战争和移民的需求。政府以通货膨胀的方式印钞票，以支付当地的开支。1948年，40%的国内生产总值用于战争费用。然而，进口严重依赖可用的外汇，而它在当时几乎已耗尽。1949—1952年，食物和燃料的储备也接近于零。这个国家的运转能力依赖经济领导人的操控能力，他们成功地以短期信贷带来了油罐车和运粮船。

以色列经济部门领导人感受到急迫和压力，而政治领导人则盲目乐观，正如我们看到的，后者倾向于蔑视经济法规，就像一位犹太复国主义高级领袖的著名言论所表达的："我正在谈论预算，而他们正在唱《哈蒂克瓦》。"[1] 在1949年，为了应对短缺和物价上涨，政府决定采取紧缩政策——食物配给和价格管制。一年后，这个英国人曾使用的体制被采纳了，鞋类和衣服也都实行配给制。紧缩政策适合于在全体人口中平均分担移民吸收负担的社会主义概念。但没有对工资进行冻结，工资与消费指数（建立于"二战"期间的制度以应对通货膨胀所带来的物价上涨）相关，由于犹太工总与其雇主之间有年度协议，它每年也在增长。

一开始，人口中的老成员带着理解接受了紧缩措施，但无法持续下去。在1949年春停火协议签订后，战争结束使他们感到放松，开始对政府的管制政策表示不满。掌握在公众手中的盈余现金无处使用，这一压力导致黑市的出现，它表达了消费者的觉醒和拒绝接受紧缩政策。需求的压力削弱着紧缩政策，所有进行管制的尝试都失败了，增加了大众对政府经济政策的不满——表明无视经济规律并不一直是一个好主意。以色列里拉与美元之间不切实际的汇率（0.35里拉兑1美元）增加了进口成本，并导致外汇储备的缩水。紧接着，朝鲜战争导致了全球物价上涨。

其结果是，与管制、配给和通货膨胀同时发生的还有不可忍受的形势。1952 年，尽管有来自左派的反对，财政部领导还是成功地使政府确信有必要进行政策调整。政府同意停印钞票并对银行持有的所有现金和存款征收 10% 的税。里拉贬值了约 80%，这一动议在 1953 年 4 月被重申，当时将汇率确定在 1.8 里拉兑换 1 美元。这个汇率几乎维持了 10 年。通货膨胀受到抑制成为以色列停止紧缩政策之后的主要特征，尽管外汇储备的水平仍然较低，但现在经济逐步实现复苏。1950 年，以色列接受了首批美国贷款。1952 年以色列获得了今后 10 年发展所需的首批外部经济资源：美国犹太人购买的独立信贷（以色列债券），美国的援助协定，以及与联邦德国达成的赔偿协议（稍后将进行探讨）。

从马帕伊领导层的角度来看，建国后的形势为快速发展和福利国家提供了条件。正如我们看到的，在建国前绝大部分投资于这个国家的资本都是私人资本，绝大部分犹太人控制的土地是私有的。水资源、电力和自然资源等不由英国当局控制的领域均由私人公司所有。现在，随着阿拉伯人的离开或被驱逐，62.5 万英亩的无主土地突然属于国家，因为国家既是国有土地的继承者，同时也是被称为"被遗弃财产"的继承实体。被遗弃财产是宽泛的界定，所以它也适用于一些仍在以色列边界之内的阿拉伯人土地。这个国家超过 90% 的土地现在转为国有。政府也控制了资本输入，其中绝大部分是公共资本。所有这些因素使国家可以使用经济杠杆和生产手段以用于计划性的项目。它可以根据自己挑选的国家优先事项来选择项目的位置和想要投资的行业。即使没有直接投资于特定的企业，它也可以使用拨款、补贴、进口许可证、对外国的直接投资者进行外汇分配等手段，以投资于产业和选择其地理位置。在一开始，这些投资者并不多；他们主要出现于 20 世纪 60 年代。

犹太复国主义传统对农业和建筑业给予了优先地位。在 1948—1951 年的四年间，建立了 270 个农业定居点，其中 100 个定居点为移民莫沙夫。这一时期建立的定居点数量等同于此前 70 年间犹太复国主义在巴勒斯坦建立的定居点数量。1943—1951 年，从事农业的人数翻了一番，即使他们在所有雇佣者中的比例没有增加。到20世纪50年代末，建立了400个农业定居点。政府的目标是确保犹太人定居点分布在阿拉伯居民撤离后留下的大片土地上——沿着边界、耶路撒冷走廊和内格夫北部。农业也理所应当地给人口供应食物，正如前面提及的是，人口由于大规模移民增长了一倍。受犹太复国主义意识形态的影响，农业被视为有益于健康的职业，因为它使离群索居的犹太人贴近故乡的土壤，帮助他们扎根于土地，并使他们习惯于体力劳动。可供利用的生产方式、土地、水和劳动者——加上不熟练的新移民——使农业成为解决移民就业和住房问题最便捷和最有效的办法，而这也满足了国家在边界地区的安全需要和为不断增长的人口供应食物的需要。那个时期的定居点规模十分庞大。1949—1952年，农业生产增长了一倍。与此同时，作为疏散人口努力的一部分，政府在这个国家不同地区建立了大约30个城镇，称之为"发展城镇"。

政府对资本输入进行控制使之导向它倾向于发展的产业。直到1955年，被选定的部门都是农业。1956年，农业短缺的时期结束并进入了富余时期。与此同时，变得清晰的是，农业废水成为一种重要而稀缺的资源。平哈斯·沙皮尔被任命为贸易和工业部部长标志着一个新的方向：对地方工业发展的投资。工业的建设通过补贴的赞助、友好的汇率、保护性关税和政府投资得以发展。建造的工厂绝大部分都是从事建立在地方原材料，即内格夫北部棉花种植基础上的棉纺织业。职工都是不熟练的工人，这些工厂为发展城镇的居民提供了就业，这些城镇过去都是在缺乏生产性基础设施的情况下建立起来的。

根据社会主义理论，生产的基础设施应该置于政府手中以便为国家利益所用。政府控制着能源、运输和水。它接收了巴勒斯坦钾碱公司并建立了死海工厂。它还接收了电力公司。政府创建了以色列航空公司和兹姆航运公司。它在阿什杜德建造了一个新港口。政府接收了海法炼油厂。道路和铁路网络也在加快发展。与犹太复国主义的愿景一致，政府将国有资本投资于主要的灌溉工程：雅孔河-内格夫灌溉工程和国家输水系统。后一个工程将水从加利利湖引往内格夫，将大片干旱土地转为充分灌溉的土地，为农民提供可以改善其生活水平的生产方式。胡拉湖的排水工程——过去这里几千英亩的地方一部分是湖泊，一部分是沼泽——成为犹太复国主义梦想成真的极好事例。然而，在这个事例中，开发这个地区的最初的热情被证明是建立在错误的做法之上。排干的土壤无法耕种，而湖泊被排干则破坏了独特的自然环境。胡拉的部分地区在 1990 年被再次注入水。在这个方面，20世纪 50 年代的以色列在加速发展方面类似于其他国家，没有意识到生态的代价（例如埃及的阿斯旺大坝和苏联的一些建设项目）。

国家在这些基础设施方面的巨大投资导致以色列经济前所未有的增长，在 15 年中，以色列经济实现了年均 10% 的增长率。政府并没有将建设基础设施的公司国有化，因为这个步骤可能会阻止潜在的投资者。政府购买了这些公司，其中许多成为置于公共控制下的有限责任公司。但在 1955 年后，考虑到埃及—捷克军火交易（随后将讨论）中军事采购的需要，国防预算增加至国家预算的 7.5%。相当大一部分的国防预算流向当地市场，这样政府更多地卷入到了当地的市场活动之中。国防工业的建立为国家干预经济提供了另一个领域。在这一时期，公共部门（政府）构成以色列经济的 20% 左右。

与此同时，犹太工总也在发展。犹太工总的建设部，以工人协会的形式出现，在农业、建筑业和工业中越来越强大。1949—1954 年，基布兹的数量增加了一倍，人口增加了 60%。其生产能力和产量也翻了一番，一些基布兹见证了工业的开端。绝大部分移民莫沙夫是在犹太工总的大伞下发展。这个部门的销售和购买是合作制，因而具有重要的议价能力。索勒·博内是国家从事大型工程的承包商，因为它拥有所需的经验和技术。它建设了公共住房、发电站、道路和定居点。市场上没有其他公司可以与其生产方式进行竞争，甚至执行能力也是如此。在 20 世纪 50 年代的下半期，工人协会也开始建立和接收国防、重工业和消费品领域的公司。在这个时期，犹太工总大约占经济的 20%，与公共部门所占比例一样大。

本-古里安及其同事之前有关私人资本只会导致获利而不从事国

家目标的观念，随着时间推移变得温和起来。以色列债券的犹太投资者和流散地对以色列的主要捐赠者具有资本家的视野，对公共经济以及国家对其的控制表示怀疑，甚至不满。1950年，以色列与美国的经济关系更为密切，这进一步软化了以色列对私人资本的态度。政府出台税收法规鼓励非政府投资者的资本投资活动。在20世纪50年代下半期，私人资本开始流入以色列，通过犹太投资者和德国的个人赔偿两个渠道。如果私人企业家在政府所界定的发展区域从事政府鼓励发展的产业，他们将得到政府资助。该政策鼓励在边远地区或靠近中转营和发展城镇的地方建造工厂，以便为移民提供就业。政府大力投资于这些事业，在有些情况下，这种投资在经济学上是站不住脚的。但对于贸易和工业部长平哈斯·沙皮尔而言，就业和发展是第一位的；他不关心后来的盈利情况。他发起的投资局用于赢得海外犹太投资者对工业发展的资助。在20世纪60年代前半期，投资局筹集到上亿美元。因此，一种包括私人和公共经济的合作模式发展起来了。这两种经济类型有赖于政府通过关税和对竞争性的进口商品征税，有益于工业发展的特别汇率，对发展地区提供拨款等政策。

大部分流入这个国家的资本用于投资和发展领域，但也有相当一部分的资本转移到消费领域。在这些年中，整个人口的生活水平有了实质性的提高：1955—1966年，人均消费量增加了221%。如何在生活水平提高——使绝大部分人口受益，他们参与到消费的不断增长当中——和用于发展的资源分配之间找到很好的平衡点，是仍然让经济学家困惑的问题。如果部分的资源没有被转移到消费领域，很可能会出现离开这个国家的移民潮。而这种对投资于基础设施和指定发展领域的外国资本进行重新分配并部分将之转移至消费领域，目的在于提高民众的生活水平。

工人协会延伸的领域越是得到扩展，在犹太工总作为工会的代表（代表领薪水的工人）与其作为雇主的身份之间的内在冲突就越明显。在大规模移民时期，成千上万的人失业给劳动力市场造成低工资现象，犹太工总认为必须以欧洲工人获得的同等工资水平将移民吸收到经济中。它强烈反对削减工资，即使在20世纪50年代初的严重失业时期。地方工人委员会则主张以较低的工资为来自中转营的工人提供工作。这种政策有利于老员工和熟练工人，但伤害了弱势工人和新移民的利益。与此同时，犹太工总的企业本应是有利可图的，但它们实行犹太工总的工资原则，加上对雇佣和解雇的严格规定，所以这些企业想保持稳定获利也不容易。犹太工总在服务于国家使命上值得信任，因为尽管政府许诺予以支持，但私人资本拒绝前往那些发展中的地区建立工厂。但从这里开始，领薪水的工人、工厂管理层和工人协会执委会之间的矛盾在犹太工总比较独特，最终导致了它内部的利益冲突。

1953年在劳工部长果尔达·梅厄提议下制定的《国家保险法》，在当时被视为浪费，是国家无法负担的事物。但这部法律成为以色列社会保障网的基础，它保障着全部人口中的老年人和残疾者的退休金、带薪产假、职业事故保险以及后来的额外权利。引人注目的经济增长与领薪水工人之间低工资差别的维持一道使得20世纪50年代末的以色列成为最具平等主义精神的非共产党国家之一。以色列的福利国家将教育公民从事生产性工作作为一项首要的国家使命。例如，政府和犹太工总都强烈反对失业保险，它被视为对非生产性的堕落生活的鼓励。相反，以色列制定了充分就业政策，即使它意味着引入没有经济价值的工作福利制。

但由于经济以及该领域的劳动分工越来越复杂，工人团体开始要求他们自己独立的组织和工资等级。他们反对犹太工总的工资等级，它的薪水水平与资历和家庭成员数量相关联。在20世纪50年代末，工程师、医生和高中教师都要求确保获得相对于蓝领和白领工人更高的工资。犹太工总在接受这些要求方面存在困难，它认为这将损害其相对平等的政策。它试图要求达成工资协议以冻结现有的不同职业的差别，以便如果某个团体增加工资，所有其他团体也将以同等比例增加工资。然而，希望各个职业同意这项提议是完全不现实的。考虑到社会主义—犹太复国主义将所有职业分为"生产性"和"非生产性"的传统观点，犹太工总更倾向于支持工业、农业和建筑业而非服务业的工资要求。但服务业在不断增长，犹太工总的控制力也在削弱。

本-古里安的国家主义概念作为国家资源，具有重要的科学意义而被认可。考虑到阿拉伯国家的巨大人口优势，他一直认为保证以色列存在的因素之一就是它利用人口的思想、技术和科学能力使社会受益的能力。这个观点部分地建立在根深蒂固的对犹太人天赋的自豪之上，经常通过引用犹太人获得诺贝尔奖的高比例和犹太人对世界文化的贡献来加以论述。促进科学发展和科学家认同国家主义的目标，是建立基于个人成就的精英体制。这个想法的目的是将以色列摆在现代、世俗和进步的西方国家之列。培养科学精英的政策体现在建国初期以色列对高等教育的巨大投资上。以色列建国时，已有两大高等教育机构，即耶路撒冷的希伯来大学和海法的以色列理工学院。魏兹曼科学研究院在随后作为研究机构出现。认识到国家对受过教育的人口补充到公共行政机构岗位以及创造一个工程师和技术人员、研究人员和发明家阶层的需要，以色列对发展高等教育进行国家投资，以使得以色列中产阶级容易获得高等教育。在很短的时间里，出现了几所大学——巴伊兰大学、特拉维夫大学、海法大学、贝尔谢巴大学（随后成为内格夫的本-古里安大学）。

科学成就应用于实践的一个领域就是农业。灌溉的有效利用、新作物品种的发展、非本土品种在当地农业中的运用、现代培育方法等使以色列成为世界上在农业发展领域最为著名和最为先进的国家之一。20世纪60年代，以色列将其耕作技术出口到非洲国家。科学能力也被用于国防工业。拉斐尔即武器装备发展局的建立，是本-古里安远见卓识的另一个例证，他通过与学术研究人员合作投资于科学发展，即使在国家处于各种资源尤其是外汇短缺的情况下。大量的技术被发展起来用于国防建设，随后又整合到工业生产中，因此增加了以色列的出口能力。

20世纪60年代初，以色列完成了一批大型国家项目，包括国家输水系统、死海工厂、阿什杜德港口以及迪莫纳附近的核反应堆。也是在这个时期，移民人数较少，而以往通常通过对移民吸收的投资带来了繁荣。以色列的国际收支逆差增加，在"经济独立"的旗帜下，政府试图通过货币贬值和废除多重汇率来削减这种逆差（1962年引入了3里拉兑1美元的汇率）。但这些尝试都宣告失败。削减赤字的计划与经济持续增长背道而驰。在前面提及的主要工程完成后，政府没有启动新的工程。由此导致的经济活动的减少与阻止工资增长的尝试一起，导致了经济的减速、国内生产总值的停顿和失业的增加，这次衰退主要对相对富有的中产阶级和青年学者造成了打击。因此，许多人离开以色列，当时流传着一个笑话——关于罗德机场的一个标语"最后一个，请把灯关掉"——成为全国性的谈资。计划经济的减速变成失去控制的经济衰退。由于六日战争的到来，经济很快就走向复苏。

如果没有政府的指导，在战争和大规模移民的条件下，以色列能否达到当时的发展水平？这个问题在经济学家中间仍然存在争议。但在20世纪50年代初的条件下，这个问题很可能并不明显。直到大规模移民结束的1952年，以色列仍处在类似于战争形势的紧急状态之中。即使在这个状态结束过后，几乎没有私人企业有能力或愿意承担垦殖边远地区的重担（由于它们没有任何经济价值）；培训成千上万的不熟练的移民；吸收病人、残疾和未受教育的人口；建设交通、水和电力基础设施；以及为无支付能力的人口提供健康服务、教育、住房等。

尽管存在种种缺点，但管制经济使以色列国以很快的速度发展，这一模式也成为发展中国家的杰出案例。1963年，以色列97%的人口拥有自来水，93%的人口用上了电。自从1948年以来，私人消费增长了200%。一年级的小学生数量从1949年的17 137人增加到1963年的55 301人。医院床位数从1948年的4626张增加到1964年的17 612张。人均国民生产总值从1950年到1963年增长了232%。如果没有管制经济，这些成就是否可能是值得怀疑的。的确，那时的正直标准不同于今天，但毫无疑问的是，"我们的人民"宁愿接受与工程和资源分配相关的所有事物，这种安排就是标准的实践。

以色列没有诸如盗窃国有资源之类的腐败行为，而一些发展中国家，甚至一些发达国家的统治者却不乏此类行径。以色列的政府领导人维持了简朴的生活方式和他们的正直。

但人们也不能不考虑这种体制在公民和官员之间引起的内在痛苦、敌对和疏远。在政府部门、就业介绍所、疾病基金诊所、内政部与贸易和工业部之间，在全能的官僚与需要其服务和恩惠的公民之间存在着持久的谈判。一边体现出高傲的态度，而另一边感受着耻辱和屈从。公民必须像乞丐一样站在被执政党和体制的所有错误与缺点所缠绕的权力走廊中。曾对以色列经济取得惊人成功负责的马帕伊，在所有对犹太复国主义梦想感到幻灭的人中间引燃了不满的火种。所有移民和吸收过程中的不适与潜在的不满也因此而产生。如此一来，对这个体制的不耐烦转变成了对劳工运动的愤怒。

第十章

大阿里亚：大规模移民

最为深刻地塑造以色列形象的长期因素就是移民现象，它发生在以色列头 20 年的几次浪潮中。尤为重要的是在建国头三年到来的移民浪潮。几十年来，这场阿里亚以"大规模的阿里亚"而著名，但人们最近习惯上称之为"大阿里亚"，因为"大规模"一词暗含着某种贬义的态度。对这次阿里亚特征的敏感由命名暗示的变化所揭示，这种变化体现在移民的剥夺与耻辱意识和试图安抚并使他们更加亲近，以治愈过去的创伤。大规模移民是由新政权推动的大型活动，他们现在因为掌握政权而激动不已，认为可以实现其所有的梦想。与此同时，这项事业也是对人们的需求缺乏考虑的痛苦实例，将集体利益置于个人幸福之上，相信意识形态是可以塑造一个新的人类和新的民族的力量。

1948—1949 年大批涌入的移民浪潮被称为"一场暴雨"。在中东地区，雨水是一种祝福，但一场暴雨也可以造成破坏。在英勇的非法移民斗争期间，犹太复国主义主要的口号曾是"自由移民"。现在那种愿景已经实现，移民正在抵达以色列国。但突然明确起来的是，尽管对这次阿里亚的到来有着热切的期待和欢迎的言辞，但没有人为大规模的人口涌入这个国家真正做好了准备。

第一批到达的是来自德国难民营的欧洲犹太人幸存者，在长达 9

年的战争、流浪、痛苦和亲人离世后，现在他们希望找到了一个永久性的天堂。此外，英国现在也打开了塞浦路斯拘留营的大门，当地关押着大批在前往巴勒斯坦途中被拦截的非法移民，现在这些被拘留者全部来到了以色列。当这个群体到达以色列时，保加利亚政府对其犹太公民给予了出国许可证。保加利亚是社会主义阵营的成员，它已经被铁幕与西欧国家隔离开来。从 20 世纪 20 年代起，苏联犹太人不被许可离开这个国家，每张来自东欧社会主义阵营国家的出国许可证都被视为不可撤销的机会。现在，在事先没有警告的情况下，整个社群——它的领袖、青年人和老年人——都准备移民以色列。很显然，他们没有被告知"等一会儿吧"。这种抓住机会的同等迫切的需要从未在波兰和罗马尼亚出现。这两个国家的政府完全不可预测，某一天它们允许犹太人离开，而第二天离开行为就被禁止，随后离开又被允许。战争和随后由当地人制造的屠杀和集体迫害，在移民和以色列人的脑海中记忆犹新。伊休夫领导人对第二次世界大战期间欧洲犹太人的灾难的负罪感和绝望无助，现在转变为一种普遍的民族一致情绪。等待是不可能的。所有想离开的东欧犹太人都必须被带到以色列。

还有其他犹太社区在其国家也面临着危险，并寻求移民到犹太人自己的国家。在整个中东和北非，由于穆斯林与犹太人的关系不断紧张，尤其是自从犹太国家建立和独立战争爆发以来。在埃及、伊拉克、也门，犹太人与其邻居的紧张关系来自政府与街道上民众对犹太人的敌视。移居圣地的传统使也门犹太人自从第一次阿里亚时期开始就成为移民巴勒斯坦的一股细流，现在他们是成千上万地到来。从他们感到十分脆弱的小而偏僻的山区小镇，从萨那和其他城市，他们涌向英国在阿拉伯半岛尖端的殖民地亚丁。英国同意也门犹太人待在亚丁，其条件是以色列国尽快将他们撤走。将也门犹太人空运到以色列的行为被称为"魔毯行动"，它激起了人们对这个年轻国家新能力的热情。

在 1949 年也门犹太人到达时，成千上万的犹太人开始从突尼斯、土耳其、利比亚涌入以色列。在利比亚，发生了一场针对犹太人的集体迫害，导致整个社群想要前往以色列。移民营，尤其是海法郊外的移民之门，挤满了新到的移民。这些移民都没有住房。自从战争结束起住房短缺问题就没有解决，而现在需要为25万新来者提供住房、食物和就业。住房问题通过将13万移民安置到被废弃的阿拉伯村庄和城镇——雅法、海法、太巴列和拉马拉——而得到了部分的解决。住房虽然并不理想，但至少确保人们有地方住。第一批大规模的移民来自保加利亚和难民营，被视为享有特权而居住在这个国家的中部地区，靠近就业来源地和优质的学校。但这只是大移民浪潮的开端。

1950年3月，伊拉克政府宣布它将允许愿意离开的犹太人移民，如果他们宣布放弃其公民权。这项法律的有效期仅为一年。它是始于1932年伊拉克独立的持久过程的结果。从20世纪之初以来——尤其是在英国委任统治之下——这个国家自豪而成功的犹太社群实现了现代化，并整合到伊拉克经济和文化之中。但是，不断高涨的阿拉伯民族主义以及巴勒斯坦的民族冲突，加重了伊拉克犹太人与穆斯林之间的紧张关系。现在扎根于故土的伊拉克犹太人发现他们的经济和社会地位被削弱。他们曾经是享有平等权利的公民，但现在有赖于政府的恩赐和善意。直到20世纪40年代，这个社群的绝大多数人都认为其是伊拉克人民的一部分，这种认同现在由于来自政府、媒体和大众的敌视而被动摇。一些受过教育的犹太青年加入了共产党，将伊拉克的政权更迭视为摆脱其困境的唯一办法。其他人转向了犹太复国主义。从1943年以来，伊拉克的犹太复国主义运动一直比较活跃，获得了热心青年的支持。

这项允许犹太人外迁的法律目的是使几千名被政府视为犹太人口中具有煽动性的活跃核心以及一无所有的贫穷犹太人离开。伊拉克政府估算大约有1万人离开，而以色列方面的估计为3万~4万。施罗莫·希勒尔（一位出生于伊拉克的以色列人，他是阿里亚B协会在伊拉克的代表）估计将有7万人迁出。没有人能够想到将会有12万人离开。但登记离开的人数像滚雪球一样越来越多。由于越来越多的人登记移民，其他人更担心他们将沦为一个人数较少、遭受迫害的少数群体。同时，为了阻止向外移民，当局开始限制离开者携带的金钱和贵重物品的数量。最后，1951 年 3 月，他们冻结了伊拉克犹太人的财产并禁止迁出者带走任何东西。向以色列移民的活动一开始进展缓慢(同时还有来自罗马尼亚的另一波移民潮)，最终演变成为一场恐慌，导致一个富足、完善的社群沦为身无分文的难民群体。1950—1951 年，整个伊拉克犹太社群移民到了以色列。与"魔毯行动"的东方主义浪漫相对应，此次空运被给予《圣经》的名称"以斯拉和尼希米行动"，这是以居鲁士统治时期从巴比伦流放地返回的犹太领袖的名字命名。

以色列政府对移民过程进行了有限的控制。意料不到的政治形势，正如伊拉克、波兰和罗马尼亚发生的那样，促使以色列无法拒绝成千上万的犹太移民。在其回忆录中，施罗莫·希勒尔描述了他与犹太代办处财务主管列维·艾希科尔的对话，后者告诉他"转告你们出色的(伊拉克)犹太人，我们非常高兴他们都来到以色列。但他们不应那么着急。目前我们没有吸收能力，我们甚至没有帐篷。如果他们到来，他们将不得不露宿街头"。另一方面，本-古里安强烈驳斥以色列吸收能力有限的说法："我们必须将伊拉克和所有其他流散地准备迁出或必须迁出的犹太人带回，并且尽可能快地——无须考虑财产和吸收能力。"[1] 政府和犹太代办处尝试为移民设置资格条件，但没有成功。针对病人、残疾人和无法工作者的禁令，都被各个地方的移民代表所反对。东欧当局也不接受以健康为基础的移民限制。大规模阿里亚中需要福利援助的移民比例尤其高。《哈波克尔》日报写道："这次阿里亚带来的移民都没有经过挑选。大量的移民是遭受命运打击者，老人、体弱者、慢性病患者、残疾人和其他社会病类……不想工作者，他们对这里的基本状况缺乏理解和克服困难的耐心。"[2]

到 1950 年，移民营的形势变得无法容忍。沙阿哈阿里亚(Sha'ar Ha'aliya)移民营的负责人描绘如下：

> 移民被铁丝网所包围，并由武装警察所保卫。在不同时期，英国军队留下的木石小屋中的拥挤状况达到了残酷的程度。他们一天三次排成长队领取配给的食物。医疗和关税部

门前的队伍长达几千米。移民在前往澡堂过程中不止一次地需要等待几个小时，而公共厕所也挤满了人。移民营中的供水并不一直充足，经常出现停电，在晚上移民营处于完全的漆黑之中……[3]

移民希望移民营能提供临时住房，直到搬入永久的住房。但他们没有地方可以搬入。移民住房的建造远远落后于新到者的人数，这也为外汇的短缺所耽搁。在犹太代办处执委会的会上，代办处移民吸收部负责人吉奥拉·约瑟夫塔尔（Giora Josephthal）博士说："50名男女老少都同住一个宿舍，此类极端情况不可避免。这种恶劣的条件无法留住人们……在很短的时期内，优秀的人来到这些移民营后都将陷入抑郁，直到人们除了默默哭泣，没有力气做任何事情……"[4]

除了使移民的处境悲惨以外，移民营也给犹太代办处微薄的预算造成了沉重的负担。他们的居民不能离开直到他们搬入永久的住所。他们不从事工作，而是由移民营的食堂供养。大型集体宿舍的生活缺乏隐私，没有过家庭生活的可能性，这让人们情绪低落。于是，中转营的想法被提出。在永久的住房被建造之前，移民转移到这个每户拥有其自己单元的暂时住房。父亲能够外出工作和谋生，母亲能够为全家做饭，子女可以去上学。中转营被视为移民营和永久住房之间的中间阶段：这是对移民生活条件的巨大改善，也是他们在以色列富有创造性生活的第一个阶段。

然而，很快证明中转营的条件并没有比移民营改善多少。中转营的住房单元都是帐篷、铁皮棚屋、防水帆布或小木屋——这些材料都用于快速、廉价的建筑。这些建筑狭小且是临时性的，因此它们没有电和水。洗漱设施和厕所是公用的。"我在中转营首先遇到一群青年。当我问淋浴在哪里，他们被这个奇怪的问题惊住了，并回答说：'自从我们离开了贝特里德移民营，我们就没有淋浴过。'在整个中转营，有两个供所有人使用的水龙头。这里大约有1000人。厕所没有顶，飞舞着成群的苍蝇。用于淋浴的瓦楞铁皮建筑已经建好，但由于缺水而变成了厕所。"这是一位参观了米吉大-加德（Migdal-Gad）中转营的记者的描述。[5] 他的叙述是中转营贬低者较为温和的描述之一。

到 1950 年年底，建造了 62 座中转营，安置了大约 10 万人。1951 年年底，在 3 年大规模移民后，中转营的居民达到了 22 万（此外超过 25 万人居住在临时住房中）。其后人数不断在刷新：从飞机和船只到移民营，再到中转营。一些移民宁愿选择移民营，那里他们可以获得每日的食物配给和免费的健康与教育服务，而对于中转营，那里的居民必须通过工作来谋生。中转营的就业包括中转营内部的小型商品交易或工作福利制，它在造林、筑路或为中转营居民建造永久性住房等方面提供就业补贴。这种低收入、临时性的工作不能保证未来的生计，但可以避免懒散，国家领导层将懒散视为导致退化和腐败的首要原因，他们认为必须尽一切努力来阻止它。

最令移民震惊的是，他们不熟悉以色列官僚体制的神秘特征，也不理解其语言，中转营居民必须经历一个无产阶级化的过程。他们被迫习惯体力劳动，而这在其原来的国家是被视为不光彩的。一些人在亲戚或朋友的帮助下自发（有时借助某些方式）离开了中转营，打破了制度化的吸收过程。或许最为严酷的经历就是中转营伊拉克移民的经历。大屠杀幸存者和塞浦路斯被拘留者在几年的集中营生活后到达以色列，也门移民在来到以色列之前也曾在中转营待过。然而，对于伊拉克移民来说，将宽敞舒适的大房子与中转营帆布小屋的悲惨遭遇分隔开来的仅仅是几个小时的飞行。毫不奇怪的是，一些来自伊拉克的移民作家对以色列的经历通过中转营深深地刻在他们的意识之中，他们在其作品中对之做了描绘。

1952 年下半年移民人数大幅度下降，这是由于移民吸收的困难。接下来的 3 年里，吸收体制得到喘息，并开始规划和执行撤离中转营的做法。在之后的 6 年里，绝大部分中转营取消了，其居民搬到了永久性住房中。移民营的情况也是如此，当中转营腾空时，很少有人拒绝离开，或者由于他们的亲戚还在那里，它靠近他们的工作场所，显得更熟悉和舒服，或者由于在许多年的依赖后，突然独立让他们感到害怕。正如当德国的难民营腾空时，一些人失去了教育和缺乏社会竞争力，而依然作为享受福利的被救济者，但那些主动和有能力者迅速把握了重建生活的机会。

此次阿里亚带来的巨大困难造成负责监管移民进入过程者与那些对移民到来后负责吸收者的冲突。第二个群体要求移民的涌入要建立在吸收能力之上。他们警告说，移民营和中转营中不可忍受的状况制造了一场人类灾难。对他们而言，不受控制的移民政策反映了为了"聚集流亡者"而牺牲个体，这是不负责任的。另一方面，负责移民的人们看到了整个社群的崩溃：人们被从他们的家园和熟悉的环境割离，他们放弃了原有的工作。这些行动家不能在中途阻止这个过程——在有些情况中，他们自己开始了这个过程。对于他们来说，任何对移民的限制都是对他们"神圣工作"的削弱——更不要说将成千上万的移民滞留在中转营的不安定环境之中，而没有将他们带回家园的可能性。

东方犹太人与资深以色列人

1950 年，自从现代返回锡安的移民运动开始以来，首次出现移民绝大部分来自伊斯兰国家的情况。在伊休夫时期，90% 的移民来自欧洲。在大规模移民的第一年和第二年，阿什肯纳兹犹太人仍占多数。但从 1950 年起，绝大部分移民都是来自中东和北非国家的犹太人。1952 年，大约 60% 的中转营居民都是来自伊斯兰国家，这些人随后被称为"密兹拉希"（即东方犹太人）。尽管摩洛哥移民是大规模移民浪潮中很少的一部分，但他们也接受了这个特别的贬称。认为第一次浪潮中到来的一些摩洛哥移民来自米拉赫（即主要城市的隔都区）是有一些根据的，当地条件严酷，贫困和社会隔离盛行。这个群体包括一些被称为"摩洛哥刺刀"的犯罪分子，以及大量的老年人和残疾者。青年人和那些拥有生存技能者选择留在当地。20 世纪 50 年代初期，法国在北非的统治仍然稳固，这个地区的犹太社区并未受到威胁。

考虑到吸收的困难，以及建立在某些国家不存在必要的营救性移民的评估，1951 年 11 月犹太代办处执委会采用了选择性移民策略，以对移民进行选择。营救性移民和能够为其吸收提供资金的移民可以不受限制。很大程度上，这些限制建立在吸收能力的原则之上，该原则曾在委任统治时期发挥作用。在建国初期，以色列国给予受过军事训练的青年以优先的移民权利，因为他们可以加入以色列国防军——加哈尔（即海外招募的士兵）。但在战争结束后，所有有关移民的限制也随之结束。现在新的规定对绝大部分移民的限制条件为有低于 35 岁的养家糊口者的移民家庭。那些没有生存技能或职业者被要求从事农业劳动两年。对移民的批准还需要一份医学证明以证明移民候选者身体健康。这些标准并没有被严格坚持，随着时间推移它逐渐松弛。年龄限制被提高到 40 岁，一个家庭出现一个伤残者的情况被允许移民，如果这个家庭拥有一位积极的养家糊口者，等等。

以色列人欢迎移民运动但不欢迎移民者的说法，在大规模移民时期尤其准确。伊休夫中的资深者在独立战争期间经历了巨大痛苦和较大损失。普通人和精英都已筋疲力尽，并渴望得到休整。国家的建立和大规模移民打开了资深以色列人在政府、军队、教育等部门快速提升的通道。从此次大规模移民浪潮开始，以色列公众在帮助移民吸收问题上显示出相对有限的意愿去充当志愿者。许多伊休夫精英持有的国家主义概念遭到了挑战，不少反对者从对国家使命的责任中摆脱出来。在理论上，他们想返回到志愿主义的标准，但实践上他们自己不愿意充当志愿者。很可能以如此庞大的规模聚集流散者的整个行动在他们看来是古怪而有威胁的，超出了他们能够应对的范围。

一些人到处充当着志愿者。妇女组织活跃于海法的移民之门以帮助新移民。莫沙夫运动派遣数百名志愿者帮助新移民的莫沙夫（下文将讨论）。基布兹运动收留了青年阿里亚的儿童。但这些都是微不足道的少数，可以由这个事件得到证明：1951 年冬在中转营遭遇大洪水后呼吁伊休夫资深人士将移民子女收留在其家中的尝试遭到失败。仅有几百而非几千家庭给予了回应。当时中转营已经建造，当局致力于将他们安置在靠近现有的社区以为移民提供服务和就业。但越是强大和完备的市政当局，越容易成功地将中转营拒之门外。因此，特拉维夫地区仅有一座中转营，拉玛特甘不允许在其辖区内建造中转营。中转营建造在靠近相对弱小的城镇，这些城镇能够被强制接受政府权威，但这些城镇在提供移民所需的服务和就业方面存在困难。

资深以色列人对新移民采取无视态度。乌里尔·西蒙（Uriel Simon）描绘了这两个世界之间的疏离感：

> 一个人乘坐火车看到他国家的地貌和其中的中转营。许多闪闪发光的铁皮棚屋，那是密集的中转营，周围是臭烘烘的厕所，看起来就像是身体上的伤口。蓬头垢面的儿童穿着破旧的衣服站在马路边，用他们的小手向他招手。仅有几秒钟的短暂对视，他看到了他们眼中的泪花，但他没有举起手进行回礼。他宁愿选择依然冷漠和疏远，他害怕这种接触。[6]

移民营和中转营是他们旁边的世界，仅有很少的资深以色列人愿意与之接触。他们读到了报纸上发生的事情。这些文章描述了一个异质的、惊人的国度：垃圾和污物、悲惨、冷漠、懒惰和堕落的生活。

资深以色列人将吸收的困难视为到达以色列地所需经历的痛苦的一部分。"当我们来到这个国家时"成为资深以色列人用以合理化新移民所遭受的艰难状况的标准用语。资深以色列人已经忍受了他们的艰难，他们不愿意回到紧急状态的统治；实际上，严苛措施的失败部分地表达了他们对强加给他们的新法令的反抗。有关移民营和中转营的新闻报道中引人注目的描述，没有引起老移民对新移民的普遍同情，反而带给他们疏远和恐惧的意识，就好像移民营给这个国家带来了危险一样。移民因流行病和其他疾病所造成的肮脏和受苦形象只是加重了这种恐惧。当脊髓灰质炎袭击这个国家时，一些人说是移民把它带入了以色列。

伊休夫的资深成员被警告道：犹太复国主义事业是否存在着被毁

灭的危险？以色列是否需要这些涌入的移民浪潮？甚至支持无条件地持续移民的本–古里安也写道：

> 赫茨尔构想的"新兴的犹太民族"以及作为其犹太复国主义政策和活动基础的实际上是欧洲犹太民族……国家已经建立，但并没有发现它所等待的人民（即等待国家的人民已经不在了）。几百年来犹太民族遭遇着一个问题或一个祈祷：国家能否为其人民而建立？没有人敢问这个可怕的问题：能否在国家出现时为之创造人民？这个问题实际上是在我们的时代以色列国创建问题之中的问题。[7]

以色列被认为是定位于欧洲与西方式的现代国家，但现在它陷在了移民营的泥潭中。

移民的消极形象——例如"人类的尘埃"——在大屠杀幸存者和来自伊斯兰国家的移民之间并无不同。资深以色列人能否以自己的形象来塑造这批庞大的移民群体？新闻媒体上的大量文章对此表示了关心："将几万（如果不是几十万的话）不适合者带到以色列不会增强国家，或给伊休夫带来好处，不会为未来提供一个美好的希望，也不会使移民自己受益，他们在许多情况下，要比他们海外的邻居不幸和难受得多。"撒母耳·乌西什金（Shmuel Ussishkin）在《哈波克尔》上写道。移民遭受的耻辱不限于资产阶级右翼在《哈波克尔》报上所表现的。"有着大量病人、堕落者和不受控制者的伊休夫，将无法承受等待我们的社会和安全的考验……削弱伊休夫的健康和精神状况以及道德标准——这些是未来世代的核心——是轻率鲁莽的行为，它将以可怕的方式快速地反弹给我们。"马帕伊的报纸《达瓦尔报》声称。[8]《国土报》记者阿里耶·格尔布鲁姆（Aryeh Gelblum）发表的一系列文章激发了公开抗议，他假装成移民在一个移民营待了一个月。他使用消极的固定化的形象来形容所有移民，但他在涉及北非移民尤其是摩洛哥移民时没有使用最糟糕的词汇。即使是那些为移民辩护的报道者也不厌其烦地抱怨他们。其他人认为通过教育和耐心来塑造他们的个性，这些移民可以转变成有价值的公民，但格尔布鲁姆认为，不可能改变这些无知的、原始的人。

本-古里安在一篇文章中写道："流散已经结束（即整个社群，例如保加利亚和伊拉克犹太人都通过移居以色列而消失了），聚集在以色列的移民仍没有构成一个民族，而是混杂的人群，是缺乏语言、教育、根基、传统和民族梦想的人类尘埃……将这群人类的尘埃转变成一个充满前途的文明的、独立的民族……不是一项容易的任务，它的困难不低于对移民的经济吸收。"[9]这些评论提供了两种推断。第一种是可能将每个犹太移民变成模范公民就像资深以色列人中的佼佼者一样。他一再重复这一点。据说他曾谈及在等待一位也门人被任命为总参谋长——这种说法是独特的，因为本-古里安期望国家的形成是团结在一种文化之下，有着现代世界的标准。他的第二种推断是在移民吸收的最初阶段，国家仅关心移民的物质需要：住房、食物、健康服务和最低程度的教育，它没有在社会化的过程中投入相似的努力。

农业定居点和发展城镇

20世纪50年代初期的移民"风暴"打断了政府的国家人口疏散计划。绝大部分犹太人口集中在三大主要城市——耶路撒冷、特拉维夫和海法——以及在哈代拉与盖代拉之间的狭长区域，从安全、经济和文化的角度来看有悖于国家利益。就生活质量而言，这也是一个错误。建筑师、总理办公室规划部主任阿里耶·沙龙起草了致力于矫正这个问题的规划，将新移民安置到开发地区——加利利、耶路撒冷走廊、内格夫。沙龙解释说，犹太人在伊休夫时期集中在大城市是由于全国各地的土地不能被用于定居点。现在这种情况可以通过两种类型的定居点来纠正。第一种是农业定居点，就是我们所看到的传统犹太复国主义优先发展的定居点。因此，政府决定20%的人口应该成为农民。于是，在建国头五年建立了500个新的定居点，13%的新移民在其中定居。

第二种类型是城市定居点。这是一种创新，也是犹太复国主义运动一开始没有发起的事物。尽管绝大部分犹太人倾向于城市生活，但从意识形态上讲，城市被视为创造新型犹太人的障碍——培养小资产阶级的温室，而小资产阶级的存在阻碍着国家建设的需要。沙龙规划建立在当时流行于英国的看法之上，吸取了第二次世界大战的教训，认为人口的大量集中面临空袭时的脆弱性，以及大城市的内在劣势——污物、贫民窟、异化等等。这个新概念包括在严谨地区规划基础上建造小型到中型的城市，充分考虑人口疏散、安全、城市美学、经济和社会等因素。这是发展城镇的规划基础。1948—1964 年，以色列建立起超过 30 座发展城镇。

在伊休夫时期，农业定居点是那些拥有私人资本者的特权，他们可以购买柑橘园和葡萄园，或者是先锋群体的特权，他们等待了许多年才被允许定居在土地上，同时经历着"农业培训"。在任何一种方式下，农业都是人们做出的有意识的选择。现在这种情况不复存在。除去少量地接受了农业培训的毕业生前往基布兹，13% 的被派到农村地区的移民没有选择先锋定居点。一开始还尝试为定居点选择候选人，根据他们的技能和愿望来组织定居团体，但这个过程很快变成完全随机的形式，正如下面的叙述所阐释的：

> 在移民营中，我们接受了前往一个村庄的建议。当我们问这个村庄在哪里时，我们被告知"在特拉维夫地区"。我们喜欢这个地方并乐意前往。我们对莫沙夫是什么毫无概念。我们很高兴可以离开移民营。早上卡车离开了贝特里德中转营，路途持续了多个小时。走了很长一段土路后……穿过一个没有灌木和树木的开阔空地，我们在傍晚到达了一个小型帐篷营地。人们拒绝下车。他们说许诺给他们的是靠近特拉维夫的村庄，而不是位于世界的尽头。在一番争论后，家庭中的年长者站起来说："我准备下车，这是我的土地，也是我应该安葬的地方。"一旦这个年长者下车，他的家人也跟

着下车，其他人也跟着下车。当司机看到他们所有人下车时，他发动了卡车并离去。这就是帕提什定居点开始的情况。[10]

该叙述的要素在其他许多地方重复出现：当局的欺骗；对莫沙夫的完全无知；当新来者被带到荒野时为眼前的景象所震惊；以及不能选择离开，不得不接受这个事实。

大规模移民的到来使本-古里安号召基布兹运动打开大门，为移民提供工作。然而，这个建议与基布兹"自我劳动"的基本原则——不使用雇佣劳动力——相矛盾。基布兹拒绝了这一提议，并导致了与本-古里安的冲突。在1950年1月16日的议会演讲中，他宣布他自己为基布兹运动对待移民吸收的态度感到"羞耻和尴尬"。本-古里安对基布兹拒绝态度进行回应的方式之一就是建立移民的莫沙夫。安置大量对农业（这在他们的来源地被视为一项次等的职业）没有经历和缺乏意愿的移民，是一件极其大胆的尝试，它是否能够成功还是未知的。

在委任统治时期，建立定居点的前提条件之一是拥有在精神和身体上都准备好应对等待他们的困难的青年团体。这种类型的定居点要求那些意识形态坚定的人进行长期的培训。现在基布兹运动的领导声称，如果对候选人没有选择的过程，定居点将不可能成功。他们得到的经验教训是，甚至在大量的训练之后许多人由于生活艰难、社会冲突或个人原因而离开基布兹。在随机人群（通常来自同一家族或地区，但有时是来自许多不同的地区，他们缺乏相关的培训、心理准备或农业知识）的基础上建立农业定居点的概念，违反了在伊休夫时期积累起来的所有历史经验。基布兹运动不想在这个过程做什么，并反对这种将导致它失去在以色列社会中的核心地位的过程。

老的莫沙夫运动参与到帮助新的移民定居点建设的过程中。在伊休夫时期，与基布兹运动相比，这个运动相对弱小并且不太重要。现在它最好的时期到来了。莫沙夫作为属于家庭的小农场，更适合东欧移民的思维，对他们来说，基布兹使人联想到令人讨厌的集体农庄，即使对于来自伊斯兰国家的移民来说，任何形式的集体主义也是可憎的事物。在定居点当局看来，最重要的是使犹太人耕种土地和建立犹太村庄；莫沙夫的其他要求都被暂时搁置。

遭遇荒野的情景给新的莫沙夫定居者以深深的印象。在头几年，他们被犹太代办处定居点部门的顾问所监督，后者协助他们应对以色列官僚机构，在不同政府部门面前代表他们，并协调他们与负责分配资源建立农场的机构之间的关系。在第二个阶段，属于莫沙夫运动的指导者积极回应本-古里安关于生活在新莫沙夫和帮助新农民融入的呼吁，强调社会和文化吸收。一开始是非常困难的。在内格夫的定居点，铺设水管到莫沙夫被推迟。农业的尝试注定要遭到失败，定居者必须从遥远的地方引水以用于饮用和其他家庭需要。电力也被推迟，并不是每个定居点都有发电机。直到定居点连上输电网之前，都无法使用机器或在新的牛棚安装牛奶冷却器。直到随后一段时间拖拉机来到前，犁耕都是使用骡子。但定居者不知道如何使用农业机器，直到其中的一个人被教会如何修理拖拉机之前，它们都处于闲置状态。

定居者缺乏经验的状况又由于定居点当局缺乏经验而恶化，他们不知道哪种作物适合种植于哪个地区，什么在经济上是可行的，以及什么是过时的。除了农民种植在房屋周围（随后扩大规模用于出售）的蔬菜以外，当局的顾问们还为定居点引入了甜菜和棉花等经济作物，以增加经济能力和可耕地。也有种植果树的尝试，尤其是葡萄、落叶果树，但直到定居者学会了种植技术和知道什么不能种植的时候，在定居点从事农业是否有未来仍不清楚。与此同时，直到农业生产获利之前，定居者通过建造他们的住房和地方基础设施谋生。

定居点远离主要的道路，一周仅有几次到达每个莫沙夫的公共运输。绝大部分定居点仅有一名护士，医生只是偶尔前来；医生没有汽车，定居者也没有。犹太代办处建造了公共机构——学校、会堂、会议室——以及持久性住房，这些设施一开始都是十分简陋的。犹太代办处的管理对于教会定居者了解新的和陌生的情况十分重要，它也致力于使这些定居者受益。但结果是，定居者并不视自己为小农场的所有者，而是代办处的雇佣工人，从而可以免于承担对于农村及其机器和牲畜的责任。例如，在一些莫沙夫，定居者没有很好地照料用于开办奶牛场的奶牛，因为在他们看来，这些奶牛"属于"犹太代办处。另一方面，他们精心养育牛犊，因为他们认为牛犊是"他们的"。那些分配用于发展家禽业的鸡都被定居者吃掉了。马铃薯种子也遭遇了同样的命运。经常会出现欺骗犹太代办处工作日数量的现象，这一现象被司空见惯地加以接受，而没有受到批评。定居点当局不太相信定居者，所以根据莫沙夫农业能力的进步程度，按阶段为定居者分配土地。通常他们还会与邻近的基布兹发生冲突，后者暂时接管土地，然而拒绝将之归还给莫沙夫。

定居者及其顾问之间存在着相当大的观念差距。顾问们提出了集体行动的原则——定居者之间的互助、共同使用机器和通过特鲁瓦（一种农业生产合作形式）进行有组织的销售。所有这些原则对于新的定居者来说都是陌生的。对于他们而言，底线是宗族单元。莫沙夫包括来自不同背景的人们，他们从未密切结合，最后一些定居者离开了。那些留居者试图从他们自己的家庭带入新的定居者。结果是，莫沙夫在扩展性家庭单元——哈莫拉（即庞大的家族）——的基础上发展。与由意识形态连接在一起的先锋团体不同，宗族单元成为新的莫沙夫的黏合剂。顾问们也试图引入一种民主的文化——一个选举委员会并逐渐向自我管理转变。但在许多情况下，内部的摩擦冲突导致委员会的频繁变化，自我管理文化的发展经历了许多年才得以形成。在具有凝聚力和稳定人口的莫沙夫中，社团在 5 年内形成，可靠的地方领导层随之出现。这些莫沙夫在 20 世纪 60 年代初期开始走向繁荣。

新的莫沙夫改变了莫沙夫运动中过去被广泛接受的行为实践，尤其是工人协会的实践。它们拒绝接受特鲁瓦的销售方式，它为送达城市的农产品制定价格，而后延迟付款给农民。与此不同的是，莫沙夫成员自己出售产品，并建立了他们自己的采购和销售组织，将他们自身从特鲁瓦的"监管"中摆脱出来。随着他们的社会化和对经济社会体制的熟悉，他们采纳了国家标准的政治运作程序，到 20 世纪 60

年代甚至马帕伊领导层中都有来自新莫沙夫的代表。20世纪70年代，新莫沙夫趋于繁荣，并被视为一个伟大的成功故事。

正如我们所看到的，发展城镇的建立与新莫沙夫差不多同时。与人口疏散计划相对，一些发展城镇的建造靠近中转营。因此，例如靠近罗德市的奥尔耶胡达建造在这个地区的中转营基础之上。致力于人口疏散的发展城镇的首批代表是加利利的基亚特施莫纳和施罗米、内格夫的耶卢哈姆。第一批被安置在这些城镇的都是来自中转营的移民，他们同意迁入条件相对有所改善的住房。但绝大部分中转营的居民宁愿生活在国家中心地区。

法国在摩洛哥统治的结束和犹太人对该国新的民族主义政权的担忧，使得1954年和1956年出现了一股新的北非犹太人移民以色列的浪潮。这一次当局力求避免在吸收第一批移民浪潮中的错误。他们提前将困难的状况告知移民，甚至与他们签订协议以将之安置到被派往的地区。在1954年和1956年这波移民潮中，大约有7万移民被派到边远地区，以作为"从轮船到村庄行动"的一部分。一些移民前往南部的拉吉地区，这是包括莫沙夫和城镇以作为城市中心的完备规划的地区，当地的住房都装备有家庭用具和生产工具。在此过程中，移民仍然是被动的；他们的声音无人倾听。一位妇女如此描绘了她前往奥法基姆的旅行："我们站在船舷，眼睛含着泪水，在地平线上我们看见了卡梅尔山。我们到达海法后立即登上摇摇晃晃的卡车。随后这一天我们一直在路途中。我们来到了一个昏暗的地方，不知道它是什么，也不知道它叫什么名字。我们拒绝离开卡车。在几分钟的喧闹和争吵后，我的丈夫戴维被当地的警察逮捕了。这就是欢迎我们的仪式……"[11]

在接收移民的过程中，官僚机构运作顺畅，使移民别无选择，只能接受眼前安排的现实，不可能再走回头路，移民组织者对这一状况如此描述道："在我们吸收移民的那些年……来自北非的犹太人，他们就像我们手中的面团。我们将他们带离船只，并将他们直接派到安置地。我们不问他们想要什么和想从事什么工作。将成千上万的人送到定居点的实验取得了成功。"[12]

当来自波兰的移民活动随着反犹主义浪潮在 1958 年重新开始时，人口疏散政策被推迟。由于许多移民在以色列有亲戚、同乡（来自同一城镇者）和朋友，所以对他们的吸收有着不同的态度。而且，在来自伊斯兰国家的移民无法回到他们的故土的同时，吸收当局认为来自波兰或匈牙利（当地移民在苏联对 1956 年反叛进行镇压后迁出）的犹太人拥有不离开他们国家和离开后又返回的选择，甚至可以前往任何其他地方。因此，如果当局想要他们待在以色列并鼓励其他东欧犹太人移民以色列的话（当局一直渴望来自苏联的移民），就必须给予这些移民更加适当和优厚的吸收条件。因此，大部分的欧洲移民被吸收到国家的中部地区，而来自非洲和亚洲的移民则主要被安置在边远地区。

甚至从委任统治时期起，在大城市郊区就存在贫困的街区——科勒姆哈特曼伊姆靠近特拉维夫的卡梅尔市场，内维特塞迪克和内维沙龙靠近雅法，哈蒂克瓦街区在特拉维夫南部。罗迪亚街区的窝棚和板房在城市中心地区存在了许多年。在独立战争后，这些贫困的街区不断扩大，甚至蔓延到新的地区。在所有这些城市中，处在犹太人和阿拉伯人之间的边缘街区的居民，都在战争中为了保命而逃离。他们中许多人在被废弃的阿拉伯村庄和街区找到避难所，这些村庄和街区的居民也已经逃离。因此，靠近特拉维夫的萨拉梅街区建立在一座被废弃的阿拉伯村庄的原址上。贾姆辛村庄建立在特拉维夫原来的市中心，该村庄的新居民反对重新安置他们的所有提议。耶路撒冷也建立了穆斯拉拉和卡塔蒙街区。所有这些高度拥挤的街区的住房条件低劣和陈旧，并缺乏充足的公共服务。它们的优势是靠近市中心，这给予其居民获得就业和合理教育标准的希望。加剧这些街区高度拥挤状况的原因还在于，许多中转营、发展城镇或莫沙夫的居民决定离开他们之前被派往的偏远地带，并在大城市碰碰运气。在一个贫困的街区，人们总是可以找到居住的地方，要么是免费的，要么很廉价。

1959 年，在以色列历史上第一次爆发了伴随着骚乱的社会抗议。

这一事件背后的驱动因素是海法瓦迪萨利布街区的青年摩洛哥人。这场骚乱是成长在以色列而后服役于以色列国防军的青年——一些人甚至参加了独立战争——对缺乏就业和提升机会以及他们和他们的需要没有获得认可等表达不满情绪的体现。骚乱显示出城市郊区的贫困街区，居住着大量离开中转营和边远地区定居点的密兹拉希族群团体的青年，是可能随时引爆的火药桶。摩洛哥移民仅占瓦迪萨利布居民的30%，但他们却是失业和接受救济者中的绝大多数。在对工人工资进行小幅度调整和提供儿童津贴后，抗议很快平息。但这是族群问题——族群与贫困、族群与边缘人群之间的关系——第一次出现在聚光灯下。

媒体对瓦迪萨利布骚乱的报道并没有阻止 1960—1964 年到达的摩洛哥移民浪潮。这些报道也没有促使移民吸收当局阻止这场移民，即使他们认为摩洛哥移民是非常令人烦恼的，构成了混乱的威胁。研究者亚隆·楚尔（Yaron Tsur）认为当摩洛哥移民指责"波兰人"——一种包括所有阿什肯纳兹犹太人的贬称——造成了他们的困难时，他们对待犹太国家的态度仍是积极的和爱国的。犹太民族主义因为摩洛哥犹太人生活的不稳定和不安全，连同当地发生的经济危机，产生出更大的能量，这种力量要比他们对以色列当局，以及对当局对待摩洛哥犹太人的态度的不满显得更加强烈。与此同时，政府决定继续实施超过 10 万摩洛哥犹太人的移民活动，这显示出国家责任的意识超越了对于移民特征的保留态度。以色列国不能对阿拉伯国家中最大的犹太社群关上大门，他们的生存状况受到威胁并依赖当局的仁慈。而且，犹太国家增强其犹太人口的需要比对任何社会和族群的保留意见都更为重要。

20 世纪 60 年代绝大部分的移民都被派到发展城镇，在那里他们成为人口的大多数。这些城镇被作为大城市和边远农村地区之间的中间地带，以及周围基布兹和莫沙夫的商业与文化中心。问题在于，已经建立的地区委员会与发展城镇平行，发挥着同样的职能。这些城镇被期望成为田园城市，但它们的审美标准非常低，因为那里的城市中心没有发展起来，也没有商业或文化服务。绝大部分城镇依然很小，在 2 万人以下——通常，2 万人的人口规模才可以确保居民拥有充分的市政服务。在许多城镇，地方领导人对这些居民感觉没有任何责任。人口的流动率很高，而将居民从老的伊休夫带到这些发展城镇的尝试并不成功。学校处于被忽略的状态，其质量也低于地区委员会的学校，基布兹，甚至新莫沙夫将他们的子女送到地区委员会学校上学。绝大部分发展城镇的主要问题是极不健全的就业基础设施。只是到 20 世纪 50 年代末期，随着工业的建立，包括劳动力密集型的纺织业的建立，一些发展城镇才得以打破长期性失业的循环并显现出复苏的迹象。

当然，在这些城镇中也存在不同。贝尔谢巴成为内格夫地区的首府，事实上是一个高度发达的城市。阿什杜德也差不多，其港口为之带来了巨大的发展。阿什克伦结合了旅游业和工业。最后建立的两个发展城镇阿拉德和卡梅尔，建立在系统的规划基础上，吸收了之前错误的教训而得到了改进。但直到 20 世纪 60 年代末，建立于 20 世纪50 年代初的发展城镇才实现了人口和就业的稳定增长，并具备了一些文化机构。在那之前它们都很贫穷和落后，这种形象一直维持了很长时间。来自东欧的移民，主要是罗马尼亚的移民，他们从一开始就被派到这些城镇，后来为了更好的职业发展而离开了。结果是强化了留守居民的耻辱感和被剥夺的意识，与此同时增强了由"第一批以色列人"所制造的这些城镇密兹拉希人口（主要是摩洛哥移民）与那里普遍的贫困和受忽视之间的联系。

每次移民浪潮都尊重那些先来者，同时蔑视后来者。在以色列，移民吸收过程体现了民族精神，这种民族精神是希望和欢迎移民的。国家有责任鼓励移民到来，并在他们进入以色列后提供指导和管理。很难想象有其他国家像以色列这样，对移民投入了如此之多。因此，以色列同时戴着成功之冕和遭受失败的荆棘之冠。将移民强制安置到边远地区的尝试——这是老的移民人口并未从事的使命——取得了一定的成功，但也导致大量的痛苦和伤害。

这个社会吸收移民并非为了将他们当作胶泥来使用，并肆意羞辱或伤害他们。相反，它认为尽快将这些来自前现代社群的人带入现代性的神奇之中，对他们以及以色列国来说都是好事。因此，吸收当局毫不犹豫地抹去古老的习俗，瓦解古老的社会结构，摧毁公认的传统秩序。绝大部分来自伊斯兰国家的移民热爱和尊重宗教传统。那些国家的基本社会结构是父权制家庭。尊重长者、会堂和社会习俗——从衣食到婚姻典礼和宗教仪式——都是大部分人世代以来生活的一部分。移民过程破坏了家族并削弱了长者和家族首领的权威。宗教丧失了它的主导地位，移民整个的生活方式都遭到冲击。

移民文化的有些因素被以色列社会认为是不可接受的，例如，年轻女孩的早婚、一夫多妻制和妇女在家庭中的低下地位。在这些情况中，旧的与新的需求之间的冲突不可避免。但关于密兹拉希移民文化的其他所有方面，有必要加速现代化进程是值得怀疑的。以色列顾问、教师、军官试图将规范和行为标准强加给移民，这与他们从来源地带来的习俗相冲突。延后满足的价值和社会学家称呼的"成就综合征"，是现代西方人的典型特征，对许多移民来说是陌生的，适应它们是有困难的。最初的遭遇导致在青年一代中出现一种同化进本土以色列人群体的趋势，这个过程后来被称作"成为阿什肯纳兹犹太人"的过程。但随着时间推移，移民在以色列开始备感亲切，更多将他们自己认同为以色列人，他们回想起过去在丧失其原有的族群认同、接受以色列性过程中所遭受的屈辱和痛苦，并要求他们来源地文化中遗失的因素被承认为合法。

不只是来自伊斯兰国家的移民丧失了他们移民前的文化根源。对于东欧移民来说，遭遇老伊休夫的文化，不同于他们成长的环境，要求他们思维方式以及行为和文化规范发生转变。但由于绝大部分东欧移民来自被战争和大屠杀摧毁的犹太社会，发生在以色列的认同重塑要比那些遭遇以色列现实时其认同被动摇的创伤程度低一些。

1966 年在耶路撒冷希伯来大学举行的一次会议是对"熔炉"政策及其后果进行反省的首次尝试之一。与他们一开始对大规模移民的敌对态度相对，伊休夫老成员现在对莫沙夫和发展城镇定居者作为"不情愿的先锋"有了更为平衡的看法，并对其吸收过程中的困难和痛苦遭遇有了某种理解。社会学家和人类学家的参与，提升了摆脱熔炉政策的可能性，这种政策创造了一种"高压锅"般的态势，促使传统文化发生快速变化，变成他们所称呼的"犹太炖菜"（这种传统的犹太炖菜通常需要一整晚的慢炖）。他们建议降低现代化进程的速度，考虑和关注移民的传统文化、领导层和整个社会结构。

这是对一种将最终出现的以色列多元文化而不完全是伊休夫文化的可能性的首次讨论。会议参加者对于多元文化是什么样的文化并不确定，但提出这个问题旨在表达他们对移民所遭受的文化强制的不满，并要求移民的自治权被承认。这场辩论也首次引起了两大国家目标之间的内在冲突：人口族群分布和整合不同社群。边远地区主要安置密兹拉希移民，而中心地区主要居住着阿什肯纳兹犹太人。移民宁愿生活在宗族单元基础上的同质的定居点，这为应对吸收过程中的困难提供了一些安慰。仅有 2% 的老一代以色列人居住在边远地区。"今天伊休夫没有什么值得骄傲。它在建国之前歌颂的价值目前仅仅是一种声明。"阿里亚 B 协会的成员以及伊拉克移民莫迪凯·本·波拉特声称。[13] 本·波拉特提及老成员不情愿响应国家有关居住在边远地区的呼吁，但他的话也适用于老成员对待整个大规模移民事业的态度。

社会化的手段：学校、军队与政治

在 20 世纪 50 年代初当局结束对移民的控制后，移民过程开始组织化和系统化，但它仍然没有考虑社会化的需求。正如我们所看到的，以色列当局转而集中于基本需求。其他需求则被期望自行其是。而社会化过程的出现，不彻底也不完美，但其成效与日俱增。主要的社会化工具是学校、军队和政治。在一开始，伴随着成千上万移民的到来，人们充满了热情，"工人队"的工作坚决并致力于在移民营建立教育系统。随后立即引发了抗议，因为教师毫不犹豫地告诉学生切断他们的传统，扔掉他们的帽子，背弃他们的宗教传统。男女在教室里坐在一起学习，而无视其父辈的传统。教师、劳工运动的毕业生认为这是通向现代化道路的关键一步。但对于宗教团体来说，这等于迫使虔诚的犹太人走向叛教，触及了他们内心深处的话题。以色列的守教犹太人不接受宗教教育而代之以在非宗教的环境中学习，这是不可设想的。

受此影响最大的是也门犹太人，他们十分虔诚。尝试以世俗的精神对他们进行教育——或者在非宗教机构（例如犹太工总）的支持下提供宗教教育——被宗教党派视为一种强制。这个议题不只具有精神重要性，因为宗教党派将虔诚的移民视为政治力量的来源，认为这些移民将能够使他们扩大其党派的力量。马帕伊致力于通过劳工运动精神主导下的教育来扩大自身在选举中的影响力。双方都声称有权教育以色列人的后代。最后达成了妥协，也门犹太人居住的移民营接受宗教派别提供的宗教教育，而在其他移民营，父母可以为其子女选择接受教育的类型，以回应这两大政治阵营做出的各种物质利益的承诺。

这个问题由于移民进入中转营变得更加复杂，在中转营再次发生同样的冲突。这些争论与为选举进行的文化斗争结合在一起，最终导致一场政府危机，取消了各种教育分支，并建立了国家教育体系和国家宗教教育体系，两者都置于教育部的权威之下。统治精英在这个问题上的分歧和为争夺移民选票而进行的党派斗争为以色列权力政治提供了重要的教训。在一个移民社会，学校通常是最为强大的社会化手段，但在以色列它仅有有限的影响，要么是由于宗教和世俗之间的区分，要么是由于它丧失了在建国前建立的教育动力。

另一个社会化工具就是以色列国防军。在军队中，青年移民与老一代以色列人的子女相遇，即使这些以色列人对新来者显示出一定的傲慢，但他们共同的军旅经历培养了这两大群体之间的友爱。移民士兵结束服役回家后，带回了不同的行为、新的见识和对以色列性的更深理解。结果是，在依然忠于家长制传统的老一代与反抗这种传统的年轻一代之间发生了冲突。

第三个社会化的工具是政治体系。20世纪60年代已有从大规模移民浪潮中过来的人加入政党——包括执政党——以及市政当局之中。一些人甚至获得了高级职位。新移民为所有的党派所争取，他们的选举力量作为社会化过程的一部分获得了独特的潜力。正如资深以色列人知道如何许诺对"正确"方式投票给予回报，新来者很快就知道他们可以改变角色并要求获取他们的政治利益，因为他们代表着广大的公众。融入国家政治生活之中，说明新移民对以色列政府神秘性的理解，并认为自己有能力使用民主体制捍卫移民吸收体制下的受害者的利益。

在以色列，存在对密兹拉希（东方犹太人）的歧视吗？欧洲移民要比那些来自伊斯兰国家的同胞享受着更好的吸收条件吗？东欧移民的确拥有一些优势。首先，他们到来的时间更早，被安置在遭废弃的阿拉伯城镇和中部地区的街区。其次，这次阿里亚绝大部分由青年人构成——由大屠杀强加的选择过程的结果——以及几乎没有老年人。家庭规模很小，许多家庭的妇女都出门工作。在某些情况下，这些家庭的经济状况由于来自德国的赔偿而进一步改善，德国赔偿从20世纪50年代末开始兑现。这些移民要比战争前到来的东欧移民受教育程度低一些，但高于来自伊斯兰国家的移民。他们也具有个人的主观优势，同时，处理吸收他们这批移民事务的人也主要来自东欧。意第绪语是欧洲犹太人的通用语言，它使移民与以色列官僚机构的代表之间的接触更为容易。即使不存在有意的歧视，对于那些语言可以理解的人来说这也是一个优势。而且，正如之前提及的，许多新移民拥有亲戚、朋友或同族得以进入以色列的社会关系网络。在一个庇护流行的社会，拥有关系的人们具有优势。而且，正如我们所看到的，在1958年后来自波兰的移民被作为东欧移民给予了更好的吸收条件，否则他们不会来到以色列，或者离开以色列，这样会败坏阿里亚的名声。

来自伊斯兰国家的移民出身于庞大的家族，通常包括老年人。绝大部分家庭仅有一个养家糊口者。他们来到以色列的时间较晚，被安置在远离国家中心的地方的可能性更大。他们的受教育水平非常低，绝大部分在以色列找不到适合条件的职业。那些在来源国已经现代化的移民（就像来自伊拉克的城市居民）成功地在以色列找到了出路，在短短几年内成功地实现了经济稳定，接受了高等教育，并在以色列知识界占据重要的地位。但绝大部分人被迫经历一个漫长的、痛苦的克服障碍的过程。摩洛哥移民尤其艰难。摩洛哥社群不是整个地移民以色列，它的精英在摩洛哥是受过良好教育的城市资产阶级的一部分，在商业领域比较成功，通常选择移民法国或加拿大。因此，在头两次移民浪潮中进入以色列的摩洛哥社群的社会经济水平很低。他们都是未受教育的人群，缺乏适应现代经济的职业或技能。当充满法国文化的摩洛哥犹太中产阶级的成员在 20 世纪 60 年代进入以色列时，他们发现自己成为被包括在所有摩洛哥移民之中的类型化目标。摩洛哥犹太人将殖民秩序的概念内在化，而这种概念将欧洲人置于顶层。他们带着对欧洲人不满的情绪来到以色列，但到达以色列之后，他们又感受到来自欧洲犹太人对他们的羞辱和歧视。他们比其他移民更加落后的事实加剧了他们的愤怒和怨恨。他们认为（欧洲犹太人）要求他们接受所进入社会的价值并转变自身以适应现代性，与他们曾经遭受屈辱和被拒绝接受的境遇是相似的，都是在社会上和文化上遭到排斥。

以色列国接受了吸收移民的全部责任。它能够避免为移民如此痛恨的家长制和官僚制吗？这个体制的缺点存在于它的使命中。如果不是在半军事化的过程中，不可能在如此短的时间内，将许多文化上如此不同的人口集中到没有资源和缺乏吸收大量人口经验的贫困国家。不摧毁现存的家长制、宗教和文化传统，不非难移民的尊严，没有对最基本的人际关系和社会模式的深刻误解，这个过程是不可能完成的。

在每个移民国家，移民接受这些经历被视为不言自明的，也是移民条件的一部分。但在以色列情况并非如此。到达以色列的移民并不把他们自己视为寻找新家园的外来者，而是返回故土的犹太民族的成员。他们期望来自其同胞温暖的、充满同情的欢迎，从未预料到被贬低的地位，对传统和家庭结构的破坏，以及遭受耻辱和被迫接受庇护。他们所期望的乌托邦和他们所遭遇的现实之间的差距导致了巨大的怨恨。他们经历的剥夺、歧视和侮辱并没有随时间而消散，它从一代传到下一代，并成为以色列密兹拉希文化（东方犹太人文化）的一部分。

结果，随着时间的推移，这些移民的第一代发展出了自豪的意识，以及作为边远地区定居点先锋的自我形象。他们的子女接受了国家的教育，将这种耻辱和愤怒的感觉内在化，这构成他们认同的基础。等他们成年时，这些青年一代削弱了这个国家的现存秩序。

20 世纪 60 年代中期的以色列社会与 1948 年不同。它更为多样化，无论在族群上还是文化上。占主导地位的阿什肯纳兹犹太人群体中的社会主义资深精英不再统一。它内部存在的斗争，与由于比过去更多地与外部世界的接触而产生的文化氛围的变化一道，导致了个人主义趋势的兴起。作为形塑社会因素的集体力量在下降。这个原有的社会主义文化在不断衰退的社会，现在倾向于显示出更大的宽容和接受多元文化主义。这种转变使缓慢而痛苦的吸收过程的结束成为可能。从那时起，问题不再集中在"吸收"，而是集中在富人和穷人之间的"差距"。

第十一章

变化社会中的文化与规范

　　以色列国建立的头 19 年经历了巨大的震荡、快速的变化，以及在社会思潮和文化方面的种种冲突。从一种全景式的视角来看，这一时期是民族精神发展的鼎盛时期。以色列人将这个国家看成是犹太复国主义观念以及古老的犹太拯救愿景的实现。这种积极的态度体现在公众对以色列国防军的热情上，他们对国防军在边境所采取的报复性行动表示广泛赞同（参见下一章），对 1956 年西奈战役感到振奋，竞相吟诵着以色列国防军军乐团演奏的流行歌曲的抒情歌词。不过，最近的观察显示，这种看起来铁板一块的民族精神已开始出现裂痕，其中已能够听到预示着变化的声音。

　　这个国家巩固其新的土地所有权的方式是清除之前土地所有者的全部残迹。阿拉伯村庄和城镇被赋予希伯来语名称。其目标是通过消灭阿拉伯地点的最后遗迹并以新的定居点取而代之，以实现以色列地图的犹太化。新的名称有时候是根据之前的阿拉伯名称，由希伯来语音译过来的。这些努力旨在恢复《圣经》《密西拿》和《塔木德》中所载地点的希伯来语名称，而这些地名的阿拉伯语版本已经众所周知。还有其他一些情况，第一和第二圣殿时期的某些犹太地名被辨识出来，新的定居点就以它们来命名。

　　考古学在以色列地图犹太化过程中扮演了一个主要角色。其目标是通过揭示过去来证明古代时期这块土地的犹太所有权，进而使当下看起来是过去的一种自然演化。在不能找到同犹太人过去联系的情况下，新的定居点就以犹太复国主义领袖或那些帮助建立以色列国家的知名犹太人或非犹太人的名字来命名。通常，在一些混居的城镇，以穆斯林或奥斯曼英雄来命名的街道被替换成具有犹太含义的名称。这样，雅法的主街道变成了耶路撒冷大道。即便阿拉伯语同希伯来语和英语一样，是这个国家的官方语言之一，但它却从地图上消失了，只有撒玛利亚和加利利的一些阿拉伯村庄除外。政府名称委员会的成员们试图从人们记忆中清除诸如塔比耶（Talbiyeh）、马勒哈（Malha）、卡塔蒙（Katamon）、瓦迪萨利布（Wadi Salib）或卡布里（Cabri）之类的地名是徒劳的，这些地方的居民偏好使用原来他们所熟悉的名称，而不是由该委员会下令使用的合成名。

　　这是一个希伯来化的时代，不仅在定居点名称方面，也体现在个人姓名方面。早在第二次阿里亚时期，就有一小部分犹太人希伯来化他们自己的名字，本-古里安就是其中之一。他的绝大部分同事都保持着他们原来的名字，这些名字表达了他们同家庭、出生地和过去的联系。但对于本-古里安来说，移民巴勒斯坦象征着再生。（他要求他的墓碑上只署上他的出生和死亡日期，以及这样的碑文："1906 年移民以色列地。"）现在本-古里安要求部队军官和国家官员经受他所经历的同样过程，坚持认为国防军将军应希伯来化他们的名字，才可以向总参谋部宣誓就职。这样，Yigael Sukenik 就变成了 Yadin, Yigal Paicovich 变成了 Allon, 而 Shimon Koch 变成了 Avidan。"我在几天前改了我的名字，这样也改变了我的身份。"新任司法部长乌里·海因斯海默（Uri Heinsheimer）写道，他选择 Yadin 这个名字。[1] 许多新移民，尤其是较年轻的移民，也加入这种象征性地清除他们古老的身份，采纳一种他们感觉是新的，且更加适合于此时此地情境的新身份的行动之中。希伯来语名称清除了他们种族性的流散身份，并为进入初生的以色列社会架设了一座桥梁。在大多数情况下，采用新名字是一种由整个家庭做出的集体性决定。与此同时，也有很多人宁愿保留他们原来的名字，以保存对过去的记忆。对于大屠杀的幸存者来说，保留他们的名字意味着保存已经消失的家庭的名字和记忆。所以，民众姓名的希伯来化只是部分地取得成功，主要是在军队和政府官员当中。

在以色列国建立的时候，大约 70% 的犹太人说希伯来语。随着大规模移民潮的到来，这一比例开始下降。只有很少的移民说希伯来语。例如，即使那些来自也门的犹太人，从宗教小学（heder）的课程中学习希伯来语，但希伯来语对他们来说也不是口头语言。那些没有在宗教小学学习的妇女，既不知道怎么说希伯来语，也不知道怎么用希伯来语读写。给成千上万的移民教希伯来语的需要成为促进移民融入社会、经济和文化生活的一种关键途径，这一点不言自明。但是，达到这一目标要求相当多的人力资源和其他资源，对于移民来说，他们也需要有意愿花时间投身学习。希伯来语培训班乌尔潘（ulpanim，单数为 ulpan，集中学习希伯来语的学校）在移民营里建立起来。教师主要也是那些在他们移民前所在国担任教师的新移民。多年以来，成千上万的学生从希伯来语培训班毕业，主要是受教育的人群和职业人群。以色列国防军也建立了一个希伯来语培训班，以确保其士兵能够用希伯来语进行交流。其他一些不是那么集中的希伯来语课程通常由教师经验不多的志愿者或女士兵来教授，他们还尝试和那些不总是能够胜任任务的、倦怠的和感到沮丧的人一起工作。反复地征召志愿者来教成人希伯来语也显示，这种志愿者是非常缺乏的。

城市街道成为语言混杂之地。为了让移民意识到国家正在发生着什么，国家电台——以色列之声（Kol Yisrael）用移民使用的各种不同语言进行广播，但这只是一种部分的、暂时性的解决方法。与此同时，外国语言的报纸也兴盛起来。大量使用各种不同语言的报刊得以出版。城市中每一种可以想象的语言的图书馆都在对公众开放。戏剧和其他形式的娱乐则以意第绪语呈现。希伯来语的狂热分子发出警告：各种外国语言正在控制着公众领域！这一反应相比伊休夫时期是一种倒退，伊休夫时期，语言捍卫者团体抗议在街道上使用德语或意第绪语。这种危险现在看起来更为严重：希伯来语在将要成为大多数的移民人口中会面临怎样的命运？这种关切是极为夸张的，因为，事实上，希伯来语的灌输是通过儿童才能达到顶点，儿童在每个教育层次上都学习希伯来语，并且将其带入家中，有时还拒绝用他们的母语同父母交谈。幽默作家埃弗拉伊姆·基顺（Ephraim Kishon），一位来自匈牙利的新移民，他在以色列学会希伯来语，并在几年时间里将之变成一种富于创造性的工具。他曾经写道，在以色列，孩子们教他们的母亲学习他们的母语。这一经典的阶段反映出移民国家的现实，这里存在巨大的力量促进移民融入居于支配地位的文化之中。

考虑到这一现实，人们很难理解那些在 1957 年以前一直禁止出版任何意第绪语日报（他们允许出版周刊和一周发行不超过三期的报纸），以及试图禁止在以色列建立一座永久性的意第绪剧院的教育部官员的担忧。意第绪语和希伯来语之间的竞争因为大屠杀的发生而悲剧性地宣告结束，说意第绪语的犹太人在大屠杀中遭到杀害。在以色列生活的现实中，意第绪文化除了是一种社会残留外，没有更多的内涵。甚至对于意第绪文化的斗争也变得无关紧要。不过，20 世纪 50 年代早期，特拉维夫当地一家意第绪剧院的开张遭到禁止（尽管允许来自国外的艺术家演出）。甚至希伯来语的坚定捍卫者本-古里安，虽然曾激烈反对在伊休夫公众领域使用意第绪语，但也找不到理由阻止那些文化语言为意第绪语的人享受用那种语言所进行的演出。但是政府并不赞同他的观点，而哥尔德法登剧院也注定要关闭。只是在其创建者向高等法院提起上诉并赢得这场诉讼之后，这家剧院才成为一座永久性的建筑物。

以色列意第绪语的故事就是熔炉政策故事的缩影，这一政策狂热的实施者认为，来自所有流散地的移民都应当立即而且毫不犹豫地放弃他们随身带来的文化和传统，同时接纳当地的社会思想和文化。这是一种不切实际的政策。事实上，移民创造了提供文化需求的壁龛。这些壁龛并不打算取代以色列文化，而是与其并存，每一种"上帝的小地产"都属于一个流散地的移民。

国家象征

随着灌输民族精神的工作达到高潮，适合主权国家的民族象征符号也必须加以更新。建国之前，由赫茨尔仿效祈祷披巾所设计的蓝白旗帜，以及《希望之歌》——锡安主义颂歌被保留下来，这首歌被死亡营里那些走向焚尸炉的犹太人一路吟唱并广为传播，体现出更加深刻的意义。这些被用作国家标志的象征符号，从众多的竞争性的设计方案中选出。仿效罗马征服者从圣殿中掠夺的 7 支烛台所设计的标志基于对罗马时期提图斯凯旋门的描绘，这是现在与过去历史之间的又一种联结。邮票、纸币和硬币——所有这些在古老国家中理所当然的主权象征符号——都加以重新设计，"这在 2000 年的历史中还是第一次"。

在这 20 年中，诸如独立日、以色列阵亡士兵纪念日、大屠杀纪念日之类的民族性节日和纪念日得以确立。独立日是希伯来历以珥月的第五天，也就是英国高级委任专员离开以色列的那一天（1948 年 6 月 14 日）。几年之后，独立日之前的一天被确立为阵亡士兵纪念日，这一决定源于阵亡士兵家庭的临时性动议，得到了地方当局的支持，适时地得到了官方的批准。阵亡士兵纪念日和独立日如此靠近激起了复杂的情感，以至于有一些人甚至反对这种从哀悼到欢庆的迅速转变，因为这让欢庆活动变得令人沮丧。但最终阵亡士兵家庭和地方议会的影响占了上风，两种纪念仪式如此接近地举行，反映了哀悼与欢庆紧密相邻这一以色列生活的缩影，一种"你虽在血中，仍可存活"（《以西结书》第 16 章 6 节）的精神。

耶路撒冷的赫茨尔山被选为国家纪念场所。国家军事公墓位于那里，包括赫茨尔在内的一批国家领导人和名流的遗骸以国家仪式被重新安葬在那里，而那些并没有为他们自己选择别处安葬地的以色列总理和总统的坟墓也位于那里。公墓的设计和墓碑的样式都遵循欧洲类似的纪念场所的风格。石碑都是统一的类型，旨在强调所有死者的平等。景观建筑唤起平静与安宁。在独立日前夕，赫茨尔山会举行点燃 12 支火炬的仪式，12 支火炬象征着以色列的 12 个部族。起先，这一仪式具有军事性质，但随着时间的推移，其民间性元素越来越得以突显。一年一度的对同一形式和文本的礼仪性的重复从无到有地创造了一种国家传统，因为在犹太传统中没有此类仪式。六日战争后，在西墙举行的一种仪式得以添加进来。这两种仪式之间有着明显的不同。西墙仪式是一种宗教性仪式，仪式上会诵读"充满怜悯之心的上帝"的祷词，也会以传统的形式来吟诵纪念（Yizkor）祈祷词，而赫茨尔山举行的仪式本质上是世俗的，强调了这个国家的民族性特征。对于后者，Yizkor 诵读是从贝尔·卡茨纳尔森所创作的纪念特尔海（Tel Hai）沦陷的颂词改编而来，以"愿以色列人纪念"，而不是"愿上帝纪念"开篇。这一仪式还伴随着源自锡安主义传统的歌曲。

在宗教犹太复国主义流派的会堂中，独立日要吟诵《诗篇》第113—118 章的赞美祷词（Hallel），并且要为国家的福祉而祈祷。在国家初建的日子里，曾经尝试仿效逾越节家宴设立独立日"家宴"（Seder），这是一种节日性的家庭宴会，伴随着国家建立的奇迹，不过，这一观念并没有激发人们的想象力。独立日前夕的庆祝活动试图效仿1947 年 11 月 29 日的激情与兴奋，那时，人们成群地、自发地涌向街头跳舞。在早期，以色列人喜欢公开举行庆祝活动；他们走上街头并形成了舞蹈圈。随着时间的推移，这种自发性的舞蹈圈慢慢地衰退，并让位于表演艺术家阶段，这些艺术家试图通过观众参与来激发欢乐的气氛。很多年过后，这些庆祝活动日益变得私人化。最初，人们在他们家中举行私人篝火野餐和派对；后来，独立日逐渐变成以自然为中心的家庭庆祝活动。

这一时期独立日的一大特征是公民和军队之间的遭遇。1949 年计划中有一次通过特拉维夫街道的阅兵。然而，民众的过度热情，连同组织上的经验不足使得阅兵并未达到预期效果。成千上万的人涌入阅兵的队列中，而这次阅兵在民间记忆中被认为是"一场没有行进的阅兵"。它的目标是要展示以色列的军事力量。在这几十年中，华沙条约国家和阿拉伯国家举行了令人印象深刻的军事游行。即便像法国这样的民主国家也进行了军事上的展示。在以色列，游行是这个国家最受欢迎的节目。早在游行之前的一天晚上，人们就纷纷沿着行进的线路占据他们自己的位置，尽管存在拥挤和不适，但成千上万的人都争相朝着游行队伍欢呼。公民对步兵、装甲兵部队以及空军飞行队列的热情不是在表达军国主义——公开的或隐秘的——而是犹太人真正需要看到保护他们的军事力量。这是自豪和安全的来源，在这种展示中，有着面向广大民众的、令人感到安慰和振奋的力量。在六日战争中以色列国防军军事力量得以充分展现之后，这种阅兵活动开始显得多余，并在1968年独立日之后被取消。

在确立国家象征符号的过程中，以色列国防军发挥了主导性作用。兵役是普遍性的，除了几千名耶希瓦的学生、阿拉伯少数民族以及基于宗教原因要求豁免的妇女之外。无论是左翼，还是右翼，都将以色列国防看成是人民的军队。甚至在反对派知识分子圈，如乌里·阿维内里（Uri Avneri）以及与之同类的人，从他们年轻时代开始就对以色列国防军保有一种温和的立场，并且没有将之包括在他们所进行的制度批判的范围内。预备役提供了一种与社会各阶层交谈的平等经历。在精锐部队，如伞兵部队、纳哈尔（战斗先锋青年旅，Noar Halutzi Lohem 的首字母缩写，俗称"Nahal"），或作为空军飞行员，后来在戈拉尼旅和装甲兵团服役，被认为是进入以色列社会的入场券，而来自"第二以色列"的人——新移民——则将军旅生涯看成是个人提升的机遇。军队也被动员起来履行国家使命，比如发洪水时在中转营提供帮助，还有给新移民教授希伯来语。虽然政党涉嫌保护主义，但军队被视为超越于政治对抗之上，并且作为一种体制，尽管接受了军事等级，但平等仍是一种价值。

军队的国家地位和巨大声望是由自己的宣传机构——其报纸和广播电台，尤其是由纳哈尔剧团领导的文工团培育起来的。他们的歌曲和幽默短剧在当时的文化中发挥了主导作用，并成为国家文化传统的一部分。例如，他们的爱国歌曲成为青年运动剧目的一部分。他们鼓励志愿参加军事任务、奉献和甘愿牺牲，但他们也嘲弄服兵役，赞美对和平的渴望。这个国家的主要作家和作曲家都为这些剧团创作歌曲。

这样，拿俄米·舍莫尔（Naomi Shemer）因她的第一首歌《一个流浪的歌手》而引人关注，并大受欢迎。几十年来，最初出现在军队文工团中的艺术家和艺人转移到更广阔的娱乐和戏剧世界。由埃弗拉伊姆·基顺所描绘的英雄萨拉·沙巴提（Salah Shabati），首次由纳哈尔剧团演出，成为一个经典的、长期上映的剧目。这一角色当前被解释为嘲弄新移民和诋毁他们的文化。但在原来的背景下，沙巴提看来像一个精明的大众英雄，他以基布兹成员（kibbutzniks）的面目出现，成功挫败了那些古老文化的代表向他灌输他们价值观的种种可悲的企图，并在智力上战胜他们。

纳哈尔部队将高强度的军事训练与基布兹生活结合在一起。这是帕尔马赫国家版本的一种，帕尔马赫也将这两种使命结合在一起。国防兵役法规定每个士兵至少在农业工作中服务 9 个月，这是一种在士兵中灌输"适当"特征的不加掩饰的尝试。以色列议会各党派都热切地支持这项法律。但结果证明这项法律并没有得以贯彻，因为士兵们需要履行军事职责。因此，纳哈尔旅就建立起来，配备了有组织的农业培训核心团体（gar 'inim）——他们在基布兹中承担部分兵役——中青年运动的毕业生。被认为是杰出战斗部队的纳哈尔，也沿着边境建立了基布兹，受到了公众的赞扬。

纳哈尔的地位对于那些年里表现明显的民族精神提供了一种矛盾的案例。随着国家的建立，老兵精英，尤其是基布兹运动，往往倾向于实现他们自己的特殊利益。这种私人运动议程而非国家议程优先的偏好是那些知名的社会斗士所经历的疲乏造成的结果，特别是在付出沉重的人力、财力才赢得胜利的独立战争之后。伟大的民族使命已经实现，国家成为现实。基布兹运动在伊休夫时代承担了特殊的角色。同时，基布兹运动没能找到一种直击新移民内心和思想的方式，由此也失去了征募新成员的能力。它们在新的现实中定义其国家角色方面也存在困境。纳哈尔在某种程度上替代了已在大屠杀中消失的散居地先锋训练团体。但是，其声望并不能掩盖日益减弱的基布兹所发挥的作用，基布兹的成员正要求提高他们的生活水平，而那些在战争中遭到毁灭的基布兹也被要求重建。青年运动如它们在建国之前时期一样，在城市表现活跃，尽管它们没能吸引大量成员加入，且其中大部分成员在加入纳哈尔之前已经离开青年运动。这些运动仍旧以社会主义犹太复国主义的意识形态教育其成员并努力培育一种简单的生活方式——蓝衬衫、无袖短上衣、女孩的长辫子、凉拖鞋、不化妆、民间舞蹈，以及古老的俄罗斯歌曲。

青年文化与本-古里安的国家

与青年运动并行，出现了一种"沙龙"青年文化，其追随者是埃尔维斯·普雷斯利（Elivis Presley）、克里夫·理查德（Cliff Richard）和保罗·安卡（Paul Anka）的粉丝。作为欧洲文化的追随者，他们发现了美国的牛仔裤，并到舞厅跳舞，并且不太关注意识形态。这两群年轻人的文化风格之间没有不可逾越的长城，他们会根据他们的喜好移向另外一方。西方文化用了很长时间才传到以色列。去外国旅行是昂贵的，并且受到外汇短缺的限制。但时尚还是通过报纸、杂志、电影以及各种方式记录的音乐传到以色列。20世纪50年代，翻译过来的文学作品包括当时美国出版的战争小说：詹姆斯·琼斯（James Jones）的《从这里到永恒》、利昂·尤里斯（Leon Uris）的《战斗召唤》、诺曼·梅勒（Norman Mailer）的《裸者和死者》、欧文·肖（Irwin Shaw）的《幼狮》。杰克·伦敦和约翰·斯坦贝克的作品成了畅销书，还有这一时期被翻译成希伯来语的美国大众文学。这些书籍取代了之前几十年的苏联战争小说。

电影是最受欢迎的娱乐形式。西部影片培育了广阔而开放的空间神话，并成为地方文化的一部分，以至于有记者声称帕尔马赫是由伊茨哈克·萨德（Yitzhak Sadeh）和加里·库珀（Gary Cooper）创建的。独立战争之后，受过教育的年轻人前往法国学习法国文化，有些甚至去了美国；他们也因此将这些国外的影响带回以色列。虽然左派认为西方文化是衰落的且注定走向灭亡，但仍然是成长于20世纪50年代的年轻人内心所渴求的。

而有些夸张的是，集体主义精神显得至高无上，出版社、电台，甚至是文学都在着力培育这一精神。尤为典型的是，拿单·沙汉姆（Nathan Shaham）创作了一本小说，题目就叫"第一人称复数"。但与此同时，一种个人主义的精神也在出现。它并不违背爱国主义或寻求挑战的年轻人甘于牺牲的意愿，但确实与强调同辈群体和整体社会（与个人相对立）的古老社会结构相冲突。这种个人主义精神的一个例子是年轻人反复尝试到达佩特拉，一个迷人的纳巴泰人区，约旦的非犹太地。远足佩特拉是帕拉梅尼克斯徒步"征服"这块土地的当代替代品，它也带有穿越边界和敢于打破惯例的意义。作家纳奥米·弗兰克尔以惊叹的笔调描写了最后的游侠梅厄·哈尔-锡安（Meir Har-Zion，摩西·达扬称其为自巴尔·科赫巴时代以来最出色的犹太斗士）："打破限制和惯例、踏上前人从未踏上的道路、到达山之巅峰、第一个且是唯一一个看见人们从未看到的地方，总有一种自由扩张的感觉，所有这些的超凡动力源自哪里？"

从以色列地到以色列国的转变给年轻人施加了一种实际的和精神的边界，他们感到自己已经错过了为以色列独立而战的挑战，再没有如此勇敢的使命留给他们。今天，"年轻和不安的"的沮丧引导着他们艰苦跋涉，进入尼泊尔、南非或印度。但是，那时边界已被关闭。"很少让人感到惊奇的是，出于对边界的失望，对自由的渴望是与生俱来的"，这是一种渴求"自由扩张的情感"，弗兰克尔写道。[2] 到佩特拉的远足是一种企图突破重围，冒着危险、鼓起勇气更上一层楼的尝试，这是有吸引力的尝试，尽管，或者因为事实上有人已被约旦边防军杀死，很显然，开始这样一种远足所涉及的远不只是俄罗斯式的轮盘赌暗示，而是以色列版本的危险的浪漫，只适合于那些准备打破惯例和拒绝社会权威的个人主义者。这种远足者是新的孤独英雄，就像西部大片中骑行在日落里的英雄一样。

从今天的视角来看，那个时代以色列的现实似乎是革命性的，因为它重塑了一片领土并创造了一个国家。但对那些成长于伊休夫时代的人以及参加过独立战争的人来说，这个时代是极度失望的时代。正是现在，国家建立之后的日子里，真正的犹太复国主义革命已经成为例行化的事实。地下斗争的惊心动魄、个人牺牲、监禁、示威、非法移民、绝望的战争，所有这些都不复存在。现在是每日做平常工作的时候了，但对这一点，有些人在精神上和文化上都还没有准备好。这些战后返乡的士兵，当他们意识到生活还要继续，意识到对于新的和更好世界的希望被夸大了的时候，他们体验到的是一种幻灭综合征，这一病症在全世界范围内广为认知。对于一些 1948 年入伍的士兵，国家似乎是他们为之奋斗的一切的歪曲。之前的帕尔马赫成员从来没有原谅本-古里安解散帕尔马赫的行为。可耻地解散他们的指挥官伊戈尔·阿隆的部队，是另外一种侮辱。

来自左翼和右翼的年轻人都妖魔化了本-古里安并且拒绝"本-古里安的国家"。1948 年建立的犹太复国主义左翼组织马帕姆（统一工人党）受到苏联的束缚（至少到 1956 年，它才摆脱苏联的制约），苏联增强了统一工人党对本-古里安的敌意。本-古里安通过解除他们之前对于国家的使命承担了淡化其作为革命先锋的责任，而且还将以色列国家的航船导向了西方。对于年轻的左翼知识分子来说，这些都是不可原谅的罪恶。左翼文化周刊《马萨》(Masa) 表达了对本-古里安国家的沮丧和愤怒，这不是其追随者祈祷建立的国家。对于他们来说，埃特泽尔和莱赫战斗者认为本-古里安篡夺了作为土生子 (the native sons) 的战斗者本该享有的领导地位。他们的敌意因为"狩猎季"行动（1944 年展开的一次行动，哈加纳将埃特泽尔战斗者交给了英国）和 "阿尔塔莱纳号"货船事件的记忆被强化；这些事件对于他们敌意的形成有重要影响。他们将本-古里安描绘为一个邪恶的、魔鬼般的统治者，屈服于任何恶棍穷凶极恶的行为。

20 世纪 50 年代，两个文学圈子及其所产生的作品聚焦了年轻人的反抗，这些反抗更多地是通过对本-古里安国家（这一词汇是一种神话式的表达，表示本-古里安掌握了远比他作为总理实际拥有的权力要大得多的权力）的敌意而不是自身的意识形态而联结在一起的。这两大文学运动的主力都是帕尔马赫时代以及与"迦南"圈有联系的作家。帕尔马赫时代的作家，如哈伊姆·古里（Chaim Gouri）、阿哈龙·麦吉德（Aharon Megged）、摩西·沙米尔（Moshe Shamir）、以加勒·莫辛索恩（Yigal Mossinsohn）、哈努赫·巴托夫（Hanoch Bartov）、阿米尔·吉尔伯（Amir Gilboa）以及其他一些人，早在20世纪40年代就已经走到了前列。20世纪50年代，大多数与马萨联系在一起，他们的工作所呈现的是"土生子"，即斗争和战争时代在这个国家成长起来的年轻人的经历。这一群体中的大部分成员远离了来自流散地的以色列人的经历，摩西·沙米尔出版的纪念其在独立战争中牺牲的兄弟埃里克（Elik）的作品《用他自己的手：埃里克的故事》，以"埃里克出生于大海"开篇。这句话成为文学上的口号，定义了典型的萨布拉，或者叫本土出生的以色列人，出生于特拉维夫的海滨，没有过去，没有与犹太民族的联系。沙米尔徒劳地争辩说这不是他的意图，他所有的意思只是表明他的兄弟喜欢在特拉维夫的海滨度过时光。这句显现出其自身的生命，尤其是在文学学者格尔绍恩·谢克德（Gershon Shaked）在他关于新希伯来文学史著作中使用它作为有关那一代人作品的章节标题之后。

这就是以色列的第一代作家，对他们来说，在巴勒斯坦和以色列的经历占据主导地位。这些年轻作家同那个时代世界文学的联系经过了苏联的过滤。在希伯来文学翻译过程中，他们受到了苏联战争文学的影响，而他们自己的作品也复制了"社会主义的现实主义"这一莫斯科主导性的文学样式。它迎合了那些寻求英雄式的犹太复国主义传奇的文学表现的读者的需要。而这类书籍在独立战争之后蜂拥而出也正迎合了读者的期待。所有批评对犹太复国主义-社会主义道德观都没什么兴趣，而对于英雄的描绘也屈从于公认的叙述，如摩西·沙米尔的《他在战场中走过》（*He Walked in the Fields*），内森·沙汉的《他们明天就会到达》（*They'll Arrive Tomorrow*），以加勒·莫辛索恩的《灰如麻袋》（*Gray as a Sack*）、《内格夫的黄沙》（*Sands of Negev*）、《一个男人的道路》（*A Man's Way*），以及乌里·阿维内里的《在非利士的战场上》（*In the fields of Philistia*）。S. 伊兹哈尔（S.Yizhar）早在

1949 年出版的两个故事《赫贝特·黑兹阿赫》（*Hirbet Hiz'ah*）和《俘虏》（*The Captive*）属于例外，它们在涉及阿拉伯人，尤其是对巴勒斯坦阿拉伯人驱逐的问题时，强调了道德困境。伊兹哈尔不朽的小说《洗革拉的日子》（*Days of Ziklag*）记录了一个犹太士兵小分队试图守住内格夫山顶岗哨赫贝特麦克哈兹（Hirbet Mekhaz）这个 7 次易手的战略要地的故事，这本小说在 20 世纪 50 年代末出版。在这本书中，出生于本土的 1948 年战斗者的神话达到了顶点；不过，伊兹哈尔也开始粉碎这一神话。他并没有明确赫贝特麦克哈兹是不是大卫在扫罗前逃往的《圣经》地洗革拉，或者只是另外一个缺乏任何《圣经》光环的不知名废墟。

第二个知名的文学运动是"原住民"（native）运动。迦南主义是一种文学、社会和政治现象———种从无到有创造一种地方身份的大胆尝试，试图从流散地的犹太民族和犹太历史分离出来，但却与这块肥沃新月地带的古老民族联系在一起。这一群体的创立者约拿单·拉托什（Yonatan Ratosh）出生于波兰，被诗人亚伯拉罕·斯隆斯基（Avraham Shlonsky）贬斥性地冠以"迦南人"之名。拉托什是一名极端右翼分子，埃特泽尔（犹太地下组织）和莱希（Lehi，"以色列自由战士"）的支持者。作为一名天才诗人，他吸引了来自左翼和右翼的追随者，这些人由于一种神奇的、作为深深植根于中东的古代闪米特认同一支的以色列认同观念团结在一起。拉托什设想希伯来人作为该地区众多民族的古代领主，希伯来语作为主导性语言将这些民族再一次团结在其麾下。他的观念涉及希伯来人对于阿拉伯人统治地位的确认，并理所当然地认为这些民族必须接受希伯来人的统治，无论是出于自由的意愿，还是强力为之。

拉托什表达了对获得本土身份的渴望，这一身份使年轻人摆脱了与犹太历史的复杂联系，20 世纪 40 年代在这个国家出生并成长的年轻人已经感知到这一点，他们的经历中缺少具有强烈吸引力的、令人感到振奋的事件，生活退化、单调乏味，与正在出现的以色列人的经历并没有关联性。哈伊姆·哈扎兹（Haim Hazaz）1943 年出版的象征性的故事《布道》(*The Sermon*)，其中的主角尤杜科（Yudke）建议同犹太历史分离，所表达的正是这样一种情绪。在年轻人的地方性认同中，拉托什看到了一种要打破与民族母体犹太教联系的新的国家内核。这个国家将有一种非宗教认同，依靠领土和语言，正适合于神话式过去的家族谱系。迦南人的观念生来就反对 20 世纪 30 年代在伊拉克和叙利亚考古学发现的背景，这一发现揭示了一个迷人的统治、艺术、文学以及其他文化形式的世界，这一世界看起来与古希伯来文化存在联系。然而，这一联系不是同希伯来人的一神信仰以及他们的哈拉哈（律法）之间的联系，而是同富有原始激情和美丽的异教文化与侵略性文化之间的联系。

从巴勒斯坦伊休夫早期时代开始，在新出现的本土性认同与打断这一认同的移民潮之间就存在着张力。早在第二次阿里亚时期，莫沙夫中成群的年轻人就凭借所谓的"土著"的身份自视为这块土地的主人。第二次世界大战期间，随着移民的中止，尤其是大批出生并成长于这个国家的青年一代的出现，这一认同得以强化。这一认同意识是拉托什获得来自挑战犹太复国主义民族精神的年轻知识分子支持的基础。诞生于流散地的犹太复国主义旨在为在民族主义时代面临生存危险的犹太民族提供解决方案。拒绝流散意味着犹太人作为少数群体拒绝在作为多数派的、交战的和好战的民族中存在，以及脱离土地和生产性生活而存在，因为这使得犹太人依赖另一个民族而存在。犹太复国主义寻求完全改变犹太人生活的现实。这就是巴泽韦斯基（Berdyczewski）和布伦纳的方法，这个世纪伟大的转变"流亡的拒绝者"。这也是本-古里安的途径，他总是说他"拒绝"流亡。同时，犹太复国主义运动仍然将自身看成是犹太民族世代相传的链条中的一环。

另一方面，迦南人认为自己无论如何都不属于犹太民族。他们宁可将自己看作以色列地出现的一个新民族的开端。正如美国作为一个移民国家成长的经历一样，移民隔断了与他们原来社会的联系并建立了一个新的实体，所以，以色列的希伯来人将是一个新的民族，是从其父辈中分离出来的。迦南人是一小群知识分子群体，他们在本土文化的表现上远比支持他们的人数要突出，事实上，他们只有一些边缘性的支持者。本杰明·塔穆兹（Benjamin Tammuz）、摩西·多尔（Moshe Dor）、阿里耶·希文（Aryeh Sivan）、阿摩司·肯南（Amos Kenan）、阿哈龙·阿米尔（Aharon Amir）等作家和诗人，是这些"土生子"中的重要人物，他们都认同拉托什的意识形态。哈伊姆·古里受这一意识形态吸引多年，尽管他并没有认同它。即便如此，他还是声称在出生于这个国家的每个人心里，以及在劳工运动世俗学校的教育中，迦南主义的种子已经发芽。

在20世纪50年代早期，该运动的杂志《第一》（Alef）创刊。在这些年里，迦南主义文学一度繁荣并作为"帕尔马赫一代"文学的对立形态而存在。这种有意为之的本土文学描绘了当地的景观和作家的经历。它没有意识形态和特定的世界观，既没有驱动"帕尔马赫一代"前进的犹太复国主义社会主义，也没有社会主义的现实主义。相反，它表现出接受不同的、具有诗意和梦幻色彩的文学思想及风格流派的意愿。

虽然表面上看，这是迦南人最美好的时候，但事实上拉托什的信条已经被摧毁了。本土性认同的最初萌发已经被20世纪50年代到达以色列的大规模移民潮所扫荡。正如我们所看到的，新来的移民在当地人的心目中是陌生人。许多人，尤其是密兹拉希犹太人（东方犹太人），保有同传统和宗教的联系，同迦南人狂热的世俗主义是相抵触的。这些移民与犹太民族的联系是其认同的核心，他们的移民行动正是这种联系的物质性表达。一个移民国家不会为迦南人傲慢的本土主义和他们的支持者提供空间，尤其是因为他们在那个国家现在也只是一个可以被忽略的少数群体。不令人感到惊讶的是，"本地人"对于新移民抱有敌意，因为这些新移民改变了这个国家的物质和人文景观；他们感到自己失去了"他们的"国家。S. 伊兹哈尔这位1948年一代中最伟大的作家，以他的著作来纪念以色列地的认同，他在书中描写了在独立战争中战斗的年轻人，还描绘了古老家园的景观：隐藏在丘陵褶皱中的阿拉伯村庄,浪漫的柑橘园和水洞——所有存在于这片处女地上的景象都被移民大军和以色列的加速发展所淹没,迷人的过去也都走向终结。这种对于新移民来说很陌生的浪漫主义塑造了伊兹哈尔及其众多同代人的认同。

以色列社会、过去的意义和大屠杀记忆

新的民族国家通常倾向于突出过去的记忆来支持现在的合法性。因此,在以色列建国的头几十年里,历史是文化体验的中心。《圣经》扮演了一种主要的角色,这本书颂扬了犹太人民与其土地之间的联系,以及犹太古代历史的荣耀。它不仅被认为是犹太人有回归国家权利的证明,也是犹太教赋予世界的普遍观念的来源。教师使用《圣经》故事带他们的学生面对面地感受古老家园的风景,它的统治者和战士,以及反对统治者残暴统治并为社会正义而战斗的先知。从犹太复国主义者在巴勒斯坦最早定居的时代开始,《圣经》就成为一种文化和教育资源,反映在小说、诗歌、成语和《圣经》诗文中,它们进入口头语言中并丰富了其内容。基于《圣经》故事之上的历史小说,在伊休夫时代已经流行,这些历史小说使得《圣经》的过去走向真实。真实化《圣经》的过去在国家建立之后变得更加重要。国家的建立、战争、大规模移民、大面积征服都从《圣经》中借用了术语来加以描绘:流亡者的聚集,旷野的一代,约书亚、大卫和歌利亚时代的土地征服。在国家建立之前几乎没有提到《圣经》的本-古里安,现在也开始广泛地引用《圣经》。在犹太人研究以色列地及其古物协会(Jewish Society for the Study of the Land of Israel and Its Antiquities)1949年大会上,他将《圣经》提升到唯一的典范文本的地位:"犹太国家的实业和教育未来要建立在这两种事物之上:以色列地和《圣经》。"[3] 本-古里安声称,以色列国防军的征服使得《圣经》成为当代现实的一部分,而约书亚成为他最敬佩的英雄。考古在具体化《圣经》叙述方面扮演了主要角色。本-古里安宣称,这个国家广袤的区域已经展现在以色列考古学家面前,他们能够澄清模糊的《圣经》事件。然而,

考古学的根本重要性在于它将过去转变成现在并合法化犹太人在以色列地的历史延续性。

《圣经》甚至一直是以色列文化的强大力量，至少到六日战争之后仍然如此。用来测试通晓《圣经》程度的小测验，成为独立日庆祝活动的一个主要事件，其流行程度堪比以色列国防军的阅兵。考古学成为一个流行的爱好，每年吸引了成千上万的志愿者开展挖掘和召开会议。考古发现被解释为验证《圣经》故事，并将它们从神话转变为历史资源。在独立战争前夕发现的"死海古卷"，到达以色列后，引发了对这个公元 1 世纪产生的、与希伯来《圣经》文本相同的资料研究的热潮。1965 年，盛放这部经卷的圣所在耶路撒冷的以色列博物馆举行了落成典礼；经卷被安放在那里是作为这个国家的一种象征。对考古学的热情并不仅限于第一圣殿时代的发现。证实约瑟福斯关于犹太人反抗罗马军团的起义故事的马萨达挖掘，也产生了巨大的热情，马萨达成了朝圣之地。1960 年在犹地亚沙漠发现巴尔-科赫巴书信以及他手下的士兵残骸成为轰动全国的事件。

1961 年，在独立日前夕传统上总理对国家的广播中，本-古里安提到了过去一年两个最重要的事件：在犹地亚沙漠发现巴尔-科赫巴士兵的遗骸和书信；对纳粹战犯阿道夫·艾希曼的审判，这一审判早在几天之前已经在耶路撒冷开始。这两大事件象征着这个国家两种有重要影响的神话：第一，以色列在自己土地上的遥远过去和犹太人为自由而进行的战争；第二，最近的劫难——大屠杀。第一个神话代表犹太历史作为一块领土以及居住其上的主权民族的历史，而第二个神话强调了流散地犹太人生活的历史延续性、犹太人的悲剧，以色列作为难民国家的使命以及记忆那些逝去生命的一座活生生的纪念碑。在本-古里安的讲话中，这两个神话的共存暗示了建立于领土之上的本土性认同与建立于民族历史之上的犹太认同之间的隐秘竞争。

甚至在成为一个国家之前，以色列已经表现出为大屠杀幸存者的再生而战的姿态。它接受大屠杀的事实，并将之作为这个国家的一种建构性神话，认为自己既代表正在存活的犹太人，也代表那些已经逝去的犹太人。这种源于犹太复国主义意识形态的说法将自己看成是整个民族的合法代表。犹太人被给予国家以作为对第二次世界大战中降临其头上的巨大灾难之补偿的观念是没有根据的，但无论在国内还是国外，这一观念都被相信作为国家建立的理由。建立国家的努力与向大屠杀幸存者打开国家之门，以作为他们所需要的并且能够重建生活的唯一之地的努力不可分割地结合在一起。大约有 2/3 的大屠杀幸存者移民以色列。因此，大屠杀的记忆及其在以色列民族精神中的地位具有根本的重要性。

在国家建立早期，以色列社会对待大屠杀记忆的态度是复杂的，大多数的老一代犹太人在"二战"之前的 10 年里来到以色列地。犹太人伊休夫中 90% 的人都来自欧洲，而绝大多数人都有父母和兄弟姐妹在暴政国家受到戕害。可以不夸张地说，伊休夫中的大多数成年犹太人在得知大屠杀的消息后都遭受了精神上的压抑和创伤。与此同时，这些老一代犹太人主要把精力集中在建立国家以及随后的独立战争上。那些在独立战争中牺牲的人所信奉的准则——坚定沉着，不表露感情，不表达痛苦和悲伤——在关于大屠杀的问题上也同样被采纳。因为这是一场集体灾难，所以人们也很少提及。当大约 25 万大屠杀幸存者成为以色列人时，他们谈到了很多暴行并描述了他们所经历的故事。但随着时间的推移，他们陷入了沉寂。听众发现很难听到这些故事，而讲述者也宁可将这些故事埋藏在他们自己的心里。这种沉默或者说压制具有实用的价值。人们不得不开始组建家庭，创造家园，获得职业，并抚养孩子，而过去的记忆很容易挫败重建他们生活的坚定努力。幸存者的活力，大多数人回归生活的速度，都是相当惊人的。从"那里"带来的记忆被深深地埋藏在他们的意识之中，而当他们用他们所有精神上的坚毅去应对的任务得以完成的时候，记忆又会重新出现。

很久以后，当大屠杀的记忆成为以色列生活中一种永恒性的存在时，有人声称在 20 世纪 50 年代，大屠杀幸存者陷入了沉默，且有人企图使大屠杀被遗忘。最近的研究反驳了这些说法，并且非常明确地表明这些幸存者在不懈努力，以存续他们的至亲、他们的朋友以及他们的社群中的大屠杀记忆。幸存者在1953年成立的亚德瓦希姆（Yad Vashem），即大屠杀纪念馆中表现活跃，并且尽一切努力将纪念馆活动引向纪念和文献记录的方向。大屠杀和英雄主义纪念日是亚德瓦希姆法律的一部分，该法律的细节性规定在1959年颁布。像以色列阵亡士兵纪念日一样，纪念日当天会鸣响警报，所有国内交通停止并默哀两分钟，在学校、公墓以及为纪念逝去的犹太社区而竖立的纪念碑旁，都会举行纪念仪式。作为仪式的一部分，每年都会吟诵取自奥尔特曼第二次世界大战时所写的《第七专栏》中的诗歌——《当我们的孩子哭泣》《男孩阿夫拉罕》，以及其他内容。纪念碑竖立起来，树木也种植起来，用以纪念死难者。早在20世纪50年代，一家出版纪念性社区书籍的企业就建立起来。基布兹运动的纪念性机构也由幸存者发起，在隔都战斗者博物馆（Lohamei Hageta'ot）、犹太-阿拉伯和平中心（Givat Haviva）和特尔·伊扎克（Tel Yitzhak）建立起来。20世纪50年代的作家和诗人，包括阿米尔·吉尔伯、阿巴·科夫纳（Abba Kovner）和尤里·兹维·格林伯格（Uri Zvi Greeberg），都出版了关注纪念死难者的著作。它们之中比较著名的是吉尔伯的诗《以撒》：

> 黎明，太阳漫过森林，
> 我右手拉着父亲的左手一道散步，
>
> 突然，一阵刀光像闪电般从树丛中闪过。
> 我眼前看到了恐怖的一幕，面对着树叶上溅到的鲜血，我万分害怕。
> 父亲，父亲快速地救下以撒，这样，吃午饭的时候就不会有人缺席了。
>
> 是我正在被杀戮，我的儿子，我的鲜血已经溅到树叶上。

而父亲被窒息而死。

　　他的脸色苍白。

　　而我想尖叫，我痛苦地扭动着身体，不敢相信，

　　我竭力地睁开双眼，这时我醒了，而我的右手在滴血。[4]

　　这首诗反转了以撒献祭的情节：父亲，而不是儿子成为牺牲品，而儿子被迫在一旁无助地观望，却不能拯救他。"而我的右手在滴血"：伊休夫被认为是犹太民族的右手，但是当灾难来袭时，那只手却不能拯救他们。

　　以色列电台的亲属搜寻局每天都在提醒人们记起大屠杀及其幸存者，几十年来，它一直在帮助寻找失踪亲属。当听到那些家庭对找到他们所爱的亲人并重新团聚不抱希望的时候，整个国家时不时地流下无声的泪水。

　　大屠杀成为公共议程中一种永恒的存在。1950 年颁布的《纳粹和纳粹同谋者惩罚法》，使得几十名在死亡营作为囚犯头目的犹太人在以色列被幸存者识别出来并受到惩处。有一个甚至被判死刑，尽管判决并未执行。1952 年，本-古里安将与联邦德国达成的赔偿协议提交议会批准，引发了公众的骚动。一方面，这个国家在吸收大量移民的压力下几乎崩溃，并且急需获得补给；另一方面，与一个作为谋杀者的国家媾和看起来似乎在为钱财而出卖国家的荣誉。当时，有两个口号很流行。那些支持媾和的人问："你杀了人，又得他的产业吗？"（《列王记》上，第 21 章 19 节）。他们的反对者则以"你要记念亚玛力人怎样待你的"（《申命记》第 25 章 17 节）来回击他们。这些由梅纳赫姆·贝京领导的反对者组织了一次暴力示威活动，且以冲击议会而告结束，这一事件在以色列民主历史上被铭记，因为这是第一次议会中的辩论被迫终止。

　　这场争论的一个突出特点是政治分歧，而这一分歧后来也与纪念大屠杀引发的争议有关。右派和左派都加入了反马帕伊（以色列工人

党）领导中心的力量中来。马帕姆（以色列统一工人党）和共产党认为联邦德国不仅是作为元凶的国家，而且也是令人憎恶的西方的傀儡。本-古里安则通过将联邦德国描述为"一个不同的德国"来为以色列同联邦德国的关系辩护。但对于左翼政党来说，联邦德国是一个法西斯主义国家——他们当然没有对民主德国采取相同的看法，而民主德国则在回避大屠杀的责任，而且并不准备对犹太民族给予补偿。由贝京领导的右派，则利用大屠杀赔偿问题的争议重新取得了在最近选举中失去的地位。

同样的政治分裂在另一场叫作"卡斯特纳审判"（Kastner Trial）争议中重现。事件集中于马尔基尔·格鲁内瓦尔德（Malkiel Grunewald）这个密兹拉希党（Mizrachi Party，1902 年建立的宗教正统的犹太复国主义组织，1956 年与密兹拉希工人党合并成全国宗教党）中一个古怪的犹太人，他出版了一本小册子指控之前是匈牙利（犹太复国主义运动）营救委员会成员的伊斯雷尔（鲁道夫）·卡斯特纳为了便于他的家庭和朋友逃离，与纳粹同谋。总检察长以诋毁个人名誉指控格鲁内瓦尔德。而杰出的、放荡不羁的律师撒母耳·塔米尔（Shmuel Tamir）反转了审判，并将原告变成了被告；这场审判提出了一系列对卡斯特纳的指控，也隐含着对马帕伊的指控，因为其成员领导着犹太代办处执行委员会，却未能挽救犹太人。审判证词揭示了营救企图，同艾希曼的谈判，匈牙利犹太人令人绝望的形势，以及卡斯特纳自己在营救犹太人方面所取得的部分成功。但是塔米尔，这位前埃特泽尔的成员，后来成为本-古里安公开的仇恨者，却以这样一种方式对故事进行了重新塑造：其中一方是这个国家的英雄，这一方就是艾茨尔以及其他在巴勒斯坦的地下战斗者，加上欧洲的一些隔都战斗者，而另一方是各种各样的犹太委员会（Judenrate）中的屈服者，他们逢迎纳粹并最终与他们共谋灭绝了他们自己的民族。塔米尔自己代表的是英雄般的、勇敢的、战斗的以色列人，而卡斯特纳代表的则是可怜的、羸弱的流散犹太人。在塔米尔制造的这样一种氛围中，甚至那些卡斯特纳曾经营救过的人也不敢站出来为他作证。在免除格鲁内瓦尔德罪名的判决中，法官本雅明·哈列维（Benjamin Halevy）声称"卡斯特纳把他的灵魂出卖给了魔鬼"。这样一种浮士德式的声明让卡斯特纳付出了生命的代价，他在1957年被暗杀。当局向最高法院提出上诉，而哈列维的判决被推翻，但对于卡斯特纳来说，这一决定来得太晚。

卡斯特纳的审判引发了媒体广泛报道，显示出大屠杀记忆的政治化。卡斯特纳被指是马帕伊的成员，马帕伊无论在以色列家园还是流散地都被描绘为与共谋者无异，而这个政治谱系的两个极端——右翼和左翼——都把自己装扮成捍卫以色列荣誉的勇敢斗士。诗人拿单·奥尔特曼试图回击这种天真的观点，这一观点完全脱离和误读了纳粹统治下犹太领导人所面对的不可能形势。公众舆论也在责骂卡斯特纳。在对马帕伊和卡斯特纳的挑衅中，极右翼的塔米尔与之前属于右翼但现在属于和平阵营的乌里·阿维内里结成了我们前面所讨论的联盟。阿维内里现在动员他的杂志《这个世界》（Ha'olam Hazeh）散布反对卡斯特纳和马帕伊的宣传。为了反对卡斯特纳所象征的流散地犹太人，塔米尔和阿维内里提出了新犹太人形象——勇敢和为社会现身。他们的信息传达出同时拒绝流散和原型式的迦南人运动的意识形态。直到20世纪80年代，卡斯特纳在以色列公众舆论当中才得以恢复名誉。

显然，在整个20世纪50年代，大屠杀一直在公共议程之中。但是，这一话题是否能激发生长在以色列的年轻人或来自地中海国家的新移民的兴趣是值得怀疑的。一般而言，这些群体将大屠杀视为属于另一个地方和事件的现实，与这个年轻国家的生活无关。大屠杀没有塑造他们的意识，但却被降格为一些普遍化的语汇，如"六百万"、"欧洲犹太人的灭绝"和"纳粹德国"。大屠杀没有触及他们的灵魂，他们也没有怀着一种对人类同胞的共悯之心来体验大屠杀，而是与他们的同胞保持着分离和疏离。这样一幅大屠杀的解析图会带来一些可能的指控，如犹太人"像羔羊一样被宰杀"，或者他们在遭到毁灭之前并不急于移民巴勒斯坦。较年轻的一代——冷漠且典型地对青春缺乏理解的人——会毫不犹豫地做出上述指控。这些个体犹太人，即便发现自己和他们所钟爱的人处在被剥夺生命的巨大力量的摆布下，其命运也不会激发他们（较年轻的一代）的兴趣并真正触动他们。隔都的斗士，他们被认为将以色列地的精神注入大流散中，成为以色列神话的一部分。但绝大多数被灭绝的犹太人很少被提及。大众媒体，如妇女周刊和政党报纸，确实刊发了一些个人失踪和营救、体现人类善良和怜悯的故事，而不仅仅是英雄主义的故事。但在一些所谓的优质报纸，如《国土报》上，这些故事很难找到。

将大屠杀记忆融入以色列国家精神之中的转折点是从艾希曼审判开始的。1960年5月，本-古里安宣布阿道夫·艾希曼被摩萨德特工俘获并被带到以色列受审。这个国家顿时像触电了一般。本-古里安将这次审判看作一次教育机会，它能够教育年轻的以色列人他们的民族遭遇了什么。但他没有料到激动、泪水、认同的洪流吞没了整个国家。站在证人席作证的幸存者在他们的证词中揭示了大屠杀的全部范畴，痛苦和羞辱，人性和兽性的同时显现。像汉娜·阿伦特那样的纯粹主义者认为这些证词是多余的，因为它们尤其与艾希曼无关。但是正是这些个人的证词，而不是检举台上成堆的文件，影响了听众的想象力。晶体管收音机对年轻人和成年人一样，成为一直随身携带的伴侣，跟随着审判的广播，他们的情绪也随之高涨。大屠杀第一次不再是"他们的事"，而成为"我们的事"。

这种公众舆论的转向使得约拿单·拉托什和乌里·阿维内里对审判抱有强烈的敌意。他们称大屠杀是由本-古里安上演的一场审判秀，将大屠杀的本质扭曲为一场特别针对犹太人的行动，而事实上，大屠杀应该作为德国根绝众多民族的宏大计划中的第一步而呈现出来。他们坚持认为，大屠杀具有普遍的意义；它不是一场只是犹太人遭受的灾难。拉托什敏锐地洞察到，认同政治的钟摆正从本土性认同朝向犹太认同一边，而大屠杀的记忆被锚定在那里。他意识到艾希曼审判使他更新本土认同的希望破灭，其发展已被大规模移民所阻止。大屠杀记忆强化了以色列年轻人同真正的犹太民族之间的联系，而不是与被发明出来的本地人之间的联系。

艾希曼审判之后形势的发展印证了拉托什的关切。这场审判后，以色列年轻人开始缓慢却坚定地回归他们的犹太认同。这一转变的首要迹象是哈伊姆·古里关于这场审判的报告。作为一个报告他的人民，他们的痛苦、灾难和沦落的人，他写下了这份报告。他认同他们，而不是像汉娜·阿伦特在她的书《艾希曼在耶路撒冷：关于平庸的恶的报告》中做的那样去反对他们。1965年，古里出版了《巧克力交易》（*The Chocolate Deal*），该书描述了大屠杀的幸存者，从那以后，他一直致力于这样的主题。

作家本杰明·卡默斯坦（Benjamin Kammerstein）曾效仿神话中的迦南神将名字改为塔穆兹（Tammuz），现在也开始了回归其先辈认同的旅程。他避开了区分"犹太人"和"以色列人"的企图，每当遇到这样的区分，他都感到羞耻。随着1971年他的著作《亚科夫》（*Ya'akov*）的出版，他完成了对于传统犹太认同的回归，"亚科夫"这一题目是犹太人类型的名字——显示出他从异教的展望回归到犹太记忆之中。在这本书中，他带着强烈的讽刺割断了同拉托什信条的联系，并重新建立了与其祖父之间的联系。他将祖父这位传统犹太人描绘为真正的英雄，因为他在流散中维持了他的犹太认同。"亚科夫，难道你不为我感到羞愧吗？"祖父问道。"我为你感到骄傲，祖父。"我回答道。"你是一位巨人，早晨在外国的雪地中、在严酷的霜冻中起来，把食物带到你家的餐桌上……你的英雄主义比我任何时间在这个国家土地可能完成的任何事情都显得壮丽和令人敬畏"，因为"这里我们不需要伟大的英雄主义……这里是家……只有在外面，在异国空旷的土地上（那里教堂林立，森林里狼群出没），一个人才需要真正的英雄主义"。[5] 大批生长在以色列的作家，最初疏远这种古老的犹太认同，现在也开始走上了与本杰明相似的道路。

"国家的一代"——那些在1948年之后长大并在以色列接受教育的年轻人——的出现，是这一过程中的一座里程碑，通过这一过程，大屠杀记忆开始进入公众意识当中。一本名叫《第七天》的书呈现了六日战争前后年轻人，尤其是基布兹成员的经历，反映出大屠杀在塑造这一代人意识方面产生了多么强大的影响。"无论何时，当我看到一个惊恐的犹太人，一张照片，或者只是轻轻提醒我记起关于这次大屠杀一切的一个词，我每一分钟都后悔我在军队里没有最充分利用时间让自己变得更有效率、更加勇猛。"一名年轻人在 1963 年读了卡-蔡特尼克（Ka-Tzetnik）的《娃娃屋》（*The House of Dolls*）之后给他的女朋友写信说。这个人在六日战争中阵亡。[6] 独立战争中并不存在的毁灭的担忧，在参加 1967 年战争的士兵中却成为一种正在形成中的情感。耶胡达·阿米亥（Yehuda Amichai），一个从时间上讲属于"帕尔马赫一代"，但在心智上属于"国家的一代"的诗人，表达了这两代人之间的对比："独立战争的一代是从大流散中脱离出来……而这里我要提示的是，六日战争的一代人却正生活在要远比以前强得多的大屠杀的意识中，生活在一种同整个犹太民族要密切得多的情感联系当中……"[7]

这种"国家的一代"的观念也定义了一种新的文学身份。20 世纪 50 年代，诸如拿单·扎克（Nathan Zach）、大卫·阿维丹（David Avidan）之类的年轻诗人，以及像丹·米隆（Dan Miron）和加布里埃尔·莫克德（Gabriel Moked）这样的批判者，将他们的愤怒指向了拿单·奥尔特曼。他们的攻击旨在削弱斯隆斯基学派的现代主义诗作的精神权威（这一学派统治了文学鉴赏领域），并终结表现民族精神的高度抒情风格的诗作。取而代之的是，他们要让诗歌远离那些强调个体的、私人的、日常经验中的悲天悯人和语言激情。不像亚历山大·布洛克（Alexander Blok）更多地受到斯隆斯基-奥尔特曼一代的赞赏，他们将艾略特（T. S. Eliot）视为他们的典范。

这些诗人也预示着一个新的文学一代的出现。在 20 世纪 50 年代后期和 60 年代早期，这些在国家建立后已经成年的年轻作家的作品开始出版。挑战"土生子"一代作家的是像约书亚（A. B. Yehoshua）和阿摩司·奥兹这样的新面孔，他们以其最初出版的一批作品在希伯来文学上留下了他们的印记。他们的灵感不是来自俄罗斯文学，而主要来自英国和美国作品。他们带着一种描述他们也从其中来的"第一批以色列人"的倾向，描述了根植于以色列现实的经验。他们背弃了犹太复国主义的英雄主义，取而代之的是反英雄、怀疑和担忧，例如，A. B. 约书亚在《面对森林》（*Facing the Forests*）中出现对受到压抑的以色列阿拉伯人记忆的描述。同时，阿哈龙·阿佩菲尔德（Aharon Appelfeld），一个青少年时代就来到以色列的大屠杀幸存者，在文学上正取得令人瞩目的成就。他从欧洲犹太人失落的现实发出了不同的声音，以示对于毁灭的纪念。西蒙·巴拉斯（Shimon Ballas），在伊拉克出生、长大，开始时用阿拉伯语写作，在 20 世纪 60 年代转而用希伯来语写作，他描述了在中转营的生活以及融入以色列的痛苦。他为像萨米·迈克尔（Sami Michael）和以利·阿米尔（Eli Amir）之类的其他作家开辟了道路，他们的著作在 10 年之后陆续出版。

同时，上一代的作家走向成熟，也在改变他们的定位和写作风格。每一个人都以他或她的方式成为新的希伯来文学潮的一部分。不同于国家建立最初几年希伯来文化的单一声音，现在多种多样的声音描述了不同的个人体验，而且，这些多元化的声音并不认为它们的角色是要证实犹太复国主义精神。

在大屠杀之后，"拒绝流亡"的意识形态和世界观走向衰落。批判和拒绝一种不再存在的现实有什么意义呢？西方国家，尤其是美国犹太人的生活不再符合流亡的模式。尽管在准备建国的辞藻里"拒绝流亡"显得很突出，但在伊休夫人口中，它并没有得到广泛传播，伊休夫中的大多数人来到巴勒斯坦并不是因为他们想改变他们的生活方式，而是因为想拯救自己或者生活在犹太人之中。这一点在大规模移民以后显得更为真实。那些移民不是流散的拒绝者，他们来以色列也不是因为他们拒绝流散的生活方式。相反，他们希望在以色列以一种改善了的生活标准和生存安全继续那种生活方式。尽管青年运动继续以"拒绝流亡"的精神开展教育，但他们已经成了可以被忽略的少数。学校在继续教授哈扎兹的《布道》，但是没有先前的迦南背景；当希伯来文学大纲被更新后，这个故事从课程中消失了。这个时代也见证了青年基布兹成员出版的杂志《沙代莫特》（*Shdemot*）的出现，他们想要熟悉犹太书籍，学习犹太哲学和历史。在考古的希伯来认同与历史的犹太认同之间存在着潜在的竞争，艾希曼审判标志着两者轨迹的逆转，第一种认同开始衰落，而另一种则在兴起。这种转变的势头在接下来的几年里更为明显。

第十二章

政治、和平与战争

纳哈尔奥兹基布兹（Kibbutz Nahal Oz），由纳哈尔旅前成员于1953年建立，位于加沙地带边境，建立以来便遭到巴勒斯坦近邻的入侵和袭击。加沙地带遍布了阿拉伯难民，包括一些被基布兹占领村庄所造成的难民。1956年4月29日，该基布兹成员，同时也是加沙边境指挥官的罗伊·罗斯伯格（Ro'i Rothberg）在骑马巡视时被袭击致死。那是个春天的早晨，罗斯伯格看到一群阿拉伯人正在基布兹地区盗割小麦，就像往常一样骑马把他们赶走。但这些收割者们突然跑得无影无踪，转而冒出一批阿拉伯武装人员，他们向罗斯伯格开枪射击，击碎了他的脑袋，并把他的尸体拖到了加沙地带。当联合国观察员将他的尸体交还给以色列时，很明显尸体遭到了虐待。

以色列总参谋长摩西·达扬出席了罗斯伯格的葬礼并在墓碑旁致悼词，以塑造以色列人对国家的认同，至少在六日战争之前的认同。在对巴勒斯坦难民恨犹太人移民表示理解，甚至对他们表示同情的同时，达扬强调了犹太复国主义定居点进退两难的境地。"对于我们这一代人来说，没有钢盔和大炮，我们种不了一棵树，建不了我们的家园，这是我们这代人的责任，"达扬声称，"这也是我们这代人的命运，是我们生活的选择——抱着坚定和坚强的决心，时刻武装和备战，以免敌人的刀剑削弱我们的拳头，夺走我们的生命。"他将罗斯伯格描述为年轻的追求和平的理想主义者，并总结说："他被内心的光明蒙蔽了双眼，没能看到锐利的剑光。对和平的渴望遮住了他的耳朵，而没能让他听到谋杀者埋伏的声音。"达扬以《圣经》里的英雄参孙为隐喻，评价罗斯伯格说："加沙的大门对他的肩膀太过沉重，最终压垮了他。"[1]

罗斯伯格的故事浓缩了以色列前10年的政治和安全问题。独立战争后，以色列与埃及、外约旦、叙利亚和黎巴嫩签署了停战协定，这些暂时性的停战协定一度被认为可以导致和平条约的最终签署。为此，联合国在1949年召开了洛桑会议，但是在美国居中调停的谈判与磋商中，显示出各方之间巨大的鸿沟，很显然，在不久的将来，是不可能达到和平局面的。一向认为犹太人是虚弱而可怜的阿拉伯人，却被犹太人所完败，这令他们非常震惊。这在他们自己和整个世界看来，都觉得十分丢脸，同时也暴露了自身存在的弱点，但失败并没有改变该地区的力量平衡。犹太人在中东仍然是少数民族，而阿拉伯人仍统治着广袤的领土，其所拥有的石油和人口都远远超过以色列。对他们来说，接受一个非穆斯林实体对巴勒斯坦部分地区的控制是不可想象的，尤其是这个实体在非洲和亚洲阿拉伯国家之间造成了实质的分裂。他们把这次失败看作暂时的挫折，是阿拉伯社会结构性弱点的结果，要通过推翻阿拉伯国家的反动政权来加以纠正，从而使他们准备好从中东地图上抹去具有侵略性的外国实体。

阿拉伯媒体和官方的言论集中在"第二回合"——能够消除1948年耻辱的另一场战争。他们认为，停战协定不是和平的序幕，甚至不是战争状态的结束（这是按国际法要求的），而是一种临时安排，以阻止以色列的侵略，直到最后算总账的时刻到来。与此同时，他们觉得自己有权尽其所能，在不发动战争的情况下让以色列人的生活变得悲惨，但他们仍然觉得无法打赢战争。阿拉伯联盟宣布了对以色列的经济抵制，这阻止了许多西方公司与以色列的贸易，以免阿拉伯人对它们施加类似的抵制。埃及公然违反国际法，禁止以色列船只通过苏伊士运河，还随即禁止载有包括石油在内的"战略物资"到以色列的船只通过蒂朗海峡。国际社会提出抗议，但最终接受了这种状况。

阿拉伯解释停战协定是暂时的，这意味着，阿拉伯难民对他们的土地拥有无可争辩的、持久的权利，而同时，以色列所占有的土地和水都是非法的。阿拉伯人解释停战线只是暂时的，这意味着阿拉伯难民对他们的土地拥有无可争辩的持久权利，以色列正在非法使用它所占领的土地和水权。阿拉伯人还声称，根据停战协定，巴勒斯坦人保留反抗剥夺他们财产的权利，阿拉伯国家会一直支持巴勒斯坦人。而以色列方面认为，停战线是根据国际社会批准的停战协定划定的合法边界，该边界线规定了以色列国家的版图。在这些边界内，以色列有权采取任何它认为合适的行动——这意味着它可以在巴勒斯坦人拥有的土地上建立定居点和安置犹太人。以色列人还声称，停战协定规定阿拉伯国家必须阻止它们的军队，不论是正规军队还是非正规军队，对有权在其境内和平生活的以色列采取敌对行动。

这些认知上的差异表现在几个方面。阿拉伯国家认为自己没有义务阻止其居民侵入以色列领土。在与埃及和叙利亚签订的停战协定中，以色列同意在有争议地区建立非军事区，但在边界两边对"非军事化"的解释各有不同。以色列认为这些地区是自己的，其附带条款是禁止部署军队。与此同时，阿拉伯人反对以色列在非军事区内原为阿拉伯人所拥有的土地上耕作。以色列人竭尽全力将其主权扩展至边界，尽管这导致与叙利亚和埃及军队的冲突。正是在这样的边界冲突中，罗伊·罗斯伯格遭遇了杀死他的凶手。

阿拉伯国家尚未准备好进行和平谈判，但停战局势对以色列也是很有利的，因为任何和平谈判可能涉及要求以色列做出广泛让步。外交部长摩西·夏里特和其助手在洛桑会议上讨论以色列策略的时候谈道："与阿拉伯国家的和平并不是至关重要的。"他补充说："当然我们也希望和平，但是不能迅速推进，要慢慢来。"[2] 以色列政府在广泛的公众舆论的支持下，有几条原则是不会让步的：不会从1949年已经确认的边界——绿线撤出；阿拉伯难民不准返回；西耶路撒冷仍然是以色列的首都。这些要求反映了以色列在1948年漫长而艰苦的战争中所获得的地理和人口优势，而以色列决定不惜一切代价保有这些优势。而对于阿拉伯国家来说，他们根本不打算承认以色列，甚至也不承认 1947 年的边界（联合国分治计划），并且继续要求彻底消灭以色列。以色列人认为，他们做出的任何让步只会成为要求进一步让步的前奏。事实上，以色列一度同意吸收特定数量的阿拉伯难民。但如预期的那样，谈判无果而终。

到了 1950 年，在罗得岛停战谈判期间，甚至在洛桑会议上，以色列政府对和平协议可能取得进展的乐观情绪已经消失，被悲观主义取代。以色列必须学会与对自己抱有持久性敌意的阿拉伯人共处，不再奢望和平谈判，而是通过增加国家人口，增强经济实力，壮大军事力量，用强有力的手段来解决与阿拉伯人之间的矛盾。换句话说，停战协定使人们可能把注意力从军事转移到民用领域，这对建立以色列的长期实力至关重要。达扬在罗伊·罗斯伯格的葬礼上的悼词表达了一种冷酷而清醒的事实，即为了生存，以色列国家至少有一代人被迫生活在枕戈待旦之下。

尽管各方都在谈论"第二轮"战争，但直到 1955 年，没有任何迹象表明阿拉伯国家正计划对以色列开战。1952 年，自由军官运动在埃及发动了一场政变，新政府参与了一场反殖民斗争，试图将英国从该国赶走。约旦国王阿卜杜拉也曾试图与以色列达成和平协议，但谈判一再失败，要么是因为以色列在一些小细节上不妥协，要么是因为国王觉得自己无力见证如此令人瞩目的一步，因为约旦有一半人口是巴勒斯坦人。1951 年，因为与以色列的谈判，他遭到暗杀，这使得和平协议退出议事日程。叙利亚也发生了数次内部斗争和政权更迭，自从胡斯尼·扎伊姆（Husni Zaim）被暗杀以来，没有愿意和平谈判的新统治者，但也没有显示出任何好战。20 世纪 50 年代初，以色列国防军的备战和警戒状况有所下降，这几年阿拉伯世界的威胁与其说是实际的威胁，不如说更多是口头上的威胁。

更紧迫的问题是所谓的"日常安全"，每天晚上都有阿拉伯难民秘密潜入以色列。起初，他们是顾恋他们留下的田地和房子，去收集被遗忘的财产，去收割庄稼。边境附近的莫沙夫居民害怕这些夜间"访客",他们很快就开始偷窃农业设备、牲畜或农作物。在最初的几年里,边境定居点比较少,只是零星地建立起来,军队巡逻并不能阻止偷渡,很快偷渡行为像瘟疫一样扩散开来。1949—1951 年,每年都有约一万次偷渡,于是以色列国防军开始实行铁腕政策。这两年政策相对激进,允许士兵晚上可以向任何可疑物体开火,数千偷渡分子被杀。他们开始武装起来组织还击,从那时起,主要目标是抢劫和偷盗的暴力入侵只是眼前的家常小事,更糟的是,他们并不忌讳杀害平民,并且成群结队地威胁恐吓以色列定居者。通常,夜晚来临时,莫沙夫的居民都会在一处中心建筑物附近聚集,以期会更安全。另外,经过一天艰苦工作后,他们不得不轮流夜间警戒。由于对偷渡者的恐惧,还有些莫沙夫被完全抛弃。

1954 年 3 月,马阿勒阿卡拉比姆(Ma'ale Akrabim,蝎子形通道)屠杀使得边境定居点的安全形势变得非常严峻。一辆庆祝完征服埃拉特 5 周年的公交车在沿阿拉瓦公路(Arava road)回程的路上遭遇马阿勒阿卡拉比姆偷渡者的伏击。袭击者不仅向公交车射击,还登上车并射杀了每个看起来尚有一丝气息的人。三名幸存者讲述了这一事件。这次为了谋杀而谋杀的行动危及了通往内格夫定居点主要公路的交通安全。1949—1956 年,有超过 300 名以色列人被偷渡者杀害,几千人受伤,造成数以百万计的财产损失。

以色列政府认为偷渡分子所在国家有责任制止偷渡行为。约旦政府似乎认真努力地减少本国偷渡分子的数量,但是边境线太长,军队力量有限。况且当地的居民认为以色列人是仇敌,并同情那些偷渡者。1956 年以后,阿拉伯军队中的英国军官被解雇后,约旦军队纪律变得极为松懈,阿拉伯军队甚至与偷渡分子进行合作。加沙地带的埃及军队不仅与偷渡分子合作,而且开始参与偷渡行为。于是以色列国防军越过边境线进行报复。然而,识别袭击者并不容易,所以,以色列的反击针对的是所谓的"恐怖分子的村庄",但经常性的情况是,报复袭击事件造成的伤亡并不是那些应当承担罪责的犯罪团伙。这种"无差别"的打击和惩罚和平居民的做法,引起了公愤,很多人认为这种做法只能增强民众对施暴者的同情，并不能阻止渗透行为。

　　1953 年阿里埃勒·沙龙指挥的以色列国防军特种部队 101 部队袭击了约旦河西岸科比亚村，造成了藏在屋子里的数十名村民丧生，包括妇女和儿童。即便沙龙声称他的人不知道村民藏在房屋里面是真实的，但也不能抹去对平民造成严重伤害的事实。这一行为在世界范围内引起了公愤，在以色列也引发激烈争论。科比亚行动之后，以色列国防军的报复行动转而针对敌方的军事或警察目标，而避免袭击平民。在与约旦的边界，这些报复造成的影响相对缓和。但在与埃及的边界，当局鼓励渗透和破坏，有意识地骚扰以色列，防止停战线转变为永久性边界。对以色列在加沙地带报复的反应加剧了双方的相互攻击和紧张态势的不断升级，并最终导致了 1956 年西奈战役。

　　报复性行动也导致以色列领导层出现激烈的辩论。一方面，以本-古里安、达扬、佩雷斯等人为首的激进派认为，报复性行动不仅是阻止渗透者的一个策略，还要阻止偷渡者不断破坏 1949 年边界以及在边界内削弱以色列主权的行为。他们还认为报复性行动能够有效防止以色列国防军失去威慑力，抑制偷渡者"第二轮偷渡"的念头。停战协定签署后的头几年，独立战争司令部的最佳指挥官离开了以色列国防军。因此，军队经历了一段混乱和虚弱的时期，这种混乱和虚弱显现为军事行动所遭遇的困难，诸如在加利利湖附近的特尔穆提拉战斗中，以色列军队进行了一场艰苦但并不成功的战斗，虽然摧毁了一支占据非军事区内的叙利亚部队，却造成许多以色列士兵伤亡。1953年 12 月，达扬被任命为国防军参谋长，他开始努力提高国防军的战斗力和士气，并培养特种部队作为全军的模范，例如 101 部队、伞兵和空降兵纳哈尔部队。报复行动考验了国防军的作战能力，同时也向阿拉伯国家展示其军事能力。此外，当时的以色列还是一个移民国家，凝聚力不强，而偷渡者的暴行点燃了国内舆论。因此，报复行动的开展也意味着安抚国内前线舆论，以防止民众对领导层和军队保护公民与提振公众士气的信心遭到削弱。

　　另一方面是由外交部长摩西·夏里特为首的温和派。他与本-古里安就主要问题达成共识：以色列不得放弃绿线边界；反对巴勒斯坦难民返回；西耶路撒冷是神圣不可侵犯的以色列首都。夏里特也明白与阿拉伯国家不太可能很快实现和平，但是他还是不同意本-古里安的报复行为。他认为，即使阿拉伯的敌意仍在继续，目前没有和平的机会，但以色列必须避免可能煽动仇恨的行动。他认为冲突不会结束，而是通过谨慎地避免挑衅的政策来降低冲突的烈度。

夏里特对国际社会抱有信心，试图依靠联合国或西方国家的帮助来反对阿拉伯国家的侵略。例如提到1947年联合国分治决议，本-古里安嘲讽地称之为"乌苏姆"（Um-Shmum，Um是联合国希伯来文缩写的发音），但夏里特作为外交部长，更清楚地认识到这是赋予以色列建国以国际合法性的一项重要决议，他比本-古里安更了解以色列的国际地位，也更希望继续依靠国际机构。看到以色列的报复行为招致了许多国际谴责，是加强以色列国际地位的障碍，他希望能够停止报复行动。然而，夏里特在1953—1955年担任总理期间，为了应对以色列公民所受的伤害，也批准了几次他认为不可避免的报复袭击行动。

1955年2月，在加沙地带，以色列国防军对埃及军队的一次复仇行动演变为较大规模的冲突，几十名埃及士兵丧生。研究人员对该历史事件的影响持有不同观点。有人认为这促使埃及总统纳赛尔对埃以冲突的看法发生至关重要的改变。他们认为，在这个事件之前，埃及军队和情报机构在以色列所鼓动的破坏行为只是有限的局部性的举措。但纳赛尔将军队在加沙行动中的失败看成是国家的耻辱，其作用是促使该地带的暴力升级。从这时开始，纳赛尔开始组织训练阿拉伯突击队（具有牺牲精神的阿拉伯人）——游击队和恐怖战士，并且在以色列领土内开始活动：屠杀平民，毁坏设施，破坏以色列边境线内外的安全。根据这些学者的说法，加沙事件使纳赛尔通过与捷克斯洛伐克签署大宗武器交易加强了埃及军队的力量。他们还认为，以色列的军事领导层已经决定对埃及进行预防性战争，其挑衅行动是为了引诱埃及攻击以色列。

其他学者则认为，纳赛尔在以色列战线上的活动，是由与英国人撤离埃及和苏伊士运河的谈判结果促发的，这场谈判使他得以提升自己在泛阿拉伯运动中的领导地位。以色列的挑衅行为使纳赛尔把自己看成巴勒斯坦人的保护者。接近东方集团的决定，以及从捷克斯洛伐克进口军火，已经清楚地显现出他的动机是成为泛阿拉伯运动的领导人。埃及很快就在叙利亚和约旦煽动骚乱，以破坏这些国家政权的稳定，并使纳赛尔主义者掌权。持这种观点的研究者认为，即使在加沙事件发生的时候，一个埃及军事代表团就在苏联。据他们说，纳赛尔利用加沙事件为他向靠近东方集团提供借口，这是一项根本的战略转变，在近20年里对中东有着深远影响。总之，1955年是停战协定后状况最不稳定的一年。

以色列建国以后，直到西奈战役，那些大国都认为以色列的存在只是暂时的，也认为1949年的边界并不是固定的。随着一波又一波移民涌入这个国家，现实情况在发生改变，在权力领域展开的争论为中东地图发生戏剧性变化提供了可能性。前期苏联支持以色列建国，甚至在以色列独立战争中通过捷克斯洛伐克给予武器支援。而到了1949年年底，苏联恢复了传统的反犹太复国主义路线。其原因很复杂，但相当重要的是，苏联犹太人对新国家表现出的热情和民族认同的情感，这在果尔达·梅厄作为以色列特使访问莫斯科时表现得很明显。最初，以色列力图在冷战中保持东方和西方之间的中立政策。以色列希望能够保持苏联的善意，首先是因为它希望保持东方集团对犹太人移民的开放。苏联本身禁止犹太人离开，因为允许他们移民到以色列等于承认人们背叛天堂般的苏联。但是波兰、捷克斯洛伐克、保加利亚、匈牙利和罗马尼亚，或是由于内部政策（新的反犹太主义的爆发），或是以色列政府为争取移民支付外汇，这些国家时不时地允许犹太人移民到以色列。无论如何，以色列的中立政策是短暂的。1950年，以色列转向西方阵营，投票支持派联合国部队参加朝鲜战争。

除了拒绝"暴虐"的苏联政权，本-古里安还需要美国的援助，援助的形式有粮食供应、财政援助以及对美国犹太人向以色列捐款免税。但除了这些物质援助之外，他还希望美国成为以色列的一个战略盟友。他对英国充满了不信任。与此同时，以色列领导人高度尊重美国，希望通过签署共同防御协定或者在全球范围冲突爆发时允许美国利用以色列的经济和工业基础设施，来发展同美国的战略关系。不过，以色列的密集求爱没有得到对方的回应。艾森豪威尔政府从一开始就着手在中东建立联盟体系，以遏制苏联的影响。这使得美国认为，与以色列结成任何类型的联盟都会破坏与阿拉伯人的合作，从而会把它们推向苏联的怀抱。西方对纳赛尔的示好并没有得到回应，但是美国和英国继续寻求以和平动机来安抚要让以色列付出代价的阿拉伯人，它们希望以此消除它们与阿拉伯人的关系中这一让人恼火的因素。

在国际孤立中寻找盟友

1955 年的一系列事件证明了以色列在国际上的孤立，以及它在寻找战略盟友方面的持续失败。在这一年，土耳其、伊拉克、巴基斯坦和英国之间的《巴格达条约》签署了，而以色列并没有被邀请参加，这是可以理解的。非洲和亚洲国家的万隆会议通过了一些恶意性的反以决议。纳赛尔是这次会议的主角之一，而以色列也没有收到邀请。与这种国际冷遇同时发生的还有，英国和美国提出了一项完全基于以色列让步的新和平倡议。这项名为"阿尔法行动"（Operation Alpha）的计划是在一项英美协议中产生的，目的是为了让以色列放弃大部分内格夫领土并让给埃及和约旦，以便在两个阿拉伯国家之间创建一座陆桥。自 1947 年分治计划将整个内格夫划分给以色列以来，以建立阿拉伯走廊来切割内格夫一直是英国的目标。除此之外，纳赛尔还得到提供适当的经济和军事援助的承诺。这一计划还要求以色列允许大量的阿拉伯难民返回并向其余难民支付赔偿。对于这些让步，以色列人所能得到的回报是"非交战的协议"。以色列得到模糊的保证，即西方国家将捍卫其存在，并且阿拉伯人的联合抵制将会结束。

以色列并不是这个阴谋的参与者，这个计划只是简单地提供了一个受到西方大国压力的既成事实。本-古里安和纳赛尔都拒绝了这个计划。与此同时，在 1955 年夏天，加沙地带边境的战斗愈演愈烈，而在 9 月，埃及宣布了与捷克斯洛伐克的军火交易。阿尔法行动计划虽然失败了，但它并没有完全消失。1955 年 11 月，在传统的市政厅演讲中，英国首相安东尼·艾登（Anthony Eden）呼吁以色列同意某种介于 1947—1949 年的边界。以色列把这次演讲作为英国试图破坏其国家存在的企图。它表明，以色列仍然被视为中东地图上的一段短暂插曲，或者至少是一个没有固定边界的不稳固实体。

很明显，埃及和捷克斯洛伐克的军火交易破坏了中东地区的力量平衡，因为突然间一个主要阿拉伯国家拥有了在质量上几乎与以色列相当的武器。以色列人认为这种情形对国家的存在构成威胁。在此之前，"第二轮进攻"似乎纯粹是理论上的，但现在已成为一种明显的威胁，以色列迫切地寻求先进武器的来源。对苏联三心二意的请求被彻底拒绝了，而对美国的请求也没有什么进展。在经历了几个月的拖延之后，美国国务卿约翰·福斯特·杜勒斯（John Foster Dulles）和英国人的回应一样，即只有当以色列人同意让步（以阿尔法行动计划的形式，或者情况更加糟糕）实现与阿拉伯人和平共处时，他们才能得到武器。最终帮助以色列的是法国。法国援助以色列是因为当时法国在其北非殖民地与纳赛尔支持的民族解放力量进行斗争。纳赛尔协助阿尔及利亚起义军，激怒了法国。因此，法国对以色列的援助意在击败它们共同的敌人。1956 年夏天，法国的飞机和坦克抵达以色列后才恢复了力量的平衡。现在以色列可能具有优势，因为以色列人能够比埃及人部署苏联武器的速度更快地部署新式武器。

在 1955 年年初，以色列—埃及边境紧张局势持续升级，纳赛尔的国际地位日益上升，以及他对以色列开展武装斗争的承诺，都让以色列人感到对埃及的预防性战争是不可避免的。这一场战争将导致以色列控制加沙地带，打通蒂朗海峡，甚至可能使以色列控制通往海峡的埃拉特海湾沿海地带。预防性战争的想法是基于以色列的军事脆弱性。因为以色列如此之小，敌人的一次入侵可能会将这个国土狭窄的国家拦腰分成两半，或者让敌人的装甲部队推进到距特拉维夫只有几十千米的范围内。因此，以色列国防军的原则是任何战争都必须在敌方领土上进行。但如何保证呢？

在1955年3月的一次内阁会议上，本-古里安（他再次担任国防部长）提议以色列占领加沙地带。他的提议被总理摩西·夏里特以一票优势否决。一些历史学家认为，本-古里安的这一尝试表明以色列并没有真正致力于维持1949年的现状，而是在表面同意绿线边界的情况下，私下希望扩展边界以达到对以色列有利的状态。的确，在劳工联盟（1954年从以色列统一工人党马帕姆中分裂而来）和右翼圈的自由党赫鲁特活跃分子当中，对更大范围的以色列地仍有相当的渴望。更重要的是，达扬也与激进主义人士持有相似的立场。但是，那些把民族统一主义的渴望归因于本-古里安的人似乎是误解了现实。

本-古里安将1949年的成就视为以色列既有政治形势的最佳状态，并竭尽全力捍卫这些成就。在独立战争结束的时候，他拒绝了伊戈尔·阿隆关于征服约旦河西岸的提议，当时这在军事上是可以实现的。他对管理数十万阿拉伯人口的问题很敏感，并竭力避免了掉入这一陷阱。因此，他对以色列控制加沙地带的前景并不热心。他一直维持着停战协定的现状，现在他愿意征服加沙地带不是出于重新获得领土的愿望，而是因为常规的安全问题对边界稳定造成了持续的挑战。最重要的是，他认为纳赛尔的好战行为是对以色列安全的真正威胁。

在很大程度上，以色列舆论接受绿线作为国家的边界线。因为大多数人在1948年之后移民到以色列，对"大以色列地"的观念并不熟悉，当然也就没有抱有这样的渴望，而大以色列地的拥护者只是少数。在内阁否决本-古里安提议几个月后，埃及—捷克斯洛伐克军火交易的消息传来。从那一刻起，本-古里安就把大部分精力都投入到寻找军火供应商上。预防性战争计划已不在议事日程里，这在很大程度上引起了总参谋长达扬的不满。

第二年，本-古里安为避免对埃及的任何挑衅采取了极为谨慎的政策，直到有法国武器的保护。他甚至同意了联合国秘书长达格·哈马舍尔德的请求，即将以色列国防军的巡逻范围从边界后撤500米以防止局势升级。达扬在罗伊·罗斯伯格的悼词中抗议本-古里安的后撤令："除了边界的车辙外，仇恨之海和报仇欲望正在膨胀，等到宁静使我们的道路阴暗的那一天……也是我们听从那些恶毒伪善的使者号召我们放下武器的日子……虽然我们已经千百次地发誓说我们的血不会白流，但昨天我们又被诱惑了，我们听从了，我们相信了。"[3]

约旦的哈希姆王朝与犹太人合作的传统，最早是在托管时期反对穆夫提，现在是反对纳赛尔的泛阿拉伯主义。以色列和约旦有着共同的利益。例如，它们都想违反联合国耶路撒冷国际共管的要求，试图在它们之间分割耶路撒冷。不过，这位年轻的侯赛因国王在西岸，甚至在他自己的军队中也很难处理巴勒斯坦人骚乱。如前所述，当英国军官在 1956 年从约旦军队撤离时，从约旦领土上发动对以色列的敌对行动增加。1956 年夏天，以色列开始在以约边境发动多次报复袭击行动，其中，最后一次在盖勒吉利耶的行动是所有这些行动中规模最大的一次。以色列和约旦，以及以色列和约旦庇护国英国之间的紧张关系达到了新高度。以色列不安地关注着约旦事态的发展。伊拉克也在哈希姆人的控制下，英国是它的支持者，对伊拉克军队会在英国支持下进入约旦的恐惧是真实的。在独立战争即将结束时，伊拉克军队在伊拉克和以色列没有达成停战协定的情况下撤出了西岸，以色列认为伊拉克重新在约旦驻留是战争的正当理由。

西奈战役及其后果

这时情况有了新的发展。1956 年 7 月，纳赛尔将苏伊士运河国有化，直接威胁到英法两国的切身利益。他的行为为法国、英国和以色列之间之前难以想象的联盟创造了条件。这一战略联盟首次将以色列从国际孤立中解救出来。纳赛尔的行为破坏了法国和英国在该地区的地位，因此它们试图推翻纳赛尔政权，以便重新夺回苏伊士运河控制权。对于以色列人来说，这个联盟确保了在与埃及战争时得到空中掩护，约旦边境上的宁静，伊拉克军队撤出约旦，以及得到联合国中两大国的支持。商定的以色列角色是开第一枪，为英国和法国提供一个借口来接管苏伊士运河和"保护"这条国际水道。这是一个在有利条件下打击纳赛尔的机会。然而本-古里安一直犹豫不决，总参谋长达扬以及国防部办公厅主任西蒙·佩雷斯费尽口舌让他同意这个计划，直到最后一分钟他才开始行动。由于担心英国的背叛，因此本-古里安要求在三方之间达成书面协议。他的担心确实是有理由的，因为英国首相艾登确保所有英国协议的副本都被销毁，这样他就可以否认任何勾结。然而，副本被归档在以色列和法国。

发生于 10 月 29 日的卡叠什行动或称西奈战役是以色列取得的巨大军事胜利。正如同英法所商定的那样，以色列军队在一周之内占领了整个西奈半岛，并进入苏伊士运河的 10 千米范围内。然而，这两个大国的军事行动效率低下，极其缓慢地推进到运河区，但他们的空中力量的确重创了埃及机场。与此同时，苏联、美国与联合国一道来反对这次行动。东西方都声称是反帝国主义，欧洲大国的炮舰外交时代已经随着第二次世界大战结束了。苏联人和美国人决心不让两个正在衰落的国家从它们的勾结中获益，因此两国共同施加压力，最终迫使以色列与法英一起撤退。苏伊士运河行动（或称为"火枪手行动"）的巨大失败结束了安东尼·艾登的职业生涯，并导致了法国盖伊·摩勒政府的垮台。纳赛尔仍然掌权且声望飙升，因为中东和第三世界的舆论都赞扬他是击败殖民主义大国的人。他解释说，以色列打败了他的军队是由于他命令他的军队撤回到运河以抵御英国和法国的攻击。

当战斗结束时，本-古里安在议会上宣布与埃及签订的停战协议已经无效，并且不会重新签订。他就是要让埃及明白，他将使以埃边境地区特别是沙姆沙伊赫海岸线的领土发生改变。在为以色列国防军取得了令人瞩目的胜利而得意扬扬的同时，他甚至提到了以色列的"第三王国"。然而几天之后，为了回应苏联部长会议主席尼古拉·布尔加宁的威胁，他不得不解释说这次行动的目标是防止加沙地带遭受阿拉伯突击队员入侵，并确保埃拉特海湾的通行自由，以色列对埃及没有领土要求。最重要的压力来自美国，因为美国支持联合国秘书长哈马舍尔德要求以色列全面撤军。以色列主要针对联合国和美国政府进行了一场激烈的外交战。它要求真正确保埃拉特湾的通行自由，同时也要阻止埃及对加沙地带的控制以使边界保持平静。面对来自联合国和美国都声称侵略者不应得到回报的压力，以色列很快就无条件地撤出西奈半岛。它继续占有沙姆沙伊赫海岸地带到埃拉特和加沙地带，经过四个月的拖延谈判后，最终也从这些地区退出。

由于西奈战役，联合国成立了一支维和部队，其任务是确保以色列的两大目标得以实现。以色列要求确保这支部队在没有达成和平之前不能撤离，但是哈马舍尔德拒绝了这一要求。他声称，维和部队在埃及领土上的存在应得到埃及的同意。如果埃及人希望它离开，他们将不得不向联合国提出请求，然而他们在埃及领土的自主权不应受到限制。在极其艰难的谈判，以及美国威胁将支持联合国对以色列制裁后，以色列和美国之间起草了非正式的谅解。美国承认以色列在埃拉特湾的自由通行权，并同意如果这项权利受到侵犯，以色列有权行使其自卫权。以色列还要求西奈半岛非军事化，并禁止埃及军队重新部署在那里。这两个要求被美国非正式接受。以色列的第三个要求，即埃及不应重新控制加沙地带，从来没有被执行。以色列国防军撤退后，一名埃及地方官员立即进入加沙。

从表面上看，以色列在西奈战役中没有取得实在的成果。世界舆论对苏伊士运河的行动持激烈批评态度，认为这是两个正在衰落的国家最后一次企图恢复中东影响力的尝试。以色列似乎是这个失败三角的第三方。以色列没有得到它要求作为其撤出条件的保证，相反，只得到了美国没有诚意的非正式承诺。埃及再次控制了加沙，联合国在加沙地带和沙姆沙伊赫的维和部队的存在也取决于埃及的善意。西奈半岛也不是公认的非军事化。但实际上，西奈战役是以色列在中东和世界上地位的转折点。以色列国防军的力量和军事能力让世界大国看到，以色列能够在那里停留，并且不会从地图上消失。以前被视作讨价还价话题的 1949 年边界，现在被置于世界视野中，整个世界也接受了以色列不会撤出的立场。尽管纳赛尔声称取得了胜利，但他完全理解他的军队在西奈战役中所表现出来的弱点。

在接下来的 10 年里,以色列和埃及的边界基本上是平静的。阿拉伯突击队员停止了在加沙的行动,并且那里没有大规模的埃及军队驻扎。虽然埃及人没有正式同意西奈半岛的非军事化,但实际上他们没有将装甲部队开进该地。纳赛尔一直忙于与叙利亚建立阿拉伯联合共和国,但最终失败,并在约旦和该地区的其他亲西方国家进行颠覆活动。1960 年,当纳赛尔将规模庞大的装甲和步兵部队(500 辆坦克和 5 万名士兵)转移到西奈东部时,这是对西奈的非军事化的实际考验。以色列国防军措手不及,但在动用了部分预备役后,它设法部署了数百辆坦克和步兵部队来应对埃及部队(罗特姆行动)。这种对抗是秘密的,目的是让纳赛尔能够在不损害他威望的情况下撤回他的军队。他选择撤军证实了西奈半岛实际上是非军事化的。埃拉特湾仍然向以色列船只开放,这在接下来的 10 多年里帮助以色列加强了与亚非国家之间的关系。埃拉特港口最重要的价值体现在它作为以色列主要燃料来源的伊朗石油的目的地,因此对其经济和安全至关重要。

尽管西奈战役没有为以色列带来真正的领土上的收获或官方的承诺,但是从新的形势中带来了相对平静的 10 年,为发展经济和吸收移民创造了可能的条件。在这场运动之后进行的艰难谈判导致了国际舆论和大国立场的转变,当以色列在六日战争前夕和之后面临着艰难决定的时候,这些转变产生了效果。尽管美国没有给予以色列真正的保证,但它做出了以色列将从让步和撤军中获益的敷衍承诺。随着美国越来越多地参与该地区的事务——在 1958 年援引艾森豪威尔主义并在黎巴嫩进行军事干预,反对激进的颠覆活动——美国给予以色列一个被动的角色,但同时也是一个盟友。阿拉伯国家激进化——阿拉伯联合共和国(1958—1961)的建立、伊拉克革命和阿卜杜勒·卡里姆·卡塞姆作为统治者的崛起、纳赛尔对约旦政权的不断威胁都说明了这一点——证明以色列作为该地区的稳定器的地位,它作为亲西方国家(如约旦和黎巴嫩)的无声支持者帮助它们抵制颠覆。1958 年,以色列同意英国伞兵部队通过以色列领空飞往约旦的请求,这种交流反映了以色列的新地位。以色列决心保护约旦的哈希姆家族政权,如果它被动摇，以色列将不得不征服约旦河西岸。外交部长果尔达·梅厄对她的英国同行塞尔文·劳埃说："我们每天都为侯赛因国王的安全与成功祈祷三次。"[4]

纳赛尔领导的泛阿拉伯运动的高涨令该地区的非阿拉伯国家感到担忧。在伊拉克革命之后，随着以色列寻求包括埃塞俄比亚、伊朗和土耳其在内的"周边联盟"来抵制该地区的阿拉伯势力，土耳其立即寻求加强与以色列的关系。这不是一个真正的联盟，但以色列和这些国家之间的双边合作对于通往以色列的海上航道和所需石油供应的安全至关重要。

在这和平的 10 年里，法国既是以色列的重要盟友，也是以色列的主要军火供应国。本-古里安完全明白，这种合作是权宜之计，一旦阿尔及利亚战争结束，这种合作就会结束。法国在阿拉伯国家，特别是叙利亚和黎巴嫩的过去和当前利益都同它与以色列的关系相冲突。1962 年，夏尔·戴高乐将军决定撤离阿尔及利亚，正如以色列领导层意识到的那样，之后以色列与法国的关系受到考验。但直到1967 年，法国仍然是以色列的主要军火供应国。以色列还通过联邦德国获得了美国的武器，并从美国直接获得隼式导弹——这是肯尼迪总统做出的解除美国对以色列武器禁运的一项历史性决定。然而，以色列空军对法国幻影战斗机的依赖使这些喷气式飞机变成了以色列国家的象征。也是在法国的帮助下，以色列在迪莫纳附近发展核设施，这是一项以色列投资资源和技术的事业，目的是平衡邻国巨大的人口和地域实力。肯尼迪政府试图阻止以色列发展核设施，却以失败告终，而以色列对于其核能力则采取了模棱两可的政策，同时也保证不会首先将核武器引入中东地区。

以色列和联邦德国之间建立了一种独特的关系。一方面，大屠杀记忆及其在塑造以色列身份方面的作用多年来不断加深。犹太人和德国人之间的历史继续存在于以色列人的意识之中。另一方面，在很少有国家向以色列伸出援手的几年里，联邦德国的所作所为在这些国家中是值得注意的。两国关系开始于赔偿计划，要注意的是，这在以色列是极具争议的。以色列政府曾试图向西方占领国政府来表达对纳粹罪责申索赔偿问题，而避免与德国人进行直接谈判。但在 1950 年 10 月，盟国占领当局通知以色列，与德国的战争状态已经结束，并将以色列人问题直接转交给德国当局，而德国当局愿意就此问题同以色列进行秘密谈判。作为先决条件，以色列要求德国政府发表声明，承认德国人民对大屠杀的集体罪行。德国最终同意在草案中提及德国大多数民众对于大屠杀的罪责，并且有义务根据联邦德国的能力在道义上和经济上补偿犹太民族。

代表世界犹太组织的"索赔会议"成立，这个组织同意以以色列为首和德国人谈判。世界犹太人大会主席纳胡姆·戈尔德曼（Nachum Goldmann）是与联邦德国总理康拉德·阿登纳谈判的首席代表。以色列在是否应该直接与德国谈判问题上引发了一片哗然，但国会最终允许以色列与德国直接谈判。一个非官方的以色列公使馆在联邦德国建立起来，1952 年 9 月双方在卢森堡签署了第一个赔偿协议。这个执行时长超过 12 年的协议，奠定了两国关系缓慢向前发展的基础。这个协议除了道义上的内容外，还将以色列从严重的经济和金融危机中解救出来。它支持以色列基础设施的发展和建设，并为以色列支付燃料和其他重要原材料提供资金。

为避免阿登纳在 1961 年艾希曼审判期间感到尴尬，本-古里安设法确保不去提及这位德国总理的亲信、曾在纳粹时期帮助起草种族主义文件《纽伦堡法案》的汉斯·格罗布克（Hans Globke）。在 20 世纪 60 年代早期，由艾瑟·哈瑞尔（Isser Harel）领导的摩萨德报告称，在埃及有德国的导弹专家。尽管外交部长梅厄感到震惊，但本-古里安淡化了他们活动的危险性（最后证明这样做是正确的）。以色列与联邦德国的关系继续向前发展。联邦德国成为美国坦克运往以色列的传输通道，这些坦克曾经在北约国家服役。每当以色列与联邦德国的关系被曝光，如联邦德国向以色列出售军火或以色列向德国提供军火，以色列都会爆发新的争论和政府危机。然而，通过这种公开危机和秘密合作的模式，两国的特殊关系逐步向前发展。

1960 年，大卫·本-古里安和阿登纳总理这两个已过中年的伟大人物，都被视为国家从过去可怕阴影中复苏的象征，在时空上显得很遥远的纽约华尔道夫酒店举行了历史性会面，并在以色列和联邦德国之间达成了秘密的军火交易协议。当这个协议在 1965 年被揭露时，导致了埃及和联邦德国之间的关系危机。虽然联邦德国政府决定停止向以色列提供军火，但同时也与以色列建立了外交关系，这使得两国关系走向公开化。由于联邦德国在欧洲和北约所处的中心位置，以色列与它的关系具有特别重要的意义。

水资源、发展和政治

自从建国以来，以色列最严重的问题之一就是水。甚至在建国之前，著名的土壤自然资源保护论者沃尔特·C. 罗德米尔克（Walter C. Lowdermilk）教授就已经制定了将水源从北方输送到干旱的内格夫的计划。以色列水利工程师西姆哈·布拉斯（Simcha Blass）也提出了一个类似的计划。在国家建立之前，这些乌托邦式的计划几乎没有机会执行。1948 年以后，从加利利湖和约旦河边运送水的大规模计划开始运作。约旦河及其源头（巴尼亚斯河、哈斯巴尼河和达恩河），加上它的雅木克支流，都是约旦河谷流域的一部分，并穿过黎巴嫩、叙利亚、约旦和以色列四个国家。四国的水权分配都有可能为和平合作或者敌对战争提供机会。由于供水计划将帮助以色列实现现代化，并使其能够吸收更多的移民，从而更加强大，因此阿拉伯国家试图阻止这些供水计划。

20 世纪 50 年代初，以色列获悉黎巴嫩、叙利亚和约旦计划开发哈斯巴尼河水域，其源头是巴尼亚斯河流域的黎巴嫩赫尔蒙山——从叙利亚赫尔蒙山和约旦、叙利亚及以色列边界的雅木克河流出。由于河流源头都在以色列边界之外，因此以色列无法阻止这些计划实施。而结果是，这些计划也从未被执行过。与此同时，以色列开始着手实施胡拉湖排水工程，目的是从北约旦河引水，然后建造从加利利湖到内格夫的国家引水项目。以色列试图在与叙利亚有争议的非军事区开工建设导致了与叙利亚的军事冲突，而联合国安理会也禁止以色列在此处作业。以色列继续在另外一个地点进行胡拉湖排水工程，与此同时，以色列和叙利亚停战委员会代表就水权分配问题进行了长时间的谈判，但这些谈判均以失败告终。

与此同时，叙利亚和约旦开始实施一项联合项目，在它们共同的边界地区修建一座水坝，以开发位于加利利湖以南、流入约旦河的雅木克河，它们主要获得了美国的资助。尽管以色列有权使用流入约旦河的雅木克河水，但这个项目并没有以色列的份额。以色列试图通过外交途径劝阻美国人不要为这个项目提供资金。最终美国人被说服并撤回了他们的支持。以色列又试图在靠近博诺特亚阿寇伏（Bnot Ya'akov）桥的非军事区从约旦河引水，导致叙利亚向联合国安理会抗议。迫于联合国和美国威胁对以色列实施经济制裁的压力，以色列停止了这项工程。

1953年以前，以色列开发约旦河流域水资源的努力都是单边行为。以色列在经历前两次的失败教训之后，现在试图通过国际社会批准后再行动，首先是美国的批准。美国人希望有一项使该地区所有国家受益的发展项目（他们将提供部分资金），以便能够消除阿拉伯人和以色列之间的敌意，并带来和平。该项目也旨在帮助约旦境内的阿拉伯难民实现定居并恢复正常生活。美国特使埃里克·约翰斯顿（Eric Johnston）主持了这个项目的谈判，该项目的核心计划是划分约旦河与相邻河流的水域。雅木克河被划定为阿拉伯河流，其一部分水域划给以色列。约旦河被划给以色列，其一部分水域被分配给约旦。雅木克河和巴尼亚斯河专门用来灌溉约旦河岸边的土地。作为该地区主要水库的加利利湖，其水域的60%被划分到约旦，30%归以色列，5%归叙利亚。同时，该项目计划在约旦和以色列分别建一座水电站。

这个项目对以色列来说有几个好处。首先，它代表着阿拉伯人承认以色列的水权利，并间接地承认以色列作为一个政治实体的存在。其次，就像美国人所希望的那样，有可能降低阿拉伯人的敌意，并解决一些难民问题。最后，以色列希望美国能慷慨资助该项目。因此，以色列准备忍气吞声，与约旦、叙利亚等分享水资源库。然而，相邻的阿拉伯国家却有不同的看法。叙利亚和黎巴嫩对约旦水域没有迫切需求。它们可以在不必付出承认以色列权利的代价下，通过其他水源来满足自身需求。约旦人虽然需要这项发展计划所提供的水源，但他们不敢单方面实施包括承认以色列在内的计划。因此，约翰斯顿的计划仍然处于设计阶段。在接下来的几年里，按照过去的经验教训，以色列大致上遵循了该项目的设计。约旦也是如此，修建了东古尔运河，将水输送到东约旦河谷，并首次在这片干旱地区实现了农垦。这两个国家在供水方面进行秘密合作并取得积极成果，特别是以色列在合作中的温和行为，使它在 1956 年决定建立国家引水工程时没有遭到约旦的反对。

国家引水工程完成后，它从加利利湖开始，流向约 130 千米外的罗什艾因市，并在那里与雅孔河内格夫灌溉系统交汇，该系统建立在内格夫高原的拉蒙大峡谷，比国家引水工程建成时间稍早。国家引水工程是以色列最重要的开发企业，为在干旱的内格夫开辟定居点提供了可能性。因此，阿拉伯国家对这个工程并不友善。本-古里安预测阿拉伯人将展开"第三轮"行动来阻碍这一工程，但实际上并没有发生。

20 世纪 60 年代初，纳赛尔卷入到也门的一场内战中。纳赛尔得到苏联支持，另一边是得到美国支持的沙特阿拉伯。在这场被称为"埃及的越南"的战争中，有 5 万名埃及士兵陷入困境，因此纳赛尔不会卷入与以色列的战争。自 1961 年叙利亚脱离阿拉伯联合共和国以来，纳赛尔的地位一直在走下坡路。当 1963 年叙利亚复兴党左翼在叙利亚掌权时，埃及在拒绝承认新政权合法性的同时也没有与之建立外交关系，因为其领导人曾参与废除叙利亚-埃及联盟。为了创造一种迫使纳赛尔与之对话的局面，复兴党政权宣布将对以色列发动战争，以阻止它使用引水工程。为了挫败叙利亚的冒险主义，埃及在 1964 年年初召集了阿拉伯峰会，并决定将改变约旦河的两个支流（哈斯巴尼河和巴尼亚斯河）的流向，以达到使引水池干涸的目的。水流的转向将在叙利亚和黎巴嫩的土地上实施，由产油国提供资金。这些阿拉伯国家之间的协议也被认为建立了一个由埃及领导的联合军事指挥部。

从这个时刻开始，叙利亚就在中东地区扮演了头号好战角色。它在以色列坦克射程范围内完成了为转变约旦河支流做准备的大量掘土行动。以色列人在非军事区发动了袭击，并且每当叙利亚人向在那里的以色列农业工人开火时，以色列就通过摧毁推土设备进行报复。叙利亚对约旦河谷的定居点进行了猛烈的反击，导致定居者们习惯在防空洞里的生活。戈兰高地的制高点位置有利于叙利亚人瞄准暴露在下方山谷的定居点，而以色列炮兵却不是每次都能够打到叙利亚的炮台。甚至在特定情况下，以色列空军被部署到此地用来对付叙利亚的大炮。双方对峙的升级导致形势进一步恶化，因为叙利亚想要制造一场危机，迫使埃及结束对复兴党政权的政治抵制，并向叙利亚提供援助。苏联认为，复兴党政权比纳赛尔更重要，因为尽管苏联曾为纳赛尔在也门的袭击中提供武器和其他军事援助，甚至资助了他皇冠上的宝石——阿斯旺大坝的建设，但他仍谨慎地在苏联的熊抱中维持着独立性。叙利亚和以色列在约旦河支流改道问题上的冲突作为"水源之战"进入以色列国家记忆之中。

1959年，法塔赫成立，其宗旨是在以色列境内实施恐怖主义，使本地区的局面更加复杂。1948年以后，巴勒斯坦人几乎从中东政治版图上消失了。由于约旦河西岸地区被约旦控制，并且巴勒斯坦人占多数，因此约旦声称代表巴勒斯坦人。事实上，约旦以巴勒斯坦人的身份来"约旦化"约旦河西岸。法塔赫的成立旨在向以色列提出挑战，并恢复巴勒斯坦人要求的用巴勒斯坦政治实体取代以色列实体的国际议程。在打击以色列方面，法塔赫意图吸引国际社会关注巴勒斯坦问题，但它也挑战了控制大多数巴勒斯坦人生活的约旦。1964年阿拉伯峰会之后，巴勒斯坦解放组织在艾哈迈德·舒凯里（Ahmed Shukeiri）领导下成立，成为包括法塔赫和各巴勒斯坦实体代表在内的庞大组织。舒凯里也得到了纳赛尔的支持。

正如我们所看到的，法塔赫以叙利亚为基地加剧该地区的紧张局势。1964 年以后，叙利亚鼓励法塔赫对以色列发动袭击。法塔赫的第一次打击是针对以色列国家引水工程的安装。这些恐怖分子来自叙利亚，并从约旦控制的地区进入以色列领土。在 1966 年夏天，叙利亚复兴党的一个激进分支夺取政权，加剧了边界的紧张局势。尽管以色列知道恐怖分子从哪里发动袭击，但由于苏联支持大马士革政权，因此以色列无法对叙利亚人采取行动。以色列继续与叙利亚在约旦河谷和戈兰高地进行炮击。1966 年 11 月，在发生三名以色列国防军士兵死亡的事件之后，以色列在白天对希伯伦山以东的萨摩阿村进行大规模的地面行动报复。该行动造成 41 处房屋被毁，包括约旦士兵和平民遇害。

在以色列历史上较为温和的政治家列维·艾希科尔的领导下，以色列政府批准了这次行动，而以色列也知道，虽然恐怖分子的踪迹在希伯伦山，但派出他们的人却在大马士革。以色列希望这次行动能促使侯赛因国王对法塔赫分子采取行动。但结果恰恰相反，巴勒斯坦公众对约旦当局未能保护他们感到愤怒。在约旦河西岸的暴力示威活动威胁到哈希姆家族的统治。侯赛因被视为亲西方的，以及埃及、伊拉克和叙利亚激进政权的竞争对手，这次遭到了前所未有的激烈反对。与此同时，以色列国防军针对叙利亚的炮台增强了空中打击行动，导致以色列北部地区的紧张局势升级。1967 年 4 月，以色列与叙利亚的武装分子在戈兰高地和大马士革之间展开了一场空战。叙利亚 6 架飞机被击落，以色列飞机在毫发无损的情况下从大马士革胜利返回基地。

以色列公众不了解阿拉伯国家之间的政治，也不知道叙利亚复兴党政府迫使纳赛尔承认并支持它的企图。10 年的相对平静没有威胁到以色列的生存，这使以色列人期望冲突时代已经过去，和平时代即将到来。1965 年，突尼斯总统哈比卜·布尔吉巴（Habib Bourgiba）发表了几项声明，支持和承认以色列在 1947 年边界内生存的权利。他的发言在阿拉伯联盟引起了轩然大波，并遭到直截了当的拒绝。但对以色列人来说,这是阿拉伯敌对势力联盟破裂的第一个迹象。因为,虽然以色列没有准备撤回到 1947 年的边界,但一个重要的阿拉伯领导人提出和解想法的事实本身就是令人耳目一新的。

阿比·内森(Abie Nathan)是一位有趣的特拉维夫波希米亚人,1948 年来到以色列,自愿加入空军。1966 年 3 月,内森解释说他受到布尔吉巴和平呼吁的影响,组织了一份请愿书,呼吁以色列和埃及领导人面对面解决两国之间的问题,并计划将请愿书交给埃及总统。7 万人在请愿书上签名,其中包括许多以色列阿拉伯人。内森乘坐轻型飞机从塞浦路斯前往开罗。当误报说他的飞机在着陆时坠毁时,整个国家都屏住了呼吸。虽然最后内森的任务由于纳赛尔拒绝接见而失败,但在回家途中他却受到了英雄般的欢迎。阿比·内森的和平倡议是幼稚的,但它确实表达了以色列公民对和平的向往。

第四部分

战争的十年

（1967—1977）

第十三章

改变中东格局的六日战争

六日战争（阿拉伯人称之为"六月战争"，而在阿拉伯叙事日历中也被称为一系列全面的武装冲突）的爆发出乎人们的意料，没有人预测到它会发生。它的爆发也以实际案例证明，失去控制会导致安全形势不断恶化，最终又会不可避免地导致冲突。它也揭示了军事情报的局限性、外交上的失败，以及领导人所做出的选择如何在关键时刻决定了历史进程。

希伯来历（犹太历）和格列高利历每19年会重合一次。到1967年，以色列建国已有19年，以色列独立日通常在犹太历以珥月（公历4月至5月）的第5天庆祝，1948年举行庆祝活动的时间是公历5月15日。每年独立日，以色列国防军都要在不同城市举行阅兵仪式，1967年这一年，轮到了耶路撒冷。由于停战协定禁止携带重型武器进入耶路撒冷，以色列国防军并未展示其装甲部队，低调地进行了此次阅兵。在阅兵过程中，观众注意到总参谋长伊扎克·拉宾收到了一张纸条，他将纸条递给了总理列维·艾希科尔，纸条的内容是"埃及装甲部队已进入西奈半岛"。

这个消息是几天前开始的一系列事件的一部分。它始于苏联向埃及和叙利亚传递的一项情报。据情报显示，以色列已经在其北部集结了12个旅的兵力准备攻击叙利亚。实际上，以色列并没有该进攻计划，也并未在其北部集结军队。但是苏联人不愿听信以色列对此的否认。艾希科尔试图让苏联大使访问以色列北部边境加利利，目的是让他亲眼看到以色列并未在此地集结军队，但一切终是徒劳。美国情报也否认以色列突击部队在叙利亚边境集结。但是苏联仍坚持其观点，认为以色列计划进攻并推翻叙利亚政权。以色列装甲部队缺席阅兵游行也被认为是其隐藏在以色列北部边境的证据。

苏联为什么要传递一个具有误导性的情报？这一问题没有确定的答案，但很明显的是，在过去一年中，由于叙利亚试图转移约旦水资源，随之而来的是以色列的报复行为，以及由叙利亚支持的法塔赫行动，北部边境局势已经恶化。这些事件激起了叙利亚和苏联的怀疑，它们始终认为以色列会有大范围反击行动。苏联认为，激进的叙利亚社会党政府是其在中东地区最忠实的代理人，对叙利亚命运的担心促使苏联动员埃及对叙利亚进行援助。埃及-叙利亚共同防御条约在1966年已经签订，纳赛尔现在只得坚持这个条约中他所承诺的目标。

纳赛尔的处境很复杂。他大部分的军队仍困于也门，且作为泛阿拉伯运动无可争议的领导人，自阿拉伯联合共和国解体以后，他的地位大大下降。国内，美国终止援助导致经济困难。1966年以色列萨摩阿行动后，纳赛尔曾煽动巴勒斯坦人反对侯赛因国王，现在，纳赛尔的困境给了侯赛因报复的机会。侯赛因宣称纳赛尔正躲在沙姆沙伊赫和加沙地带联合国维和部队的保护之下，而不是来帮助他的阿拉伯兄弟。约旦的这个声明与埃及军队上层要求驱逐联合国紧急部队，以及摆脱自1957年以色列撤出西奈半岛时，埃及非正式同意的联合国驻军管制的要求不谋而合。军队向纳赛尔保证他们可以抵抗并打败以色列国防军。苏联人声称以色列正威胁着叙利亚，这让纳赛尔觉得必须采取行动。他的第一步便是将埃及装甲部队派往西奈半岛。这就是国防军阅兵中拉宾收到的消息内容。

接下来的三周就是以色列人所谓的"等待期"。起初以色列人期望可以通过和平的外交手段和低调的军事行动来解决此次违背西奈半岛非军事化的事件，就像20世纪60年代初期罗特姆行动那样，纳赛尔可以不失威望地撤军。但此次埃及军队进入西奈半岛时，阿拉伯媒体对其进行了大力宣传，以提升这次军事行动的影响并强调其意义。因此，埃及想要平静地撤军是不可能的。接下来的一步是纳赛尔第一步行动的自然延续。纳赛尔要求联合国秘书长吴丹将联合国紧急部队撤出加沙地带、西奈半岛和蒂朗海峡。吴丹宣布联合国紧急部队将立即撤离，不过，吴丹并没有参与过1957年的谈判，这也让人们对他是否意识到形势的复杂性产生质疑。此后，争论的焦点又集中在纳赛尔的意思是让紧急部队完全撤退，还是仅仅将部队调离前线并做重新部署。但具有决定性的事实是这些地区处于埃及主权管辖之下，联合国部队的存在依赖埃及的同意。一旦埃及不再同意，其在该地区的存在便没有法律依据了。

联合国秘书长吴丹很快同意撤回联合国紧急部队，这迫使纳赛尔采取进一步的行动。埃及军队坐守蒂朗海峡，禁止悬挂以色列国旗或是去往以色列的船只随意通行。5月23日，纳赛尔宣布封锁蒂朗海峡——联合国紧急部队撤离后无可避免的后果。以色列在短短8天时间里失去了西奈战役的全部所获。纳赛尔的威信达到顶峰，人们再也想不起他以往的失败，并且他还获得了为泛阿拉伯事业而战，将以色列逐出中东的骑士地位。从北非到伊拉克的阿拉伯国家媒体都在称赞纳赛尔的胜利，并预言犹太复国主义政权即将消失。阿拉伯国家首都的街道上，到处云集着热情地支持纳赛尔的民众，他们高呼着"把犹太人都丢进海里"的口号。

造成这种紧张局势，以色列并非完全没有责任。在独立日前大约一个月时，由于以色列在戈兰高地的空战中击落叙利亚战机，导致双方在北部边界冲突激化。接下来的几周，又卷入与来自叙利亚的法塔赫恐怖分子10多起的冲突事件。在独立日前夕，以色列总理艾希科尔和总参谋长拉宾发表了一些听起来像是威胁叙利亚的声明，尽管与此前采访中的那些声明并没有本质不同，但叙利亚将之理解为一种公开的承诺，即因叙利亚支持法塔赫反以色列的游击行动，以色列将对叙利亚进行大规模报复行动。"等待期"开始时，以色列政府表现出的沮丧和软弱情绪加剧了局势的紧张，这让埃及人相信他们可以接近战争边缘，而不用害怕以色列的反击。

1957 年从西奈和蒂朗海峡撤退后，以色列就把埃及关闭海峡这一举动视为战争的导火索。列维·艾希科尔政府试图寻求一种在不诉诸武力的情况下开放蒂朗海峡的途径，同时在西方大国中找到盟友，以防以色列遭埃及袭击或被迫卷入战争。最可能的盟友是美国。1957 年美国人没有致力于保持蒂朗海峡作为国际水道的开放性，但是他们承认，如果埃及关闭该海峡，以色列有自卫的权利。为防止可能会导致两个超级大国出现正面对抗的战争爆发，双方展开了大规模的外交努力。苏联领导的东方阵营认为这是纳赛尔自己的胜利，并要求以色列接受失去 1957 年所获的现实。而另一方面，西方国家却没有表现出任何战争决心。法国总统戴高乐利用这次机会要求四大国进行谈判，恢复法国的大国地位。戴高乐警告以色列不要开战，并宣布对中东实行武器禁运——此举主要影响以色列，因为以色列使用法国武器及零部件装备军队。美国总统林登·约翰逊是以色列的朋友，1957 年，在他还是一名美国议员时，就反对艾森豪威尔政府向以色列施压。但现在约翰逊深陷在越战的泥潭之中，面对国内对这场可怕战争的激烈反对，他最不想的便是再来一场战争。

以色列对于两个超级大国之间的对抗深感担忧。在"等待期"的第一周，以色列没有得到美国的支持，美国此前一直致力于保护以色列免于遭受袭击并防止中东战争的爆发。以色列人力求得到两项保证：一是美国 1957 年的施压不再重现；二是如果战争爆发，美国将会阻止苏联军队参战。美国政府提出了"赛艇计划"，通过建立一支小型的国际舰队来打破封锁，确保船只自由通过海峡。但很快出现没有国家愿意派出舰艇来参与该计划的情况。取而代之的是另一项提议，即由海牙国际法庭成立一个周密的且长期存在的听证会，就蒂朗海峡是国际通道还是埃及宣称的所谓埃及海域进行裁决。该方案会确保埃及在不遭受战火的情况下取胜。而以色列的威慑力已化为乌有，因为它所坚持的两条"红线"——一是西奈半岛非军事化；二是保持蒂朗海峡开放——都已经被埃及跨越，且以色列没有做出任何回击。与此同时，以色列国防军动用其预备役，以埃两军在埃及边界对峙。对以色列人来说，这种局面是不可维持的；整个的正常生活网络变得不稳定，经济活动陷于停滞，紧张程度达到了顶峰。

以色列人意识到国家到了困难时期。狂热情绪萦绕着阿拉伯国家，阿拉伯媒体，尤其是广播电视（以色列当时还没有自己的电视网络，但可以收到阿拉伯广播）整天都能听到毁灭以色列的威胁，营造了一种大屠杀即将来临，阿拉伯人将再次消灭犹太人的气氛。巴解组织主席艾哈迈德·舒凯里宣称："在接下来的战争烈火中，没有犹太人能够存活。"[1]第二次世界大战的反犹言论再一次嘹亮又清晰地响起，以色列人察觉到了西方国家明显的中立立场，它们抛弃了虚弱的同盟——以色列，将以色列交给侵略者，受其摆布。评论员不厌其烦地将以色列与捷克斯洛伐克相比较——西方列强在签订《慕尼黑条约》后将它丢弃给了纳粹。法国《快报》的头条抛出了这样的问题："为亚喀巴而死？"这让人联想起第二次世界大战前夕曾出现过的新闻标题："为但泽而死？"该报纸的回应是不应为以色列而冒世界战争的风险。1967年6月3日，英国杂志《经济学人》写道：

> 简单的事实是，我们没有诚心呼吁同阿拉伯人作战，因为重要的是，他们这一次已经胜出以色列一筹。西方致力于保护以色列国家的生存，让它不至于消失，并在其受到威胁时去战斗。但是以色列失去在西奈战争中所得到的（在苏伊士战争通过英法行动的帮助）并不同于以色列的毁灭……以色列人不再为其已有明显力量的地位而争辩……总统纳赛尔不得不在成为一名地方性的"阿拉伯俾斯麦"，还是成为一名拥有世界声望的政治家之间做出选择。当"和平之球"扔向以色列时，以色列人尽管不开心，但也几乎别无选择地去接住它。[2]

深刻的且几乎明显的焦虑笼罩着以色列人。成千上万的以色列人要么经历了大屠杀，要么在大屠杀中失去了他们的亲人。几年前的艾希曼审判加深了所有以色列人对大屠杀的认知，伴随着这一认知的是对毁灭的恐惧。谣传预测会有数以万计的以色列人死于未来的战争中，对人口中心可能的恐怖空袭更是加剧了人们的无助和恐惧。西方列强微弱的回应与阿拉伯国家的好战、傲慢自大以及得意扬扬的狂欢声相对比，营造了以色列被孤立和围攻的感受。唯一毫无保留地与以色列站在一起的同盟者是犹太人。在"等待期"前两周，美国犹太人没有意识到这是一次真正的危机，之后他们才渐渐感受到阿拉伯人对以色列生存的威胁。"难道还有另一个奥斯威辛，另一个达豪，另一个特雷布林卡？"哲学家亚伯拉罕·约书亚·海舍尔（Abraham Joshua Heschel）问道。[3] 为以色列而进行的动员收效显著，自 1948 年以来，没有比美国和欧洲犹太人对以色列人民的认同和支持更加温暖和明确的了。这些犹太人通过捐赠、紧急呼吁、集会以及试图施加政治压力（尤其是向华盛顿）等方式对以色列提供支持。犹太民族的团结令人感动，尤其值得注意的是，这一切恰恰发生在以色列遭到世界上其他国家冷遇的情况下。

军队与公众的情绪形成了鲜明对照。以色列国防军司令部毫不怀疑他们能够打败埃及军队，尤其是在能率先发动攻击的情况下。但是，尽管战斗会以以色列的胜利而结束，预计还是会有成千上万的伤亡。以色列国防军总参谋部要求批准开战，但政府无法形成决议。5月 27 日举行了一场投票，主张立即采取行动与通过外交手段来实现目的的双方最终打成平局。总理艾希科尔虽然赞成立即采取行动，但并不想通过由总理投出决定性的一票来做出如此重大的决定，所以选择继续等待。5 月 28 日，他在广播中宣布了这一决定。

这次宣告以著名的"结巴演讲"流传于以色列民间，因为艾希科尔无法辨认其面前的演讲稿，讲话时磕磕绊绊。那晚他的演讲又加剧了每个以色列家庭原本就有的高度紧张感。艾希科尔的演讲表现出了他的优柔寡断，因为他宣布"等待期"将持续下去。 以色列公众，尤其是媒体恰恰在这个危机的时刻，对他的领导能力失去了信心。自"等待期"开始以来，包括反对派领导人梅纳赫姆·贝京在内的一些公众人物曾提议让本-古里安回到政府。但是本-古里安认为，在没有像1956年那样有大国作为同盟的情况下，以色列不应该走向战争。他严厉指责了向他征求意见的参谋长伊扎克·拉宾，声称他在"等待期"第一阶段的好战声明以及动员预备役部队（即使动员有限）已经在不利的条件下，把以色列引入陷阱。他要求以色列修筑防御工事并且继续等待。

因为在如履薄冰的政府和急切主战的总参谋部之间饱受折磨，加之本-古里安的斥责，这位总参谋长病倒了，并被医生要求休息24小时。他在5月23日重返岗位。5月28日以后，在政府受到民众要求更换领导人的压力以后，内阁成员要求艾希科尔总理将兼任的国防部长一职转给其他有军事背景的人担任。首选便是西奈战争的胜利者摩西·达扬。同时，全国宗教党要求扩大政府，推动成立一个包括加哈尔集团（Gahal，成立于1965年）和拉菲党（Rafi，以色列劳工名单党）在内的政府，以色列劳工名单党是在拉冯事件之后从马帕伊分裂出来的新政党。6月1日实施了政府扩大和改组，一个"民族团结政府"得以形成。梅纳赫姆·贝京被任命为不管部部长，达扬成为国防部长。

5月30日，侯赛因国王加入了泛阿拉伯民族主义的行列。他意识到埃及和叙利亚在不断地削弱他的力量，把他描述为西方和帝国主义的马前卒。考虑到自己国内公众的热情（尤其是巴勒斯坦人），以及对即将来临的冲突的预感，侯赛因别无选择。如果他不参加战斗，无论埃及是赢还是输，他都会失去在人民心中的正统合法性。他飞到埃及与纳赛尔签署了一项共同防御协定。他甚至把他的军队置于埃及的指挥下，并允许伊拉克军队进入他的领土。许多历史学家认为这项协议就像压倒骆驼的最后一根稻草，触及了以色列的耐心底线，以色列人无法容忍任何对其漫长而脆弱的东部边界的威胁。伊拉克军队进入约旦是以色列焦虑的另一个原因，而约旦和埃及军队之间的联络更增加了以色列的围困感。

"等待期"给了约翰逊总统寻求以和平方式开放蒂朗海峡的各种途径提供了机会。随着时间流逝，人们越来越清楚，这个愿望是不可能实现的，美国想用小型舰队打破蒂朗海峡封锁的计划只是空想。与此同时，对以色列来说，海峡问题相对于面对南部边界已经充分动员，且没有任何可能与之脱离地面接触的两支军队来说，已是次要问题。美国人不会为以色列进攻开绿灯，但也暗示不会反对以色列的行动。摩萨德局长梅厄·阿米特在 5 月 31 号飞往美国以确定美国的立场，带着"黄灯"回到了以色列。他说，如果以色列向埃及进攻，美国不会"哀痛"（sit shivah，指犹太人 7 天的哀悼期）。人们对于像 1956 年美国向以色列施压的情况再次发生的担心，尽管没有完全消失，但是减少了很多。

6 月 2 日，新的以色列政府决定发动战争。6 月 5 日，历经三周的等待之后，以色列国防军发起了进攻。

就取胜范围、相对较低的伤亡数以及占据的领土来说，六日战争是以色列战争中用时最短但却最成功的一场战争。以色列被迫在遭到威胁但没有预先计划好的目标情况下卷入了这场战争，其进展由部长、公众舆论、地面指挥官以及战争的命运决定。以色列发动战争是为了打败埃及军队，迫使其向以色列船只开放蒂朗海峡。战争最终以以色列完全控制加沙地带和远到苏伊士运河的西奈半岛而告终。以色列空军在三小时内摧毁了埃及空军，然后将目标转向摧毁叙利亚和约旦的空军。正是空战的胜利决定了这场战争的结局。埃及军队在两天内遭到了致命打击，并在以色列国防军追击下撤退。达扬本想在距离苏伊士运河 10 千米的地方停下以防止其被关闭，因为这一复杂的情形会伤害以色列与大国之间的关系。但是战争以这样一种方式向前发展，以色列国防军还是到达了运河沿岸。

以色列与约旦之间的战争继续进行着。第一天，约旦炮击了耶路撒冷，并沿着与以色列的边界开火。以色列想要避免在多条战线发生战争，也不打算进攻约旦，因此艾希科尔向侯赛因国王发出了一条信息，声言如果侯赛因停止战斗并且不再炮击，以色列将完全遵守停战协定。但是，约旦对耶路撒冷的炮击反而加强了，炮弹还打到了拉马特戴维的空军基地，而约旦人试图夺取控制着南部耶路撒冷的高级专员的住所（安置联合国观察员小组的房屋）。最终，以色列政府不得不做出了占领西岸的决定。以政府的第一道命令是确保进入约旦领土上的一块以色列飞地斯科普斯山，以方担心该地无法抵挡阿拉伯军团的进攻。接着命令延伸至包括东耶路撒冷，但不包括老城，最后覆盖到整个西岸地区。

当西奈半岛和西岸地区的战斗结束后，以色列内阁就是否要夺取戈兰高地进行了讨论。在整个战争中，叙利亚除了继续炮击约旦河谷定居点之外，并没有真的想要去帮助埃及和约旦进攻以色列。内阁犹豫不决，担心如果以色列袭击叙利亚，特别是在以色列已战胜埃及的情况下，苏联会介入。但从另一面来看，是叙利亚挑起了纷乱纠葛，导致战争爆发，并且持续炮击约旦河谷。约旦河谷的居民组成了一个压力集团，要求占领戈兰高地。内阁中大多数支持这一要求，但达扬反对。联合国迫切要求停火，但阿拉伯人一再拒绝，他们要求以色列无条件地先撤军到 6 月 4 日以前的界线，似乎不再有时间对叙利亚作战了。但在 6 月 9 日凌晨——战争进行的第五天，达扬越过总理和参谋长直接向北部司令部的指挥官大卫·埃拉沙下达了攻占戈兰高地的命令，不到两天的时间便占领了戈兰高地并控制了约旦河谷和东加利利。

六天的战斗改变了中东的面貌。以色列由一个遭到毁灭威胁的弱势国家转变成受到重视的地区性强国。戈兰高地的大多数居民随着叙利亚军队离开，但在西岸和加沙地带，有接近 100 万的巴勒斯坦人留了下来。

在以色列历史的前 19 年，以色列承认停战边界是永久性的。一些人的确梦想着在之前的委任统治地边界中拥有一个更大的以色列，贝京的自由党一直要求获得以色列地西部的所有土地，伊扎克·塔本金（Yitzhak Tabenkin）领导下的哈梅哈德基布兹（Hakibbutz Hameuhad）也是一样，他们对"大以色列"的渴望并没有减少。但是实际上，这些组织已经接受了国家分割的现实，并没有把他们的渴望变成政治行动。随着时间的逝去，他们对建立"大以色列"的期待逐渐变小。在年轻的以色列国家下成长起来的下一代不仅不知道"大以色列"，对建立一个"大以色列"也没有渴望。大多数以色列人是1948年以后到达的移民，除了停战边界，他们别的什么也不了解。加哈尔成立时，这个组织不包括自由党的"大以色列"条款，这一条款损害了自由党在普通公众心目中的合法性，因为它给人一种好战的印象。

1967年5月12日，独立日前夕，著名的大众晚报《马蒂亚夫晚报》（*Ma'ariv*），刊登了一篇采访——曾是莱希战士的吉尔拉·科恩（Geula Cohen）采访退休以后到斯代博克（Sdeh Boker）生活的本-古里安。科恩问："本-古里安先生，如果你的孙子问你：'爷爷，国家的边界是什么？'今天的你会怎么回答他？"本-古里安回答说："我会回答他，以色列国现在的边界就是你的祖国的边界，仅此而已。"他又补充说："没有绝对的边界。如果阿拉伯人接受了1947年停战协定规定的边界，我们国家的边界将会缩小。历史边界只是弥赛亚到来的一个概念。"科恩继续问道："你会鼓励以色列儿童去写一首关于渴望大耶路撒冷的歌吗？""如果他想写，那么他就应该写，"本-古里安冷淡地回答道，"但我不会写这样一首歌。"4

1957年无条件撤离西奈半岛，加深了以色列对军事绿线也即停战协定中规定边界的接纳度。但这并不意味着1948年的这代人——哈梅哈德基布兹或者埃特泽尔和莱希的毕业生——没有一个藏在心底的大以色列梦想。到底是不是这些梦想推动了政策制定让人怀疑，不过，它们显然不是国家建立者这一代人行为的动机。然而，隐藏着的余烬仍然保留着，甚至在后来的六日战争中变成了巨大的火焰。贝京和阿隆部长极力主张扩大对约旦的战争，特别是征服耶路撒冷，这并不是仅仅出于战略的原因，情感是占领耶路撒冷的主要动机，已经超过了政治需要。当以色列伞兵到达西墙，他们内心深处的情感让他们不禁哭泣。这些人并不是虔诚守教的士兵，以色列国防军大拉比什洛莫·戈伦（Shlomo Goren）也没有向他们吹响羊角号（shofar），但是在那种与犹太历史、与哭墙的独特相遇中，有一种莫名的情感深深触动了他们的内心。

而很有意思的是，摩西·哈伊姆·夏皮拉（Moshe Chaim Shapira）领导下的全国宗教党对战争十分担忧，他们反对任何侵略性质的以色列行动。夏皮拉反对征服耶路撒冷，认为以色列一旦进入这座城市，公众舆论会迫使以色列留在耶路撒冷，以色列就无法再离开，而这会成为以色列在国际舞台上的祸根。实际上，随着耶路撒冷被征服，整个以色列和流散地的犹太民族已经被热情包围了，隐藏着的欲望和之前就不曾被怀疑的民族意识及认同之流得到进一步加强。

在这场激情风暴的影响下，6月9日，内阁讨论了战争结果，宣布以色列愿意撤出西奈和戈兰高地以换取与邻国达成和平协议，但是这个撤退条件里并不包括耶路撒冷和约旦河西岸地区。相反，它表示西岸领土将会是以色列与约旦谈判的主题。以色列的声明重点强调了六日战争与西奈战役之间的不同，这一次，以色列将其领土收益看成实现与其邻国之间和平的杠杆，并提出了"以土地换和平"的方案。自1948年战争以来，以色列人第一次感到为了和平他们要放弃一些东西。但是，方案排除约旦河西岸地区的提议，使得人们对以色列与其最合适的伙伴——约旦国王侯赛因之间的和平谈判能否进行产生了怀疑。

考虑到以色列公众在战争前夕遭受了严重的心理创伤，获得辉煌胜利之后的欣喜若狂也是自然而然的。战争的胜利带来巨大的安慰与自豪，也带来了这场战争将是最后一场战争的希望。达扬称他在等阿拉伯领导人的电话，但他的电话铃声并没有响起。以色列人所认为的被围攻的弱势一方取得对好战对手的胜利，对阿拉伯人来说，却是一种令人震惊的耻辱，这严重损害了他们的民族荣誉，因此阿拉伯人要求复仇，要再来一场战争"抹去"耻辱。1967年9月，8个阿拉伯国家出席了喀土穆会议，会上宣布了"三不原则"，即不承认以色列，不同以色列进行谈判，不同以色列实现和平。纳赛尔宣称，用武力被夺去的将用武力再次夺回，会上他一度失去冷静并且决定辞职，后来在群众大规模游行支持下才回到政府。以色列已经证明了自己有能力打败阿拉伯人，但是却不能迫使双方实现和平。六日战争并没有打破中东小国与其强大邻国之间的基本权力平衡。苏联补给了埃及和叙利亚所损失的武器，仅几个月之后它们的军火库已经充足。但是，喀土穆会议决议也第一次暗示利用外交手段重获战争中被占领土的可能性。这些复杂的信号——针对阿拉伯公众舆论的战争信号，以及针对西方的缓和与犹豫的谈判信号——导致了对阿拉伯立场矛盾性的解释。

以色列的胜利也被认为是西方对苏联及其卫星国的胜利。苏联武器败给了西方的武器。苏联向埃及提供了关于以色列军队在北部集结的虚假情报，后来对纳赛尔又不全力予以支持，并盲目地让埃及人相信他们可以赢得战争，这些都诱导纳赛尔发起了挑衅性的行动。因为苏联不愿意真正地卷入战争，他们的参与十分有限。美国和苏联一致同意避免直接的军事参与，并且保持它们之间微妙的平衡。因此，苏联限制了打破与以色列的外交关系的行动，此外，除罗马尼亚之外的东方集团国家，和一些非洲国家一样，也仿效了苏联的做法。

经过了几个月的谈判，各方成功地拟定了联合国安理会可以接受的决议草案。1967 年 11 月 22 日，安理会第 242 号决议获得通过，该决议要求阿拉伯人承认以色列或同意与以色列进行谈判，但是阿拉伯人不接受，他们要求以色列立即并且无条件地从战争中占领的所有土地上撤离。以色列拒绝接受这些条件，并要求阿拉伯国家承认以色列国，实现双方的和平，然后才会撤军到"安全的和公认的边界"。大国在这些互相对立的要求之间摇摆不定。该决议强调，不能通过战争强占领土，应该采取行动创造该地区所有国家之间"公正而持久的和平"。以色列要从近期冲突所占领土上撤出，而阿拉伯人则应放弃战争，承认并尊重本地区所有国家的主权和领土完整，以及在安全和公认的边界内和平生存的权利。另外，航运自由必须得到保障，难民问题应得到解决。一名联合国特使将前往该地区，敦促这些决议的执行。

被认为是决议官方版本的英文版中，提到"从领土上撤出"（见前一段）——这意味着，不是必然从所有领土撤出。然而，法文版中增加了一个确定性的条款，容许这样一种解释，即以色列应撤出所有领土，这也是阿拉伯人对决议的解释。埃及和约旦立即接受了这项决议。以色列在几个星期后也同意接受，只有叙利亚是在哈菲兹·阿萨德执掌政权后才接受了这个协议。巴勒斯坦人拒绝受到决议的约束，因为协议中只是间接提及了难民问题。

　　巴勒斯坦问题的重新出现是出乎意料的战争后果。独立战争之后，阿拉伯国家和以色列挪用了在1947年11月联合国决议中分配给巴勒斯坦国的土地。巴勒斯坦人没有国家的代表，自创建法塔赫和巴勒斯坦解放组织开始，巴勒斯坦才试图作为一个有自身权利的实体重新进入国际舞台。在这个过程中，巴勒斯坦人要求获得所有巴勒斯坦西部地区，不接受以色列国的存在。六日战争后，以色列发现自己统治着100多万巴勒斯坦人。自20世纪50年代初，以色列人第一次直面巴勒斯坦人，此前，巴勒斯坦人一直以来居住在边界地区，远离以色列公众意识。目前这场遭遇引发了人们有关难民困境以及以色列在帮助解决难民问题上的责任的争论。与此同时，像其他在外国统治下的国家发动了解放战争那样，巴勒斯坦解放组织在被占领土内对以色列采取了大范围的反抗行动。巴勒斯坦民族主义的觉醒是阿拉伯国家摧毁以色列军事行动失败的直接后果。巴解组织像之前阿尔及利亚民族解放阵线所做的那样，现在开始接受一种以游击战形式进行长期武装斗争以反抗以色列的观念。

第十四章

亢奋的年代（1967—1973）

六日战争之后，以色列的面貌改变了。三个星期深刻、普遍的焦虑等待被幸福所替代："我们好像做梦的人。"（《诗篇》第 126 章 1 节）以色列突然间就吸引了全世界的目光。现在以色列已经不再是一个困在中东偏远角落沉睡的国家，它已然是全球重大事件的焦点。报刊记者和电视台工作人员开始从世界各地涌向以色列。跟随他们的是成千上万的志愿者，包括犹太人和非犹太人，这个小国所具备的对抗所有侵略者的战绩，令他们感到兴奋和激动。志愿者们在基布兹找到一些岗位，帮忙做一些季节性工作，替换那些在军队服役或应召预备役的年轻人。他们给以色列带来更广大世界的风情和潮流。以色列在最初的 19 年里所经历的部分孤立——一方面是因为外界对其缺乏兴趣，另一方面是因为其外汇短缺限制了公民出国旅行——已经彻底结束了。

相比于战前，以色列现在控制了 4 倍的领土和 100 万巴勒斯坦人，是一个地区强国。这种情况造成了一系列困难，并且在未来 10 年及以后的公共议程上仍然存在。第一是安全。胜利没有带来渴望的和平，而是恶化了以色列与其邻国的关系，战前 10 年的相对安静并没有回来。仅仅在战争结束几个月后，巴勒斯坦恐怖主义袭击就开始出现，海外的以色列目标也成为恐怖主义攻击的对象。1972 年慕尼黑奥运会上以色列运动员被谋杀，标志着恐怖主义达到了顶峰。1969年3月，埃及和以色列围绕苏伊士运河展开了"消耗战争"，并一直持续到1970年8月。

对新领土进行怎样的统治，成为以色列政治话语中的主要议题。新占领的土地怎么处置？它们是诱导阿拉伯人与以色列和平的谈判筹码，还是对国家安全的重要战略补充？在领土上建立犹太人定居点符合犹太复国主义的冲动和神话，因为犹太人通常通过垦殖来确定领土边界。绿线边界是否应该延伸到被占领土上的犹太人定居点，还是根据安全需要，犹太人只能安置在人口稀少的阿拉伯地区？最后是关于统治另一个民族的文化和道德辩论：这样是否合理？如果合理，在什么条件下是合理的？而弥赛亚的期待，宗教上和世俗上都是如此，很快渗透到这些辩论当中。

世界各地的犹太社区，特别是在美国，分享了胜利的兴奋和解放的喜悦。犹太民族和以色列之间的共同命运意识从未如此强烈。在"等待期"内，一向对以色列和以色列人不甚同情的汉娜·阿伦特也对他们的命运表示了忧虑。以色列国防军的胜利，令散居在外的犹太人感到非常自豪，他们通过认同以色列、访问以及掀起对以色列的捐赠潮来表达这一情感。此外，还有来自西方国家的成千上万犹太人移居以色列的浪潮。

虽然在这场战争之后苏联已经断绝了与以色列的关系，但是这并不能阻止苏联犹太人明确表示支持他们的以色列兄弟们。这些"沉默犹太人"的热情正在膨胀。六日战争之后，苏联犹太人开始了争取移居以色列权利的斗争。在此之前，代表苏联犹太人的所有活动都在地下，因为害怕在苏联的犹太复国主义活动分子受到伤害。但是现在这些积极分子发出了转向公开活动的信号。1969年11月，以色列总理果尔达·梅厄在议会讲坛上宣读了18个格鲁吉亚犹太家庭的信，他们公开宣称有移民以色列的权利。1971年，在布鲁塞尔召开了一次国际大会，为这场斗争争取世界公众舆论的支持，大会援引《圣经》中的恳切呼吁"让我的人民走吧"——之前，马丁·路德·金博士已经将其变成了一个政治口号。

苏联犹太人争取移居以色列权利的斗争是英勇的。苏联的犹太活动家组织犹太人团体，学习希伯来语和犹太人的历史、传统和宗教，以加强民族意识。他们在苏联城市外的树林里举行会议，唱希伯来语歌曲，对以色列进行各种讨论并阅读各种文本。早在 1953 年以色列就已经在苏联建立了一个旨在加强犹太民族意识的地下组织——纳提夫（Nativ），以暗中援助他们。现在有数千名犹太人提交申请离开苏联并移民以色列，但大部分人的申请都被当局拒绝了，他们被称为"移民被拒者"，并被解雇。失业和警察的骚扰，都没能阻止他们进行鼓动宣传，他们威胁要将宣传鼓动延伸到正在扩大的现行体制反对者的圈子当中。

美国支持苏联犹太人的犹太人和非犹太人的大规模公共运动也达到了高潮。1974 年，美国国会两院通过了《杰克逊-瓦尼克修正案》，该修正案由参议员亨利·杰克逊发起，主要内容是禁止与限制移民和其他人权自由的国家进行贸易并获取经济利益。虽然该修正案是否真的帮助增加了移民是值得怀疑的——事实上，在法案通过后移民数量减少了，但前几年围绕该修正案的讨论显然使得苏联允许犹太人离开。可能苏联人希望通过先允许他们离开，然后重新关闭边界的方法，来清除阿里亚激进分子。不管怎样，在 20 世纪 70 年代上半叶，约 25 万犹太人被允许离开苏联。其中大多数人（约 16 万人）移民以色列，其余的则去了其他国家。

随着西方犹太人的慷慨捐助，以色列加速了吸收新移民的浪潮。政府也投入大量资金在新边界重新部署军队，迎接战后新的威胁。西奈的油井现在提供了以色列大约一半的燃料需求。所有这些因素导致经济增长加快，一改 1960 年年初由失业和经济活动减少所带来的经济停滞和衰退。

以色列和西岸之间的绿线边界现在开放双向交通，双方都对对方非常好奇。西岸市场充斥了许多以色列人，他们在那里比在"小以色列"低得多的价格购买商品和日用品，以色列游客也堵塞了西岸的道路。经历 1948 年的那一代人重温他们曾经战斗过的地方，并为那些没能见到今天景象的同志流泪。在独立战争后来到以色列的人们，现在首次能够遇到大以色列的扩张和在集体记忆中蚀刻的历史遗迹——圣殿山、西墙、麦比拉洞和雷切尔墓。除了伊休夫时期的朝圣遗址马萨达以外，他们还可以访问希律堡和迦玛拉城，在与罗马人的战争中这些地方被称为犹太要塞。尼利间谍网络的阿夫沙龙·费因伯格（Avshalom Feinberg）的遗体现在在拉法边界被发现，他在"一战"时期前往埃及的途中神秘死亡，那里有一棵棕榈树，据说是他留下来的种子。这棵树的浪漫可以与那棵留在被摧毁的埃齐翁地区的橡树的浪漫相媲美，埃齐翁地区现在是撤离者的儿女们重新定居的地方。曾经对以色列考古学家关闭的地方，现在已经开放研究，这将丰富犹太人对他们土地古代知识的了解。

国防部长摩西·达扬现在是以色列勇敢和抵抗的象征。他的黑色眼罩使新闻和杂志封面增色不少，他也成为世界闻名的以色列最受尊敬的政治家。达扬试图保持对约旦河西岸的"温和"占领，尽可能不干涉阿拉伯人的生活。以色列国防军负责安全，其他一切仍然在约旦法律的管辖之下。地方政府掌握在侯赛因国王任命的市长手中（直到1976 年的市政选举）。西岸的和平与公共安全在短时间内得到了保障。巴勒斯坦人对战争的失败感到震惊，以至于在以色列占领之后的头几个月没有进行抵制，他们对占领者的开明态度感到惊讶——因为，根据阿拉伯国家宣传，以色列人十分凶残。在希伯伦，居民预计犹太人会为 1929 年屠犹事件进行报复，但是这些占领者并没有这样做，这令他们松了一口气，于是他们愿意与占领者合作，恢复正常的生活。

这场战争打乱了西岸与阿拉伯世界其他地区的联系。约旦是当地农产品的天然市场。巴勒斯坦商人开始将约旦河西岸的农产品运往东岸，由于桥梁遭到破坏，卡车通过夏末低浅的水流过河。达扬了解河两岸之间联系的重要性，他也了解巴勒斯坦农民在约旦和从约旦到海湾国家销售农产品的经济重要性。在以色列国防军的支持下，一开始由当地人提出的修复约旦河桥梁的倡议，后来也成为以色列政府政策的基础。当桥梁修复时，约旦大桥在两个方向上承载着大量的交通运输，成为西岸的生命线。与此同时，加沙地带和西岸的数以万计的阿拉伯工人也开始在以色列寻找工作。参与战后重建的主要建筑企业需要工人。在被占领土建立军事基地、苏伊士运河的防御工事、新的移民定居点建设等，都为阿拉伯劳工提供了就业机会，并为西岸带来了繁荣。

摩西·达扬认为，他的"开明占领"将确保以色列长期控制阿拉伯人生活的领土，而不需要诉诸大规模的武力。这一观念源自他的信念：经济利益可以缓和民族冲突，也源于他认为巴勒斯坦人是一个从来没有完全独立的民族，如果犹太占领者明智地行动并尊重巴勒斯坦人及其风俗习惯，他们很可能会接受犹太占领者。达扬反对兼并"领土"（以色列人称之为"占领"或"解放"，取决于他们的观点）。根据以色列议会通过的一项法律，以色列兼并了东耶路撒冷及其周围地区。后来，1981年，戈兰高地在法律上也成为以色列的领土。拉特伦（Latrun）飞地的三个阿拉伯村庄被拆毁，居民被驱逐，通往耶路撒冷的道路被重新铺设，以色列人认为将来任何政治解决办法都应包括这次轻微的领土调整。除此之外，以色列没有改变约旦河西岸的任何现存局势。

以色列既避免了兼并，又希望与约旦达成某种和解，也不愿向100万阿拉伯人提供公民权，因为这将改变这个国家的人口构成，危及其犹太国家的性质。这一恐惧从占领的第一天就清楚地显现出来。本-古里安公开讲话，表示将归还除了耶路撒冷之外的所有被占领土，以换取和平。耶沙亚胡·莱博维茨（Yeshayahu Leibowitz）教授甚至要求以色列完全的、单方面的撤军，即使在没有达成和平协议的情况下，因为占领带来了道德上的沉沦。以色列各地数千名阿拉伯工人的出现引起了一些团体的反对，这些团体在伊休夫时期支持"希伯来劳工"的意识形态。然而，认为在犹太国家，犹太人应该占据所有社会阶层的信念已经被削弱，一种让人回想起殖民地社会的社会经济分层已经形成，其中大多数农业和建筑工人是阿拉伯人。

胜利之后的欣喜主要表现在两种方式，一是喧嚣、骄傲和傲慢的，另一种是低调的。第一种体现在赞扬以色列国防军以及将领胜利的唱片专辑中，这些专辑使他们成了名人和媒体的宠儿，随后一些书籍则讲述了各种士兵和部队的英雄事迹。其中最值得注意的是沙伯塔伊·特维斯（Shabtai Teveth）的《塔穆兹坦克》。它描述了"钢铁师"部队，这是由以色列少将指挥的装甲师，其精锐是撒母耳·葛农（Shmuel Gonen）上校指挥的装甲旅。这本书赞扬了该旅军官和士兵们的英雄主义——他们中的许多人要在未来战争中留下自己的印记，受到广泛的欢迎。它拨动了以色列公众渴望战争模范人物的心弦，这些人是"国家的一代"的英雄，取代了前几代的英雄。

这些颂歌专辑充分利用了以色列国防军及其指挥官的人气，同时大肆宣扬不受约束的胜利主义，以色列国防军的优势、其指挥梯队的卓越性以及阿拉伯人的可怜表情充斥于公众当中。指挥官们从相对匿名状态（这一状态直到现在都是国防机构的特征）中走了出来，成为家喻户晓的名字。人们倾向于用昵称来称呼这些人物，这反映了公众对军方领导层的熟悉程度："阿里克（阿里埃勒·沙龙）"、"塔里克"（伊斯雷尔·塔尔）、"戈罗迪什"（撒母耳·葛农）、"达多"（大卫·埃拉扎尔）、"莫塔"（莫德查·古尔）等等。

1967年夏天，在耶路撒冷希伯来大学斯科普斯山校园，一个被遗弃了19年的圆形剧场举行的仪式上，参谋长伊扎克·拉宾获得了荣誉博士学位。他发表了一个讲话，提出了一个非常不同的胜利方法：避免胜利的表现，强调胜利者的战争和被征服者的苦难的沉重代价，并在全军之间分享胜利，同时颂扬这种道德和精神的价值。这种精神态度在当时的标志性书籍《士兵访谈录》（*Siah Lohamim*，英文名为《第七天》）中也很明显，这本书被视为以色列社会情感潜流的一种表达。

这些沉默而悲伤的士兵从战场回到家中。他们经历了很多，基布兹运动决定对这些年轻人进行一系列采访。该运动造成许多人员伤亡，约占总死亡人数的1/4是基布兹成员，是其他人口所占比例的5倍。采访的目的是鼓励士兵摆脱痛苦的回忆。

这个倡议来自基布兹运动的文学文摘《夏德蒙特》（*Shdemot*）编辑委员会，自 20 世纪 60 年代初以来，它试图把犹太传统和犹太文化注入基布兹。采访人员和受访者中有阿摩司·奥兹、穆奇·楚尔（Muki Tsur）、阿巴·科夫纳（Abba Kovner），以及这本书的编辑亚伯拉罕·夏皮拉（Avraham Shapira）。1967 年 10 月，《士兵访谈录》作为基布兹运动的内部出版物出现。然而，关于这本书的讨论甚嚣尘上，对它的需求也很大。它很快就面向大众公开出版，并成为以色列正典的一部分。

《士兵访谈录》表达了以色列社会中“次要的”声音，代表了这一代人的价值观，他们没有参加过独立战争，但在“小以色列”长大，他们害怕被消灭，害怕战争的残酷。那些参加独立战争的年轻人并不担心战争的失败及其可能带来的后果。但很明显，大屠杀的意识已经进入了年轻一代的心灵。他们意识到了欧洲犹太人在第二次世界大战期间的经历，这导致两个结论：阿拉伯人威胁将犹太人丢到海里是真实的；保卫国家，防止大规模灭绝犹太人和辱没犹太民族尊严的事件再次发生是他们的责任。“我们大家一致认为，我们在这场战争中的战斗精神和力量都来自这样一种认识，即阿拉伯人决心打一场歼灭战。”亚里夫·本-阿哈伦说。[1] 在战争前几年，奥弗·芬尼格写信给他的女朋友：

> 在纪念人屠杀死难者的夜晚，我静静地坐在那里，注视着坐在我身边的幸存者的眼睛，他们眼睛里充满无助和绝望……在这一切的恐惧和无助中，我感觉到我内心的坚强，坚强到不让泪水流出，强大而锋利如刀，坚毅沉稳，甚至让人感到可怕和危险。这就是我想成为的！我想知道，那些空洞的眼睛再也不会从栅栏后面凝视！只要我坚强，他们就不会这样做！只要我们都坚强，坚强，骄傲的犹太人！只要我们再也不让自己任人宰割。[2]

芬尼格作为一个伞兵在为耶路撒冷战斗时阵亡。

他们为自己的家园、家人和更广泛的民族大家庭而战斗的情感是他们的力量和牺牲精神的源泉。与此同时，对大屠杀的了解使他们对对方的悲剧十分敏感。与逃跑的敌军的遭遇并没有使他们陶醉在胜利的喜悦中，而是为那些战场上不幸送命的人感到悲伤，因为他们的家人可能正在等待着他们归来。与阿拉伯难民的遭遇，妇女和儿童满载着他们的财物，试图逃离战场，使他们联想到在世界大战中寻求庇护的犹太难民。看似矛盾的是，出于对相同价值观和相互联系的世界的认知，这些在战斗中表现得勇敢坚毅的士兵也对敌人的痛苦感同身受。他们并没有对阿拉伯人感到仇恨，他们能够激起对德国人的仇恨，但对他们曾经战斗过的敌人却没有。

这些士兵与"大以色列"的相遇，激起了他们心中一种矛盾性的情感。他们在《圣经》的文化氛围里长大，而现在以色列已扩张到《圣经》中所记载的广阔的以色列地，特别是耶路撒冷、圣殿山和西墙，他们对圣地充满了深厚的感情，并且对于圣地掌握在自己国家手中感到惊奇不已。打动他们的是犹太历史的部分内容，即神话般的历史与他们之间的联系。一些哈麦乌哈德基布兹的毕业生希望，1948年未完成的任务现在将会实现（他们在1948年之前就支持"大以色列"的想法）。但他们仍属少数，对大多数人来说，与犹太人过去的激情相遇并不包含着统治这些领土的欲望。事实上，有许多人认为，原来的以色列已经在扩张的道路上迷失了，"我们失去了我们的袖珍国家"，"那个非常美好的国家……"其中一位受访者表示，"我与我们今天所拥有的广袤区域几乎没有感情上的联系"。[3]

当士兵遇到阿拉伯居民时，与新领土的疏远感变得更为严重。在1967年5月15日的独立日结束时，歌手舒莉·纳坦（Shuli Natan）第一次演唱了拿俄米·舍默尔的《金色的耶路撒冷》，这是耶路撒冷市长泰迪·科勒克（Teddy Kollek）委托她为那天晚上的以色列歌唱节演唱的一首歌。在"等待期"内，甚至在战争的六天里，这首歌成了国歌，士兵们在西墙，在宣布占领耶路撒冷的任何地方都在传唱这首歌。在这首歌的歌词里，舍默尔谈及耶路撒冷干涸的水池和空荡荡的市场，提到祈祷者和民间故事对以色列地的一般性描述，耶路撒冷就像一个迷人的待嫁新娘，在荒野中等待她的新郎——犹太民族——的到来并将她赎回。显而易见的是，在六日战争爆发前的19年里，任何从西到东通过望远镜观察耶路撒冷的人都清楚地看到，这个神话般的描述没有给现实留下任何空间。现在，耶路撒冷出生的阿摩司·奥兹描述了他与这座城市的重逢：

> 这些东西不能用语言表达。我再次说，我爱耶路撒冷的全部，但这意味着什么呢？这就像爱情，一种矛盾而曲折的力量；她是我的，对我来说很奇怪，被征服但又敌对，挚爱的但又是难以接近的……

> 但这个城市是有人居住的。人们生活在她的街道上，他们是陌生人，我不懂他们的语言，他们就在那里，在他们的家中，而我像是一个初来乍到的陌生人……他们的眼里充满对我的恨意，他们希望我死掉。我是被诅咒的陌生人……

> 我全部的灵魂，渴望在耶路撒冷作为一个剥夺敌人财产的人回归祖先的遗产。《圣经》为我而生：先知，君王，圣殿山，押沙龙柱，橄榄山……我想成为这一切的一部分，我想要归属于这里。

> 这不是为了这个民族而生的耶路撒冷。我看到了仇恨和叛逆，谄媚，惊讶，恐惧，侮辱和欺骗。我穿过东耶路撒冷的街道，像一个人闯入了某个禁地，我的灵魂里满是抑郁。

> 我出生的城市，我梦想的城市，我的祖先和我的民族所向往的城市。我注定要走过这些武装着冲锋枪的街道，就像我的童年噩梦的一个特征。在一个陌生的城市，做一个陌生人。[4]

由国家宗教青年的精神领袖和导师拉比泽维·耶胡达·库克

（Rabbi Zvi Yehuda Kook）所领导的在梅尔卡兹哈拉瓦（Merkaz Harav）耶希瓦进行的一次会谈，没有被收录进《第七天》。编辑亚伯拉罕·夏皮拉后来解释说，他发现在会谈中的观点非常令人震惊，他决定分开出版《夏德蒙特》及其记录。这次会谈中的几位参与者表示，他们相信弥赛亚的日子即将到来——这个事件后来被定义为"救赎的黎明"。他们承认，在战争的前夕，谁也没有预料到这么辉煌的成果，也没有希望征服耶路撒冷和以色列地的其他部分。但他们看到现在所发生的事情，就像出自上帝之手，也是神圣计划的逐渐启示。"我有一种即将到来的惊喜感觉，空气中有一种紧张气氛。我觉得有事情正在发生，并正在为某些伟大的事情做准备。"德芙·碧甘（Dov Bigun）说。[5] 与《第七天》的受访者对逃离埃及的士兵的同情相反，这个团体认为，正如有人所说，当有人试图杀死犹太人时，"对我来说，杀死他们并把他们一列列地驱赶到西奈沙漠是一种诫命，甚至对那些逃跑的人，在他们到达苏伊士运河之前，我们也要将他们杀掉，这同样也是诫命的要求"[6]。当这位陈述者被问及犹太教要求爱同伴的诫命时，他回答说，今天逃离的那些人明天会再来战斗，所以他们应该被杀。国家之间的冲突中，没有同情的余地。这些发言者对阿拉伯人表示仇恨，对他们的困境漠不关心，他们拒绝相信犹太人和非犹太人之间存在共同基础的人道主义信念。7 年后，他们成为信仰者集团运动的核心群体。

位于阿隆舒夫特（Allon Shvut）的哈尔埃齐翁（Har Etzion）耶希瓦的创始人伊尔·宾宁拉比随后揭示了《第七天》受访者和宗教犹太复国主义者思想流派之间的意识形态差异，认为这是一种人相对于土地的差异。一个把人的价值看得最重要，另一个把土地的价值看得最重要。这两所学校都属于以色列的少数理想主义者，他们代表着建国一代的领导精英。在这里，第一次揭示的这个组织内部的分裂，在未来将撕裂以色列的社会和政治结构。

梅尔卡斯·哈夫拉的人们并不是唯一被"闪光"击中的人（信仰者集团的领导人哈南·波拉特所使用的表达）。战争结束后，大以色列运动组织发表了一个宣言："我们"不能放弃大以色列的任何地方，"我们有义务忠实于我们国家的完整性……以色列的任何政府都无权在这种完整性上进行妥协"[7]。该宣言是由这个国家一些主要的知识分子签署的，其中包括乌里·兹维·格林伯格、萨缪尔·约瑟夫·阿格农、拿单·奥尔特曼、海姆·古里等。这些人中没有一个是建国一代的代表。大多数签字人来自劳工运动，不仅是哈麦乌哈德基布兹及其支持者，以色列工人党（马帕伊）也是主流，以及"大以色列"的新信徒和青年守卫运动党前成员作家摩西·沙米尔。这项倡议是由拿单·奥尔特曼领导的，他是伊休夫和以色列的主要诗人，他在其政治诗歌中表达了以色列的生活经历。在 20 世纪 50 年代，正如我们所看到的，他反对"军事政府"，并以他对待政治的道德方式而闻名。他是本-古里安的支持者，在马帕伊分裂事件中，他一直对本-古里安忠心耿耿。现在，他选择了一种与他的导师完全相反的立场；他的导师认为，除了作为那种分裂领土的一部分，在以色列地不可能有一个犹太国家。

似乎在建国后成年的年轻人，受到战争所产生的喜悦的影响不如老一辈，老一辈人在建国 19 年后仍然保留着"大以色列"的观念。但宗教犹太复国主义青年却不是这样，他们现在被弥赛亚信仰迷住了。他们拒绝接受犹太复国主义是一场有明确理性目标的政治运动的概念，而认为这是在实施拯救犹太民族的神圣计划的道路上的第一个阶段。他们这一迷恋的政治表现是强化了由泽鲁伦·哈默（Zevulun Hammer）领导的所谓的"全国宗教党青年运动"（the Mafdal Youth），他们的口号是"支持大以色列，反对领土妥协"。在此之前，该党被认为是绝对的鸽派。它过去由摩西·哈伊姆·夏皮拉领导，曾在 1967 年 6 月反对战争，在战争期间甚至建议不占领东耶路撒冷。

到目前为止，对新领土的渴望已经通过在人口稀少的阿拉伯人居住区定居表现出来，这就是众所周知的阿隆计划。哈麦乌哈德基布兹的伊戈尔·阿隆是 1948 年战争中最伟大的战地指挥官，他曾试图在战争结束时说服本-古里安占领整个约旦河西岸。现在,他改变了主意,并制订了一项计划,旨在在限制人口规模、避免统治阿拉伯人和他认为的国家安全需求之间取得平衡。"可防御边界"一词在当代政治话语中颇为流行,它暗指需要修改绿线边界,根据联合国安理会第242号决议的措辞,这些边界将成为"安全和公认的边界"。要保证以色列"防御性的边界",它必须控制戈兰高地、约旦河谷、拉法赫引道区(Rafah Approach Area)和希伯伦山南部。这些地区当时只有少量阿拉伯人居住,它们将对犹太人定居点开放,但前提是在和平协定签署后,这些地区仍将在以色列的控制之下。

虽然以色列政府没有正式接受"阿隆计划",但一直到1977年,它都构成在占领土地上兴建犹太人定居点的基础。纳哈尔(以色列青年先锋战斗部队)的前哨建立在戈兰高地、约旦河谷及拉法赫的区域,这些地方适时地成为平民聚居地。亚米特镇就建在拉法地区。在这些地方之外,还应加上埃齐翁定居点群(The Etzion Bloc,因附带着对其命运担忧的感情因素而被选择重新定居)和耶路撒冷及其周边地区,我们已经看到这些地区并入以色列。在耶路撒冷建造了新的社区,如城市南部的吉洛(Gilo)和北部的拉莫特(Ramot)。在占领土地上的定居行动主要由非宗教的基布兹和莫沙夫的核心团体实施,从建国初期开始,一直持续进行,直到20世纪60年代早期才趋于停止。

1968年,政府第一次面临这样一种局面:定居者藐视政府的权威,在阿拉伯人口稠密区的中心定居。在希伯伦,一群犹太教徒在拉比摩西·莱文杰(Moshe Levinger)的带领下庆祝逾越节,并拒绝离开。来自不同圈子的政治辩护者站出来为他们辩护,如加哈尔、全国宗教党等,甚至工党也冒出来为他们辩护。那群人留在了城市里,这是7年后要发生的事件的第一个信号。

《第七天》反复出现的主题是希望六日战争是以色列的最后一场战争。然而,这些发言者也承认,这是不大可能的,因为每10年,甚至更频繁,新的冲突将会爆发,阿拉伯人不会甘于使自己受到屈辱和失去自己的领土。犹太人能够赢得战争,但不能带来和平。这种悲观主义蕴含在当代的亢奋和战后巨大的希望之中，听起来很不协调，但却被即将到来的事情所证实。

冲突使得双方的立场更为激进。1967 年 6 月 19 日，以色列政府曾表示愿意退出西奈半岛和戈兰高地以换取和平，但摩西·达扬所期望的阿拉伯领导人的电话没有打过来。以色列现在已经放弃了这一决定。正如我们已经看到的那样，1967 年 9 月由 8 个阿拉伯国家召开的喀土穆会议发表了"三不"原则：不与以色列媾和，不承认以色列，不与它谈判。尽管如此，第一次有传言说阿拉伯人失去的领土可能会通过外交手段收复，但媒体关注的是阻止谈判的极端言论。

经过几个月的平静，埃及和约旦边境爆发了冲突。埃及人试图强迫以色列从苏伊士运河撤出而炮击了其军队，使其遭受重大损失。以色列国防军除了在运河以外修建防御工事（以以色列参谋长哈伊姆·巴列夫的名字命名的巴列夫防线），还袭击了苏伊士湾西岸的埃及阵地，目的是阻止埃及人和他们的炮兵，后者占有明显的优势。但很明显，这并不能阻止埃及的大规模炮击，于是以色列又部署了空军。首先是小规模的部署，然后又空袭埃及的纵深区域，突袭其军事基础设施。运河沿岸的城市变成了废墟，数十万埃及难民逃往开罗。埃及恳求苏联的介入。苏联人为他们提供了大量的武器，包括地对空导弹和先进的飞机，并且其技术人员和军事人员也前来训练埃及人使用这些新型武器。以色列担心与苏联人发生冲突，遂于 1970 年 4 月停止轰炸埃及。在 1970 年 8 月 8 日停火协议生效前夕，两国空军之间发生了战斗，由苏联人驾驶的埃及飞机被击落 5 架。

对于消耗战（纳赛尔的术语）是什么时候开始的存在分歧。有些人把它定在 1968 年秋天第一次边境冲突，还有人说是 1969 年 3 月，之后战斗持续了近 18 个月。无论如何，在消耗战结束之前，与埃及的边界都是危险的和暴风雨般的。这场战争考验了以色列国防军进行一场造成重大伤亡的旷日持久战争的能力（超过 700 名以色列人死亡）。以色列国防军经历了这场漫长而艰难的冲突，但在六日战争胜利的辉煌之后，它似乎是无意义的，也是没有希望的。

同时，与约旦的边界也是动荡的。从 1967 年秋天开始，巴勒斯坦解放组织开始活动，它希望唤起西岸人民进行反对占领的游击战。然而，巴勒斯坦民众总体上是被动的，并没有组织起来发起挑战。然后，巴解组织承担起组织抵抗的任务。约旦河上的"开放桥梁"向双向开通，武器、物资和人员通过这些桥梁走私进入西岸，在绿线内和耶路撒冷发生了针对平民的暴力行动。为了遏制巴解组织，以色列国防军于 1968 年 3 月发起了卡拉麦行动（Karameh operation）。卡拉麦是位于约旦南部的一个小村庄，那里有巴解组织总部，也是亚西尔·阿拉法特（Yasser Arafat）的住所，他已经取代艾哈迈德·舒凯里担任该组织的负责人。这是一次大规模的行动，旨在摧毁该地区巴解组织的基础设施，但行动并不成功。约旦军队进行了干预，数十名士兵死亡，100 多名巴解组织成员被杀，其他成员则四处逃散。这次行动以色列国防军损失了大约 30 人，还有几辆坦克和一架飞机，充其量只能算是小有收获，但付出了高昂的代价。巴解组织声称取得了巨大成功，他们的人没有临阵脱逃，并且坚守阵地，战斗顽强，甚至给不可战胜的以色列国防军造成了重大损失。从宣传的角度来看，卡拉麦是巴勒斯坦抵抗运动神话的基础。

　　不久，巴解组织和其他追随者又回到约旦，利用这个巴勒斯坦人占多数的国家作为攻击以色列的基地。巴勒斯坦人炮击了贝特谢安山谷定居点，长期以来定居点上的居民在晚上都不敢使用灯光。以色列国防军予以回击，并部署了空军。约旦河以东的农业区完全被摧毁。巴解组织在约旦变得更加强大，因为它实际上是把哈希姆王国（即约旦王国）归为己用。巴解组织对以色列的行动，对国际航空的袭击，以及以色列的报复都威胁着约旦国王的统治和国家的安全。于是在 1970 年 9 月（"黑色九月"），侯赛因国王部署军队打击巴解组织，并将之驱逐出去。至此，以色列与约旦的边界变得平静，巴解组织将其大部分活动转移到黎巴嫩南部。

　　新闻界公布的无休止的战争和日常伤亡人数对公众舆论产生了非常令人沮丧的影响。以色列由果尔达·梅厄领导的民族团结政府，替代了列维·艾希科尔，为了避免鸽派和鹰派（从美国越南战争词汇中引入的术语）之间的内部斗争，工党决定（在当时的情形下）不做决定。在与阿拉伯国家进行真正的谈判之前，以色列政府不应规划其领土诉求。正如果尔达·梅厄声称的那样，车到山前必有路，船到桥头自然直。美国计划进行调解，国务卿威廉·罗杰斯（William Rogers）提出一项建议，即以色列撤回到1967年6月4日的边界，以及与阿拉伯国家签署和平协议，但双方都拒绝了这一建议。以色列政府宣称，它会开放性地审查每一个和平机会的可能性。但实际的情况是，阿拉伯人并不准备承认以色列，所以没有人可以谈判，也没有和平的曙光。

此时，世界上其他国家也思潮涌动，这些动荡也影响了以色列。欧洲国家以及美国出现学生游行和民众集会反对越南战争，引起美国社会动荡，嬉皮士（花童），与成人文化相对立的青少年文化，对一切社会权威结构的反对，尤其是狂热的爱国主义，都有非常快速的发展，挑战美国中产阶级价值观，而这些现象和思潮被理想主义的以色列青年清教徒式的、天真烂漫的文化所吸收。这些新的思想和趋势是由去往基布兹的志愿者们和媒体对欧洲和美国事件的报道带到以色列的。

六日战争之后，相对稳定的以色列开始发生改变，这种新趋势开始席卷整个国家。在深度的焦虑和胜利的亢奋之间，在胜利的深深宽慰和尚未看到和平实现之间，国家的面貌迅速发生了变化。战争后的经济增长扩大了社会的差距。在以色列人曾经存在（至少在理论上）的平等主义的准则已经被侵蚀。以色列社会似乎是物质主义的、贪婪的和享乐主义的，生活水平得以提高。特别值得注意的是，一些新富人是从建设防御工事和军营中积累大量财富的暴发户。与20世纪60年代初的北非移民不同，苏联的移民现在受惠于移民条件的优厚，引起了贫困地区的居民和中转营新移民的敌意，他们将这种差别看成是族群歧视。

1971年，耶路撒冷出现了一群受到社会工作者协助的社会激进分子，他们在贫民区与街头帮派合作。他们自称"黑豹"（从美国引进的另一个术语），组织了激烈的示威活动，其口号是要求阿什肯纳兹犹太人结束对北非东方犹太人的歧视。自 1959 年瓦迪萨利布暴动以来，以色列从未发生过以种族为导向的社会抗议。黑豹党代表与总理梅厄的会晤只是进一步加深了双方的分歧。黑豹党离开会谈时感觉总理并没有把他们看作政治运动的核心团体（他们自己认为是），而是把他们看作需要康复的边缘青年。在耶路撒冷萨赫公园（Sacher Park）的米茂娜庆典（Mimouna，北非东方犹太人逾越节后传统庆祝活动）上发生了一起黑豹党成员暴力示威活动，事后有人援引果尔达·梅厄的话说，"他们不友善"，这句话永远不会被忘记，也永远不会被原谅。

政府对暴露出来的社会经济问题并非漠不关心。那一年的预算包括增加对教育和福利的资金。为调查贫困儿童和青年的处境而成立的总理委员会显示，来自亚洲和非洲的移民面临严重的经济困难，需要立即予以关注。委员会于 1973 年 6 月提交了调查结果。10 月爆发的赎罪日战争将人们的注意力从社会问题转移到安全和政治问题上。然而，黑豹党运动可以被视为标志着以色列族群抗议运动的开始，这个问题自那时起被提上议事日程。

边缘的"新左派"团体马兹佩恩（Matzpen）的出现预示了一个新现象：以色列人怀疑国家的正义。新左派不再是旧共产主义或社会主义左派，左派在苏联 1968 年入侵捷克斯洛伐克后失去了光彩。新左派的英雄是切·格瓦拉、菲德尔·卡斯特罗、胡志明，以及抗击西方资本主义奴役的第三世界的游击队。在以色列的舞台上，吸引新左派的是巴勒斯坦人，他们看到的是巴勒斯坦人作为被压迫的人民反抗西方帝国主义的大众战争，而 1967 年以后的以色列是强大的、过分膨胀的和好战的。被遗忘的是左派对以色列作为犹太难民国家的支持，以及与反犹主义的斗争。从现在起，他们认为以色列是争取自由和这个世界被剥夺群体权利的障碍，处于错误的一方。马兹佩恩拥护新左派的思想并把它对应于当时的以色列的情境。这不再是对政府某些政策的批评，而是批评以色列存在的合法性，因为它的建立与巴勒斯坦人的不公正待遇密切相关。

这些边缘群体，如马兹佩恩，甚至黑豹党，都是非常小的组织，无法激起民众的信任与支持。绝大多数左倾或右倾的以色列人，无论他们是否赞同其政府的一切行动，都对政府保持信任，相信其肯定会不遗余力地追求和平的信念，而且以色列的年轻人在边界所面临的无休止的战争是一场"没有选择的战争"。但在 1970 年年初，无休止的战争和一系列死亡事件的爆发加剧了内部紧张局势，并导致年轻人的士气下降。同年四月，世界犹太人大会主席纳胡姆·戈尔德曼（Nachum Goldmann）试探着同埃及总统纳赛尔接触，并希望与他会晤。人们并不清楚是否真的有这些联系，是否戈尔德曼真的被邀请到开罗。而能够明确的只是，以果尔达·梅厄为首的以色列政府，对戈尔德曼企图炫耀自己作为犹太人没有加冕的外交部长从事外交活动持消极和怀疑的态度。戈尔德曼利用自己的自由前往以色列政府被禁止派驻特使的地方。他不总是在征求以色列政府的意见之后或按照以色列政府的意愿行事。正如学者梅耶·查赞（Meir Chazan）所写的，戈尔德曼的倡议是在外交的边缘地带。

就以色列的目的而言，在开罗的会议是否能够举行并不重要。重要的是，在公众看来，政府拒绝为不应错过的、可能的和平机会给予戈尔德曼以支持和祝福，这一举动引发了一场风暴。戈尔德曼的支持者和反对者之间的激烈争论在报纸上甚嚣尘上。一群十五六岁的耶路撒冷高中学生给总理写了一封信，警告说："我们和其他许多人因此想知道，我们如何才能在一场没有未来的永久性战争中战斗，而我们政府的政策正在错过和平的机会。"[8] 这封信的大部分签名者几个月后加入了战斗部队，并在苏伊士运河前线服役。

这封被称为"第十二年级学生致信"的信件，引起了以色列青年的强烈支持或反对。以色列社会随后展开了关于和平的政治论战，在此之前这个话题是避免加以讨论的。与此同时，特拉维夫的卡梅里剧院也上演了由汉诺克·莱文（Hanoch Levin）导演的一个题为《浴缸女王》（Queen of the Bathtub）的讽刺作品。这件作品，除了使用淫秽语言和极其粗俗的形象（受新的放纵和颓废思想的影响）让观众感到厌恶之外，还是一部尖锐的反战讽刺作品，这类作品在以色列以前从未出现过。这部戏剧指责父亲为战争牺牲自己的儿子。其他民主国家是否允许在大炮轰鸣的时候有这样的舞台表演是值得怀疑的。来自观众的激烈抗议和公众对该剧的强烈抗议，连同对这部戏剧及其表达的信息，以及言论自由的支持，持续成为新闻媒体热点达一个多月的时间。

与这个事件象征性地联系在一起的是军队娱乐剧团演奏《和平之歌》。这首歌曲由亚科夫·罗伯特（Ya 'akov Rotblit）作词，由艾尔（Hair）谱曲，以"消耗战中死去的人"的名义发声，呼吁和平行动主义（以"给予和平机会"）："让太阳升起 / 给早晨以光芒 / 最纯洁的祷告 / 不会将我们带回来。"它总结道："不要说那一天会到来 / 把那天带过来 / 因为它不是一个梦想 / 在所有的城市广场只为和平欢呼。"它引起了以色列国防军中央司令官雷哈瓦姆·泽维（Rehavam Ze'evi）的愤怒，他下令禁止其演出。但这首歌已经成为以色列和平运动的圣歌。

以色列社会的软肋暴露了出来：承受持久战争的心理困难，对生命损失的敏感，以及对和平的渴望。绝大多数以色列人认为他们处于一场"别无选择的战争"中，他们必须咬紧牙关，竭尽全力为以色列国防军服务。尽管媒体强调了鸽派左翼的萌芽，但事实上，政府声称没有人可以谈判，同时也没有什么可以谈判的东西，这几乎得到了全面的支持。然而，漫长的三年义务兵役期、频繁地预备役征召，尤其是一列列阵亡士兵名单，都打击了国防军的士气。胜利的喜悦被深深的挫折感所取代。工党领导下的以色列共识在社会和政治方面都受到了挑战。对民族精神的损害仍然只限于出现裂痕，但它们预示着即将发生的事情。

第十五章
1973 年赎罪日战争

1973 年 10 月 6 日是犹太人赎罪日，空袭警报响彻以色列，当时没有人料到这一天标志着一个新时代的开始。赎罪日战争也可以称为十月战争，正如埃及人所说的，它在以色列和中东历史上是一个分水岭。也许与六日战争相比，它更加重塑了以色列的自我形象及其政治、社会空间，以及它与邻国的关系。

在以色列国内或西方国家，没有人预测到战争在 1973 年秋天爆发。1970 年 9 月，也就是在消耗战结束大约一个月后，纳赛尔突然去世，继承纳赛尔的是安瓦尔·萨达特（Anwar Sadat），他是领导 1952 年埃及军事政变中最不起眼的军官。以色列外交和情报报告把他描述成一个缺乏驱动力和领导力的“灰色”人。评估声称他不能开创新的政治路线，或者选择发动战争。从 1970 年秋天到 1973 年秋天之间的三年里，以埃边界相安无事。在旨在冻结现状的消耗战停火后第一个月，埃及人便沿着苏伊士运河部署地对空萨姆导弹（SAMS），公然违反停火协定。由于埃及人无视美国对其撤出导弹的要求，以色列的抗议是徒劳无益的，并且以色列认为他们没有足够的理由打破停火协议。

以色列没有正确地评估西奈半岛被占领和埃及军队战败给埃及人所带来的羞愧和耻辱的程度。他们愿意在 1967 年战争结束后不久就很快通过消耗战煽动与以色列人的冲突，这个事实应该为以色列提供充分的证据，以便意识到埃及作为阿拉伯国家中最大和最强的国家，将无法随着时间的流逝而接受现状。沿运河部署萨姆导弹是埃及敌对意图的另一个暗示。但是，由于1967年以色列在六日战争中取得的大规模胜利，以色列自信满满，这导致了以色列国防军高级指挥官的自负和傲慢。以色列军事领导人认为埃及军队低劣，没有牺牲和顽强不屈的精神。一个情报"设想"出现了，认为只要埃及军队现在没有配备超过以色列国防军并且能够攻击以色列大后方的飞毛腿战术弹道导弹和先进的军事装备，埃及人就不会进攻。这项评估是基于有争议的情报报告。这个情报来源可信吗？还是双重特工误导以色列人的信息？情报负责人还进一步指出，埃及人不敢进攻以色列，因为他们知道以色列国防军会打败他们。但是即使埃及人真的采取了进攻行动，他们也只会发起一些局部行动，而以色列国防军足以应付这一局面，直到动员预备役部队。预备役动员需要48小时。

1971年年初，萨达特在就任总统并巩固自己的地位后不久，就发出了埃及路线将发生改变的暗示，提议试图与以色列达成和解，这个暗示从表面上看是延长沿苏伊士运河三个月内将要结束的停火期限。1970年11月，摩西·达扬公开谈到以色列和埃及军队沿着运河相互缩减军事力量，甚至以色列撤退到使埃及能够清理运河，重新开放运输，沿着河岸重建城市的特定距离。这一举动旨在减轻以色列在从占领土地上完全撤出的基础上达成和解的压力，并确保停火的继续。此外，这样的安排将有助于埃及人保持边界平静。

达扬的提议由于涉及在没有和平协议的情况下寻求从占领土地上某种程度的撤离，在以色列没有受到欢迎。但萨达特继续达扬的思路，提出了自己的方案：如果以色列同意撤回到以航阿里什–穆罕默德角航线（El Arish–Ras Muhammad line，大约在西奈半岛中部），并将该地区交给埃及控制，包括军事控制，他将延长停火期限，开通运河航运，重建运河城市，甚至允许国际部队留在沙姆沙伊赫，以确保埃拉特湾自由通行。然而，以色列不愿意撤回到米特拉和吉迪（Mitla and Giddi）关口，并允许埃及军队到运河的东岸。尽管临时协议不会对未来的最终协定施加条件，但双方都因害怕可能削弱其在最后协议达成中的谈判地位而不敢迈步。以色列担心在该进程结束时，在没有事先达成和平条约的情况下撤军。萨达特要求就从 1967 年 6 月 4日边界全面撤军问题预先达成协议，并以达成一项解决巴勒斯坦问题的和平条约作为条件。

美国调解人认为，双方的立场相差太远，不利于达成协议。这种僵持一直持续到两年后的赎罪日战争爆发才被打破。在战争结束后，以色列开始深刻的自我反省，并且意识到战后的临时协议与萨达特之前的提议非常相似，有人甚至问到以色列是否因为拒绝萨达特 1971年的提议而犯了一个悲剧性的错误。这是历史学家难以回答的问题之一。战争前的情况与后来的情况没有任何相似之处，既包括萨达特的立场，也包括采取重大步骤的能力，以及以色列政府及其对形势的洞察与对各种可能性的预测。战争之前，萨达特能同意一项没有最终协议陈述的临时协议吗？以色列政府是否有理由为了一个没有和平条约的模糊的非交战协议而放弃领土？这些仍是历史学家有待考虑的问题。在 1971 年的背景下，这些问题与以色列和美国领导人的战前评估，以及对萨达特及其意图的有限信任有关。

在接下来的两年中，美国主要关注世界其他地区。中东是其国际政策的后院。萨达特巩固了其在埃及的地位。萨达特宣布 1971 年是"决定性的一年"，尽管没有就临时协议进行谈判，但停火协议没有被打破。1972 年 7 月萨达特要求苏联从埃及撤出其军事顾问，这是明确地暗示美国他有改变外交方向的意图。萨达特承认，他需要美国的支持，以迫使以色列撤出，但在这个阶段，美国人没有表现出打破中东僵局的兴趣。他们像以色列人一样相信，如果这里有武装冲突，以色列会轻易打败埃及人。

埃及对十月战争的规划是基于萨达特的设想，如果他设法占领苏伊士运河东岸的任何领土，就能打破僵局，改变现状。埃及人打算让他们大量的军队全线渡过运河，然后在萨姆导弹保护下，抢占一条宽度在 10 千米~15 千米的狭长地带。对于埃及人来说,六日战争的创伤是以色列空军的惊人胜利,它使埃及地面部队暴露在空中打击之下。现在,埃及人试图用地对空导弹保护他们的军队以防止类似的情况发生,这将抵消以色列空军的优势。埃及筹划的赎罪日战争在演习中进行了测试,其中最重要的事件发生在 1973 年 4 月;它导致以色列国防军宣布高度警戒和战备动员。后来发现,这一系列的演习实际上是训练埃及军队穿越苏伊士运河,同时也是为了用来误导以色列人,并用虚假警报削弱他们的警觉性。反复嚎叫的狼最终会使他们(以色列人)对任何即将发生的攻击迹象都不注意。1973 年 4 月,萨达特和叙利亚总统哈菲兹·阿萨德(Hafez al-Assad)就战争计划达成一致。9 月 25 日,侯赛因国王警告梅厄即将来临的埃及-叙利亚袭击,但他没有提到战争的确切日期。随后,在开罗峰会(Cairo summit)上侯赛因获悉联合战争计划,在联合战争计划中,侯赛因被分配的任务是防止以色列通过北约旦袭击叙利亚。

埃及军队沿苏伊士运河集结并在邻近桥梁的地方部署明显表明即将发动攻击。沿叙利亚戈兰高地边界有叙利亚的大量装甲部队。在地面上的所有迹象都表明叙利亚人和埃及人的交战意图。达扬对此评论称集结的军队数量可以造成致命的伤害。但是以色列的情报部门继续认为,"战争的可能性很低",因为萨达特没有达到攻击所需的条件。以色列假设,即使战争爆发,至少也有一个 48 小时的警告,以确保动员预备役所需的时间,这种评估是自满和过分自信的结合。

周五,赎罪日前夕,以色列内阁召开了紧急会议。根据收到的情报,埃及和叙利亚毫无疑问会在周六下午 6 点发动战争。但实际上战争爆发于下午 2 点。在星期五讨论会上,以色列国防军中将参谋总长大卫·达多·埃拉扎尔(David Dado Elazar)请求允许先发制人,空袭埃及和叙利亚部队。以色列内阁由于不想展现作为侵略者的面目而拒绝了这个请求。以色列内阁提醒美国政府,战争即将爆发,表示以色列无意发动先发制人的攻击。与此同时,以色列内阁决定有限动员预备役。幸运的是,几天前以色列的一个后备装甲旅已经到达戈兰高地，这个装甲旅在后来阻止叙利亚攻击中起到了关键作用。

赎罪日战争与六日战争的迅速和戏剧性胜利截然相反。在这场战争中，以色列军队伤亡惨重，且对战场失去控制并存在误判，将军之间暗斗，缺乏公信力。一切能出错的事情都出错了。叙利亚人的迅速推进导致以色列在戈兰高地定居点的撤离。在装甲战争的时代，依靠定居点保卫领土的神话被打破。叙利亚人和叙利亚突击队分别占领了以色列在纳法赫（Nafakh）基地的指挥所和赫尔蒙山（Mount Hermon）。由于叙利亚军队伤亡惨重，他们才停止了前进的脚步。在叙利亚贮水池和约旦与呼拉山谷（Hula Valleys）之间，只有少量的装甲兵分队——几辆坦克，这儿一个连队，那儿一个连队。战争爆发两天以来，北方局势似乎很可怕。由于叙利亚拥有导弹，以色列空军很难进攻。只是等到预备役的到来和部队重组开始后，收复戈兰高地的战斗才真正进行。紧接着，以色列国防军收复库奈特拉并且向大马士革方向快速推进。在停火前夕，以色列人收复了对监视叙利亚领土至关重要的赫尔蒙山口。

埃及人横渡苏伊士运河，开始于对"巴列夫防线"的密集炮击。以色列虽然有预警，但是还没有做好进攻准备。埃及军队在他们的炮兵掩护下渡过苏伊士运河。在"巴列夫防线"堡垒中的一些以色列士兵被打死，一些被俘，其他人则设法返回到以色列国防军防线。以色列空军在阻止叙利亚和埃及的进攻时，没料想到萨姆导弹会给它带来重大损失。埃及军队的战略是有效的。在战争的早期阶段，埃及向地面部队提供必要支援以阻止以色列空军撤出埃及导弹射程之外，这增加了以色列的飞机损失。飞行员的损失远比飞机的损失更加严重。自六日战争以来，以色列国防军中普遍认为空军将是战争中的决定性因素。因此，步兵和装甲部队的训练和投资都有些被忽视。例如，以色列部队没有夜视装备，但埃及人有。因为以色列人没有战术应对埃及所拥有的苏联人造的萨格尔（Sagger）反坦克导弹，以色列装甲部队被重创。以色列国防军的许多装备都过时了，有些甚至不能用。紧急储备在调动储备时开放，经常是半空的。这充分暴露了以色列国防军后勤体系在紧急情况下匆忙动员的缺陷。

通常，成功由很多因素造成，但失败只有一个。在赎罪日战争中，以色列第一次出现了"将军的斗争"，作为南部指挥官的撒姆耳·葛农——沙巴泰·特维斯的《塔穆兹坦克》中所描述的一位传奇英雄，与他的前任，现在在他的指挥下领导一个预备师的阿里埃勒·沙龙（Ariel Sharon）不断发生冲突。葛农在这场战争前的夏天被任命为南部指挥官，他此时未能取得前线的控制权，也没能发挥很好的作用。他的战术是分区指挥官的战术，而不是总指挥官的战术。对葛农而言，沙龙讨厌服从他的上级，甚至是总参谋长的命令，沙龙指挥部队仅仅依靠自己的感觉。赎罪日战争的第一天，在以色列国防军尚未适应新的战斗条件的情况下，"将军的斗争"就像战争一样激烈爆发。

战争的前5天以色列处在防御性地位，但仍然在两条战线上发动局部反击。10月8日，根据未经证实的情报和对局势的误判，以色列国防军在南面发起了反击，最后以坦克被毁、士兵阵亡、飞机和飞行员折损的失败而告终。这可能是整个战争中最困难的时刻。达扬失去冷静，并准备在新闻发布会上宣布"第三圣殿的毁灭"，一个报纸编辑警告梅厄，达扬有此意图，梅厄阻止了达扬进行这样的宣告。考虑到武器装备的损失，梅厄向美国总统理查德·尼克松发出紧急的个人呼吁，要求美国向以色列空运军事装备，并暗示以色列正处于严重的危险之中。尼克松同意并在10月14日开始空运武器。

与此同时，内阁和总参谋部做出了关于战斗优先性的决定：从双线作战转向重点进攻叙利亚前线，因为叙利亚的进攻对以色列人口中心威胁大。同时在埃及前线保持防御。以色列国防军一开始就阻止了叙利亚的攻击并收回了戈兰高地大部地区。10月11日以色列国防军在那里发动了反击，并在三天之内使这里的形势发生了逆转。当战斗结束时，大马士革的城郊处在以色列国防军炮兵的控制范围内。在南方，从10月8日失败到10月14日的几天时间内，以色列国防军继续其防御策略，同时尽力避免其部队的损耗。10月14日，埃及军队放弃了原来保持导弹防御的计划，在西奈发动了一次装甲部队进攻。

在这场战斗中，埃及军队损失了大约250辆坦克，而以色列国防军仅仅损失了20辆。随着埃及军队的削弱和戈兰高地上叙利亚人的失败，以色列的进攻时机到了。进攻开始于以色列国防军部队穿过运河，继续征服西岸地区，结束于埃及军队被包抄。当10月22日宣布停火时，以色列国防军控制了通往开罗和大马士革的道路。以色列国防军利用在埃及军队违反停火公告之机，彻底包围了运河东岸的埃及第三军团。10月24日停火正式生效。

赎罪日战争的第一天是形势最严峻的一天。以色列国防军的力量和战斗力的神话以及阿拉伯人的弱点和战斗劣势都被击得粉碎。不仅是埃及人和叙利亚人通过出其不意的方式打击以智力超群著称的以色列人，而且在战斗本身，以色列人也没有找到应对埃及军队智勇双全地部署的萨姆导弹的方式。这些直接导致了以色列国防军的装甲部队和空军部队遭受重大损失。运河东岸要塞的失守，使许多守卫者被埃及人俘获或击死，并对士气产生了严重的影响。在电视上出现的以色列俘虏照片使勇敢、强壮、从未屈服过的萨布拉（sabra）神话受到冲击。以色列成立后的那些年，普遍接受的萨布拉神话定义与散居犹太人温顺地屈服于压迫者的形象形成了鲜明的对比。

以色列国防军方面，大约有一半的人员伤亡发生在战争的前5天。有2300人在战斗中牺牲（另一项统计是2600人），超过5000人受伤（也有统计是7500人），有100架飞机折损，接近1100辆坦克失去战斗力，其中400辆被完全摧毁。然而，阿拉伯人损失了大约370架飞机和2250辆坦克，他们的军队中约有15 600人阵亡，约有8700人被俘（与300名以色列人相比）。但以色列人对其遭受的损失和对形势迟缓的洞察意识感到震惊，即意识到在战争中的某些时刻，这个国家命悬一线。一家报纸公布了一个希伯来词汇双关语"blima"，表示防御行动，也有"命悬一线"的意思。

在战争的前几天，以色列公众不知道在两条战线上发生了什么，并像总参谋长承诺的那样继续相信，以色列国防军将"打折他们的骨头"。随着战争的继续以及埃及人播放以色列战俘的形象，以色列公众逐渐意识到这场战争与自 1956 年以来他们已经习惯的无休止的胜利游行是不同的。诗人耶胡达·阿米亥写道:"10 月的太阳温暖我们的死亡。/ 悲伤是一块沉重的木板,/ 眼泪是钉子。"[1]

以色列由于不能解散它的预备役部队,使回归正常生活非常困难。被包围的埃及第三军团需要以色列在联合国的支持下提供少量的物资。这种情形不宜持续太长时间,双方都想尽快脱离战争。赎罪日战争就在埃及和以色列双方军队的相互胶着中结束。10 日 28 日,在以色列部队已经到达的苏伊士—开罗公路(Suez–Cairo road)101 千米处,阿卜杜勒–加尼·贾马斯将军(Abdel-Ghani el-Gamassi)和阿哈龙·亚里夫(Aharon Yariv)准将进行埃以关系中的首次直接会谈。两位会谈代表分别代表他们国家的领导人安瓦尔·萨达特和果尔达·梅厄,并把全部的谈判内容向他们汇报。他们的幕后参与者是美国国务卿亨利·基辛格。

这场战争使美国在阿拉伯世界的地位得到提高,一方面是因为萨达特确信虽然苏联能够为他提供武器,但它无法对以色列施加压力,迫使其撤军。另一方面,此时的以色列由于被孤立,因此它比以往任何时候都更依赖美国,这也使以色列更容易受到美国的压力。欧洲国家在以色列关键时刻没有伸出援手,这对美国向以色列空运物资是不利的。10 月 17 日,阿拉伯人宣布石油禁运,抗议美援助以色列,造成石油价格空前上涨。石油输出国组织(The Organization of Petroleum Exporting Countries,即欧佩克)的石油卡特尔(垄断联盟)获得了巨额利润,但阿拉伯人也认识到需要与美国人谈判。基辛格在这场战争前很少参与中东事务,现在提出了以色列和埃及之间的协议将会构成以色列与阿拉伯世界其他国家进一步达成协议的基础的概念。这种协议应该循序渐进,并且不要对双方抱有不切实际的期望;美国必须在双方之间发挥主导的调停作用。

由尼克松和基辛格发起的日内瓦国际会议旨在达成协议的正式框架,作为苏联与美国关系缓和的一部分,苏联也参加了此次会议。但各方之间的真正会谈由控制整个过程的基辛格来调解。贾马斯将军与亚里夫准将在101千米处的谈判由于找到了共同语言,因此进展顺利。在这里,作为脱离接触基础的六个条款得以商定。它们包括战俘交换,向第三军团提供物资,并解除在战争开始时埃及对巴布埃尔-曼德海峡的封锁,这一封锁部分阻遏了通往埃拉特湾的航道。埃及部队可以在苏伊士运河以东的10千米宽地带驻扎。以色列从运河西岸占领区域和运河东岸20千米宽的地带撤出。中间10千米宽的缓冲区将由联合国紧急部队占领,负责监督停火和撤离的执行。双方的部队在此区域减少到7000人。在某个阶段,101千米的直接会谈在基辛格的压力下停止,基辛格希望日内瓦会议获得达成协议的成果。这个协议于1974年1月18日在101千米处签署,其纲要奠定了以色列和埃及未来协议的基础。从101千米处的直接会谈中,双方认识到这种方式使得谈判能够快速取得进展。这是宝贵的经验,并且没有被遗忘。

与叙利亚达成军事脱离接触协定更加困难。一再拖延的谈判导致局势恶化,引发了1974年3月边境地区的消耗战争。经过艰难谈判,1974年5月31日在日内瓦签署了一项协议,以色列承诺从战争中占领的领土撤出(联合国紧急部队将驻扎在那里),交换战俘,叙利亚人承诺减少边境部队数量。叙利亚虽然既是攻击者,也是失败者,但坚持要求获得类似于埃及在西奈半岛所获得的领土收益,即以色列从1967年战争中占领的领土撤出。随之而来的是漫长而艰苦的谈判,基辛格穿梭于耶路撒冷和大马士革之间。以色列最终同意从库奈特拉的废城撤离,将其交给叙利亚人,叙利亚人放弃对其他领土的要求。以色列的这一让步促成了脱离接触协定。由此赎罪日战争结束。

"十月战争"作为一场伟大的胜利被载入埃及史册,它抹去了1967年战争的耻辱。埃及军队越过运河及西岸的防御工事,而以色列国防军束手无策,未能阻止这一行动并将他们驱离,这作为辉煌的成功被真真切切地铭刻于埃及人的集体记忆中。埃及军队的重建,展现了其作战能力并实现了其预定目标,恢复了埃及民族的自豪感。埃及人在开罗建了一个纪念胜利的博物馆。"十月战争"的周年纪念日取代青年军官政变周年纪念日成为埃及的国庆节,并通过阅兵的形式加以庆祝。"十月战争"的神话对萨达特在埃及的地位的确立是至关重要的，萨达特通过这场战争重建了埃及在阿拉伯世界的领导地位。萨达特的强硬立场将使他能够在不考虑其他阿拉伯国家或巴勒斯坦人的立场的情况下与以色列达成和平协议。

尽管存在一些意外因素以及在战争第一天遭遇惨痛失败，但赎罪日战争以以色列的伟大胜利告终。但这并不是以色列舆论对这一事件的看法。在六日战争的前夕，以色列一直处于深深的焦虑状态，这一切都以一夜之间的辉煌胜利变成了幸福感。在赎罪日战争前夕，以色列过度自信，战争的结果使这种自信变成了沮丧。整个国家哀悼数以千计牺牲和受伤的人，并且陷入了几十年都没有痊愈的国家创伤。自1933年以来，以色列工党已经成为国家决策的中心，对其带领下的以色列领导层的信仰曾被看作永恒的国家精神，但现在这一信仰已经不可挽回地失去了。

对军事领导能力的信任也有所动摇。自六日战争以来，以色列国防军的指挥官已经被视为几乎能够战胜任何敌人的传奇人物。媒体给这些战无不胜的将军冠以世界上最优秀将军的名号。公众舆论与媒体的自大和欺骗一致，并且常常相信这些名号。通过以色列国防军可以轻而易举地感受到安全和保护。赎罪日战争的爆发让以色列国防军的指挥官感到出乎意料，并证明了以色列国防军的高级情报系统存在缺陷。预备役动员较晚，装备落后，"将军的斗争"爆发，所有这些过失都破坏了以色列国防军及其领导层的形象。以色列回到了在六日战争前的心理状态——一个岌岌可危的小国。这是"诸神的黄昏"。

与叙利亚和埃及的军事脱离接触协定，包括联合国紧急部队的任务，最初设定为6个月，后来定期延长。1974年3月，阿拉伯人取消了对美国的石油禁运，但整个西方世界进入了经济动荡时期，这是欧佩克突然大幅上调石油价格所导致的通货膨胀和失业的旋涡。美国人力图加强他们与埃及已经发展起来的密切关系，目的是削弱苏联在中东的影响力，以促进阿拉伯世界缓和趋势的发展。这要求他们继续通过进一步的积极措施支持临时协议。以色列和约旦之间达成临时协议的企图没有成功。侯赛因国王索求约旦河谷，但以色列人没有对其安全管制让步。他们提出一个建议对策：在约旦河西岸，侯赛因国王将负责民众生活，以色列人负责安全。侯赛因无法接受这一建议，因为他会受到与以色列的占领一样的谴责。1974年在拉巴特召开的阿拉伯首脑会议通过了一项决议，承认巴勒斯坦解放组织（PLO）是巴勒斯坦人民的唯一合法代表，从而剥夺了侯赛因对西岸的权力。至于叙利亚人，就戈兰高地进一步达成临时协议的可能性因为地形的特点和阿萨德（Assad）对提议毫无兴趣而受到限制。因此，基辛格很自然地将注意力集中在推动以色列和埃及之间达成协议。

与此同时，白宫换了主人。尼克松因水门事件辞职，在斯皮罗·阿格纽（Spiro Agnew）辞职后被任命为副总统的杰拉尔德·福特（Gerald Ford）成为总统。伊扎克·拉宾被任命为以色列总理（见下一章）。拉宾政府外部没有受到喧嚣的反对派的攻击，却受到内部那些不接受拉宾权威的部长的攻击。政府因此出现分裂，并且不能做出决策。正是在这种情况下，基辛格试图在萨达特和拉宾之间进行调停，以便就西奈半岛问题达成更加稳定的协议，这一点对确保长期安宁至关重要。以色列人希望使埃及退出敌视以色列的阵营，从而避免未来在两条战线上遭到攻击的任何可能性。埃及人希望既能得到西奈半岛领土又能提升与美国的关系。埃及要求获得具有战略意义的米特拉山口和吉迪关口，并希望控制西奈半岛的油井。以色列准备接受较小规模的撤军，作为交换条件，它要求终结以色列和埃及之间的战争状态。

基辛格开始在以色列和埃及之间穿梭，利用他的外交技巧缩小双方的差距。但是萨达特不愿承诺结束战争状态，而以色列拒绝在关口的东部斜坡之外撤出。有段时间，萨达特倾向于接受一种替代方案，即"不使用武力法则"。以色列准备归还油田，但双方就油田与埃及领土连接的沿海地带未达成一致意见。关口的领土问题仍然没有得到解决，并且在1975年3月谈判破裂。基辛格暗示以色列，如果没有达成协议，敌对行动将恢复，石油禁运将加强，但拉宾政府拒绝了这些威胁。这种拒绝在美国压力下屈服的姿态增强了拉宾在以色列公众中的威信，但没有改善现状。基辛格暗示谈判失败归咎于以色列，并且福特总统谈到要对以色列和美国之间的特殊关系进行"重新评估"。对以色列提供武器和其他援助被暂时搁置。但是，美国的舆论站在以色列一边，限制面临重新选举的政府可能对以色列施加的压力。1976 年 5 月，76 名参议员致信总统，要求以色列的经济和军事需求必须得到满足。

以色列和埃及双方都对在达成协议方面取得进展感兴趣。在基辛格的积极调解下，1975 年夏双方的谈判得以恢复。以色列同意无限期的"不使用武力"和不再恢复敌对行动的妥协方案。它也同意撤出超出米特拉和吉迪的关口的区域，但山脊的控制权归以色列。以色列和埃及两边的预警站均有美国平民参与执勤，旨在防止突然袭击。以色列放弃的大部分领土仍然作为由联合国紧急部队控制的缓冲区。埃及人对以色列放弃的领土享有主权，随着以色列军队撤出缓冲区以外，埃及部队也要持续减少。今后，减少军事力量、美国平民作为预警站的工作人员等非军事化元素也是两国和平协定的有效组成部分。1975 年 9 月 4 日签署的临时协议还指出，为和平解决两国之间的争端，埃及人将允许进出以色列的非军事物资通过 1975 年 6 月重新开放的苏伊士运河。协议创造了一种如果恢复敌对行动，双方就有很大损失的局面。这是埃及愿意与以色列达成双边协议的信号。

巴勒斯坦解放组织仍处于任何谈判框架之外。以色列和美国同意，只要该组织不承认以色列，不承认联合国的第 242 号和第 338 号决议，与其谈判是毫无可能的。正如我们所看到的那样，巴勒斯坦解放组织在 1970 年被迫离开约旦。尽管该组织以军事行动引起了世界的关注，但并没有成功地动摇以色列继续保有所占领土。然而，1974 年的拉巴特首脑会议决议确认巴勒斯坦解放组织为巴勒斯坦人民的代表之后，其在国际舞台上确实取得了惊人的成就。1974 年 11 月 13，亚西尔·阿拉法特受邀在联合国大会演讲，并且巴勒斯坦解放组织被联合国授予了观察员身份。第二年，联合国大会通过了一项把犹太复国主义等同于种族主义的决议，这同时也破坏了犹太国家的合法性。

这些事态的发展相应地预示着巴勒斯坦解放组织在世界舆论中合法性的提升。

同时，在1975—1976年黎巴嫩内战期间出现了两个具有重要区域影响的事态发展，主要发生在基督教徒和穆斯林之间。其一，叙利亚人为制止双方的杀戮进入黎巴嫩。以色列的底线是叙利亚人不能向利塔尼河（Litani River）南部移动。其二，支持留在黎巴嫩的激进穆斯林的巴勒斯坦人被赶出了该国大部分地区。由于以色列的反对，他们无法靠近叙利亚，现在集中在西顿和黎巴嫩南部地区。几年内，该地区成为巴勒斯坦解放组织的基地和总部——"法塔赫地"（Fatahland），并从这里发起对以色列的游击战和袭击。

随着吉米·卡特当选为美国总统，以色列清楚地意识到，尽管与以前的政府达成协议，但巴勒斯坦解放组织只要不承认以色列，就不会成为谈判的伙伴，新总统将巴勒斯坦问题视为冲突的核心，并试图改变以色列的立场。拉宾和卡特之间的谈判是非常艰难的。新政府对中东冲突也采取了不同的治理观念。自1973年以来，基辛格领导下的美国政策一直坚信，单独与每个阿拉伯国家达成协议更为容易，达成全面解决的企图注定要失败，因为任何共同的讨论都将增加来自极端主义分子的压力。因此，基辛格在1974年年初以后避免重新召开日内瓦会议。这项政策也旨在中和苏联参与谈判的积极性，并建立在苏联只会激化阿拉伯人立场的预设之上。卡特政府缺乏经验并被深刻的宗教信仰所驱使，认为它可以带来包容性的和平，从而偏离了之前政府的所有政策纲领。因此，在一年时间里，除萨达特外，临时协议谈判中的所有相关方都有所改变。现在是洗牌的时候了。

第十六章

赎罪日战争后的以色列社会

赎罪日战争爆发时，以色列处在一场大选之中，果尔达·梅厄的竞选口号称国家的形势空前地好。考虑到赎罪日战争及其后果，这个口号相当具有讽刺意味。大选被推迟到 1973 年 12 月底，国家仍处在动荡之中，脱离接触协议正在谈判当中。工党联盟（The Alignment，Hama'arakh）由 1968 年重新组建的工党、以色列统一工人党、以色列劳工名单党和劳工联盟（Ahdut Ha'avoda）联合组成，工党联盟在议会中失去了 5 个席位，从 56 席减少到 51 席。这虽然削弱了工党联盟的势力，但并没有使其丧失霸权地位。利库德（Likud）集团，由加哈尔集团和一些小的右翼党派组成，首次出现在这次选举中，并赢得了 39 个席位（加哈尔集团在 1969 年的大选中赢得了 26 个席位）。结果是左右翼之间的权力平衡发生实质性的转变。

然而，果尔达·梅厄设法同全国宗教党结成联盟。她坚持让摩西·达扬继续担任国防部长。在以色列民众的压力之下，六日战争前夕，达扬被任命为国防部长，公众对于达扬作为以色列国家安全的负责人充满信心。现在他们的偶像让他们失望了。这是一种让人感到痛苦的、艰难的、不能宽恕的失望。起初，达扬拒绝加入政府。梅厄认为他的拒绝不是屈服于公众舆论对他失败的指责，而是企图破坏她努力组建的政府。达扬最终做出让步并加入政府。

与此同时，在公众的压力之下成立了阿格拉纳特委员会（Agranat Commission），由最高法院院长主持调查的独立委员会，调查在战争期间军队被突袭并仓促应战应由谁承担责任。委员会的报告追究了以军总参谋长大卫·埃拉扎尔、军事情报部门的首长和他的几个副手，以及南部的指挥官撒姆耳·葛农的责任。总参谋长和其他几名以色列国防军军官被解除职务。委员会没有追究文职领导人的过失，这一裁决激起民众广泛的愤怒，他们要求政治领导人受到法律制裁。士兵们从战场上回来后参加了在政府机关外举行的大规模的游行示威，高喊"达扬辞职"的口号。

面对公众的抗议，果尔达·梅厄于1974年4月2日引咎辞职，并解散了她的政府。工党中央委员会召开会议选举她的继任者。工党的老牌政治家和工党的左翼派别（以前的劳工联盟）更青睐于伊扎克·拉宾。西蒙·佩雷斯（Shimon Peres）是达扬的好朋友，是工党另一支右翼派别（先前的以色列劳工名单党）的候选人。拉宾以微弱优势获胜。他于1974年6月成立新政府，这位六日战争时的总参谋长，刚刚结束以色列驻华盛顿大使任期，曾在果尔达·梅厄领导的前政府中担任过次要的部长职位。虽然他是一个经验不足的政治家，但是没有参与赎罪日战争决策这一点对他是有利的。西蒙·佩雷斯被任命为国防部长。

然而，几乎没人注意到，以色列领导阶层已经发生了代际更替。果尔达·梅厄是20世纪初移民巴勒斯坦的"创建者一代"（founding generation），也是建国前具有强烈事业心和进取心，艰难开拓的一代中的一员。在伊休夫危机期间、第二次世界大战和以色列战争时期，诞生了一批坚韧不拔、吃苦耐劳的领导人。1969年列维·艾希科尔去世的时候，领导权本应交给在独立战争中战斗的土生土长的那代人。然而，由于担心摩西·达扬和伊戈尔·阿隆这两位候选人之间的竞争会导致党内分裂，于是，果尔达·梅厄被选为总理，作为缓和内部争斗的临时措施。随着果尔达的离职，那些认为应该对犹太复国主义事业命运负责的老一代政治家离开了政治舞台。

赎罪日战争后，以色列政治从权力走廊和以色列民主的既存框架转向街头。政治抗议成为一种永久性的事件，通过游行示威对政府施加压力，旨在影响政策的制定，这之前在以色列是闻所未闻的。在六日战争前夕，在以色列统一工人党总部，出现了黑豹党和妇女示威游行的抗议活动，要求任命达扬为国防部长，但是他们的抗议活动是暂时性的或小规模的。现在，这些新出现的运动在反复的游行示威活动中第一次成功地鼓动了民众。这种现象似乎与以色列电视的出现有关。赎罪日战争是首次发生在电视时代的以色列战争。视觉信息的即时性将战争及战争的恐怖传到每个家庭中，使得家人与前线军人感同身受。最初，示威活动只有少数人参与，但是示威者和他们的口号经电视的转播，使得这一相对边缘的现象变成了以色列生活的中心。由于这种曝光，示威者的势头日趋高涨。

第一波抗议运动要求达扬以死谢罪。参与示威的左翼和右翼，以及士兵和遇难者亲属都强烈要求责任人（mehdal）出来承担责任。值得注意的是，阿格拉纳特委员会的报告将所有的责任归于军方，却推卸了给军方下命令的政府领导人的责任。领导层有义务为其在以色列政治中的行为和疏忽承担公共责任，直到那时，这一原则在以色列政治中还没有得以落实（值得怀疑的是，西方民主国家是否严格遵守这一规定）。难以想象的是，在独立战争经历失败之时，本-古里安甚至被要求引咎辞职。而日本偷袭珍珠港并不被视为罗斯福总统的失败。就政府和领导人承担错误、失误及失败的责任而言，以及公众舆论对政府中心影响力方面，1974 年是一个分水岭。从那以后，以色列政治中一再出现要求领导人承担失败的责任的情况，尤其是一旦涉及生命损失的时候。

这次抗议活动并不代表一个特定的政治团体，但与之相伴的另一种新运动信仰者集团出现了。它源自青年耶希瓦学生的自发组织，尤其是来自莫卡兹哈拉维耶希瓦（Merkaz Harav yeshiva）的学生，还有来自耶希瓦赫斯代尔（yeshivot hesder，将高级塔木德研究与国防军兵役结合在一起的耶希瓦项目）的学生，宗教犹太复国主义青年运动"阿奇巴之子"（Bnei Akiva）的毕业生，宗教和非宗教阵营中的大以色列信徒，以及占领土地上定居的老兵［如来自埃齐翁定居点集团的哈南·普莱特（Hanan Porat）；来自希伯伦的拉比摩西·莱文杰（Moshe Levinger）；来自戈兰高地的耶胡达·哈雷尔（Yehuda Harel）］。他们充分意识到战争之后，以色列社会被绝望和痛苦包围着。他们发现政府愿意在西奈和戈兰高地做出领土让步，并担心这场造成大量伤亡的惨烈战争会迫使政府屈服于美国要求以色列撤出所占领土的压力。

正如我们所看到的，六日战争之后，以色列公众在所占领土未来的问题上发生分裂：一些人认为阿拉伯人最终会找到合适时机达成和平协议，而所占领土问题也只是一个附属性问题；另外一些人则声称"被解放的土地不会归还"以及"一寸土地也不归还"。左派认为这场战争及其可怕的代价是不情愿妥协以及不愿撤出所占领土以换取一项协议（甚至还不是和平协议）的后果，所以他们要求在领土让步问题上应具有灵活性。右派人士，尤其是信仰者集团的创始人，认为这场战争证明了阿拉伯人摧毁以色列的决心，并得出政府不能有任何让步或屈服于压力的政策，否则将会招来更进一步、无止境的压力。对右派来说，这场战争及其结果是一个伟大的胜利，自1948年以来就没有出现过与之类似的胜利；他们没有注意到这场战争已经暴露出的问题，甚至更没有注意到战争所付出的代价。

创建信仰者集团的人主要来自全国宗教集团圈子。创始人员之一格尔松·沙法特（Gershon Shafat）写道，绝望和痛苦唤起了成员们"新的希望，希望有新的开始，这一新开始源自造物主不可动摇的信念和推动我们前进的命令"[1]。这些断言恰当地引导弥赛亚运动，该运动由一个隐秘且神圣的诚命引导，这个诚命只向其信徒揭示，然而却以更加崇高的真理之名而忽视了现实性。关于什么是可能和可取的问题，他们没有进行理性考虑；相反地，他们将宗教信仰的观念强加在现实之中，并依此行事。这种思想与犹太复国主义的基本理念背道而驰，因为犹太复国主义的基本理念是将返回锡安作为一个要在现实世界中实现的计划，并遵守现实世界的约束。

信仰者集团政治活动的天然渠道是全国宗教党。然而，尽管泽鲁仑·哈默（Zevulun Hammer）和耶胡达·本-梅耶（Yehuda Ben-Meir）壮大了全国宗教党"年轻人"的势力，但该党派并不由大以色列信徒所掌控，而且在政治上持温和立场。以经验丰富的老将约瑟夫·布尔格（Yosef Burg）为首的领导层，试图继续该党与工党的"历史联盟"。信仰者集团与全国宗教党年轻的领导人要求全国宗教党在1973年12月的大选后拒绝加入果尔达·梅厄的政府，除非她同意组建一个联合政府。工党拒绝了这一想法，因为这样的政府可能会阻碍与埃及、叙利亚达成协议。然而，这恰好是信仰者集团想要的。一旦这一团体的成员意识到他们将无法通过全国宗教党行动，他们就会选择一种议会外的战略。与埃及的脱离接触谈判表明，他们在协议取得任何进展时所预测的威胁即将来临，因为很明显，以色列将被迫让出领土。尽管很难争辩说，西奈或戈兰高地——都位于以色列历史土地边界之外——是"我们祖先的土地"，但是，自愿放弃六日战争中所占领的领土，这一趋势最后很可能会影响到犹地亚和撒玛利亚。

第一次反对脱离接触协议的示威活动是由右翼知识分子和政治活动家组织的。不过，信仰者集团很快在这些行动中脱颖而出。一般来说，少数人参与的右翼游行示威，随着时间的推移，持续进行就会越来越困难，但相比而言，信仰者集团动员了来自犹地亚、撒玛利亚和戈兰高地的定居者，并"定居"在议会和部长办公室外边。可能在某一天，他们带着妻子和孩子来到这里，搭建临时营地。第二天早上，大概2000人披着祈祷巾站在内阁会议室的窗户外边，这一景象立即被电视转播。信仰者集团的动员能力是全面的。它不受财政能力约束或其他议程的限制。每次基辛格去以色列，都会遇到激烈的游行示威，以及被信仰者集团堵塞道路。

1974年5月与叙利亚艰难谈判期间，以色列和叙利亚之间的关键点似乎是库奈特拉的命运，从戈兰高地来的移民在荒无人烟的小镇上的一个地堡中，建立了一个未经批准的"定居点"。第一批定居者是基布兹和莫沙夫的非宗教成员。当他们意识到哈麦乌哈德基布兹并不支持他们的行动时，他们就把定居点交给信仰者集团。信仰者集团承诺建立一个永久性的定居点，附带条件是，如果政府要求他们转移到另一个地方，他们将会照做。然而，这样的事情真的发生了，政府要求撤离库奈特拉，然而科谢特一个非法的定居点，变成了以色列领土戈兰高地上永久性的定居点。这是一个先例，建立了一个没有政府批准的定居点，并且事后得到了审批手续。这是一个不会被遗忘的经验。

在早期阶段，信仰者集团的工作方式已经确立：大规模动员移民者、耶希瓦学生和其他来自全国宗教教育系统的学生；利用定居点的后勤资源动员和维持示威活动；长期的抗议；在军事和政治机构的支持者或准支持者的帮助下建立非法定居点。宗教热情使这一工作可能实现，每当以色列社会丧失信心和迷失方向的时候，宗教热情指引着信仰者集团，给予信仰者集团和它的支持者强大的精神支持。诗人耶胡达·阿米亥表达了战争创伤与弥赛亚运动强化之间的联系："这个国家的人死在地球上／代替煤炭、黄金、铁／他们是弥赛亚来临的燃料。"[2]

信仰者集团的核心很小，这在拉宾政府任期内表现得很明显，那时，相同的埃隆莫雷赫核心组织被安置在不同的地方，以抗议政府拒绝允许犹太人在犹地亚和撒玛利亚的中心地带定居。信仰者集团是一群游移不定的激进分子，他们开始选择特定的位置建立定居点，宣称通过社会活动和网络宣传去动员支持者，然后，一旦他们让政府感到为难，政府就把他们赶走，他们就会另找一个地点建立新的定居点。每一次，当政治决策被提上会议议程时，信仰者集团的通信网络就会沸腾，并且会采取行动，动员民众。在与埃及的临时协议谈判期间，基辛格待在以色列期间，信仰者集团的游行示威者时刻陪伴着他，给他和他的保镖的生活造成困扰，他们高喊着"犹太男孩"（暗指犹太人为非犹太统治者服务）之类的反犹绰号。

除了信仰者集团的自我牺牲，还有其青少年群体对参加示威活动以摆脱日常宗教学习的例行公事（尤其因为这允许男孩和女孩参与联合活动并徒步在全国旅行）的渴望，确保了这场运动走向成功。而在面对信仰者集团激进分子的决心时，政府是犹豫不决的。这种犹豫不决从一开始就伴随着定居点活动。当拉比莱文杰拒绝离开希伯伦，他获得伊加尔·阿隆的支持，即便定居在这个城市违反了阿隆计划。埃齐翁集团的定居点建设呼应了1948年战争中该集团所遭受损失的神话，在向政府施压之后，最终获得政府的批准。信仰者集团坚定地拒绝在阿隆计划所规定的边境内定居，虽然政府并没有正式接受该计划，但这是犹太人在犹地亚和撒玛利亚定居的实际指导原则。阿隆计划禁止在阿拉伯人口稠密的撒玛利亚中心定居，而信仰者集团违抗这一禁令乃是一种有意图的声明：政府不能在以色列历史领土范围内进行妥协。

沿约旦河定居的居民，在拉法通道和戈兰高地按照阿隆计划建立定居点，给信仰者集团的定居者提供福利及道义和物质上的支持。对于这些移民和他们的支持者来说，信仰者集团弥赛亚般的热情以及他们对于移民定居以色列地的动员，是劳工运动定居者沿边境定居热情的持续。这两种类型的运动看起来很相似：同样简单纯粹的青年运动教育的成果，同样直接的方法，同样直言不讳的"萨布拉"（本土以色列人）希伯来语。从表面上看只有所戴的圆顶小帽和对诫命的遵守才能区分六日战争前的定居者，后来的"阿隆计划的定居者"，以及在绿线另一侧行动和通常挑战政府权威的新移民。信仰者集团利用他们与其他定居者的相似性，去强化自身的合法性。他们争辩道：在阿福拉（Afula）和撒玛利亚犹太人定居点之间到底有什么不同之处呢？两者都具有同等程度的合法性，都源于犹太人使用其家园土地的权利。他们迅速形成了一种观念，即他们是早期先锋的真正继任者，已扎根国家的犹太复国主义先锋之树的合法分支。他们从非宗教的先锋者手中接过了火炬，而非宗教的先锋者已失去了他们的热情，且他们的时代已经过去了。现在宗教犹太复国主义的时代已经到来，高举着新先锋的旗帜。他们认为"传递火炬"标志着以色列文化需要本质性的改变：从世俗霸权向宗教霸权的转变。这些新移民不仅是犹太复国主义开拓性事业的实施者，也是以色列文化的先锋者，装载着"满满一车"（the full cart）的传统犹太文化，而不是虚无主义的世俗犹太人，他们已失去方向，他们的文化缺乏价值和真谛。

1975 年从犹地亚和撒玛利亚撤离非法定居者，是以色列国防军例行公事中既定的部分，这是一项反复出现的仪式，双方都没有认真对待。这种无动于衷的局面以信仰者集团在塞巴斯蒂亚定居点发起的冲突而结束。1975 年 12 月初，信仰者集团的成员和他们的支持者，有数百人或许更多的人，前往塞巴斯蒂亚的老火车站，他们宣称将会持续留在那里。按照以前的情况，他们早晚会同意离开的。政府尝试说服他们，让他们自愿离开以避免动用武力，但这些游说均没有奏效。很显然，如果动用军队使他们强行撤离，几周之后，他们将会卷土重来。如果移民仍留在这里，恐怕需要动用武力以阻止他们实力的壮大。新闻界开始同情这些年轻人，在恶劣的生活条件下，他们和他们的妻子、孩子在现场经受风雨和寒冷的折磨，仍不退缩。电视转播的画面突显了他们的自我牺牲精神。军队也不希望发生冲突，除非必须动用武力让他们撤离。政府最终接受妥协。这个由 30 个家庭组成的定居者团体，将会被安置在附近的卡杜姆军营，军队将为他们提供就业机会。

对于信仰者集团来说，这是一个突破：开始定居撒玛利亚。"有人称之为历史的进程。信徒们称之为神圣天意的实现。"这一戏剧性事件的主角格尔松·沙法特写道。[3] 至于政府，它的权威受到沉重的打击。在商讨这一问题的过程中，政府最终向信仰者集团妥协，这唤起了人们对"阿尔塔莱纳号"货船事件的记忆，以及对加强国家权威的需要。但是拉宾不是本-古里安，他的政府在以色列议会中仅以微弱的优势获胜，且支持者在拉宾和佩雷斯之间存在分歧，因此，政府不敢采取可能会因其他犹太人而导致犹太人流血的行动。在这场危机中，世界其他地区的犹太社区的代表在耶路撒冷召开会议，表示他们与以色列同心同德，因为联合国决议将犹太复国主义等同于种族主义。可以理解的是，拉宾不愿意让出席会议的代表团们看见，以色列国防军对犹太人使用武力的场景。信仰者集团在塞巴斯蒂亚事件中获胜，证明了一个规模虽小却意志坚定的少数群体，已准备好走向暴力对抗的边缘，并能够将其意志强加给摇摆不定的政府。

拉宾政府的日子不好过。拉宾政府从与埃及过渡协议中获得了一系列经济利益，美国同意向其提供大量先进的武器装备，优于以色列过去所获得的武器装备。但是战争耗费了以色列80亿美元，巨额资金严重消耗了国家的外汇储备，导致国际收支出现巨额赤字。因油价上涨造成的全球经济危机也加重了以色列经济的负担。政府不得不削减开支，降低国民的生活水平。成千上万的工人失业。在拉宾政府的第一年里，年通货膨胀率达到了50%。为了抑制通货膨胀，改善国际收支，里拉已大幅度贬值。在1975年年底，美元与里拉之间的汇率是9，而之前汇率是4.2。通货膨胀开始下降，但每年仍超过30%。

虽然经济出现复苏迹象，国民生产总值上升，但是国民生活水平还在下降，失业率居高不下，再加上持续的通货膨胀，都无益于提高政府的声望。经济学家认为，这些措施对经济复苏至关重要，但公众拒绝接受。还有黑豹党和其他抗议者组织的示威活动。工人们呼吁勒紧裤腰带，响应一系列旨在打击经济，阻止一些政府改革措施实施的罢工活动。从中长期来看，税收、补贴、工资、鼓励出口和货币贬值等改革，最终有利于经济复苏。但在短期内这些举措激起了公众的敌意。

全国弥漫着阴郁和不满的气息，残留着国家战争的创伤。以色列人既没有忘记也不原谅工党。左翼和右翼的冲突愈演愈烈，"领土妥协"和"一寸也不让"永远占据着新闻头版头条的位置——即使没有阿拉伯领导人表明自己对领土妥协的态度。政府担心巴勒斯坦解放组织在国际舞台的崛起，也担心犹太复国主义合法性的降低。此外，拉宾政府受到几起工党腐败案件的牵连，这些事件严重损害了政府的声誉。1975年，乔纳森·葛芬（Yehonatan Geffen）在一首名为《也许已经结束》（"Yakhol Lihyot Shezeh Nigmar"）的流行歌曲中找到了这种感觉："他们说在我出生之前这里是很好的／一切都很美好，直到我来到这里。"

他列举了一系列委任统治时期犹太复国主义的象征，如小特拉维夫和沙丘，沼泽和蚊子；引用古犹太复国主义的歌曲，"这是我们的土地"；对比过去和现在的怀旧情绪："他们说这里曾经有一个美好的梦 / 但是当我到这里的时候，我什么也没发现。/ 也许已经结束了。"

1968 年，当工党由劳工联盟、以色列劳工名单党和以色列统一工人党合并而成时，前两个派别在上一代时实际上已经离开了工党，虽然从表面上看来是"回家"。实际上，工党的羽翼是在牺牲以色列统一工人党利益的基础上得以巩固的。以色列统一工人党的衰落始于拉冯事件，党内的老将斗得你死我活，本-古里安与平哈斯·拉冯主导了这场争斗，就像冯·克莱斯特（Von Kleist）笔下的角色迈克尔·科尔哈斯（Michael Kohlhaas）一样，准备为了正义而摧毁该党。以色列统一工人党曾经是每个政治联盟的中坚力量，后逐渐淡出政治舞台，并将政治活动空间留给彼此竞争的左翼和右翼。温和的政治立场和敏锐的现实感是历史上的以色列统一工人党的特征——共同承担公共利益，正如它的领导者所理解的那样，这使得该党赢得了以色列公众广泛的信任，公众认为它是一种平衡性的、负责任的政治力量，可以带领以色列进入一个安全的避风港。然而，现在公众感觉，该党已经迷失了它的航向和泊位，它的领导层软弱而分裂，不能为一个处在危机中的国家指引方向。

20 世纪 70 年代的实际情况是，随着一个包括自由职业者、商人和各类承包商在内的新的中产阶级的出现，且明显地倾向资本主义，旧的社会主义口号听起来有些空洞。拉宾政府试图完善社会规范，以促进所得税申报的准确性，打击所谓中产阶级的"黑色经济"，但并没有使政府获得公众的同情。以色列福利政策目的在于防止以色列社会贫富差距过大，直到 20 世纪 70 年代早期，这一政策（相对于西方国家）一直维持着一种高度的平等。现在，人们听到的是自由市场经济和减少国家干预的争论。知识分子和商人要求以西方的自由主义精神取代社会主义精神，强调个人的权利和自由，而不是集体权利。给人的感觉是，工党已经走到尽头，是时候改革政府了。

这些年来，政府的腐败丑闻不仅使国民震惊，也破坏了国民对政府的信任。人们对政府预期的标准也改变了。早期时候诸如利用国家资源推动以色列总工会的经济之类的做法被认为是可以接受的，但是现在遭到公开拒绝，以色列开始接受西方国家惯常的政府准则。腐败案件暴露了旧准则的存在，也提升了人们所期待的政府新标准的透明度。电视广播关注这些丑闻，强调政府的软弱，看领导人的笑话，尤其是在讽刺性的电视节目《洗头》（*Nikui Rosh*）中，这种曝光和讽刺很成功。讽刺政府人物是另一种全新的、前所未有的体验。

以色列阿拉伯人与被占领领土的阿拉伯人不期而遇，由此经历了身份的转变和心理的变化。刚开始，与西岸的同胞相比较，以色列阿拉伯人吹嘘他们的经济成就。但是随着时间的推移，他们对巴勒斯坦人民的认同感越来越强，而作为以色列公民的身份意识也随之弱化。由于赎罪日战争和巴勒斯坦解放组织的国际地位急剧上升，这一认同变化的进程获得了动力。在纳赛尔执政时期，泛阿拉伯主义在以色列阿拉伯人中很流行。当纳赛尔去世时，他作为泛阿拉伯主义的象征性人物受到以色列阿拉伯人的哀悼。但是阿拉伯国家军事上的失败，以及相对较少关注巴勒斯坦问题，削弱了这些民族主义者的泛阿拉伯联系，而巴勒斯坦人的身份问题成为塑造以色列阿拉伯人民族特征的因素。

这种变化显示了支持温和派阿拉伯政治家的人数在减少，这些政治家认为以色列国家的存在是一个既成事实，并试图融入其中。温和派争取平等的权利，致力于提高以色列阿拉伯人的社会地位，并保持与当局沟通的渠道，避免与它发生冲突。他们中的大多数是通过与执政党或以色列统一工人党有联系的党派来代表自身利益。目前，阿拉伯国家的舆论认为他们是犹太人的仆人，没有为巴勒斯坦人的权利而战斗。与犹太部门结盟的那些政党走向衰落。与马基（Maki，以色列共产党）相比，拉卡（Rakah，新共产主义名单）主要由阿拉伯人组成，而以色列共产党主要由犹太人组成。与巴勒斯坦解放组织不同，拉卡的宪章宣称要统治整个西巴勒斯坦，并驱逐 1918 年之后来到这里的犹太人，拉卡忠于莫斯科路线，并承认以色列的生存权利。然而，它经历了激进化的过程，苏联越来越支持巴解组织，新共产主义受此影响。拉卡注意避免非法活动，并限制自身参加各种抗议活动、议会活动和发行公开出版物。它警告人们，不要歧视阿拉伯少数民族，但现阶段并不鼓励民众走上街头去抗议，因为拉卡害怕局面失去控制，而这也许会招致当局的镇压。获得平等权是以色列阿拉伯议程的首要任务，由于拉卡多年来一直为这一事业而努力，其地位也得到提高。

以色列阿拉伯公民激进化趋势的增强有多种原因。首先是人口的增长。1949 年大约有 15 万阿拉伯人生活在以色列。到 20 世纪 70 年代中期，人数达到 50 万。人口的增加造成一种力量增强的感觉。其次，犹地亚和撒玛利亚阿拉伯人的行为习惯影响了以色列阿拉伯人。1976 年上半年，拉巴特首脑会议之后，由于巴解组织地位的提升和巴勒斯坦人民对其越来越强的认同，西岸出现大量游行示威活动。此外，激进的巴解组织支持者在 1976 年 4 月举行的市政选举中获胜。信仰者集团在卡杜姆及其他地区的定居点，还有政府创建的定居点激怒了阿拉伯民众。在电视上，以色列阿拉伯人看见他们西岸的同胞向以色列国防军投掷石块和燃烧弹，也从中学到了他们的斗争方式。最后，以色列阿拉伯人的处境引起不安。阿拉伯知识分子将他们自己与西岸的大学毕业生做了比较，注意到那里的中学是高标准，意识到他们在教育上处于劣势。从这一点上来看，以色列阿拉伯人不再将他们的境遇与建国之前相比较了，而是与犹太人群体所取得的进步和成就相比较。阿拉伯人领袖声称阿拉伯人在教育体系，在建设教室、图书馆、实验室和体育设施的拨款方面，受到不公平对待。他们也反对最低限度的教学标准，并声称这些标准旨在使阿拉伯人无知，从而为体力劳动者提供低地位和低工资。教育部被指控在课程计划中歧视阿拉伯文化遗产，目的在于模糊阿拉伯人的民族认同。这些说法并非毫无根据。

拉卡和激进分子宣传与抗议的焦点在于阿拉伯村庄。虽然农村农业生产发达，也着手修建灌溉工程，房屋里有了自来水，但抗议领导人说，阿拉伯农民在政府指导和救助及市场环境方面受到歧视。他们提出的核心问题是土地，在巴勒斯坦文化中，土地（al-'ard）不仅仅是一种生产手段，而是个人财产的象征；在个人和政治层面，农民和他的土地之间有一种牢不可破的联系。土地是家园。20世纪50年代末，阿尔德（Al-'Ard）民族主义运动出现在阿拉伯国家，这并非偶然。它是非法的。在20世纪50年代，国家征用大片土地进行开发。20世纪60年代至70年代中期，没有再征用土地，但是土地仍是敏感话题，拉卡将这一问题作为本土认同的一个重要组成部分。

1975年夏天，有消息称政府欲推行"加利利犹太化"（Judaization of Galilee）计划，包括征用特定的土地。阿拉伯人认为"加利利犹太化"是一个阴谋，旨在在这个阿拉伯人口占多数的地区，使阿拉伯人的统治归于无效。村民建立村委会来保卫土地，1976年2月，出现了一则新闻，政府决定征用约5000英亩土地，其中1750英亩是阿拉伯人所有，其他的不是犹太人所有就是国有土地。该决定还提到给土地所有者补偿和土地交换的可能。但事实上，征用土地不是一件小事，政府也没有试图用补偿来缓解其可能带来的冲击，以防止接踵而至的骚乱。1976年3月30日，由拉卡和其他民族主义团体领导的阿拉伯保卫土地委员会宣布总罢工，并宣布当天为土地日，"以表达刺痛我们民族灵魂的真正愤怒，我们反对旨在将我们从我们自己的土地上迁出去的政策"[4]。罢工期间，抗议者向安全部队投掷石块和燃烧的煤油罐，并在路上竖立石块，放置燃烧的轮胎。加利利和三角村（Triangle villages）没有遵循强加给他们的宵禁，抗议者与警察及军队发生冲突。在枪击事件中，6名阿拉伯人被杀，数十人受伤，许多警察和士兵也在冲突中受伤。

自那时起，土地日就成为以色列阿拉伯人日历上的一个关键日期，被占领土上的巴勒斯坦人，甚至是巴勒斯坦流散者，都将土地日作为民族团结和统一的象征。从那时起，以色列阿拉伯人的议程就包含了建立与以色列国并肩存在的巴勒斯坦国，以表达巴勒斯坦人民的民族自决权的内容。土地日及其相关事件也将犹太公众暴露在以色列阿拉伯人的怨气和愤怒之下。但是，它在促使人口中的大多数与少数群体更紧密的团结中所起到的作用是令人怀疑的。犹太人将阿拉伯人的暴力行为看成政府失去控制的表现，急切地要求增加加利利犹太人的数量，以稳定局面。从拉宾政府的角度来看，土地日是另一种削弱其地位的事态发展。

1976年7月，以色列国防军精锐部队从乌干达的恩德培解救了被劫持客机中的人质，这是政府让人感到满意的时刻。这架法国航空公司的飞机从以色列起飞，在雅典中途停留后被劫持，然后飞到乌干达，该地区的统治者伊迪·阿明（Idi Amin）与劫机者合作。劫机者要求释放在以色列、德国和其他地区被逮捕的恐怖主义分子。经过几天的焦虑后，政府授权拉宾与劫机者谈判。以色列国防军制订了一套解救人质的计划，人质被关押在距离以色列6000千米处。政府批准了这项行动。大力神运输机载着以色列国防军完成任务，几乎没有人员伤亡。这是一次冒险的行动，以堪称典范的方式执行。这几天，以色列忘记了自战争以来普遍存在的烦恼和沮丧，并庆祝这次行动的成功，而且世界媒体对这次行动给予了高度评价。但这种暂时得以缓解的形势并没有维持多长时间。

1976年12月，第一架F-15战机抵达以色列，受到举国欢迎。拉宾将它们的到来看作他精心培育的与美国政府的友好关系的表现，并想对此特别加以强调。不幸的是，战机是在星期五下午抵达的。有一个特技飞行表演的欢迎仪式延迟进行，这看起来是政府部长和军队首脑亵渎安息日的行为。极端正统派向政府提出不信任案。在当时的情形下，全国宗教党发现自己进退两难；最后，全国宗教党的大多数成员在议会中放弃投票并不支持政府。拉宾指责他们玩忽职守，违背了集体责任的原则。他免去了三名全国宗教党的部长职务，并以投票为借口解散政府，举行新的选举，希望获得更多的支持，并向总统提出辞职。新的选举定在1977年5月17日。

恩德培行动之后拉宾的人气很高，拉宾此举乍看起来是很有希望的。但是任何事情都会出岔子。在与拉宾的会晤中，新当选的美国总统卡特毫不犹豫地公开表示支持"巴勒斯坦家园"的想法。关于这次会议的新闻报道表明，拉宾与美国政府先前的协议并没有被考虑进去，而且卡特总统对拉宾总理施加了近乎侮辱性的野蛮压力。在国内，西蒙·佩雷斯再次宣称他将在党中央委员会中与拉宾竞选，即使拉宾是现任总理。在中央委员会中拉宾再次胜选，虽然微弱多数的获胜反映了其支持率的降低。

一个新的政党——变革民主运动（Dash，变革民主运动的希伯来语缩写）成立了，表达了公众对现有政党和领导人的不满。变革民主运动证明了社会主义思潮的衰落和公民自由主义的兴起。该党是典型的温和派政党，代表受过良好教育的中产阶级，由一些党派的残余，如自由变革党和自由中心党右翼组成。它的主要力量是来自工业界、安全机构及学术界声名显赫的人物。变革民主运动由前总参谋长伊戈尔·亚丁领导，现任耶路撒冷希伯来大学考古学教授。亚丁是以色列政治中的无冕之王，曾不止一次地被邀请加入这个或那个政党并担任领导角色，由于他从没有涉足炙热的政治深水中，所以他仍然是让人感到困惑的谜一般的人物。工党已然是星光暗淡，而变革民主运动似乎是一个有魅力的工党替代者。拉宾，这位保守派的继任者，不能使以色列公众信服他是一个真正有才能的领导人，能够应付国家所面临的挑战。变革民主运动，因为其成员来自安全、经济和政策等重要领域中让人印象深刻且具有丰富经验的人物，所以似乎具有很强的领导潜力。变革民主运动提供了一种议程，从安全角度来看，它给予公民社会和温和派活动家以适度的自由。调查显示，选民对该党的支持率明显上升。最重要的是，1977年3月，拉宾受到丑闻的打击，在他结束驻美大使的任期后，他的妻子仍保有美国的银行账户。当时以色列货币法禁止以色列人持有外国账户。拉宾决定支持他的妻子，放弃了候选人资格，西蒙·佩雷斯取而代之。这样，以色列的政治体系就转入了1977年选举。

第五部分

和平、战争与犹豫不决

（1977—2000）

第十七章

贝京上台执政

在 1977 年 5 月的选举前夕，以色列电视台采用了英国的投票后民意调查的做法。当选民离开投票站时，他们被要求在抽样民意测验中重新投票。通过对结果的统计分析，民意调查者可以在投票站关闭后不久就看出选举结果的迹象。当电视台的高管看到投票后民调结果时，他们几乎不敢相信自己的眼睛。利库德集团（包括加哈尔和一些小政党）赢得了 44 个席位，而联盟党只有 32 个。起初他们认为投票后民调结果是错误的，但是随着真实的结果逐渐显现，事实越来越清楚，令人难以置信的事情发生了。自从国家建立以来第一次出现以色列工党不是组建政府的多数党。当晚 11 点，电视节目主持人哈伊姆·雅文（Chaim Yavin）套用一句希伯来习语宣布道："女士们，先生们，彻底的改变！"在以色列政治和文化中发生了。

利库德集团领导人梅纳赫姆·贝京一直等到所有的结果都出来了，才与他的妻子阿莉扎（Aliza）一起前往利库德总部泽耶夫要塞（Metzudat Ze'ev，又被称为亚博廷斯基之家），在那里庆祝胜利活动已经全面展开。哈伊姆·雅文描述了现场，穿着西装打着领带的人们取代了穿着非正式服装的联盟党人，不再有典型左翼分子的草率风格。整栋建筑都因为人们有节奏的反复呼喊"贝京，贝京"而震动。贝京戴上便帽，吟咏祝祷词（用来特殊场合的庆祝），感谢他的妻子、孩子和孙子，然后引用林肯总统的第二次就职演说："对万物满怀慈悲，对真理坚定信念……"在以色列以前的政治中，民众不知道便帽、祈祷、家庭以及仪式的使用。主持人的言辞一针见血，他微笑地评价道："我们必须去习惯一种新的风格。"

贝京是以色列民主选举历史上失败了前 8 次但赢得了第 9 次选举的唯一一位领导人。当埃特泽尔被解散时，他创立了赫鲁特党（Herut）反对以色列工人党和左派的统治。由地下斗士——或者像国际媒体喜欢称他为"恐怖分子"——到国会议员的转变，并没有使贝京获得他所希望的公众认可。直到 20 世纪 60 年代，他的党派赢得了不到 20 个议会席位，而以色列工人党则赢得了 40 多个席位。在克服合法性障碍上贝京遇到了困难，而本-古里安尽全力阻止他获得公众的信任。赫鲁特党纲领主张"约旦河有两条河岸，都是属于我们的"（用修正主义创始人亚博廷斯基的话来说），这引起了以色列人的恐惧，他们认为这将导致国家陷入战争。

多年以来，在以色列存在着缓慢的、几乎难以觉察的从这种最高主义纲领和口号的退却，这也减弱了对约旦河西岸领土问题的申索，即便这代表了一种不采取强力行动的愿望。当时 1949 年的边界线是大家普遍认可的。当加哈尔在 1965 年成立（如前所述，它是赫鲁特与自由派的联盟，一个温和的中产阶级政党），贝京拒绝停止提及以色列地的历史领土范围（达到约旦河），但是自由主义者认为这是一种与他们温和外交政策不相符的武力威胁。作为妥协，在党的纲领序言中提及这一问题仅仅是作为自由党，而不是联合党派对"家园完整性"原则的承诺。从大以色列立场的缓慢撤退代表了一种认可，即对于绝大多数以色列公众来说，大以色列是一个遥远的梦想，而不是一项政治纲领。如前所述，本-古里安的目标是阻止那些有激进抱负和行动方式的人，在政治舞台上被接受为合法的活跃分子，他认为这些人对以色列的生存安全构成了威胁。用本-古里安的话说，贝京就是"议会上坐在巴德博士旁边的那个人"。本-古里安的话语中"没有自由党和共产党"，旨在防止激进的左翼和右翼加入政治联盟。几年来，国防部拒绝承认埃特泽尔和莱希退伍军人有资格获得与哈加纳同等的养老金和津贴。这种不合理的、暂时性的歧视后来成为整个歧视神话的根源。

贝京所采取的政治风格在以色列不被接受。1952年1月，他在一次演讲中反对与联邦德国签订赔偿协议，用诽谤本-古里安和隐含的暴力威胁来煽动听众。演讲之后，示威者走向议会大厦并投掷石头，具有讽刺意味的是，此时贝京正在全体会议上致辞。贝京被处罚从议会停职三个月。此后，他的浮夸言辞有所收敛，着重强调他对民主和法治的承诺。他以"从反对派到政府"的口号参加了1959年第四届议会议员竞选，在全国各地举行的公开会议他从未缺席。在那一年的选举日前一天，在摩托车车队的陪同下，他乘敞篷汽车参观了特拉维夫的贫民区。这个想法是由自由党的竞选经理借鉴美国经验引入的，但在以色列，它被视为一种墨索里尼式的右翼分子作秀行为。

贝京在他的演讲中注入了《圣经》的修辞、先知的精神和脱离现实的高调言论。批评他的人说他很浮夸，但他燃起了群众的热情。在所有国内政策问题上，他准备对政府采取煽动伎俩。关于外交政策，他准备支持政府的一切战争行动，而不是撤退或让步。在获得民众信任方面，他一再遭遇失败，这也引起了自己党内的不满，但每当他的领导受到挑战时，他立即将挑战者从党内驱逐出去。自由党是一个"家庭"党派，当埃特泽尔还处于地下活动时，它的领导权就已经确立。退伍军人之间的关系很亲密，他们无条件地接受了贝京的领导。该党的大多数成员来自波兰，贝京的独裁风格与"二战"期间该国民族主义运动的惯常习俗相吻合。

贝京和赫鲁特党从不合法的荒野到政治舞台中心的突破发生在六日战争前夕。由于这个国家的命运似乎悬而未决，贝京最后才姗姗来迟地承认本-古里安的非凡领导力，并宽宏大量地同意邀请本-古里安从斯代博克的退休状态中返回政府工作。虽然本-古里安没有回到政府当中，但这是他和贝京之间和解进程的开始。贝京波兰贵族的魅力吸引了这位老领导人的妻子保拉，她对贝京产生了亲近感。在战争前夕建立民族统一政府的谈判中，全国宗教党为加哈尔谋求一席之地，并且首次任命贝京为其部长之一，但没有实权。这样一来，贝京和自由党从深度冻结中脱颖而出，成为合适的政治伙伴。当尔尔达·梅厄在 1969 年组阁时，她邀请加哈尔和贝京加入，这为它们的合法性提供了真正的保障；虽然 1967 年任命可以被解释为紧急任命，但这也承认了贝京和他的同事是值得信赖的政府成员。

六日战争将自由党纲领从遥远的理想变成了现实。约旦河西岸和加沙地带都在以色列手中。自此以后，贝京勤勉工作，确保国家统治着以色列的所有历史土地。1967 年 6 月 19 日，政府决定愿意在西奈半岛和戈兰高地问题上让步，以换取和平协议，贝京表示支持。但在关于西岸问题上，他并不同意与约旦有类似的安排。1970 年，当以色列政府通知联合国协调人贡纳尔·雅林（Gunnar Jarring），表示愿意执行安理会第 242 号决议，其中包括不兼并在战争中获取的领土的原则时，他以如果他的立场不被接受，将导致党内分裂作为威胁，迫使加哈尔从政府中退出。

赎罪日战争是造成工党主导消亡的重大事件。公众将战败追责看作对工党政治无能的一种表达，这导致公众对其失去了信赖，而信赖正是工党在其统治期间最宝贵的财富。过去，人们认为工党是天然的执政党，它知道如何将国家的大船引导到一个安全的避风港。这场战争首次引起了人们对工党这种形象的怀疑，但即便到那时，在面对来自左派和右派的反对时，工党的形象也没有彻底动摇。拉宾政府在这些疑虑的阴云笼罩下开始执政。工党的弱点在于佩雷斯和拉宾之间的内部斗争，以及在此期间暴露的腐败案件进一步损害了政府形象。媒体，特别是电视媒体，直到赎罪日战争对政府的批评还表现得态度温和，如今才接受美国电视台在越战和水门事件中所采取的做法。电视成为暴露政府缺点和弱点的核心工具，通过简洁有力甚至恶毒的方式破坏工党的执政党形象。在 1977 年的选举中，左派选民主要转向了变革民主运动，它赢得了 15 个席位，成为第三大党。这次投票表达了劳工选民对工党的厌恶，但并不代表他们的政治世界观发生了本质变化——当然他们也没有接受贝京的大以色列立场。

贝京的第一任期和《戴维营协议》

自从本-古里安时代以来，贝京给政府引入了一种以色列人以前未曾感受到的专制风格。继前政府的软弱之后，这种风格像一股清新的空气，鼓舞了民众的信心，恢复了那种船长确实正在安全引航的感觉。贝京是一个毁誉参半的人，他要么被人崇拜，要么被人鄙视。他既能够展示高姿态，但也具有狭隘的一面。作为一个专业的律师，他谨慎地尊重法庭并严格遵守法律裁决。但他也能够沉溺于无休止的争论和法律上的吹毛求疵。他是一个讲信义的人，吹嘘他永远信守自己的诺言，但实际上如果他认为有必要，就会毫不迟疑地违背他许下的诺言。他承诺不会因为犹太定居点的存在，就将阿拉伯人赶出他们的家园，并始终信守承诺。同时，他访问了在埃隆莫雷赫（Elon Moreh）的定居者，并宣布："还会有更多类似于埃隆莫雷赫的地方。"贝京始终意识到象征的重要性，坚持官方刊物不要将西岸描述为"占领"或"以色列占领"地区。相反，它们必须使用《圣经》中的名称来巩固犹太人与远古时代这些地区，即犹地亚和撒玛利亚的联系。

贝京组建的联盟包括全国宗教党（赢得了 12 个席位）和以色列正教党（Agudat Yisrael），变革民主运动后来加入。这是自 1952 年以来第一次在联盟成员中出现一个极端正统的党派。与本质上是世俗的亚博廷斯基传统相比，贝京遵守犹太传统。即使他没有遵守诫命，但也采取了一种有意识地同情和尊重传统的风格。他的演讲充溢着"上帝意愿"和来自祈祷书中的诗歌，他那些需要和不需要的场合，人们都能看到他的头上戴着显示宗教虔诚的无边圆帽。当极端正统派要求以色列航空公司（El Al）不能在安息日飞行时，他很快同意了这个请求，就好像这是不言而喻的事情一样。他增加了耶希瓦的配额，这导致待业的犹太学生增长到以色列历史上前所未有的规模。他还取消了免除服兵役的耶希瓦学生人数的上限（本-古里安设定为 400 人，达扬将其增至 1500 人）；从那时（贝京执政后）起，这个数字已经增加到数万人。

与他之前的任何总理相比,贝京的大屠杀意识要强得多。随着第二次世界大战爆发,他离开了波兰,而他的家人在那里遇害,他确信纳粹统治下的犹太民族必将惨遭灭绝。作为总理,他时刻以国家利益为重,放弃了对德国关系的强硬立场——德国是对以色列最友好的欧洲国家之一,但他心理上形成的德国形象与第二次世界大战中犹太人所遭受的创伤联系在一起。选举结束后,他会见了美国的犹太人领袖——自由派通常关心他民族主义的战斗性,他以他的犹太性(Yiddishkeit)、他与犹太人过去的深刻联系、有时使用的意第绪语,以及对犹太民族的深深认同,赢得了他们的信赖。他不说"以色列人"而说"犹太人"。以色列在1982年黎巴嫩战争中对贝鲁特的轰炸遭受了国际社会的批评,他唤起了人们对大屠杀的回忆。当媒体公布了一名受伤的巴勒斯坦女孩的照片时,他在桌子上摆放起了那张著名的照片——华沙的一名犹太小孩面对穿着长筒靴的荷枪实弹的德国士兵而高举着双手。他把阿拉法特比作一个新的希特勒,密谋着要灭绝犹太人。在与卡特总统的重要会谈中,他用深切的悲悯之情,唤起了他失去家人的回忆,使得整个屋子陷入一片深深的沉寂。

有些人认为这样的行为极具夸张的风格,贬低了大屠杀的意义,削弱了它的唯一性和道德力量。但是其他人认为这是一种极其娴熟的劝说方式,它提醒贝京的对手要注意自己的位置。20世纪80年代流行的口号是"全世界都反对我们",回应了第一次黎巴嫩战争期间世界媒体对以色列放肆而片面的批评,这是一种带有真正反犹主义意味的批评。但这一批评也受到了贝京领导风格的影响,它使得以色列和犹太人成为世界各国不公正评断的目标,这些评断和攻击决意要损毁以色列的形象。这是传统犹太思维方式的回归,延续了"既定的法则,也就是人们所熟知的以扫憎恨雅各"。

贝京权力的上升不仅仅体现在政府的变化。它象征着新阶层向舞台中心的迈进,象征着另一种文化和一种不同的历史叙事。贝京触动了一个群体的痛点,他们都认为劳工运动塑造的以色列性是一种傲慢的、被疏远的，以及让人感到疏远的认同，这种认同与他们自身的认同是对立的。20 世纪 50 年代和 60 年代的移民，特别是来自北非的移民，给中转营和发展城镇带来了沉重的负担，因为他们需要迅速接受现代的、世俗的西方文化，这使得不同群体融合变得更加困难。父权家庭模式的打破是这一转变的组成部分，这需要降低父亲在家庭中的地位和削弱对父亲的尊重。对这些移民来说，以色列政治中的弱者——贝京代表了成功扭转局势的人。他穿着西装，说话有礼貌，并要求行为上也要彬彬有礼——这些都是精英密兹拉希圈子里所认可的习惯。他的专制主义成为受到侵蚀的父亲权威的替代物。他有卓越的演讲能力，展示了自己敢于面对全世界的个人意志。但是表现更多的还是他对工党执政联盟的恶意攻击——工党联盟是造成他们融入现存政治困境的原因所在——他责怪工党联盟使他们遭受了所有真正的和想象中的侮辱。许多密兹拉希犹太人热情地接受了贝京在演讲中对工党联盟的妖魔化；他把所有遭到歧视的情感都用言语表达出来。他对宗教习语的使用和对宗教的尊重与他们的价值体系相一致，与傲慢的萨布拉世俗主义形成鲜明对比。贝京的"犹太特性"和他强调传统的倾向，使他对密兹拉希犹太人产生了特定的家庭亲密感，他们中的大多数人在心中为家庭传统都保留了一块温暖的地方。

贝京将大屠杀坚定地置于以色列话语的中心。一些大屠杀的幸存者将此作为一个机会，要求在国家叙事中获得他们应有的地位，并认可他们对建立国家和参与独立战争的贡献。但其他许多人加入了对过去的以色列的妖魔化运动。幸存者的要求涵盖范围很广。有人指控说，在世界大战期间，伊休夫领导层没有充分意识到欧洲正在发生的事情，也没有试图在纳粹占领期间去帮助欧洲犹太人；幸存者在以色列遭受了拒绝和蔑视的态度，被抵制倾听他们的故事，以及指责他们就像"等待屠宰的羔羊"；大屠杀的记忆在世界大战后的前 10 年被尘封了。

这是一场为纪念而展开的政治斗争。正如我们所看到的，早在 20 世纪 40 年代埃特泽尔就指控伊休夫领导层没有站出来为欧洲犹太人而战。在反对赔偿协议的斗争之后，赫鲁特党采纳和塑造了一种关心欧洲犹太人的政党形象，不像那些铁石心肠的以色列工党成员，为了德国金钱而准备牺牲国家荣誉。同时，在卡斯特纳审判中，右翼律师什穆艾尔·塔米尔将幸存者描述为纳粹的同谋者，与骄傲的萨布拉（土生土长以色列人）形象截然相反。在他的叙述中，只有贫民窟的战士才值得尊重。艾希曼审判转变了这些形象，将大屠杀变成了以色列身份认同的核心要素。

现在贝京将大屠杀定义为一种与古老的以色列认同相联系的统一性要素，这一认同反对与新的以色列认同联系在一起的那种身份，新的以色列认同的形象同散居地的小资产阶级文化（他所颂扬的）的联系，远比同劳工运动所认为的无产阶级的联系要紧密。他试图建立一个不再依赖对本-古里安来说重要的佩塔提克瓦和塞杰拉，而是依赖华沙、别尔季切夫和卡萨布兰卡作为以色列身份来源的新系谱。此外，如果在那之前埃特泽尔和莱希被排除在建国故事之外，现在的记录就会被纠正。按照贝京的话来说，没有埃特泽尔反对英国统治的斗争，国家就不会建立；他声称，以色列工党由于软弱和缺乏决心，已经在国家的完整性方面选择退让。贝京把自己视为真正的爱国者，在"狩猎季"和"阿尔塔莱纳号"货船事件中阻止了一场内战，然而左派毫无顾虑地把英雄交给了英国人。贝京和他的同事通过演讲向听众灌输了这样的故事，其中结合了真理和谎言，夸张和自我劝说，听众中的大多数人甚至在这段经历发生的时候不在这个国家，但是接受了这种宣传，就好像它是由摩西从西奈山顶带下来的。贝京使用过去的战斗来确保现在的合法性，一定程度上可以通过他设立一个调查委员会以重新审查 1933 年哈伊姆·阿洛索罗夫谋杀案（阿洛索罗夫是犹太代办处的政治部负责人）看出来。修正主义者的叙述将当时指控贝塔尔（Betar）成员犯下这一罪行描述为"血祭诽谤"。

"战斗家庭"——与贝京关系亲密的埃特泽尔同志圈，陪伴着贝京走过长达 30 年的征程，在此期间他还没有上台掌权，这是一个封闭的俱乐部，不接受任何没有相同背景、相同教育以及埃特泽尔所明确表达的世界观的人。为了获得更多的选民，自由党和后来的加哈尔不得不向新移民抛出橄榄枝。其中一些移民曾经是贝塔尔成员，他们的世界观基于大以色列、反左派、国家荣誉，并尊崇亚博廷斯基为创始人。但是对于大多数北非移民来说，正是与贝京的相遇才使得他们对领导层的施政前景寄予厚望，并给他们提供了提升和归属的机会，以及与国家创建神话之间的联系。加哈尔和后来的利库德集团，对发展城镇和贫困社区的激进分子的开放并没有受到老贝塔精英的欢迎，他们感觉被新来者排斥，此外，新来者并不总是符合哈达尔的形象，亚博廷斯基将哈达尔的形象定义为"外在美、尊重、自尊、礼貌、忠诚等"。但随着岁月的流逝，大多数老领导人再也无法管理该党。研究人员乌里·科恩和尼西姆·利昂都认为，在大转变的前夕，密兹拉希在党中央委员会中占绝大多数。该委员会的成员资格是对那些在地方党的分支机构表现活跃的分子的一种报偿。这些分支机构在一个年轻、充满活力的精英阶层中建立了党派忠诚，这些精英从普通民众中崛起，并成为将大量选民带到投票站的动员力量。他们把贝京推上政治舞台。

　　与利库德集团的活力相反，工党很疲软，不仅内部关系破裂，而且缺乏权威的领导，甚至失去了自信。它没有继续攻击并挖掘利库德集团丑闻，例如特尔哈伊基金会的赤字，贝京拼命地在政治大变革的前一年将其弥补。对于工党的支持者来说，贝京的戏剧风格和言论看起来像是令人难以置信的蛊惑人心，然而党内没有一个人能够拿起自己的武器与之对抗。土生土长的一代现在是运动领导层的部分成员，他们克制的、实事求是的风格无法与贝京的戏剧性风格竞争，因为后者吸引了观众的情感并表达了他们的愿望。他对伊休夫和国家历史上劳工运动地位所表达的怀疑，震惊了劳工运动的成员。

　　20世纪70年代的工党，以社会民主主义倾向自许，是一个由知识分子精英、自由职业者和工薪阶层的上层组成的政党。它不是劳动群众的政党，他们投票支持利库德集团。工党的社会主义涉及国家高度介入经济，目标是实现最大限度的平等。这一趋势在1967年以后减弱，但以色列仍然是世界上较为平等的国家之一。虽然国家为其公民提供了优越的社会保障体系，但并没有将这种福利转变为一种所向无敌的宣传。政党的意识形态集中于个人对国家的忠诚，宣扬公民的义务，而不是他们的权利。它促进了"共同的利益"，而不是个人的利益。就贝京自身而言，他倡导个人主义的话语，基于"国家给了我什么"这样的问题，而不是"我给了国家什么"。在他向议会的报告中，贝京断言："许多工作，甚至是艰苦劳动，都是强加给我们的。我和我的同事们，要带着奉献、忠诚的精神，凭良心去做那些工作，坚信在上帝的帮助下，我们会改善我们人民的命运。"[1]这样的陈述违反了劳工运动的整个精神，劳工运动的精神基于对大众起来应对挑战的信任，而不是基于对领导人是大众保护人的信仰。

贝京的第一届政府使自由党退伍军人感到失望。没有通过政党排名而获得晋升的人得到了主要的部长职务。埃泽尔·魏兹曼（Ezer Weizman）是以色列第一任总统哈伊姆·魏兹曼的侄子，帮助利库德集团成功竞选，被任命为国防部长。财政部长西姆哈·埃尔里奇（Simcha Ehrlich）是一名来自自由党的温和派人士。阿里埃勒·沙龙所在的和平锡安党有2个席位，在利库德集团胜选后迅速加入其中，沙龙被任命为农业部长。（用贝京的话说，如果沙龙获得国防部长职务，他会调动坦克把议会包围起来。）沙龙承担起在占领土地上扩建定居点的任务。当变革民主运动加入政府时，伊戈尔·亚丁被任命为副总理。贝京让人们对以色列的政治体制感到惊讶，因为自赎罪日以来一直被诽谤的摩西·达扬从政治旷野被带入政坛中心，并被任命为外交部长。这是旨在为政府提供国际合法性的明智之举。

西方国家对以色列的选举结果感到震惊。贝京被冠以危险的极端主义者的污名。《时代周刊》指出"Begin"（贝京）与"Fagin"（教唆犯）发音押韵，对于这一反犹主义言论，耶路撒冷市长特迪·科勒克（Teddy Kollek）回应道："《时代周刊》等于烂泥。"一大群越南难民在各个港口游荡，没有一个国家愿意接纳他们，但由于贝京的许可，他们在以色列找到安全的避难所；他将这些人视为第二次世界大战期间犹太人悲剧和世界冷漠的一种警醒。贝京的慈善行为抵消了他在世界媒体中的恐怖分子形象，尤其是在英国。鉴于对他的攻击以及他在世界媒体上引起的恐惧，他的温和态度令人惊喜，但主要对他有利的是和平进程。

贝京不相信与阿拉伯国家的局部性安排，并强烈反对拉宾所达成的临时协议。他想获得一个历史性的突破：与最大的、最重要的阿拉伯国家——埃及达成和平协议。在上台之前，他于1977年1月在党内所提交的一份施政纲领中，可以发现他愿意在领土问题上妥协的线索。他声称约旦河以西不会有外国统治，而是由阿拉伯居民自治，同时还表达了在西奈和戈兰高地问题上妥协的意图。达扬被任命为外交大臣，传达了贝京有兴趣与阿拉伯国家，尤其是与埃及进行谈判的信号。在与卡特总统的第一次会议上，贝京表示，他接受联合国安理会第242号决议，1970年他曾对这一决议表示反对，结果导致他从果尔达·梅厄政府辞职。他与罗马尼亚总统尼古拉·齐奥塞斯库举行了会议，并派达扬与伊朗国王侯赛因和摩洛哥国王哈桑二世进行会晤，在他们的支持下，达扬与埃及副总理哈桑·图哈米（Hassan Tuhami）也进行了会晤。这些会晤的累积效应最终导致了20世纪最大的惊喜：埃及总统萨达特访问耶路撒冷。

1977年11月9日萨达特在埃及议会发表演说时，他将拟定好的书面文本放在一边，并就与以色列人的谈判补充了两句话："为了和平我愿意走到地球的尽头，甚至去以色列议会和他们交谈。我们没有时间可以浪费了。"[2]这一声明收到了雷鸣般的掌声，这表明观众并没有充分理解其革命性意义。只是当记者迫切要求他做出回应时，贝京自己才意识到其重要意义，他说，所有的新闻社已经传播了这个戏剧性的消息。当被要求在这出戏剧中扮演角色时，贝京始终尽其所能，他没有让人失望："在任何地方与萨达特见面我都觉得很开心，甚至是在开罗，他应该想来这里，他将受到欢迎。"这些话被理解为一种官方回应，由以色列之声（Kol Yisrael）传播开来。

几天后，当哥伦比亚广播公司（CBS）对两位领导人进行平行采访时，戏剧性得以进一步发展，采访将这两个对手描述为将在几天内进行谈判的合作伙伴。在对贝京的采访中，他所使用的话语成为一句口号:"不要再打仗,不要再流血。"采访中的两位主角都意识到其表现的象征意义,各自姿态的重要性,他们行动的突破性意义以及他们的心理影响力。萨达特认为必须打破以色列对埃及缺乏信任的心理障碍,他对耶路撒冷的访问和出席以色列议会即旨在消除这一障碍。国际媒体把这一事件变成了一个极其重要的戏剧性事件,传达至每一个家庭,使萨达特和贝京成为西方世界熟悉的文化英雄。

随之而来的是极其让人陶醉的日子。以色列人不敢相信他们的眼睛。象征着"绝不退让一寸土地"、绝对拒绝妥协的人,竟然邀请萨达特到耶路撒冷——恰恰在这个时候,贝京是总理,萨达特愿意接受邀请。贝京的人气飙升。但也有人表达了不同的看法,如总参谋长莫迪凯·古尔(Mordechai Gur)担心这是埃及的欺骗手段,预示着类似于1973年的袭击事件,但是贝京安抚了他们内心的不安,他们沉浸在以色列人民的热情当中。1977年11月19日,萨达特的专机抵达以色列。全体国民都围在电视机前,观看埃及总统在罗德机场降落这一难以置信的场景,迎接他的是红地毯和仪仗队,以及以色列政府部长、前总理、反对派领导人和其他要员。以色列和埃及的国旗在微风中飘扬。飞机的门开了,埃及代表团开始沿舷梯走下飞机。最后走出来的是萨达特总统,优雅而挺直。贝京欢迎他的到来,并陪同他走过红毯,以色列民众欣喜若狂。如果萨达特想说服以色列人相信自己的和平意图,仅凭这一戏剧性的姿态就已经赢得了他们的支持。在电视时代,政治就是表演给数百万观众看的戏剧,而萨达特对耶路撒冷的访问使戏剧达到了高潮。当有人说这个故事会以两位英雄获得诺贝尔和平奖结束时,果尔达·梅厄妙语答道:"我不知道什么诺贝尔奖,但是他们应得奥斯卡奖。"

正如以色列记者特迪·普雷乌斯(Teddy Preuss)写到的,和平进程始于萨达特的访问,而紧随其后的是高潮和兴奋感的退却。的确,没有什么能与萨达特访问耶路撒冷的影响相比。当晚在耶路撒冷大卫王饭店贝京与萨达特进行非正式对话时,双方都承诺从那以后放弃战争之路,争取谈判解决问题。以色列将从西奈半岛撤出,半岛将维持非军事化。这次无人见证的谈话后来引起了争议。贝京声称他曾经说过，只移交部分西奈半岛的控制权，因为他打算保留西奈半岛北部和拉法通道，包括亚米特的以色列机场和定居点。萨达特辩称，他没有承诺埃及将对整个西奈半岛实行非军事化，而只限于米特拉和吉迪以东地区。随着这次历史性会晤的激情的消退，这些问题即显现出来了，双方开始就协议的具体细节进行谈判。

萨达特抵达耶路撒冷后的第二天，人们已经很明显地看到，此次谈判将会很艰难。萨达特在以色列议会上发表了一番态度强硬的演讲，他要求以色列撤出在六日战争中占领的所有土地，并"公正地解决巴勒斯坦问题"——这两项要求都是犹太复国主义各方所不能接受的。贝京的演讲同样反应强烈，他重申愿意为了和平而与埃及共同努力。关于恢复巴勒斯坦人权利的要求，他谈到了犹太人的权利和大屠杀的教训，但仍然表示对他个人而言"一切都可以磋商"。双方都坚持谈论对方想回避的问题：萨达特坚持把和平与埃及、叙利亚和约旦，以及"巴勒斯坦人的权利"（他没有给出详细的定义）联系在一起，而贝京寻求一项与埃及之间单独的和平协议，同时坚持大以色列的原则，避免约旦河以西由外国统治。

如果在最初的热情中似乎可以迅速达成协议，但随着讨论的进行，这种可能性就消失了。国内外对萨达特施加的压力不断增加，阿拉伯国家攻击了他的和平政策。在埃及，由年轻左翼知识分子和激进主义穆斯林兄弟会组成的联盟响起了反对的声音，而萨达特觉得他难以自由地放弃任何原则。对于贝京来说，他陷入了对大以色列意识形态的终生的忠诚之中。谈判变得旷日持久，让人筋疲力尽，侵蚀着双方对和平进程的信念。随着时间的推移，人们开始意识到，历史的沉重包袱以及各方陷入各种条款和次条款争议的困局，使得谈判没有突破的迹象。

从谈判之初，贝京就试图规避埃及要求在犹地亚、撒玛利亚和加沙地带建立一个巴勒斯坦国的障碍，因为对他而言这是完全不可接受的。他带上谈判桌的构想涉及被占领地的阿拉伯居民自治，以色列不会吞并这些占领地。约旦以西不会有外国统治者，以色列也不会主张贝京所认为的统治大以色列地的历史主权。从贝京的角度来看，他正在做出巨大的让步。自治的想法符合他的政治观点，这种观点源自犹太人生活在东欧的少数民族经历，在这里犹太人寻求自治而不是主权。

贝京向卡特和萨达特提议，以色列将废除在所占领土上的军事管理，并给予居民自治。他们将能够按照自己的选择来管理自己的生活，但以色列将保留在那里购买土地并定居的权利，也将监管那里的安全。这一构想在谈判桌上以不同版本反复出现。卡特总统作为谈判中的一方也深深地卷入其中，一旦和平进程陷入僵局，就需要美国帮助摆脱困境和推动进程。卡特本人支持巴勒斯坦自决权，并为此目标而支持萨达特。贝京坚持他的立场，不允许巴勒斯坦解放组织在被占领土上获得据点，不承认可能被理解为同意巴勒斯坦国的任何事情，特别是让 1948 年的难民返回他们的土地。争议的主要焦点是被占领土上的犹太人定居点。贝京拒绝承诺停止定居行动，但是萨达特在就此事达成协议之前不会向前推进和平进程。

以色列出现了反对贝京政策的强大抗议运动，声称国家会因为大以色列意识形态而失去与埃及之间和平的机会。抗议运动于 1978 年 3 月出现，当时谈判陷入了僵局。起初由 348 名预备役军官联合署名给总理写信，其中许多是上过战场的老兵。这些上书者对这次陷入僵局的谈判表达了严重关切，因为这可能导致另一场战争，而他们将会被迫为此流血。这封信一经发表就引起公众的广泛支持。在几天之内，年轻人组织了一个志愿者运动，数万人加入其中。运动拒绝任何政治派别归属，只有一个要求：现在就和平。"和平比大以色列计划更好"，这样的标语出现在全以色列的数千辆汽车上，示威活动吸引了成千上万的人。这次运动表达了萨达特访问对以色列公众舆论产生的巨大影响。

随着 1978 年 10 月临近——这标志着联合国紧急部队要重新托管西奈半岛，也标志着萨达特访问耶路撒冷已经过去一年时间——耶路撒冷和华盛顿都担心萨达特可能会退出和平进程并采取惊人的军事行动，正如他在 1973 年所做过的那样。卡特总统决定独自采取一些特别的行动。他邀请双方到戴维营参加一场由各方代表参与，但与媒体完全隔绝的会议，希望能通过双方的密集互动达成协议。达扬写道："事实证明，在埃及—以色列之间的和平谈判中，这是决定性的、最困难的、最不愉快的阶段。"为了达成一项协议，所有三方都不得不解决令人痛苦的心理和意识形态危机。³ 从 9 月 5 日到 17 日，戴维营峰会持续了 13 天。直到最后一刻还不确定此次会议是否能达成协议。每天都会产生新的危机，每天都让人感觉双方陷入僵局，不如回家算了。为了达成积极的结果，每天都有人呼吁多一点儿宽容，多一点儿耐心。双方都担心会被指责导致谈判失败，都要求美国人支持他们的立场。这给了卡特总统和他的助手回旋空间，使他们能够对双方施加压力，最终做出必要的重大决定。但是除了策略和战略之外，最终扭转局势的是贝京和萨达特双方共同的基本愿望，就是要把和平协议带回去，带给两国的人民。这种愿望使得他们能够克服不信任的障碍，战胜内部和外部的压力，克服改变根深蒂固的立场和采取冒险行动的种种困难。

在戴维营签署了两份框架协议，旨在形成和平条约的基础，具体细节将在三个月内商定。贝京同意在三个月内暂停建立新的定居点。这一承诺后来被卡特理解为一种总体性的承诺，而贝京貌似没有加以遵守，埃及人似乎明白这一承诺是有限的。

第一项框架协议用于解决以色列和埃及之间和平条约的原则问题。带着沉重的心情和严重的忧虑，贝京同意放弃在西奈半岛和拉法通道兴建定居点和机场。作为他个人的一种妥协，贝京声明必须经由议会批准这些让步。美国人同意在内格夫建造两个替代机场，且在以色列人撤离之前完成，从而缓解这种特定的运输负担。西奈半岛的美国预警站将被拆除，但是联合国紧急部队将一直留在那里，且只有经过双方的同意和安理会的一致同意才可撤离。西奈半岛只能部分非军事化，到通道的东部为止，但是双方将被一个宽阔的缓冲带隔开。就埃及方面而言，埃及同意开始实现同以色列关系的正常化——最初他们说只有以色列从整个西奈半岛撤出之后才有可能——并同意当第一阶段的撤军完成（条约签署之后的9个月内）双方将互派大使。苏伊士运河将向以色列航运开放，埃及将与以色列建立贸易关系，包括出售石油。

第二项框架协议涵盖了西岸和加沙地带。埃及意识到以色列在这两个区域有安全需要。以色列同意了以前从未接受过的条款。它承诺准予被占领土地上巴勒斯坦人全面自治，同时减少以色列在那里的军事管制。自治将持续五年，之后将就领土的归属进行谈判。以色列保留对那里安全事务的否决权，也不会放弃对该地区宣示主权的权利。但以色列也声称，任何领土问题的解决方案都必须承认"巴勒斯坦人民的合法权利及其合法要求"，领土上的定居者和作为非常住的巴勒斯坦人都将参加关于该地区未来的任何谈判。

《戴维营协议》没有像萨达特的访问那样受到同样热情的欢迎。在以色列和埃及，条约的反对者强调了领导人所做出的让步，而不是他们所取得的成果。在以色列，人们对决定撤回国际边界并拆除定居点和机场表示怀疑。放弃定居点违背了贝京在首脑会议前夕的承诺，也违反了特尔哈伊（Tel Hai）的神话，根据这一神话，"（犹太人可以）不放弃已经建成的（定居点）"。实际上，有些定居点由于各种原因已经被放弃，也有其他定居点是以色列在独立战争中被迫放弃的。但政府自愿决定放弃已经建成的定居点是前所未有的。

虽然贝京不会从西岸和加沙地带撤出，但是显然，从西奈半岛和拉法通道撤出是一种征兆：定居点不是神圣的，正如可以建立一样，同样可以被拆除。对定居者存在的威胁是显而易见的，因此，他们迅速做出回应，对这些协议表示激烈反对。而且，自1967年战争以来的12年来，以色列人的耳边一直充斥着西奈半岛对于该国战略纵深的重要性的言论和宣传，而现在以色列却要一下子将它们拱手让出。现在是贝京的密友和一起参加运动的同人在猛烈抨击他。和平条约的成就以及与最重要的阿拉伯国家关系的正常化，因为养育了多年的以色列圣牛被屠宰而蒙上了阴影。萨达特也丝毫没有感觉到轻松。他已经获得了以色列从西奈半岛完全撤出的承诺，却未能安抚埃及国内对和平条约的反对者，它也没有减缓包括亲西方国家在内的其他阿拉伯国家对他的攻击。

以色列议会上关于《戴维营协议》的辩论很激烈。贝京凭借他在政党中的权威和地位，才迫使利库德集团的大多数成员批准这项协议。"国家正在遭受诞生时的阵痛。诚然，每一个伟大的事业开始时都是痛苦的。"贝京回应着右翼分子的攻击。"这是中东最大的转折点，以色列和埃及之间很有可能签署和平协议。痛苦并不让我感到意外，我对示威游行没有抱怨。"[4] 即使全国宗教党也是支持的，它的大多数成员投票赞成这些协议，因为它相信，如果贝京决定撤回定居点，那是因为他可能别无选择。工党和变革民主运动都支持该协议，虽然对其中的某些条款有保留意见。现在，和平的机会比众多的妥协和让步来得重要。

这还不是结束的篇章。现在框架协议必须要被规划成一个最终的和平条约，《戴维营协议》中模糊措辞留下的问题显现出来。以色列坚持认为，不管与巴勒斯坦人的自治谈判何时结束，关系的正常化应该按规定的时间开始。埃及的意见则相反。这是基本讨论的另一个版本：以色列和埃及之间的和平协定是否与自治协议相关联，还是二者之间没有关联？以色列要求去除这一联系，埃及坚持要保留。埃及在阿拉伯联盟框架下与阿拉伯国家有共同防御条约。以色列要求与埃及的和平协议要优先于埃及对阿拉伯联盟的承诺。以色列担心，如果对叙利亚或约旦进行军事打击，埃及将援助对方，如此和平协定将会崩溃。埃及担心承诺优先重视与以色列达成的和平协议将被视为对阿拉伯事业的背叛。

除了这些基本问题以外，还有一些实际问题，例如以色列从西奈油田撤离后，埃及将向以色列供应石油。在华盛顿布莱尔之家举行的由美国调停的谈判以陷入僵局而告终。接下来一轮谈判也以失败结束。在双方无法克服由最后的细节引发的障碍，几乎感到绝望的时候，卡特总统飞往中东，施加自己全部的权力和声望，才成功使得谈判取得突破。条约于 1979 年 3 月 20 日提交以色列议会批准，引发了议会历史上时间最长的辩论，但该条约最终还是获得批准。达扬在演讲中说："埃及—以色列和平条约……不是一首田园诗……而是建立在当前现实背景下的和平条约，目的是为了实现两个邻国之间的友好关系。"从阿拉伯的立场来看，这表示接受以色列的存在。[5] 1979 年 3 月 26 日，在萨达特访问耶路撒冷约一年半后，和平条约在白宫草坪上签署了。

条约规定了从西奈半岛分阶段撤离的日期，以色列保留在半岛东部，在两年之内撤出定居点和机场。在此期间，将举行有关巴勒斯坦自治问题的谈判。关系正常化在撤离的第一阶段完成后立即开始，双方互派了大使。在接下来的两年中，条约经受了一些困难的考验：对萨达特的暗杀行动，以色列在黎巴嫩的战争以及自治谈判的崩溃。但是条约仍然得以坚守，直到今天仍在发挥效力。大多数埃及精英——包括知识分子、媒体人物和宗教领袖——从未与以色列和解。两国政府之间的和平并没有以文化交流和友好关系的方式延伸到他们的民众之中。然而，从那时以来，中东似乎发生了变化，以色列和埃及之间的和平建立在稳定的基础上。

与埃及的和平条约是贝京执政时期的巅峰。他在国内外都获得了巨大声望，并与萨达特一起，被授予诺贝尔和平奖。但是在党内，他发现自己由于放弃定居点和承认巴勒斯坦人的合法权利与公正要求而遭受攻击。他难以面对定居者们，因为在他看来，他们是右翼的纯粹的、理想主义的元素。当他否定来自左翼的批评时，右翼的批评也接踵而来；他时刻心系着大以色列和定居事业。农业部长阿里埃勒·沙龙采用了一项具有侵略性的定居政策，其中包括在以阿拉伯人口为主的中心地区建立定居点，以阻止建立一个巴勒斯坦国的可能性。与之相反，国防部长魏兹曼则希望定居点完全建设在一个大的区块内，而不用征用土地。达扬声称，虽然犹太人可以在以色列的任何地方定居，但应该避免在没有安全重要性的地方建立定居点。政府接受了沙龙的建议，尽可能多地去建立定居点，而贝京倾向于支持他，即使他的计划偏离了政府认可的方向。政府中持温和立场的代表如亚丁、达扬和魏兹曼，他们反对沙龙，对他来说并不友好。

贝京委派内政部长约塞夫·布尔格主持自治谈判，从而表明西岸是以色列的内部事务。这也传递给达扬一个信号，他在政府中的作用已经结束了。6个月后他辞职了。贝京任命前莱希领导人伊扎克·沙米尔代替达扬接任外交部长。在和平条约的投票中，沙米尔的极端主义立场显而易见：他投票时弃权。对他的任命标志着温和与妥协立场的结束，自治谈判无果而终。与此同时，1980年5月，魏兹曼愤怒地辞职，说削减国防预算使以色列处于危险之中，而贝京的表现有严重不当。除了担任总理的职务之外，贝京还担任了14个月的国防部长。

在政治上，贝京政府前两年最显赫的成就是和平进程，因此获得了声望和人气。但经济形势是其致命弱点。1977年10月，财政部长西姆哈·埃尔里奇提出了一项新的经济计划，旨在使以色列经济全面彻底地自由化，并从计划经济转变为自由经济。自由主义认为以色列经济不景气源于政府过度的介入，市场力量和私营企业应该得到自由发挥，最终促进经济的增长。基本商品的补贴取消了，外币限制也被取消了，以色列公民首次被允许持有外币并进行交易。同时制定了里拉的自由浮动汇率制，这样能够根据供求关系变化自动调整汇率。有经济能力的人能够出国旅游而不用缴纳旅游税，也不限制可以合法携带出国的美元数额，这在以色列是有史以来第一次。

商品进口的自由化应导致价格下降，但政府收入相应增加的希望证明为时过早。对日用消费品需求的增长导致了其价格上涨。取消补贴导致了基本商品的价格上涨，这打击了人口中较贫穷的群体——也是支持利库德集团的基础。美元汇率大幅上涨，导致进口产品价格上涨。将工资与生活消费指数挂钩，旨在补偿由于物价上涨所导致的薪资阶层支出的增加，这一做法在实行自由化之后仍然生效，这最终导致螺旋式通胀，连财政部也难以控制。1977—1980年，通货膨胀率由42.8%上升至132.9%。财政部没有采取过渡到自由市场的必要措施。政府开支没有大幅削减。旨在推动民营企业的上市公司私有化只是在小规模的情况下进行,以防损害到贫穷人口的利益。

贝京并不熟悉经济学,他倾向于接受他的部长们关于财政部试图削减预算的建议。在引入新经济计划的头两年里,他未能落实财政部的政策,导致以色列国际收支赤字增加,从9亿美元增加到34亿美元。经济处于灾难的边缘。埃尔里奇辞职,它是贝京政府中被替换的几位财长中的第一位。由于反对和平条约而辞去政府职务的伊格尔·霍罗威茨(Yigal Horowitz)现在再次出任财政部长。他采取了严格的支出政策,毫不犹豫地采取了可能会损害下层群众利益的削减财政政策。但是他的做法遭到总理的反对,总理拒绝取消补贴,并顽固地坚持提高工资。

霍罗威茨的措施之一用谢克尔取代里拉,里拉的名字唤起了以色列的接受委任统治的过去,而谢克尔是出现在《圣经》中的古希伯来币。(这个汇率设定为10里拉等于1"旧谢克尔"。在第二个阶段,这个汇率改为1000旧谢克尔等于1"新谢克尔",所以1新谢克尔等于10 000里拉。)霍罗威茨希望通过把钱变得更少会抑制通货膨胀,然而这种情况并没有发生。霍罗威茨的做法让政府感到厌恶。达扬断言,"世界已经把以色列看作一个经济僵尸"[6]。1981年1月,贝京任命了他的第三位财政部长约拉姆·阿里多尔(Yoram Aridor),这位财政部长认为他的作用是"改善人民的生活状况"。他认为通过宽松的货币政策能够对抗通胀,而不是紧缩开支和削减政府开支。减少日用消费品的关税和税收将降低商品价格并增加贸易,从而有望增加更多的政府收入。随之而来的是史无前例的消费盛况。中层社会和下层社会的家庭争相购买彩色电视机、录像机和汽车。恶性通货膨胀仍在继续,新以色列货币持续贬值。但公共情绪从节俭的阴郁变为了享受高涨的消费主义,这也增加了国家的税收。在阿里多尔制定他的经济政策之前,利库德集团似乎可能会在1981年夏天的选举中落败,但现在贝京似乎有了继续掌权的新的机会。

在整个1980年和1981年年初,贝京似乎已经失去了作为总理行使职责的能力。他经历了轻度中风和抑郁症发作，没有人敢公开谈论他的健康状况。1981 年 4 月，继阿里多尔的成功之后，以色列总工会举行了选举。令每个人感到惊讶的是，利库德集团仍然是不可轻视的力量。它赢得了左派 25% 的选票。贝京一夜之间恢复了健康，并开始积极参加竞选。虽然公开的集会现在被认为是过时的，但是贝京回到城市广场和群众当中，并从全国人民欢迎他的热情中得到了鼓舞和激励。

贝京对释放充满种族敌意的想法没有任何疑虑，并不假思索地将其作为政治煽动的手段。在这场竞选运动中反对工党联盟的煽动程度和对其的妖魔化的程度是空前的，有时语言暴力甚至上升为对工党联盟代表的人身攻击。利库德集团支持者的敌对行为使得工党联盟活动分子难以在发展城镇和城市街区举行选举会议。选举前夕在特拉维夫的以色列国王广场（Kikar Malkhei Yisrael，现为拉宾广场）举行的群众集会迎来了敌对行动的高潮。在将一场运动（工党运动）描述为会把苏联模式引入以色列，以及把恐怖分子引入犹地亚和撒玛利亚的"红色"运动，又将另一场运动（利库德集团运动）描述为"蓝白运动"和家园保护者之后，贝京抓住了前一天晚上在同一个地方工党联盟在选举集会上发表的愚蠢评论。一位艺人曾经将利库德集团支持者称为"Tshachtshachim"（对摩洛哥人的贬低性绰号）。艺人的言语成为贝京对左派和密兹拉希犹太人贬低态度的象征，他呼吁追随者唤起他们的朋友，一起给利库德集团投票，抹去这一对全体以色列人民的侮辱。他的话收到了雷鸣般的掌声，听众们一致支持利库德集团和仇视左翼分子。

在选举的前几个星期，1981 年 6 月，以色列空军摧毁了伊拉克奥西拉克（Osirak）核反应堆。轰炸反应堆的决定，在当时看起来是冒险的，甚至是不必要的，对贝京来说这是一个勇敢的决定，回想起来，很少有人会认为它的目的是为了和平地服务世界。1977 年政府变革期间，拉宾通知贝京一个情报，指出伊拉克在法国人的援助下正在建造核反应堆。通过外交手段和蓄意破坏方式阻止建设反应堆的努力均未能成功。与此同时，伊朗和伊拉克之间的战争爆发了，伊朗人企图炸毁反应堆，但只造成了轻微的损坏。贝京认为敌国手中的核武器对以色列的生存是一种威胁，因为以色列的国土面积很小，这使得以色列显得非常脆弱。反对派领袖西蒙·佩雷斯听说了有关轰炸核反应堆的计划，就写了一封密信给贝京，告诫他要谨慎行事。他认为这会危及以色列与美国和埃及的关系。

贝京意识到轰炸反应堆有风险，但是辩称如果不攻击它，以后对以色列的可预测风险要大得多。他担心如果工党联盟赢得选举，反应堆将会继续保持运行下去。做出这个攻击决定并不是一件容易的事，以色列的防务当局内部也存在不同的意见。谁都无法保证这场行动一定会成功。但最终，这场行动确实取得了成功，而且没有任何损失。作为回应，美国决定推迟向以色列提供战机，但除此之外，两国之间的关系并没有受到损害。当以色列大使向萨达特告知了此次行动的消息和贝京决定行动的理由，萨达特对此持容忍态度。一事成功百事顺，萨达姆·侯赛因的残酷政权在中东不是很受欢迎。佩雷斯指责贝京利用对伊拉克反应堆的攻击作为竞选拉票的形式。贝京通过透露佩雷斯的秘密信件来回应并攻击他。贝京不是为了胜选而去摧毁反应堆，但是后来他把这次行动的成功作为他选举中的一个制胜武器。

贝京的第二个任期：黎巴嫩战争和以色列社会的转变

1981 年 6 月底举行的选举结束了。利库德集团保持了一个席位的优势（48 : 47），使得贝京能够继续组建由 61 位议员（总共 120 位）支持的政府。这个微弱的胜利证明了 1977 年的大变革并不是偶然事件，而是反映了深刻的政治和社会变化。贝京的第一届政府秘书阿里耶·瑙尔（Aryeh Naor）这样分析了选举结果："基于宗教和信仰传统形成的新的以色列象征符号世界根植于这个国家新的一代中。关于领土妥协的世俗世界观和工党联盟思想对这一代人是陌生的，他们中的大部分是在大以色列的现实中成长起来的。"[7]

贝京的第一届任期以积极的方式结束。与埃及的和平条约给贝京披上了象征人类和平的外衣，也向世人树立了一个能够做出艰难决定、做事果敢的领导人形象。对伊拉克反应堆的轰炸进一步证明了他的领导能力和决心。对于他的支持者来说，定居事业的扩张是一种额外的成功。他的另一项政绩是街区振兴计划（neighborhood rehabilitation project）。在 1977 年选举之前，贝京承诺如果当选，他将采取行动振兴以色列的贫困社区。这个项目不是由国家预算资助，而是由流散犹太人的捐款资助。贝京呼吁世界各地的犹太社区帮助消灭以色列的贫困，这一行动广受好评。捐助者与将要接受资助的街区和发展城镇之间建立了直接联系，而不是把项目和资金转移给像犹太代办处之类的组织或团体。流散犹太人参与这个项目有助于加强主要捐助者和以色列人权利之间的联系，但是除此之外，这项事业对于恢复流散犹太人社区与以色列之间的团结，以及进一步拉近阿什肯纳兹犹太人捐助者和密兹拉希街区居民之间的关系都是非常重要的。街区振兴计划的重点是提高住房标准，减少过度拥挤。努力提升居住区在审美方面的标准，建设游乐场和花园。在很多情况下，环境的改善增强了居民关心社区的兴趣和参与社区活动的积极性。从每一个角度来看，这都是一个有价值的事业。

贝京的第一届任期期间，经济形势的恶化使其深感压力。在没有安全保障和必要的相关措施的前提下，试图通过简单的改革和大胆的尝试短期内将政府主导型的经济转型为自由主义的经济，这一举措，导致以色列经济走向深渊，并破坏了国家的稳定。

1981 年的选举和新政府的组成反映了由一个右翼政府到极右翼政府的转变。前者的领导人力图在历史上留名，正如他将和平带给了以色列；后者的领导人现在开始实施在他上台之前就一直持有的旧世界观。第一届政府包括达扬、魏兹曼和亚丁，他们和贝京一起构成了一个制衡制度。在贝京的第二届政府期间，他的健康状况不佳，缺乏调停力量。阿里埃勒·沙龙——贝京早先不愿放在安全机构的负责人——被任命为国防部长，伊扎克·沙米尔是一个顽固不化的右派人士，成为外交部长。总参谋长是拉斐尔·埃坦［Rafael（Raful）

Eitan]，他接受了沙龙的领导。这是一个无力的政府，没有可以抵制沙龙影响力的重量级人物存在。政府中也没有其他可以充当制衡作用的军事人物。[交通部部长莫迪凯·基波利（Mordechai Zippori）来自军方，曾担任过前政府的国防部副部长，试图制衡沙龙，但他在贝京眼中与著名的沙龙将军地位不可同日而语。]外部政治舞台也发生了变化。萨达特于1981年10月6日被暗杀，里根总统取代了卡特总统。如果说贝京的第一届任期的标志是和平的话，那么他的第二届任期的标志将是战争。

正如我们所看到的，在黎巴嫩内战之后，巴勒斯坦解放组织及其战斗人员已迁往黎巴嫩南部。以色列将通过袭击巴勒斯坦解放组织来报复针对以色列人的袭击，后者用喀秋莎火箭弹轮流袭击北部边界定居点。以色列国防军对巴解组织的地面行动给该地区带来了短暂的安静。自20世纪70年代中期以来，以色列一直在黎巴嫩南部扶植一个名叫南黎巴嫩军（SLA）的基督教民兵组织，它能够帮助牵制巴勒斯坦解放组织。在黎巴嫩，叙利亚人和基督徒，特别是由杰马耶勒（Gemayel）家族领导的黎巴嫩长枪党（Phalangists）之间的关系恶化。基督徒寻求以色列的援助以对抗在黎巴嫩的巴勒斯坦人，这些巴勒斯坦人与激进的亲叙利亚左派一起在反对基督徒的黎巴嫩种族和宗教冲突中起着重要作用。作为总理，拉宾拒绝采取军事行动援助基督徒；当魏兹曼担任国防部长时，他也持有相同的立场。但是，当贝京担任国防部长时，他决定援助基督徒——不仅仅是间接地提供军事装备，而且也有直接的军事行动。贝京辩称以色列不允许少数派被暴力的多数派消灭。但基督徒不是无助的少数派，也绝对不是道德模范。贝京对以色列首次参与黎巴嫩内战的表面上的道德理由是旨在影响里根总统，但里根总统并未被打动。贝京和沙龙在美国政府中的盟友是国务卿亚历山大·黑格（Alexander Haig）；美国国防部长卡斯帕·温伯格（Caspar Weinberger）对以色列的武力威胁持谨慎的保留态度。

贝京和沙龙想要确保以色列对犹地亚和撒玛利亚的控制，认为削弱黎巴嫩的巴勒斯坦解放组织，甚至将其总部从该国消灭，也很可能削弱巴勒斯坦人并迫使他们实施自治方案，从而保证以色列人在西岸和加沙地带世代生活下去。与此同时，以色列的安全部门加强了与基督徒的关系，他们试图通过引导以色列人相信他们自己会直接参与战斗，从而将以色列卷入在黎巴嫩的战争。以色列的安全机构对基督徒的可信任度产生了分歧。他们真的会在以色列袭击中发挥作用，并将巴勒斯坦人赶出贝鲁特吗？基督教领袖，包括巴希尔·杰马耶勒（Bashir Gemayel，不像他的亲叙利亚兄弟阿明，巴希尔被认为是亲以色列的人），并没有隐瞒对与以色列公开结成联盟的保留意见。甚至当以色列的军事援助进入黎巴嫩北部基督徒控制的港口时，这些领导人拒绝公开支持与以色列的伙伴关系。更为重要的是，他们不想看起来是为了以色列一边而战斗。黎巴嫩基督徒将自己看作阿拉伯世界的一部分，自古以来，他们出于自身生存的基本考虑，在敌对阵营之间游刃有余地施展策略。

以色列制订了两项军事行动计划——"大松树"和"小松树"，前者设想了占领黎巴嫩大部分地区的可能性，基督徒也加入其中，到达贝鲁特-大马士革的公路；后者涉及在黎巴嫩南部占领40千米纵深的缓冲区，那是当时巴勒斯坦解放组织部署火箭弹的范围。1981年夏，对加利利狭长地带定居点，特别是基利亚特什姆纳（Kiryat Shmona）进行大规模轰炸之后，许多居民被迫撤离他们的城镇，美国参与斡旋并促使达成了一项协议，以确保北部边界的安宁。贝京和沙龙开始寻找一个在黎巴嫩发动攻击的借口，以改变其境内的力量均衡。他们试图获得政府批准"大松树"行动的计划最终失败了；贝京保持沉默，而沙龙无法争取多数派的支持来发动全面战争。沙龙意识到，为了获得批准，他必须提出一个更小规模的计划。但是他掩盖了打算在战斗中扩大这一计划的意图。以色列国防军最高指挥部提前接到该计划可能会扩大的预警，并被告知准备进行一场"滚动性的"逐步升级的作战行动。随后，阿布·尼达尔（Abu Nidal）组织的一名成员对以色列驻伦敦大使的暗杀企图向贝京和沙龙提供了开战理由。安全总局局长向内阁解释说，阿布·尼达尔属于由巴勒斯坦解放组织分离出去的一个分支机构，不代表巴勒斯坦解放组织的政策。总理打断了他的辩解，坚持认为这场恐怖主义的暴行充分证明了与巴勒斯坦解放组织的战争是正当合法的。

这是一场贝京期待已久的战争。他于 1982 年 6 月 5 日宣称："这次行动的替代品是特雷布林卡（大屠杀集中营），而且我们已决心不会再有更多的特雷布林卡。"[8] 1982 年 8 月在国家安全学院发表的一次演讲中，他表示赞成"选择的战争"。在贝京的评估中，除了 1948 年战争、消耗战争和 1973 年战争之外，以色列的所有战争都是选择的战争。在他看来，每次预防性的或先发制人的打击，甚至是一场由于越过红线而引发的战争，都是选择性的战争。有了这个基本依据，他把黎巴嫩战争也归入相同的范畴，这个范畴不仅包括西奈战役——尽管本-古里安是出于担心埃及强化武器装备，然后看到两个超级大国的反应就撤军了——而且还有六日战争（所有的以色列人都将其视为埃及发起的一场战争）。在这个"选择的战争"的定义中，贝京寻求黎巴嫩战争的合法性。他辩解说，选择的战争可以避免后期无法选择的战争。"没有任何绝对的道德律要求只有当一个国家背靠大海走投无路或身处深渊的边缘时，才应当或者有权利去进行战斗。"[9] 这种观念与以色列社会的基本理念相矛盾：防御理念，它塑造了伊休夫和国家世代战斗者的世界观。按照这种理念，战争应当总是在国家处于危险的边缘时必要的战争。以色列社会和以色列国防军最终都不接受贝京对这种理念的重新定义。

贝京在多大程度上赞同沙龙的逐步扩大战争的概念是贝京的崇拜者和批评者之间一个争议的焦点。可以肯定的是，贝京批准了沙龙的行动，有时在行动之前，而有时是在行动之后。当以色列国防军入侵黎巴嫩时，贝京确信行动只会持续几天，造成很少的伤亡。他既不熟悉地图也不熟悉军事行动。如政府中其他无军事背景的成员一样，他相信沙龙的预测，即在贝卡谷地从侧翼包抄叙利亚部队能迫使他们撤退而不与以色列国防军发生冲突。但是所有看到这个计划的以色列国防军官员都意识到他们将要和叙利亚人进行战争。沙龙向贝京和内阁成员解释说，将战争从距边界40千米扩大到贝鲁特，从与巴勒斯坦人发生冲突到袭击叙利亚人，对于保护以色列国防军并避免损失是必要的。战争期间采访贝京的外国记者认为很难判断他是骗子还是无能，因为他不知道战场上正在发生什么。他的所有决定都是基于沙龙的误导性报告，后来通知贝京以色列国防军已经在贝鲁特的人是美国调解员菲利普·哈比卜（Philip Habib）。

战争逐渐扩大了。战争已不再是与巴勒斯坦解放组织的有限战斗，它变成了一场大规模的战争，其中包括对叙利亚人激烈的装甲战以拔除在黎巴嫩的叙利亚地对空导弹阵列，在西顿难民营进行的鏖战，以及后来在贝鲁特难民营的鏖战。以色列国防军进入西贝鲁特并随后对这个城市进行了为期两个月的封锁，旨在向阿拉法特施加压力，从而把他的总部和战斗人员赶出黎巴嫩。与此同时，西贝鲁特的巴勒斯坦平民遭受着猛烈的轰炸以及电力、淡水供应的中断，直到该城内的巴勒斯坦解放组织和叙利亚部队同意在1982年8月撤离。

在向政府陈述这项行动时，沙龙估计将会有几十名以色列人伤亡，这与以色列国防军官员估计的人数完全不同，他们的看法没有被提交给政府。在巴勒斯坦解放组织撤离贝鲁特之前，战争造成了近500名以色列人员伤亡。这是以色列国防军第一次进入阿拉伯国家的首都，几乎是秘密完成的，没有政府的讨论。

这是以色列国防军首次不是为了国家安全而参加战争，而是通过无限制地利用以色列的军事力量在中东实现新的政治秩序。沙龙的计划是，在以色列坦克的掩护下，巴希尔·杰马耶勒将当选为黎巴嫩总统，然后黎巴嫩将成为与以色列签署和平条约的第二个阿拉伯国家。叙利亚人将被迫撤离该国，巴勒斯坦人不得不大量撤离至约旦。沙龙的想法是，约旦成为巴勒斯坦，约旦河的整个西岸将落入以色列人的控制中。贝京也怀有这个梦想，显然这是他继续支持沙龙的原因，即使他的内阁同僚反对沙龙未经政府批准无限地使用武力。1982年9月1日，当贝京于停火期间在纳哈里亚（Nahariya）会见巴希尔·杰马耶勒时，他意识到，杰马耶勒无意将与以色列的关系从秘密联络变成公开的关系，这令他很懊恼。他既无意与以色列和平相处，也不公开地与之合作。叙利亚人声称他们无意离开黎巴嫩。当杰马耶勒在1982年9月15日被暗杀时，以色列国防军进入西贝鲁特防止报复行为，但是许可右翼基督教民兵进入难民营。右翼基督教民兵在萨布拉夏蒂拉（Sabra Shatila）难民营里进行大屠杀以替巴希尔的死报仇。数以百计的无辜巴勒斯坦人遇害。虽然以色列人没有直接参与屠杀事件，但是他们负责难民营的事实使得他们要对居民的安全负责——然而他们从未承担起这一责任。大屠杀在以色列和世界各地引起强烈愤怒和抗议，反对战争的呼声达到新的高度（稍后讨论）。

1982年8月以后，以色列国防军在黎巴嫩没有任何的使命，但是找不到从黎巴嫩撤军的方式，因为以色列想在撤退之后在黎巴嫩南部维持40千米的缓冲区。以色列国防军在黎巴嫩停留的时间越长，他们在"黎巴嫩的泥潭"中就陷得越深。黎巴嫩国内种族和宗教团体之间的战争并没有停止。作为占领军，以色列国防军与当地居民保持密切联系，这引起了各个群体的敌意。当以色列国防军入侵黎巴嫩时，他们的队伍受到当地民众以撒大米的方式热烈欢迎。现在，这些部队成了恐怖袭击和狙击手打击的靶子。本应该持续几天的战争已经变得旷日持久，并造成了重大损失。虽然巴勒斯坦解放组织已经撤离了贝鲁特和黎巴嫩南部，但该组织没有被打败，而且现在其位于突尼斯的总部仍然是代表巴勒斯坦人的政治实体。虽然叙利亚人受到猛烈的打击，但他们也证明了自己是以色列国防军难缠的对手。他们没有撤退，仍然是黎巴嫩战区的领军人物。

黎巴嫩战争，特别是轰炸贝鲁特，在以色列和全世界引起了极大的反对，并提高了人们对巴勒斯坦人困境的认识。在这场战争之后，里根总统要求以色列从西岸撤出，并将其归还给约旦——这个问题以前没有引起他的兴趣。如果贝京和沙龙希望这场战争能够加强以色列在其占领地区的地位，而已经发生的事实却正好相反。以色列和1983年5月当选为黎巴嫩总统的阿明·杰马耶勒（Amin Gemayel）之间商定的和平条约草案被叙利亚人挫败。草案显然没有按所写的文本那样产生预期的价值。很明显沙龙的战略思想是站不住脚的。像过去一样，以色列可以赢得战争，但没有能力强制实行和平。

1983年9月，以色列国防军开始从黎巴嫩逐步撤出，当地的游击队紧追其后。阿迈勒（Amal）是一个在战时被削弱的温和的民族武装，现在被真主党所取代，真主党是一个激进的民兵组织，其目的不仅是将以色列国防军赶出黎巴嫩，而且还要在伊朗的支持下和以色列持续战斗下去。以色列国防军从黎巴嫩的撤离一直持续到1985年6月，当时部队沿着国际边界部署，同时继续控制着黎巴嫩的一个狭窄缓冲带，那里有基督徒所指挥的南黎巴嫩军（SLA），帮助维护边界的安全。战争期间，有670名以色列士兵丧生，1982—2000年（此时以色列国防军最后一批人员撤离至国际边界），在黎巴嫩境内共有1216名以色列士兵丧生。黎巴嫩战争中有近18 000名阿拉伯人死亡，其中至少有1万人是叙利亚军队和巴勒斯坦战斗人员。

黎巴嫩战争是以色列历史上的一个分水岭。这是第一次没有达成共识就被控诉的战争。在战争的第一阶段，公众和媒体都认为，这次作战类似于1978年的利塔尼行动，该行动是对以色列海岸公路发生恐怖主义暴行的报复。以色列国防军越过边界进入黎巴嫩，进行了惩罚性行动，并返回以色列。这次的想法包括可能建立一个缓冲区，以防止喀秋莎火箭炮袭击北部定居点。正如最初向公众所展示的那样，这次行动获得普遍支持。而一旦行动超出预定的限度，公众和军事支持就会削弱。右翼分子被媒体对战争的批评激怒了。他们声称不应该去批评一个处于战争中的政府，正如贝京在作为反对派的时候，保持着自我克制一样。当时出版的一篇著名的文章题目是"安静，有人正在射击"。

问题是在此以前，以色列政府一直是站在反对派的左翼，而反对派总是好战的，永远愿意支持军事行动，而不是撤军。这一次情况发生转变，政府和反对派产生了分歧，政府比反对派显得更加右倾，未公开、坦诚地向反对派说明它的目标就参与了战争。随着战争的进行，军队和平民之间相互反馈信息并进行着互动。装甲旅司令伊莱·盖瓦上校（Colonel Eli Geva）辞职，拒绝参与对贝鲁特的袭击——这是以色列战争史上第一次出现高级官员拒绝服从命令。盖瓦的行为反映了遍及整个军队的沮丧和不安。军队认为他们正在远远超出防卫以色列的作战。士兵们反应强烈："人们一定觉得他们冒死奋战不是为了捍卫以色列，而是出于掌权者突发的奇想。"[10] 他们还觉得政府一直在操纵媒体；媒体向公众报道的不是他们所看到的真实情况。同样地，公众在家里的电视屏幕上和国际媒体上看到的与指挥官所说的不一致。

以色列国防军是一支建立在预备役士兵基础上的军队，公民应召入伍。这意味着平民和军事现实之间没有真正的区别。从上到下，从军队到民间社会，从文职领导到军队，虚假的报道严重损害了双方之间的信任。对于大部分公众，甚至军队来说，由于不确定的和不能接受的目标而使得伤亡人数不断增加，引起了对诸如进入西贝鲁特这一行动的反对，这样的城市战斗肯定会导致很高的伤亡人数。除此之外，贝鲁特行动的残暴和伴随着平民伤亡的轰炸激怒了军队和他们的官员，他们将这些行动视为抛弃了以色列国防军的"武装纯洁性"和保护人类生活这一原则的内在价值。

萨布拉夏蒂拉大屠杀引发了以色列公众的怒火。以色列国防军甚至可能要负间接责任，因为它躲在了一边，而没有去干预难民营中右翼基督徒民兵的行动，这颠覆了在士兵和平民眼中军队的高尚道德形象。以色列国防军电台记者罗恩·本–伊沙（Ron Ben-Yishay）怀疑营地里正在发生着大屠杀，于是打电话给沙龙告诉他自己的担心。沙龙未采取任何行动。感到震惊的记者给贝京发了一封个人信件：

> 如果不采取行动，当平民遭到屠杀时置身事外，将成为以色列国防军和以色列国的常态。对以色列国防军道德和自我形象的损害将是严重的。以色列国防军士兵和以色列公民是否应当对我们立场的公正和行为的道德效力产生怀疑？这将会削弱他们的动机。而总理，动机是立在我的三个女儿和

数百万阿拉伯人之间的护城墙，后者中的大多数人都想把我们从地图上抹去。

……一个被屠杀女孩的卷发与我4岁的女儿塔马尔的头发很像。当女人、老人和小孩被屠杀，不管他们的身份是谁，犹太士兵或平民都袖手旁观，这是不可思议的。[11]

贝京没有回复本-伊沙的信。但是风暴在继续肆虐。高级军官要求沙龙承担责任并辞职。特拉维夫爆发的一场大规模游行示威（《国土报》估计参与人数达40万人，尽管政府支持者声称仅有15万人）要求成立调查委员会，对以色列在大屠杀中的责任进行调查。无论是左派人士还是右派人士都震惊了，并加入示威游行中。大体上媒体支持示威者的要求。起初，贝京的回应显得很傲慢，说"非犹太人杀了非犹太人，他们就责怪犹太人"。但是面对以色列国内的愤怒和不断增长的国际批评，他最终同意成立一个国家调查委员会。

自1981年选举以来，以色列街道的气氛已经呈现出敌对、暴力的倾向，而且一天比一天更加极端。定居者对政府同意撤离拉法通道的定居点表示恼怒。政府发起了定居点运动以表明其对犹地亚和撒玛利亚的决心。这些运动遭到名为"现在就和平"的组织的反对，该组织认为定居点是通往和平的主要障碍，因为它们使得任何合理的领土妥协都不可能实现。"现在就和平"组织设法招募成千上万的示威者来反对在犹地亚和撒玛利亚建立定居点。右派分子通常以指责左派分子的仇恨宣传来进行报复，特别是针对"现在就和平"组织，不仅将他们描述成国家事业的叛徒，而且还视之为巴勒斯坦解放组织的同情者。

黎巴嫩战争导致国家分裂，并使得左右派敌对程度达到前所未有的程度。随着左派变得更加激进，极端主义抗议组织出现了。其中之一名为"Yesh Gvul"（它可以翻译成"凡事有限度"，"界线是存在的"或"我们受够了"），它呼吁拒绝在黎巴嫩服役。另一个组织，"拒绝沉默的士兵们"，向媒体讲述了战争对阿拉伯平民造成的伤害。说来非常奇怪，温和的"现在就和平"运动反而遭到了右派猛烈的攻击，这可能是因为其招募人员的能力很强。它的成员都是爱国者,不希望由于拒绝在黎巴嫩服役而导致军队分裂,因此选择继续在那里服役。对它的指控范围从叛国到接受沙特阿拉伯的资助。

1983 年 2 月,正式名称为贝鲁特难民营事件调查委员会的卡汉(Kahan,又名 Cahan)委员会公布了报告。报告对总理提出了严厉的批评,并建议解除沙龙的国防部长职务。总参谋长由于即将结束他的职务任期而逃脱了惩罚。不过,沙龙无意静静地离开。民粹主义者对他的支持不断飙升。他的支持者呼吁贝京不接受委员会的建议。同时,"现在就和平"运动组织了一次集会,通过耶路撒冷的街道游行到政府大楼,并要求解除沙龙的职务。游行中的许多人是最近从黎巴嫩返回的士兵,他们在穿过一群敌对的暴徒时,遭到了他们的攻击和藐视。警方试图掩护游行者,但反对示威者的势力太强了。一名反对示威者将一枚手榴弹扔进了游行的队列中。在黎巴嫩参加过战斗的预备役军官埃米尔·古兰兹威格(Emil Grunzweig)遇害,另有 7 人受伤。这是第一次有犹太人因为政治信仰而在以色列国内被另一名犹太人杀害。对以色列民主而言,这是一个令人沮丧的时刻。

在以色列,公开辩论的热度达到了前所未闻的程度。两个阵营都跨越了过去一直谨慎遵守的红线。来自左派的示威者在贝京的住宅外聚集并反复高喊"贝京,凶手",同时手中高举着标语牌,上面列出了每天都在增加的伤亡人数。"现在就和平"组织的示威行动和政府支持者的反示威行动使得以色列大街上的矛盾激化。沙龙辞去了国防部长职务,而被任命为一个无实权的部长。与此同时,黎巴嫩的流血暴力仍然持续,似乎看不到出路。黎巴嫩前线与国内的距离似乎比以往任何时候都要远。一名士兵抱怨说:

> 你回来吧。你一直在渴望回家,心里有很多你想说给别人听的故事和许多你不想说出来的故事。当你越过边界以后,战争仿佛就像发生在福克兰(马尔维纳斯)群岛一样离你很遥远了。它让你感到精疲力竭。以色列开始蓬勃发展,万物

都开始变得繁荣。关于黎巴嫩正在发生的事情消息公布之后，他们谈论由于黎巴嫩战争而导致的股价下跌和美元上涨。而你渴望告诉别人你很肯定你有自己的思考，但是没有可以说话的人。[12]

以色列的政治、种族、文化和社会分裂在贝京的第二届政府任期内更加突出。公开斗争在诸如政治合法性、历史记忆和以色列社会未来的形象等很多层面上都发生了。斗争的一个焦点是基布兹的地位问题。基布兹是劳工运动中社会创造力最耀眼的成就。它结合了社会平等、奉献和为了民族使命而奋斗的愿景。基布兹所青睐的价值观是体力劳动，简单的生活方式，低调克制的文化，事半功倍的效果。以色列社会中没有任何其他部门的价值观像基布兹那样，反对贝京的价值观以及他所代表的文化。

贝京意识到，如果他想改变国家的形象，他就不得不破坏基布兹作为犹太复国主义最重要创造的历史地位。他针对基布兹进行了严厉的批评：它们的生活有赖于土地的肥沃，它们的财富起源于左翼政府分配给它们的资源，这些资源在过去一直未能用于发展城镇的建设。与每一种陈词滥调一样，贝京的言辞有一点儿真理，但仅仅是一点点。基布兹凭借辛勤的工作赢得了相对稳定的财务，但多年来一直处于严峻的环境中。然而，它们的田园生活面貌凸显了它们与发展城镇和邻近的中转营之间的差别，而后者一直被忽视，其居民清楚地感觉到他们那些看似温和的邻居对他们表现出的高人一等的态度，所以总理的话说进了他们的心坎里。1981年竞选活动中基布兹成员帮助工党联盟，在此之后贝京加强了对他们的攻击，受到了大多数密兹拉希的热烈欢迎。在右派成员的心中，左派反对战争的抗议与基布兹作为左派精英的堡垒有着紧密的联系。作战部队中的基布兹成员人数远远超过其在人口中的相对比例，这一事实并没有阻止反对他们的煽动行为。

1982年秋天，在以色列，关于黎巴嫩战争争论的高潮时期，作家阿摩司·奥兹开始了以色列的旅程，在此期间他遇到了"旧的"和

"新的"以色列。在贝特谢梅什（Beit Shemesh）这样一个发展城镇，贝京的地位接近于圣徒——"他是我们的父亲"，一位居民说——奥兹面对的是那些试图在现代社会中保留传统文化的人所经历的痛苦和侮辱："你为什么不问，当孩子还在过渡营时，谁教的孩子取笑他们的父母，嘲笑老人，奚落他们的宗教信仰和他们的领导人？你为什么不问，首先，谁教东方犹太人钱财是生活中最重要的东西？你为什么不问，谁发明了盗窃和欺诈？谁发明了股市？但是，塔佐拉（Tzora）基布兹有它自己的形象，贝特谢梅什也有它自己的形象，这是电视台记者和所有那些诽谤中伤者，以及教授们的错误。"[13] 相比之下，一名基布兹元老这样回应了这些指责："告诉他们不要相信煽动者。我们这里没有任何黄金城堡，我们没有骗过任何人。他们应该知道，在贝京政府的统治下我们会感到更加愤怒和受辱。为什么他们把我们当成怪物？剥削者？高人一等？腐败？叛徒？……你真的以为他们相信贝京向他们头脑中灌输的东西吗？[14]

老一代精英对新政权越来越感到疏远并充满敌意。工党联合政府过去对自己在电视上所呈现的形象感到愤怒，但除了抱怨之外，没有采取任何限制言论自由的措施。对于贝京政府来说却不是如此。以色列广播电视局的工作人员目前的工作正处于政府的监督之下，这种监督自20世纪50年代以来在媒体中从未出现过。他们觉得自己就像被围困的少数人。知识分子、媒体人物和作家认为"他们的"国家正在消失，被一个不是他们的国家所取代。消耗战之后，作曲家埃胡德·马诺尔（Ehud Manor）写了一首歌《我没有别的国家》，里面的歌词包括"我不会保持沉默／因为我的国家正在发生变化／我不会放弃提醒她／在她的耳边唱歌／直到她睁开眼睛"。这首歌在20世纪80年代再次发行，并被用来抗议黎巴嫩战争。记者那鸿·巴尼亚（Nachum Barnea）描述了1980年在吉诺萨尔（Genossar）基布兹举行的伊戈尔·阿隆葬礼上民众的悲伤：

我看到很多人渴望所谓美丽的、萨布拉的（土生土长以色列人的）以色列，而不是贝京神秘的或埃尔里奇店主的以色列。收音机播放了雷切尔（Rachel）和拿俄米·舍莫尔的《加利利湖之歌》，整个一代人听了以后眼睛里都噙满了泪水。这是真诚且真实的，也是令人担忧的。30岁和40岁的人哀叹他们所居住的国家并不是什么好事，他们不是为了一个重要人物的去世而哭泣，而是为了他们自己，因为他们觉得自己曾经拥有的国家已不再是他们的了。[15]

1984年，阿摩司·凯南（Amos Kenan）出版了一本超现实的小说《通往艾因哈罗德之路》，描述了军事独裁政权统治下的以色列，它接管国家并驱逐所有阿拉伯人。书中的主人公试图到达在艾因哈罗德基布兹中得以幸存的自由的以色列。这部小说表达了黎巴嫩战争之后左派的焦虑。

阿摩司·奥兹1987年的小说《黑盒子》（*Black Box*）对古老的以色列本土文化的丧失表达了遗憾，因为它正在被崛起的密兹拉希民族主义和宗教虔诚所取代。小说描述了一段三角关系，一个女人在两个男人之间周旋——她的第一任丈夫，一名死于癌症的勇敢军人，同时也是一名学者；她的第二任丈夫，北非犹太人，是一名宗教老师，他接受过基础的希伯来文和犹太教育，这些都能够从诗篇的片段中得到体现，他用诗篇建构了自己的语言。她的第一任丈夫，代表着犹太复国主义者左派，逐渐消失了，而代表着新以色列的第二任丈夫，既没有受过良好教育，也没有扎根于当地的经验，但仍然是活力和生命力的原型。这个漂亮女人在两个男人之间犹豫不决且饱受煎熬，奥兹认为这正是他自己经历的写照，也象征着这个国家和以色列人的经历。这本小说不仅表达了对正在消失的世界的哀叹，也表达了对新现实的接受，同时也有对古老契约失去活力的认可。

另一部哀伤失去旧以色列的文学作品是1988年梅耶·沙莱夫（Meir Shalev）的小说《蓝山》（*The Blue Mountain*）。这本书追溯了几代耶斯列谷地（Jezreel Valley）莫沙夫成员的生活，可以被解释为对犹太复国主义梦想的哀歌，因为它已经被证明不复存在。除此之外，在所有人都陷入战争和所有的理想主义都丢失之后，莫沙夫通过向那些希望死后能埋葬在圣地的离散犹太人出售墓地来赚钱。这本小说也是以接受现实的态度结尾。书中的主角以其混乱的性关系震惊了整个莫沙夫，但最终找到了真爱——一个来到莫沙夫的极端正统派家庭的女孩，因为这个家庭，他找到了自己新的根基。尽管这本小说的结局相对乐观，但是它是一本关于不复存在的现实的悲伤作品。

1983 年贝京失去了他作为总理应有的热情和坚毅。他越来越退缩，不积极参加内阁会议，不回应他的同僚，也没有提出任何建议。1983 年 8 月 28 日，在每周例行内阁会议上，贝京宣布辞职。"我不能再担任总理职务了。"他说，但接下来没有对此做进一步评论。他是因为越陷越深的黎巴嫩战争而陷入抑郁状态吗？他住所外的示威者向他抛出的伤亡人数是否使他的精神遭受打击？或者也许他只是厌倦了所承受的负担。贝京没有做出解释。

这是一个时代的结束。

第十八章
僵局年代：以色列认同的演变（1984—1990）

当利库德集团在 1981 年选举中仅以比联合阵线（工党与统一工人党）一票优势胜出时，贝京仍得以组建联合政府，而联合阵线则不能。在 1984 年的选举中，联合阵线比利库德集团多取得三个席位，但仍然不能组织政府，因为利库德集团在议会中能够纠集大多数席位。1988 年选举中，两大政党相持不下的局面再次出现。在整个 80 年代，以色列选民拒绝让任何一个政党获得独占性权力。以色列政坛不再有任何一个政党可以获得清晰的大多数，以构成组建联合政府的基础。考虑到这样的选举结果，工党和利库德集团被迫达成妥协并组建联合政府。1984—1990 年，以色列处于由两大政党连同几个卫星政党组成的民族联合政府的领导之下（随着第一届民族联合政府的建立，以色列统一工人党离开了联合阵线）。

建立于 1984 年的第一届民族联合政府试图创造政治条件，以使自身能够从黎巴嫩撤出以色列武装力量（参见前一章）并整顿以色列经济秩序。以色列经济低迷开始于 1973 年。赎罪日战争以来沉重的安全负担，连同全球能源危机，阻碍了经济增长，加速了通货膨胀，同时增加了国家债务。1975—1985 年的这些年被认为是以色列经济"失去的十年"，几乎没有任何明显增长。1984 年通货膨胀飙升到年均 400%，国际收支逆差状况恶化，以色列外汇储备缩水。历任财政部长所采取的措施都未能阻止物价上涨和货币贬值。银行过去推荐它们的客户购买银行股票，但 1983 年，银行股票泡沫破灭了。这些股票一夜之间失去了它们的价值，成千上万的家庭和企业陷入困顿状态。尽管自由化和市场经济趋势意味着减少政府对经济的介入，但此时政府还是被迫进行干预，以阻止经济崩溃，并在实质上将银行国有化。

1985 年，西蒙·佩雷斯领导的政府采取一项紧急计划以稳定经济。政府开支被削减，一些雇员遭解雇，津贴被取消，货币兑换汇率和工资水平被冻结，产品和大量服务项目价格受到监管。工资与生活消费指数之间的联系机制被暂时冻结，而真正的工资价值也在下降。此外，《以色列银行法》的一项修正案禁止银行提高政府的信用额度，如印刷货币。《安排法》（*Arrangement Law*），又称《经济政策法》，第一次成为《国家经济基本法》的一部分，这样能够在稳定计划的广泛框架中增加经济管制和改革的政策。这些组合措施稳定了货币；到当年年底，通货膨胀率下降到 30%，而且还处在持续下降之中。美国政府以特许的姿态支持这些旨在消除国际收支逆差问题的严厉经济措施。公众对此也表现出理解与克制，尽管这些措施造成了生活水平的轻微下降。大家都有一种感觉，需要进行根本性的改变，才能避免经济崩溃。从那以后，经济开始恢复，而经济增长的局面也重新出现。在重新增长的框架下，政府加速推动自由化和建立市场经济。放宽私人资本投资经济的条件，同时开始融入全球经济，为经济恢复增长创造了契机并构筑了基础。

工人协会（Heart Ha'ovdim）和以色列总工会（Histadrut）的经济部门，不能适应这些经济和政治变化。自从国家建立以来，以色列总工会就欣然接受一种扩展性的经济政策，该政策涉及确保充分就业和相对的高工资（尤其是在国家的周边区域），以及不解雇工人等。以色列总工会的经济领导层认为总工会正在履行一种国家使命，其经济能力相对于其承担的社会任务是第二位的。这种观念在 1977 年之前是一种很好的观念，那时国家要帮助正在遭遇失败的总工会的企业摆脱困境。但是，在一个对总工会经济并不抱同情的政府所管理的经济中，这一观念并不起作用，这个政府宣布了其引入自由化和资本主义经济的意图，这一经济形态遵循的是利润和亏损、管理效率和竞争的原则。

问题是在大变化之后，总工会经济的领导人担心直面工人们，他们中的多数人是利库德集团的支持者，而出于这种政治上的考虑，这些领导人并没有在他们的工厂中贯彻所要求的提高效率的措施。结果，总工会经济需要承担自己无法实现的使命。面对经济困境，总工会领导层不是选择关闭那些正在走向衰败的企业，必要性地降低工资，解雇工人，而是将那些成功企业的利润转移给那些衰败的企业，还企图使用财政操控的手段来掩盖真实的赤字规模。但通货膨胀达到顶峰时，这些领导人设法玩弄手段，拆东墙补西墙。但是，一旦经济稳定下来，总工会经济危机真正严重的程度就显现出来。作为鼓励增长的关键性改革的一部分，政府寻求在公共或政府控制下缩减经济规模。政府不会对总工会企业实施救助，因为它想将总工会限制为一种工会组织并取消其自伊休夫时代就开始的作为工人代表和主要雇主的独特性。在20世纪80年代末期，总工会被迫廉价出售其下属的许多企业并减少对经济活动的介入。

农业劳动定居点也经历着相似的过程。许多在通货膨胀期间贷款的基布兹无力兑现还款承诺。整个基布兹运动处在崩溃的危险中。20世纪90年代，由于希望提高它们的效率和适应时代精神，大量的基布兹启动了私有化进程，将它们的共同财产加以分割并在基布兹内部废除了平等原则。从现在起，收入和支出都是个人性的，而不是集体性的。不过，私有化了的基布兹继续为它们的成员维持着社会安全网。集体主义在超过半数的基布兹中已经消失，事实上这些基布兹已经成为社团定居点。莫沙夫运动也遭遇危机，许多莫沙夫面临破产。伴随劳工运动政治上失败而来的经济上的衰败进一步导致了以色列左翼绝望情绪的增长和方向上的迷失。在计划和指导性经济与自由市场经济的竞争中，苏联在80年代末开始的崩溃给社会主义世界观的衰落加上了一种普遍主义的维度。

1981年选举中，人们看到了塔米（Tami, Tnu'at Masoret Yisrael，即以色列遗产运动的缩写）的出现，这是一个种族性的密兹拉希党，主要代表摩洛哥起源的犹太人。从国家建立伊始，种族性政党就试图闯入以色列政治舞台。各种种族性政党到处活动，设法获得在议会中的代表权，但直到1981年，没有任何种族性政党成功获得真正的政治影响力。种族划分一度被认为与民族精神相矛盾，因为它借由来源国家将犹太人的区分永恒化。犹太复国主义寻求将各个不同流散地的犹太人熔铸成一种以民族文化、象征物、仪式和共同民族精神来表达集体认同的单一性实体。它将种族区分看成是过去流散生活的遗存，与在以色列锻造一个民族的任务是相抵触的。

最基本的观念是熔炉的观念：将所有流散的犹太人带到一种文化的屋檐下，让他们所有人都采纳进步的原则，一种非宗教的民族世界观，以及希伯来语言和文化。所有流散地犹太人都被号召规避他们之前的文化特性，并在国家及其象征符号的旗帜下统一起来。早在20世纪50年代就非常明显地出现了一次种族分裂［所谓的"第二以色列"，瓦迪萨利布暴动，黑豹党，在媒体和政府机构中一再出现的关于这一主题的辩论］，但是人们希望这些现象只是转瞬即逝的事件，最终会随着时间的推移而消失。在阿什肯纳兹犹太人（欧洲起源的社团，但一些年之后，来自巴尔干和希腊，原本是塞法迪起源的犹太人也被认为是阿什肯纳兹犹太人，因为他们乐于接受欧洲文化）与密兹拉希（起源于伊斯兰国家的犹太社区）之间混合婚姻的持续增长被"第一以色列"作为种族分裂正在缩减的证据。相应地，种族融合的形象被作为以色列单一民族正在形成，而族群分裂正在弱化的证据加以接受。

利库德集团在1977年执掌政权的一个因素是"第二以色列"对精明老练的阿什肯纳兹犹太人的愤怒。这就是说，密兹拉希选择利库德集团可以被解释为民族性原则被接受为支配性原则，既然利库德集团是一个民族性政党，而非种族性政党。但是，事实情况是贝京在1981年的选举动员中假定了族群分裂的合法性，他控诉了联合阵线侮辱和歧视密兹拉希社团，从而打开了以色列政治中的禁忌。制造族群分裂不再被认为是"非以色列人的"行为。塔米作为一个种族性政党突入以色列议会昭示着游戏规则的变化。塔米以牺牲全国宗教党为代价在议会中赢得了三个席位，这是对密兹拉希在全国宗教党中所感受到的歧视的一种表达。它证明族群分裂是活跃而激烈的，比以前显得更加强烈。相比较使用社会经济口号，并且对诉诸武力没有丝毫不安的黑豹党人，塔米的口号是"昂首站立"。这一语汇不仅代表着一种社会经济议程，也代表着一种文化议程：重建密兹拉希失去的荣耀和文化遗产。但是，塔米并没有持续很久。其领导层组织的和个人的问题导致其走向解体并被利库德集团所吸收。

1984 年，作为以色列族群政党的塔米的地位被沙斯党（Hitahdut Hasefaradim Ha'olamit Shomrei Torah，即世界塞法迪托拉监护者协会的缩写）所夺走。沙斯党是在 1973—1983 年担任以色列塞法迪大拉比的奥瓦迪亚·约瑟夫（Ovadia Yosef）的领导下，由城市拉比、拉比权威、耶希瓦领袖，以及来自密兹拉希忏悔运动（Mizrachi Repentance Movement）的拉比所组成的联盟。它是一个在埃利泽·沙赫（Eliezer Schach）领导的以色列政教党立陶宛支派庇护下得以发展起来的极端正统派密兹拉希党，但很快显现出自身的特点且不再需要歧视密兹拉希、玷污他们荣誉、剥夺他们议席分配的阿什肯纳兹犹太人政党的支持。

"沙斯党处于分裂以色列社会的三种力量，即宗教的、族群的和经济阶层（economic-class）的力量交汇的中心，"学者艾维泽尔·拉维斯基（Aviezer Ravitzky）声称，"但所有这三者的根源也都有着认同和忠诚、世界观和信仰、传统和思维方式等基本因素，并且在多样性与统一性，习俗与成文经典，犹太律法与喀巴拉，社团自治与哈拉哈权威，年长者、富裕者与耶希瓦学生及'信仰强烈者'之间存在着深刻的紧张。"[1] 尽管许多以色列人倾向于通过政治棱镜将沙斯党看成是一场利用其选举力量来为极端正统派的密兹拉希分支获得权益的运动，但是，在更彻底的意义上，这个政党被理解为从密兹拉希大众——

尤其是那些摩洛哥起源的犹太人——到大众宗教传统中汲取力量的宗教觉醒和更新运动的一部分。许多给沙斯党投票的人并不是极端正统派。不过，整个沙斯党的领导层都是极端正统派，尽管他们的正统性不同于阿什肯纳兹犹太人极端正统派。很多极端正统派的密兹拉希在军队服役并认为他们自己是真正的犹太复国主义者。他们认为非宗教犹太人已经偏离了真正的犹太复国主义道路并且应当重新转向宗教的阵营中，因为宗教与民族性是同一的。总体来说，许多沙斯党的投票者都是族群性、宗教性、民族主义同低下的社会经济等级与教育水平结合的结果。

极端正统派密兹拉希的研究者尼西姆·利昂认为，沙斯党代表的是密兹拉希犹太人如何应对现代性的一种特定模式。相比较引发"宗教与生活"分裂的欧洲现代化进程，欧洲殖民主义大国——法国或英国——带给中东和北非的现代化导致了对犹太教律法遵守的日益松懈，但绝不是信仰的丧失和竞争性的宗教体制的形成（就像西方的保守派和改革派犹太教那样）。宗教仍然是犹太身份的主要建构者，而传统也得到严格的遵守。在这些国家里，犹太复国主义同宗教力量结合，致力于反对由殖民政府所鼓励的世俗化和同化。

相比较而言，犹太复国主义者的以色列国家是世俗化的代理人，试图将民族主义——反对宗教——转变为犹太身份的关键因素。从移民以色列之后的第一代甚至是第二代开始，密兹拉希倾向于保持一种温和而传统的宗教立场:遵守他们祖先的传统，参加所在街区的会堂，偶尔也学习《塔木德》中的篇章，尊重他们的父母，但也不显得那么狂热。他们在安息日旅行，去参加足球比赛，去国立宗教学校上学，穿西方服饰，并在军队服役，所有这些都被认为是合法的。靠近异端正统派的倾向在移民以色列之后的第二代和第三代人当中出现，那时，第一代移民多已过世。

内部和外部两种因素都促进了这一趋势的出现。随着第二次世界大战的结束，极端正统派领导的以色列正教党在北非犹太社区中表现活跃，以努力弥补因大屠杀中 600 万阿什肯纳兹犹太人信仰者死亡而造成的极端正统派犹太人在人数上的匮乏。(犹太复国主义者进行的活动也具有相似的动机)。与此同时,密兹拉希极端正统派犹太教在耶路撒冷波拉特约瑟夫耶希瓦首先创建起来,这个耶希瓦建立于委任统治时代早期。立陶宛极端正统派耶希瓦和波拉特约瑟夫耶希瓦的毕业生组建了领导层和教育中心,并在此基础上最终建立其沙斯党。波拉特约瑟夫耶希瓦之前的学生拉比奥瓦迪亚·约瑟夫是一位在当代密兹拉希社团中具有极大影响的杰出拉比权威,他带给这场运动以巨大的领导声望和宗教权威。于是,沙斯党就作为一场竭力阻止现代化进程的运动成长起来,并且远离以色列现实强加给密兹拉希犹太人的所谓传统。

密兹拉希极端正统派犹太教分离性的框架得以建立出于以下几种因素。第一,随着极端正统派阿什肯纳兹犹太人社群在经历了大屠杀灾难之后得以恢复,在人数上得以增长,并重新恢复他们的自信,极端正统派阿什肯纳兹犹太人和密兹拉希之间的差距越来越明显。越来越少的密兹拉希能够在主要的立陶宛耶希瓦中获得职位,在诸如家庭包办的婚姻(他们被认为只适合那些存在缺陷的婚姻对象)、学校、被任命为宗教法官和耶希瓦领袖等领域针对他们的歧视也明显增强。他们也被严格限制在担任极端正统派拉比领导层较低的位置。尽管密兹拉希利用其选举权支持以色列正教党,但是他们并没有因为他们的能力而获得相应的选举回报。

第二,拉比奥瓦迪亚·约瑟夫是伊拉克家庭的后代,他发展了一种按照以色列所要求的形式,即盛行的宗教律法版本应当是拉比约瑟夫·卡罗所编纂的《布就筵席》(犹太律法的权威法典),来重新恢复密兹拉希犹太教以往荣耀的观念。这一观念体现了这样一种主张,即塞法迪版本的哈拉哈(也包括其祈祷书形式)要优于在20世纪50年代和60年代密兹拉希拉比倾向于普遍接受的阿什肯纳兹犹太人版本。奥瓦迪亚的观念也要求不同东方流散地(伊拉克、埃及、叙利亚、摩洛哥和突尼斯)移民所使用的不同版本的法典应当予以废止,并同意采用单一的、统一性的塞法迪/密兹拉希版本的律法。这样,拉比奥瓦迪亚的主张不仅卷入了同阿什肯纳兹犹太人宗教圈的冲突，也同那些遵守不同的本地传统的密兹拉希发生了冲突。拉比奥瓦迪亚的人格魅力，他作为拉比权威的声誉，他作为大拉比的至高地位，以及无数将他看作密兹拉希集团最终宗教权威的狂热信徒都使得他成为沙斯党无可争议的领袖。

第三，沙斯党迎合了试图寻求宗教经验、神秘主义亢奋和精神提升的大批密兹拉希群体的需求。在沙斯党支持下形成的忏悔运动，成为一种广泛而流行的运动，该运动适合于一种新类型的拉比，他们不是在宗教学术之中，而是在将会堂更新为一种同时带有传统宗教特征和社团活动功能的社会中心的过程中发展了他们的权力。那些为成千上万的听众组织精神更新和"强化"事件的忏悔运动的拉比主要吸引的是人们的情感和宗教想象力。他们提升了大众宗教信仰——其中包括本该同传统连接在一起的神秘主义元素，而事实上是一种在他们原来居住国并不为人所知的现代以色列发明——同哈拉哈学术和现代主义这两者相对。这些拉比表达了他们的听众对以色列社会甚嚣尘上的世俗主义、那种使得世俗教育成为必需的以现代成就来定位的生活，以及以色列精英对于他们傲慢的憎恶。

在 1984 年选举中，沙斯党赢得 4 个席位；1988 年和 1992 年获得 6 个席位，而在 1999 年选举中获得 17 个议席。在其发展顶峰时期，它所获得的议席超过其他两个宗教政党（以色列正教党和全国宗教党）的总和。沙斯党对待犹太复国主义者建立的国家态度比起立陶宛极端正统派显得更加温和与谨慎。它选择进入联合政府，甚至是由左翼力量领导的政府。它也支持总拉比署，这是一个以色列国家机构，以色列正教党拒斥这一机构。沙斯党对国家的同情态度反映了在极端正统派顽固内核之外更加广泛的投票者相对温和的政治态度，这些投票者并不严格遵守律法，同时他们的世界观是民族主义的，而沙斯党凭借自己的能力利用其作为两大主要政党之间的关键性政党地位，以为其支持者获得经济和政治权益。不同于看起来像一个宗派，并竭力保护自身封闭领地的以色列正教党，沙斯党一开始就带有强烈的传教性目标，竭力——至少在理论上——按照其自身的形象将以色列在整体上转变为一个极端正统派社会。沙斯党参与政府旨在构建起一种介入关乎自身追随者事务以及以色列社会普遍性事务的杠杆机制，它努力在诸如"谁是犹太人"、宗教皈依、在公共领域守安息日等问题上利用其地位施展影响力。

随着自由化和以色列转变为自由市场经济而造成的以色列福利国家的弱化，沙斯党获得了扩展影响的机遇。它建立起学校、幼儿园、慈善和福利机构网络，这些机构由公共财力支持，但按照沙斯党的精神来运营，以在形成其选票资源的广大人口中提升宗教认同。通过进入由以色列国家主义衰退所造成的力量真空，沙斯党成功地在极端正统派密兹拉希之外赢得一批追随者。拉比奥瓦迪亚·约瑟夫重新恢复密兹拉希犹太教昔日荣光的箴言意味着要给予约瑟夫·卡罗《布就筵席》中所体现的宗教裁决版本以优先权。但普通大众是在一种更为宽广的背景下来看待沙斯党，认为它是重建来自伊斯兰国家移民行为特征、传统和文化的需要。这种回应是对无数密兹拉希所感受到的冒犯的一种回应，他们的家园和童年记忆一直以来遭到世俗以色列人、倡导宗教犹太复国主义的全国宗教党以及极端正统派的以色列正教党的排斥。

极端正统派很难接受的传统宗教虔诚下宽容又宽松的框架构成广泛的传教性的"觉醒运动"的基础，这一运动旨在使得沙斯党更加接近 mithazkim——那些生活在国家偏远地区的人，他们正在通过沙斯党的忏悔运动回归宗教。一种新的大众宗教阶层由此出现，布道者和流行的喀巴拉主义者成为这一潮流的传导者，他们表面看来是号召人们恢复对律法的遵从，但实际宣扬的是一种简单的、不加修饰的宗教信仰，而非哈拉哈所擅长的律法论辩。忏悔运动的浪潮席卷了那些在极端正统派耶希瓦中不能找到自己位置，也不倾向于采纳极端正统派生活方式的广泛的大众信仰阶层。运动的布道者或者以成千上万人参加的布道盛会，或者通过录像带传播他们的福音。在宣传他们宗教福音的同时，他们也宣称对律法系统和现代科学没有信心，还嘲弄左翼人士、老兵以及非宗教的阿什肯纳兹犹太人精英，攻击代表古老精英立场的媒体，并且在整体上拒斥与老旧的以色列性相联系的一切。忏悔运动的文化给沙斯党支持者提供了他们自己的叙述，一种对他们自身现实的阐释。从其信奉者中获得公共资金支持的沙斯党政治系统与招募大量投票者的忏悔运动之间的合作是沙斯党选举力量的来源。

沙斯党代表的是一种在 1977 年首次出现在以色列社会中的新的身份政治。新马克思主义研究者认为经济等级划分是沙斯党力量的主要来源。但对于那些卷入这场运动的人来说，其首要且最为重要的驱动力是宗教力量，而这种宗教力量又是由族群力量所激发的。沙斯党的出现并在 20 世纪末成长为以色列第三大政党显示出由 20 世纪 50 年代熔炉和国家主义理论所塑造的以色列身份认同的弱化，以及以色列多元文化社会的出现。在这个社会中，各种不同群体之间出现相互斗争的态势，它们竞相形成这个国家的文化和政治议程。在 20 世纪 80 年代，看起来这种斗争的焦点是在以色列社会的非宗教群体和宗教群体之间。单一的主导性政党的缺乏以及两大主要民族性政党之间的僵局为特定利益政党，如宗教党留下了活动空间。这种斗争在经济领域主要表现为国家的蛋糕应如何分割。非宗教公众将极端正统派，包括沙斯党为他们自己的权益要求增加财政拨款的努力看作国家为那些只要求权利而不履行他们对国家责任的人而快速消耗公共财力。

在涉及犹地亚、撒玛利亚和加沙地带定居点的每一个问题上，世俗和宗教力量之间的分裂日渐显现。这些年里，定居者的弥赛亚倾向经历了起起落落。而以色列定居点耶沙（Yesha，犹地亚、撒玛利亚和加沙的希伯来语缩写）委员会则仍然忠诚于国家主义观念，并且继续将以色列国家视为最重要的救赎工具，但在边缘性地区则显示出这一委员会权威正在弱化的征兆。正如我们已看到的，信仰者集团（Gush Emunim）是一种超议会运动，其活动偏离现存的政党政治，它认为通过大众压力和突破法律将自己的议程施加于政治体系之上是合乎情理的。从拒绝接受大多数人的准则生发出来的麻烦的种子内在于信仰者集团的意识形态，它认为自身正在承担一种民族-宗教使命，这一使命的重要性赋予自身在以色列民主的边缘发挥作用的权利。

从 20 世纪 70 年代末开始，一个地下定居者群体开始采取行动。它开始于通过引爆耶路撒冷阿克萨清真寺来引领犹太民族实现救赎的一项弥赛亚计划。犹太人和穆斯林之间围绕着两大宗教都视为圣地的圣殿山区域的所有权进行的斗争自委任统治时代就已开始。在占领西岸之后，以色列为犹太民族占据了西墙，疏散了马格里布区居民——他们的家园位于毗邻的小巷，沿着西墙修建了宽广的广场，成千上万的犹太人会在犹太节日时来这里集会。摩西·达扬将圣殿山区域本身置于穆斯林瓦克夫（宗教基金会）的管理之下。多年以来，西墙区域的宗教影响在不断增强。原本西墙只是一种民族-宗教象征，现在成为一种会堂的类型，男子和女子相分离，西墙拉比确保举行适当的宗教礼仪。

随着西墙区域变得更加正统，其作为民族象征的地位日渐减弱。作家 A. B. 约书亚（Yehoshua）对"（民族）山"——赫茨尔山，世俗的以色列民族的万神殿，军人公墓所在地，犹太复国主义思想家赫茨尔、亚博廷斯基以及历任以色列总理和总统的安息之地——与"西墙"，一种可选择的、基于宗教的犹太认同的关注焦点之间进行了比较。这种比较不仅是在宗教与世俗主义、传统和现代之间，也在利用过去形成现代议程与致力于未来之间。"（民族）山"代表的是竭力成为民族大家庭成员一部分的以色列，而"西墙"则象征着犹太特殊主义，一种对隔都孤立的回归。考虑到人们在聆听 1967 年莫迪凯·古尔上校发表声明——"圣殿山就在我们手中"时那种抓住整个国家的热情，由世俗的和知识分子的以色列人从西墙所感受到的疏远，象征着由日益退却的和平可能性、占领的现实，以及以色列犹太社会中崛起的、很难评估其权力的宗教势力等问题而产生的幻灭感。

由年轻人构成的民族-宗教性群体的存在（他们将引爆阿克萨清真寺看作"清除仇敌"，是一种使救赎更加临近的梦想中的弥赛亚使命）可以被解释为犹太复国主义阵营中宗教犹太人和非宗教犹太人走向疏远的象征。它也显示出那些不再将犹太复国主义看成根植于真实世界的政治运动，并且试图将之转变为一场聚焦于实现神圣计划的极端主义群体之间的紧张。1982年，根据与埃及达成的和平协议，以色列撤出了亚米特区域。对于那些怀有拯救愿景的人来说，这是他们世界的终结；撤出行动证明救赎走向退却，而"救赎彼岸"（the redeeming end）的大门尚未开启。他们随后放弃准备登上圣殿山重建圣殿，这本来是他们计划中的要采取的下一步举动。

引爆阿克萨清真寺的计划并没有成为可操作的行动。但是它们激发了"虔诚者"群体使用武力促进犹太人在占领土地上建立统治的想法，这一想法被认为是值得的。从20世纪70年代末开始，这一群体开展街头黑帮行动，而行凶者从未被抓到。这些定居者认为在犹地亚和撒玛利亚阿拉伯市长组成的民族监护委员会应该对组织针对他们和以色列当局的抵抗和恐怖活动负责。1980年，一场针对希伯伦定居者的袭击造成数名犹太人死伤，在这之后，该组织的几名成员决定杀死阿拉伯市长以进行复仇。这一行动计划周密并有几十人卷入，他们中的大多数人并不确切地知道他们在行动中充当什么角色。两名市长失去了他们的腿，而一名试图拆除针对第三名市长爆炸装置的以色列国防军工兵在这次行动中失明。

复仇行动成为一种反复出现的模式。在希伯伦耶希瓦学生遭到谋杀后，一场针对希伯伦伊斯兰学院学生的射杀行动导致多人死伤。一开始，以色列当局并没有促使安全总部（General Security Service，GSS）采取针对"犹太地下组织"的行动，因为暗杀者受到以色列媒体的褒扬。但是，在伊斯兰学院事件发生后，贝京下令安全总部查找谋杀者。1984年，安全总部曝光了一个试图引爆5辆公交车炸死上面乘客的"地下"图谋，并且在最关键时刻逮捕了企图施暴者。他们被控有罪并被判处监禁。

"地下活动"的升级——从袭击被认为应对恐怖主义暴行负责的阿拉伯市长，到对具有反犹和伊斯兰倾向的伊斯兰学院无辜学生的袭击，再到试图对公交车上无辜乘客进行袭击——让人感到清醒。这些事件发生后，耶沙委员会履行了道德考量者的角色，揭露了其内部存在的地下暗流。大多数人反对地下行动，他们认为地下行动对于大多数定居者在不放弃犹太人定居犹地亚和撒玛利亚的情况下努力与巴勒斯坦人共同存在起到反作用。但是另外一些人则对地下行动表示欢迎。他们得到拉比梅耶·卡哈内（Meir Kahane）的支持，他在 1971 年从美国移民到以色列。1984 年，他因支持激进宗教意识形态和针对阿拉伯人的恐怖主义行动被选举进入以色列议会。

日益增强的宗教好战性在民族-宗教意识形态的转变中也有明显表现。如果说，过去在左翼政府的领导下，宗教党实际上满足于在兵役法、"谁是犹太人"以及在公共领域守安息日和犹太饮食法等犹太事务上捍卫自身权利的话，现在他们却坚持要在形塑民族文化的过程中成为执政党主要搭档。他们宣称，在犹太复国主义的列车的餐车上，他们有足够的能力成为犹太饮食法的监护者。他们现在想驾驶这辆列车。过去，一直掌控在工党部长手中的以色列教育部，现在却是民族-宗教部长控制的领域。尽管这一点实际上对世俗课程产生的影响非常微小，但却具有非常重要的象征意义。世俗主义者将宗教党日益增强的对于教育部的控制视为对国家教育世俗特征的真正威胁。

在宗教犹太复国主义者，尤其是定居者当中，一种要求更严格遵守犹太宗教律法的趋势发展起来。在民族-宗教运动阿奇巴之子青年运动中常常见到的光着脚、穿短袖衫以及男女共同参加活动的情景逐渐消失了。在带有宗教性的以色列国防军部队中举行军事仪式时，在吟唱国歌的同时，经常也会唱"我相信"的宗教歌曲，甚至有时只唱宗教歌曲。有时候在有笃信宗教士兵在场的情况下，女歌手不得不取消演出，因为女性的声音相当于裸露。大多数犹太复国主义者耶希瓦赫斯德尔（Hesder，如之前提到的，将高级《塔木德》研究同军役结合在一起）都有极端正统派背景并且影响到他们的学生采纳更为严苛的宗教礼仪。在有些宗教犹太复国主义圈子中，成员甚至被要求在诸如撤出领土等世俗事务上遵守托拉的观点（意味着遵守拉比的命令）——这也模糊了宗教犹太复国主义自 20 世纪 20 年代就已存在的分离原则，即神圣事务归拉比管辖，而世俗事务归世俗领导人，比如政治家管理。

极端正统派模式对宗教犹太复国主义的渗透强化了在国家舞台上宗教犹太人和非宗教犹太人的差别。在公共层面，争论体现在关于犹太文化的"满满的手推车"（the full cart）问题上。最杰出的"立陶宛"拉比沙赫宣称，那些遵守诫命的人拥有满满的手推车，而那些世俗犹太人的手推车则是空荡荡的。这一立场挑战了之前时代所创造的全部世俗的犹太和希伯来文化。面对宗教圈所表现出来的日益强烈的好战性和侵犯性，非宗教公众感到自己受到了威胁。

右翼与左翼之间的平衡削弱了政治体系的力量，因为双方彼此中和了对方。与此同时，信仰者集团和定居者、"现在就和平"运动以及沙斯党支持的忏悔运动所进行的超议会活动在不断增加，于是就出现了两种并行不悖的现象。一方面，人们逐渐倾向于放弃公共领域而选择待在家中。这表明公众对政治活动以及影响国家政治进程的可能性不再抱有幻想。同时，这一现象的出现也是电视影响日益增强的结果，电视成了以色列人的"部落篝火"。直到20世纪90年代，以色列电视还只有两三个频道。看电视创造了一种囊括以色列大多数公众的想象的共同体。随着生活标准的提高，空调在以色列变得越来越普遍，这样，户外集会就没有以前那样有吸引力了。同时，左翼和右翼的激进群体召集它们的追随者搞街头戏剧表演。电视将街头发生的每一件引人注目的事件带到普通以色列人的家中。一些怪诞的、超议会的事件获得了不成比例的重要性，而报道这些事件的媒体则给公众强化了领导层衰弱、缺乏可信度且已失去对局势控制的意识。

政治体系权力衰弱所造成的真空被司法体系所填补，从20世纪70年代开始，它开始明显表现出日益增强的权力。一系列的问题不是由政府，而是由法庭来决定。显著的例证就是出于公众压力，国家调查委员会（赎罪日战争后的阿格拉纳特委员会和萨布拉与夏蒂拉大屠杀之后的卡汉委员会）的决定对政府构成了约束。最高法院成为公民求助的对象，他们不仅在20世纪50年代涉及人权的问题上，而且在有关文化和政策问题上控诉当局的专断。正是最高法院决定在安息日前夕允许播放电视，以及埃隆摩利（Elon Moreh）定居点非法且应当撤离。20世纪80年代，最高法院自动阻止批准以色列国防军和安全总部有关在占领土地上实行行政拘留和土地征用的请求。尽管被占领土上的阿拉伯居民不是以色列公民，但他们却获准向最高法院提出申诉。诸如以色列国防军、警察局和安全总部等机构自动丧失了组织自治和抵抗法律行动的权利。

在新的司法地位上升时代具有转折点意义的一个事件是1986年的300路公交车事件。这一事件开始于恐怖分子劫持公交车未遂。根据以色列国防军发言人的说法，恐怖分子被击毙。但是，现场的记者报道说他们看到两名恐怖分子被安全部队人员带走。后来又出现他们遭到拷问并被安全总部拷问者处死的说法。安全总部试图掩盖其卷入这一事件。其特工人员在法庭上所做的证词被证明是虚假的，这严重影响了法官对安全总部报告的信任。这一事件被曝光后，总理伊扎克·沙米尔、他的副手西蒙·佩雷斯和国防部长拉宾都不同意安全总部特工应按司法部长的要求接受审判。结果司法部长被迫辞职。他的继任者同意接受一项诉辩交易，按照妥协方案，总统将在被控诉者受审之前赦免他们。

那是以色列政府最后一次可以解雇司法部长。在司法体系和政治体系之间的这种特殊斗争以政府表面的胜利而告终，但实际上该事件强调了这一事实：政府权威必须服从法律，司法高于政治体系。自此，司法体系不再视以色列国防军、国防部、警察的证言证词为当然真实有效，这些机构也要接受司法审查。

最高法院采取司法行动主义路线，而这背离了以色列司法体系的旧有惯例。直到20世纪80年代，最高法院都一直认为自己是在法律先例的框架下被授权阐释法律，同时也保持对法律文本的忠诚。但在20世纪80年代之后，它开始根据法官所持有和感知的按照《独立宣言》所陈述的，以及以色列作为一个犹太人的民主国家的标准价值来阐释法律。这是一种由司法形式主义向司法行动主义的转变：最高法院寻求参与塑造这个国家的特征和价值。"非常让人怀疑的是，除了美国之外，世界上还有另外一种司法机构能像以色列最高法院那样，其司法行动主义和对政策的卷入程度如此之大。"法学家阿姆农·鲁宾斯坦（Amnon Rubinstein）声称。[2] 这种司法行动主义的一种体现也延伸至诉讼资格领域，即公民或团体向最高法院申诉的权利。过去，这一权利只被赋予那些对这一申诉感兴趣或者同这种诉讼请求有直接联系的人。现在，任何关乎公众利益的事务都可以由任何公民向最高法院提起申诉——这意味着最高法院也可以审查行政官员，甚至是立法机构。"一切都是可以裁断的"，在 1995—2006 年担任最高法院院长的大法官阿哈龙·巴拉克声称。

这一变化显然受到了美国司法体系的影响。在以色列国建立的最初几年，法官主要受到大陆法律传统的影响。现在这种影响的来源主要是美国，有许多的以色列法官在美国学习法律。美国司法体系不惜以牺牲对共同体的忠诚为代价来鼓励个人主义，谨慎地看待国家，并寻求约束其权力。以色列最高法院促进了一种相似的自由主义议程，其在司法上的显现主要是 1992 年两部基本法的颁布：《人类尊严和自由基本法》和《职业自由基本法》。自以色列国家建立以来，人们普遍认为以色列议会不可能通过一部宪法，所以，一系列基本法的颁布起到了替代宪法的作用。这些法律比普通法律（尽管从来没有在法律等级划分上做过如此的声明）拥有更高的地位，而且只有以色列议会多数通过才能废止这些法律。以色列议会在 1992 年选举前的几天几乎在没有引发任何公众争论的情况下通过了这两部基本法。它们构成了 20 世纪 90 年代大法官巴拉克所推动的以色列"立法革命"的基础。

这两部基本法构成了以色列的"人权宣言"。在它们颁布之前，公民的基本自由主要受到《独立宣言》的保护，但《独立宣言》的法律地位并不明确。在这两部法律通过之后，它们就成为司法正义的基础。根据大法官巴拉克的阐释，因为这两部法律的地位在以色列议会通过的普通立法之上，所以其赋予最高法院在普通法律侵犯公民平等或个体自由和权利的情况下废止这一法律的权利。

这些法律也包含着按照《独立宣言》精神对以色列作为"一个犹太人国家和民主国家"的定义。这两种体现以色列国家本质的元素，围绕着它们之间的平衡问题，成为激烈争论的主题。大法官巴拉克以犹太复国主义的术语，如《回归法》、国歌、国旗、国徽、希伯来语言和文化、犹太日历、犹太节日等来定义这个国家的犹太特征。用这些术语来定义犹人特征与对于这个国家犹太特征的世俗观念是相协调的，但却与宗教圈的犹太教观念不相协调，犹太教观念要求通过哈拉哈律法和传统来加深这个国家的犹太特征。此外，以色列的巴勒斯坦人（正如现在以色列的阿拉伯人倾向于称呼自己的那样），以及犹太人中的后犹太复国主义团体（我们将在后面讨论）也声称在以色列作为一个民主国家的特征与以色列作为犹太国家的特征之间存在着根本的冲突，后者表现出对犹太人的优待，例如《回归法》。这一问题仍然是以色列重要的议事日程（我们将在后面讨论）。

得以增强的司法机构的权力也源于对政治体系信赖的减弱。巨大的司法权力也常常因为日趋好斗的媒体而得以增强。随着对政治当局敬畏感的逐渐消散，检视政府行为的调查性的新闻报道在20世纪80年代得以发展起来。新一代年轻的新闻工作者开始出现，他们既不忠诚于左翼，也不忠诚于右翼，只忠实于新闻自由和他们自己职业上的提升。他们偏爱司法机构，因为司法机构保护他们免受政治家的侵害，他们倾向于接受最高法院的权力，认为这种权力是正当与合理的。通常用以表达其所有者政治立场的古老的政党媒体在经济自由主义时代到来的情况下，几乎很难生存下去。这些政党报纸一个个地逐渐消失，关门停业，并被电子媒体和地方报纸取而代之。这些地方报纸相对浅薄，而且并不致力于维护国家价值。毕竟它们所感兴趣的是它们自己的媒体和经济上的成功。只有《国土报》作为一家私人拥有的独立报纸仍然致力于公开地促进自由主义的议程。另外，还有两家晚报《新消息报》(*Yedioth Ahronoth*)和《晚报》(*Ma'ariv*)。所有这三家报纸，尤其是《国土报》对于司法体系给予了无条件的支持。

司法行动主义以及电视等新闻媒体对自由主义倾向的支持，在其他许多方面，反映出 20 世纪 50 年代和 60 年代体现以色列特征的共和主义精神的衰落，以及西方自由主义，主要是美国式自由主义精神的兴起。在共和主义精神下，公民在承担义务的同时享有权利。它强调集体，而非个人；强调公共利益，而非个人权利。最初的以色列认同正是建立在这种精神的基础上。其实，早在 20 世纪 50 年代，就开始出现集体主义价值衰落和个人主义兴起的征兆。然而，那个时代的精神仍然受到第二次世界大战和冷战的影响，西方仍然刮起强劲的民族主义飓风。在以色列，爱国主义在塑造民族特征方面发挥巨大的能量。对安全的紧张和生存的焦虑几乎永不停歇地回荡在以色列社会之中，这自然延缓了放弃对公共利益忠诚的进程。于是，普通大众仍然愿意应征入伍并承担预备役任务。

只是在六日战争之后才刮起一股削弱"被围攻的和正义的"（the besieged and the just，按照诗人哈伊姆·古里的话来说）意识形态，对于犹太复国主义事业正当性的怀疑随之出现。贝京执掌政权、经济自由主义、消费文化以及生活标准的提高都在摧毁这种古老精神的支柱。新的精英人士，无论是宗教人士还是非宗教人士，过去从来就没有接受过这种共和主义精神，并一直偏好一种宗教-犹太精神（一部分人）或者一种自由主义-西方精神（另一部分人），正是这些人开始走到时代前列。从左翼和右翼都开始出现一股寻求塑造一种不同的以色列认同的力量。极端正统派、民族-宗教派、沙斯党密兹拉希、自由主义知识分子，所有这些人都竭力争取在塑造以色列公共领域和规划国家议程方面发挥他们的角色和影响力。由这些斗争所生发出来的多元文化主义看起来不仅仅是一种不可避免的事实，即现实的一部分，而且也是一种理想。在当代多样性的背景下，古老的以色列认同看起来太过强调统一和一致性，好像接受自上而下的命令，从而压制了其他形式的认同。

尽管旧精英失去了政治上的控制，而且他们在创造民族精神方面所发挥的作用也在下降，但是他们仍然统治着经济、军队、高等教育、媒体和司法系统。然而，地位的丧失，政治对手所体现的让人恐惧的形象，以及对受到民族主义者和宗教世界观影响的大众权力兴起的关注，这一切都结合起来，表现为一种以色列将要丧失民主的担忧。按照学者梅纳赫姆·莫特纳（Menachem Mautner）的观点，20世纪80年代的以色列，在自由主义者（也就是说旧精英）当中，因受到以色列社会中反民主权利对于权力中心的攻击而存在着一种典型的焦虑。这些自由主义者将司法系统尤其是最高法院看作以色列民主的捍卫者和保护以色列作为民主国家特征的最后堡垒。因此，他们并没有对最高法院司法行动主义削弱以色列议会作为立法机构的地位以及行政机关的自治权力提出抗议，而是在几乎所有司法系统与政府的对抗中支持司法系统。极端正统派和沙斯党的代表有足够的理由抱怨最高法院所坚持的平等阻碍了他们利用其政治权力为其支持者谋取经济利益。最高法院以定位于以色列基本价值的机构的面目来呈现自身，这些价值正通过以色列议会中出现的民粹主义趋势引导这个国家的发展。

像其他的知识风尚一样，后现代主义在20世纪80年代末从美国引入以色列。价值和文化的无等级观念对于那些感到古老的以色列文化阻碍了他们表达家园、语言、风俗和生活方式记忆的人来说具有很强的吸引力，多年以来，这些记忆被掩藏在一种怀乡式的浪漫主义迷雾中。多元文化主义同后现代主义很好地结合在一起。后现代主义坚持认为没有文化准则，并且大众文化与高雅文化具有同等价值。善与恶、崇高与卑微、真理与谎言、美丽与丑陋都是相对的，这样一些判断源于特定的价值体系，并不代表普遍真理。这种观念不仅很好地契合了多元文化主义，而且与电视日益增强的作为国家文化塑造者的地位相契合。

密兹拉希歌曲和音乐发展的历史展现了在以色列认同方面发生的这些变化。直到20世纪80年代，电台和电视台仍然被以色列地的歌曲和希伯来语的怀乡曲所统治。密兹拉希表演艺术家在徒劳地抗议着他们所遭受的排挤，过去他们一直被排斥在以色列文化的中心之外，他们的磁带只能在一些市场的边缘地带售卖。但是现在，随着密兹拉希政治力量的崛起，公众对过去密兹拉希所受歧视的更清醒的认识，以及新近对西方之外文化的开放，密兹拉希音乐——尤其是流行音乐，一种东西方元素的混合体，现在被定义为"地中海风格的音乐"——征服了迪斯科舞厅、婚礼大厅，而且最终也征服了电视和电台。

与此同时，密兹拉希要求他们的文化传统成为犹太民族历史叙事，以及犹太复国主义历史叙事的一部分。教育部和大学也站出来应对这一挑战。一开始，他们只是做出一些象征性的尝试，但慢慢地，致力于这些问题的研究者和研究开始出现，而犹太历史中之前没有得到适当体现的章节现在也被挖掘出来并被包含在民族叙事之中。同时，女性主义革命在美国发生并迅速波及以色列。这里，多元文化主义也提供了一种有利条件。在持续存在的父系社会，如阿拉伯社会和部分犹太社会中，以色列妇女开始要求在经济和文化领域获得她们的合理权利。进入劳动力市场的妇女数量持续增长——因为日益提高的生活标准要求丈夫和妻子都要出去工作——以及教育水平的提高为妇女打开了新的职业类型，导致了家庭关系以及两性关系的变化。在这方面，以色列同其他西方国家没有差别。

20 世纪 80 年代末开始出现并在 90 年代达到高潮的一种现象就是后犹太复国主义和"新历史学家"的出现，所谓"新历史学家"就是那些研究独立战争和以色列国家早先年代历史的年轻学者。他们的研究基于与这些年代相关的文献，这些文献正在被以色列国家档案馆解密。这些学者中的每个人都从不同的观点出发，挑战对于独立战争和以色列建国的犹太复国主义叙事，强调了其带给以色列阿拉伯人的灾难——巴勒斯坦民族灾难日（Nakba）。这些研究当中有一些是有价值的，而且随着时间的推移，他们的调查结果也被融入对以色列过去新的洞见之中。然而，这种历史论辩明显带有一种伪善和愤怒的口气："我们被误导了，他们兜售给我们的是一连串的谎言。以色列国的建立根植于一种反对巴勒斯坦人的原罪之上。"这些进行道德说教的学者强调了现实的一部分，但却忽视了其他方面。

新历史学家的出现正好与后现代主义思想的出现相一致，后者挑战了将历史写作看成一门寻求尽可能接近真相的学科的观点。后现代主义翻译成以色列式的术语就是后犹太复国主义，它将书写的历史看成一种"叙事"，也就是一种使自身适应消费者和当下的叙事模式。每一个民族、每一个社会群体都有自己的叙事。因此，没有所谓的犹太复国主义的"历史"，只有犹太复国主义的"叙事"，后者按照古老的劳工运动精神，建立在犹太复国主义正义性的基础之上，但却忽略了犹太复国主义的实现强加给阿拉伯人、密兹拉希、大屠杀幸存者、妇女等群体的不公。

有些后犹太复国主义者希望以色列放弃其"犹太复国主义"特征——换句话说，停止给予犹太人优先待遇，成为像其他国家一样的民主国家，并且停止歧视其阿拉伯公民，这些阿拉伯公民感到自己在"犹太人的和民主的"国家里是微不足道的或者说是二等的公民。他们声称犹太复国主义的时代已经走向终结，是该让以色列成为一个"所有公民的国家"的时候了。这一口号下所隐含的是要求以色列远离欧洲而转向中东，切断它同世界犹太人的特殊关系，废止《回归法》。在象征性的层面，这意味着改变以色列国歌——其歌词只提及了犹太人——国旗，而且可能在后面的阶段，也改变以色列国名，既然其国名很显然是同犹太民族联系在一起的。

其他一些后犹太复国主义者声称，在欧盟的超国家趋势和整个世界全球化趋势得以发展的情况下，犹太民族国家的全部观念——或者说任何民族国家的观念——都是过时的。他们声称犹太民族国家与犹太历史状况相抵触，因为就本质而言，犹太民族是一个流散民族，而犹太复国主义事业败坏了这一特征。有些人甚至声称没有所谓犹太民族这么一回事，只有犹太宗教，而犹太民族性是犹太复国主义的一种现代发明。另外一些人则强调非正义的犹太复国主义虽然声称将密兹拉希犹太人带到以色列，但却毁灭了他们的流散地社群，削弱了他们的父系家庭结构和文化传统，并且将以色列的密兹拉希犹太人变成了伐木工和引水工。甚至还有一些人声称密兹拉希犹太人是犹太信仰的阿拉伯人，他们是被犹太复国主义从他们自己的土地上根除掉的。

女性主义者声称犹太复国主义压制了妇女对民族文化的贡献,阻止她们的声音被倾听,甚至使她们在陌生土地上遭遇艰难的命运。也有一些人声称以色列国在存续大屠杀记忆方面做得不够,直到1961年艾希曼审判,以色列文化都没有给予大屠杀在犹太民族叙事当中以适当的位置。那些受到犹太复国主义剥夺的人所举行的游行一直都没停歇。任何感到不幸或者受到生活环境所侵害的人都很快地将他或她的悲惨境遇归于犹太复国主义歧视的结果。"犹太复国主义"成为一种通用的出气筒,成为所有由现代性、移民、民族主义,或者仅仅是时代变化对个体或群体造成的不公正的发泄对象。

这些对以色列民族性所造成的挑战从右翼看主要来自极端正统派,而从左翼主要是来自受到自由主义和个人主义所支持的普世主义。但是这两个极端只占到以色列人口的一小部分。大多数犹太人认为他们的以色列民族性是理所当然的,并且他们并不感到这种民族性与其中的次级认同相抵触。一个人可以同时是以色列人和民族-宗教派,一个沙斯党的投票者,一个最高法院自由主义的支持者,或者任何其他类型的民主主义者。20世纪70年代至90年代所做的公众舆论调查显示,大多数受访者认为他们的主要需要是同他们的家人共度时光,并且他们为拥有这样一个国家而感到骄傲。即使大多数人说他们是非宗教人士,大传统的家庭生活类型———起庆祝节日,安息日前夕的晚餐,成年礼仪式,继续在建构以色列的家庭并创造了一种保守的社会模式。当这个时代开始的时候,人们所认为的那种集体需要的重要性因为对个人需要的更多赞同最终消失时,这两种因素——家庭和民族性——在以色列人优先考虑的事项中仍然占据首要的位置。

在这个时代,普通以色列人享有三年额外的学习时间以及每天超过一个小时的额外闲暇时间,这显示出他们生活水准的提升。这额外闲暇时间的大部分被电视所占据,根据我们所看到的,无论好坏,电视已经成为最大的社会化代理人。以色列人将在这个国家内远足作为他们最钟爱的闲暇活动,而年轻的以色列人倾向于在完成他们的兵役之后继续到远东或南美进行长途旅行。到国外旅行成为一种类型的以色列人的成人礼，既然它是一种可以获得的方式。如果说佩特拉古城是 20 世纪 50 年代勇敢的以色列年轻人的浪漫主义理想的话，那么，到 20 世纪 80 年代，它已经被去南美长途旅行取而代之了。

一些老作家怀着欣喜之情描述了共和主义精神的衰落，另一些人则近乎幸灾乐祸。亚科夫·沙巴泰(Ya'akov Shabtai)1977 年的小说《持续着的过去》(*Past Continuous*)本质上是为古老而教条的社会文化所树立的一块奇异的墓碑，而读者很难说清作者究竟是对这种文化的丧失感到遗憾还是高兴。约书亚·凯纳兹（Yehoshua Kenaz）的书反映了从民族主义集体价值向后现代社会的转变，前者经常给个人造成了难以忍受的压力 [《渗入》(*Infiltration*)]，而在后者当中，任何事情都可能发生，价值变得腐朽，而困惑的老一代人注视着一种陌生的、没有意义的现实 [《回归失去的爱》(*Returning Lost Loves*)]。正如前一章所显示的，阿摩司·奥兹和梅耶·沙莱夫的书怀着痛苦的屈从之情表达了古老精神的逝去。

其他一些作家则开始关注以色列现实的生活角落，甚至是犹太流散的现实，这在之前并没有被人描述。大卫·格劳斯曼（David Grossman）对大屠杀记忆和在以色列创建他们家园的新移民表达了不同的声音 [《证之于：爱，亲密文法之书》(*See Under : Love, The Book of Intimate Grammar*)]。阿哈龙·阿佩菲尔德回忆了第二次世界大战时在欧洲他童年生活的场景，并且描绘了从未能使自己摆脱那个世界的幸存者的内心世界。哈伊姆·贝尔（Haim Be'er）描述了他在极端正统派耶路撒冷的童年生活 [《羽毛》(*Feather*)] 以及后来20 世纪 50 年代以色列宗教和世俗世界之间的冲突 [《修剪时光》, *Et Hazamir* (*A time for trimming*)]。那些以来自伊斯兰国家妇女移民的心理和文化世界为中心来描述她们的以色列性的作家也开始出现。罗妮·马塔龙（Ronit Matalon）和多莉·拉宾扬（Dorit Rabinyan）描述了不哀怨古老精神逝去，而是将自身定位于新以色列的多元文化主义之中并给予其表达与合法性的新以色列性。

因提法达

1987 年 12 月 8 日,一名卡车司机在加沙地带导致了一场致命的交通事故,造成 4 人死亡,多人受伤。这名司机是一名以色列犹太人,而受害者是巴勒斯坦人。几个小时内,谣言传遍了整个加沙地带,据传这名司机是几天前被巴勒斯坦人杀害的年轻以色列人的亲戚,而此次"事故"是一次有意的复仇事件。事实上,谣言没有根据,但却像篝火一样燃烧起来。大众骚乱以前所未有的规模在加沙地带爆发。骚乱者并不畏惧同以色列安全部队发生冲突并且无视宵禁令。骚乱迅速波及整个加沙地带,而在几天之内,西岸地区也燃起骚乱之火。就这样,因提法达(阿拉伯语字面的意思是"摆脱")开始了。

就像之前突发性的大众骚乱一样,以色列当局对事态发展完全感到吃惊。甚至在突尼斯的巴勒斯坦解放组织的领导人也猝不及防。但是回过头来看,因提法达是注定要爆发的。据我们所看到的,六日战争后的头几年是摩西·达扬"开明占领"(enlightened occupation)时期。受到失败和占领惊吓的巴勒斯坦人对以色列人对他们的宽容态度感到吃惊,这种宽容抵消了恐怖的反以色列宣传带给他们的畏惧。开放的桥梁使得西岸地区的持续的经济活动成为可能,甚至也是在允许那些忠诚于侯赛因国王的人继续接受约旦的支持。以色列人在占领土地上旅游,以及成千上万的巴勒斯坦人在"小以色列"(绿线边界的西端)工作,都使得资金得以进入占领地,并提高了那里人们的生活水准。

但是这种繁荣很快结束。20 世纪 70 年代早期全球能源危机和1975—1985 年以色列经济所经历的困难导致了西岸地区和加沙地带的经济下滑。相对于之前 10 年,以色列的就业率也在下降。20 世纪80 年代早期世界油价下降,而许多在海湾国家谋求生计的巴勒斯坦人也不再能给他们的家庭寄钱。早在 20 世纪 70 年代人数增长就非常有限的来自西岸的移民出现大幅度下降,因为产油国对于工人的需求在减少。这样就出现了一种人口增长(也是医疗保健系统改善的结果)与收入和就业减少并存的情形。

以色列没有投资占领区的经济发展并且阻碍试图发展当地工业的

努力，原因是担心会与以色列生产的商品产生竞争。以色列将占领区看作一种必须以其收入支持其开支的封闭经济体。它也不出于占领区居民的利益而将征收来的赋税投资于贸易许可、工作、收入等方面。同时，20 世纪 80 年代早期以色列人的生活水平也在下降，而约旦却保持了经济增长，而占领区的居民很自然地会将他们的境况与约旦河那边居民较高的生活水平进行比较。从 1967 年开始，在犹地亚和撒玛利亚建立了 7 所阿拉伯大学，这些大学成为知识分子领导层在意识形态上煽动反对贵族领导层的中心。一类年轻的、受过教育的、中产阶级的巴勒斯坦人开始出现，他们不能找到与其所受教育相称的工作，被迫在以色列从事低等职业——而这是造成怨恨的又一原因。

这些土地上的巴勒斯坦人与以色列人的遭遇既没有产生相互喜欢，也没有导致彼此的倾慕。相反，他们之间的遭遇增强了愤怒和仇恨，这些愤怒和怨恨需要寻找发泄的渠道。在检查站、桥梁和主要的十字路口，巴勒斯坦人要面对那些以安全检查为由羞辱他们的士兵，这些士兵行为无礼，言语中带着嘲弄和咒骂。而以色列民政部门（取代了军事政府）的官员们则让巴勒斯坦人来来回回地跑很多趟才能获得许可证，做他们需要做的任何事情。除以上问题之外，这些定居者行为专横跋扈，每次当个别人投掷石块或燃烧瓶的时候，他们总要强行施加集体性的惩罚。军队试图阻止定居者的黑帮行动，但定居者傲慢地予以回应，甚至公开羞辱高级军官，并无视他们的命令。

巴勒斯坦人在观察着并学习着。那些在以色列工作的巴勒斯坦人投身建筑行业，或者干着在餐馆刷盘子之类艰苦而低报酬的工作。普通雇主对他们的态度掺杂着傲慢与鄙视。当然，也有一些雇主的行为有所不同，但那些后来成为因提法达激进分子的工人的见证描述的是一种普遍的图景。巴勒斯坦人学习讲希伯来语，但是他们与以色列人的相识却滋生着敌意、被压抑的愤怒和仇恨。

由于同以色列人之间持续不断的摩擦以及遭受侮辱和压制的意识所导致的日益增长的民族主义者的紧张，连同经济危机，造成了学者加德·吉柏（Gad Gilbar）所谓的"双重剥夺综合征"。直到 20 世纪

80 年代早期，以色列政策制定者都在小心避免出现民族主义者的挫败同经济困境结合在一起的形势。然而，20 世纪 80 年代的以色列政府并没有采取措施阻止这一爆炸性态势的发展。加沙地带巴勒斯坦人生活普遍陷入困境，他们生计来源匮乏并对在以色列的工作有绝对依赖，这一状况成为点燃骚乱怒火的导火索。

任何亲身关注这些事件的人都会预料到结果。在因提法达爆发的前一年，破坏和平的行为较之于前一年增加了 100%。那一年，没有任何组织支持，年轻人自发策划了许多恐怖行动——正是煽动暗流涌动的体现。当 1987 年骚乱爆发时，当局估计它会在几天之内减弱。在因提法达爆发的头 10 天里，正在访问华盛顿和美国犹太社区的以色列国防部长伊扎克·拉宾并没有回国，这一开始是因为他认为事态并非紧迫到必须回国，后来是因为他担心他的回国会被解读为示威者的胜利。而巴勒斯坦民族解放组织的领导人也花了 10 天时间才意识到，被占领土上正在发生的事情是一次大众起义，并正在一天天积蓄起巨大能量。

在最初几天里，军队的回应是犹豫不决。这首先是因为在占领地区可利用的军事力量非常小，直到那时，以色列当局出于统治需要，还不是必须显露军事力量。另外，它们正遭遇一种新的、完全不熟悉的现象：大规模的示威者克服了畏惧军队的心理障碍，没有被士兵们鸣枪示警所吓倒，冒着在冲突中受伤的危险，去破坏装置、电话线以及任何以色列统治的象征物。军队没有同这些平民遭遇的经验。最初，妇女和儿童是因提法达的士兵，而石块和燃烧瓶是主要武器。以色列国防军仓库只有很少的烟雾弹和催泪瓦斯弹，而更大量的需要从美国紧急订购。军队优柔寡断的回应进一步激发了示威者的激情和自信。

在骚乱爆发的加沙地带，主要的武装力量不是巴勒斯坦解放组织，而是一个新的角色——哈马斯。哈马斯是激进的穆斯林兄弟会的巴勒斯坦分支，穆斯林兄弟会起源于埃及并渴望建立一个大伊斯兰国。哈马斯声称，所有异教徒，犹太人和基督徒都一样，注定要走向灭亡。当那一天来临时，对整个巴勒斯坦地的统治将会转移到穆斯林的手中，而犹太人将会被清除掉。在哈马斯的世界观里，以色列在中东没有存在的位置，哈马斯的宣传中充满着反犹主义的预言。然而，哈马斯也接受了以色列的支持，以色列将哈马斯看作巴勒斯坦舞台上一支会削弱巴勒斯坦解放组织领导的世俗民族运动的角色，因为对以色列政策制定者来说，巴解组织领导的民族运动看起来比哈马斯要危险得多。

哈马斯，由教长艾哈迈德·亚辛（Sheikh Ahmed Yassin）领导，避免采取恐怖主义行动，并致力于以伊斯兰教的精神教育巴勒斯坦民众，归化那些受以色列对宗教界宽容政策影响（而希望回归伊斯兰教）的年轻巴勒斯坦人，并建立慈善和福利机构，提供教育和医疗服务。哈马斯强调廉政并避免腐败——当然，巴勒斯坦解放组织没有遵从这一模式——同时避免接触毒品和酒精。它成功地在加沙地带建立起一系列的福利机构（西岸地区也有，范围相对小一些），这些福利机构的代理人之间产生依赖性关系。建立禁欲的、平等的国家并借此许诺实现拯救的伊斯兰教预言在生活几乎看不到希望之光的难民营和城市郊区的贫困街区得到响应。甚至在因提法达爆发之前，哈马斯就掌控了加沙的高等教育机构伊斯兰爱资哈尔大学，证明了其在加沙地带的影响力。哈马斯与巴勒斯坦解放组织之间争夺大学的斗争以哈马斯的胜利而告终，尽管其新的管理机构没有得到以色列认可，但这所大学还是在持续地扩张。

这样，哈马斯所取得的成效并不只是获得了来自较为贫苦的巴勒斯坦人的大力支持，同时在伊斯兰知识分子中也有较深厚的基础，这些伊斯兰知识分子为哈马斯扩展在公众舆论中的影响力提供服务。哈马斯掌控了加沙地带的瓦克夫（waqf，伊斯兰宗教基金会），瓦克夫为哈马斯组织提供了财政支持，并增强了其社会影响力。当骚乱爆发时，在加沙地带升起的旗帜不是巴勒斯坦解放组织的旗帜，而是伊斯兰的绿旗。这一地区的激进分子说服亚辛教长必须改变哈马斯的政策。根除以色列的吉哈德（圣战）不应该根据在因提法达之前哈马斯政策所要求的那样，被拖延到伊斯兰国思想得以被充分灌输之后，相反，应该立即采取行动。在因提法达中，哈马斯证明其恐怖主义和斗争能力与巴勒斯坦解放组织同等重要，哈马斯所使用的是一种民族主义与伊斯兰相结合的口号。哈马斯因此也成为与巴勒斯坦解放组织争夺巴勒斯坦民族运动领导权的最强劲的对手。

在西岸建立的因提法达领导机构（民族起义联合领导委员会——UNLU）主要由那些名不见经传的年轻人组成，他们在传统的领导人遭到逮捕或者不再发挥作用的情况下掌控了权力。他们是在以色列占领下成长起来的受过教育的年轻人，对以色列军事和民事能力比较熟悉。这些年轻人通过拒绝支付税收或接受以色列民政部门许可或服务的方式，试图强化公民不服从和非暴力反抗。但是结果证明，这样的行动对巴勒斯坦公众来说是非常困难的，所以，刚一开始提出就遭到失败。这种地方领导力量的兴起威胁了在突尼斯的巴勒斯坦解放组织领导人的地位。巴勒斯坦解放组织迅速将这些年轻人置于其权威控制之下，以保护它作为巴勒斯坦运动排外性领导者的地位。这些年轻人既需要巴解组织的合法性，也需要它提供资金支持，所以他们接受了阿拉法特作为巴勒斯坦民族主义象征的权威。

因提法达也是一场由无产阶级、难民营和铁皮屋街区里的居民开展的反对巴勒斯坦中产阶级出现的社会斗争。无产阶级针对商人阶层开展了商业罢工，禁止将商品销售到以色列，也禁止从以色列购买商品。巴勒斯坦人停止在以色列工作。这加重了经济困境，确保了因提法达有足够的示威者。

在因提法达的最初几个月，巴勒斯坦人避免使用枪炮来袭击以色列国防军部队。尽管示威者多次试图从士兵手中抢夺武器，但只是到后面的阶段，巴勒斯坦人才开始对以色列士兵射击。根据我们所看到的，因提法达主要是一场使用石块和燃烧瓶进行的战斗。这一点对世界公众舆论产生了强烈影响，公众所看到的是扔石块的青年面对着装备精良的士兵。国际媒体将以色列描绘为袭击巴勒斯坦大卫的哥利亚。在头 18 个月时间里，因提法达重新让西方世界意识到巴勒斯坦人的存在。这种报道让巴勒斯坦人获得了广泛的国际同情，而对以色列的国际形象造成了损害。

在因提法达后来的阶段，巴勒斯坦人内部的冲突开始出现而联合阵线走向瓦解。巴勒斯坦社会内部对于以色列同谋者所施加的暴力——这也是解决个人信用和品质问题的一个机会——削弱了民族团结，这和委任统治时期阿拉伯人反抗中存在的问题是一样的。恐怖主义行动开始了，对这场运动的国际地位造成了伤害。虽然阿拉法特曾致力于阻止让这些行动成为他与美国 1988 年以来开展对话的条件，但他并没有谴责这些行动，这导致了这一对话的结束。而巴勒斯坦人所有错误中最大的一个是在萨达姆·侯赛因入侵科威特时支持萨达姆。更为严重的是，在科威特的巴勒斯坦社团也支持萨达姆并且同他进行合作。结果，大约有 35 万巴勒斯坦人被驱逐出海湾国家，那里只剩下 2 万名巴勒斯坦人。这一灾难抹去了因提法达在世界公众舆论中所取得的成就（我们将在后面讨论）。

以色列右翼圈子，包括一些利库德集团的部长，认为可以通过武力来镇压这次大众起义——而且如果一般数量的武装力量不能够发挥作用的话，可以投入更强的力量进行镇压。但是以色列国防军的高级军官明白，无论是以色列公众舆论，还是以色列法律都对军队采取行动施加了严格的限制。以色列国防军不能向有妇女和儿童参加的示威活动开火，那样是不道德的和非法的，并且会与军队所代表和象征的一切相抵触。在以色列国防军历史上，它第一次发现自己因为不能执行已经下达的命令而受到政治领导人的指控。更为重要的是，对于定居者而言，军队的谨慎方式反映了隶属于工党政治联盟（the Alignment）的以色列国防军高级军官的政治观点。国防军总参谋长丹·舒姆龙（Dan Shomron）说不可能在不对平民使用暴力行动的情况下镇压骚乱——但以色列国防军又不会对平民采取暴力手段——所以，应该通过政治方案解决问题。以色列定居者将此理解为要求通过领土妥协，或者某种在领土问题上的其他安排来实现一种政治上的安排，这是他们所不能接受的。那些行走在犹地亚和撒玛利亚道路上的定居者很容易成为恐怖分子袭击的对象，他们要求军队给他们提供完全的安全保障，但以色列国防军从来没有向以色列公民许诺这一点。

以色列军方在这些土地上部署了成千上万的部队。这种占领不再廉价，因为过去这里所投入的武装力量是有限的，但现在，虽然不是在为下一场战争做准备，但整个军队急速出动，在阿拉伯城镇和乡村挨家挨户搜查，试图抓住那些扔石块的儿童。反对使用枪炮的命令需要一种区别性的策略，军队开始使用警棍。国防部长拉宾应该是说过这样的话："打断他们的骨头。"拉宾是否真的说过这些话是值得怀疑的，但那就是军队怎样理解使用警棍的——军队不断地被那些扔燃烧瓶和石块的巴勒斯坦人追赶，行动受挫。电视上的画面令人不忍直视。那些看到电视画面的美国犹太人对以色列士兵残忍对待巴勒斯坦人的场景感到震惊，并且开始怀疑以色列的行为。舒姆龙要求以色列国防军停止这些野蛮的行为。最终以色列人还必须同巴勒斯坦人生活在一起，所以应该小心地避免仇恨。由于同样的原因，他也尽力避免实行集体性的惩罚。但是日益增长的暴力要求采取更加严苛的回应。最严厉的惩罚是摧毁家园，并将巴勒斯坦激进分子从这个国家驱逐出去。

以色列国防军陷入进退两难的境地。定居者及他们的同情者控诉国防军未能镇压因提法达，这些指控为这些土地上私人民兵的形成创造了条件。而激进左翼组织如"凡事有极限"（Yesh Gvul），号召士兵拒绝在这些土地上服役，它控诉以色列国防军丧失人性和伦理道德。这些对以色列国防军的态度反映出以色列社会在对待占领和领土问题上存在的分裂。

因提法达并不限于绿线以外的领土。以色列阿拉伯人骄傲地、焦急地注视着在被占领土上受到以色列压制的教友们所发动的起义。1987 年 12 月，以色列阿拉伯人的一种保护伞组织以色列阿拉伯市长委员会组织了"和平日"，这一天阿拉伯人区举行了总罢工，以显示以色列的阿拉伯人与边界那边的巴勒斯坦人之间的团结。以色列阿拉伯人还印刷了宣传海报，在西岸的因提法达领导人不能印刷这些海报，以免印刷机被以色列国家安全总局发现。当以色列冻结了占领土地上向巴勒斯坦解放组织转移资金的社团银行账户时，以色列阿拉伯人通过他们自己在以色列银行的账户将钱转给因提法达领导人。在像加利利或小三角区这样的阿拉伯人口稠密区，人们也向汽车投掷燃烧瓶和石块。巴勒斯坦解放组织的旗帜也公开飘扬在这些乡村。拿撒勒的一个警察站在大白天遭到袭击。有好几次，通往阿拉河谷（Wadi 'Ara）的阿拉伯人稠密区的城际公路被当地居民阻断。这些暴力事件和示威活动发生在因提法达爆发的头三个月。以色列阿拉伯社团的领导人随后谴责了暴力活动并迅速采取措施恢复了平静。

以色列阿拉伯人的挑战是围绕着两个问题进行的抗议：持续的占领和缺乏对巴勒斯坦身份的承认，以及对他们的歧视。这种歧视所采取的形式是，相比较那些既有的犹太委员会，阿拉伯地方委员会获得的是较低的财政拨款份额，以及低水平的教育，同时缺乏教育和娱乐设施。阿拉伯人在以色列政府工作中遭到排斥，同时在国家问题上缺乏倾听他们声音的渠道，这些都强化了他们对这个国家的疏离感。随着以色列巴勒斯坦人口的增加，民族主义情感也在增强。到1987年年末，他们的人口已经达到75万（包括在东耶路撒冷的13万人），占到总人口的近17%。人口增长增强了他们的自信，而同西岸巴勒斯坦人的接触增强了他们的身份意识和民族自豪感。然而，对于以色列巴勒斯坦人来说，表达同他们兄弟的团结已经足够，他们并不接受激进的、超议会的运动"乡村之子"（Sons of Village）企图将因提法达带到以色列领土上的行为。

然而，以色列阿拉伯人在他们构成人口大多数的两个区域地理上的集中，并且各自掌握民族领导权，加上他们对待犹太人大多数的敌对行为，让犹太人大多数产生了他们打算将他们的区域并入西岸巴勒斯坦实体的怀疑。

在因提法达爆发之前，右翼感到现状能够得以维持；定居点建设在未给予巴勒斯坦人代表权的情况下可以继续。同时，左翼认为解放的方案是在满足安全需要的基础上进行领土调整，将土地归还给侯赛因国王，而同时保持耶路撒冷作为以色列的一部分。一段时间以来，这两方都认为维持现状是没有问题的。但是，因提法达的爆发证明低成本的占领不再可能，而现状也不能得以维持，因为巴勒斯坦人不会再接受压制和他们土地、水和自我尊严的丧失。压制的成本太过高昂，不仅耗费以色列的钱财和生命，而且给以色列的国际地位造成严重损害。

因提法达期间西岸年轻人的激进化，加上巴勒斯坦无产阶级的伊斯兰化，让侯赛因国王感到警觉，他看到起义就要越过约旦河进入自己的王国。1987年，他就同以色列外交部长佩雷斯签署了《伦敦协议》，协议提出召开一次国际会议，旨在为"约旦选择"开辟道路，即以色列和约旦之间达成一项关于巴勒斯坦人命运的协议。但是，以色列总理沙米尔坚持大以色列原则，拒绝这份协议。大约一年之后，侯赛因国王宣布脱离约旦河西岸。1988年7月31日，他放弃了西岸，废止了其同哈希姆王国的联系，这样就破坏了工党政治联盟与约旦进行领土妥协的提议。

随着侯赛因国王的脱离行动，以及以色列拒绝承认巴勒斯坦人作为与以色列讨论他们未来的伙伴，以色列现在必须面对面地同巴勒斯坦人打交道，缺乏约旦作为与其谈判的另外一方。三个月后，即1988年11月，阿拉法特宣布巴勒斯坦独立，而侯赛因国王承认了事实上的巴勒斯坦国。巴勒斯坦民族解放组织宣布接受联合国安理会第242号决议和338号决议，这两个决议承认了巴勒斯坦人的自决权以及他们与以色列并列建国的权利，也构成巴解组织参与解决中东冲突问题的国际会议的基础。巴解组织接受联合国决议及其表示将谴责恐怖主义的声明打开了它与美国对话的大门。巴勒斯坦解放组织这种对以色列与巴勒斯坦国共同生存权利的间接承认表达了它所发展的一种"阶段理论"（stages theory）：就这一点上，从实用的原因考虑，巴解组织能够在不放弃更大巴勒斯坦的遥远愿景的情况下接受以色列的存在。这种最大化的愿景导致许多以色列人以怀疑的态度看待巴解组织。而在巴勒斯坦人方面，他们也怀疑这将最终导致他们只能接受局部的成就——在巴勒斯坦的部分领土上建立国家，而放弃最终目标。在这方面，以色列人和巴勒斯坦人思维之间存在着确切的相似性。双方都希望拥有整个国家。考虑到现实条件，两者都准备接受较少的获得，但并没有放弃他们的宏伟目标。

到 20 世纪 80 年代中期之后，由于巴勒斯坦人向海湾国家的移民大幅度减少，人口问题变得更加敏感。捍卫以色列作为犹太国家的特征长期以来与大以色列的愿景相冲突。一些右翼圈子开始提出"转移"观念——驱逐阿拉伯人，但这一观念对于绝大多数人而言完全不可接受，也缺乏主流的支持。因此，以色列面对着两种选择：赋予所有巴勒斯坦阿拉伯人以以色列公民权，这样的话，在 20 年后，巴勒斯坦阿拉伯人将使犹太人成为他们家园中的少数民族，或者，回到分治的解决方案，在以色列的历史土地上建立两个国家。20 世纪 80 年代末期到 20 世纪 90 年代早期是重新规划以色列政治优先事项的时代。

第十九章

充满希望的十年（1990—2000）

　　历史上不是每个 10 年都会出现引人瞩目的事件。有些 10 年平平淡淡，很少有值得注意的事情发生，而在有些 10 年，意想不到的事情会迅速而激烈地接连发生。这些难以预料的事情改变了现实，并建立了新世界的图景。20 世纪 90 年代正是这样的 10 年。

　　第一个重塑现实的事件是苏联解体。1989 年，苏联国家元首米哈伊尔·戈尔巴乔夫的新政策结束了东西方对抗，改变了国际关系的模式。"二战"后欧洲分裂为两大阵营并形成冷战国际体系，而 20 世纪 90 年代以来这一突然的逆转标志着"二战"后冷战时代的结束。苏联对以色列的敌意，以及与激进的阿拉伯国家的牢固联盟，具体表现为军火供应和在联合国对它们的一贯支持，是多年以来中东地区国际关系固定不变的特征。1972 年以来，埃及已经处于苏联势力影响之外。但叙利亚的恐怖组织和伊拉克，几乎都得到了苏联人和忠于莫斯科政治路线的东欧社会主义国家集团的无条件支持。

　　苏联解体使得中东形成了一种新的政治形势。反西方的"对抗性国家"（confrontation state）的赞助国宣布放弃对抗政策，并对新力量的结盟持开放态度。这意味着不再有无限制的军火供应，也不再有更多的对敌视西方的国家的政治支持。1989 年戈尔巴乔夫所采取的第一批行动之一就是改变苏联的移民政策，苏联犹太人现在可以离开这个国家了。90 年代初，大约有 80 万移民抵达以色列。对以色列来说，这个大规模的阿里亚是社会和政治复兴的希望，是经济增长的希望，让以色列对未来非常乐观。相反，这给那些对抗西方的国家和恐怖组织，以及它们削弱以色列的希望以沉重的打击。

1990 年 8 月，伊拉克总统萨达姆·侯赛因入侵并占领了科威特，而科威特国内有大量的石油资源，这对西方有着巨大的战略价值。伊拉克对这个波斯湾小国的入侵对海湾地区的其他石油酋长国，甚至对沙特阿拉伯都很不利。工业化世界对中东石油的依赖，要求对萨达姆的任意妄为做出回应，因为这不仅威胁到西方工业化国家的石油供应，还威胁到整个中东的政治秩序。美国总统乔治·赫伯特·沃克·布什（George H. W. Bush）利用了因东西方停止对抗所造成的这一突发性的政治变动组建了解放科威特的军事联盟，并邀请阿拉伯国家加入。自《戴维营协议》签署以来，埃及和叙利亚之间一直存在敌意，叙利亚认为该协议是埃及对阿拉伯阵线的背叛。现在，叙利亚发现自己和埃及处于同一阵营。苏联解体使叙利亚处于需要美国支持的境地。它参与反对萨达姆·侯赛因的联盟，表明它有兴趣进一步接近唯一的超级大国，同时也担心伊拉克会变得过于强大，威胁叙利亚的东部边境。

与之形成对比的是，巴勒斯坦人则支持萨达姆。他们认为，萨达姆是一个挑战西方和现有政治秩序的强人。不仅是巴解组织公开支持伊拉克，西岸和加沙的巴勒斯坦人，以及在海湾国家工作和生活很多年的巴勒斯坦人，也支持萨达姆。事实上，由于巴勒斯坦人与伊拉克入侵者合作，导致在科威特被解放后，成千上万的巴勒斯坦人被驱逐出境。约旦国王侯赛因发现自己处在伊拉克和巴勒斯坦之间进退两难的境地，于是试探性地对萨达姆表示暂时的支持，并没有支持西方联盟。

萨达姆宣布，如果美国人对他采取行动，他将向以色列发射导弹进行报复。相应地，以色列也在防备伊拉克发射可携带化学弹头的导弹的可能性，毕竟伊拉克人在 20 世纪 80 年代的两伊战争中使用过毒气。因此，"密封室"（the sealed room）进入了以色列的词典。民众被指导在家中房屋建立一间完全密封的房间，并为其配备水、收音机和电话，一旦听到空袭警报，他们就躲进里面，戴上防毒面具。这是对先前战争中行为准则的彻底改变，这个密封的房间，或者是现在人们所称的马玛德（mamad，"受保护的家庭空间"的首字母缩写），是为了满足快速躲避毒气导弹的需要而设计的，地下掩体或地下室是首选。1991 年 1 月，联军对伊拉克发动了进攻，伊拉克便对以色列进行导弹攻击。近 40 枚导弹袭击了以色列，但它们是常规导弹，令人担心的化学弹头没有出现。幸运的是，这些导弹并不精准，而且相当神奇的是，虽然对建筑物造成了巨大的破坏，但造成的人员伤亡却很少。

由伊扎克·沙米尔领导的以色列政府陷入了两难境地。以色列的民族精神要求政府采取军事手段回击针对以色列公民发动的袭击。然而，美国提醒以色列不要干涉，因为一旦以色列加入，脆弱的联盟很可能会瓦解。还有一个问题是以色列能做出何种形式的回击。由于美国对伊拉克动用了所有力量，以色列的空袭可能不会给人留下什么印象，而且风险非常大。为了说服以色列不采取报复行动，美国向其提供了爱国者地对空导弹，以拦截伊拉克的飞毛腿导弹。这种武器是否能够有效应对飞毛腿导弹并不确定，因为一旦联军部队占领了伊拉克发射阵地，飞毛腿导弹袭击以色列城市的行为就会停止，但是美国的这种支持对于鼓舞公众士气是非常重要的。然而以色列的一些部长和军队的高级官员却发现，民众很难接受这样被动的做法，这似乎是回到了犹太复国主义和国家建立之前的散居时期。左翼文学评论家丹·米洛（Dan Miron）发表了一篇题为《如果有国防军，请立即现身》的文章（化用比亚里克的诗）来抗议以色列对伊拉克攻击没有采取报复行动，而选择沉默接受。[1] 但这是伊扎克·沙米尔最精彩的时刻。这位经验丰富的莱希战士和前摩萨德特工人员对以色列民众的呼吁无动于衷，并决定在这种情况下，政府应坚持克制的原则。

海湾战争暴露了以色列国土防线在战时的脆弱性。自 1948 年独立战争以来，以色列从没有遭受过空袭。现在，随着现代武器的发展，国土防御问题暴露出来。一些以色列人惧怕空袭，他们离开大城市特拉维夫，去了偏远的埃拉特，甚至是耶路撒冷，以期能够躲避萨达姆导弹的袭击。在导弹射程以外的地区，酒店的入住率都很高。但是大多数人要么不能离开，要么不想离开，并且尽可能地继续他们的日常生活。

1989 年 11 月 9 日柏林墙的坍塌，开启了欧洲历史的新纪元。东欧和中欧国家的社会主义政权剧变，走上了自由市场和开放社会的道路。一部分国家还与以色列建立了友好关系，特别是那些迅速采取西方民主制的国家，如捷克共和国和波兰。美国成为世界上唯一的超级大国。它对萨达姆的胜利和对科威特的解放令人印象深刻，并提升了其在阿拉伯世界的地位，而那些不支持它的国家现在处于不利地位。巴解组织在海湾战争中支持了错误的一方，导致它比以往任何时候都更加脆弱。当萨达姆的导弹飞往特拉维夫的途中，巴勒斯坦人在屋顶上跳舞，以色列人永远不会原谅他们。但战后中东总体的国际氛围是一种和解和友好的氛围。在这种独特的形势下，美国发起了马德里和会。美国国务院中东和平谈判小组成员阿伦·戴维·米勒（Aaron David Miller）表示："如果中东地区有美国时刻的话，那肯定就是现在。"[2]

该想法的目的是在美国和俄罗斯的共同主持下举行一个国际会议，由阿拉伯国家、以色列、联合国和欧洲共同体共同参加。其目标在于制定措施，推动中东问题的谈判。传统上，以色列对这样的国际会议心存疑虑，认为这是对其施加压力的一种手段，并被要求以此来替代它与阿拉伯国家的双边谈判。为了克服这种不情愿，与会国家决定将马德里和会，仅仅作为正式和谈的仪式性前奏，以引导以色列和阿拉伯人进行直接谈判。以色列反对官方性的巴勒斯坦代表团的参与，更反对巴解组织的参与——当时以色列法律将巴解组织定义为恐怖组织，并禁止与之进行会谈。在美国国务卿詹姆斯·贝克（James Baker）对犹太人和阿拉伯人施加压力之后，双方达成了妥协：没有单独的巴勒斯坦代表团，但约旦河西岸的巴勒斯坦代表将成为约旦代表团的一部分。所有各方都清楚，巴解组织在突尼斯的领导人将在幕后操纵代表团。最终，在伪装成约旦代表团的情况下，巴勒斯坦人和以色列人第一次坐在谈判桌前进行非正式的谈判。

侯赛因国王因为在海湾战争期间受到质疑的行为，迫切希望与美国和解，他渴望参加这次会议。他多年来一直与以色列政界人士保持联系，因此没有理由抵制与以色列的谈判。棘手的问题是叙利亚，在哈菲兹·阿萨德领导下的叙利亚是最不愿妥协的国家，不愿承认以色列，不愿与它签署协议（叙利亚人甚至没有签署1974年的临时协议），也不愿与以色列政治家握手。基辛格曾说过，如果没有埃及，中东不会有战争，而如果没有叙利亚，就不可能实现和平。因此，叙利亚能否出现在这次会议上特别重要。它参与海湾战争在美国看来正预示着其政策的真正变化。叙利亚既需要战后从沙特获得资金，也需要美国的政治支持。

对叙利亚和以色列的安抚需要外交和语言技巧。马德里谈判的基础是联合国安理会第242号和338号决议。叙利亚人将第242号决议解释为，以色列必须完全撤出它所占领的土地，然后再进行任何谈判。以色列总理和利库德集团领导人伊扎克·沙米尔坚持"寸土不让"的政策，在和平问题上，他要求"以和平换和平"。因此，他强烈反对构成"242号决议"基础的"以土地换取和平"的原则。这一话语（"以土地换和平"）在向他发出的参加马德里和会的邀请中被省略了，但却出现在了向阿拉伯国家发送的会议邀请上。因此，在马德里举行的庄重集会上，很难说会承载并带来和平的讯息。然而，以色列人、叙利亚人和巴勒斯坦人出席和会这一事实本身肯定是革命性的。白宫中东和平特使丹尼斯·罗斯（Dennis Ross）写道："在马德里和会之前，问题是：谈判是否可以进行？之后的问题是：谈判是否可以产生和平？"[3]

1992年6月，以色列举行了选举。选民们对右翼政府感到厌倦。过去一些年，右翼执政期间出现了许多腐败和丑闻，正如左派的竞选口号所总结的那样："腐败的政客们，滚出去！"除此之外，当时的时代精神是协商和谈判主义。例如，天主教徒和新教徒在北爱尔兰举行会谈；在南非，少数白人放弃控制政府，开放民主。人们对国家利益的看法也强化了对时代思潮的影响。沙米尔政府顽固地拒绝与阿拉伯国家和巴勒斯坦人的谈判，甚至拒绝停止建造定居点——甚至向美国隐瞒定居点的修建，这些与他向美国的承诺不一致，布什政府决定推迟向以色列发放总额为 100 亿美元的贷款，而以色列需要获得贷款来吸收来自苏联的大规模移民。沙米尔请求美国国会的犹太游说团体的帮助，但却徒劳无功。国会接受了美国政府的政策，而以色列改变不了白宫的立场。

很难估算出美国贷款担保问题对以色列选民的影响有多大，但它可能确实产生了一些影响。与美国的关系持续恶化，连续不断的因提法达，海湾战争，以及"密封室"都使得以色列人渴望不同的政策。伊扎克·拉宾是工党的总理候选人，他在竞选中承诺，与当前政府的政治停滞相比，他将在 6~9 个月内与巴勒斯坦人达成一项自治协议。尽管不太现实，但这一承诺标志着以色列的政治路线发生了变化。这是一种政策承诺，该政策将努力与巴勒斯坦人达成政治协议。然而，拉宾在戈兰高地的竞选活动中宣布，他并没有考虑从这个地区撤军。这一承诺反过来又对他造成困扰。

由拉宾领导的工党赢得了 44 个席位，利库德集团获得 32 个席位。梅雷兹（Meretz，一个极左翼的犹太复国主义政党）赢得了 12 个席位，沙斯党赢得 6 个席位。在共赢得 5 个席位的阿拉伯名单党（Arab lists）的帮助下，左翼在议会中占据了多数。在阿拉伯党派的支持下，一个由工党、梅雷兹和沙斯党组成的执政联盟建立起来。这个联盟从一开始根基就不稳定，当拉宾政府在和平进程上做出深远决定时，其在议会中所形成的脆弱的大多数就不复存在。尽管拉宾政府政治基础相对薄弱，但它是自这个国家建立以来最重要的政府之一。拉宾第一次当选总理时还相对年轻，政治上没有经验。卸任后的拉宾长期担任国防部长职务，经验和声望都慢慢积累，直到 15 年后又重新回到总理这个最高职位。对于以色列公众，拉宾就是"安全先生"。他知道如何保护以色列的利益，如何在安全问题上做出正确的决定。公众对拉宾个人的品质较为信任，他正直、诚实，敢说真话，不玩弄外交技巧，甚至他的迷人的害羞都是他第一位的政治资产，这是他接下来度过艰难时期的一种政治资产。拉宾在他第二个任期内非常自信，而且致力于做出改变。他在获胜演讲中声称，"我将为以色列导航"，向公众展示了他这次将要引领国家的感觉。

和平进程

拉宾的目标是改变以色列的国家议程并启动和平进程。虽然他并不相信和平是触手可及的，但他准备研究这种可能性。在与新当选的美国总统比尔·克林顿的首次会晤中，两人找到了共同的语言和本能的相互信任。拉宾告诉总统他的意图，克林顿承诺帮助他减少内在的风险。对拉宾来说，有两条行动途径：与叙利亚总统阿萨德谈判或与巴勒斯坦人谈判。与叙利亚的和平条约将会有很大的战略优势：如果叙利亚消除了对以色列的敌意，那么反对以色列阵线将会崩溃，大马士革的恐怖组织就不得不寻找新的靠山，叙利亚—伊拉克的联盟可能会解散，甚至可能会与黎巴嫩达成和平协议。

这一举动将大大有利于美国在该地区反对伊拉克和伊朗这两个西方"敌国"的政策，并对埃及、约旦和沙特阿拉伯提供了支持。但以色列必须付出高昂的代价：从戈兰高地撤军，撤离定居点，并需要说服以色列公众这一措施并没有对以色列的安全构成不合理的风险。自1974年以来，戈兰高地边界一直比较平静。考虑到与叙利亚和平的代价，大多数以色列人宁愿继续"没有和平，也没有战争"的局势，尽管这意味着继续与黎巴嫩真主党发生冲突。另一方面，与巴勒斯坦人达成协议将解决阿以冲突中艰难的核心问题——其最初的原因——并可能会改变以色列和阿拉伯世界的关系。国际社会对以色列的批评也集中在它与巴勒斯坦人的关系上，纠正这些关系将使以色列的国际地位发生巨大变化。与巴勒斯坦人达成协议需要相互承认，以色列需要承认巴勒斯坦人的民族权利和巴解组织作为他们的代表的合法性；

巴勒斯坦人需要承认以色列国家存在的事实。双方必须和平相处，巴勒斯坦人必须放弃暴力和恐怖活动，并修改巴勒斯坦宪章，以回到和平时代。问题是这样的协议能否达成，以及需要付出多大的代价。

拉宾规定了这样一项协议的几个先决条件。首先，必须逐步执行《戴维营协议》。最初的协议不涉及耶路撒冷和定居点问题。对安全的责任仍将保留在以色列手中。目前的问题是巴勒斯坦自治，而在此期间，主权问题将维持模糊不清的状态。所有棘手的问题将在永久地位协议的框架内讨论：该协议的谈判将在第一份协议签署后的三年内开始，并在两年内完成。第一份协议的突破将是以色列和巴勒斯坦相互承认，以色列愿意承认阿拉法特和巴解组织作为管理犹地亚和撒玛利亚的伙伴。这项协议将结束巴勒斯坦人的暴乱，降低以色列和巴勒斯坦之间的敌对程度，使以色列能够逐步与巴勒斯坦人脱离接触。在这样一个国家里的两个民族关系需要分离，建立最终将成为两个国家的两个分治实体。以色列担心如果没有分治的话，一个双民族国家最终将建立起来，而这将意味着犹太国家的结束。巴勒斯坦人将他们自己的国家视为自我认同的焦点，并认为建国是对 1948 年战后巴勒斯坦人损失的补偿。

拉宾仔细考虑叙利亚和巴勒斯坦这两个选项，认为目前在他的任期内无法达成这两项深远的决议。美国人在哪一个选项优先的问题上意见也不一致。克林顿总统、国务卿沃伦·克里斯托弗（Warren Christopher）、丹尼斯·罗斯（Dennis Ross），以及马丁·因迪克（Martin Indyk）与和平谈判小组的其他成员认为，叙利亚选项看起来更具有合理性，更有可能取得成功。另一些人如阿伦·戴维·米勒和丹尼尔·库尔策（Daniel Kurtzer），他们也是谈判小组成员，则更倾向于赞成巴勒斯坦选项。拉宾认为与叙利亚人迅速达成协议的可能性更大，因此优先考虑这一选择。1993 年，他委托沃伦·克里斯托弗为假定性的协议做出一项"担保"，即如果以色列完全撤出戈兰高地，将换取阿萨德在和平与安全方面的"一揽子计划"：戈兰高地的安全安排，包括设立以色列预警站、该地区的非军事化、叙利亚军队重新部署到大马士革郊区，以及关于水问题的协议。他还提出了其他几个要求。以色列和叙利亚之间的协议必须是双边的，而不是以以色列和阿拉伯人之间的其他协定为条件，和平应该是真正的和平，包括关系正常化、互派大使和开放边界。最后，撤军必须在五年内分三个阶段实施，在第一阶段完成后开始关系的正常化。定居点的撤离将在最后阶段进行。

在很大程度上，拉宾根据以色列和埃及之间的《戴维营协议》的条款调整了其要求。但阿萨德并不是萨达特，他没有萨达特那样的宽宏大量，也不愿做出重大让步，他强烈反对《戴维营协议》。与此同时，《戴维营协议》已经签署 10 多年了。根据与阿萨德对话的美国人的说法，阿萨德很难接受在 10 多年后他与以色列的谈判所取得的成就比萨达特还要小。在华盛顿的谈判中，他对每一点都讨价还价。他拒绝像萨达特那样，采取哪怕一小步的开放灵活的外交政策，这样就很难让以色列的民众信服其和平意图是认真的，并且以色列从戈兰高地撤军不会危及以色列的安全。他不像埃及满足于以色列撤退至国际边境，而是要求以色列退至 "1967 年 6 月 4 日边界"。埃尔哈马地区（El-Hamma）根据 1949 年的停战协定是以色列领土，但在 1950 年早期被叙利亚所占领，同样还有加利利湖东北角海岸的狭长地带也是如此，即使根据协议，整个加利利湖及其东海岸 10 米的狭长地带归属以色列领土。阿萨德要求以色列无条件撤出戈兰高地，并声称这是被武力占领的。但他不会将同样的逻辑应用于 1967 年 6 月 4 日之前被叙利亚占领的以色列领土。

阿萨德认为，他愿意接受以色列的存在，放弃对以色列的战争，这对以色列来说已经是一个很大的让步，他有权获得戈兰高地作为回报。但以色列不会在没有叙利亚和平意图保证的前提下放弃这一战略资产。尽管阿萨德和他的代表们坚决不让步，但美国的谈判代表还是很乐观，他们将阿萨德的反应解释为强硬的讨价还价，而他们最终将愿意达成和平协议。然而，拉宾认为阿萨德的谈判风格正在导致僵局，无论如何都不可能在可预见的将来取得谈判的突破。阿萨德和他的代表不会接受与以色列的直接谈判，而是要求美国的介入和调解。这就不得不让人认为，叙利亚参加谈判真正想要的是美国的支持，而无意达成和平协议。

拉宾和外交部长佩雷斯对谈判的责任进行了划分，佩雷斯负责马德里和会的多边谈判，拉宾负责与叙利亚的谈判。而在华盛顿进行多边谈判的核心部分，即与巴勒斯坦人的谈判毫无进展。与此同时，两名以色列学者在奥斯陆（位于挪威）与巴解组织代表进行绝密会谈，会谈是非正式的，因此不具备约束力，但这些会谈是积极的，双方都把会谈进展反馈给各自政治体系的领导人，并获得了他们对谈判桌上提出的一些建议的批准。佩雷斯及时向拉宾汇报了会谈的最新信息与进展，并对在挪威政府主持下继续举行这类接触活动表达良好的祝愿。在这些谈判取得一些进展后，以色列外交部总干事乌里·萨维尔（Uri Savir）被派去参加会谈，他的出席标志着从非正式会谈到正式谈判的转变。

正如戴维营会谈一样，在奥斯陆，指导原则也是逐渐发展的。谈判代表的基本前提是，在这个阶段是无法实现最终地位和平协议的。因此，第一阶段应规定最终地位谈判开始的时间。与此同时，对于达成这些协议至关重要的是建立双方之间的信任关系，这一关系要通过相互承认、发展安全合作，以及建立一个自治的巴勒斯坦管理机构，即巴勒斯坦当局，并逐渐被给予控制权来实现。随着一份《原则宣言》的发布，公众将对这一相互承认以及宣言对和平、睦邻关系的承诺也会感到满意，并参与到和平进程当中来，由此也会提升《原则宣言》在公众舞台上的影响。而"执行协议"（implementation agreement）将给予阿拉法特巴勒斯坦当局首脑的地位，并合法获得加沙地带和杰里科城的管理权，这也是以色列意图释放的善意，即将西岸和加沙地带的控制权移交给由巴勒斯坦解放组织领导的巴勒斯坦人。

1993 年 8 月，以色列和巴勒斯坦代表团在奥斯陆达成协议并通知了美国人。这是中东和平进程中第二次在没有美国参与的情况下达成协议，第一次是与埃及的和谈，并促成萨达特访问耶路撒冷。拉宾最终同意与巴解组织进行对话，他意识到除了巴解组织并没有其他权威组织能够代表巴勒斯坦与以色列达成协议。他本来更偏向于选择与约旦，或者西岸和加沙地带的阿拉伯人代表谈判，但是约旦已经完全从西岸撤出了，并且当地民众听从阿拉法特的指挥。阿拉法特准备与以色列达成协议，因为他别无选择。他不再有苏联的支持，而海湾战争也让他无法从沙特阿拉伯和海湾国家获得资助，叙利亚也发出了与以色列达成和平协议的意图。如果这时阿拉法特没有在叙利亚之前与以色列达成协议，他可能会错失良机。因此，这个非常好的谈判窗口打开了，并最终达成《奥斯陆协议》。

《奥斯陆协议》的消息令人振奋，它不禁令人联想到萨达特访问耶路撒冷的一幕。前一天还禁止与巴解组织接触，今天以色列就和巴勒斯坦人之间相互承认了。这是一次巨大的转变，我们又一次亲历了历史长河所激起的浪花。1993 年 9 月，在数百名观众和世界各地的媒体面前，拉宾和阿拉法特在白宫的草坪上签署了《原则宣言》，其中包括相互承认，并为建立一个自治的巴勒斯坦权力机构而努力。时任美国总统克林顿容光焕发，他系着一个带有喇叭图案的领带——象征着杰里科城墙的号角，引导着两位历史对手进行握手，象征着从敌对走向合作。电视画面中拉宾在与阿拉法特握手之前的轻微犹豫，也被看作这一革命性关系的真实表现。

整个世界都为此欢欣鼓舞，预示着中东将迎来一个新时代。但即使是最难忘的时刻，一些细节也给欢乐的气氛蒙上了一层阴影。条约签署的背后，是阿拉法特在最后一刻还在施加压力，要求按照对他有利的方式修改协议中的条款，这让拉宾感到心神不定。此外，阿拉法特以穿着卡其色制服、标志性的头巾和胡子出现在典礼上。虽然看起来他只是维持平常的服饰和外貌，但他是在向巴勒斯坦人昭示一个特定的形象：尽管他与以色列人签署一项协议，与拉宾握手，但他没有丢弃军服——这个武装斗争的象征。这是一个不祥的预兆。

1994 年 5 月，在埃及总统胡斯尼·穆巴拉克的见证下，巴勒斯坦和以色列在开罗签署了《关于加沙地带和杰里科的协议》（《开罗协议》）。协议将杰里科和加沙地带给予阿拉法特，使得他能够顺利地进入加沙。但在最后一刻，在国际媒体面前，阿拉法特试图避免签署这块飞地地图边界的协议，而只有穆巴拉克能说服他这样做。1995年9月2日，签署了第三份临时协议，详细规划了以色列未来的撤军、双方之间的安全合作、关于在加沙建造巴勒斯坦机场和海港的协议，以及以色列与巴勒斯坦当局的经济合作协议。这次签约使以色列和巴勒斯坦人之间的一系列谈判达到高潮。尽管双方相互猜疑，但拉宾和阿拉法特在安全以及经济和文化合作方面都达到了一定程度的相互信任与合作。

奥斯陆的规划者们以他们所设想的循序渐进的原则为傲，这一原则应该让双方都有时间来适应剧烈的变化，检查彼此的职能，并带来各自公众的意见。但是回想起来，这一原则暗藏着协议失败的祸根，双方在过渡阶段看到不同的东西。巴勒斯坦人感兴趣的是他们能多快建立巴勒斯坦国并占领特定地区。以色列人希望看到巴勒斯坦人如何作为国家建设者发挥作用。与此同时，更棘手的问题——耶路撒冷、难民、边境问题——一个都没有得到解决。这些协议中也没有一个提到定居点。尽管拉宾反对在人口密集的巴勒斯坦地区建立定居点，但大规模的定居点建设仍在继续，尤其是在耶路撒冷周边地区。就阿拉法特而言，他没有努力阻止暴力冲突。这是一个非常不稳定的局面，矛盾或许一触即发。1994年2月，在希伯伦定居的一名虔诚的犹太医生在麦比拉洞（Cave of Machpelah，又被称为族长洞穴）向阿拉伯礼拜者开枪。在他自己被杀之前，他杀死并打伤了几十人。这是一种旨在破坏《奥斯陆协议》的挑衅行为，鉴于《奥斯陆协议》签署以来的微妙形势，这一犹太恐怖主义行为的确是对和平进程的严重打击。以色列内阁提出了撤离希伯伦定居者的建议。但为了防止右翼敌意的加剧，拉宾最终没有采取这种措施。

哈马斯和伊斯兰圣战组织领导的反对派组织强烈反对巴解组织与以色列和解的政策，他们决心破坏协议。1994年4月，全国各地发生了一系列针对犹太人的自杀式爆炸袭击。这破坏了以色列人对《奥斯陆协议》和拉宾政策的信任，以色列公众舆论从过去支持拉宾开始转向右翼。阿拉法特不愿意与他的反对派政敌发生冲突，拒绝谴责他们的暴行。以色列人和美国人都试图说服他：恐怖主义正在伤害巴勒斯坦人，破坏他们建立自己国家的机会。但他拒绝与哈马斯的组织做斗争，并认为这样的斗争会导致巴勒斯坦社会就《奥斯陆协议》问题产生进一步的分裂。

拉宾对暴力行为进行了回应，他认为这些组织试图阻止政治进程，应该坚决予以制止，不让他们破坏和平的阴谋得逞。他决心推动这一进程。尽管阿拉法特的行动比较可疑，但也有迹象表明以色列人和巴勒斯坦人正走得更近，历经两年的密集谈判创造了一定程度的亲密和相互理解。《开罗协议》达成之后，巴以双方的军事部门首脑为建立巴勒斯坦警察部队进行了多次谈判，这在早些时候是不可想象的。但是，令人怀疑的是，《奥斯陆协议》是否使大街上的巴勒斯坦人的生活变得更容易，因为以色列对暴力行为的反应是关闭被占领土，设置路障，并在移交给巴勒斯坦当局之外的区域增加其军事存在。这些措施使得巴勒斯坦人的活动变得困难。这就令人怀疑《奥斯陆协议》是否真正使巴勒斯坦人的生活变得更加容易，而和平本应引起的经济增长也没有达到预期。

在以色列方面，出现了一种复杂的状况。随着和平进程的推进，以色列左翼和右翼之间的紧张关系不断升级。就定居者而言，愿意并乐于承认巴勒斯坦人是一个国家和政治实体，从而将属于以色列地的区域(即使是在有限的范围内)移交给他们是一种摧毁世界的行为——这是对他们基本价值的背叛。对于当时存在的 15 万定居者来说，他们无法原谅他们所称的"奥斯陆罪行"。定居者对拉宾政府的斗争不断地跨越公民抵抗和抗议（民主社会中的合法行为）与煽动、公然或伪装的非法暴力，甚至谋杀行为之间的脆弱界线。定居者领导了规模广泛的并发展成为合法与不合法的示威活动的公众抗议运动。在总理住宅外面举行了一场持久的、激烈的抗议活动，拉宾经常需要警察保护才能进入住宅。重型车辆堵塞了国家的道路，特别是在美国政府官员访问期间。在新闻报纸上，持续充斥着对拉宾及其政府的种种诽谤和诋毁之词。

非宗教右翼势力席卷了这场敌对和冲突的浪潮。拉宾和佩雷斯的"叛徒"形象开始出现在公共场所。在右翼示威游行的海报上，拉宾穿着阿拉法特的制服。某些拉比宣称，任何将属于以色列地的区域移交给谋杀者政府的人都是叛国者，都应该受到犹太教"追捕者法令"（din rodef）的处理，换句话说，他应该被杀。

拉宾政府的脆弱是引发这种愤怒情绪的背景。正如上文所提到的，与沙斯党的联合，保证了政府在议会中的多数席位。虽然该党领导拉比奥瓦迪亚·约瑟夫和内政部长阿里耶·德里（Aryeh Deri）支持《奥斯陆协议》，也不反对转让领土给巴勒斯坦当局，但该党的普通成员却并不这样认为。沙斯党的选民支持右翼集团，而沙斯党目前是左翼政府的一部分，这种情形与他们的政治信仰相抵触。所以，当《奥斯陆协议》提交议会表决时，沙斯党弃权。这是一个明确的信号，党内忠诚信徒的压力将迫使该党退出政府。德里辞职之后，面临对他的腐败指控，沙斯党果然退出了政府。现在，拉宾政府在议会中只占有58个席位，并依赖阿拉伯人议员的支持。

从这时起，定居者指责政府在岌岌可危的状况下做出的决定，对犹太民族的命运有致命的影响。他们声称，《奥斯陆协议》是非法的，它是在向议会成员给予"额外补贴"的情况下获得议员支持而通过的，并不代表大多数犹太人的意见。右翼对《奥斯陆协议》的去合法化并没有阻止拉宾的步伐。他决心完成他一开始的既定意图，不让右翼的抗议改变他发起的和平进程。对于定居者所哀叹的他们世界的毁灭，拉宾并未表现出敏感和同情。相反，在与他们的每一次对抗中，拉宾都表现出对他们的蔑视以及不偏离他既定进程的决心。

在《开罗协议》执行过程中，阿拉法特抵达巴勒斯坦自治领导机构，伊斯兰组织制造了多起暴力活动，以色列右翼发起了强烈的抗议浪潮，在这样骚乱的情况下，1994年10月，在约旦和以色列边界的阿拉瓦沙漠举行了一场庆祝活动。在克林顿总统、侯赛因国王、拉宾和许多其他重要人物的见证下，以色列和约旦签署了和平条约。

约旦是与以色列签订和平条约的天然候选国。一旦约旦放弃约旦河西岸，它和以色列之间的领土争端就非常小，从而加速了消除两国之间所有分歧的谈判。但约旦一直等到《开罗协议》成功执行，才同意参加和平谈判。事实上，克林顿总统曾答应侯赛因国王免除其王国的债务，也有利于推进约旦和以色列谈判的进程。侯赛因国王一直担心大马士革的反应，因为他要在没有叙利亚人参与的情况下签署和平条约。但是，以色列和叙利亚之间的谈判被一再拖延，没有达成任何协议，侯赛因感到，如果再等待下去，他可能会错过推进和平的机会。

与约旦的条约是以色列和阿拉伯国家签署的第三份条约。它开创了一些先例，以善意的方式，成为其他和平条约的典范。以色列将其在国际边界之外的保有领土归还给约旦，然后又迅速地将其租回。条约还有一些领土交换。以色列还承诺向约旦提供每年的水资源配额，以缓解约旦的用水问题。与《奥斯陆协议》形成鲜明对比的是，与约旦的条约在以色列受到普遍欢迎。但没有《奥斯陆协议》的签署，与约旦的和平条约也不可能达成。

只有叙利亚保持在和平调解的圈子之外。以色列自 1993 年签署《奥斯陆协议》以来，曾试图与叙利亚恢复谈判。1995 年春天，在以色列国内对《奥斯陆协议》抗议的喧嚣声中，出版了一份《斯陶贝尔文件》(*The Stauber Document*)，提出一项以色列—叙利亚和平计划，包含以色列从戈兰高地撤出的内容。尽管这份文件只是假设性的，但它引爆了本已高涨的以色列舆论。这一次是来自温和的以色列中左翼的戈兰高地定居者以及他们的同情者加入了反对政府的行列。戈兰高地的定居者主要是非宗教的工党支持者。他们没有拒绝从戈兰高地撤离的可能性，但他们在这一行动上所提出的条件将使阿萨德完全无法接受。反政府运动在"人民与戈兰高地在一起"的口号下获得了极大的声势，它成功地招募了一些军事史上的名流和文化精英当中具有相当重要地位的人物。这些人是伊扎克·拉宾的帕尔马赫战友，他们现在对他的逻辑提出了质疑。除了个人攻击之外，这个运动被称为"第三条道路"，进一步破坏了政府的稳定，因为几名以色列议会的工党成员已经站在该运动一边。

1995年11月4日，在支持总理与和平进程的群众集会结束时，一名刺客连开三枪刺杀了伊扎克·拉宾。虽然自从总理生命遭到公共威胁以来，墙上一直写有威胁的话语，而且有人举行神秘的宗教仪式借以获取神圣力量的支持来杀死拉宾，但似乎很少有人能接受以色列总理真的被犹太人暗杀的想法。这是一个禁忌，而违背这一禁忌是不可想象的。杀死拉宾的子弹伤害了以色列民主组织，暴露了它的脆弱性，并指出需要提高公众对什么是合法的政治争论的认知，而不是百无禁忌。控诉之手指向了宗教犹太复国主义阵营，因为凶手来自这一阵营，而且最严重的煽动也来自此。这场刺杀起着发人深省的作用，并冷却了公众辩论的热情，降低了暴力行为的程度，包括言语和身体上的暴力，同时也在一定程度上恢复了以色列公众话语的理智和共识。虽然关于领土的未来、和平进程以及犹太-阿拉伯关系的分歧并没有消失，但来自右翼的煽动却变得不那么极端。像"拉宾是杀人犯"，"拉宾是叛徒"，或者"按追捕法令（处死拉宾）"等口号被摒弃。

以克林顿总统为首的多国领导人都参加了拉宾的葬礼，向和平进程的殉难者表示最后的敬意，并表达对和平进程的支持，他们也希望拉宾的继任者，他的同志和对手西蒙·佩雷斯将追随他的脚步。的确，佩雷斯也试图走上同样的道路。1995年9月，拉宾签署的"第二份奥斯陆协议"，即《关于西岸和加沙地带的临时协定》已成功执行，而以色列国防军则从西岸城市和地区撤出，并将其转交给巴勒斯坦自治领导机构控制。

外交活动的钟摆现在又回到了叙利亚。1995年年底，在美国的积极斡旋下举行的怀伊种植园谈判取得了一些进展，尽管没有取得突破。以色列驻华盛顿大使、拉宾政府与叙利亚谈判的首席谈判代表伊塔玛尔·拉比诺维奇认为，阿萨德对以色列的提议和美国的调停表示不满，阻挠了任何进展，而美国谈判代表马丁·因迪克却声称，和谈取得了巨大的进展。但在会谈期间发生的一系列暴力和恐怖主义活动，导致了谈判的破裂。拉比诺维奇认为，叙利亚向恐怖组织和真主党发出信号，指示他们可以自由地对以色列采取行动。马丁·因迪克说，暴力是由伊朗煽动的，伊朗想要破坏和平进程，并对拉宾的死幸灾乐祸。

无论如何，在怀伊种植园谈判正在进行的同时，在以色列几天内发生了 4 起严重的恐怖主义暴行，而叙利亚拒绝公开表示遗憾。同时，真主党在黎巴嫩的安全缓冲区路边埋下炸弹，造成数名以色列国防军士兵伤亡。佩雷斯被迫以"愤怒的葡萄行动"进行了报复，在以色列的一枚炮弹炸死大约 100 名黎巴嫩和巴勒斯坦平民后，这一行动被提前终止。阿拉伯国家和西方国家的舆论对以色列的行为表示愤慨，以色列被迫在没有击溃真主党的情况下从黎巴嫩撤军。叙利亚在谈判中利用了以色列的尴尬处境并获得了制胜点，但它没有考虑到这些事件会导致什么结果。以色列的选举日期即将到来。拉宾被刺杀之后，以色列公众向左翼倾斜，佩雷斯的当选似乎是确定的，但最近这一系列恐怖袭击改变了这个国家公众的情绪。1996 年 6 月以色列大选，佩雷斯以微弱的差距输给利库德集团新任领导人本雅明·内塔尼亚胡（Benjamin Netanyahu）。马德里和会以来得以保持的和平进程的势头，特别是自 1992 年选举以来的和平进程受到阻遏。

阿拉伯国家对和平进程的暂停表示如释重负。埃及、约旦对于"新中东"（佩雷斯提出的概念）、经济合作以及以色列与其邻国之间的联合项目持保留态度。

对于佩雷斯而言，这些概念昭示着该地区的和平与发展，但阿拉伯国家却对此很警惕。在以色列眼中的和平祈福，被它的未来伙伴解释为企图在中东建立以色列的霸权。在和平进程中，各国关系正常化的步伐在加快前行——包括在卡萨布兰卡和安曼举行的经济会议，以色列发挥了主导作用，但这威胁到了阿拉伯国家，它们宁愿减缓和平进程的步伐。阿萨德反对这些会议和新中东的愿景，他认为这与该地区的阿拉伯特征相冲突。"为什么要建立（新）中东？"阿萨德问道，"中东本来就存在，但是如果中东的阿拉伯因素被取代……我们阿拉伯人当然反对这一点。"[4]

阿萨德的半官方传记作者帕特里克·塞勒（Patrick Seale）分析了阿萨德不愿参与和平进程的深层原因。以色列主导的国家正常化将使叙利亚暴露在以色列的影响下，并被要求更加开放自由市场，以及人员和物资交流，这些很可能会改变叙利亚国家的性质，这一国家性质是由阿萨德所领导的激进的阿拉伯复兴社会党所塑造的。此外，塞勒认为，以色列可能会把和平作为增加其在中东地区影响力的杠杆，而对阿萨德来说，它代表的是一种阻止以色列的方式，即"将以色列的影响力缩小到更为温和和不那么激进的程度，缩小到中东阿拉伯国家可以接受并能与之共处的程度"[5]。

在竞选期间，内塔尼亚胡曾承诺遵守《奥斯陆协议》，现在他必须证明他确实认可上届政府的国际承诺。内塔尼亚胡的处境本来就自相矛盾。一方面，他得到的是右翼激进集团的支持，他们的意图是破坏协议；另一方面，他希望与克林顿政府保持良好关系，但克林顿的目标是推进和平进程。他想得到双方都满意的结果却是双方都不满意。阿拉法特认为，从现在起，他的谈判伙伴将是美国政府。为了确保美国的支持，他做了一些以前没有做过的事情：发起了一场激烈的反恐运动，逮捕了哈马斯激进分子，并威胁他们的活动中心。结果——也可能是阿拉法特和哈马斯之间达成了一项默契的协议——以色列境内变得较为平静，自杀性爆炸也停止了。很明显，伊朗及其代理人哈马斯和伊斯兰圣战组织认为，在这种情况下，和平进程应该不会再有进展，也没必要将局势升级。因此，阿拉法特能够在美国面前表现为支持协议的一方，而内塔尼亚胡在不放弃《奥斯陆协议》的情况下，拒绝推进和平进程。这样一来，阿拉法特忽然成为美国可靠的伙伴，以色列的政策和动机反而很可疑了。

1996年9月，内塔尼亚胡打开了西墙隧道，向以色列公众开放，这条隧道毗邻哈斯蒙尼安王朝时期的城墙。这一行为并没有事先通知巴勒斯坦当局，阿拉伯人怀疑以色列有接管圣殿山的企图，最终发生了暴乱和流血冲突，并造成数十名以色列人和数百名阿拉伯人死伤。其中包括以色列训练的巴勒斯坦警察部队和以色列国防军士兵。美国迅速在双方之间斡旋，组织停火。为了把内塔尼亚胡从流血暴乱中解脱出来，美国要求他履行佩雷斯政府对以色列从希伯伦撤军的承诺。内塔尼亚胡感到不安，他试图为以色列取得更为宽松的条件，但最终签署了《希伯伦协定》（1997年），并且将国防军部队重新部署在希伯伦。这一举动体现了以色列右翼对《奥斯陆协议》的国际合法性的承认。

谈判以蜗牛般的速度进行，但并没有终止。虽然关于最后地位的谈判没有在1996年确定的日期开始，但一个积极情况出现了。经过美国政府的密集调解努力，以及漫长而艰苦的谈判，1998年10月，在怀伊种植园签署了一项协议，在西岸的国防军重新部署，并将西岸的另外13%的领土转让给了巴勒斯坦民族权力机构。美国观察人士猜测，阿拉法特和内塔尼亚胡之间可能存在着某种默契，这样内塔尼亚胡就会将相对较小的地区转移给巴勒斯坦人，以换取和平与安宁。内塔尼亚胡的首席谈判代表伊扎克·莫乔（Yitzhak Molcho）将这一政策比作吞噬青蛙：你可以吞下10只小青蛙，但可能吞不下一只大青蛙。

内塔尼亚胡有严重的信誉问题。他对政府中的温和派和激进派都做了承诺，但他无法兑现。右翼要求内塔尼亚胡废除《奥斯陆协议》，因为他不可能做到落实协议。他们认为《怀伊协议》是违约的承诺。由于政治上的束缚，他向温和的政治伙伴所承诺的和平进程进展缓慢，这些政治伙伴备感挫折，因为没有任何承诺得以实现。利库德集团从内部开始分裂，先前加入的小党派纷纷退出，从而导致其在议会中的支持率下降。为了防止政府垮台，内塔尼亚胡呼吁进行信任投票。投票失利将意味着新的选举，现任议会成员通常不愿意接受。但在现在这种情况下，右翼议员却釜底抽薪，投票反对内塔尼亚胡，政府倒台，他被迫举行全国选举。

1999年5月，埃胡德·巴拉克（Ehud Barak）以微弱优势赢得了总理选举。巴拉克是"一个以色列党"（One Israel）领袖，这个政党是工党和其他小党派的联盟。1996年以后，以色列的选举制度发生了变化，总理由选民直选。人们希望，这一体系更像美国的总统选举制度，将创造更稳定的政府。但实际效果是选举更为碎片化。在议会选举中，各主要政党赢得了较少的席位，而中小型政党受益匪浅。"一个以色列党"赢得了 26 个席位，利库德集团 19 个，沙斯党 17 个，梅雷兹党 10 个席位，剩下的席位由众多小党派获得，每一个都赢得了 2~6 个席位。随着总理变为选民直选，旧的议会结构得以维持，允许选民分开他们的投票，把一张票投给总理，而另一张票投给他们选择的政党。但希望总理直选能够抵消党派联盟中的争论和讨价还价，结果证明是一种悲剧性的误判。总理直选很快被取消，旧的选举一个政党名单的制度得以恢复。然而，旧制度的恢复也不再会导致 80 年代统治以色列政治的两党制度。

在一次大规模选举后的胜利集会上，巴拉克的支持者高呼："不要沙斯党。"这个政党被认为涉嫌贪污腐败，给人以既得利益政党的形象，仅仅关心其支持者的福利，在政治上也不牢靠。但巴拉克别无选择，他不得不与沙斯党联合，同时也说服左翼的梅雷兹党——该党曾承诺它的选民不与沙斯党联合——在重新恢复和平谈判的基础上加入联合政府。这个联合政府还包括中心党（一个前利库德集团分出来的新政党），极端正统派的圣经犹太教联盟（Yahadut Hatorah）和来自苏联的移民党派——以色列移民党。这是一个松散的联合政府。1999 年 9 月，圣经犹太教联盟离开，以抗议不遵守安息日的行为；2000 年 6 月，梅雷兹党在与沙斯党发生争执后离开，尽管它为和平进程继续支持政府。当巴拉克于 2000 年 7 月出国参加戴维营峰会时（详见下文），沙斯党和以色列移民党也离开了联合政府。然后，中心党开始崩溃。因此，尽管他在选举中取得了令人瞩目的胜利，但他却是没有真正的政治基础的左翼。

巴拉克不愿一点点地达到和平，内塔尼亚胡的"小青蛙"方法并不适合他。他把自己看作拉宾政治遗产的继承人，准备成为像本-古里安那样做出伟大决定的人物，并以结束阿以冲突为目标。拉宾采取步步为营的战略，较为谨慎，巴拉克与拉宾正相反，他试图以一种宏伟的姿态达成最终地位协议。他认为，由于以色列在没有任何实际回报的情况下，逐步将约旦河西岸的一小部分地区转移给巴勒斯坦人，却没有得到让步，失去了讨价还价的筹码，这是一个战略错误。他推迟了继续执行已经签署的协议，理由是在短短几个月的时间里，直到最终协议达成之前，不值得与他的联盟伙伴制造紧张关系，这可能危及他的政府。无论如何，他打算解决一切棘手的问题，并达成最终地位协议，即与巴勒斯坦人"结束冲突"。巴拉克深远的目标与他有限的政治能力之间的矛盾导致他必然会失败。

从表面上看，采取重大措施的时机已经成熟。这一年是克林顿总统任期的最后一年，他想把以色列-阿拉伯的和平条约作为他的伟大政治遗产。来自大马士革的声音暗示，阿萨德总统的立场发生了巨大变化。生病的阿萨德不知道如何处理将政权移交给他儿子的问题，现在试图在转交政权之前寻求与以色列达成协议。在这样的一个时间点，好像和平的机会来临了。2000 年 1 月，以色列和叙利亚的和平谈判在西弗吉尼亚州的谢泼兹敦举行。讨论围绕着 1967 年 6 月 4 日的分界线展开，巴拉克在决定性的时刻立场出现倒退。他拒绝批准拉宾的"保证"。目前尚不清楚这种拒绝是不是一种谈判策略——因为事先同意撤军将大大减少他的回旋余地——或者他是否希望避免达成一项迫使以色列全面撤出戈兰高地的协议。巴拉克准备放弃哈马飞地，但不会放弃对加利利湖的绝对主权，因为加利利湖是以色列最重要的水源之一。

以色列的一项民意调查很可能使巴拉克明白，这样的让步不会让他得到他所期望的广泛支持。无论如何，他并没有做出这个艰难的决定。然而谈判仍在继续。2000 年 3 月，克林顿和阿萨德在日内瓦举行了一次峰会，旨在消除最后的困难，并起草最终协议的大纲。但事实所发生的情况并非如此。以色列方面无意中泄露了叙利亚人同意在以色列撤军之后在戈兰高地建立以色列预警站的消息，叙利亚精英界产生了负面反应，这一情形很可能阻止了阿萨德。随后，这位叙利亚领导人放弃了先前的协议，并完全改变了他之前让以色列和美国对谈判前景感到乐观的立场。似乎阿萨德已经认定，确保儿子的继承，同时与以色列达成和平条约超出了他的权力范围，以色列—叙利亚之间的谈判以完全失败告终。阿萨德于 2000 年 6 月去世，以叙和平条约从和平议程中撤下。

与叙利亚谈判的失败产生了深远的影响。巴拉克曾向他的选民保证，他将结束与黎巴嫩持续不断的流血冲突，并将国防军撤出两国边境的缓冲地带，这个缓冲区域从 1985 年撤军以来一直处于以色列实际控制之下。如果与叙利亚达成协议并撤军，也会被视为和平进程的可喜结果。但是现在，以色列在 2000 年 5 月 24 日单方面撤军，并没有与叙利亚或真主党达成协议，这被认为是真主党的胜利，真主党紧随撤退的以色列军队占领了该地区，并且巩固了其胜利者的形象。

这一所谓的胜利对真主党在黎巴嫩的地位产生了影响。真主党声称，作为打击以色列、解放黎巴嫩土地的组织，有合法理由继续在那里维持自己的军队。此外，叙利亚继续支持总部设在大马士革的伊斯兰恐怖组织，削弱了寻求与以色列和平的巴勒斯坦武装力量。自《奥斯陆协议》签订 6 年多来，约旦河西岸一直处在巴勒斯坦民族权力机构的腐败统治下，没有独立的国家。真主党吹嘘对以色列的武装斗争取得成功，这触动了约旦河西岸年轻人的心弦。真主党的暴力在没有谈判或让步的情况下成功了，这似乎让阿拉法特也对真主党的模式印象深刻。也许这正是与以色列达成一项提升性协议的途径，因此，至少不急于达成协议是有道理的。

在此期间，以色列与叙利亚人的谈判以及与巴勒斯坦人的谈判都出现了摇摆停滞的状况。每个人都知道，叙利亚可能是与以色列达成协议道路上的最后一个谈判伙伴，这一点将削弱其讨价还价的地位。现在叙利亚选项显然已退出谈判议程，与巴勒斯坦人的谈判显然比以前更加困难。时间不多了，克林顿总统任期的最后一年即将结束。

在过去的一年里，以色列和美国在和平进程中，在参与谈判的优先顺序问题上有分歧。那些支持与巴勒斯坦人和谈的人认为，与叙利亚的谈判是在浪费时间，这将会错失与巴勒斯坦人达成协议的机会。

另一方面，能否与叙利亚达成协议，完全取决于阿萨德一个人的决定，似乎近在咫尺。在与叙利亚谈判的同时，巴拉克继续与巴勒斯坦人进行缓慢的对话。巴勒斯坦人抱怨说，巴拉克认为这样对他们是理所当然的。前期所商定的最终地位谈判日期过去了，谈判进展缓慢。到了春天，双方仍远未达成协议。

2000 年夏天，阿拉法特、巴拉克和克林顿总统在戴维营举行首脑会谈。由于这次会谈是为了结束冲突，双方在前几轮会谈中试图避免的问题首次出现在谈判桌上：耶路撒冷、边界和难民问题。在此之前，以色列和巴勒斯坦之间一直没有真正的关于耶路撒冷的讨论。犹太人珍视这座城市、圣殿山和西墙已经有 2000 年的历史了。在麦加和麦地那之后，伊斯兰教第三个最神圣的地点是谢里夫圣地（Haram al-Sharif，阿拉伯语字面意思是尊贵的圣所，或者又被称为圆顶清真寺），那是先知穆罕默德升天的地方。巴勒斯坦人不仅想要一个巴勒斯坦国，而且是一个首都是耶路撒冷的国家。如何解决这样一种深刻的历史冲突呢？有充分的理由让耶路撒冷问题留到谈判的最后阶段。现在，真正的时刻已经到来，关键问题在于，双方在相互矛盾的愿望之间能否达成妥协。

边界问题也是爆炸性的。以色列人想要控制约旦河谷，以保护以色列免受来自东部的侵略。可以想象，这个问题可以通过适当的安全安排来取代管制，但在 1948 年阿拉伯难民问题上，任何一届以色列政府都不会妥协。巴勒斯坦人继续声称"回归权"（right of return），并教育了几代儿童坚持这一立场，这与以色列作为犹太国家的存在相冲突。但是可以达成一项妥协，让巴勒斯坦人进入未来的巴勒斯坦国，并允许一定象征性数量的难民进入以色列。所有这些问题都必须成为结束冲突的协议的一部分。以上是最终谈判的背景。情报报告显示，如果达不成协议的话，巴勒斯坦人可能会采取暴力手段。

巴拉克的政治地位岌岌可危。他的政府缺乏议会多数支持，有赖于联合政府之外的梅雷兹党和阿拉伯派系的支持。如前文所提到的，在巴拉克离开以色列参加戴维营峰会前夕，沙斯党和移民党离开联合政府以抗议他的政策。实现"结束冲突协议"可能会导致以色列公众的情绪和不同的政治力量对比发生戏剧性的变化。但是，在克林顿任期结束之前，巴拉克政府面临着糟糕的形势，巴拉克政府比阿拉法特更加迫切需要在戴维营会议上达成一项协议。奇怪的是，在这种情况下，表面上较弱的一方——巴勒斯坦，在谈判桌上却占据谈判的优势地位。

参与者和评论者后来分析了戴维营漫长而曲折的谈判过程。如果在此之前缓慢的进展导致了双方之间的沮丧和紧张，而双方都没有履行承诺，那么现在，达成最终"结束冲突"协议的努力被证明是"不可能完成的任务"。很可能双方都犯了错误。巴拉克采取的策略显然是错误的，他起初把牌藏在心里，但很快就屈服于美国的压力，并愿意透露自己的底线。巴拉克认为，他可以一开始就提出最后的建议，并希望对方接受，这暴露了他缺乏谈判技巧和急于达成协议。另一方面，美国人越是催促巴勒斯坦人在谈判桌上提出反提案，他们越是坚定地遵守联合国在 1967 年 6 月 4 日关于难民问题的决议，并拒绝就难民问题提出妥协方案。在筹备会谈中，巴勒斯坦人表示愿意离开犹太人定居点区域，以换取领土。但现在仅让他们接收西岸和加沙地带 92% 的领土的建议令他们感到愤怒。以色列人也同意放弃对约旦河谷的控制，并准备接受安全安排和沿约旦一线部署的一支国际部队。

最困难的问题是耶路撒冷。以色列放弃对耶路撒冷的主权与以色列人自 1967 年以来所说的一切背道而驰。从来没有以色列领导人提出重新划分耶路撒冷的想法。但现在，巴拉克奋起迎接挑战。他准备将位于东耶路撒冷的阿拉伯人社区、旧城的穆斯林和基督教区出让给巴勒斯坦民族权力机构，甚至给予阿拉法特以谢里夫圣地的监护权。以色列人将保留 1967 年以后建造的犹太社区、旧城的犹太居住区和亚美尼亚人居住区、西墙，以及对地下圣殿山的主权。以任何标准来衡量，巴拉克的提议都是革命性的。但阿拉法特甚至不会考虑这一点。与他的美国和以色列对话者不同，阿拉法特并不着急。尽管巴拉克表现出极大的勇气，但最终他还是失败了，因为他无法说服阿拉法特以色列已经不可能做出更多的让步了。也许阿拉法特担心在耶路撒冷做出任何让步会激怒全世界的穆斯林，甚至导致他被暗杀。

在戴维营的谈判有几项重要的成就。双方首次明确了最终地位协议的大纲。以色列人了解到，巴勒斯坦人将要求几乎整个约旦河西岸地区，外加他们同意离开犹太定居点区域所获得的领土交换。以色列不会控制约旦河谷，但会采取安全措施来保卫其东部边境。巴勒斯坦人接受了耶路撒冷周围的犹太社区、定居点区块，以及以色列对老城犹太人区和西墙的控制。巴拉克就耶路撒冷提出的建议将这个城市问题放到了以色列公众的议程中，并使以色列人意识到，如果在耶路撒冷问题上没有达成创造性的妥协，就不会与巴勒斯坦人和平共处。正如马丁·伊迪克所写，如果把戴维营定义为一次筹备性峰会，它可能被视为一次巨大的成功，而不是一次彻底的失败。然而，如果是这样的话，巴拉克就不会提出他的革命性建议，因为他认为这是谈判的决定性阶段。他没有考虑到他的对话者认为峰会不是结束冲突的框架，而是试图迫使他接受强加的解决方案的陷阱。使得阿拉法特能够避开这个陷阱的是圣殿山的主权问题，他认为这是任何妥协中不可逾越的障碍。

第一次戴维营峰会最终取得了成功，因为萨达特和贝京希望这次会议取得成功，因此准备妥协。第二次峰会失败了，因为只有一位领导人打算妥协。阿拉法特认为自己并不能自由地做出一个困难的决定，要么是因为他认为他的支持者们尚未准备好，也害怕其他阿拉伯国家的反应；或者因为他认为他在签署后的第二天就会被刺杀。但有一件事是肯定的：他没有让巴勒斯坦人做好准备，因为最终协议将涉及妥协。巴勒斯坦媒体和巴勒斯坦当局的教育系统在 10 年的和平谈判中照常进行煽动性的宣传。公众舆论并没有为达成协议的可能性做好准备，这一协议不仅会给巴勒斯坦人一个国家，而且也会要求他们向以色列做出一些让步。通过对以色列的所有让步进行系统性的泄漏，巴拉克在戴维营期间对以色列公众进行了心理准备。巴勒斯坦人不是这样，他们认为所有以色列的让步都是理所当然的，但并不承认以色列也有合法的要求。

克林顿总统前阿拉伯—以色列事务特别助理罗伯特·马利（Robert Malley）和黎巴嫩知识分子侯赛因·阿迦（Hussein Agha）的一篇修正主义文章证实了这一分析。这篇文章旨在削弱克林顿、巴拉克、丹尼斯·罗斯和其他人散布的关于这些事件的版本，这一版本的阐释将戴维营谈判的失败归咎于阿拉法特。马利和阿迦试图解释为什么巴勒斯坦人没有提交他们自己的提案，甚至拒绝了克林顿的路径（稍后讨论），后者提出的条件远远超出了巴拉克的戴维营提案。他们写道："大多数巴勒斯坦人更愿意屈从于两国方案，而不是真心愿意拥抱这个方案，他们愿意接受以色列的存在，但不接受它的道德合法性。整个巴勒斯坦的战争结束了，因为它已经失败了。在他们看来，奥斯陆谈判的不是和平条件，而是投降条件。考虑到这一观点，巴勒斯坦人认为《奥斯陆协议》本身就是历史性的妥协——同意将 78% 的委任统治下的巴勒斯坦土地让与以色列。"[6]

戴维营首脑会议被预知失败了吗？在《奥斯陆协议》开始的整个期间，以色列安全部门的普遍看法是，只要是临时协议，阿拉法特可以签署。但是，一旦谈判达成最终地位协议，阿拉法特就有四项坚决不会让步原则：在 1967 年 6 月 4 日的边界内建立巴勒斯坦国，以耶路撒冷为首都，对圣殿山拥有主权，以及难民"回归权"。阿拉法特预见到即将与以色列发生暴力冲突，并做好了准备。从一开始，伊塔玛尔·拉比诺维奇所说的"命中注定的"（deterministic）这个概念就怀疑达成"结束冲突"协议的可能性。这是马利和阿迦所言的另一面。与此同时，以色列激进的左派指责巴拉克有缺陷的谈判，认为他操之过急，并且不了解阿拉法特，也就是说，他们认为战术错误导致了谈判失败。

有人认为，在巴勒斯坦民族权力机构执政的那些年，对阿拉法特来说，一旦达成和平，等待他的国家是一个相对较小而且贫穷的国家，并且在经济和社会问题上负担沉重。他更喜欢斗争的浪漫主义，而不是沮丧地例行担任巴勒斯坦国总统。只要没有和平，他就是一个民族英雄，一个媒体人物，在他的门前，全世界的名人都会竞相登门造访。一旦有了和平，人们对巴勒斯坦解放运动的兴趣就会消失，他的历史角色就会结束，剩下的就是巴勒斯坦阵营内司空见惯的内部摩擦、腐败和颠覆。在决定性的时刻，他选择了昨日的世界，选择了冒险和兴奋，而不是明日的世界，这需要改变思维方式和形象，并学会在和平中生活。他更愿从戴维营返回加沙，成为一名向美国和以色列人提出挑战的英雄，确保广大公众的支持。他没有带来和平的事实并不会成为他的污点。

在戴维营谈判之后，克林顿和巴拉克没有放弃希望，他们继续接触，以期达成协议。巴拉克认为协议是他在即将到来的选举中获胜的唯一希望，所以，他偶尔还会从他所设定的谈判红线退却，提出一些更具妥协性的提议。但正如阿伦·戴维·米勒所指出的，巴拉克让步得越多，阿拉法特的条件就会越高。

2000 年 9 月 28 日，以色列反对派领袖沙龙参观了圣殿山。他的访问与巴勒斯坦人进行了协商，沙龙接受了他们施加的限制，并没有进入清真寺，这次造访相对平静。但第二天，在圣殿山大约有两万名的穆斯林祈祷者爆发了暴力骚乱。以色列安全部队用轻武器回击，之后骚乱升级并失控。在骚乱的前夕，以色列当局了解到他们将在山上举行暴力示威活动，于是通知了美国人。美国国务卿马德琳·奥尔布赖特警告阿拉法特该事件的严重后果，并试图说服他阻止示威活动。但后来才发现他并没有采取任何措施。一些人认为，正如之前所暗示的那样，如果阿拉法特在戴维营得不到他想要的东西，他就打算诉诸暴力。另一些人则认为，根据巴解组织的基本理念，他总是需要暴力事件来达到在"血与火"中取得巴勒斯坦独立的目标。无论如何，阿拉法特在整个和平进程中从未放弃暴力选项。他从未宣称暴力是非法的，当他被要求采取行动反对暴力时，他随时可能会改变初衷，违背诺言。

现在，沙龙对圣殿山的访问为阿拉法特提供了一个绝佳的机会，可以利用武力来巩固他的地位，同时也证明了他的双手与圣地谢里夫连在一起。但暴力是一只难以驾驭的老虎。电视画面公开显示以色列士兵杀害了一个名叫穆罕默德·达拉的 12 岁男孩（从未确定这个男孩是否真的被以色列士兵杀害），引爆了巴勒斯坦和阿拉伯民众对以色列的舆论。在拉姆安拉，两名以色列预备役士兵因驾车误入城市而被抓进警察局，并被处以私刑。电视上那些兴高采烈的行凶者双手沾满鲜血的画面，在以色列舆论中又引发了一次震动。以色列国防军使用了严厉的手段来平息骚乱，在此期间，巴勒斯坦安全部队的许多成员（包括以色列曾帮助训练和装备的）参加了这次骚乱。

2000 年 10 月充满了创伤。第二次因提法达（巴勒斯坦人起义）的爆发，进一步加强了以色列对圣地谢里夫的设计构想，也摧毁了以色列对巴勒斯坦人的信任和对和平的希望。以色列阿拉伯人在绿线边境内爆发了严重的骚乱。骚乱席卷了加利利三角地区和雅法，引发了对加利利米兹皮姆（mitzpim，小型社区定居点）犹太居民安全的担忧。瓦迪阿拉地区（Wadi 'Ara）的道路被封锁，财产遭到破坏，车辆、机构和定居点成为袭击目标。在暴乱被镇压之前，12 名以色列阿拉伯人、1 名巴勒斯坦人、1 名犹太人被杀，数十人受伤，以色列的犹太-阿拉伯关系出现了裂痕。在短时间内，以色列似乎处于犹太人和阿拉伯人之间种族冲突的边缘。以色列人发现很难相信这些事件与西岸和加沙地带发生的事情没有关系。最重要的是，三名以色列国防军士兵在北部边境被真主党绑架，并且一名以色列预备役军官在欧洲被扣押。以色列似乎是在其所有边界上燃烧的火焰的中心，公众对政府保障人民安全的能力失去了信心。鉴于政府的不确定状况，巴拉克决定在不解散议会的前提下举行新的总理选举，日期定在 2001 年 2 月。

在暴力的阴影下，试图达成以色列和巴勒斯坦之间的协议的绝望尝试仍在继续。在克林顿担任总统的最后几天，仍在双方之间进行努力斡旋。考虑到双方的敏感性和需要，"克林顿参数"总结了以色列人和巴勒斯坦人之间的核心问题，并提出了一项折中方案。这是一个非常平衡的建议，远远超出了戴维营的建议，也远远超过了巴勒斯坦的要求。在埃及总统穆巴拉克的倡议下，2001 年 1 月塔巴峰会召开。

以色列政府原则上接受了这些参数，但对某些特定条款持一些保留意见。阿拉法特不想也无法让自己接受这些参数。其中一名巴勒斯坦人对丹尼斯·罗斯评论说："我们需要大卫·本-古里安，但我们得到了亚西尔·阿拉法特。"[7] 这次峰会以僵局告终，克林顿结束了他的任期。在2001年2月6日举行的以色列选举中，沙龙以绝对优势当选为总理。和平进程就此结束。

因提法达（巴勒斯坦人起义）开始爆发。成千上万的以色列人和巴勒斯坦人付出了生命。第二次起义是一场血淋淋的事件，大多数以色列受害者是被自杀式爆炸者杀害的平民。和平与结束冲突的梦想破裂了，这种感觉是除了保卫国家和民族之外别无选择。支持和平进程的以色列左翼和中间派不能理解阿拉法特的行为，如果双方没有达成协议，谈判应该继续，没有理由进行暴力。右派说："我们早就告诉过你会这样。"激进的左派争辩道："我们做得不够。"普通的以色列人感到被出卖了。他们为自己的生命而战，不再对对方表示同情。

和平进程失败了吗？毫无疑问，失败了，并且让双方都深感失望。在以色列，因提法达摧毁了左翼，至今仍未恢复。然而，在充满希望10年的之后，以色列和阿拉伯国家、以色列和巴勒斯坦之间的关系发生了根本的变化。与约旦的和平条约，以及与海湾国家和马格里布联盟国家建立某种程度的关系，都是朝着以色列取得合法性和阿拉伯人接受其作为中东政治实体存在迈出的步骤。2002年宣布的阿盟和平倡议或许是这一变化的证据。阿拉伯联盟国家提议与以色列实现全面和平，它们的条件将在谈判中商定。

丹尼斯·罗斯在总结和平进程失败的原因时指出，阿拉伯人认为他们愿意接受以色列的存在是一个重大让步，这迫使以色列做出了许多让步，而阿拉伯人却没有做出自己的让步。认识到以色列有合法的需要，而且实现和平需要双方的妥协是和平谈判教育过程的一部分。双方都汲取这一点经验教训了吗？未来的和平进程将揭示他们是否真正地认识到了这一点。

巴以关系也发生了巨大变化。从《奥斯陆协议》签署以来双方的相互承认，增加了彼此之间的了解和对话，在以色列与巴勒斯坦政治和安全精英之间创造了一定程度的亲密关系，其中以前的疏远感和妖魔化已经大大减少。这一变化是否已经达到了普遍的水平，还尚未可知。即便如此，以前与现在关系之间的差异还是令人印象深刻。20世纪90年代两个民族的两个国家观念还是禁忌，但现在得到以色列大多数公众的支持，并成为各主要政党和平纲领的基础，无论是明确的，还是隐晦的。今天，大多数以色列人意识到不可能长期统治另一个民族，他们接受维护以色列作为犹太国家的特征，就必须从犹地亚和撒玛利亚地区以及加沙地带撤离（从这一地区的撤离发生在21世纪第一个10年的中期）。可以说，失败的谈判为以色列公众认识到同巴勒斯坦人妥协并承认其国家需要的必要性做了舆论准备。意识上的转变，特别是在诸如以色列—阿拉伯冲突这样严酷而长期的冲突中，不是一夜之间就实现的；它们需要的是时间、持久性和成熟的时机。只有未来才能证明，在20世纪90年代萌芽的种子是否能在未来几十年中开花结果。

20世纪90年代的以色列

在20世纪50—90年代间，以色列经济特征的变化可以用下面的事实这样总结一下：在20世纪的最后10年，只有2%的就业人口从事农业，而农产品出口只占2%。在头一个50年结束的时候，以色列已经从一个受到犹太复国主义理想激励的农业国（其象征是犹太农民耕种他们的土地）转变成了一个以其尖端高科技工业为傲的工业化国家。尽管水资源有限，但对这些资源和土地的最优开发，使以色列能够为其不断增长的人口提供食品，甚至还向欧洲出口粮食。但令人怀疑的是，犹太复国主义的缔造者们是否会想象到犹太人回归自然和体力劳动的时间不会超过两代人。20世纪90年代，以色列的出口以工业和服务、钻石、旅游业和农产品为基础。

20世纪90年代的经济革命是由纺织业、机械、建筑、采矿和化肥等传统产业转移到知识密集型的高科技产业。传统产业是劳动密集型产业，不需要高水平的专业化，在大多数情况下，工资相对较低。20 世纪 90 年代繁荣的高科技产业需要高等教育、科学技术背景和人力资本。它们所雇用的员工是有个性的、有创造力的，并为获取相对较高的薪酬而努力奋斗的人。他们没有对公司做出长期的承诺，公司也没有对其员工做出任何承诺。20 世纪 90 年代以色列的高科技部门集中在与互联网相关的领域、生命科学初创企业和医疗项目上。它们的成功是多年投入研发，高等教育机构为知识密集型产业奠定科学基础的综合成果，同时受到投资研发项目的国防工业的影响，在这些国防工业项目中，大量第一代高科技企业家获得了它们的技能和理念。与欧盟和北美的自由贸易协议为国际公司投资以色列项目打开了大门。取消对外汇交易的最后限制也促进了自由贸易。

从 20 世纪 80 年代开始的私有化趋势继续发展。这些以色列总工会所属的企业，以及基布兹和莫沙夫，都习惯于在国家补贴的信贷框架下运作。由于国家脱离了资本市场的直接引导，补贴信贷不能持续，导致以色列总工会所属的企业、莫沙夫和基布兹无法在昂贵的信贷市场上运营，并面临破产。这些总工会所属的企业倒闭了，被出售给私人所有。以色列总工会成为一个自愿的工会，工人不再有义务加入。高技术工人在总工会中不受到认可，总工会因此失去了对精英员工的影响力，其影响仅限于电力公司、供水和传统产业等重要服务业部门中从业的工人。随着外国工人来到以色列，填补了农业和护理行业的空缺，以色列总工会又失去了另一个市场分支。

在 20 世纪 90 年代初，一名资深劳工党人物哈伊姆·拉蒙（Chaim Ramon）离开了该党，在总工会中形成了一份独立的（追随者）名单，他们的目标是国有化医疗服务，换句话说，将库帕特·霍利姆健康维护组织（HMO）从以色列总工会中抽离出来。哈伊姆·拉蒙在以色列总工会的选举中赢得了绝大多数选票。在改革后的医疗体系中，所有公民都将向国家缴纳健康税，而国家将为他们提供一揽子医疗服务，让他们可以在自己选择的健康维护机构中获得医疗服务。因此，私有化与国有化结合在一起，对工人与以色列总工会之间的关系产生了巨大的影响。原来许多工人成为总工会成员是因为其健康维护机构提供的医疗服务，现在两者之间的联系被切断了。工人们可以选择自己的医疗服务提供者，而总工会成员资格意味着只是工会成员。由此导致的总工会会员人数急剧下降，暴露了社会主义意识形态在工人当中的弱化。在医疗服务之后，其他机构相继被私有化，包括退休基金、养老基金、银行、邮政公司、通信公司和国家航空公司。公共资产的公有制和国有制逐渐式微，取而代之的是，以色列和国际大亨们购买了这些资产准备出售，这也为他们自己购买了对国家的经济和政治权力中心的影响力。

以色列适应了全球化，在 20 世纪 90 年代成为这一竞技活动的代名词。跨国公司渗透到以色列各行各业，以色列人也在全世界各地投资和经营，开放的世界市场欢迎他们的创业精神。由于和平进程的影响，阿拉伯世界对以色列的联合抵制削弱，以色列和该地区其他国家（摩洛哥、突尼斯和海湾国家）之间的接触带来了经济合作项目，并促进了经济增长。那些在紧张时期避免投资的以色列投资者看到积极的政治氛围与和平的曙光，纷纷前来投资。在和平进程之前，西欧国家对以色列在巴勒斯坦问题上的政策持保留态度，现在它们"重新发现"了以色列，并更加开放地与以色列接触。东欧国家现在向西方开放，也为经济和其他关系的发展提供了丰厚土壤。先前以色列对美国援助和犹太人捐款十分依赖，国际收支一直是经济弱点，而现在这一状况也趋于好转，以色列银行持有大量的外汇储备。以色列在世界信贷市场的可靠性吸引了国际投资者，每年吸引投资的规模在 50 亿~100 亿美元不等。

在这些年里，人们的生活水平提高了，但收入差距也越来越大，这种差距主要发生在那些知识和才干能够适应新的经济现实的人与那些不能适应和融入新经济的人之间。以色列从 20 世纪 60 年代世界上最平等的国家，变成了 20 世纪 90 年代最不平等的国家之一。贫困的两个主要部分是极端正统派和阿拉伯人，极端正统派的"学习者社会"没有进入劳动力市场，而阿拉伯人在融入以色列经济过程中受到社会和安全的限制。

社会风气也发生了改变。在过去，人们普遍认为，工人在总工会或政府工作，领薪水，就是铁饭碗，但私有化引起的经济动荡打破了这种社会惯例。工人的流动性增强，但工作场所的不确定性也增加了。先前被认为是以色列经济基石的公司或是破产，或是转让，或是精简裁员。高科技公司也不能确保会永久性雇用工人，很多这样的公司很快出现，也很快消失。以色列社会的基本元素——稳定的住所和工作地点，与大家庭的亲密关系，从幼儿园到军队一直待在一起的儿时同伴，这些熟悉的元素突然被破坏了。虽然生活条件提高了，机会也更多了，但重要的，那种可能补偿以色列公民一直以来所面临的危险意识的安全感消失了。

两种提高了生活质量的新事物的出现也进一步侵蚀了以色列人之间相互熟悉和联系的意识。第一便是空调。以色列的天气炎热（尤其是在全球变暖的情况下），一年中有八个月都离不开空调。以色列人不想离开这种能够受到人为控制的天气。绝大多数的家庭都装有空调，工作场所、汽车，甚至是拖拉机驾驶室，大型购物中心都提供空调环境。随着空调的出现，户外活动逐渐减少，人们在过去的生活中最常去的街道，变得不那么受欢迎了。尽管户外咖啡馆依然存在，但他们的顾客更喜欢夏天室内的清凉环境。因此，以色列人面对面接触的机会减少了。每一个社群都将自身封闭在自己的社区内，在自己的家里。因此，生活水平的提高导致了人与人之间的疏离和疏远。

第二是多频道电视的引进。现在以色列人有无数的频道可以观看，而不是之前为以色列人所关注的两三个频道。在过去的几十年里，电视一直是"部落篝火"一样的存在，大家看的都是相同的频道，观察相同的事件，听到同样的评论。现在电视则与以往大不相同，相反，从小屏幕上出现的多种语言、文化、趋势和兴趣，给了分裂的社会以鼓舞和激励。在过去，国营电视台一直致力于在培养高雅文化的同时，满足公众对娱乐的渴望。现在，随着声音的多样化以及电视的普及，庸俗和琐碎的文化开始盛行。

20 世纪 90 年代的青年文化受到电影和电视屏幕上呈现的美国文化的影响。这是一种并不根植于以色列此时此地的普遍文化。学者盖迪·陶伯（Gadi Taub）写道：“这种文化在全身心地寻求并认为它可以逃离这里，属于某种《宋飞正传》和《墨菲布朗》观看者所体验的超国家的音乐共和国的存在，但同时他们也非常清楚，这个共和国并不存在。”[8] 犹太复国主义-社会主义意识形态的消亡造成了青年人难以填补的意识形态真空。作家奥莉·卡斯泰-布鲁姆（Orly Castel-Bloom）在一篇文章中这样开篇：“我有一个我无话可说的故事。”[9] 生活突然变得无意义，亚科夫·罗伯特在 1983 年的一首《我正在平躺着》的歌曲中描述了这种体验：

> 存在，或不存在
> 我只是在这里
> 没有任何有意义的事
> 渴望
> 没有希望，也没有绝望
> 我只是望着
> 世界就像一个过客
> 它是如此美丽。

这首歌显示了普遍的存在主义。在某种程度上，它显示了犹太复国主义使犹太人正常化的方案与其他民族一样成功。初期，民众的安全感和生存恐惧的消除是由以色列国防军的力量所赋予的。现在理想主义和意识形态消亡了，新的一代人出现了，他们与过去和未来没有联系，只对当下感兴趣，这些都是这种“正常化”的元素。但是，这是犹太复国主义思想家设想的吗？事实上，犹太复国主义事业的旅程，从 20 世纪初作为新型犹太人的儿子反叛他的父母，到 20 世纪末这一代人的总体旋律，如果说它是对现在的宁静在某种程度上令人不安的接受的话，那么这恰恰表明犹太复国主义革命不仅是成功的，而且是一种常态性的过程。

拉宾被暗杀在这个音乐录像带般风格存在的美妙泡沫上打开了一个缺口。成千上万的年轻人无法停止哭泣，他们在哀悼期的第七天聚集在拉宾遇刺的特拉维夫广场，点燃蜡烛，以纪念拉宾。他们不仅试图与这位已经死去的领导人待在一起，而且要以一种有意义的而非内容空洞的方式来体验与他的同在。他们试图找到一条与更广泛的公众的连接之线，并在生活中设定自己的目标。这次谋杀以及之后与拉宾同在的体验成为他们生活中共同的参照点。许多人开始转向和平，视和平为他们生活的使命。另外一些人则自愿参加到社会激进主义事业中。在发展城镇，出现了一些宗教或非宗教的核心群体，他们离开城市和基布兹，并想生活在这些城镇，帮助这里的居民过上更好的生活。这是世纪之交的以色列出现的新的志愿服务。它会不会开启一波新理想主义浪潮，或者仍是以色列社会生活中的边缘事件，我们拭目以待。

苏联在 1989 年的开放移民，开启了有史以来最全面地移民到以色列的浪潮。这次移民几乎有 100 万人，这绝对比 20 世纪 50 年代早期的移民潮的规模还要大。50 年代的移民使以色列犹太人的数量增加了一倍，而这次新的移民潮占到犹太人口的 17%。这次移民与50 年代的移民有巨大区别，20 世纪 50 年代的社会，贫穷和资源匮乏是主流，如此大规模地吸收移民很困难。90 年代以色列经济规模扩大并走向繁荣，经济基础稳固，并收到了美国担保的总额达到 100亿美元的慷慨贷款援助，用以吸收移民。然而，20 世纪 50 年代的移民们来到的是一个有着坚实价值体系的社会，有着共同的目标——建立国家，并迅速发展国家。相比之下，20 世纪 90 年代的移民们来到了一个分裂的社会，有宗教和非宗教、密兹拉希（东方犹太人）和阿什肯纳兹犹太人（西方犹太人），左翼和右翼等不同阵营，每个阵营都对未来有着不同的看法。

自 20 世纪 30 年代德国犹太人向以色列地移民以来，以色列还没有遇到像苏联犹太移民这样受过如此良好教育并代表着优质人力资源的移民。那些年在以色列，人们听说，因为苏联的犹太裔数学家和医生大量移民至以色列，苏联一些主要大学数学系的数学教师和医院里的医生几乎完全空缺。和德国的犹太移民一样，苏联移民群体受教育程度比主流社会中的其他群体要高（60% 的苏联移民持有学位，而当时的以色列人只有 30% 拥有学位）。同样与德国犹太移民一样，苏联犹太移民缺乏关于犹太传统的知识和教育。两到三代的共产主义统治抹掉了几乎所有的犹太文化和意识的痕迹。20 世纪 70 年代来到以色列的苏联移民（约 20 万）主要来自苏联的外围加盟共和国，如波罗的海国家，这些国家自 1939 年以来一直处于苏联的统领之下，或者来自中亚地区的加盟共和国。在这些地区，积极的犹太记忆和犹太复国主义传统仍然盛行。20 世纪 90 年代的移民却不是如此，他们主要来自斯拉夫地区（俄罗斯、白俄罗斯、乌克兰）和主要城市（莫斯科、圣彼得堡、基辅）。在这些地区，犹太人多年来一直被苏联人口的多数所同化，而且是很成功的同化。来以色列的犹太人知道他们是犹太人，但除了民族—宗教的联系之外，他们对犹太文化的概念，无论是宗教的还是世俗的能够了解多少，是令人怀疑的。

20 世纪 70 年代，苏联犹太人曾为他们自身的权利而战，选择性地从苏联移民到以色列（他们的许多同胞选择移民到美国）。但就像 20 世纪 30 年代的德国犹太移民一样，20 世纪 90 年代的许多苏联移民并不是出于意识形态或犹太复国主义的热情而来到以色列。大多数人因为苏联政局不稳，经济危机严重，想离开苏联。他们是在戈尔巴乔夫实行巨大变革、改革（重建）和开放政策之后移民来到以色列的。他们过去的痛苦经历教会了他们不要指望俄国一直敞开国门，于是赶紧离开。许多人会更喜欢美国，但华盛顿对东欧移民实行了配额制度，美国担心崩溃的东欧集团可能会涌入大批移民。因此，对许多犹太人来说，以色列是默认的不二之选。而加速向以色列移民的因素是，许多移民候选人在以色列有亲戚，这使得以色列这个遥远而陌生的国家看起来更加受欢迎。

与 20 世纪 50 年代的集权性质的以色列截然不同，90 年代的以色列是一个支持自由市场、私营企业、服务私有化和减少国家干涉的国家。与此同时，20 世纪 90 年代的移民是一个受过高等教育的群体，他们不存在重新适应现代社会和经济观念的困难。因此，他们来到以色列社会之后，政府并没有将移民集体安置在居住地或集体安排就业，而是以"自行应对"（do it yourself）为基础，或者以官方所定义的"直接吸收"来接纳移民，他们也自主选择职业和居住地，也被允许选择自己满意的医疗服务公司。在 20 世纪 70 年代，政府习惯把移民放在吸收中心几个月，在那里他们接受希伯来语课程的集中培训，职业安置，并得到住房、健康和福利等方面的服务。政府吸收移民的机构也会安排他们在国家各地参观旅行，参加各种讲座等，以帮助他们融入社会并适应国家的文化。离开移民吸收中心这个温室的过程是缓慢的，取决于新移民何时获得住房和就业。而现在，新移民得到了一笔与他们在移民吸收中心受到服务等价的钱，并必须设定自己的优先支出。因此，根据私有化服务的政策，将吸收的责任从国家转移到个人、地方当局或志愿组织。

苏联移民的到来使以色列的工程师和医生人数翻倍。并不是所有的医生都通过了卫生部的专业能力考试，没通过考试的则被迫接受较低的职位，从事辅助医疗或其他领域的工作。移民通常意味着较低的社会地位，苏联的移民也不例外，至少在回归以色列的前 10 年是这样。但是，这个移民吸收取得了巨大的成功，到 20 世纪末，这批移民的失业率与总人口的失业率相似。

苏联移民带来了大量的技术和科学知识。正如我们前文所讨论的，20 世纪 90 年代，高科技成为以色列领先的产业和出口来源之一。但是如果没有苏联的大规模移民，以色列不可能在短短几年内就转变为一个高科技大国，并在全球范围内取得非凡的经济成就。移民们展示了创新、创业精神和对自由开放市场的适应性。但他们也没有从艰苦的体力劳动中退缩，哪怕只是为他们的家庭提供尊严。苏联移民是 20 世纪 90 年代前 5 年以色列经济繁荣的因素之一。移民潮通常伴随着人口增长带来的经济繁荣，需要投资来吸收移民，最终是移民对经济的贡献。这波移民浪潮在和平进程中出现，政治乐观情绪与移民潮带来的乐观情绪也自然而然地联系在一起。

来自苏联的移民并没有与他们出生的国家完全分离。与母国的联系、俄罗斯文化以及俄罗斯语言的保存都对他们很重要。直接吸收并没有要求他们绝对融入以色列文化和社会。先前来自东欧社会的犹太移民，苏维埃的世俗化政策已经完全隔断其母国之间的联系，而新移民则是由于苏联解体，故继续维持与之前国家的朋友和家人的联系。双向联系迅速发展：前苏联公民来到以色列以检视吸收移民的可能性，以色列公民则会访问他们移民前的故土。俄罗斯的娱乐剧团、剧院和音乐演出的需求量很大，它们也帮助保持了这些新移民与俄罗斯的文化联系。

这些来自苏联的犹太人移民是大城市的知识分子，他们对在以色列培养俄罗斯的高雅文化有很大的兴趣。于是，俄语日报和高质量杂志出现了，并且这种需求也催生了许多专门出版俄语书籍的出版社。共同语言和共同文化，以及移民之间的社会互动，很快就在以色列建立起一个俄罗斯犹太社区。这些移民在他们的祖国不知道社区生活，因为几乎任何形式的社团都被禁止，现在在以色列建立了一个以俄罗斯文化为基础的繁荣社区，这是过去移民群体中未见到的现象。来自德国的移民确实试图保存德国的语言和文化，并在一定程度上在他们居住的城镇和社区中取得了相当大的成绩。但这种文化没有公开的存在，因为德语是纳粹压迫者的语言，它的使用是不可接受的。令人好奇的是：来自阿拉伯国家的移民——除了来自巴格达的犹太知识分子——是否参与了阿拉伯邻国的世俗文化呢？但无论如何，其文化世界的基础不是阿拉伯文化，而是犹太传统。

苏联移民渴望一个讲俄语的社区，保留俄罗斯文化，但没有遭到以色列政府的反对。与熔炉时代的以色列国家不同，20世纪90年代的以色列是一个多元化的社会，它对移民的文化差异性比较包容，甚至赋予其合法性。然而，普遍的抱怨是，苏联移民在他们自身群体中只说俄语，而且习惯性地把讲希伯来语的人拒之门外。这个习惯反映了"以色列第一"的文化霸权的崩溃，以色列已经是一个分裂的社会，没有价值观和文化的基本共识。

在某种程度上，苏联移民看不起以色列文化。他们对以色列的科学教育标准不满意，也不赞成以色列学校的自由教育氛围。教师和学生之间的友好与随意，低标准的纪律，以及没有很好地教授价值观的事实都令他们觉得不满意。因此，他们建立了自己的教育体系，要么通过额外的充实课程，要么按照他们认为可接受的教学方法建立学校和幼儿园网络。这些学校高水平的成就让那些以色列人感到惊讶。这些学校用希伯来语授课，但包括俄语和俄国文化课程。这些移民还通过各种项目丰富了以色列文化，由苏联移民建立的格塞尔大剧院（Gesher Theater）是以色列主要的剧院之一。苏联移民们也提升了以色列的经典音乐，在苏联移民社区周边出现音乐合奏，体现了移民对高雅文化的兴趣和需求。

俄裔犹太人社区通过高度发达的俄语媒体所培育的社团凝聚力和内部便捷而通畅的交流，为政治组织发展奠定了极好的基础。早在 1992 年，俄裔移民对选举结果就有了不小的影响。那一年，作为左翼和右翼之间关键集团的移民团体，因为沙米尔政府移民吸收困难而投票支持拉宾，沙米尔政府没有得到吸收移民所需的美国经济担保。俄裔移民处于民族主义宗教集团与非宗教的自由主义集团之间的边缘地带。他们大多是非宗教的，对于针对那些按照犹太律法被认为不是犹太人的群体所采取的歧视很敏感。《回归法》赋予那些他们自身并不必然是犹太人的移民后代，以及那些不是犹太人的配偶以移民的权利。结果，根据犹太法律，大约 25% 的移民不被认为是犹太人，并且面对着令人不安的问题：他们的地位、权利，他们自己在以色列的婚姻机会以及他们后代的婚姻问题，还有犹太人的安葬权利问题。拉比们在皈依问题上立场坚定，并且要求他们在移民之后遵守宗教法律。而按照这一要求所接受的这种选择只会成为极少部分人的可能性选择。与极端正统派就安息日仪式、出售不符合犹太饮食法要求的肉类，以及诸如此类的问题所发生的冲突，导致这一群体成为非宗教集团的天然盟友。

与此同时，苏联移民对阿拉伯人持怀疑和敌视态度，这一点使得人们质疑他们对非宗教自由阵营的支持。在来到以色列的第一个 10年里，他们的政治立场是模糊的。如前所述，在 1992 年的选举中，他们支持工党。1996 年，以色列的移民中首次出现了一个由纳坦·夏兰斯基（Natan Sharansky）所领导的移民党，夏兰斯基在 20 世纪70 年代被认为是那些被拒绝的移民者的英雄。总理和政党选举的分离，使移民能够投票赞成一个照顾其特定利益的政党，同时也通过投票选举一个全国总理来表达他们新的以色列身份。1999 年，许多人投票支持巴拉克，他杰出的军事能力给他们以深刻的印象。在这次选举中，以色列移民党（Yisrael Ba'aliya）赢得了 6 个席位，由阿维格多·利伯曼（Avigdor Lieberman）领导的另外一个移民政党以色列家园党，赢得了 2 个席位。俄裔移民也积极参与到市政圈当中，在那些占人口 20% 以上的地区获得权力和影响力。正如我们所看到的，以色列移民党是巴拉克政府的联盟伙伴之一，但在戴维营峰会前夕离开政府。俄裔移民对与社会主义的过去有联系的任何人都不感兴趣，所以从一开始他们就对犹太复国主义左翼持怀疑态度。但他们确实对拉宾和巴拉克予以积极响应，因为他们两个人都具有象征以色列爱国主义的军事形象。

然而，随着时间的推移，俄裔移民的右翼倾向逐渐显露，这从阿维格多·利伯曼的崛起就能明显看出。除了利伯曼的人格魅力和组织能力之外，俄裔移民对他的支持也源自那些已经形成强大权力的族群日渐发展的公民心态。这些俄裔移民透过一种类似于美国公民看待世界的棱镜，来看待以色列与世界的关系，特别是与阿拉伯邻国的关系。他们原来生活的国家对真实的或想象的威胁，总是做出有力且具有战斗性的反应。事实上，以色列并不是一个大国，需要采取不同的方式，但这些移民中大多数人的思想仍停留在大国强权的思维模式上。但也正是因为以色列国家较小，以色列社会在许多现存问题和文化问题上存在分裂，使得一个小众的政党在恰当的时机能够获得一种较为重要的地位。俄裔移民倾向于保护他们的社会和文化的独特性，他们利用媒体和志愿组织组成一个社区，为他们提供了创造政治框架的工具，以保护他们的利益。在仅仅 10 年的时间里，没有其他的移民群体似乎能够达到类似的自我意识和政治影响力。

一些社会学家预言，苏联移民融入以色列社会注定要失败。他们认为，这种融合仍将是表面和实用的，而当前来自老以色列人的文化和社会孤立将会占据上风。但对以色列历史的检视所显示的是一种不同的结局，那就是苏联移民是注定会融入以色列主流社会中去的。以色列的教育系统、军事部门、工作场所等所进行的社会化和文化适应过程实际上比 20 世纪 50 年代和 60 年代要弱。但即使是在目前的情况下，这些过程也必然会占上风，而苏联移民的孤立主义和排外主义倾向将在一两代之内消失。这一预测是基于以色列社会过去的经验，其前提是这一进程不会受到不可预想的事件的破坏。

在苏联移民到以色列的同时，成千上万的埃塞俄比亚移民抵达以色列。关于埃塞俄比亚犹太人的起源有许多不同的推测，他们被称为"贝塔以色列人"（以色列人的社区）。根据他们自己的传说，他们是来自以色列地的犹太人后裔，他们与示巴女王和她的儿子孟尼利克（Menelik）一起来到埃塞俄比亚，孟尼利克被所罗门王封王，成为埃塞俄比亚的皇帝。有些人认为，最初的犹太人在第一圣殿被毁后，被放逐出耶路撒冷，向南部进发，定居在上埃及的耶布（Yebu，大象之地），并最终来到了埃塞俄比亚。这些犹太人不熟悉犹太口传律法，脱离了拉比犹太教。他们遵守部分《托拉》，并坚持一种不同于第二圣殿时期以来犹太教所接受的传统。直到 20 世纪初，与他们之间的联系才逐步建立起来，他们中的一些人到达巴勒斯坦。

对埃塞俄比亚人犹太人的怀疑，最初阻止了以色列采取任何行动将他们带回国。1973 年，以色列大拉比奥瓦迪亚·约瑟夫宣布他们确实是犹太人；1975 年，他们被认为有权根据《回归法》移民到以色列。随后，各种犹太组织发起了一项运动，说服以色列政府将埃塞俄比亚犹太人带回国。与此同时，由于埃塞俄比亚政局不稳，这些犹太人开始逃往南苏丹的联合国难民营。这些难民处境恶化的消息传到了以色列，以色列决定派遣摩萨德特工去协助他们移民。在20世纪80年代，大约17 000名埃塞俄比亚犹太人被带到以色列，包括在"摩西行动"中带回近7 000人。1991年，由于以色列担心埃塞俄比亚的政治不稳定会对该国犹太人不利，遂发起"所罗门行动"，在两天内将近14 000名埃塞俄比亚犹太人空运到以色列。

埃塞俄比亚移民的吸收与俄裔移民不同。他们的宗教文化与以色列所接受的犹太教有很大的不同。作为拉比确认其犹太教信仰的一部分，他们被要求参加"返回"犹太教的象征性仪式，在这个仪式上，他们必须经历象征性的割礼。这一要求质疑了他们所信仰的犹太教，导致他们——尤其是社团宗教领袖凯泽斯（kaises）——感觉受到了极大的冒犯。后面有段插曲更是广为流传，以色列卫生部害怕传染性疾病，而没有使用埃塞俄比亚移民捐赠的血液。这一点激怒了移民，他们感到自己受到了强烈的歧视。

埃塞俄比亚移民适应以色列的生活是相对困难和漫长的。移民吸收中心认为埃塞俄比亚移民在没有适当准备的情况下，直接接触现代生活将会遇到许多困难，故而采用了20世纪70年代所用的监护方式。在最初的两年里，孩子们被送到了国家宗教学校，这种教育渠道比非宗教学校更合适。而后，他们父母被允许为他们选择想要参加的教育系统。政府在吸纳埃塞俄比亚移民方面做出了许多努力，据估计，埃塞俄比亚移民的成本是苏联移民的两倍。20世纪70年代他们艰苦跋涉到苏丹，中间有数百人死亡的史诗，以及他们的英雄故事，形成了埃塞俄比亚犹太人作为犹太复国主义者和以色列人的身份的基础，并很好地融入了犹太复国主义所接受的苦难和英雄主义的观念。但他们对以色列的认同充满了问题，因为在回应主流社会对他们有所保留的负面看法的过程中，他们越来越深刻地感受到一种他者的意识。从埃塞俄比亚山区的小村庄到工业化的、以成就为导向的以色列社会的过渡，同时也造成了家庭生活、亲子关系和父母之间的关系出现危机。

政府和志愿组织仍然意识到对埃塞俄比亚的移民需要容忍，并分配特别资源以吸收他们。在更广泛的民众当中多少缺乏上述意识，他们被号召将自己的孩子送到学校与埃塞俄比亚儿童一起读书，或住在他们的隔壁。这里，人们并不太愿意接受外来移民的异质性，也不愿意接受他们适应新现实的困境，这种现象常常可以看到。未来的情况是无法预测的，但是埃塞俄比亚移民的范围相对较小，使人们对他们融入以色列多元族群社会持乐观态度。

20世纪90年代的特点，一方面是不断增加的多元化的趋势，对他者的容忍，以及社会当中日益加强的自由元素；另一方面是社会不同领域之间的紧张关系加剧。1992年的《基本法》，围绕"以色列是犹太国家，还是民主国家"这一概念的辩论，聚焦于以色列社会在宗教和非宗教的犹太人之间，以及犹太人和阿拉伯人之间出现的两大分裂态势。犹太民主国家的概念假定以色列认同中的民主和犹太因素之间并没有固有的矛盾。一个国家可以是犹太民族的国家，也就是说，一个犹太人占大多数的国家，它的本质将保留大多数人的属性，其主导文化具有犹太特征，包括语言、日历、希伯来文化、象征和仪式。国家在维护这种犹太特征的同时，也致力于维护民主价值观，如平等、法治和其他族群对于政治生活的参与。

关于犹太国家这个概念，有一些人试图强调民主中固有的普世价值，他们想要不断增强平等和自由主义、个人权利，捍卫少数民族和弱者权利。他们通常是非宗教的犹太人，但并不仅仅是非宗教群体。他们中的极端激进分子倾向于在这样的方程式中以牺牲犹太因素为代价来强调民主因素。因此，后犹太复国主义者希望以色列政府放弃其对犹太因素的承诺，成为一个中立的公民社会，无视种族身份，成为"所有公民的国家"。

相反，有两个群体则试图强调犹太国家的民族宗教特质。第一个群体是宗教和极端正统派犹太人。第二个群体则包括一些非宗教的犹太人，他们同样不愿意保留和提高非犹太人的权利。他们并没有停止将犹太国家定义为一个犹太人占大多数的国家和一个具有犹太文化特征的公共空间，但要求加强国家的犹太属性。这将意味着将犹太人与那些根据犹太律法（哈拉哈）被认为是非犹太人的群体区分开来，并加强犹太司法体系和宗教法庭的权威。这两个组织都试图以牺牲民主因素为代价来强化犹太因素。

因此，被宣布为非法的种族主义政党卡赫党（Kach，"这样"）的创始人拉比梅厄·卡赫纳（Meir Kahane）声称，一个犹太国家和一个民主国家之间存在着固有的矛盾——事实上，民主与国家的犹太性确实相冲突。更重要的是，在这一问题上支持该党立场的重要群体，即一些极端正统派犹太人，认为世俗的法律通常在地位上要次于哈拉哈。他们有条件地承认民主，并不时挑战国家法律，支持"托拉的观点"或哈拉哈。伊扎克·拉宾被暗杀，以及之前的煽动行为表明，以色列社会的边缘群体在他们认为自己的规范体系与国家法律之间存在冲突时，便会毫不犹豫地将法律的解释权掌握在自己手中。

关于以色列作为犹太和民主国家的定义的第二个裂痕是犹太人和阿拉伯人，犹太人将以色列视为理所当然的犹太国家。绝大多数人并不怀疑犹太复国主义的基本正义，它试图为犹太民族在其故土创建一个家园。《回归法》规定，犹太人和他们的子孙享有相比其他移民更优先的公民权利，这看来是在对犹太人表达这个国家作为犹太流散者聚集地的本质。正是这一观念使以色列尽管偶尔会出现不满，例如，在东方犹太人底层感觉受到苏联移民的威胁，或者当埃塞俄比亚犹太人移民给以色列社会造成沉重财政负担的时候，但还是愿意接受大规模的犹太人移民。在这个国家保持犹太人占大多数是维持其犹太和民主特征的先决条件。从犹太人的观点来看，这是不言自明的。因此，以色列政府反对阿拉伯难民的"回归权"，并试图阻止阿拉伯移民从被占领土进入以色列。由于阿拉伯难民的要求和以色列阿拉伯人口的高增长率，虽然现在犹太人占以色列公民的80%，但这一事实并不能消除在将来犹太人口是否能继续维持大多数的忧虑。

对于那些阿拉伯人来说，这种情况看起来就像一个镜像。对他们来说，确保犹太人口的大多数是在继续着1948年开始的进程，这使他们成为他们自己土地上的少数民族。多年来，阿拉伯人发表了一种"本土"少数民族的言论，他们的"本土性"赋予其特殊的权利。他们已建立起一系列的纪念日，如"灾难日"（Nakba Day）、"土地日"、"阿克萨起义纪念日"等，这些纪念日已经成为民族神话的焦点，强调他们在被犹太复国主义者掌控的国家中成为受害者。一些学者，如社会学家塞米·斯穆哈（Sammy Smooha），坚持认为大多数以色列阿拉伯人对以色列有一种务实的态度。他们已经接受了以色列作为犹太国家的存在，并且作为公民寻求平等的机会和文化自主权。但至少有一些阿拉伯人的立场，以阿拉伯领导人为代表，则不那么乐观，他们不愿意接受以色列作为一个犹太国家的定义。根据以色列阿拉伯领导人和知识精英的观点，以色列阿拉伯人准备接受以色列作为一个民主国家的存在，而不是一个旨在实现犹太人民族自决权的国家，也就是犹太国家的存在。他们要求废除《回归法》，因为对他们来说，它体现着这个国家对犹太人的优待和对巴勒斯坦人的歧视。他们还要求更大程度的自治，在教育上有更大的自主权，并在他们占多数的城镇和村庄自主管理和生活。

在20世纪90年代早期，以色列阿拉伯人还声称在加利利和三角洲地区的领土自治，后来他们转而要求在教育、宗教和文化领域实行全国性自治。多年来，在以色列阿拉伯人中出现了一批精英知识分子，他们完全熟悉国家法律，并能有效地保护阿拉伯人的权利。以色列阿拉伯公民的最高跟进委员会，由阿拉伯地方当局的代表、以色列议会的阿拉伯成员和阿拉伯非营利性组织及人权组织的代表组成，构成这一行动领域事实上的领导机构，具有十分强大的动员支持者的能力。而以色列和阿拉伯国家的阿拉伯语媒体、电视台和互联网，都促进了阿拉伯少数民族的民族主义倾向。近几十年来，这一少数民族的伊斯兰化趋势大大加强，与整个中东地区出现的类似趋势形成呼应。阿拉伯少数民族在以色列的人口增长较快，2000年大约有90万人，这增强了他们的自信。但看似矛盾的是，这种日益增长的自信也表明，以色列阿拉伯人正在将以色列的民主精神内化，这使他们能够利用他们的人口增长来实现权利和平等。

在以色列的经济发展和与之相伴的自由主义倾向增长的过程中，

阿拉伯人与犹太人之间教育和收入水平的差距继续存在。这一差距是由几个因素造成的：在安全敏感的行业中存在的对阿拉伯人就业的限制，犹太雇主对雇用犹太人的偏好，阿拉伯人较低的受教育水平，以及阿拉伯妇女在劳动力市场的低参与度。此外，政府在教育、发展和工业项目方面对阿拉伯人的拨款远远低于犹太人。犹太人对阿拉伯人的歧视在缓慢但确定地减少，并且越来越认识到今后有必要防止歧视。但是，未来公民平等的前景并不能满足阿拉伯公众的要求，而其精英阶层中地位显赫者要求国家认同做出基本改变，以此作为他们接受这个国家的条件。

正如前面提到的那样，"犹太民主国家"的定义是"所有公民的国家"，即民族和族群中立的国家，其公民身份只具有世俗的以色列人的含义。在这种公民身份的框架内，所有人口将在移民法中受到单一标准的约束。事实上，这将是"一个所有民族的国家"，因为阿拉伯人要求作为一个民族群体获得承认，在决定与他们有关的事情上与犹太人建立合作关系，争取区域自治以及阿拉伯语的平等地位。作为一个过渡阶段，以色列阿拉伯人寻求作为少数民族获得承认，并取得其固有的权利，例如承认他们的组织作为民族性组织存在，他们的领导人在国家舞台上有代表他们的权利，以及文化和教育自治。

以色列阿拉伯人（或以色列的巴勒斯坦人）在最近的说法中反对以色列作为一个犹太国家，这反映在巴以关系上。以色列的许多阿拉伯人强烈反对巴勒斯坦承认以色列是犹太人国家，就像巴勒斯坦将成为巴勒斯坦民族国家一样。以色列阿拉伯人把自己看作国家的公民，因此有资格获得国家赋予的所有权利。但他们不承认犹太国家本身就是他们的国家，也不认为犹太国家能够代表他们。这种缺乏代表性的一种反映是，他们不在国防军中服役。国家怀疑他们的忠诚，也避免他们可能发现自己与他们的兄弟作战，所以也不热衷于让他们服兵役。但这种态度也出现在他们领导层中，反对年轻男女做任何形式的所谓的国家服务，即使这将有利于他们自己，比如在医院、福利机构等从事公民服务，因为这样的服务体现他们对国家权威的认可。他们的理由是，"国家服务"是在没有咨询他们的情况下实施的。他们需要没有被强加"国家服务"的平等权利。

以色列阿拉伯人对巴勒斯坦问题的认同变得激进，他们准备在以色列民主制度下最大化他们的权利。他们的部分领导人认为，即使以色列在与真主党、哈马斯或巴勒斯坦民族权力机构处于战争状态，他们也有资格公开表达对反以色列一方的支持。另一方面，以色列阿拉伯人强烈反对关于重新划分国家的建议，包括将绿线以色列一侧阿拉伯人聚居区转让给巴勒斯坦当局，以换取约旦河西岸的（犹太人）定居点；他们指责那些持种族主义立场的以色列人。尽管以色列有这样那样的缺点，但相比较以色列的民主和国家所提供的经济优势，巴勒斯坦社会的政治、经济和社会不稳定还是令以色列阿拉伯人无法接受。然而，只要以色列坚持其犹太复国主义的特征，他们仍然拒绝承认以色列是他们的国家。一般来说，以色列阿拉伯人领导人反对国内阿拉伯人参与恐怖主义行为，但有些人将暴力视为推动实现政治目标的正当手段，这一点体现在这些领导人所进行的挑衅性的煽动导致了前面所描述的2000年10月暴力冲突的爆发。即使在这次创伤性暴乱之后，这些领导人也不会谴责使用暴力。这些事件再次加深了犹太人对阿拉伯人的怀疑。与此同时，当以色列部队在所占领土上对巴勒斯坦人采取了同样的强力手段，以色列阿拉伯人立即被激怒，而不是对这个国家公民的暴力示威表达应有的关切。这样做的结果是使两个民族彼此距离更远。

在20世纪90年代，以色列老移民和新移民、宗教和非宗教犹太人、阿拉伯人和犹太人之间的紧张关系不断加剧。大规模移民使得在犹太—以色列特性以及犹太人大多数与阿拉伯少数民族之间的关系方面存在的潜在紧张态势日渐浮出水面。在那些年里，在（传统）历史学家和"新历史学家"之间爆发了激烈的争论，"新历史学家"强调以色列的建立对阿拉伯人造成的不公正，而（传统）历史学家认为新历史学家的说法是片面的，也是对历史的歪曲。这场辩论在和平进程中形成了一种文化共鸣，再次提出了犹太—阿拉伯关系的基本问题，并再次提出了在犹太—以色列身份认同上相互矛盾的观念。

为了庆祝 1998 年以色列建国五十周年，国家电视台播放了一部纪录片，讲述了这 50 年的故事。"特库玛"（Tekuma，重生或复兴）系列，是 1981 年题为"安木德·哈什"（Amud ha'esh，意为火柱）的系列——涵盖从第一次犹太复国主义大会召开到宣布建国的五十年）——的延续。"安木德"表达了一种共识，它描述了以色列建国历史上的犹太复国主义叙事。相反，"特库玛"是一个批判性的系列，它不仅反映了主流立场，也反映了以色列社会其他反对派运动的观点。关于以色列—阿拉伯的分裂，它试图表达的不仅有犹太版本的国家历史，还有阿拉伯版本的国家历史。特别有争议的是巴解组织和恐怖组织的部分，有些公众认为其中的部分内容对阿拉伯人方面过于倾斜。在艺术、戏剧、电影和电视中，犹太人和阿拉伯人的冲突成为一个热门话题。就像诗人哈伊姆·古里所说的那样，在"内疚和悔恨文化"的精神内核下，以色列的文化舞台培育了以色列对阿拉伯人施加不公正待遇的文化主题。

在东欧集团解体后，参观波兰的死亡集中营和犹太纪念场所成为高中学生教学大纲的一部分。前往波兰的旅程旨在强化以色列青年对大屠杀的意识，使他们和参与这些旅程的美国犹太青年联结在一起，并促进犹太人对过去文化的记忆。作为关于后犹太复国主义身份认同公开辩论的一部分，关于年轻人是否应该在旅行中接受这些课程，仍处于争论之中。按照"整个世界都在反对我们"的逻辑，或者普里莫·莱维（Primo Levi）在《如果这是一个人》中所说的普遍性，它们（这些旅程）是否应该只针对犹太人设计？旅游是否会引发潜在的对犹太人存在的恐惧，还是会强化反对种族主义和仇恨他者的自由主义趋势以及人权？

这些旅行似乎成功地影响了年轻人的犹太认同，保留了大屠杀的记忆，并且由于大屠杀幸存者的参与，使得那段记忆变得可以触及。这些幸存者描述了他们在恐怖年代里的个人经历，将死亡集中营的陌生场景变成了与这些学生个人生活相关的某种感悟。大屠杀成为犹太人身份认同的一个组成部分，特别是所有以色列人所共有的以色列身份认同的一部分，以及将他们与流散犹太人联结在一起的共同基础。事实上，哈伊姆·托波尔（Chaim Topol）扮演了 20 世纪 50 年代伊斯兰国家流行英雄萨拉·沙巴提（Salah Shabati）的角色，然后，20 世纪 60 年代末开始，又塑造了在大屠杀中丧生的东欧犹太小镇中的犹太人代表泰维（Tevye）的形象。以色列借用了作为一种非以色列历史而消逝的犹太人记忆的共同体，构筑了世界上所有犹太人共同的情感基础。

与一种共同的以色列身份认同并存的是一个分裂的社会，或者说是一个存在多元文化社团的社会，每一个都试图保持其独特性。统一的精神力量遭到削弱（尽管它并没有消失），而且简单地来看，和平进程使得加强民族认同变得越来越没有必要，而民族团结实际上有多么稳固也是令人怀疑的。经济增长带来物质的丰富和生活水平的提高，使得那些没有参与到消费主义盛宴中的人变得疏远。全球化和多元化取代了民族团结和认同，成为新的口号。然而，阿克萨起义的爆发，使以色列社会再次面临在一个持续动荡的区域中生活的生存事实。

这种从 20 世纪 90 年代的和平与安宁希望（如娄贝利的歌曲中所体现的）中突然的幻灭，会带来一种新的团结和更大的社会与文化凝聚力的结果吗？2000 年 10 月阿拉伯少数民族与犹太人大多数之间的冲突会导致分裂，还是会导致对需要寻找一种共存方式的再认识？这些问题只能找到局部的答案。当我们进入 21 世纪第二个 10 年的时候，我们很可能会期待上述的一切，但也可能会正好相反——总之，让我们拭目以待吧。

结 语

在赫茨尔的小册子《犹太国》出版后，许多人批评他将犹太民族的命运与建立一个犹太人的政治实体联系起来。这些批评者认为，犹太民族在没有这样一个实体的情况下能够存在数千年的能力是一种值得保留的美德。许多犹太人认为现代民族主义是过往时代令人不齿的遗存，是部族（种族）特殊主义的再现，这种理论曾造成了国际紧张局势，加剧了民族分裂，而与历史稳步地向普世主义未来前进，源于宗教、种族或民族的差异将会消失，友爱精神将在人类社会中盛行的观点背道而驰。在这样一个世界里，犹太人即使没有自己独立的国家实体也能找到他们合适的位置。然而，赫茨尔却认为民族主义时代每个民族都在与其他民族进行斗争以获得阳光下的地盘，这种斗争不仅是实现政治独立，也界定其民族身份。但是，在这些国家所界定的民族身份中并没有犹太人的位置，因此犹太人别无选择，只能进入民族主义的竞争舞台，并在此尽力为自己开创一片天地。

从百年来的发展来看，历史进程似乎更倾向于证明赫茨尔估计的合理性，而非那些主张世界友爱大同的普世论者。的确，全球化趋势、开放的边界以及遍布世界的移民浪潮都削弱了民族认同，改变了它们，甚至创造了像欧盟这样的超国家机构，试图消除那些曾经引起过两次世界大战的敌意，并创造一个包容性的欧洲联合体。但这种跨国趋势也不断地受到特殊主义力量的攻击，这种特殊主义拒绝接受全球化和经济文化的统一性。在每一次经济或政治危机中，特殊主义力量就会出现，试图维持地方认同、独特的文化，以及对共同过往的历史记忆。同时，分裂团体出现并申索自决权，并破坏它们曾经归属的具有包容性的统一体。例如，南斯拉夫各民族分崩离析，捷克斯洛伐克分裂为两个国家，数个国家从苏联的解体中现身，其中甚至包括那些从未有过独立身份的国家，巴斯克人也为自治权而进行不懈的斗争。欧洲人对那些来自伊斯兰国家并在欧洲定居的少数族裔不断增长的伊斯兰化感到担心，这种伊斯兰化本身是对在欧洲社会走向统一和失去本土特性趋势的一种反动。由此可见，那些对《犹太国》的出版表示欢呼，以及预测民族主义将消失的话语似乎都还为时过早。

犹太人国家的建立是历史罕见的奇迹之一。犹太民族作为一个在数世纪以来都没有政治传统的流散民族，已经学会了如何在不同的环境和制度下生存，但缺乏一个在远离经济中心和文化知识资源、条件恶劣的国家中短时间内生存扎根并取得成功的力量基地。而在半个世纪的时间里，犹太复国主义者所做的努力已经获得国际认可，他们创建了民族实体，建立了一个国家，将犹太流亡者从地球的各个角落聚集到一起，从一无所有到创造出一个充满活力的民主政体、一种现代经济、一支有着强大的防卫能力的军队以及一种日渐繁荣的、富有挑战性的文化。

很难找到一个民族运动从一开始会比犹太复国主义运动更为不幸，然而今天犹太复国主义运动被认为是历史上最成功的民族运动之一。犹太复国主义运动不仅要与巴勒斯坦地区另外的民族主义诉求者——巴勒斯坦人做斗争，同时它也不得不改变犹太人的心智，即犹太人对他们自己和这个世界的看法，并创造出一种不同以往的犹太民族身份，这种新的民族身份不仅吸收了宗教传统和犹太历史成分，而且深深扎根于现代世界，它使用逻辑和理性，并坚信信仰、个体和民族能够改变命运和现实。犹太民族的现代化与实现犹太复国主义携手共进。

犹太复国主义运动之所以能够吸收犹太民族中的理想主义元

素——犹太民族的青年，是由于在犹太民族的需要与时代精神之间所建立的历史联结。各民族为它们的自由而奋斗，帝国衰微，新国家出现，乐于为民族的利益而进行自我牺牲都是这种时代精神的重要方面。这也是一个信念可能改变世界的时代，在这场变革中，剥削和不公正将会结束，天国将会在地球上出现。在巴勒斯坦产生真正有形的犹太实体之前，源自对一个公正社会的希望以及为民族独立进行斗争的理想主义为早期犹太复国主义的发展提供了驱动力。尽管这些在犹太复国主义者的词典中被称为拓荒者（先锋者）的理想主义者在犹太人中所占的比例微不足道，但正是他们创造了犹太人认同的标识和象征，并提供了犹太人能够作为一个民族在以色列地生存的活生生的例子。尽管伊休夫的大多数成员都不属于这个少数群体，但是他们都接受了这些先锋者的引导性规范，这些规范提供了建立国家的合法性、路径以及开创者的神话。正是这些犹太拓荒者在国家建立的过程中树立了行为榜样，创造了支配性的文化，并创造了主要的民族精神。

20世纪的大革命和灾难为实现犹太复国主义者的蓝图铺就了道路。第一次世界大战、布尔什维克革命和纳粹主义的兴起，使犹太复国主义运动从一小撮理想主义者群体的运动转变为一场寻求庇护和民族身份认同的大众运动。导致犹太国家建立的不是大屠杀，虽然有这场灾难的发生，但这个国家仍然建立起来。尽管犹太国家的主要分支（这支创造了大量的犹太文化，是犹太人的主要人力资源库）由于种族灭绝而被割断，但是犹太民族以一种大无畏的生存意志，浴火重生，放弃复仇，聚集余下的力量来创建以色列地的犹太国家和社会。以色列国已经成为一种犹太人即使遭受大灾难，也要继续生存的象征，是一个濒临灭绝的民族对生存欲望和活力的简明扼要的表达。这种将巨大的绝望转化为创造和重建行动的能力，使得以色列成为犹太民族在经历大屠杀后恢复和重建的伟大工程，无论对那些选择继续在外生活的犹太人，还是那些认为需要一个属于犹太民族的国家的人来说，都是如此。

犹太复国主义-以色列计划从来就没有得到完全一致的认可。第二次世界大战之前，运动刚开始时，和其他民族独立运动一样，犹太复国主义者是犹太民族中的少数；以色列建立后，各种居住在以色列家园的犹太群体都对未来勾画了不同的愿景。建立以色列的社会主义先锋者精英设想的是一个公正平等的社会，在这个社会中，国家作为指导者和领路人而存在。国家指导经济发展、民族的建设并决定文化的本质，塑造处在形成中的民族精神。相比之下，以色列的中间派和右翼形成了一种自由进取的世界观，鼓励国家最小限度干预经济生活，提倡西方文化。20世纪70年代，在正在形成中的民族精神和文化特征方面，这两种思想流派之间的差异似乎相对较小。和这两个愿景并存的还有那些伊斯兰国家的犹太移民所带来的宗教信仰、宗法传统和民族认同。对他们而言，参与犹太复国主义的主要驱动力与《托拉》的世界、传说和弥赛亚信仰紧密相连。

自以色列国有了雏形之后，犹太复国主义者的革命运动进入常态化，之前支撑国家的先锋组织结构的重要性不如从前。在起始阶段，物资严重短缺，社会环境恶劣，如果没有这种先锋组织，它就无法吸收阿里亚运动而来的移民和进行经济与社会的建设。现在是像所有西方国家一样的时候了，这一进程与西方时代精神的变化相吻合，"二战"危机时期及之后延伸的冷战已经结束。随着生活水平的提高和消费文化的到来，现在是坐在电视机前面的扶手椅上休息的时候了。1977年的转折带来了从开拓性心态向中右翼世界观的转变，后者也吸引了来自伊斯兰国家的犹太移民。在促进经济增长、企业创新和经济全球化的进程的同时，也导致原始平均主义和社会创造力的丧失，以及个人对国家忠诚的消解。在第二个千禧年结束时，以色列国家拥有的优势和劣势都越来越像西方工业化国家。

以色列的建立和存在伴随着与巴勒斯坦和阿拉伯世界的冲突。犹太人回到的并不是一个空无一人的荒地，尽管这里的人口相对稀少，并且在第一次世界大战之前，很难发现民族主义倾向。但是自巴勒斯坦人与犹太民族主义相遇后，巴勒斯坦人对于自己与犹太人之间的差异性意识以及对巴勒斯坦地区的所有权的竞争意识都得以提升。事实上，这次遭遇是构成巴勒斯坦民族认同的重要因素。巴勒斯坦人认为这个国家是他们自己的，并且不愿与他们认为是外部侵入者的人分享。犹太人也认为自己是这片土地的所有者，虽然他们准备允许阿拉伯人居住，但他们不会支持共享所有权。最终显而易见的是，在犹太复国主义事业的实现和巴勒斯坦民族认同形成以及暴力冲突事件爆发的博弈中，犹太复国主义正在走向失败。最后，犹太人只得妥协，同意在巴勒斯坦分别建立犹太人和阿拉伯人的两个国家。然而，阿拉伯人不同意放弃对巴勒斯坦的专有权利，并拒绝分享。在阿拉伯国家卷入冲突的鼓舞下，阿拉伯人相信最终问题将通过武力解决。但是阿拉伯社会的崩溃，阿拉伯军队在独立战争中的失败以及"灾难日"是阿拉伯人从未想象过的革命性发展。而对于犹太复国主义者来说，这是犹太复国主义证明其有能力创造一个能够承受生存战争的国家的时刻。

对于犹太人来说，迁移或驱逐阿拉伯人是一个不可预知但是受欢迎的战争结果；他们没有挑起战争，而战争给他们造成大量的伤亡。巴以冲突并非始于1948年的战争，但在阿拉伯人眼中，这场战争象征着犹太复国主义剥夺了他们的国家。犹太人和阿拉伯人之间的角色颠倒，犹太人成为大多数，阿拉伯人成为少数，这是巴勒斯坦人创伤的根源，一直影响着巴勒斯坦人。直到1967年，他们还希望以色列和阿拉伯国家之间的"下一轮（较量）"能让时间倒流。自那以后，特别是自1973年战争以来，他们被迫接受以色列这一生活现实。但与此同时，他们从未将其视为中东的一个合法实体。根据阿拉伯人的说法，犹太复国主义不是犹太人的民族运动。对于阿拉伯人来说，没有犹太民族，只有犹太宗教；或者，用不那么苛刻的解释，以色列人是一个民族，但世界犹太人不是。因此，犹太复国主义不是犹太人的解放运动，只是一种白人殖民主义的形式，即从当地居民那里窃取了一个国家。

现阶段的结果是，巴勒斯坦人准备把以色列在中东的存在当作一个不可否认的事实，但并不认为它是正当的。因此，他们很难在和平协议上达成共识，以色列要求互惠和接受其基本要求：阿拉伯人放弃

"回归权"和冲突永恒性的神话，承认以色列是犹太民族国家。

不过，自从萨达特访问耶路撒冷以来，以色列在中东的非法性已经有所减弱。犹太复国主义运动从最初的温和发展到阿拉伯联盟的承认及和平化，已经走过了漫长的道路。尽管双方充斥着苦难和暴力，但以色列地并没有经历过在一些欧洲国家发生的种族灭绝或大屠杀，甚至一直到最近的 20 世纪 90 年代都没有出现过。与其他民族间的冲突相比，巴以冲突仍然是有限度的，即便是考虑到定居点和以色列对民众起义的镇压，或另一方面，即自杀式恐怖主义。由于以色列是冲突中较强的一方，可以说它在这场斗争中对自己施加的道德限制是值得赞扬的。

自 1967 年以来，对犹地亚、撒玛利亚和加沙地带的占领给以色列社会蒙上了阴影。大以色列支持者和支持"领土换和平"的人之间的两极分化已经改变了以色列的政治。以前左翼和右翼的分歧反映了不同的社会观点，而现在以色列政治中，身份的指示者——鸽派或鹰派——体现的是关于以色列新近占领领土的不同立场。这种冲突的主要内容已经规避了以色列社会本身的问题。对和平进程的失望削弱了以色列左派的力量。然而，最终的转变不是向右，而是向中间。在大多数以色列公众中，出现了一种新的、冷静的和平意愿，但没有了20 世纪 90 年代早期那种弥赛亚的热情。

今天以一个局外人的身份观察以色列，看到的是一个分裂的社会，国家缺少团结，各种组织和机构之间相互斗争，组织凝聚力削弱。但从外部来看，这种观点容易导致错误的分析。关于以色列社会正在崩溃，只需要最后一击就能把它消灭的评估是否促使阿拉法特加强了第二次因提法达的烈度？事实证明，当这个充满不平等的社会面临来自外界的危险时，它会召唤出坚定的意志，团结一致，找到共同点，鼓起勇气面对攻击者。每当这种情况发生时，人们就会发出这样的声音：为什么只有在危机时刻才会出现这些志愿服务和爱国精神的优良品质呢？

在第三个千年的第一个 10 年里，以色列出版了两本书，可以作为以色列精神错乱的向导。第一个是阿摩司·奥兹的《爱与黑暗的故事》；几年之后，大卫·格罗斯曼的《躲避消息的女人》紧随其后。从犹太复国主义事业的早期开始，希伯来文学就一直是一个地震仪，记录着该运动的情绪和主导精神，以及它的良知和导向。20 世纪 80 年代，以色列社会价值观和共识的丧失导致的大萧条与混乱在文学作品中表现出来，这些作品描述了对混乱的恐惧和失去早期文学所致力的公共空间的痛苦。在 20 世纪 90 年代，这种真空成为表现虚无的新文学的主题。

现在，作为对和平进程失败和第二次因提法达暴力活动爆发的回应，这两部伟大的小说重新占据了文学的公共领域。阿摩司·奥兹讲述了他的家庭故事，同时关涉了犹太复国主义的元篇故事。一个来自欧洲的移民家庭在以色列地的烈日下，在一种不利于只适应温室条件的幼苗生长的环境中扎根。这种遭遇会带来难忍和痛苦，但也会导致个人和社会的救赎与一个新世界的建立。这就是犹太复国主义故事的精髓所在。格罗斯曼的书描述了以色列的私人空间不断被公共空间侵占，无法将两者分开。为了避免看到以色列国防军军官正式通知她儿子的阵亡而逃离家园的母亲，以及在赎罪日战争中忍受战斗疲劳和折磨的年轻人的父亲，这些角色都是在以色列现实的熔炉中锻造出来的。对国家的热爱，应对生存焦虑的隐性层面，保持人性的面相，是 20 世纪开始以来希伯来文学中的典型主题。那些记录着虚无的文学已经被致力于国家、社会和关于人类一切的文学所取代。

以色列是一个全球性的成功故事，这是一个生机勃勃、充满活力的社会，有着蓬勃的经济，有着站在研究前沿得到国际认可的学术机构，它是一个具有极端言论自由的批判性民主国家，有着毫不犹豫地揭露政府所有弱点的傲慢和挑衅性的媒体。尽管媒体不断抱怨人权问题，但以色列在这些问题上表现出的敏感性不仅比所有其他中东国家都要高，而且比世界上大多数民主国家都要高，尤其是当他们感到威胁的时候。高雅文化和流行文化、欧美文化与密兹拉希文化、犹太世俗文化与宗教文化之间的不断碰撞使以色列文化呈现出丰富、多元、创新和不断自我更新的特征。所有的这些反映了以色列马赛克般的文化生活。然而，以色列所面临的世界对其批判的程度，是其他地方所没有的，对于以色列采取的每一次行动和它的每一次失败，人们立即会带着对黑暗政权的批判态度进行指责。人们常常对巴勒斯坦问题抱有巨大的同情，但同时却忽视了这个问题的另一方面。

许多人声称，对今天的以色列的敌意是对犹太人仇恨（旧的反犹主义）的现代化身。如果这一点是真实的话，那么赫茨尔似乎是错误的，他认为要把犹太人变成一个像其他民族一样的民族，并使自己的国家得到国际民族大家庭的承认，这样就会结束反犹主义。但是，即便犹太复国主义之父的这个基本前提被证明是错误的，最终以色列作为具有军事力量的独立犹太国家的存在仍然是充满风险的，并且不能保证犹太民族的生存，但伟大的犹太复国主义冒险过去是，现在仍然是最令人惊讶的尝试之一：以民主的方式，在其公民不受胁迫的情况下，在一场持续不断的生存战争中，在不丧失指导国家的道德原则的前提下致力于创建国家。

注释、参考文献、推荐阅读

第一章 犹太复国主义运动的兴起

注 释

1. Theodor Herzl, *The Diaries of Theodor Herzl*, Marvin Lowenthal (trans.), New York: Grosset & Dunlap, 1962, p. 224.

2. Alter Druyanov (ed.), *Ketavim letoldot Hibbat Tzion* (Writings on the History of Hibbat Zion), vol. 3, Odessa and Tel Aviv: Committee for the Settlement of the Land of Israel, 1932, pp. 451-457.

3. 例如，参见 Yitzhak Epstein, "She'ela ne'elama" (A Hidden Question), *Hashiloah*, 17, 1907; Hillel Zeitlin, *Hazman*, vol. 3, July-September 1905。

4. Babylonian Talmud, Tractate Ketuboth, Ⅲ.

5. From the poem "Hakitza ami" (Awake My People), *Kitvei Yehuda Leib Gordon* (Collected Writings of Yehuda Leib Gordon), poetry volume, Tel Aviv: Dvir: 1959, p. 17.

6. Shlomo Avineri, "Statecraft without a State: A Jewish Contribution to Political History？" *Kontexte der Schrift* I (2005), pp. 403-419; *Minha leMenahem: kovetz ma'amarim likhvod harav Menahem Hacohen* (Jubilee Book in Honor of Rabbi Menahem HaCohen), Hanna Amit, Aviad HaCohen, and Hayim Beer (eds.), Tel Aviv: Hakibbutz Hameuhad, 2007, pp. 269-283.

7. Yechezkel Kaufman, *Golah venekhar* (Exile and Estrangement), Tel Aviv: Dvir, 1962.

8. 世界以色列人联盟（Alliance Israélite Universelle），1860 年创建于巴黎。

9. 德国犹太人互助组织（Hilfsverein der deutschen Juden），1901 年创建于柏林。它的主要目标是帮助东欧的犹太教育，随后它也参与到巴勒斯坦与叙利亚的犹太教育活动中。

10. 犹太垦殖协会（Jewish Colonization Association），1891 年由莫里茨·赫尔施男爵创建于伦敦。它的主要目标是"帮助和促进犹太人从欧洲和亚洲任何地区的向外移民，主要从那些他们当时受到特别税剥削和遭遇政治与其他障碍的国家外迁，前往世界其他地区"。

11. 美国犹太人联合分配委员会（The American Jewish Joint Distribution Committee）在第一次世界大战爆发后的 1914 年创建，为了帮助各地的贫困犹太人。

12. Gershom Scholem, *From Berlin to Jerusalem*, New York: Schocken Books, 1980, pp. 42-43.

13. Moses Hess, *Rome and Jerusalem*, New York: Philosophical Library, 1958.

14. Herzl, *The Diaries*, I, 13.6.1895, New York: Newman, 1960, p. 100.

15. Richard Lichtheim, *Toldot hatzionut begermania* (History of Zionism in Germany), Jerusalem: The Zionist Library, 1951, p. 13.

16. Ahad Ha'am, "Hakongress hatzioni harishon" (The First Zionist Congress), *Writings*, G. Berlin, 1930, p. 55.

参考文献

英文

Ahad Ha'am, *Essays, Letters, Memoirs*, Oxford: East and West Library, 1946.

Gellner, Ernest, *Nations and Nationalism*, Ithaca, NY: Cornell University Press, 2006.

Herzl, Theodor, *The Diaries of Theodor Herzl*, New York: Grosset & Dunlap, 1962.

Shapira, Anita, *Land and Power: The Zionist Resort to Force, 1881-1948*, Oxford and New York: Oxford University Press, 1992.

Shapira, Anita, "Ahad Ha'am: The Politics of Sublimation," *Studies in Contemporary Jewry*, 11 (1995), pp. 205-214.

希伯来文

Ahad Ha'am, *Kol kitvei Ahad Ha'am* (The Collected Works of Ahad Ha'am), Tel Aviv: Dvir 1947.

Herzl, Binyamin Z., *Hayoman* (The Diary), Tel Aviv: M. Newman, 1960.

推荐阅读

Avineri, Shlomo, *The Making of Modern Zionism: The Intellectual Origins of the Jewish State*, London: Weidenfeld & Nicolson, 1981.

Laqueur, Walter, *A History of Zionism*, New York: Schocken Books, 1976.

Shimoni, Gideon, *The Zionist Ideology*, Hanover, NH: Brandeis University Press, 1995.

Stanislawski, Michael, *Zionism and the Fin-de-Siecle*, Berkeley: University of California Press, 2001.

Troen, Ilan S., *Imagining Zion: Dreams, Designs, and Realities in a Century of Jewish Settlement*, New Haven: Yale University Press, 2003.

Vital, David, *The Origins of Zionism*, Oxford: Clarendon Press, 1975.

Vital, David, *Zionism: The Formative Years*, Oxford: Clarendon Press, 1982.

Vital, David, *Zionism: The Crucial Phase*, Oxford: Clarendon Press, 1987.

近代欧洲犹太人

Frankel, Jonathan, *Prophecy and Politics: Socialism, Nationalism, and the Russian Jews, 1862-1917*, Cambridge: Cambridge University Press, 1981.

Frankel, Jonathan, and Zipperstein, Steven J., *Assimilation and Community: The Jews in Nineteenth-Century Europe*, Cambridge: Cambridge University Press, 1992.

Katz, Jacob, *Tradition and Crisis: Jewish Society at the End of the Middle Ages*, New York: Schocken Books, 1971.

Katz, Jacob, *Out of the Ghetto: The Social Background of Jewish Emancipation, 1770-1870*, Cambridge, MA: Harvard University Press, 1973.

Mendelsohn, Ezra, *Class Struggle in the Pale: The Formative Years of the Jewish Workers' Movement in Tsarist Russia*, Cambridge: Cambridge University Press, 1970.

Opalski, Magdalena, and Bartal, Israel, *Poles and Jews: A Failed Brotherhood*, Hanover, NH: Brandeis University Press, 1992.

现代反犹主义

Almog, Shmuel, *Nationalism and Antisemitism in Modern Europe*, Oxford and Jerusalem: The Hebrew University of Jerusalem, Pergamon Press, 1990.

Laqueur, Walter, *The Changing Face of Antisemitism: From Ancient Times to the Present Day*, Oxford: Oxford University Press, 2006.

民族主义和浪漫主义

Anderson, Benedict, *Imagined Communities: Reflections on the Origin and Spread of Nationalism*, London: Verso, 1991.

Berlin, Isaiah, *The Roots of Romanticism*, Princeton, NJ: Princeton University Press, 1999.

Hobsbawm, Eric J., *Nations and Nationalism since 1780*, Cambridge: Cambridge University Press, 1990.

Mosse, George L., *Confronting the Nation: Jewish and Western Nationalism*,

Hanover, NH: Brandeis University Press, 1993.

Smith, Anthony D. , *The Ethnic Origins of Nations*, Oxford and New York: Blackwell, 1986.

《圣经》和犹太民族主义

Shapira, Anita, "*The Bible* and Israeli Identity," *AJS Review* 28, 1 (2004), pp. 11-41.

传记

Bein, Alex, *Theodore Herzl: A Biography*, Philadelphia: Jewish Publication Society of America, 1941.

Elon, Amos, *Herzl*, New York: Holt, Rinehart and Winston, 1975.

Pawel, Ernst, *The Labyrinth of Exile: A Life of Theodor Herzl*, New York: Farrar, Straus and Giroux, 1989.

Zipperstein, Steven, *Elusive Prophet: Ahad Ha'am and the Origins of Zionism*, Berkeley: University of California Press, 1993.

原始文献和参考资料

Penslar, Derek, and Kaplan, Eran, *The Origins of Israel, 1881-1948: A Documentary History*, Madison: University of Wisconsin Press, 2011.

Reinharz, Jehuda, and Shapira, Anita, *Essential Papers on Zionism*, New York: New York University Press, 1996.

第二章　犹太人、土耳其人、阿拉伯人：圣地上的首次相遇

注　释

1. Vladimir Dubnow to Simon Dubnow in St. Petersburg, Jaffa, 20.10.1882, in Druyanov, Alter (ed.), *Ketavim letoldot Hibbat Tzion* (Writings on the History of Hibbat Zion), reedited by Shulamit Laskov, vol. 1, Tel Aviv, 1982, pp. 522-523.

2. 世界以色列人联盟，1860 年创建于巴黎。

3. Bracha Habas (ed.), *Sefer ha'aliya hashniya* (Book of the Second Aliya), Tel Aviv: Am Oved, 1947, pp. 17-18.

4. Yitzhak Ben-Zvi to Kalman Marmur, Jerusalem, 20.8.1909, YIVO RG 205/104.

5. Arthur Ruppin, "Lecture at the 19th Congress, 1935," *Shloshim shnot binyan* (Thirty Years of Building), Jerusalem: Schocken, 1936, p. 276. After Margalit Shilo,

"Peiluta shel hahistadrut hatzionit be'Eretz Yisrael betekufat ha'aliya hashniya" (Activities of the Zionist Organization in Palestine during the Second Aliya Period), *Ha'aliya hashniya: mehkarim*, Israel Bartal (ed.), Jerusalem: Yad Ben-Zvi, 1997, p. 93.

6. Eliezer Ben-Yehuda, "Divrei yemei hashavua" (The Week), newspaper column, *Hatzvi*, 1887, 14, in Israel Kolatt, "Poalei ha'aliyah harishona," *Sefer ha'aliya harishona* (Book of the First Aliya), Mordechai Eliav (ed.), vol. 1, Jerusalem: Yad Ben-Zvi, 1981, p. 345.

7. Yosef Haim Brenner, "Aliyot viyeridot" (Ups and Downs), in *Sefer ha'aliya hashniya* (Book of the Second Aliya), Bracha Habas (ed.), Tel Aviv: Am Oved, 1947, p. 21.

8. 约瑟夫·维提金 1906 年 3 月的呼吁：原始文本的副本存于劳工档案馆，附加在第二次阿里亚的文献中。

9. Zalman Shazar, *Tzion vatzedek* (Zion and Justice), vol. 2, Tel Aviv: Tarbut vehinukh, 1971, p. 461.

10. 本-古里安的回忆录,《在犹地亚与加利利》(*Beyehuda uvagalil*), 引自 Zvi Even-Shoshan in *Toldot tenuat hapoalim be'Eretz Yisrael* (The History of the Workers' Movement in Eretz Israel), Tel Aviv: Am Oved, 1963, pp. 73-74。

11. Ahad Ha'am, "Sakh hakol" (All in All), in *Al parashat derakhim* (At the Crossroads), 4, Berlin, 1930, p. 167.

12. Yosef Haim Brenner, "Bein mayim lemayim" (Between Water and Water), in *Ketavim* (Collected Works), vol. 2, Tel Aviv: Hakibbutz Hameuhad, 1978, p. 1188.

13. Brenner, "Aliyot viyeridot."

14. Rabbi Benjamin, "Bereshit" (In the Beginning), *Beinatayyim* (Meanwhile), Jerusalem, 1903, pp. 95-104.

15. S. Y. Agnon, *Temol shilshom* (Yesteryear), Jerusalem and Tel Aviv: Schocken, 1947, p. 450.

16. A. D. Gordon, "Heshboneinu im atzmenu" (Taking Stock with Ourselves), in Ha'aretz veha'avoda (Land and Labor), Central Committee of Hapo'el Hatza'ir, 1912.

17. Yitzhak Tabenkin, "Hamekorot" (The Sources), in the Book of the Second Aliya, p. 27.

18. 这种表述来自《出埃及记》17:4。

参考文献

英文

Shapira, Anita, *Berl: The Biography of a Socialist Zionist*, Cambridge: Cambridge University Press, 1984.

Shapira, Anita, *Land and Power: The Zionist Resort to Force, 1881-1948*, Stanford: Stanford University Press, 1999.

Shapira, Anita, "The Bible and Israeli Identity," *AJS Review* 28, 1 (2004), pp. 11-41.

希伯来文

Aharonson, Ran, *Habaron vehamoshavot: Hahityashvut hayehudit be'Eretz Yisrael bereishita, 1882-1890* (Rothschild and Early Jewish Colonization in Palestine), Jerusalem: Yad Ben-Zvi, 1990.

Alroey, Gur, *Immigrantim: Hahagira hayehudit le'Eretz Yisrael bereishit hameah ha'esrim* (Immigrants: Jewish Immigration to Palestine in the Early Twentieth Century), Jerusalem: Yad Ben-Zvi, 2004.

Bartal, Israel (ed.), *Ha'aliya hashniya* (The Second Aliya), Jerusalem: Yad Ben-Zvi, 1997.

Cana'ani, David, *Ha'aliya hashniya ha'ovedet veyakhasa ladat velamasoret* (The Attitude of the Second Aliya toward Religion and Tradition), Tel Aviv: Sifriat Hapoalim, 1976.

Eliav, Mordechai, *Eretz Yisrael veishuva bameah hatsha esrei, 1777-1917* (The Settlement of Palestine in the Nineteenth Century, 1777-1917), Jerusalem: Keter, 1978.

Eliav, Mordechai (ed.), *Sefer ha'aliya harishona* (The First Aliya), Jerusalem: Yad Ben-Zvi, 1981.

Hazan, Meir, *Metinut: Hagisha hametuna beHapo'el Hatza'ir ubeMapai, 1905-1945* (Moderation: The Moderate Approach in Hapo'el Hatza'ir and Mapai, 1905-1945), Tel Aviv: Am Oved and Tel Aviv University, 2009.

Levtov, Boaz, *Biluim bemahloket: Dfusei bilui vetarbut popularit shel yehudim be'Eretz Yisrael bashanim 1882-1914 kemeshakfei temurot hevratiot* (Leisure and Popular Culture Patterns of Jews in the Land of Israel in the Years 1882-1914 as Reflections of Social Changes), doctoral thesis, Tel Aviv University, 2007.

Lissak, Moshe, and Cohen, Gabriel (senior eds.), *Toldot hayishuv hayehudi be'Eretz Yisrael me'az ha'aliya harishona* (The History of the Jewish Community in Palestine since 1882: The Ottoman Period), vol. 1.1, Israel Kolatt (ed.), Jerusalem: Israel National Academy of Science, 1990.

Shapira, Anita, *Hama'avak hanikhzav: Avoda ivrit, 1929-1939* (Futile Struggle), Tel Aviv: Hakibbutz Hameuhad and Tel Aviv University, 1977.

Shapira, Anita, *Yehudim hadashim, yehudim yeshanim* (New Jews, Old Jews), Tel Aviv: Am Oved, 1997.

Shapira, Anita, *Brenner: Sippur haim* (Brenner: A Life), Tel Aviv: Am Oved, 2008.

Friedman, Isaiah, *Germany, Turkey, and Zionism, 1897-1918*, Oxford: Clarendon Press, 1977.

Gilbar, Gad, *Ottoman Palestine, 1800-1914*, Leiden, Netherlands: E. J. Brill, 1990.

Scholch, Alexander, *Palestine in Transformation, 1856-1882*, Studies in Social, Economic, and Political Development, Institute for Palestine Studies, Washington, D.C., 1993.

Shilo, Margalit, *Princess or Prisoner? Jewish Women in Jerusalem, 1840-1914*, Hanover, NH: Brandeis University Press, 2005.

罗斯柴尔德男爵

Morton, Frederic, *The Rothschilds: A Family Portrait*, London: Secker & Warburg, 1962.

Schama, Simon, *Two Rothschilds and the Land of Israel*, London: Collins, 1978.

犹太人与阿拉伯人的关系

Almog, Shmuel (ed.), *Zionism and the Arabs*, Jerusalem: Historical Society of Israel; Zalman Shazar Center, 1983.

Caplan, Neil, *Palestine Jewry and the Arab Question, 1917-1925*, London: Frank Cass, 1978.

Gorny, Yosef, *Zionism and the Arabs*, Oxford: Clarendon Press, 1987.

Kedourie, Elie, and Haim, Sylvia G. (eds.), *Zionism and Arabism in Palestine and Israel*, London: Frank Cass, 1982.

Lockman, Zachary, *Comrades and Enemies: Arab and Jewish Workers in Palestine, 1906-1948*, Berkeley: University of California Press, 1996.

Mandel, Neville J., *The Arabs and Zionism before World War I*, Berkeley: University of California Press, 1976.

Shafir, Gershon, *Land, Labor, and the Origins of the Israeli-Palestinian Conflict, 1882-1914*, Berkeley: University of California Press, 1996.

Teveth, Shabtai, *Ben-Gurion and the Palestinian Arabs: From Peace to War*, Oxford: Oxford University Press, 1985.

传记

Zipperstein, Steven, *Elusive Prophet: Ahad Ha'am and the Origins of Zionism*, Berkeley: University of California Press, 1993.

第三章 英国统治下的巴勒斯坦

注 释

1. Yigal Elam, "Historia politit, 1918-1922" (Political History, 1918-1922), *Toldot hayishuv hayehudi be'Eretz Yisrael me'az ha'aliya hashniya* (History of the Jewish Community in Palestine since the First Aliya), Moshe Lissak (ed.), *The British Mandate Period*, Part One, Jerusalem: Israel National Academy of Science, 2001, p. 171; E. L. Woodward et al. (eds.), *Documents of British Foreign Policy*, 4, London, 1952, p. 345.

2. November 12, 1939, Mapai Central Committee.

3. Nathan Alterman, "Mikol ha'amim" (Of All the Nations), The Seventh Column, vol. 1, Tel Aviv: Hakibbutz Hameuhad, 1977, p. 9.

4. Nathan Alterman, "Ima, kvar mutar livkot？" (Mother, are we allowed to cry now？), Tel Aviv: Am Oved, 1952, pp. 22-24.

5. Zipporah Porath, *Letters from Jerusalem, 1947-1948*, Scranton, PA: Temple Israel, 1998, p. 43.

参考文献

英文

Gross, Nachum, *The Economic Policy of the Mandatory Government in Palestine*, Jerusalem: Maurice Falk Institute for Economic Research in Israel, 1982.

Marlowe, John, *Rebellion in Palestine*, London: Cresset Press, 1946.

Marlowe, John, *The Seat of Pilate: An Account of the Palestine Mandate*, London: Cresset Press, 1959.

Metzer, Jacob, *The Divided Economy of Mandatory Palestine*, Cambridge: Cambridge University Press, 1998.

Monroe, Elizabeth, *Britain's Moment in the Middle East, 1914-1956*, Baltimore: Johns Hopkins University Press, 1981.

Porath, Yehoshua, *The Emergence of the Palestinian-Arab National Movement, 1918-1929*, London: Frank Cass, 1974.

Porath, Yehoshua, *The Palestinian Arab National Movement: From Riots to Rebellion, 1929-1939*, London: Frank Cass, 1977.

Shapira, Anita, *Land and Power: The Zionist Resort to Force, 1881-1948*, Stanford: Stanford University Press, 1999.

Shapira, Anita, *Yigal Allon, Native Son: A Biography*, Philadelphia: University of Pennsylvania Press, 2008.

Sykes, Christopher, *After the Mandate: The Tragic Error of the Balfour Declaration*, London: Soundings in the Politics and Economics of the World, no. 15, 1948.

Sykes, Christopher, *Crossroads to Israel: Palestine from Balfour to Bevin*, London: New English Library, 1967.

Zweig, Ronald W., *Britain and Palestine during the Second World War*, Suffolk: Boydell Press, for the Royal Historical Society, 1985.

希伯来文

Biger, Gideon, *Moshevet keter o bayit leumi: hashpa'at hashilton habriti al Eretz Yisrael, 1917-1930* (Crown Colony or National Home: The Influence of British Rule in Palestine, 1917-1930), Jerusalem: Yad Ben-Zvi, 1983.

Elam, Yigal, "Historia politit, 1918-1922" (Political History, 1918-1922), in Moshe Lissak (ed.), *Toldot hayishuv hayehudi be'Eretz Yisrael me'az ha'aliya hashniya* (History of the Jewish Community in Palestine since the Second Aliya), The British Mandate Period, Part 1, Jerusalem: Israel National Academy of Science, pp. 139-222.

Eliav, Mordechai, *Eretz Yisrael veyishuva bameah hatsha esrei, 1777-1917* (The Settlement of Palestine in the Nineteenth Century, 1777-1917), Jerusalem: Keter, 1978.

Friedman, Isaiah, "She'elat Eretz Yisrael bitekufat milhemet ha'olam harishona" (The Question of Palestine: British-Jewish-Arab Relations, 1914-1918), in Moshe Lissak (ed.), *Toldot hayishuv hayehudi be'Eretz Yisrael me'az ha'aliya harishona* (The History of the Jewish Community in Palestine since 1882), The British Mandate Period, Part 1, Jerusalem: Israel National Academy of Science, 2001, pp. 1-96.

Katzburg, Nathaniel, "He'asor hasheni lemishtar hamandat haBriti be'Eretz Yisrael, 1931-1939" (The Second Decade of the British Mandate in Palestine, 1931-1939), in Moshe Lissak (ed.), *Toldot hayishuv hayehudi be'Eretz Yisrael me'az ha'aliya harishona* (The History of the Jewish Community in Palestine since 1882), The British Mandate Period, Part 1, Jerusalem: Israel National Academy of Science, 2001, pp. 329-432.

Kushnir, David, "Hador ha'aharon leshilton ha'ottomani be'Eretz Yisrael" (Palestine in the Late Ottoman Period), in Israel Kolatt (ed.), *Toldot hayishuv hayehudi be'Eretz Yisrael me'az ha'aliya harishona* (The History of the Jewish Community in Palestine since 1882), The Ottoman Period, vol. 1.1, Jerusalem: Israel National Academy of Science, 2001, pp. 1-74.

Metzer, Ya'akov, and Kaplan, Oded, *Meshek yehudi umeshek aravi be'Eretz Yisrael: totzar, ta'asukah utzimha bitekufat hamandat* (The Jewish and Arab Economies in Mandatory Palestine: Production, Employment, and Growth), Jerusalem: Maurice

Falk Institute for Economic Research in Israel, 1978.

Pinchas, Ofer, "Hitgabshut mishtar hamandat vehanahat hayesodot lebayit yehudi leumi—1921-1931" (Formation of the Mandatory Government and Laying the Foundations of a Jewish National Home—1921-1931), in Moshe Lissak (ed.), *Toldot hayishuv hayehudi be'Eretz Yisrael me'az ha'aliya harishona* (The History of the Jewish Community in Palestine since 1882), The British Mandate Period, Part 1, Jerusalem: Israel National Academy of Science, 2001, pp. 223-327.

Porath, Yehoshua, *Tzmihat hatenua haleumit ha'aravit-palestina'it, 1918-1929* (The Emergence of the Palestinian-Arab National Movement, 1918-1929), Jerusalem: Am Oved, 1971.

Porath, Yehoshua, *Mimehumot lemerida: hatenua haleumit ha'arvit-palestina'it, 1929-1939* (The Palestinian Arab National Movement: From Riots to Rebellion, 1929-1939), Tel Aviv: Am Oved, 1978.

Slutzky, Yehuda et al. (eds.), *Sefer toldot hahaganah* (History of the Haganah), Jerusalem and Tel Aviv: The Zionist Library and Ministry of Defense, 1954-1972, vol. 1 (parts 1 and 2), "Mehitgonenut lehaganah" (From Self-Defense to Defense), and vol. 2 (parts 1 and 2), "Mehaganah lema £avak" (From Defense to Struggle).

推荐阅读

Bethell, Nicholas, *The Palestine Triangle: The Struggle between the British, the Jews, and the Arabs, 1935-1948, London*: A. Deutsch, 1979.

Cohen, Michael J., *Palestine and the Great Powers, 1945-1948*, Princeton, NJ: Princeton University Press, 1982.

Dothan, Shmuel, *A Land in the Balance: The Struggle for Palestine, 1918-1948*, Tel Aviv: MOD Books, 1993.

Friedman, Isaiah, *The Question of Palestine, 1914-1918: British-Jewish-Arab Relations*, London: Routledge & Kegan Paul, 1973.

Friedman, Isaiah (ed.), *The Rise of Israel: British-Zionist Relations, 1914-1917*, New York: Garland, 1987.

Hurewitz, Jacob C., *The Struggle for Palestine*, New York: Schocken Books, 1976.

Kedourie, Elie, and Haim, Sylvia G. (eds.), *Palestine and Israel in the 19th and 20th Centuries*, London: Frank Cass, 1982.

Klieman, Aaron S. (ed.), *The Rise of Israel: The Turn toward Violence, 1920-1929*, New York: Garland, 1987.

Klieman Aaron S. (ed.), *The Rise of Israel: The Intensification of Violence, 1929-1936*, New York: Garland, 1987.

Louis, Roger W., *The British Empire in the Middle East*, Oxford: Clarendon Press, 1984.

Miller, Ylana N., *Government and Society in Rural Palestine, 1920-1948*, Austin: University of Texas Press, 1985.

Morris, Benny, *Righteous Victims: A History of the Zionist-Arab Conflict, 1881-1999*, New York: Vintage Books, 2001.

Segev, Tom, *One Palestine, Complete: Jews and Arabs under the British Mandate*, London: Abacus, 2001.

Shamir, Ronen, *The Colonies of Law: Colonialism, Zionism and Law in Early Mandate Palestine*, Cambridge: Cambridge University Press, 2000.

Shlaim, Avi, *The Politics of Partition: King Abdullah, the Zionists, and Palestine, 1921-1951*, Oxford: Oxford University Press, 1988.

Stein, Kenneth W., *The Land Question in Palestine, 1917-1939*, Chapel Hill: University of North Carolina Press, 1984.

英国政策

Cohen, Michael J., *Palestine—Retreat from the Mandate*, London: P. Elek, 1978.

Cohen, Michael J. (ed.), *The Rise of Israel: Implementing the White Paper, 1939-1941*, New York: Garland, 1987.

Friedman, Isaiah (ed.), *The Rise of Israel: Britain Enters into a Compact with Zionism, 1917*, New York: Garland, 1987.

Friedman, Isaiah, *Palestine, a Twice-Promised Land？* New Brunswick, NJ: Transaction Books, 2000.

Sheffer, Gabriel, *Policymaking and British Policies towards Palestine, 1929-1939*, Oxford: Michaelmas Linacre College, 1970.

Sherman, Ari. J., *Mandate Days: British Lives in Palestine, 1918-1948*, London: Thames and Hudson, 1997.

Stein, Kenneth W., *The Land Question in Palestine, 1917-1939*, Chapel Hill: University of North Carolina Press, 1984.

Stein, Leonard, *The Balfour Declaration*, Jerusalem: Magnes, 1983.

Wasserstein, Bernard, *The British in Palestine 1917-1929*, London: Royal Historical Society, 1978.

Wasserstein, Bernard, *Britain and the Jews of Europe*, Oxford: Oxford University Press, 1988.

犹太复国主义政策

Cohen, Michael J. (ed.), *The Rise of Israel: Jewish Resistance to British Rule in Palestine, 1944-1947*, New York: Garland, 1987.

Heller, Joseph, *The Birth of Israel, 1945-1949: Ben-Gurion and His Critics*, Gainesville: University Press of Florida, 2000.

Katz, Yossi, *Partner to Partition: The Jewish Agency's Partition Plan in the Mandate*

Era, London: Frank Cass, 1998.

巴勒斯坦人

Antonius, George, *The Arab Awakening*, New York: Capricorn Books, 1965.

Cohen, Hillel, *Army of Shadows: Palestinian Collaboration with Zionism, 1917-1948*, Berkeley: University of California Press, 2008.

Khalaf, Issa, *Politics in Palestine: Arab Factionalism and Social Disintegration, 1939-1948*, Albany: State University of New York Press, 1991.

Khalidi, Rashid, *Palestinian Identity: The Construction of Modern National Consciousness*, New York: Columbia University Press, 2000.

Kimmerling, Baruch, and Migdal, Joel S., *Palestinians: The Making of a People*, Cambridge, MA: Harvard University Press, 1994.

Nevo, Joseph, *King Abdallah and Palestine: A Territorial Ambition*, Oxford: Macmillan, 1996.

犹太人与阿拉伯人的关系

Almog, Shmuel (ed.), *Zionism and the Arabs*, Jerusalem: Historical Society of Israel, 1983.

Bernstein, Deborah S., *Constructing Boundaries: Jewish and Arab Workers in Mandatory Palestine*, Albany: State University of New York Press, 2000.

Caplan, Neil, *Palestine Jewry and the Arab Question, 1917-1925*, London: Frank Cass, 1978.

Caplan, Neil, *Futile Diplomacy*, London: Frank Cass, 1983.

Cohen, Michael J. (ed.), *The Rise of Israel: The Jewish Military Effort, 1939-1944*, New York: Garland, 1987.

Gelvin, James L., *The Israel-Palestine Conflict: 100 Years of War*, Cambridge: Cambridge University Press, 2005.

Gorny, Yosef, *Zionism and the Arabs*, Oxford: Clarendon Press, 1987.

Kedourie, Elie, and Haim, Sylvia G. (eds.), *Zionism and Arabism in Palestine and Israel*, London: Frank Cass, 1982.

Lockman, Zachary, *Comrades and Enemies: Arab and Jewish Workers in Palestine, 1906-1948*, Berkeley: University of California Press, 1996.

Mandel, Neville J., *The Arabs and Zionism before World War I*, Berkeley: University of California Press, 1976.

Shafir, Gershon, *Land, Labor, and the Origins of the Israeli-Palestinian Conflict, 1882-1914*, Berkeley: University of California Press, 1996.

Tessler, Mark, *A History of the Israeli-Palestinian Conflict*, Bloomington: Indiana University Press, 1994.

Teveth, Shabtai, *Ben-Gurion and the Palestinian Arabs: From Peace to War*,

Oxford: Oxford University Press, 1985.

原始文献和参考资料

Gertz, Aron, *Statistical Handbook of Jewish Palestine, 1947*, Jerusalem: Jewish Agency for Palestine, 1947.

Freundlich, Yehoshua, *Political Documents of the Jewish Agency*, Jerusalem: Zionist Library, 1996.

Reinharz, Jehuda, and Shapira, Anita, *Essential Papers on Zionism*, New York: New York University Press, 1996.

第四章 委任统治时期的移民与定居活动

注　释

1. Uri Zvi Greenberg, "Hahekhrach" (The Necessity), *Be'emtza ha'olam uve'emtza hazmanim* (In the Middle of the World, In the Middle of Time), Hakibbutz Hameuhad, 1979, pp. 30-31.

2. 魏兹曼在 1925 年 8 月 23 日的第十四届犹太复国主义代表大会上对政治辩论的回应，载于 *The Letters and Papers of Chaim Weizmann*, B. Litvinoff (ed.), Series B, 1, Jerusalem: Israel Universities Press, 1983, p. 454.

3. Uri Zvi Greenberg, "Hazon ehad haligionot," (A Vision of One of the Legions), *Be'emtza ha'olam uve'emtza hazmanim* (In the Middle of the World, In the Middle of Time), Hakibbutz Hameuhad, 1979, p. 85.

4. Chaim Arlosoroff, "Leha'arakhat ha'aliya harevi'it" (The Fourth Aliya: An Assessment), 1925, *Kitvei Chaim Arlosoroff* (The Writings of Chaim Arlosoroff), vol. 3, Tel Aviv: Stiebel, 1934, pp. 107-118.

参考文献

英文

Bein, Alex, *The Return to the Soil: A History of Jewish Settlement in Israel*, Jerusalem: The Zionist Organization, 1952.

Gross, Nachum, *The Economic Policy of the Mandatory Government in Palestine*, Jerusalem: Maurice Falk Institute for Economic Research in Israel, 1982.

Metzer, Jacob, *The Divided Economy of Mandatory Palestine*, Cambridge: Cambridge University Press, 1998.

Karlinsky, Nahum, *California Dreaming: Ideology, Society, and Technology in the Citrus Industry of Palestine, 1890-1939*, Albany: State University of New York Press, 2005.

希伯来文

Giladi, Dan, *Hayishuv bitekufat ha'aliya harevi'it: behina kalkalit upolitit* [Jewish Palestine during the Fourth Aliyah Period (1924-1929): Economic and Social Aspects], Tel Aviv: Am Oved, 1973.

Gross, Nachum, *Lo al haruah levada: iyyunim bahistoria hakalkalit shel Eretz Yisrael ba'et hahadasha* (Not by Spirit Alone: Studies in the Economic History of Modern Palestine and Israel), Jerusalem: Magnes, 1999.

Halamish, Aviva, *Bemerutz kaful neged hazman: mediniut ha'aliya hatzionit bishnot hashloshim* (Race against Time: Zionist Immigration Policy in the 1930s), Jerusalem: Yad Ben-Zvi, 2006.

Helman, Anat, *Or veyam hikifuha: tarbut tel-avivit bitekufat hamandat* (Tel Aviv's Culture during the Mandate Era), Haifa: University of Haifa, 2007.

Metzer, Ya'akov, and Kaplan, Oded, *Meshek yehudi umeshek aravi: totzar, ta'asuka utzmiha bitekufat hamandat* (The Jewish and Arab Economies in Mandatory Palestine: Production, Employment, and Growth), Jerusalem: Maurice Falk Institute for Economic Research in Israel, 1978.

Shapira, Anita, *Hama'avak hanikhzav: avoda ivrit, 1929-1939* (Futile Struggle: Hebrew Labor, 1929-1939), Tel Aviv: Hakibbutz Hameuhad and Tel Aviv University, 1977.

推荐阅读

Halpern, Ben, and Reinharz, Jehuda, *Zionism and the Creation of a New Society*, Hanover, NH: Brandeis University Press, 2000.

Klieman, Aaron S. (ed.), *The Rise of Israel: The Jewish Yishuv's Development in the Interwar Period*, New York: Garland, 1987.

Mendelsohn, Ezra, *The Jews of East-Central Europe between the World Wars*, Bloomington: Indiana University Press, 1987.

劳工定居点

Kats, Yosef, *The Religious Kibbutz Movement in the Land of Israel, 1930-1948*, Jerusalem: Magnes Press, 1999.

Near, Henry, *The Kibbutz Movement: A History*, Oxford: Oxford University Press, 1997.

Rayman, Paula, *The Kibbutz Community and Nation Building*, Princeton, NJ:

Princeton University Press, 1981.

Shilony, Zvi, *Ideology and Settlement: The Jewish National Fund, 1897-1914*, Jerusalem: Magnes Press, 1998.

Weintraub, Dov, Lissak, Moshe, and Azmon, Yael, *Moshava, Kibbutz, and Moshav: Patterns of Jewish Rural Settlement and Development in Palestine*, Ithaca, NY: Cornell University Press, 1969.

城市定居点

Ben-Porat, Amir, *Between Class and Nation*, New York: Greenwood Press, 1986.

Bernstein, Deborah S., *Pioneers and Homemakers: Jewish Women in Pre-State Israel*, Albany: State University of New York Press, 1992.

Cohen, Erik, *The City in the Zionist Ideology*, Jerusalem: Institute of Urban and Regional Studies, 1970.

Helman, Anat, *Young Tel Aviv: A Tale of Two Cities*, Hanover, NH: Brandeis University Press, 2010.

LeVine, Mark, *Overthrowing Geography: Java, Tel Aviv and the Struggle for Palestine*, Berkeley: University of California Press, 2005.

Mendelsohn, Ezra (ed.), *People of the City: Jews and the Urban Challenge*, New York: Oxford University Press, 1999.

传记

Shapira, Anita, *Berl: The Biography of a Socialist Zionist*, Cambridge: Cambridge University Press, 1984.

第五章　作为一个国家雏形的伊休夫

注　释

1. Yechezkel Kaufmann, "Milkhemet hama'amadot beYisrael" (The Class War in Israel), in *Bechavlei hazman* (In the Bonds of Time), Tel Aviv: Dvir, 1936, p. 162

2. Ze'ev Jabotinsky to Oscar Grusenberg, 12.11.1925. *Letters*, Tel Aviv: Amichai (n.d.), pp. 72-73.

参考文献

英文

Shapira, Anita, *Berl: The Biography of a Socialist Zionist*, Cambridge: Cambridge University Press, 1984.

Shapira, Anita, *Land and Power: The Zionist Resort to Force, 1881-1948*, Stanford: Stanford University Press, 1999.

Shapira, Anita, *Yigal Allon, Native Son: A Biography,* Philadelphia: University of Pennsylvania Press, 2008.

Shavit, Ya'acov, *Jabotinsky and the Revisionist Movement, 1925-1948*, London: Frank Cass, 1988.

希伯来文

Gorny, Yosef, *Ahdut Ha'avoda: 1919-1930*, Ramat Gan: Hakibbutz Hameuhad, 1973.

Halamish, Aviva, *Bemerutz kaful neged hazman: mediniut ha'aliya hatzionit bishnot hashloshim* (Race against Time: Zionist Immigration Policy in the 1930s), Jerusalem: Yad Ben-Zvi, 2006.

Shapira, Anita, *Hama'avak hanikhzav: avoda ivrit, 1929-1939* (Futile Struggle: Jewish Labor, 1929-1939), Tel Aviv: Hakibbutz Hameuhad and Tel Aviv University, 1977.

Shapira, Yonathan, *Ahdut Ha'avoda hahistorit* (The Historical Ahdut Ha'avoda), Tel Aviv: Am Oved, 1975.

Shavit, Ya'akov, *Onat hatzayid—haseison* (The Hunting Season), Tel Aviv: Hadar, 1976.

Shavit, Ya'akov, *Merov limedina: hatenua harevizionistit* (From Majority to State: The Revisionist Movement), Tel Aviv: Hadar, 1983.

Slutzky, Yehuda, et al. (eds.), *Sefer toldot hahaganah* (History of the Haganah), Jerusalem and Tel Aviv: Zionist Library and Ministry of Defense, 1954-1972, vol. 1 (parts 1 and 2), "Mihitgonenut lehaganah" (From Self-defense to Defense), and vol. 2 (parts 1 and 2), "Mehaganah lema'avak" (From Defense to Struggle).

Tzachor, Ze'ev, *Baderekh lehanhagat hayishuv: hahistadrut bereishita* (The Histadrut: The Formative Period), Jerusalem: Yad Ben-Zvi, 1982.

推荐阅读

Horowitz, Dan, and Lissak, Moshe, *Origins of the Israeli Polity: Palestine under the Mandate*, Chicago: University of Chicago Press, 1978.

Klieman, Aaron S. (ed.), *The Rise of Israel: Giving Substance to the Jewish*

National Home, 1920 and Beyond, New York: Garland, 1987.

左翼、右翼和中间派

Hattis, Susan Lee, *The Bi-National Idea in Palestine during Mandatory Times*, Haifa: Shikmona, 1970.

Kaplan, Eran, *The Jewish Radical Right: Revisionist Zionism and Its Ideological Legacy*, Madison: University of Wisconsin Press, 2005.

Ratzabi, Shalom, *Between Zionism and Judaism: The Radical Circle in Brith Shalom, 1925-1933*, Leiden, Netherlands: Brill, 2002.

Schechtman, Joseph B., and Benari, Yehuda, *History of the Revisionist Movement*, Tel Aviv: Hadar, 1970.

犹太复国主义和宗教

Almog, Shmuel, Reinharz, Jehuda, and Shapira, Anita (eds.), *Zionism and Religion*, Hanover, NH: Brandeis University Press, 1998.

巴勒斯坦的妇女

Bernstein, Deborah S. (ed.), *Pioneers and Homemakers: Jewish Women in Pre-State Israel*, Albany: State University of New York Press, 1992.

Kark, Ruth, Shilo, Margalit, and Hasan-Rokem, Galit, *Jewish Women in Pre-State Israel: Life, History, Politics, and Culture*, Hanover, NH: Brandeis University Press, 2008.

Shilo, Margalit, *The Diverse Identities of the New Hebrew Woman in Eretz Israel*, Jerusalem: Research Institute for the History of the Keren Kayemeth LeIsrael, 1998.

Raider, Mark A., and Raider-Roth, Miriam B. (eds.), *The Plough Woman: Records of the Pioneer Women of Palestine*, Hanover, NH: Brandeis University Press, 2002.

非法移民

Cohen, Michael J. (ed.), *The Rise of Israel: The Holocaust and Illegal Immigration, 1939-1947*, New York: Garland, 1987.

Hadari, Ze'ev Venia, and Tzahor, Ze'ev, *Voyage to Freedom: An Episode in the Illegal Immigration to Palestine*, London: Vallentine Mitchell, 1985.

Ofer, Dalia, *Escaping the Holocaust: Illegal Immigration to the Land of Israel, 1939-1944*, New York: Oxford University Press, 1990.

第六章 伊休夫的社会、文化与精神

注 释

1. David Shimonovitz, "Mered haben" (Rebellion of the Son), first published in the Hashomer Hatza'ir magazine in Warsaw, 1922. Reprinted, inter alia, in *Songbook*, Tel Aviv: Yakhdav, 1965, p. 76.

2. Uri Zvi Greenberg, "Tzvah ha'avoda" (The Army of Labor), *Be'emtza ha'olam uve'emtza hazmanim* (In the Middle of the World, In the Middle of Time), Hakibbutz Hameuhad, 1979, p. 32.

3. Avraham Shlonsky, "Amal" (Labor), *Poems*, Merhavia: Hapoalim Publishing, 1965, p. 165.

4. Uri Zvi Greenberg, "Hizdaharut" (Illumination), *Be'emtza ha'olam uve'emtza hazmanim* (In the Middle of the World, In the Middle of Time), Hakibbutz Hameuhad, 1979, p. 52.

5. Avigdor Hameiri, "Shnei mikhtavim" (Two Letters), popular song.

6. Shaul Tschernichovsky, "Ani ma'amin" (Creed), *Kol kitvei Shaul Tschernichovsky* (Collected Works), vol. 1, Tel Aviv: Am Oved, 1990: Poems and Ballads, pp. 27-28.

7. Leah Goldberg, "Oren" (Pine), *Barak baboker* (Morning Lightning), Merhavia: Sifriat Hapoalim, 1957, p. 39.

8. Porath, *Letters from Jerusalem*, p. 51.

9. Berl Katznelson, *Arakhim genuzim* (Hidden Values), Ephraim Broide (ed.), Tel Aviv: Ayanot, 1957, p. 111.

10. Yitzhak Shenhar, "Shir haherut" (The Song of Freedom).

11. Anton Semyonovich Makarenko, *Hapoema hapedagogit* (The Pedagogical Poem), Avraham Shlonsky (trans.), Merhavia: Sifriat Hapoalim, 1939; Valentin Petrovich Kataev, *Mifras boded malbin ba'ofek* (A White Sail Gleams), Leah Goldberg (trans.), Merhavia: Sifriat Hapoalim, 1942.

12. Alexander Bek, *Anshei Panfilov* (Panfilov's Men), Shlomo Even-Shoshan (trans.), Ein Harod: Hakibbutz Hameuhad, 1946.

13. David Maletz, *Ma'agalot* (Circles), Tel Aviv: Am Oved, 1945; S. Yizhar, *Ephraim hozer la'aspeset* (Ephraim Goes Back to the Alfalfa)—first published in *Gilyonot*, ed. Yitzhak Lamdan, 1938. Reprinted in book form in 1978 (Tel Aviv: Hakibbutz Hameuhad) and 1991 (Tel Aviv: Zmora-Bitan); Haim Hazaz, "Haderasha" (The Sermon), *Luah Ha'aretz*, 1943, pp. 82-96. Reprinted, inter alia, in Avanim rotkhot (Seething Stones), Tel Aviv: Am Oved, 1946, pp. 227-244.

14. Yitzhak Lamdan, "Masada," Tel Aviv: Dvir, 1952.

15. Porath, *Letters from Jerusalem*, p. 31.

16. Binyamin Herzl, *Medinat hayehudim* (The Jewish State), Jerusalem edition: Jewish Agency, 1986, p. 75.

17. This particular line appears in the first draft of the poem, dated 1923. *Kol kitvei Shaul Tschernichovsky* (Collected Works), Tel Aviv: Am Oved, 1990, vol. 1: Poems and Ballads, pp. 253-255.

18. Aharon Ze'ev, "Anu nos'im lapidim" (We Are Carrying Torches), *Shirei Hanukkah: kovetz shirim me'et malkhinim umehabrim shonim* (Hanukkah Songs: A Collection of Songs by Various Composers and Lyricists), Tel Aviv: Renen, 1971.

19. Nathan Alterman, "Shir boker" (Morning Song).

参考文献

英文

Shapira, Anita, *Berl: The Biography of a Socialist Zionist*, Cambridge: Cambridge University Press, 1984.

Shapira, Anita, *Land and Power: The Zionist Resort to Force, 1881-1948*, Stanford: Stanford University Press, 1999.

希伯来文

Helman, Anat, *Or veyam hikifuha: tarbut tel-avivit bitekufat hamandat* (Tel Aviv's Culture during the Mandate Era), Haifa: University of Haifa, 2007.

Shapira, Anita, *Mitos ve'etos bahistoria uvakolnoa hayisraeli* (Myth and Ethos in Israeli History and Cinema), Ra'anana: The Open University, 2008.

Shavit, Ya'akov, and Biger, Gideon, *Hahistoria shel Tel Aviv* (The History of Tel Aviv), Tel Aviv: Ramot, Tel Aviv University, 2002.

推荐阅读

Bernstein, Deborah S. (ed.), *Pioneers and Homemakers: Jewish Women in Pre-State Israel*, Albany: State University of New York Press, 1992.

Helman, Anat, *A Coat of Many Colors: Dress Culture in the Young State of Israel*, Boston: Academic Studies Press, 2011.

Oz, Amos, *A Tale of Love and Darkness*, London: Vintage, 2004.

Zakim, Eric, *To Build and Be Built: Landscape, Literature, and the Construction of Zionist Identity*, Philadelphia: University of Pennsylvania Press, 2006.

Zerubavel, Yael, *Recovered Roots: Collective Memory and the Making of Israeli National Tradition*, Chicago: University of Chicago Press, 1995.

第七章 独立战争（1947—1949）

注 释

1. Porath, *Letters from Jerusalem*, p. 66.

2. Ibid., p. 148.

3. Minutes of the Jewish Agency Executive, Jerusalem, 6.5.1948, Zionist Archive, Jerusalem.

4. David Ben-Gurion, *Yoman milhamah: Milhemet ha'atzma'ut* (War Diary: War of Independence), vol. 1, Gershon Rivlin and Dr. Elchanan Oren (eds.), Tel Aviv: Ministry of Defense, 1982, p. 416.

5. Porath, *Letters from Jerusalem*, p. 193.

6. Ben-Gurion, *Yoman milhamah*, vol. 3, 6.10.1948, p. 736.

7. Ibid., 24.2.1949, p. 970.

8. Moshe Shertok at a meeting of the provisional government, 16.6.1948. 引自 Yoav Gelber, *Kommemiut venakba* (Independence and Nakba), Jerusalem: Dvir, 2004, p. 284。

参考文献

Bar-Or, Amir, "The Evolution of the Army's Role in Israeli Strategic Planning: A Documentary Record," *Israel Studies* 1, 2 (1996), pp. 98-121.

Gelber, Yoav, *Palestine 1948: War, Escape and the Emergence of the Palestinian Refugee Problem*, Portland: Sussex Academic Press, 2001.

Kimche, Jon and David, *Both Sides of the Hill*, London: Secker & Warburg, 1960.

Kochavi, Arieh, *Post-Holocaust Politics: Britain, the United States and Jewish Refugees, 1945-1948*, Chapel Hill: University of North Carolina Press, 2001.

Louis, Roger, *The British Empire in the Middle East, 1945-1951*, Oxford: Clarendon Press, 1984.

Louis, Roger, and Stookey, Robert W. (eds.), *The End of the Palestine Mandate*, London: I. B. Tauris, 1986.

Morris, Benny, *The Birth of the Palestinian Refugee Problem, 1947-1949*, Cambridge: Cambridge University Press, 1987.

Rubin, Barry, *The Arab States and the Palestine Conflict*, Syracuse, NY: Syracuse University Press, 1981.

Shapira, Anita, *Land and Power: The Zionist Resort to Force*, Stanford: Stanford University Press, 1999.

Shapira, Anita, *Yigal Allon: Native Son*, Philadelphia: University of Pennsylvania

Press, 2008.

Shlaim, Avi, *Collusion across the Jordan*, Oxford: Clarendon Press, 1988.

Tal, David, *War in Palestine, 1948: Strategy and Diplomacy*, London: Routledge, 2004.

推荐阅读

Bar-On, Mordechai, "'Conquering the Wasteland': Zionist Perceptions of the Arab-Israeli Conflict," *Palestine-Israel Journal* 3, 2 (1996), pp. 13-23.

Benson, Michael T., *Harry S. Truman and the Founding of Israel*, Westport, CT: Praeger, 1997.

Bialer, Uri, *"Our Place in the World": Mapai and Israel's Foreign Policy Orientation, 1947-1952*, Jerusalem: Magnes Press, 1981.

Collins, Larry, and Lapierre, Dominique, *O Jerusalem!*, Paris: Laffont, 1971.

Cunningham, Alan, "Palestine—The Last Days of the Mandate," *International Affairs* 24, 4 (1948), pp. 481-490.

Gelber, Yoav, "The Israeli-Arab War of 1948: History versus Narratives," in Mordechai Bar-On (ed.), *A Never-Ending Conflict*, London: Praeger, 2004, pp. 43-68.

Golani, Motti, "Zionism without Zion: The Jerusalem Question, 1947-1949," *Journal of Israeli History* 16, 1 (1995), pp. 39-52.

Golani, Motti, "Jerusalem's Hope Lies Only in Partition: Israeli Policy on the Jerusalem Question, 1948-67," *International Journal of Middle East Studies* 31, 4 (1999), pp. 577-604.

Golani, Motti, "The 'Haifa Turning Point': The British Administration and the Civil War in Palestine, December 1947-May 1948," *Middle Eastern Studies* 37, 2 (2000), pp. 93-130.

Hurewitz, Jacob C., *The Struggle for Palestine*, New York: Schocken Books, 1976.

Kadish, Alon, "Myths and Historiography of the 1948 Palestine War Revisited: The Case of Lydda," *Middle East Journal* 59, 4 (2005), pp. 617-634.

Kurzman, Dan, *Genesis 1948: The First Arab-Israeli War*, New York: Da Capo Press, 1992.

Monroe, Elizabeth, *Britain's Moment in the Middle East, 1914-1971*, Baltimore: Johns Hopkins University Press, 1981.

Morris, Benny, *1948—A History of the First Arab-Israeli War*, New Haven: Yale University Press, 2008.

Rogan, Eugene, and Shlaim, Avi (eds.), *The War for Palestine: Rewriting the History of 1948*, Cambridge: Cambridge University Press, 2007.

Sela, Avraham, "Arab Historiography of the 1948 War: The Quest for Legitimacy," in Laurence J. Silberstein (ed.), *New Perspectives on Israeli History*,

New York: New York University Press, 1991, pp. 124-154.

Sela, Avraham, "Transjordan, Israel and the 1948 War: Myth, Historiography and Reality," *Middle Eastern Studies* 28, 4 (1992), pp. 623-688.

Sela, Avraham, "Israeli Historiography of the 1948 War," *Shared Histories*, Paul Scham, Walid Salem, and Benjamin Pogrund (eds.), Walnut Creek, CA: Left Coast Press, 2005, pp. 205-219.

Shapira, Anita, "Politics and Collective Memory," special issue on Israeli Historiography Revisited, *History and Memory* 7, 1 (1995), pp. 9-34.

Shapira, Anita, "Historiography and Memory: Latrun, 1948," *Jewish Social Studies* 3, 1 (1996), pp. 20-61.

Shapira, Anita, "Hirbet Hizah: Between Remembrance and Forgetting," *Jewish Social Studies* 7, 1 (2000), pp. 1-62.

Shapira, Anita, "History, Memory and Identity," *Israel: Culture, Religion and Society*, Stuart A. Cohen and Milton Shain (eds.), Ramat Gan: Bar-Ilan University, 2000, pp. 6-22.

Shapira, Anita, "The Strategies of Historical Revisionism," *Journal of Israeli History* 20, 2-3 (2001), pp. 62-76.

Tal, David, "The Forgotten War: Jewish-Palestinian Strife in Mandatory Palestine, December 1947-May 1948," *Israel Affairs* 6, 3-4 (2000), pp. 3-21.

Tal, David, "The Historiography of the 1948 War in Palestine: The Missing Dimension," *Journal of Israeli History* 24, 2 (2005), pp. 183-202.

Yahya, Adel H., "The Birth of the Palestinian Refugee Problem in 1947-1948," *Shared Histories*, Paul Scham, Walid Salem, and Benjamin Pogrund (eds.), Walnut Creek, CA: Left Coast Press, 2005, pp. 220-227.

巴勒斯坦纳克巴（灾难）

Khalidi, Walid, *All That Remains*, Washington, DC: Institute for Palestine Studies, 1992.

Khoury, Elias, *Gate of the Sun: Bab al-Shams*, New York: Picador, 2007.

Masalha, Nur, *Expulsion of the Palestinians*, Washington, DC: Institute for Palestine Studies, 1993.

自传

Begin, Menachem, *The Revolt*, Jerusalem: Steimatzky's Agency, 1972.

Dayan, Moshe, *Moshe Dayan: Story of My Life*, New York: Warner Books, 1976.

Glubb, John, *A Soldier with the Arabs*, London: Hodder and Stoughton, 1957.

第八章　以色列民主的创制

注　释

1. Uri Yadin's diary, 10.5.1948, *Sefer Uri Yadin: ha'ish ufo'alo* (In Memoriam: Uri Yadin), Aharon Barak and Tana Spanitz (eds), Jerusalem: Bursi, 1990, p. 23.

2. *Sefer Uri Yadin*, 15.7.1948, p. 40.

3. Moshe Zemora's speech at the inauguration of the Supreme Court, *Hapraklit* 5, 1948-1949, pp. 187, 189. Cited according to Pnina Lahav, "Ha'oz vehamisra: hashanim haformativiot shel beit hamishpat ha'elyon, 1948-1955" (The Supreme Court of Israel: Formative Years, 1948-1955), in Anita Shapira (ed.), *Atzma'ut—50 hashanim harishonot* (Independence—The First Fifty Years), Jerusalem: Zalman Shazar Center, 1998, p. 152.

4. Nathan Alterman, "Al zot" (On This), *Hatur hashvi'i* (The Seventh Column), Book Two, Tel Aviv: Davar, 1954, p. 24.

5. Nathan Alterman, "Tnai rishon" (Precondition), *Hatur hashvi'i* (The Seventh Column), Book Two, Tel Aviv: Davar, 1954, pp. 124-126.

6. 美国的众议院非美活动调查委员会所举行的听证会即是偏离民主常规的一例。法国的戴高乐政府在早期曾有六个月在紧急状态法下运转。英国反苏联间谍的行动导致了侵犯人权事件，而在北爱尔兰的反恐斗争更是毫不手软。

参考文献

英文

Lahav, Pnina, *Judgment in Jerusalem: Chief Justice Simon Agranat and the Zionist Century*, Berkeley: University of California Press, 1997.

Medding, Peter Y., *The Founding of Israeli Democracy, 1948-1967*, New York: Oxford University Press, 1990.

希伯来文

Barak, Aharon, and Spanitz, Tana (eds.), *Sefer Uri Yadin: Ha'ish ufo'alo* (In Memoriam: Uri Yadin), Jerusalem: Bursi, 1990.

Bareli, Avi, *Mapai bereishit ha'atzma'ut: 1948-1953* (Mapai at the Beginning of Independence: 1948-1953), Jerusalem: Yad Ben-Zvi, 2007.

Bareli, Avi, Gutwein, Daniel, and Friling, Tuvia (eds.), *Hevra vekalkala beYisrael: mabat histori veakhshavi* (Society and Economy in Israel: Historical and Contemporary Perspectives), Jerusalem and Sdeh Boker: Ben-Gurion University of the Negev, 2005.

Cohen, Chaim, *Chaim Cohen shofet elyon: sihot im Michael Shashar* (Supreme Court Justice Chaim Cohen: Conversations with Michael Shashar), Jerusalem: Keter, 1989.

Erel, Nitza, *"Bli mora bli maso panim"* : *Uri Avneri veHa'olam Hazeh* (Without Fear, Without Bias: Uri Avneri and Hacolam Hazeh), Jerusalem: Magnes, 2006.

Feldstein, Ariel L., *Kesher gordi: David Ben-Gurion, hahistadrut hatzionit veyahadut artzot habrit, 1948-1963* (Gordian Knot: David Ben-Gurion, the Zionist Organization, and American Jewry, 1948-1963), Sdeh Boker: Ben-Gurion University of the Negev and Sapir Academic College, 2003.

Kabalo, Paula, *Shurat hamitnadvim: korotav shel irgun ezrahim* (Shurat Hamitnadvim: The Story of a Civic Association), Tel Aviv: Am Oved and the Institute for the Study of Zionism, 2007.

Kedar, Nir, *Mamlakhtiyut: hatefisa ha'ezrahit shel David Ben-Gurion* (Mamlakhtiyut: Ben-Gurion's Political-Civic Concept), Jerusalem and Sdeh Boker: Ben-Gurion Institute, 2009.

Margolin, Ron (ed.), *Medinat Yisrael kemedina yehudit vedemokratit: rav siah umekorot* (Israel as a Jewish and Democratic State), Jerusalem: World Union of Jewish Studies, 1999.

Pilovsky, Varda (ed.), *Hama'avar miyishuv lemedina, 1947-1949: retzifut utemurot* (Transition from Yishuv to Statehood: Continuity and Change), Haifa: University of Haifa, 1990.

推荐阅读

Ben-Rafael, Eliezer, and Sharot, Stephen, *Ethnicity, Religion, and Class in Israeli Society*, Cambridge, Cambridge University Press, 1991.

Cohen, Mitchell, *Zion and State: Nation, Class, and the Shaping of Modern Israel*, Oxford: B. Blackwell, 1987.

Curtis, Michael, and Chertoff Mordecai S. (eds.), *Israel: Social Structure and Change*, New Brunswick, NJ: Transaction Books, 1973.

Eytan, Walter, *The First Ten Years*, London: Weidenfeld & Nicolson, 1958.

Liebman, Charles S., *Pressure without Sanctions: The Influence of World Jewry on Israeli Policy*, London: Associated University Presses, 1977.

Medding, Peter Y. (ed.), *Israel, State and Society, 1948-1988*, New York: Oxford University Press, 1989.

Peled, Yoav, and Shafir, Gershon, *Being Israeli*, Cambridge: Cambridge University Press, 2002.

Sprinzak, Ehud, and Diamond, Larry (eds.), *Israeli Democracy under Stress*, Boulder, CO: Lynne Rienner, 1993.

统治与政治

Arian, Asher, and Shamir, Michal, *Collective Identity and Electoral Competition in Israel*, Tel Aviv: Tel Aviv University, 1997.

Bernstein, Marver H., *The Politics of Israel: The First Decade of Statehood*, Princeton, NJ: Princeton University Press, 1957.

Medding, Peter Y., *Mapai in Israel*, Cambridge: Cambridge University Press, 1972.

犹太教与民主

Abramov, Zalman S., *Perpetual Dilemma: Jewish Religion in the Jewish State*, Rutherford, NJ: Fairleigh Dickinson University Press, 1976.

Liebman, Charles S., and Don Yehiya, Eliezer, *Civil Religion in Israel: Traditional Judaism and Political Culture in the Jewish State*, Berkeley: University of California Press, 1983.

Ravitzky, Aviezer, *Messianism, Zionism, and Jewish Religious Radicalism*, Chicago: University of Chicago Press, 1996.

法律

Harris, Ron, Kedar, Alexander, and Likhovski, Assaf (eds.), *The History of Law in a Multi-Cultural Society: Israel 1917-1967*, Aldershot, UK: Ashgate, 2002.

以色列阿拉伯人

Smooha, Sammy, *Arabs and Jews in Israel*, Boulder, CO: Westview Press, 1992.

Smooha, Sammy, and Ghanem, As'ad, *Ethnic, Religious and Political Islam among the Arabs in Israel*, Haifa: University of Haifa, 1998.

埃特泽尔、赫鲁特党、"阿尔塔莱纳号"事件

Begin, Menachem, *The Revolt*, Jerusalem: Steimatzky's Agency, 1972.

Lankin, Eliahu, *To Win the Promised Land*, Walnut Creek, CA: Benmir, 1992.

Niv, David, *A Short History of the Irgun Zevai Leumi,* Jerusalem: World Zionist Organization, 1980.

第九章　国家构建：经济、发展与大政府

注　释

1. David Horowitz, *Hayyim bamoked* (At the Heart of Events), Ramat Gan: Masada, 1975, p. 108. The leader in question was Motzkin.

参考文献

英文

Halevi, Nadav, and Klinov-Malul, Ruth, *The Economic Development of Israel*, New York: F. A. Praeger, 1968.

Metzer, Jacob, "From the Jewish National Home to the State of Israel: Some Economic Aspects of Nation and State Building," in Alice Teichova and Herbert Matis (eds.), *Economic Change and the Building of the Nation in History,* Cambridge and New York: Cambridge University Press, 2003, pp. 270-287.

Metzer, Jacob, "Jewish Land—Israel Lands: Ethno-Nationality and Land Regime in Zionism and in Israel, 1897-1967," in Stanley L. Engerman and Jacob Metzer (eds.), *Land Rights, Ethno-Nationality and Sovereignty in History*, London: Routledge, 2004, pp. 87-110.

希伯来文

Bareli, Avi, Gutwein, Daniel, and Friling, Tuvia (eds.), *Hevra vekalkala beYisrael: mabat histori veakhshavi* (Society and Economy in Israel: Historical and Contemporary Perspectives), Jerusalem and Sdeh Boker: Ben-Gurion University of the Negev, 2005.

Barkai, Haim, *Yemei habereshit shel hameshek hayisraeli* (The Beginnings of the Israeli Economy), Jerusalem: Maurice Falk Institute for Economic Research in Israel, 1983.

Gross, Nachum, *Lo al haruah levada: iyyunim bahistoria hakalkalit shel Eretz Yisrael ba'et hahadasha* (Not by Spirit Alone: Studies in the Economic History of Modern Palestine and Israel), Jerusalem: Magnes, 1999.

Horowitz, David, *Hayyim bamoked* (At the Heart of Events), Ramat Gan: Masada, 1975.

Lissak, Moshe, and Cohen, Uri, *Haistrategim hamadai'im bitekufat hamamlakhtiyut: gibush leumiyut bein status miktzo'i vehavnayyat ma'amad beinoni* (Scientific Strategists during the Statism Period: Formulating Nationalism between Professional Status and the Construction of a Middle Class), forthcoming.

Zameret, Zvi, Halamish, Aviva, and Glitzenstein-Meir, Esther (eds.), *Ayarot hapituah* (Development Towns in Israel), Jerusalem: Yad Ben-Zvi, 2009.

推荐阅读

Aharoni, Yair, *The Israeli Economy: Dreams and Realities*, New York: Routledge, 1991.

Ben-Porath, Yoram (ed.), *The Israeli Economy: Maturing through Crises*, Cambridge, MA: Harvard University Press, 1986.

Pack, Howard, *Structural Change and Economic Policy in Israel*, New Haven: Yale University Press, 1971.

Plessner, Yakir, *The Political Economy of Israel: From Ideology to Stagnation*, Albany: State University of New York Press, 1994.

Razin, Assaf, and Sadka, Efraim, *The Israeli Economy: Malaise and Promise*, Tel Aviv: Tel Aviv University, 1992.

Rozenberg, Michael, *The Measurement of the Economic Absorption of Israel's New Immigrant Sector from a National Point of View*, Jerusalem: The Hebrew University, 1958.

第十章　大阿里亚：大规模移民

注　释

1. Shlomo Hillel, *Ruakh kadim: beshlihut mahtartit le'artzot arav* (Operation Babylon), Jerusalem: Idanim, 1985.

2. Shmuel Ussishkin, *Haboker*, 16.11.1951. 引自 Moshe Lissak, *Ha'aliya hagedola bishnot hahamishim: kishlono shel koor hahitukh* (Mass Immigration in the Fifties: The Failure of the Melting Pot Policy), Jerusalem: Bialik Institute, 1999, pp. 62–63。

3. Yehuda Weissberger, *Sha'ar Ha'aliya: yoman ha'aliya hahamonit, 1947–1957* (Sha'ar Ha'aliya: A Diary of Mass Immigration, 1947-1957), Jerusalem: World Zionist Federation, 1986, p. 71.

4. Giora Josephtal, minutes of the Jewish Agency Executive, 29.3.1949, Central Zionist Archives, 引自 Miriam Katchansky, "Hama'abarot," in Mordechai Naor, (ed.), *Olim uma'abarot, 1948-1952* (Immigrants and Ma'abarot, 1948-1952), Idan 8, Jerusalem: Yad Ben-Zvi, 1987, p. 70。

5. Yitzhak Ya'akobi, *Davar*, 10.10.1950.

6. Uriel Simon, "Ha'olim hahadashim veanahnu" (The New Immigrants and

Us), *Ha'aretz*, 27.10.1953, 引自 Orit Rozin, *Hovat ha'ahava hakasha: yahid vekoloktiv beYisrael bishnot hahamishim* (Duty and Love: Individualism and Collectivism in 1950s Israel), Tel Aviv: Tel Aviv University and Am Oved, 2008, p. 245.

7. David Ben-Gurion, "Yihud veyi'ud" (Uniqueness and Mission), Israel Government Yearbook 1951, p. 25, 引自 Moshe Lissak, "Dimuyei olim: stereotipim vetiyug betekufat ha'aliya hagedola bishnot hashishim" (The Image of Immigrants—Stereotypes and Labeling during the Period of Mass Immigration in the 1960s), in Shimon Shitreet, (ed.), *Halutzim bedim'a: pirkei iyyun al yahadut tzfon afrika* (Pioneers in Tears: Anthology on North African Jewry), Tel Aviv: Am Oved, 1991, p. 189。

8. Shmuel Ussishkin, *Haboker*, 16.11.1951; Eliezer Livneh, *Davar*, 9.11.1951, 引自 Moshe Lissak, *Ha'aliya hagedola bishnot hahamishim: kishlono shel koor hahitukh* (Mass Immigration in the Fifties: The Failure of the Melting Pot Policy), Jerusalem: Bialik Institute, 1999, pp. 62-63。

9. Ben-Gurion, "Yihud veyi'ud," p. 25.

10. Testimony of Habib Sharbaf in Devorah Hacohen, *Hagarin vehareikhayyim: hityashvut ha'olim banegev ba'asor harishon lamedina* (The Grain and the Millstone: The Settlement of Immigrants in the Negev in the First Decade of the State), Tel Aviv: Am Oved, 1998, p. 96.

11. Testimony of Hannah Maimon in Avi Pikar, "Mi vami haholkhim: ikhlusan shel ayarot hapituah" (Who Is Going: Populating the Development Towns), in Zvi Zameret, Aviva Halamish, and Esther Meir-Glitzenstein (eds.), *Ayarot hapituah* (The Development Towns), Idan 24, Jerusalem: Yad Ben-Zvi, 2010, p. 201.

12. Testimony of Yehuda Braginsky, in Avi Pikar, "Mi vami haholkhim: ikhlusan shel ayarot hapituah" (Who Is Going: Populating the Development Towns), in Zvi Zameret, Aviva Halamish, and Esther Meir-Glitzenstein (eds.), *Ayarot hapituah* (The Development Towns), Idan 24, Jerusalem: Yad Ben-Zvi, 2010, p. 207.

13. "Mizug Galuyot" (Integration of immigrants from different countries of origin in Israel), conference at the Hebrew University of Jerusalem, October 25-26, 1966, Jerusalem: Magnes, 1969, p. 163.

参考文献

希伯来文

Deshen, Shlomo, and Shoked, Moshe (eds.), *Dor hatemura* (Generation of Change), Jerusalem: Yad Ben-Zvi, 1977.

Don-Yehiya, Eliezer, *Mashber utemura bamedina hahadasha: hinukh, dat upolitika bama'avak al ha'aliya hagedola* (Crisis and Change in a New State: Education, Religion and Politics in the Struggle over the Absorption of Mass Immigration in

Israel), Jerusalem: Yad Ben-Zvi, 2008.

Hacohen, Devorah, *Olim bise'ara* (Immigrants in Turmoil), Jerusalem: Yad Ben-Zvi, 1994.

Hacohen, Devorah, *Hagar'in vehareikhayyim: hityashvut ha'olim banegev ba'asor harishon lamedina* (The Grain and the Millstone: The Settlement of Immigrants in the Negev in the First Decade of the State), Tel Aviv: Am Oved, 1998.

Hacohen, Devorah (ed.), *Kibbutz galuyot: aliya le'Eretz Yisrael: mitos umetziut* (Ingathering of Exiles: Aliya to the Land of Israel: Myth and Reality), Jerusalem: Shazar Center for Jewish History, 1998.

Hillel, Shlomo, *Ruah kadim: beshlihut makhtartit le'artzot arav* (Operation Babylon), Jerusalem: Idanim, 1985.

Lissak, Moshe, *Ha'aliya hagedola bishnot hahamishim: kishlono shel koor hahitukh* (Mass Immigration in the Fifties: The Failure of the Melting Pot Policy), Jerusalem: Bialik Institute, 1999.

Meir-Glitzenstein, Esther, *Bein Baghdad leRamat Gan: yotzei Iraq beYisrael* (From Baghdad to Ramat Gan: Iraqi Jews in Israel), Jerusalem: Yad Ben-Zvi, 2009.

Mizug galuyot (Integration of immigrants from different countries of origin in Israel), conference at the Hebrew University of Jerusalem, October 25-26, 1966, Jerusalem: Magnes, 1969.

Naor, Mordechai (ed.), *Olim uma'abarot, 1948-1952* (Immigrants and Ma'abarot, 1948-1952), Idan 8 (book series), Jerusalem: Yad Ben-Zvi, 1987.

Rozin, Orit, *Hovat ha'ahava hakasha: yahid vekoloktiv beYisrael bishnot hahamishim* (Duty and Love: Individualism and Collectivism in 1950s Israel), Tel Aviv: Tel Aviv University and Am Oved, 2008.

Shitreet, Shimon (ed.), *Halutzim bedim'a: pirkei iyyun al yahadut tzfon Afrika* (Pioneers in Tears: Anthology on North African Jewry), Tel Aviv: Am Oved, 1991.

Tsur, Yaron, *Kehila kru'a: yehudei Maroko vehale'umiyut, 1943-1954* (A Torn Community: The Jews of Morocco and Nationalism, 1943-1954), Tel Aviv: Tel Aviv University and Am Oved, 2001.

Weissberger, Yehuda, *Sha'ar Ha'aliya: yoman ha'aliya hahamonit, 1947-1957* (Sha'ar Ha'aliya: A Diary of Mass Immigration, 1947-1957), Jerusalem: World Zionist Federation, 1986.

Zameret, Zvi, *Yemei koor hahitukh: va'adat hahakira al hinukh yaldei ha'olim (1950)* (The Melting Pot in Israel: The Commission of Inquiry concerning Education in the Immigrant Camps during the Early Days of the State), Sdeh Boker: Ben-Gurion Heritage Institute, 1993.

Zameret, Zvi, Halamish, Aviva, and Meir-Glitzenstein, Esther (eds.), *Ayarot hapituah* (The Development Towns), Idan 24, Jerusalem: Yad Ben-Zvi, 2010.

Zameret, Zvi, and Yablonka, Hannah (eds.), *He'asor hasheni: 1958-1968* (The

Second Decade: 1958-1968), Idan 21, Jerusalem: Yad Ben-Zvi, 2001.

推荐阅读

Barer, Shlomo, *The Magic Carpet*, London: Secker & Warburg, 1952.

Eisenstadt, S. N., *The Absorption of Immigrants*, London: Routledge & Kegan, 1954.

Eisenstadt, S. N., *The Development of the Ethnic Problem in Israeli Society*, Jerusalem: Jerusalem Institute for Israel Studies, 1986.

Gonen, Amiram, *Mass Immigration and the Spatial Structure of Towns in Israel*, Jerusalem: Hebrew University, 1972.

Lissak, Moshe, *Social Mobility in Israeli Society*, Jerusalem: Israel Universities Press, 1969.

Shama, Avraham, and Mark, Iris, *Immigration without Integration: Third World Jews in Israel*, Cambridge, MA: Schenkman, 1977.

Weingrod, Alex, *Israel: Group Relations in a New Society*, Westport, CT: Greenwood, 1965.

Weingrod, Alex, *Reluctant Pioneers: Village Development in Israel*, Port Washington, NY: Kennikat Press, 1972.

Weintraub, Dov, *Immigration and Social Change: Agricultural Settlements of New Immigrants in Israel*, Jerusalem: Israel Universities Press, 1971.

第十一章　变化社会中的文化与规范

注　释

1. Uri Yadin's diary, 14.9.1948, *Sefer Uri Yadin: ha'ish ufo'alo* (In Memoriam: Uri Yadin), Aharon Barak and Tana Spanitz (eds.), Jerusalem: Bursi, 1990, p. 50.

2. Meir Har-Zion's diary (*Pirkei yoman*), Tel Aviv: Levin-Epstein, 1969. Introduction by Naomi Frankel, p. 10.

3. Bulletin of the Jewish Society for the Study of the Land of Israel and Its Antiquities, fifteenth year, 3-4, 1950, p. 121.

4. Amir Gilboa, "Isaac," *The Penguin Book of Hebrew Verse*, T. Carmi (ed. and trans.), New York, 1981, p. 560.

5. Benjamin Tammuz, *Ya'akov*, Ramat Gan: Masada, 1971, p. 97.

6. *Siakh lohamim, pirkei hakshava vehitbonenut* (*The Seventh Day*), Avraham Shapira (ed.), Tel Aviv: 1968, pp. 167-168.

7. Yehuda Amichai, address at the writers' conference marking Israel's twentieth Anniversary, 16–17.4.1968, *Daf* (the Writers Union bulletin), May 31, 1968.

参考文献

英文

Don-Yehiya, Eliezer, "Memory and Political Culture: Israeli Society and the Holocaust," *Studies in Contemporary Jewry*, 9 (1993), pp. 139-162.

Reinharz, Jehuda, and Shapira, Anita (eds.), *Essential Papers on Zionism*, New York: New York University Press, 1996.

Segev, Tom, *The Seventh Million: The Israelis and the Holocaust*, New York: Hill and Wang, 1993.

Shapira, Anita, "Historiography and Memory: Latrun, 1948," *Jewish Social Studies* 3, 1 (Fall 1996), pp. 20-61.

Shapira, Anita, "The Holocaust: Private Memories, Public Memory," *Jewish Social Studies* 4, 2 (1998), pp. 40-58.

Shapira, Anita, "The Bible and Israeli Identity," *AJS Review* 28, 1 (2004), pp. 11-41.

Shapira, Anita, "The Eichmann Trial: Changing Perspectives," *Journal of Israeli History* 23, 1(2004), pp. 18-39.

Shapira, Anita (ed.), *Israeli Identity in Transition*, Westport, CT: Praeger, 2004.

Shapira, Avraham (ed.), *The Seventh Day: Soldiers' Talk about the Six-Day War*, New York: Charles Scribner's Sons, 1970.

Tzahor, Ze'ev, "David Ben Gurion's Attitude towards the Diaspora," *Judaism* 32, 1 (1983), pp. 9–21.

Yablonka, Hanna, *The State of Israel vs. Adolf Eichmann*, New York: Schocken, 2004.

Zerubavel, Yael, *Recovered Roots: Collective Memory and the Making of Israeli National Tradition*, Chicago: University of Chicago Press, 1997.

希伯来文

Gertz, Nurit, *Hirbet Hiz'ah vehaboker shelemohorat* (Hirbet Hiz'ah and the Morning After), Bnei Brak: Hakibbutz Hameuhad, 1990.

Kadman, Noga, *Betzidei haderekh ubeshulei hatoda'a: dekhikat hakfarim ha'aravim shehitroknu be-1948 mehasiah hayisraeli* (On the Roadside, On the Mind Side), Jerusalem: November Books, 2008.

Shaked, Gershon, *Hasiporet ha'ivrit, 1880–1980, helek dalet: behavlei hazman—*

harealizm hayisraeli—1938–1980 (Hebrew Fiction: 1880–1980, Part Four, Israeli `Realism), Tel Aviv: Hakibbutz Hameuhad, 1993.

Stauber, Ronny, *Halekah lador: shoah ugevura bamahshava hatziburit ba'aretz bishnot hahamishim* (Lessons for the Generation: Holocaust and Heroism in Public Thinking in the 1950s), Jerusalem: Yad Ben-Zvi, 2000.

Weiss, Yifat, *Wadi Salib: Hanokheah vehanifkad* (Wadi Salib: A Confiscated Memory), Tel Aviv: Hakibbutz Hameuhad, 2007.

Weitz, Yechiam, *Ha'ish shenirtzah pa'amayyim: hayav, mishpato umoto shel Doctor Yisrael Kasztner* (The Man Who Was Murdered Twice: The Life, Trial, and Death of Yisrael Kasztner), Jerusalem: Keter, 1995.

推荐阅读

Keren, Michael, *Ben-Gurion and the Intellectuals*, Illinois: Northern Illinois University Press, 1983.

Ohana, David, and Wistrich, Robert S., *The Shaping of Israeli Identity*, London: Frank Cass, 1995.

第十二章　政治、和平与战争

注　释

1. Moshe Dayan, *Avnei derekh* (My Life), Jerusalem and Tel Aviv: Idanim and Dvir, 1976, p. 191.

2. Moshe Sharett, Israel State Archives, box 2446, file 6/a.

3. Dayan, *Avnei derekh*, p. 191.

4. Report by the British foreign secretary on his talks with Golda Meir, PRO, FO 371/134348, cited in Mordechai Bar-On, "Status kvo lifnei—o aharei？ He'arot parshanut limdiniut habitahon shel Yisrael, 1949-1958" (Status Quo Before—or After？ Commentary Notes on Israel's Defense Policy, 1949-1958), *Iyyunim bitkumat Yisrael* (Studies in Israeli and Modern Jewish Society: The Yishuv and the State of Israel), vol. 5, Sdeh Boker, 1995, p. 108.

参考文献

英文

Bar-On, Mordechai, *The Gates of Gaza: Israel's Road to Suez and Back*, New

York: St. Martin Press, 1994.

Golani, Motti, *Israel in Search of a War: The Sinai Campaign, 1955-1956*, Brighton: Sussex University Press, 1998.

Morris, Benny, *Israel's Border Wars, 1949-1956: Arab Infiltration, Israeli Retaliation and the Countdown to the Suez War*, Oxford: Clarendon Press, 1993.

Oren, Michael B., *Six Days of War: June 1967 and the Making of the Modern Middle East*, Oxford: Oxford University Press, 2002.

Shlaim, Avi, *The Iron Wall: Israel and the Arab World*, New York: W. W. Norton, 2000.

希伯来文

Assia, Ilan, *Moked hasikhsukh: hama'avak al hanegev, 1947-1956* (The Heart of the Conflict: The Fight for the Negev, 1947-1956), Sdeh Boker and Jerusalem: Yad Ben-Zvi and the Ben-Gurion Heritage Institute, 1994.

Golani, Motti, *Tihye milhama bakayitz: Yisrael baderekh el milhemet Sinai, 1955-1956* (Israel in Search of War: The Sinai Campaign, 1955-1956), Tel Aviv: Ma'arakhot, 1997.

推荐阅读

国际政策

Bialer, Uri, "Top Hat, Tuxedo, and Cannons: Israeli Foreign Policy from 1948 to 1956 as a Field of Study," *Israel Studies* 7, 1 (2002), pp. 1-80.

为水而战

Lowi, Miriam R., *Water and Power: The Politics of a Scarce Resource in the Jordan River Basin,* Cambridge: Cambridge University Press, 1993.

Morag, Nadav, "Water, Geopolitics and State Building: The Case of Israel," *Middle Eastern Studies* 37, 3, (July 2001), pp. 179-198.

第十三章　改变中东格局的六日战争

注　释

1. "Mourir pour Akaba," *L'Express*, June 5–11, 1967, p.15. Cited by Benjamin Kedar, "Milhamot kenekudot mifne bahistoria" (Wars as Turning Points in History),

in Asher Susser (ed.), *Shisha yamim—shloshim shana: mabat hadash al milhemet sheshet hayamim* (Six Days—Thirty Years: New Perspectives on the Six-Day War), Tel Aviv, Am Oved, and the Yitzhak Rabin Center for Israel Studies, 1999, p. 25.

2. "Can Nasser Make Peace？" *Economist*, June 3, 1967, pp. 994-995, cited by Benjamin Kedar, "Milkhamot kenekudot mifne bahistoria" (Wars as Turning Points in History), in Asher Susser (ed.), *Shisha yamim—shloshim shana: mabat hadash al milkhemet sheshet hayamim* (Six Days—Thirty Years: New Perspectives on the Six-Day War), Tel Aviv, Am Oved, and the Yitzhak Rabin Center for Israel Studies, 1999, pp. 25-26.

3. M. L. Urofsky, *We Are One: American Jewry and Israel*, Garden City, NJ: 1978, p. 350, cited by Menachem Kaufman, "Hashpa'at milhemet sheshet hayamim al hitpathuta shel hamagbit hayehudit hameuhedet" (The United Jewish Appeal in the Six-Day War), *Yahadut Zemanenu* (Contemporary Judaism), vol. 9, Jerusalem, 1995, p. 210.

4. Geula Cohen, "Be'arba einayyim im David Ben-Gurion" (Tête-à-tête with Ben-Gurion), *Ma'ariv*, 12.5.1967.

参考文献

英文

Parker, Richard B., *The Politics of Miscalculation in the Middle East*, Bloomington: Indiana University Press, 1993.

Parker, Richard B., *The Six-Day War*, Jacksonville: University Press of Florida, 1997.

Oren, Michael B., *Six Days of War: June 1967 and the Making of the Modern Middle East*, New York:Oxford University Press, 2002.

希伯来文

Bar-On, Mordechai, *Gvulot ashenim: iyyunim betoldot medinat Yisrael, 1948–1967* (Smoking Borders: Studies in the Early History of the State of Israel, 1948–1967), Jerusalem: Yad Ben-Zvi and the Ben-Gurion Heritage Institute, 2001.

Susser, Asher (ed.), *Shisha yamim—shloshim shana: mabat hadash al milhemet sheshet hayamim* (Six Days—Thirty Years: New Perspectives on the Six-Day War), Tel Aviv: Am Oved and the Yitzhak Rabin Center for Israel Studies, 1999.

推荐阅读

Heikal, Mohamed Hassanein, *The Sphinx and the Commissar*, London: Harper & Row, 1978.

Kerr, Malcolm, *The Arab Cold War: Gamal Abd al-Nasir and His Rivals*, London: Oxford University Press, 1971.

Lawson, Fred H., *Why Syria Goes to War: Thirty Years of Confrontation,* Ithaca, NY: Cornell University Press, 1996.

Ma'oz, Moshe, *Syria and Israel*, Oxford: Clarendon Press, 1995.

Mutawi, Samir, *Jordan in the 1967 War*, Cambridge: Cambridge University Press, 1987.

以色列对外关系

Brecher, Michael, *The Foreign Policy System of Israel*, London: Oxford University Press, 1972.

Rafael, Gideon, *Destination Peace: Three Decades of Israeli Foreign Policy: A Personal Memoir*, London: Weidenfeld & Nicolson, 1981.

传记和自传

Dayan, Moshe, *Moshe Dayan: Story of My Life*, New York: Warner Books, 1976.

Rabin, Yitzhak, *The Rabin Memoirs*, Boston: Little, Brown, 1979.

Teveth, Shabtai, *Moshe Dayan*, Jerusalem: Steimatzky's Agency, 1972.

第十四章　亢奋的年代（1967—1973）

注　释

1. *The Seventh Day: Soldiers Talk about the Six-Day War*, Tel Aviv and London, 1970, p. 122.

2. Ibid., p. 172.

3. Ibid., p. 159.

4. Ibid., pp. 218–219.

5. Conversation at the Rabbi Kook yeshiva, *Shdemot* 29, Tel Aviv, 1968, p. 16.

6. Ibid., p. 19.

7. Greater Israel manifesto, 22.9.1967, published in all the Israeli newspapers.

8. Meir Chazan, "Yozmat Nachum Goldmann lehipagesh im Nasser bishnat 1970" (Goldmann's Initiative to Meet with Nasser in 1970), *Studies in Zionism and the State of Israel*, vol.14 (2004), p. 277.

参考文献

英文

Chazan, Meir, "Goldmann's Initiative to Meet with Nasser in 1970," in Mark A. Raider (ed.), *Nahum Goldmann: Statesman without a State*, Albany and Tel Aviv: SUNY Press and the Chaim Weizmann Institute for the Study of Zionism and Israel, Tel Aviv University, 2009, pp. 297-324.

Quandt, William B., *Decade of Decisions: American Policy toward the Arab-Israeli Conflict, 1967–1976*, Berkeley: University of California Press, 1977.

Quandt, William B., *Peace Process: American Diplomacy and the Arab-Israeli Conflict since 1967*, Washington, DC: Brookings Institution Press, 2001.

Rabinovich, Itamar, and Shaked, Haim (eds.), *From June to October: The Middle East between 1967 and 1973*, New Brunswick, NJ: Transaction Books, 1978.

Shapira, Avraham (ed.), *The Seventh Day: Soldiers Talk about the Six-Day War*, Tel Aviv: Steimatzky's Agency in association with Andre Deutsch Limited, 1970.

希伯来文

Gan, Alon, *Hasiah shegava？Tarbut hasihim kenisayon legabesh zehut meyahedet lador hasheni bakibbutzim* (The Discourse That Died？The Culture of Discourse as an Attempt to Shape a Unifying Identity in Second-Generation Kibbutz Members), doctoral dissertation supervised by Prof. Anita Shapira, Tel Aviv University, 2007.

Shapira, Avraham (ed.), *Siah lohamim: pirkei hakshava vehitbonenut* (The Seventh Day: Soldiers Talk about the Six-Day War), Tel Aviv: published privately by a group of young members of the kibbutz movement, 1968.

Teveth, Shabtai, *Kilelat haberakha* (The Cursed Blessing), Jerusalem: Schocken, 1973.

推荐阅读

Ajami, Fouad, *The Arab Predicament: Arab Political Thought and Practice since 1967*, Cambridge:Cambridge University Press, 1982.

Barkai, Haim, *Economic Patterns in Israel since the Six-Day War*, Jerusalem: Maurice Falk Institute for Economic Research in Israel, 1988.

Bar-Siman-Tov, Yaacov, *Israel and the Peace Process, 1977–1982: In Search of Legitimacy for Peace*, Albany: SUNY Press, 1994.

Eisenstadt, S. N., *Israeli Society*, London: Weidenfeld & Nicolson, 1967.

Liebman, Charles S., *Pressure without Sanctions: The Influence of World Jewry on Israeli Policy*, Rutherford, NJ: Fairleigh Dickinson University Press, 1977.

Maoz, Moshe, *Palestinian Leadership on the West Bank: The Changing Role of the*

Arab Mayors under Jordan and Israel, London: Frank Cass, 1984.

消耗战

Bar-Siman-Tov, Yaacov, *The Israeli-Egyptian War of Attrition, 1969–1970*, New York: Columbia University Press, 1980.

Korn, David A., *Stalemate: The War of Attrition and Great Power Diplomacy in the Middle East*, Boulder, CO: Westview Press, 1992.

摩西·达扬

Dayan, Moshe, *Moshe Dayan: Story of My Life*, New York: Warner Books, 1976.

Teveth, Shabtai, *Moshe Dayan*, London: Quartet Books, 1974.

黑豹党

Bernstein, Deborah, "The Black Panthers of Israel, 1971–972," doctoral dissertation, University of Sussex, 1976.

Chetrit, Sami Shalom, *Intra-Jewish Conflict in Israel: White Jews, Black Jews*, London and New York: Routledge, 2010.

第十五章　1973 年赎罪日战争

注　释

1. Yehuda Amichai, "Shirei eretz tzion Yerushalayim" (Songs of Zion: Jerusalem), *Me'ahorei kol zeh mistater osher gadol* (translated by Ted Hughes as Amen), Tel Aviv and Jerusalem: Schocken 1985, p. 8.

参考文献

英文

Bregman, Ahron, *Israel's Wars: A History since 1947*, New York: Routledge, 2010.

Parker, Richard B. (ed.), *The October War: A Retrospective*, Gainesville: University Press of Florida, 2001.

Quandt, William B., *Decade of Decisions: American Policy toward the Arab-Israeli Conflict, 1967–1976*, Berkeley: University of California Press, 1977.

Quandt, William B., *Peace Process: American Diplomacy and the Arab-Israeli*

Conflict since 1967, Washington, DC: Brookings Institution Press, 2001.

Rabin, Yitzhak, *The Rabin Memoirs*, Boston: Little, Brown, 1979.

Rubin, Barry, Ginat, Joseph, and Ma'oz, Moshe (eds.), *From War to Peace: Arab-Israeli Relations, 1973–1993*, Brighton: Sussex Academic Press, 1994.

Schiff, Ze'ev, *October Earthquake: Yom Kippur 1973*, Tel Aviv: University Pub. Projects, 1974.

希伯来文

Bergman, Ronen, and Meltzer, Gil, *Zman emet, milhemet Yom Kippur* (Moment of Truth: The Yom Kippur War), Tel Aviv: Yedioth Ahronoth, 2003.

Shemesh, Moshe, and Drori, Ze'ev (eds.), *Trauma leumit: milhemet Yom Hakippurim aharei shloshim shana ve'od milhama* (National Trauma: The Yom Kippur War: A Retrospective of Thirty Years and Another War), Sdeh Boker: Ben-Gurion Research Institute, 2008.

推荐阅读

Golan, Shimon, "The Yom Kippur War," in Mordechai Bar-On (ed.), *A Never-Ending Conflict: A Guide to Israeli Military History*, London: Praeger, 2004, pp. 159–178.

Moore, John N., *The Arab-Israeli Conflict: Readings and Documents*, Princeton, NJ: Princeton University Press, 1997.

传记、自传和回忆录

Dayan, Moshe, *Moshe Dayan: Story of My Life*, New York: Warner Books, 1976.

Heikal, Mohamed, *The Road to Ramadan*, London: Collins, 1975.

Herzog, Chaim, *The War of Atonement*, London: Weidenfeld & Nicolson, 1975.

Jamasi, Muhammad 'Abd al-Ghani, *The October War: Memoirs of Field Marshal El-Gamasy of Egypt*, Cairo: American University in Cairo Press, 1993.

Kissinger, Henry, *The White House Years*, London: Weidenfeld & Nicolson, 1979.

Kissinger, Henry, *Years of Upheaval*, Boston: Little, Brown, 1982.

Meir, Golda, *My Life*, London: Weidenfeld & Nicolson, 1975.

Al-Sadat, Anwar, *In Search of Identity: An Autobiography*, New York: Harper & Row, 1978.

Shazly, Saad, *The Crossing of Suez: The October War, 1973*, San Francisco: American Mideast Research, 1980.

Teveth, Shabtai, *Moshe Dayan*, Jerusalem: Steimatzky's Agency, 1972.

巴勒斯坦解放组织

Cobban, Helena, *The Palestine Liberation Organisation: People, Power, and Politics*, Cambridge: Cambridge University Press, 1984.

Sela, Avraham, and Ma'oz, Moshe, *The PLO and Israel*, New York: St. Martin's Press, 1997.

第十六章　赎罪日战争后的以色列社会

注　释

1. Gershon Shafat, *Gush emunim: hasippur me£ahorei hakla'im* (Gush Emunim: The Story behind the Scenes), Beit-El: Beit-El Library Publications, 1995, p. 33.

2. Amichai, "Shirei eretz tzion Yerushalayim," p. 12.

3. Shafat, *Gush emunim: hasippur me£ahorei hakla 'im*, p. 220.

4. *Al-Ittihad*, 9.3.1976, cited in Eli Rekhess, *Hami'ut ha'aravi beYisrael: bein communism leleumiyut aravit, 1945–1991* (The Arab Minority in Israel: Between Communism and Arab Nationalism, 1945–1991), Tel Aviv: Moshe Dayan Center for Middle Eastern and African Studies, Tel Aviv University and Hakibbutz Hameuhad, 1993, p. 80.

参考文献

英文

Horowitz, Dan, and Lissak, Moshe, *Trouble in Utopia: The Overburdened Polity of Israel*, New York: State University of New York Press, 1989.

Rabin, Yitzhak, *The Rabin Memoirs*, Boston: Little, Brown, 1979.

Slater, Robert, *Rabin of Israel*, London: Robson Books, 1977.

Smooha, Sammy, and Cibulski, Ora, *Social Research on Arabs in Israel*, Haifa: University of Haifa, 1987.

希伯来文

Goldstein, Yossi, *Rabin: biografia* (Rabin: A Biography), Jerusalem and Tel Aviv: Schocken, 2006.

Ra'anan, Zvi, *Gush emunim*, Tel Aviv: Sifriat Hapoalim, 1980.

Rekhess, Eli, *Hami'ut ha'aravi beYisrael: bein communism leleumiyut aravit*, 1945–1991 (The Arab Minority in Israel: Between Communism and Arab Nationalism,

1945–1991), Tel Aviv: Moshe Dayan Center for Middle Eastern and African Studies, Tel Aviv University; Hakibbutz Hameuhad, 1993.

Rubinstein, Danny, *Mi lashem elai: gush emunim* (On the Lord's Side: Gush Emunim), Tel Aviv: Hakibbutz Hameuhad, 1982.

Shafat, Gershon, *Gush emunim: hasippur me'akhorei hakla'im* (Gush Emunim: The Story behind the Scenes), Beit-El: Beit-El Library Publications, 1995.

推荐阅读

Barkai, Haim, *Economic Patterns in Israel since the Six Day War*, Jerusalem: Maurice Falk Institute for Economic Research in Israel, 1988.

信仰者集团与宗教犹太复国主义

Feige, Michael, *Settling in the Hearts: Jewish Fundamentalism in the Occupied Territories*, Detroit: Wayne State University Press, 2009.

Ish Shalom, Benjamin, *The World of Rav Kook's Thought*, New York: Avi Chai, 1991.

自传

Dayan, Moshe, *Moshe Dayan: Story of My Life*, New York: Warner Books, 1976.

Kissinger, Henry, *The White House Years*, London: Weidenfeld & Nicolson, 1979.

Kissinger, Henry, *Years of Upheaval*, Boston: Little, Brown, 1982.

Meir, Golda, *My Life*, London: Weidenfeld & Nicolson, 1975.

第十七章 贝京上台执政

注 释

1. Menachem Begin, *Divrei haknesset* (Knesset Records), third session of the Ninth Knesset, 20.6.1977.

2. Avi Shilon, *Begin: 1913–1992*, Tel Aviv: Am Oved, 2007, p. 287.

3. Moshe Dayan, *Breakthrough: A Personal Account of the Egypt-Israel Peace Negotiations*, New York: Alfred A. Knopf, 1981, p. 153.

4. Aryeh Naor, *Begin bashilton: edut ishit* (Begin in Power: A Personal Testimony), Tel Aviv: Yedioth Ahronoth, 1993, pp. 182-183.

5. Dayan, *Breakthrough*, pp. 225-226.

6. Shilon, *Begin*, p. 326.

7. Naor, *Begin bashilton: edut ishit*, p. 230.

8. Shilon, *Begin*, p. 374.

9. Naor, *Begin bashilton: edut ishit*, p. 251.

10. Ruvik Rosenthal (ed.), *Levanon: Hamilhama ha'aheret* (Lebanon: The Other War), Tel Aviv: Sifriat Hapoalim, 1983, p. 86.

11. Ze'ev Schiff and Ehud Ya'ari, *Milhemet sholal* (Israel's Lebanon War), Jerusalem and Tel Aviv: Schocken, 1984, p. 346.

12. Rosenthal, *Levanon: Hamilhama ha'aheret*, p. 88.

13. Amos Oz, *In the Land of Israel*, San Diego: Harcourt Brace Jovanovich, 1983, p. 45.

14. Ibid., p. 185.

15. Nachum Barnea, *Yorim ubokhim: al politika'im, generalim, itona'im ve'od ohavei atzmam* (They Shoot and They Cry), Tel Aviv: Zmora Bitan Modan, 1981, p. 220.

参考文献

英文

Oz, Amos, *In the Land of Israel*, San Diego: Harcourt Brace Jovanovich, 1983.

Oz, Amos, *The Slopes of Lebanon*, San Diego: Harcourt Brace Jovanovich, 1989.

希伯来文

Barnea, Nachum, *Yorim ubokhim: Al politika'im, generalim, itona'im ve'od ohavei atzmam* (They Shoot and They Cry), Tel Aviv: Zmora Bitan Modan, 1981.

Elon, Amos, *Habet ahora bivehala mesuyemet: Rishumin me'Eretz Yisrael usevivoteha* (Looking Back in Consternation), Tel Aviv: Am Oved, 1988.

Gur, Batya, *Mikvish hara'av smola* (The Hunger Road), Jerusalem: Keter, 1990.

Megged, Aharon, *Ezor hara'ash* (The Earthquake Zone), Tel Aviv: Hakibbutz Hameuhad, 1985.

Preuss, Teddy, *Begin bashilton* (Begin in Power), Jerusalem: Keter, 1984.

Yavin, Chaim, *Over masakh* (Telegenic), Tel Aviv: Yedioth Ahronoth, 2010.

推荐阅读

与埃及的和平进程

Dayan, Moshe, *Breakthrough: A Personal Account of the Egypt-Israel Peace Negotiations*, New York: A.A. Knopf, 1981.

Haber, Eitan, Ya'ari, Ehud, and Schiff, Ze'ev, *The Year of the Dove*, Toronto and New York: Bantam Books, 1979.

Quandt, William B., *Camp David: Peacemaking and Politics*, Washington, DC: Brookings Institution, 1986.

Weizmann, Ezer, *The Battle for Peace*, Toronto and New York: Bantam Books, 1981.

现在就和平

Bar-On, Mordechai, *In Pursuit of Peace: A History of the Israeli Peace Movement*, Washington, DC: United States Institute of Peace Press, 1996.

Herman, Tamar, *The Israeli Peace Movement: A Shattered Dream*, New York: Cambridge University Press, 2009.

对伊拉克核反应堆的袭击

Nakdimon, Shlomo, *First Strike*, New York: Summit Books, 1987.

1982 年黎巴嫩战争

Schiff, Ze'ev, and Ya'ari, Ehud, *Israel's Lebanon War*, New York: Simon & Schuster, 1984.

文学

Kenan, Amos, *The Road to Ein Harod*, New York: Grove Press, 1988.

Oz, Amos, *Black Box*, San Diego: Harcourt Brace Jovanovich, 1988.

Shalev, Meir, *The Blue Mountain*, New York: Aaron Asher Books, 1991.

形势

Grossman, David, *The Yellow Wind*, New York: Farrar, Straus and Giroux, 1988.

自传和回忆录

Brzezinski, Zbigniew, *Power and Principle: Memoirs of the National Security Adviser, 1977–1981*, New York: Farrar, Straus and Giroux, 1985.

Carter, Jimmy, *Keeping Faith: Memoirs of a President*, Fayetteville: University of Arkansas Press, 1995.

El-Sadat, Anwar, *In Search of Identity: An Autobiography*, New York: Harper & Row, 1978.

第十八章　僵局年代：以色列认同的演变（1984—1990）

注　释

1. Aviezer Ravitzky (ed.), *Shas: hebetim tarbutiim vera'ayoniim* (Shas: Cultural and Ideological Perspectives), Am Oved and the Yitzhak Rabin Center, Tel Aviv, 2006, p. 9.

2. Amnon Rubinstein, "Hamishpatizatzia shel Yisrael" (The Judicialization of Israel), Ha'aretz, 5.6.1987, cited in Menachem Mautner, "Shnot hashmonim—shnot haharada" (The 1980s—The Anxiety Years), *Iyunei mishpat* (Legal Studies) 2, 2 (November 2002), p. 653.

参考文献

英文

Appelfeld, Aharon, *Katerina*, New York: Random House, 1992.

Be'er, Haim, *Feathers*, Waltham, MA: Brandeis University Press, 2004.

Ben-Basat, Avi, (ed.), *The Israeli Economy, 1985–1998: From Government Intervention to Market Economics*, Cambridge, MA: MIT Press, 2002.

Grossman, David, *The Yellow Wind*, New York: Farrar, Straus and Giroux, 1988.

Grossman, David, *See Under: Love*, New York: Farrar, Straus and Giroux, 1989.

Matalon, Ronit, *The One Facing Us*, New York: Henry Holt, 1998.

Nusseibeh, Sari, with David Anthony, *Once upon a Country: A Palestinian Life*, New York: Farrar, Straus and Giroux, 2007.

Rabinyan, Dorit, *Persian Brides*, New York: George Braziller, 1998.

Rabinyan, Dorit, *Strand of a Thousand Pearls*, New York: Random House, 2001.

Ravitzky, Aviezer, *Messianism, Zionism, and Jewish Religious Radicalism*, Chicago: University of Chicago Press, 1996.

Schiff, Ze'ev, and Ya'ari, Ehud, *Intifada: The Palestinian Uprising—Israel's Third Front*, New York: Simon & Schuster, 1991.

Segal, Haggai, *Dear Brothers: The West Bank Jewish Underground*, Woodmere, NY: Beit Shamai Publications, 1988.

Shabtai, Ya'akov, *Past Continuous*, Philadelphia: Jewish Publication Society of America, 1985.

Shalev, Aryeh, *The Intifada: Causes and Effects*, Boulder, CO: Westview Press, 1991.

Shamir, Yitzhak, *Summing Up: An Autobiography*, Boston: Little, Brown, 1994.

希伯来文

Appelfeld, Aharon, *Badenheim 1939*, Boston: D. R. Godine, 1980.

Appelfeld, Aharon, *Mikhvat ha'or* (Searing Light), Tel Aviv: Hakibbutz Hameuhad, 1980.

Appelfeld, Aharon, *Hakutonet vehapasim* (The Shirt and the Stripes), Tel Aviv: Hakibbutz Hameuhad, 1983.

Be'er, Haim, *Et hazamir* (A Time for Trimming), Tel Aviv: Am Oved, 1987.

Ben-Porath, Yoram, and Halevi, Nadav (eds.), *The Israeli Economy: Maturing through Crises*, Cambridge, MA: Harvard University Press, 1986.

Ben-Porath, Yoram, *Hameshek hayisraeli: hevlei tzmiha* (The Israeli Economy: Growth Pangs), Tel Aviv: Am Oved, 1989.

Cohen, Asher, *Hatallit vehadegel: hatzionut hadatit vehazon medinat hatorah biyemei reshit hamedina* (The Tallith and the Flag: Religious Zionism and the Vision of the Torah State during the Early Days of the State), Jerusalem: Yad Ben-Zvi, 1998.

Don-Yehiya, Eliezer (ed.), *Milhemet levanon vehashpa'ata al hahevra vehapolitika hayisraelit* (The Lebanon War and Its Effect on Israeli Society and Politics), Ramat Gan: Bar-Ilan University, 2002.

Friedman, Menachem, *Hahevra haharedit* (The Ultra-Orthodox Society), Jerusalem: Jerusalem Institute for Israel Studies, 1991.

Greenberg, Yitzhak, *Anatomia shel mashber yadua merosh: krisat hevrat ha'ovdim bishnot ha-80* (Anatomy of a Crisis Foretold: The Collapse of Labor-Owned Enterprises in the 1980s), Tel Aviv: Am Oved, 2004.

Grossman, David, *Sefer hadikduk hapenimi* (The Book of Intimate Grammar), Tel Aviv: Hakibbutz Hameuhad, 1991.

Horowitz, Neri (ed.), *Dat uleumiut beYisrael uvamizrah hatikhon* (Religion and Nationalism in Israel and the Middle East), Tel Aviv: Am Oved, 2002.

Katz, Elihu, et al., *Tarbut hapenai beYisrael: temurot bidfusei hape'ilut hatarbutit, 1970–1990* (Leisure Culture in Israel: Changes in Types of Cultural Activity, 1970–1990), Jerusalem: Guttman Institute for Applied Social Research, 1992.

Kenaz, Yehoshua, *Hitganvut yehidim* (Infiltration), Tel Aviv: Am Oved, 1988.

Kenaz, Yehoshua, *Mahzir ahavot kodmot* (Returning Lost Loves), Tel Aviv: Am Oved, 1997.

Mali, Yosef, *Milhamot, mahapekhot, vezehut dorit* (Wars, Revolutions, and Generational Identity), Tel Aviv: Am Oved, 2001.

Ma'oz, Moshe, and Kedar, Ben-Zion (eds.), *Hatenua haleumit hapalestinit: mi'imut lehashlamah？* (The Palestinian National Movement: From Confrontation to Reconciliation？), Tel Aviv: Ministry of Defense, 1996.

Mautner, Menachem, "Shnot hashmonim—shnot haharada" (The 1980s—Years of Anxiety), *Iyunei mishpat* 26, 2 (November 2002), Ramot, pp. 645-736.

Mautner, Menachem, *Mishpat vetarbut beYisrael befetah hame'a ha'esrim ve'ahat* (Law and Culture in Israel at the Threshold of the Twenty-first Century), Tel Aviv: Am Oved, 2008.

Megged, Aharon, *Ezor hara'ash* (The Turbulent Zone), Tel Aviv: Hakibbutz Hameuhad, 1985.

Modai, Yitzhak, *Mehikat afasim* (Erasing Zeros), Tel Aviv: Idanim, 1988.

Nissim, Leon, *Harediut rakah: hithadshut datit bayahadut hamizrahit* (Soft Ultra-Orthodoxy: Religious Renewal in Oriental Jewry in Israel), Jerusalem: Yad Ben-Zvi, 2009.

Rabinyan, Dorit, *Simtat haskediot be'Oumrijan* (Persian Brides), Tel Aviv: Am Oved, 1995.

Rabinyan, Dorit, *Hahatunot shelanu* (Our Weddings), Tel Aviv: Am Oved, 1999

Ram, Uri (ed.), *Hahevra hayisraelit: hebetim bikortiim* (Israeli Society: Critical Perspectives), Tel Aviv: Breirot, 1993.

Ravitzky, Aviezer, *Haketz hameguleh umedinat hayehudim: meshihiut, tzionut, veradikalism dati beYisrael* (The Revealed End: Messianism, Zionism, and Jewish Religious Radicalism in Israel), Tel Aviv: Am Oved, 1993.

Ravitzky, Aviezer, *Shas: hebetim tarbutiim vera'ayoniim* (Shas: Cultural and Ideological Perspectives), Tel Aviv: Am Oved, 2006.

Rekhess, Eli, *Hamiut ha'aravi beYisrael: bein communism leleumiut aravit* (The Arab Minority in Israel: Between Communism and Arab Nationalism), Tel Aviv: Hakibbutz Hameuhad, 1993.

Rosen-Zvi, Ariel, "Medina yehudit vedemokratit: abahut ruhanit, nikur, vesimbioza—ha' efshar lerabe 'a et hama 'agal ? " (A Jewish and Democratic State: Spiritual Parenthood, Alienation, and Symbiosis—Can We Square the Circle ?), *Iyunei mishpat* 19, 3 (1995), Ramot, pp. 479–519.

Segal, Haggai, *Ahim yekarim: korot hamakhteret hayehudit* (Dear Brothers: The West Bank Jewish Underground), Jerusalem: Keter, 1987.

Sheleg, Yair, *Hadatiim hahadashim: mabat akhshavi al hahevra hadatit biYisrael* (The New Religious Jews), Jerusalem: Keter, 2000.

Yehoshua, A. B., *Hakir vehahar* (The Wall and the Mountain), Tel Aviv: Zmora-Bitan, 1989.

推荐阅读

安全、社会与认同

Khalidi, Rashid, *Palestinian Identity*, New York: Columbia University Press, 1997.

Leibowitz, *Yeshayahu, Judaism, Human Values, and the Jewish State*, Cambridge, MA: Harvard University Press, 1995.

Liebman, Charles S., *Pressure without Sanctions: The Influence of World Jewry on Israeli Policy*, Rutherford, NJ: Fairleigh Dickinson University Press, 1976.

Mishal, Shaul, and Aharoni, Reuben, *Speaking Stones: Communiqués from the Intifada Underground*, Syracuse, NY: Syracuse University Press, 1994.

Quandt, William B., (ed.), *The Middle East: Ten Years after Camp David*, Washington, DC: Brookings Institution, 1988.

Quandt, William B., *Peace Process: American Diplomacy and the Arab-Israeli Conflict since 1967*, Washington, DC: Brookings Institution Press, 2005.

Rubinstein, Amnon, *The Zionist Dream Revisited: From Herzl to Gush Emunim and Back*, New York: Schocken Books, 1984.

第十九章　充满希望的十年（1990—2000）

注　释

1. 在《关于屠杀》的诗中，比亚里克写道："如果有正义的话——让它立即出现！"这首诗写于 1903 年，正是对那一年逾越节结束时爆发的基什涅夫大屠杀做出的及时回应。Chaim Nachman Bialik, *Hashirim* (The Poems), Avner Holtzman (ed.), Israel: Dvir, 2004, p. 248.

2. Aaron David Miller, *The Much Too Promised Land: America's Elusive Search for Arab-Israeli Peace*, New York: Bantam Books, 2008, p. 14.

3. Dennis Ross, *The Missing Peace: The Inside Story of the Fight for Middle East Peace*, New York: Farrar, Straus and Giroux, 2005, p. 45.

4. Al-Ahram, 11.10.1995, cited in Itamar Rabinovich, *The Brink of Peace: The Israeli-Syrian Negotiations*, Princeton, NJ: Princeton University Press, 1998, p. 195.

5. Patrick Seale, "Assad's Regional Strategy and the Challenge from Netanyahu," *Journal of Palestine Studies* 26, 1 (Fall 1996), pp. 27-42, as cited in Rabinovich, The Brink of Peace, p. 244.

6. Itamar Rabinovich, *Waging Peace: Israel and the Arabs, 1948–2003*, Princeton, NJ: Princeton University Press, 2004, pp. 167-168.

7. Dennis Ross, *The Missing Peace*, p. 767.

8. Gadi Taub, *Hamered hashafuf: al tarbut tze'ira be Yisrael* (A Dispirited Rebellion: Essays on Contemporary Israeli Culture), Tel Aviv: Hakibbutz Hameuhad, 1997, p. 17.

9. Orly Castel-Bloom, *"Sippur," Mitokh sippurim bilti retzoniim* (A Story, in

Involuntary Stories), Tel Aviv: Zmora Bitan, 1993, p. 103, as cited in Taub, Hamered hashafuf, p. 154.

参考文献

Hertzog, Esther, *Immigrants and Bureaucrats: Ethiopians in an Israeli Absorption Center*, New York: Berghahn Books, 1999.

Indyk, Martin, *Innocent Abroad: An Intimate Account of American Peace Diplomacy in the Middle East*, New York: Simon & Schuster, 2009.

Miller, Aaron David, *The Much Too Promised Land: America's Elusive Search for Arab-Israeli Peace*, New York: Bantam Books, 2008.

Peres, Yohanan, and Ben Rafael, Eliezer, *Is Israel One ? Religion, Nationalism, and Multiculturalism Confounded*, Leiden and Boston: Brill, 2005.

Rabinovich, Itamar, *The Brink of Peace: The Israeli-Syrian Negotiations*, Princeton, NJ: Princeton University Press, 1998.

Rabinovich, Itamar, *Waging Peace: Israel and the Arabs, 1948–2003*, Princeton, NJ: Princeton University Press, 2004.

Ross, Dennis, *The Missing Peace: The Inside Story of the Fight for Middle East Peace*, New York: Farrar, Straus and Giroux, 2005.

推荐阅读

政治、社会与文化

Arian, Asher, *The Second Republic: Politics in Israel*, Chatham, NJ: Chatham House, 1998.

Deshen, Shlomo, Liebman, Charles S., and Shokeid, Moshe, *Israeli Judaism: The Sociology of Religion in Israel*, New Brunswick, NJ: Transaction Books, 1995.

Rebhun, Uzi, and Waxman, Chaim I., (eds.), *Jews in Israel: Contemporary Social and Cultural Patterns*, Hanover, NH: Brandeis University Press, 2004.

Smooha, Sammy, *Israel: Pluralism and Conflict*, Berkeley: University of California Press, 1978.

Sprinzak, Ehud, and Diamond, Larry (eds.), *Israeli Democracy under Stress*, Boulder, CO: Lynne Rienner Publishers, 1993.

和平进程、阿拉伯人、安全

Heller, Mark A., and Nusseibeh, Sari, *No Trumpets, No Drums: A Two-State Settlement of the Israeli- Palestinian Conflict*, New York: Hill and Wang, 1993.

Peres, Shimon, *Battling for Peace: A Memoir*, London: Orion Books, 1995.

Rabinovich, Itamar, and Reinharz, Jehuda, *Israel in the Middle East: Documents and Readings on Society, Politics, and Foreign Relations, Pre-1948 to the Present*, Waltham, MA: Brandeis University Press, 2008.

Smooha, Sammy, *Arabs and Jews in Israel*, Boulder, CO: Westview Press, 1992.

20 世纪 90 年代的移民

Remennick, Larissa (ed.), *Russian Jews on Three Continents: Identity, Integration, and Conflict*, London: Frank Cass, Cummings Center Series, 1997.

译后记

　　安妮塔·夏皮拉的《以色列：一个奇迹国家的诞生》是以色列研究领域具有代表性的通史著作，对了解当代以色列国家的政治、外交、经济、文化、宗教、社会生活等具有重要价值。作者追叙了犹太复国主义运动的兴起和发展，全景式地展现了现代以色列国家创建、发展和变革的历史，说明了以色列发展所取得的巨大成就和面临的种种挑战。作者在写作过程中引证了大量一手文献资料，参考了众多知名以色列史家的学术观点，并站在一个相对冷静、客观的视角阐述和评价了犹太复国主义、工党政府、以色列右翼、移民与族群、文化转型、政教关系、阿以冲突、中东和平等重要问题。作者巧妙而娴熟地将以色列历史重大的阶段性转型及以色列宏大的政治、社会和文化思潮的嬗变同精细而生动的历史人物、事件和情节的描述紧密结合在一起，读来让人感到鲜活而饱满，同时又有重大的思想收获。本书出版后赢得广泛赞誉，获得 2012 年美国国家犹太图书奖（历史类）和 2014 年阿兹列里研究所以色列研究最佳英（法）文图书奖。

　　国内以色列研究自 20 世纪 90 年代兴起以来，已出版了大量的论文、论著和译著，但在介绍以色列学者所撰写的以色列通史著作方面显然是不够的，相信本书中文版的出版能够为国内以色列研究和教学提供重要参考，也能为对以色列历史感兴趣的读者提供优质的阅读材料。

本书翻译由胡浩教授和艾仁贵副教授主持完成。翻译分工如下：艾仁贵负责本书第一章到第十章的翻译；胡浩负责本书第十一章到第十九章以及致谢、作者说明等内容的翻译，并对全书译稿进行统稿和审读。河南大学以色列研究中心的研究生参与了部分章节的翻译工作：李士睿（第十二、十四和十九章），夏芳（第十三章），贺向培（第十五章），宋亚玲（第十六章），邵然、贾金真（结语）。在此，对他们的协助表示衷心感谢！同时要感谢中信出版社陈万龙和钱午骏编辑，他们积极联系译者、编辑文稿并推动出版工作，最终使这本力作呈现给读者。

本书为国家社科基金重大招标项目"犹太通史"（15ZDB060）的研究提供了有益借鉴和参考，在一定程度上也是以上研究的阶段性成果。

译者

2019 年 10 月于开封